公司法
规则与应用

徐强胜◎著

Corporate Law
Rules and Applications

中国法制出版社
CHINA LEGAL PUBLISHING HOUSE

前　言

《中华人民共和国公司法》（以下简称《公司法》）于 1993 年制订以来，已经过 1999 年、2004 年、2005 年、2013 年和 2018 年五次修改。为进一步深化国有企业改革，优化营商环境，加强产权保护，促进资本市场健康发展，更好地推动公司制度和实践的完善与发展，2023 年 12 月 29 日，《公司法》迎来重大修订，自 2024 年 7 月 1 日起施行。

新《公司法》共 15 章 266 条，在 2018 年《公司法》13 章 218 条的基础上，实质新增和修改 70 条左右。主要修改内容包括：一是坚持党对国有企业的领导，保证党组织把方向、管大局、保落实的领导作用。二是深入总结国有企业改革成果，在 2018 年《公司法》关于国有独资公司专节的基础上，设"国家出资公司组织机构的特别规定"专章。加强国有独资公司董事会建设，要求国有独资公司董事会成员中外部董事应当超过半数；并在董事会中设置审计委员会等专门委员会，同时不再设监事会。三是深入总结党的十八大以来持续优化营商环境改革成果，完善公司登记制度，进一步简便公司设立和退出。四是深入总结我国公司制度创新实践经验，在组织机构设置方面赋予公司更大自主权，明确董事会是公司的执行机构，允许公司选择单层制治理模式。同时为更好保障职工参与公司民主管理、民主监督，扩大设置职工董事的公司范围，不再按公司所有制类型对职工董事的设置提出要求。五是丰富完善公司资本制度，有限责任公司采有期限的认缴资本制，股份有限公司引入授权资本制，规定了类别股份制度，允许公司根据章程择一采用面额股或者无面额股。同时，加强对股东出资和股权交易行为的规范，增加股东欠缴出资的失权制度，增加有限责任公司股东认缴出资的加速到期制度，并明确瑕疵股权转让时转让方、受让方的出资责任。六是强化控股股东和经营管理人员的责任，完善董事、监事、高级管理人员忠实义务和勤勉义务的具体内容。加强对关联交易的规范，并强化董事、监事、高级管理人员维护公司资本充实的责任，增加了董事、高级管理人员对第三人的侵权责任规定。七是加强公司合规与社会责任建设，鼓励公司参与社会公益活动，公布社会责任报告。

整体观察，本次修订进一步促进了公司法从财产法到实体法的转变，无论是公司资本制度设计，还是公司治理结构的灵活选择，以及对董事会的地位及董事、高级管理人员责任的强化和企业社会责任、职工参与的要求等，都使公司法以简单股东利益追求为中心的财产法转向以公司利益为重的实体法，从而有利于"完善中国特色的现代企业制度"，"促进社会主义市场经济的发展"。

以此转变为主线，本书结合中国司法实践，以团体法思维的公司关系为视角分析公司法规则及应用。作为团体法，公司法律关系很难用所谓平等的法律关系予以表述，也难以用所谓的不平等法律关系加以说明。如股东的平等，主要是在公司成立前投资的平等与自由，公司一旦依法成立，股东平等仅指按照持有股权或股份比例享有的平等，一般规则是少数服从多数。再如作为公司权力机构的股东会，只能在法定和章定的权力范围内享有权力，而其他权力则由董事会和监事会分别在各自权力范围享有，互不隶属，作为所有人的股东只能通过股东会和公司享有股东权利等。在此法律关系中，无论是以权利为本位的民法，还是以促进交易便捷、安全为己任的商法，均难以清晰表达并分析公司法律关系。而且，作为具有法人人格的公司，股东之间、股东与管理人之间、股东与债权人之间，均需要通过公司这一法定的主体媒介产生相应的法律关系，唯在公司主体失灵时，才可能在他们之间产生直接的法律关系，典型者如公司法人格否定情形、股东直接召开股东会等。

在结构层面，本书依循新《公司法》章节，按照法律条文安排，结合典型案例，在每个条文中涉及相应规则时进行教义分析与体系解读。限于篇幅，本书对新《公司法》第 14 章"法律责任"部分没有展开。

凡 例

1. 本书中法律、行政法规名称中的"中华人民共和国"省略，其余一般不省略，例如，《中华人民共和国公司法》简称《公司法》，《中华人民共和国民法典》简称《民法典》。

2. 《全国法院民商事审判工作会议纪要》简称《九民会议纪要》。

3. 《最高人民法院关于适用〈中华人民共和国公司法〉若干问题的规定（一）》简称《公司法司法解释（一）》。

4. 《最高人民法院关于适用〈中华人民共和国公司法〉若干问题的规定（二）》简称《公司法司法解释（二）》。

5. 《最高人民法院关于适用〈中华人民共和国公司法〉若干问题的规定（三）》简称《公司法司法解释（三）》。

6. 《最高人民法院关于适用〈中华人民共和国公司法〉若干问题的规定（四）》简称《公司法司法解释（四）》。

7. 《最高人民法院关于适用〈中华人民共和国公司法〉若干问题的规定（五）》简称《公司法司法解释（五）》。

8. 《最高人民法院关于适用〈中华人民共和国民法典〉有关担保制度的解释》简称《民法典担保制度解释》。

目　录
Contents

第一章 总 则

第一条 【立法宗旨】为了规范公司的组织和行为，保护公司、股东、职工和债权人的合法权益，完善中国特色现代企业制度，弘扬企业家精神，维护社会经济秩序，促进社会主义市场经济的发展，根据宪法，制定本法。

本条是关于公司法立法宗旨的基本规定，直接涉及公司与公司法的基本理论与应用。

一、契约还是团体：公司是什么？

对于公司是什么，我国《公司法》及《民法典》并未直接规范，学界主要是从关于法人与自然人之间的比较入手的，即所谓法人拟制说、法人实在说或法人否定说。因其是从与自然人比较的主体性视角出发，故这些学说也仅是关于公司法人是否为一个对外具有独立权利能力者角度来分析的，亦即是否应当或实际上如何是一个"人"的问题。从民法关于主体的理论及规定来看，这无疑是认识公司是什么的根本。

从公司法角度探究"公司是什么"这一问题时，应重点关注公司作为"人"这一主体的内部构成和关系界定，在明确界定公司内部关系的基础上，再讨论如何对外活动的问题。对此，传统民法关于法人本质的认识不能提供理论支撑和方法论分析框架。

新制度经济学认为企业是一系列合同关系的连接，打破了仅从外表看待或者认识公司的做法，深入公司团体内部关系来剖析公司为什么存在及如何存在。这不仅符合公司实际，而且通过"合约"或者系列契约连接将公司内部关系清晰化。尽管新制度经济学并不重视公司法人格的意义，但它将公司外部人格（"暗箱外表"）内部契约化（透明）的认知，揭开了公司团体的内部结构，作为法人，有内部基于契约的组织分工和管理。

结合新制度经济学的创新之处，公司的本来面目更为清晰：首先，公司具有自己的独立人格，是法人，能够以自己的名义（"公司"）与其他主体产生不同的法律关系。其次，公司与各主体之间法律关系的产生依赖于契约这一方式，通过一系列契约关系将股东、管理者、职工和债权人连接并统一于公司这一主体之中。最后，与其他经济联合体（如合伙企业）不同，公司是基于财产独立的联合体，不同利益相关者均围绕公司的独立财产而产生利益关系。

可以这样认为，公司系因契约连接并因财产独立而被赋予独立人格（法人格）的团体化组织。

此一认识的重要意义在于：首先，公司不是人和物的简单组合，而是能够节约交易成本由不同投资者依据不同行业和自己的实际情况组建的。作为规范企业组成和经营的公司立法，必须是能够适应这种不同资源组合需要的开放立法模式，而不能是封闭和保守的。其次，公司是有边界的，它必须根据投资行业、投资者本身的条件等在节约交易成本的前提下存在，不同表现形式和具有不同内涵的企业都有存在的合理性。法律规范应该是尽量满足具有不同表现形式和内涵的要求，不能以简单划一的标准规范。最后，公司是一个具有独立人格的实体，这本身使其可以与投资者、雇员和其他人签订合约。[①] 换言之，公司尽管是投资者投资创办的，但它一经创办，就具有相应独立性而能够独立活动，区别于投资者和其他关系人。对此，法律应通过相应制度设计使其区别于投资者和相应关系人。

与世界各国一样，公司法承认一人有限公司和一人股份有限公司的存在，但一人公司是普通公司的变异，其需要按照公司法关于公司团体组织的基本规定予以规范。

二、公司自治与团体法定：公司法是干什么的？

公司是一种合约或者说契约的连接，公司法需要尊重公司自治。同时，作为契约的连接，公司并非如合伙企业那般完全自由，其因法人格的享有而遵循团体法定，其"依法成立"（第2条、《民法典》第58条、第77条）不仅包括按照企业登记管理规定程序设立，更包括团体形式和内容法定，前者

---

① 徐强胜：《企业形态的法经济学分析》，载《法学研究》2008年第1期。

甚至不是公司"依法成立"的主要内容。

《公司法》第 1 条规定了公司法的团体法性质，成为整个公司法条文的宗旨性规定。它要求，公司法须以规范公司组织与行为为己任，并因此形成以团体稳定与公司内部关系协调为出发点的法律制度。

公司法调整的范围有两个层面：一是公司的组织关系，包括发起人与股东之间的关系，股东与公司之间的关系，公司组织机构之间的关系，以及必要的公司与职工、债权人之间的关系；二是公司股票发行、资本增减、股份转让、公司担保、公司合并分立等与公司组织有关的经营关系。公司法调整的对象主要是公司的组织关系和内部关系，与公司组织有关的经营关系在本质上仍属于组织关系，因涉及对外活动可以称之为所谓对外关系，但该对外关系仍是公司法内的，需要借助公司法判断其行为后果。

作为规范公司团体关系的公司法，团体法定是其基本功能，包括设立程序法定、公司形式法定、公司组织机构法定、股东之间关系法定、股东与公司关系法定、公司解散清算法定等。与之相适应，公司法有大量关于公司程序的规定，如公司设立程序、公司会议程序、公司监督程序、公司变更程序、公司合并分立程序及公司清算程序的规定。公司团体法定决定了公司法既是实体法，也是程序法。[①]

由公司自治决定，公司团体法定并非说公司不可以通过章程或股东会决议改变有关要求，只要这些改变不因此损害公司、股东和债权人利益。20 世纪 80 年代以来，世界各国公司法变革的精神是放松规制，特别是对于中小型公司，无论是其组织形态、组织管理，还是股东关系、股东与公司之间的关系等，均作了大幅度的以赋权为特征的规范调整。[②]

尽管如此，公司团体法定是公司法的基本功能，公司自治不能改变公司团体形式及公司基本关系要求，后者关系到股东、公司、管理人与债权人之间的权利结构与法定责任，进而关系到公司法的整体目标，"追求社会整体福利的最大化"，[③] 即"维护社会经济秩序，促进社会主义市场经济的发展"。

[①] 关于公司法的程序价值，参见梁上上：《公司正义》，载《现代法学》2017 年第 1 期。

[②] 徐强胜：《强化企业构成的现代各国企业形态立法的发展》，载《经济经纬》2007 年第 5 期。

[③] ［美］莱纳·克拉克曼、亨利·汉斯曼：《公司法剖析：比较与功能的视角》，罗培新等译，法律出版社 2018 年版，第 30 页。

与之相适应，公司法中有大量强行法规范：（1）程序性强行性规范，即关于公司会议的程序性条件的规定，如股东会的会议程序等规范；（2）权力分配性强行性规范，即股东与公司之间的权力分配、股东会与董事会之间的权力分配等规则；（3）组织结构变更性强行性规范，即涉及公司组织的结构性变更的规则，如公司的合并、分立、解散、重大资产出售等规则；（4）诚信义务规则，即规定董事、高级管理人员和控股股东的强行性的诚信义务的规则。[①]

由公司的合约性决定，公司法中大量的规范是任意性规范，允许公司通过章程或股东会决议方式作出适合自己公司发展需要的规定。股东按照公司法及章程所作出的决议和决定，属于公司自治，非投资人和股东自治。投资人或股东之间的协议，尽管与公司有关，但这些协议属于合同法范畴，不受公司法调整，其协议内容或行为有违公司法时，如涉及其他非当事人的投资人或股东，或涉及公司债权人时，则没有约束力。其他股东和公司债权人因此受损，可依公司法和章程规定维权。

三、中国特色现代企业制度与企业家精神

（一）中国特色现代企业制度

1993年《公司法》第1条明确提出立法目的之一是建立现代企业制度，以从根本上改变传统国有企业、集体企业及民营企业制度样态。经过建设与改制，国有企业及其他企业逐步建立了具有科学管理体制的公司制度，实现了与世界发达国家公司制度的接轨。新《公司法》第1条再次提出且强调建立中国特色的现代企业制度，是为了进一步强调中国公司是符合中国国情及经济发展需要的现代企业制度。

从新《公司法》有关内容及制度设计来看，具有中国特色的现代企业制度主要包括：一是资本制度，包括有限责任公司的认缴出资及相应制度设计，股份有限公司授权资本及相应制度设计。二是公司治理模式的多样化，既可以设置监事会，也可以通过章程在董事会内设置审计委员会予以监督，同时不排斥公司章程规定的其他监督模式。三是国家出资公司的独特制度设计，等等。

[①] ［美］杰弗里·N.戈：《公司法的强制性结构》，黄辉译，载王保树主编：《商事法论集》（第12卷），法律出版社2007年版，第306页。

（二）企业家精神

公司的精神在于企业家精神，公司法应当为企业家能够敢于创新与冒险提供制度支持。

新《公司法》主要在以下方面促进企业家精神的弘扬：一是灵活的资本制度（认缴出资制、授权资本制）与灵活的治理结构；二是充分的公司自治；三是股份种类的多样性（第 144 条）；四是股份收购条件的放宽（第 162 条）与财务资助的允许（第 163 条）；五是公司公积金的灵活使用（第 214 条）；六是明确董事等高管的商业判断规则（第 180 条）等。

企业家精神不仅表现在企业家权力的扩大与自治，还同时表现为负责任的经营与管理。《公司法》在有关法条上进一步明确规定了董事等高管的民事责任，除此之外，第八章还对董事等作了专门的义务与责任要求。

四、如何解释公司法

（一）基本思路

公司法是规范公司团体组织的法律规范，以调整并稳定公司团体内部组织关系为主要内容，由此形成不同于其他法律，特别是不同于以调整交易关系的合同法的团体法思维。团体法思维要求在设计公司法律制度、分析公司法律规范、适用公司法律条文时须以团体法的性质和要求为出发点，以团体稳定和相关主体关系理顺为中心进行，维持公司的存续，保护相关利益人。

与其他法律一样，公司法的解释也须遵循文义解释、体系解释、历史解释与目的解释，出现法律漏洞时进行相应填补。但是，这些法律解释方法不会直接说明规范的内容，而是用技艺阐明规范的内容以及认识"规范意旨"，仅说明应当遵循的方法。法律方法论涉及的是用什么方法确定规范内容的先决问题，从而确定法律制度的内容。那么，法律适用方法就以其所解释的法律材料及其设定的特殊目的为导向，① 法律材料及其设定的特殊目的因不同的法律部门及不同的法条而不同。对于公司法解释而言，其团体法性质及不同的法条目的决定着解释路径、限度及扩张。即法学方法论中的"事理"。

尽管法律"事理"无法清晰界定而备受争议，但从不同的法律部门，如民法、刑法、诉讼法等中仍可见其各自一般"事理"而有大致轮廓与主线。

---

① ［奥］恩斯特·A. 克莱默：《法律方法论》，周万里译，法律出版社 2019 年版，第 6 页。

一般地，公司法常常被视为商法，而商法则一般被视为特别私法，从而将公司法纳入以民法为基础导向的解释路径。这种认识具有其合理性，契合公司合约论。在采用"大民商合一"的国家和地区，如瑞士、意大利等，直接将公司视为债法范畴或民法典的一部分。但是，在大多数国家和地区，公司法都是单独立法的，原将公司制度编入商法典的国家和地区，如德国和日本，在后来的发展中均将公司单独立法，而不视其为商法典的组成部分。英美法系国家则直接将公司单独立法。究其原因，是因为公司法十分重要且内容庞大而不适宜继续留在商法典中，但深层次的原因则是，公司法在很大程度上既非民法，也非商法（真正的商法是交易法），而是具有独特性质的组织法或团体法。

作为团体法，公司法律关系很难用所谓平等的法律关系予以表述，也难以用所谓的不平等法律关系加以说明。如股东的平等，主要是在公司成立前投资的平等与自由，公司一旦依法成立，股东平等仅指按照持有股权或股份比例享有的平等，一般规则是少数服从多数。再如作为公司权力机构的股东会，只能在法定和章定的权力范围内享有权力，而其他权力则由董事会和监事会分别在各自权力范围享有，互不隶属。作为所有人的股东只能通过股东会和公司享有股东权利。在此法律关系之中，无论是传统民法，还是商法，均难以清晰地表达并分析公司法律关系。而且，作为具有法人格的公司，股东之间、股东与管理人之间、股东与债权人之间，均需要通过公司这一法定的主体产生相应的法律关系，唯在公司主体失灵时，才可能在他们之间产生直接的法律关系，典型者如公司法人格否定情形、股东直接召开股东会等。

传统民法以保护个人利益为宗旨，奉行"权利本位""意思自治"，其中的主体规则、民事法律行为规则、民事责任追究等，原则上无法适用于团体，也不宜直接适用民法规范调整团体纠纷。[①] 也就是说，公司法不宜简单地套用民法与商法的观念进行解释，应以公司团体法理的观念为基本予以认识并理解公司法条文及内涵。当然，民法与商法的规定并非完全不可以适用于公司法，常常，民法与商法的有关规定适用于公司法条文解释时，是在公司法内的解释，即在公司作为团体法的框架中，除非公司法中属于非公司法范畴的法条（如第16—19条）。

---

① ［韩］郑燦亨：《韩国公司法》，崔文玉译，上海大学出版社2011版，第6页。

（二）体现公司关系的公司法规范

公司关系以公司组织为载体，以股东与股东之间的关系为基础，以股东与公司、高管之间的关系为主线。在不同关系组合而成的公司关系中，都直接或间接地以公司为载体或媒介，如股东与公司之间为成员与团体之间的关系，公司是直接的主体；股东之间则以公司为媒介而存在相应的法律关系。公司高级管理人员与公司具有直接的法律关系，同时也因公司而间接与股东发生相应的法律关系。也就是说，在公司关系中，公司组织是载体，相应法律关系也围绕公司组织而产生、变更和消灭。不过，公司关系的形成基础为股东与股东之间的关系，股东通过公司章程规定了他们之间权利义务的分配及管理框架，奠定了公司关系的基础。①

第二条 【公司种类】本法所称公司，是指依照本法在中华人民共和国境内设立的有限责任公司和股份有限公司。

本条是关于有限责任公司与股份有限公司的基本规定，直接涉及两类公司的"同"与"不同"的理论与应用。

一、有限责任公司与股份有限公司的"同"

大陆法系国家和地区普遍将公司分为有限责任公司与股份有限公司两种形态，但它们对于二者的认识与规定并非完全一致，只是在法理上，二者均属于资合公司，以所谓资本信用为基础。与资合公司相对的，是人合公司，即大陆法系所谓的无限公司与两合公司，后两者是我国合伙企业法上的普通合伙与有限合伙。所以，二者的相同，主要是相对于合伙企业而言的，我国也不例外。

如果对公司法及合伙企业法有关规定进行比较分析，可以发现资合公司不同于人合公司或企业，主要在于公司法为公司规定了一个注册资本（第47条、第96条），而该注册资本系股东认缴或认购出资的总和，股东仅以其认缴或认购的出资额为限对公司承担责任（第4条）。亦即，法定的注册资本构成股东仅以认缴或认购的出资额为限承担公司责任的前提。进而，公司应设

---

① 徐强胜：《论公司关系：公司法规范的分析基础》，载《法学》2018年第9期。

置权力机构与执行机构（《公司法》第三章和第五章、《民法典》第 80 条和第 81 条），分别行使不同的权力，需要的话，也可以设置专门的监督机构（《民法典》第 82 条、《公司法》第三章和第五章）。在对外代表上，均采用法定代表人制度（《公司法》第 10 条、《民法典》第 61 条）。

在公司法规范体例编排上，《公司法》共分为十五章，采取"总—分—共通"模式，其中第三、四、五、六、七章分别是专门规范有限责任公司、股份有限公司和国家出资公司的。在形式上观察，有限责任公司与股份有限公司在制度设计上似乎相同的居多，不同的较少。但事实上，公司法这种编排技术并非如民法典那般存在提取公因式的可能，而是通过强调有限责任公司与股份有限公司在设立、组织机构、股份或股权转让上的差别，表明二者之间因均为公司而具有更多的共通价值。即使在各自专门规定上，二者之间仍有共通的规则，包括第 98 条第 2 款、第 107 条、第 112 条、第 120 条、第 130 条第 5 款、第 131 条第 1 款。

至少在形式上，《公司法》中关于二者之间的规定，以共性为主，相同的规则较多。

二、有限责任公司与股份有限公司的"不同"

有限责任公司仿照股份有限公司而出现，其产生后相当长时间内被称为小股份有限公司，严格的法定资本制度使其难以与股份有限公司区分开来。但随着法定资本制度的放松及管理要求的灵活，有限责任公司开始在资本金及管理上较大地得以区分。从 1993 年颁布到 2005 年修订、2013 年修改及现行最新修订，我国公司法发展趋势几乎与西方发达国家和地区一致，原视为小型股份有限公司的有限责任公司，已经在包括资本、公司管理在内的制度方面发生质的改变，很大程度上不同于股份有限公司，成为中小型公司的代表企业形态。

对此，在理论上可以总结为有限责任公司的去资合性，增强人合性；① 股份有限公司则进一步增强资合性，强化所有权与控制权的分离。

在公司法制度安排上，主要体现为以下三点：（1）资本制度的差异，前

---

① 关于有限责任公司的人合性，有学者提出不同认识，见梁上上：《人合性在有限公司的终结》，载《中国社会科学》2022 年第 11 期。

者实行认缴资本制（第 46 条、第 47 条），后者实行股东认购且实缴的授权资本制（第 95 条、第 96 条）；（2）股权或股份转让不同，前者原则有限制且无公开交易市场（第 84 条），后者原则没有限制且有公开的交易市场（第 157 条、第 158 条）；（3）公司管理要求不同，前者相对灵活（第三章），后者则要求严格，须建立严格的治理机制（第五章）。

以上三点中，资本制度的差异是基本的，有限责任公司采取认缴出资制表现为由股东事先通过章程规定认缴期限（5 年内）及数额（第 46 条、第 47 条），除非法定提前出资情形（第 53 条）或全体股东一致同意提前缴付出资。其本质是，股东个人可以以章程规定缴资期限为由决定公司资本的使用及后果，而非由公司自身（通过股东会或董事会）决定，从而使得公司独立人格的基础并非完整，进而使公司注册资本表现为股东已实际缴付出资+股东认缴而未缴出资，其后果就是公司人格在一定程度上依附于股东人格，公司的信用有赖于股东的信用，这种股东的信用是法定的。西方国家和地区的资本制度，无论是许可资本制还是授权资本制，均体现的是公司自身的信用，其有限责任公司的人合性只是表现为，这种公司因法定资本要求低且无公开的资本市场，需要额外借助于股东个人的信用，[①] 从而通过股权对外转让受限、内部管理灵活的制度设计，平衡和照顾股东因额外对公司的个人信用支撑而加持其利益。

而股份有限公司采用英美法系的授权资本制（第 95 条、第 96 条），尽管没有最低资本要求，但实践中其注册资本金额都是比较高的，以展现作为股份有限公司应有的"大型企业"形象。同时，其通过章程或股东会决议事先授权董事会在公司发展需要资金时发行股份，充分体现了公司所有权与控制权的分离，意味着可以由专门的管理机构董事会决定公司发展及资本发行，而非作为所有者的股东，使得公司的人格不仅体现为对于已发行股份资本的独立权利，也体现为由公司的管理者代表并管理公司。进而，股份的自由流通与公司治理机制成为股份有限公司的核心内容，是公司资本而非股东决定着公司。

与以上二者之间的人合性与资合性的制度设计不同相适应，特别是在我

---

① 一般情况，是指第三人在同公司交易时，往往会额外要求股东提供个人担保或其他。

国有限责任公司完全采用认缴资本制下，即使二者之间的法定规则是相同的，也应当作出不同的解释。典型者如关于股东会职权规定，依照《公司法》的规定，有限责任公司与股份有限公司的股东会职权是一样的，但在解释时差异极大（具体参见下文关于第 59 条、第 120 条规定）。其他有关规定一样的条文也是如此，对此不可不察。

有限责任公司与股份有限公司因其人合性与资合性的不同，不仅是制度层面明确规定的，还是相应文义表达相同制度解释层面的。认缴出资制度，使得我国有限责任公司的人合性远远大于西方国家和地区关于有限责任公司人合性的认识与解释。

三、有限责任公司的人合性适用

有限公司的人合性意味着其内部关系处理的灵活性与自治性。在"钱碧芳和华宁公司与祝长春、华宇公司、祝明安及第三人汪贤琛股东权纠纷上诉案"（[2005] 最高法民一终字第 25 号民事判决书)[1] 中，就股东会能否对股东权转让、公司债权及资产加以处置上，最高人民法院认为，当事人作为华宁公司和华宇公司的全部股东，通过召开股东会会议并形成决议的形式，对两公司股权转让、资产调整达成的股东会决议符合法律规定，应认定为有效，对全体股东均有约束力。

股权为股东固有的财产权，一般情况下，股权转让纯属股东个人自由处置权范畴，股东会作为公司的集体议事机构，其职权范围仅是对公司共同事宜而非股东个人事宜作出决议，而股东会无权对股东持有的股权作出决议。但对于有限公司来说，由于其股东人数很少，股东之间常常是关系亲密之人。股东完全可以通过股东会以所有股东一致同意的方式决定股权转让事宜，这种方式其实是股东自己对其股权的处置，只不过，它是在股东会上进行的而已。

在本案中，作为股东的钱碧华与祝明安通过股东会决议一致决定了其股权转让事宜，体现了有限公司内部管理与股东关系处理的灵活性与自治性，应当认定为有效决议。

---

[1] 《最高人民法院公报》2006 年第 7 期。

四、有限责任公司资合性的适用

有限公司具有人合性，但这并非说，其是人合公司，而仅仅是与作为典型的资合公司而言，其更具有人合性。本质上，有限公司仍是资合公司。在涉及公司发展和对外关系上，须基于公司的发展和保护第三人利益及社会利益而处理相关公司关系。

在"贵州捷安投资有限公司与贵阳黔峰生物制品有限责任公司、重庆大林生物技术有限公司、贵州益康制药有限公司、深圳市亿达盛达科技有限公司股权确权及公司增资扩股出资份额优先认购权纠纷案"（［2009］最高法民二终字第3号民事判决书）中，黔峰公司为引进战略投资者，决定增资扩股。2007年5月28日，黔峰公司召开临时股东会，作为股东的大林公司、益康公司和亿达公司均同意引进战略投资者，并同意按股比减持股权，赞成比例达91%；而作为小股东的捷安公司则仅同意增资扩股，但不同意引进战略投资者，并希望除了其应按出资比例优先认缴出资以外，还要求对其他股东放弃的认缴份额行使优先认购权，由此引起诉讼。

贵州省高级人民法院认为，关于捷安公司是否对其他股东承诺放弃的认缴新增出资份额享有优先认购权的问题，捷安公司对其他股东放弃的份额没有优先认购权。公司股权转让与增资扩股不同，股权转让往往是被动的股东更替，与公司的战略性发展无实质联系，故要更加突出保护有限责任公司的人合性；而增资扩股，引入新的投资者，往往是为了公司的发展，当公司发展与公司人合性发生冲突时，则应当突出保护公司的发展机会，此时若基于保护公司的人合性而赋予某一股东的优先购买权，该优先权行使的结果可能会削弱其他股东特别是控股股东对公司的控制力，导致其他股东因担心控制力减弱而不再谋求增资扩股，从而阻碍公司的发展壮大。因此，不能援引2005年《公司法》第72条关于股权转让的规定精神来解释2005年《公司法》第35条规定。

捷安公司不服原判决，向最高人民法院上诉。最高人民法院经过审理特别指出，当股东个体更大利益与公司整体利益或者有限责任公司人合性与公司发展相冲突时，应当由全体股东按照公司章程规定的方式进行决议，从而得到最终结论以便各股东遵循，因此驳回上诉。

在该案中，尽管一、二审法院没有明确有限责任公司的资合性，而是基于公司的整体发展作出"公司增资扩股行为与股东对外转让股份行为确属不同性质"的结论，但该结论的理论基础正是有限责任公司尽管具有人合性，但其本质上仍属于资合公司，因而须维护公司整体利益，不能过分强调有限责任公司股东个人利益，否则，有限责任公司将与普通合伙无异。

五、股份有限公司资合性的适用

股份有限公司是典型的资合公司，对外信用基础为公司的资本，内部管理以资本多数决为原则，并常常实行两权分离，特别是那些中小股东并不主动且往往不能够参与公司的管理。因此，公司法对股份有限公司的规定大多为强制性规定，公司章程自治受到很大限制。

同时，公司法关于股份公司规定的有关法律程序是必须履行的，不能简单地以所谓的实质公平、正义强迫或代替公司作出判断。如《公司法》第122条规定，股份有限公司董事长、副董事长应经过选举产生，就意味着股东不能直接在章程中以委派方式为之。

第三条 【公司人格与公司利益】公司是企业法人，有独立的法人财产，享有法人财产权。公司以其全部财产对公司的债务承担责任。

公司的合法权益受法律保护，不受侵犯。

本条是关于公司法人格与独立财产的基本规定。

一、公司法人格

与其他企业不同，依本条第1款，公司具有法人格，具有民事权利能力和民事行为能力，依法独立享有民事权利和承担民事义务（《民法典》第57条）。不具有法人格的其他组织（如合伙）则仅能够依法以自己的名义从事民事活动（《民法典》第102条），其独立性是不完备的。

通俗而言，公司具有法人格意味着公司一旦依法成立取得法人资格，则与其投资人人格相互独立。公司不仅可以自己的名义对内对外活动，而且相应权利及义务是由公司享有并承担，并继而独立承担责任。作为投资人的股东只能以股东身份享有作为股东的权利，且承担作为股东的义务（主要是出资义务），不能享有超出作为股东的权利，也无须承担超过作为股东应承担的义务。

重要的是，公司的法人人格，使公司法所规定的法律关系均围绕"公司"这个主体发生，公司有自己确定的财产，股东仅因股东身份而围绕公司产生股东的价值与意义；而最能代表公司人格的机构则为公司董事或董事会。[①] 公司的法人格对于公司具有基础性的意义，其塑造包括国家出资公司在内的公司的市场微观主体地位，规范公司关系及非公司关系，保证公司自身的稳定性，确立公司债权人的法律地位。因此，公司法人格具有公司法教义学基本概念的意义，公司法上的关系，以公司法人格为主体，均围绕公司法人格而产生，无论是股东之间、股东与公司之间、股东与公司管理人之间、公司与公司法定代表人之间，还是公司与债权人之间、股东与公司债权人之间，莫不如此。

在民法上，公司法人格存在的意义主要是对于外部而言的，即公司对外能够以自己的名义独立享有权利并承担义务。在公司法上，公司法人格的价值主要是对于公司内部的，即于公司内部，有关机构的组成、地位、权力及行为均以公司的名义为之并产生公司内部的法律效果。

一般认为，公司内部只是一个组织和机构的问题，不可能也不需要在其内部确立一个独立的抽象主体问题。这是一个值得探讨并具有实践意义的。在公司法逻辑上，无论是股东会、董事会、监事会、经理等高级管理人员及股东，其行为均须基于公司法或章程规定为之，并产生对于公司的效力。从这个意义上说，公司于其内部无疑也是一个法人格的问题。

公司法人格不仅确立了股东与公司互为人格，同时也确立了股东之间仅因公司而成为公司成员，享有股东权并承担作为股东的义务，但并不因此在它们之间产生其他所谓的共同关系，除非股东之间事先有协议安排，而后者已非公司法问题。[②]

二、公司独立财产

"财产独立"是公司人格的核心要素，它是指公司不仅能够以自己的名义对外签订合同，更重要的是能够拥有独立的财产，并可以将这些财产独立地

---

① 徐强胜：《我国公司人格制度的基本制度再造——以公司资本制度与董事会地位为核心》，载《环球法律评论》2020年第3期。

② 参见"李某艳、王某成与公司有关的纠纷二审民事判决书"〔（2020）最高法民终473号〕。

向公司债权人提供担保。此即公司法理论上所谓"积极的财产区分"，它使公司的财产免于被公司股东或者经营者的债权人追索。对于该"积极的财产区分"，有两个相对独立的法律规则，一是公司债权人对于公司财产的优先受偿规则，二是保护公司免于清算规则。前者是指公司的债权人优先于股东个人的债权人就公司财产获得清偿，其效果是提高了公司履行合同的可信度；后者是指公司股东一旦投资于公司，不仅其个人不能随意退出公司，且个人的债权人也不能因股东个人欠其债务，随意取回该股东在公司中的财产份额，从而避免公司动辄进入清算状态。由于公司人格具有这两方面的规则保护，故被称为强式的法律人格。[①] 从财产区分的角度，本条第 1 款界分了公司与股东之间互为人格的财产基础，即公司对其财产享有法人财产权，公司仅以其全部财产对公司债务承担责任。

公司法规定了以下公司财产的独立规则：（1）公司注册资本规则（第 47 条、第 96 条）；（2）出资形式的可估价性、可转让性，不得高估，以及须办理产权转移手续（第 48 条、第 49 条、第 98 条）；（3）公司成立后的出资核查、催缴、失权规则（第 51 条、第 52 条、第 107 条）；（4）股份有限公司的股东认购的足额缴纳并依法验资规则（第 100 条、第 101 条）；（5）有限责任公司成立后股东按期足额缴纳（第 49 条）；（6）公司成立后股东不得抽逃出资规则（第 53 条、第 107 条）；（7）股份有限公司财务资助原则禁止，例外许可规则（第 163 条）；（8）董事等高管不得侵占公司财产等的忠实义务规则（第 181 条）；（9）公司违法分配利润的返还及赔偿责任规则（第 211 条）；（10）公司解散与清算的程序法定规则（第 12 章）。

需要注意的是：（1）有限责任公司采取认缴资本制，股东的出资并不必然构成公司独立的财产，只有那些股东已缴付或到期应缴付部分，方成为公司的独立财产，未到期认缴部分，只是构成公司处于清偿不能状态下对公司债权人的担保（第 47 条、第 54 条），因股东是否具有能力而处于或然状态，即使股东有能力也存在财产没有区分的问题。（2）对于股份有限公司，采取发起设立的，股东的出资需要实际足额缴付（第 97 条 1 款），股东的出资构

---

① 与其相对应，只遵守优先受偿规则、不遵守禁止清算规则的法律实体，如合伙，则可被称为弱式的法律人格。[美] 莱纳·克拉克曼等：《公司法剖析：比较与功能的视角》，刘俊海等译，北京大学出版社 2007 年版，第 9 页。

成公司独立的财产部分；采取募集设立的，仅已发行且已为股东认购部分，构成公司独立财产部分；授权发行而未发行部分，不构成所谓公司财产（第100条）。

判断是否属于公司财产，采取形式主义，即看该财产是否由公司支配（现金缴付于公司账户）或产权登记于公司名下，即使股东对出资财产没有处分权或属于犯罪所得（《公司法司法解释（三）》第7条）。

凡是股东已实际缴付的出资，均构成公司财产，而不再属于股东个人，股东不能按照股东之间的投资协议要求返还。[①]当然，非属于股东出资部分（如股东向公司提供的借款），也不能视为公司财产。而且，由于债权与出资完全属于不同性质的权利，即使二者存在关联，一般也不适用《民法典》第568条规定的相互抵销规则。[②]

公司人格核心要素是独立财产，但独立财产需要投资人、管理人、职工，并作用于企业第三方，进而形成以公司关系为内容的企业组织，即独立财产+利益关系人之间关系链接共同构成"团体"，使公司团体的人格意义超越于独立财产，具有了行为的价值与意义。

三、公司独立责任

以"财产独立"为核心要素的公司法人格，一个重要表征是"以其全部财产对公司的债务承担责任"。依此逻辑，无论公司如何行为，其后果均由公司自己承担。该特征反过来进一步强化了公司法人格。

公司的行为后果由其自己承担，而不得再牵涉股东，除非股东应出资而未出资或滥用其权利（第51条、第53条、第107条）。而且，对于公司管理者而言，只要其在职务范围内所为之后果，也由公司承担，除非职务行为恶意或严重侵犯第三人合法权益（第191条）。

本条"以其全部财产对公司的债务承担责任"不仅包括股东个人，还包括公司高管在内，均不对公司外部承担责任。

---

① 参见"海南天然橡胶产业集团股份有限公司、海南华阳投资集团有限公司新增资本认购纠纷、买卖合同纠纷再审审查与审判监督民事裁定书"〔（2020）最高法民终223号〕。

② 参见"施某天与珠海霖阳投资有限公司、广州常江房地产开发有限公司等民间借贷纠纷二审判决书"〔（2021）最高法民终1301号〕。

四、公司人格与合法权益

与自然人一样，作为具有法人格的公司有自己的合法权益，即公司利益。

公司是一系列契约的连接，各个契约当事人（主要是股东、高管、公司债权人）均有自己的合法权益，但当该契约连接成为公司的时候，各个当事人的利益均汇聚于公司身上，从而形成公司利益。公司利益代表并体现了不同当事人的利益，它既要维护各个当事人的利益，也要实现公司的整体发展利益，各个当事人的利益是通过公司利益的实现而得以维护并发展的。

本条规定"公司的合法权益受法律保护，不受侵犯"有以下三层含义：

第一，股东特别是控股股东与管理层不得侵犯公司合法权益（第21条、第22条、第181条、第182条、第183条、第184条、第185条、第186条、第188条、第192条）。

第二，第三人不得侵犯公司合法权益（第189条第3款），该第三人既包括民事主体，也包括政府部门。本款单列的主要意义就在于公权力部门不得侵犯公司合法权益，营商环境的重要表现也在于此。公权力部门滥用权力而致公司合法权益受损的，公司可以依照本条规定要求赔偿。

第三，有疑问的是，公司自身是否存在损害或侵犯公司利益之情形而受到禁止。公司具有法人格，是一种法律技术拟制，其管理人及机构组成均由自然人组成。尽管一般而言，公司机构和管理人可以依法管理或作出决议从而成为公司的意志与行为，但这些所谓公司的意志可能只是大股东或多数股东的意志，或者是管理人的行为，故有必要明确，公司自身也不能以经营之名损害公司的利益。《公司法》第15条规定的对外投资与对外担保、第163条规定的财务资助要求，即是如此。

五、公司人格与公司维持

公司法人格意味着公司的存续可以不依赖于股东的变化，不因管理人的变更而废止。公司法人格隐含了公司维持原则。公司维持是指成立直至终止，公司不因设立瑕疵、成员变更、企业内部管理关系混乱或外在原因而影响公司作为独立主体有效存续。公司维持包括设立瑕疵不影响公司存在、成员变更不影响公司主体存在、公司人格不得随意否定、除非公司管理僵局无解而不得解散、公司不得经由行政命令而解散、破产企业重整再生等理论与制度。公司维持的实质是维持公司作为法人格的存续，是为了维系公司法人格不因公司内、外部关系的变化而导致公司人格的减损和消灭，从而有效规范公司内、外部法律关系。

第四条　【股东有限责任与股东权利】有限责任公司的股东以其认缴的出资额为限对公司承担责任；股份有限公司的股东以其认购的股份为限对公司承担责任。

公司股东对公司依法享有资产收益、参与重大决策和选择管理者等权利。

本条是关于股东的有限责任与权利的基本规定。

一、股东的有限责任

（一）何谓有限责任

本条第 1 款是关于公司的有限责任的规定。可以看出，其并非公司的有限责任，而是指股东仅以认缴出资或认购股份为限对公司债务承担的责任。此款构成了股东财产与公司财产的区分，使得股东的债权人不能直接对公司财产行使债权请求权。从这个意义上讲，有限责任如公司人格那般也起到了一种隔离作用，但因其是将股东与公司区分开来，故称之为"消极的财产区分"。严格来说，股东的有限责任与公司法律人格是相反的，但二者的相加，更使公司的财产价值与股东个人的经济状况相互隔离，使公司具有更强的人格。[①]

股东有限责任并非公司法律人格的自然产物，很大程度上是政府通过法律特许的结果。股东的有限责任与公司法人格是两个不同的问题。[②] 本次公司法的修订，将 2018 年《公司法》第 3 条分成了两个条文，以示公司法人格与股东有限责任各自重心的不同。

在一定意义上，公司法是个人与政府之间的一种协议，法律作为政府授

---

① 股东的有限责任不仅减少了交易费用，也使得公司的存在成为可能，因为股东的有限责任使得社会与第三人更为关注公司而非股东，进而，股份的自由转让成为可能，股份的自由转让则又进一步强化了公司的有限责任。

② 徐强胜：《〈中华人民共和国公司法〉第三条关于公司人格规定的再表述》，载《西北工业大学学报（社会科学版）》2021 年第 1 期。

予公司有限责任的利益，以换取对企业管理中一些特定条款的遵守，详细制定为公司法典。① 公司法并非如公司契约论所谓的仅是国家提供的一套标准的契约条款，公司可以缺省或选择适用的法律范本。公司法的强制性规定不是可有可无的选择，它们解决了公司的基本信息，消除了许多不确定性，有利于第三人与公司之间的交易选择。

公司法的精髓是它提供了有限责任以及所建立的公司管理规则，② 有限责任一方面界定了股东对公司责任的范围，另一方面明确了公司债权人获得清偿的范围。前者具有鼓励投资的意义，后者具有便于交易的价值，使出资人与公司债权人之间的风险分配变得容易，因此有利于出资份额（股份或股权）价格的形成和转让。③ 无论是鼓励投资，还是便于交易，出资人与公司债权人均以公司为对象，并以公司资产为限产生有限责任与受偿范围，双方之间不产生直接的有限责任与受偿问题。

有限责任规则贯穿公司法和破产法。公司法和破产法中的许多条款，如果不以有限责任为背景，很难理解这些条款的目的，特别是公司承担的广泛的公开和披露责任，有关不当交易条款、董事免责条款，均应按照有限责任规则细加审查。④ 如果说公司法人格从形式上界定了股东与公司之间、公司债权人之间各自独立人格的法律关系，有限责任则从实质上决定了他们之间的权利义务与责任。

公司法许多条款均需要借助有限责任规则认识与分析，主要包括：第 4 条 2 款、第 13 条、第 14 条、第 21 条、第 22 条、第 23 条、第 32 条、第 33 条、第 34 条、第 37 条、第 39 条、第 40 条、第 45 条、第 46 条、第 47 条、第 48 条、第 49 条、第 51 条、第 52 条、第 53 条、第 54 条、第 57 条、第 58 条、第 59 条、第 60 条、第 65 条、第 66 条、第 67 条、第 68 条、第 69 条、第 76 条、第 84 条、第 88 条、第 89 条、第 94 条、第 95 条、第 96 条、第 99

---

① ［美］弗兰克·B. 克罗斯、罗伯特·A. 普伦蒂斯：《法律与公司金融》，伍巧芳等译，北京大学出版社 2011 年版，第 15 页。

② ［美］弗兰克·B. 克罗斯、罗伯特·A. 普伦蒂斯：《法律与公司金融》，伍巧芳等译，北京大学出版社 2011 年版，第 15 页。

③ ［日］神田秀树：《公司法的理念》，朱大明译，法律出版社 2013 年版，第 8 页。

④ ［英］保罗·戴维斯、莎拉·沃辛顿：《现代公司法原理》（第九版）（上册），罗培新等译，法律出版社 2016 年版，第 41 页。

条、第 101 条、第 109 条、第 110 条、第 111 条、第 113 条、第 114 条、第 121 条、第 123 条、第 130 条、第 139 条、第 140 条、第 141 条、第 150 条、第 157 条、第 161 条、第 162 条、第 163 条、第 192 条、第 207 条、第 208 条、第 209 条、第 210 条、第 211 条、第 213 条、第 214 条、第 220 条、第 222 条、第 224 条、第 225 条、第 226 条、第 232 条、第 233 条、第 236 条、第 237 条、第 240 条、第 241 条、第 242 条、第 265 条等。

有限责任规则的真正要害并非产生在债务或责任的交易中，或在债权人与公司之间可能的直接法律关系背景下显示出来，相反，其重要性是在公司破产时由于公司没有足够的财产清偿所有的债权，在公司和其成员之间的关系中表现出来的。①

（二）有限责任公司股东的有限责任

有限责任公司采取认缴资本制，本条第 1 款规定，"股东以其认缴的出资额为限对公司承担责任"，除了认缴出资时间限制在公司成立后 5 年之内（第 47 条第 1 款），认缴额度和认缴出资的方式均由章程规定（第 46 条第 1 款第 5 项）。而且，除非法律、行政法规另有规定或国务院决定外，有限责任公司股东的出资额既无最低限制，也无最高限制（第 47 条第 2 款）。

有限责任公司股东的出资额由两大部分组成，即认缴中的已缴部分和认缴中的未到期部分，前者构成公司资本，后者构成股东对于公司的未到期债务。作为已经缴付部分，形成公司财产而与股东个人财产相互区分；作为认缴而未到期缴付部分，仅形成公司债务而非公司财产，不能形成财产区分。因此，"有限责任公司的股东以其认缴的出资额为限对公司承担责任"中，股东认缴而未到期缴纳的出资并非公司资本意义上的担保，而是一种以出资承诺类似个人保证的担保。

学界普遍认为股东认缴而未缴付部分也构成所谓公司资本，且也是法定的资本，因为无论是采取许可资本制的大陆法系，还是采取授权资本制的英美法系，都允许股东先行缴纳部分出资，其他认缴而未缴部分可以在规定的期限内缴纳。但是，我国采取的认缴资本制与后者具有质的不同，后者允许的认缴而未缴的出资额度与期限是有限制的，且常常占比较小，具有公司可

---

① ［英］保罗·戴维斯：《英国公司法精要》，樊云慧译，法律出版社 2007 年版，第 12—13 页。

控性和债权人利益的可担保性。尽管要求认缴出资期限不能超过 5 年，但总体而言，我国的认缴而未缴部分是公司完全不能控制的，公司不能根据发展需要决定其缴纳时间与数额。

从这个意义上讲，认缴资本制下股东的有限责任不是一般公司法上的，后者为资本责任，前者为因认缴出资而承担的责任。

（三）股份有限公司股东的有限责任

股份有限公司采取授权资本制（第 96 条），本条第 1 款规定，"股东以其认购的股份为限对公司承担责任"。与英美授权资本制不同的是，我国股份有限公司已发行且由股东认购的出资必须是实际足额缴纳，不存在认缴而未缴情形（第 98 条第 1 款、第 100 条）。如果股东认购而未实际缴付或未足额缴付，公司应当催缴（第 98 条第 2 款）。

依此，股份有限公司股东的出资清楚且实缴于公司，公司财产确定且与股东个人财产清晰区分。即使存在股东认购而未实际缴纳部分，也由董事会负责催缴，否则，因此造成公司损失董事等高管须予以赔偿（第 51 条）。所以，股份有限公司股东"以其认购的股份为限"对公司债务承担的责任完全是一种资本责任，股东出资后就不再存在出资责任了。相应的，对于公司债权人而言，其只能要求公司以公司财产承担责任。

二、股东权利

（一）股东权的基本认识

公司系由全体股东共同出资成立，公司属于股东所有。公司依法成立后，具有法人格，对公司财产享有所有权，可以自己的名义享有权利并承担义务，在这个意义上，股东并不能直接支配公司财产及管理。公司与股东互为人格且"双重财产权"的特质，使得其具有既是"人"，又是"物"的功能。[①]

体现在公司法上，就是股东对于其出资的财产权到股东权利的转变，股东一旦出资，对于出资就不再具有财产的支配权，只能通过股东会、董事会、监事会机构管控公司，分配利润，相应地，股东的财产权转变为作为公司成员的股东权。从财产权到股东权的转变，是股东享有有限责任的对价，股东以股东身份参加股东会，"对公司依法享有资产收益、参与重大决策和选择管

[①] ［日］神田秀树：《公司法的理念》，朱大明译，法律出版社 2013 年版，第 6—7 页。

理者等权利"。

从财产权到股东权，并非简单的在财产权功能（如占有、使用等）上变化，而是股东通过出资财产的让渡，获得了以股东身份参与公司管理并享有收益的权利，从而使得股东权具有了特殊的意义，既具有财产权，也具有作为成员的法定和章定的公司管理权。股东权是财产权与身份权的结合，成为一种新型的民事权利——成员权。

股东权源于出资，成为公司整体财产不可分割的一部分，故股东权是股东作为公司成员的财产权与身份权利，而不是股东自身的财产权与身份权利。进而，股东权的行使必须通过公司这个团体行使，包括收益权与剩余财产索取权。当然，各个股东出资财产权的转移同时伴随各个股东共同意志的形成，产生股东的共同管理与参与权。股东资格及其权利不是单个财产权或人身权存在的单个份额，而是一个整体性的权利，其须由股东以成员身份并通过共同管理与参与来行使及实现。

股东的共同管理与参与权的行使结果是形成某种结果并由公司执行，故其与民法上的形成权相似，它既不是支配权，也不是债权。德国学者认为，"这是由形成权转化来的人的一种权能，人们通过自己的法律行为的意思对其他权利主体产生影响，或者是参与这种影响的实施"。参与管理权与形成权之间的区别在于，参与管理权不是一种纯粹利己的权利，而是一种"组织性权利"，参与管理权不是通过权利人单独形成某种法律关系，而是一种权利人的共同影响使形成一个共同的意志成为可能。①

股东权中的财产权主要包括收益权与剩余财产索取权，它们是股东基于股东身份或成员地位产生的独立权利，不决定股东权的性质。《民法典》第76条关于营利法人定义的规定，仅是表明营利法人与非营利法人之间的区别，并不意味作为营利法人的公司股东权与其收益权相关。尽管股东投资的目的主要在于获得收益，但收益的实现，取决于通过股东会、董事会、监事会的共同管理，所以，股东权决定着财产权。

需要特别指出的是，理论上常常将股东权简称为股权，或将股东权解释为所谓股东权利。但股东权并非公司法有关涉及有限责任公司法条所称"股

---

① 任中秀：《德国团体法中的成员权研究》，法律出版社 2016 年版，第 79—80 页。

权"（第 40 条、第 48 条、第 52 条、第 4 章、第 162 条、第 219 条），后者如股份有限公司中的股份含义，一般称之为份额，我国公司法为表明其与股份有限公司的区别，称有限责任公司股东因出资形成的份额为股权，纯粹是一种如股份那样的财产份额而已。其与股东权利之间的关系将如后述。

（二）本条第 2 款关于股东权利的概括性规定

1. 资产收益权

股东投资的目的在于获取收益，故本条第 2 款规定股东对公司享有资产收益权。该资产收益权应做广义解释，不仅包括分红和派息的权利，还包括通过转让或要求回购而获得的收益，以及公司增资时的优先增资权。除非章程事先规定或全体股东一致同意，否则股东的资产收益权是不能剥夺的。

其中，股东的分红和派息权，是一种抽象的权利，唯在公司依照法定程序决定分红或派息时，该权利才成为现实的请求权，即在股东会决议分红议案生效后，股东与公司之间形成一种债权债务关系，如果未按照决议及时给付则应计付利息。① 公司是否决定分红，是公司经营问题，属于私法自治范畴，法院一般不予以主动介入。但资产收益权是股东对公司享有的基本权利，公司有盈利，大股东滥用权利导致公司不分红的，股东可以诉请法院介入（《公司法司法解释（四）》第 15 条）。

2. 参与重大决策权

继本条第 2 款规定股东的资产收益权之后，还规定了重大决策参与权，该权利属于典型的共益权。《公司法》第 59 条关于股东会的职权规定，主要是指股东对于公司的重大决策参与权。除此之外，《公司法》第 15 条关于股东会对于对外担保决议规定、第 104 条股份公司成立大会职权规定、第 146 条类别股股东会决议规定、第 151 条关于股份有限公司新股发行、第 152 条授权股份发行、第 163 条股东会决议财务资助等，也属于股东对于公司重大决策的参与权范畴。

参与重大决策权体现了《公司法》股东至上的宗旨，也是我国改革开放以来秉持的谁投资、谁决策、谁收益的鼓励投资精神体现。由于公司独立法

---

① 参见"甘肃居立门业有限责任公司与庆阳市太一热力有限公司、李昕军公司盈余分配纠纷二审判决书"〔（2016）最高法民终 528 号〕，载《最高人民法院公报》2018 年第 8 期。

人格及有限责任的价值，作为投资人的股东享有的决策权强调的是重大决策的参与权，此有两层含义：一是鼓励将公司一般经营决策权托付管理层，二是股东只能通过股东会的集体议事机构并以集体议事的方式行使重大决策权，股东个人即使持有股份或股权的较大比例，也不得以个人名义为之，否则无效（第27条）。

对于股东的参与重大决策权，有限责任公司与股份有限公司的表现并不相同。对于前者，股东的参与重大决策权范围可以更为宽泛，甚至可以是具体管理权，因为有限责任公司两权分离并不突出；而对于后者，其范围应作严格限定甚至限缩，否则有违股份有限公司的两权分离制度设计。

3. 选择管理者权

股东的有限责任使得其可以不直接参与公司管理，而委托给职业的管理人员。此委托体现在公司法上就是股东对于公司管理者的选择权，即通过股东会选举或罢免管理人员的权利。当然，股东个人也可以通过选举成为管理者，可以自己选举自己成为董事或监事。但股东个人一旦成为管理者，其身份就由股东成为公司管理者，在行使管理权时须履行对于全体股东的信义义务。

4. 其他权利

除以上重要权利外，股东还享有其他权利，包括监督权、提案权、提议权、质询权、知情权、诉讼权等。

从本条第2款关于股东权利类型规定先后来看，其十分注重股东的财产性权利及股东对于公司最终的决定权，注重的是如何发挥股东的作用。这种逻辑与西方发达国家和地区公司法侧重股东的参与经营并监督权，进而强调发挥董事会等管理层作用的制度框架是有相当差异的。

（三）股东的义务

1. 出资义务

一般情况下，股东仅有以认缴或认购的出资或股份为限对公司承担的出资义务，即所谓的有限责任问题。

有限责任公司采取认缴出资制，股东须按照章程规定出资数额、方式和期限向公司承担出资义务（第46条）。在此制度下，股东的出资义务有两种情形，一是现实的出资义务，二是未来的出资义务。前者是指章程规定的即时或已到期的实际缴纳出资义务，后者是指章程规定未到期的缴纳出资义务。

对于到期出资义务，股东应按期足额缴纳（第49条），公司也须及时催缴（第51条）。对于未到期出资义务，股东享有到期之前的期限利益，公司一般不得强制提前缴纳，除非出现公司不能清偿到期债务情形（第54条）。

股份有限公司采取授权资本制，且公司已发行股份须由认购股东全额实际缴纳，通常会在公司成立前或新股发行发生效力前就履行出资义务（第96条、第97条、第98条、第100条）。严格来说，只有股份认购人负有出资义务，而股东并不承担出资义务。

公司不得放弃缴纳请求权或免除认缴人或认购人的缴纳义务，但在公司同意的情形下，新股认缴人或认购人可以公司债权抵销认股金额缴纳（第48条、202条）。对于有限责任公司，可以通过减少注册资本方式免除股东认缴而未到期的出资（第224条）。

2. 忠实义务

一般而言，对于作为投资者的股东是不需要对公司和其他股东承担忠实义务的，因为股东被看作被动的投资者，在公司的股东会上，他们被赋予了照顾自身利益的权利。但实际上，很多股东不仅扮演着被动投资者的角色，还在公司有其他的角色。由于这个原因，对不同类型的股东分别施加相应的忠实义务，不仅关系到公司，也关系到其他股东。

对于中小企业代表的有限责任公司，股东为数不多，股东在公司重大事项的决定上拥有否决权，而且股东经常参与公司日常事务，公司和股东时常会产生冲突，加上股东们通常不能也不愿意离开公司，这些冲突很难解决。因此公司法就应当为这种冲突提供一些解决办法，其中包括忠实义务。完全的认缴出资制，使得我国的有限责任公司更为接近合伙状态，而合伙的基本要求是合伙人之间负有忠实义务。尽管我国公司法及司法实践承认股东对于认缴出资的期限利益，但这不能简单地理解为个人利益大于公司利益、股东个人之间的恩怨可以阻止全体股东的利益发展。从这个意义上讲，股东认缴出资的期限利益不能作形式化理解，股东与公司之间不是简单地平等，而是公司内部团体与成员之间的关系问题。

对于股份有限公司，股东为数众多，一般股东确实可以通过证券市场随意进出公司而对公司和其他股东没有什么影响。但是，如果股东是控股股东或能够影响公司的股东，其对公司则负有忠实义务（第192条）。

第五条 【公司章程】设立公司应当依法制定公司章程。公司章程对公司、股东、董事、监事、高级管理人员具有约束力。

本条是关于公司章程的原则性规定。

一、作为公司宪章的章程

公司章程是指规范公司的宗旨、业务范围、资本状况、经营管理以及公司解散等事宜的公司准则。因其是公司组织和活动的基本准则，被称为公司"宪章"，具有法定性、公开性、真实性与自治性。

公司章程一经依法制作，就成为规范公司内部关系最重要的法律文件，成为调整股东与公司、管理层关系的法律依据。

二、章程的记载事项

在大陆法系，公司章程有必要记载事项与任意记载事项。必要记载事项又分为绝对必要记载事项与相对必要记载事项。前者是指法律规定必须记载的事项，如不记载，就会导致章程的无效。后者是指法律规定应当记载的事项，但如不记载，法律可采取补救措施。任意记载事项是指股东或发起人决定是否记载，它可以记载，也可以不记载。但一经记载，就产生法律效力而对当事人产生约束力。在英美国家，公司章程的记载事项可分为强制记载事项与任意记载事项。前者非经记载，章程不生效力；后者一经记载，就发生法律约束力。

《公司法》将公司章程记载事项分为应当记载事项还是任意记载事项（第46条、95条）。前者是指法律要求应当记载的事项；后者是指公司可以根据自己实际情况加以记载的事项。无论是应当记载事项和任意记载事项，均对当事人产生效力。

公司章程的任意记载事项是由股东会根据公司需要制定的。有限责任公司具有人合性，法律赋予了这种公司形态极强的自治性，并通过章程体现出来。股东可以通过章程而非出资比例确定分红、选举、管理、股权转让，以及在出现公司僵局时的解决方式等。例如，可以在章程中规定，在出现重大事项时应由全体股东一致同意或80%甚至90%的股份比例通过，以较好地保护小股东的合法权益。对于股份有限公司来说，法律对其强制性规定较多，但仍可以在章程中作出相应规定，以发挥不同资本组合效应，如规定不同种类的股份等。

三、章程的约束力

（一）何时生效

作为公司组织和活动基本准则的章程，主要调整公司与股东之间、股东与股东之间及公司与高级管理人员之间的关系，其效力也主要体现在公司团体内部。所以，公司章程的生效以股东或者发起人签字、盖章，或者自创立大会上通过时生效。

公司章程的生效时间因公司的性质和设立方式有所不同。在有限责任公司和以发起设立的股份有限公司，公司章程应当自全体股东或者发起人签名、盖章时生效；在募集设立的股份有限公司，则应当在创立大会上通过时生效。[①]

公司章程依法制作后需要进行公司登记，但公司登记只是起到公开的作用，非章程生效的条件。[②]

（二）何时失效

公司章程的失效包括部分失效与全部失效。部分失效是指公司章程的部分内容和条款失去效力，同时又不影响到整个章程的效力。全部失效是指公司章程整体失去效力，包括因公司成立而失效和因公司终止而失效。公司章程尽管可能在公司股东或发起人通过时就生效，但其毕竟是针对公司而言的，所以，在公司不能成立时，是不需要章程的。这时，公司章程因公司不能成立而失去效力。公司终止，维系公司存在的章程自然也终止。

（三）对谁生效

公司章程是公司组织和活动的基本准则，主要调整公司与股东之间、股东与股东之间及公司与高级管理人员之间的关系，效力主要体现在公司团体内部。所以，公司章程对公司、股东、董事、监事和高级管理人员具有约束力（第5条、第21条、第179条、第188条、第190条）。

公司章程只对公司内部人发生效力，不能对抗善意第三人（第11条第2

[①] 施天涛：《公司法论》（第4版），法律出版社2018年版，第131页。

[②] 参见"万某裕、丽江宏瑞水电开发有限公司股东资格确认纠纷再审审查与审判监督民事判决书"［（2014）最高法民提字第00054号］。

款、第 67 条)。尽管公司章程是向社会公开的,第三人可以通过登记机关查阅知悉章程内容,但第三人没有义务事先查阅公司章程。在公司行为违反公司章程确定的权力范围时,并不会导致公司行为的无效,它对公司仍有约束力。如果第三人或相对人知道或应当知道公司行为超出章程确定的权力范围,则利害关系人可以主张该合同或交易无效。

四、关于公司章程的基本规定

公司目的能否达到,股东的利益能否实现和得到有效维护,一定意义全在于公司章程规定得如何。在现实中,我国公司章程的规定往往简单而原则,对于如何在比较具体的情况下协调股东之间、股东与高级管理人员之间等问题常常语焉不详。结果在出现问题时导致没有相应依据处理纠纷,使有关人员,特别是中小股东的利益受到侵犯。所以,在设立公司时,应注意公司章程的内容,使其在符合国家法律、行政法规的前提下体现出设立人和股东的切实利益。

对于有限责任公司而言,各国法律都十分强调其自治性,这种自治性主要体现在公司章程的有关规定上,我国也同样如此。公司法专门关于有限责任公司的有关"公司章程另有规定"或允许公司章程规定的法条主要有:第46 条、第 59 条、第 64 条、第 65 条、第 66 条、第 67 条、第 68 条、第 73 条、第 76 条、第 78 条、第 81 条、第 84 条、第 89 条、第 90 条、第 209 条、第210 条、第 215 条、第 219 条、第 224 条、第 232 条。

对于股份有限公司来说,其组织和行为涉及更多投资者和社会公共利益,各国法律对其强制性规定比较多。但现代各国公司法的发展趋势是减少其结构性管制,加强程序性控制。股份有限公司在许多方面仍可以通过章程予以自治。我国公司法关于股份有限公司章程自治的规定主要有:第 95 条、第110 条、第 113 条、第 115 条、第 117 条、第 121 条、第 126 条、第 130 条、第 132 条、第 142 条、第 144 条、第 146 条、第 157 条、第 160 条、第 162条、第 163 条、第 167 条、第 182 条、第 183 条、第 184 条、第 202 条、第210 条、第 215 条、第 219 条、第 224 条、第 227 条、第 232 条。

以上有关规定意味着公司可以根据自己的实际情况作出选择。

由于公司章程的效力主要及于公司内部,第三人没有义务事先了解公司章程,公司应该建立公司章程的管理制度,将公司章程及时让交易相对人知悉。这不仅有利于第三人，也有利于保护公司本身。对于第三人而言，主动了解公司章程规定，有利于交易安全。

五、公司章程效力的审查

具有契约性、自治性的公司章程，应该得到保护。特别是有限责任公司，人合性较强，股东基于彼此的信赖合作，组建公司。在制定章程时，发起人有机会进行反复的磋商，以便能实现各方的利益最大化。当公司章程并不违反公司法的规定时，即使原告在签订章程的过程中对自己的权利有所放弃，也不为法律禁止。①

公司章程同时还关系到公司的治理结构及社会和第三人的利益，在具有自治性的同时还具有法定性。如果章程规定违反了公司法的强行性规定，该规定应当是无效的，仅仅是改变了公司法的任意性规定，则是允许的。

（一）欠缺《公司法》应记载事项的效力

对于公司章程欠缺《公司法》第 46 条规定的应记载事项，其效果如何？一般认为，公司法规定的应记载事项属于必须记载，如没有记载，则章程不发生效力。这种认识过于简单。从《公司法》第 46 条和第 30 条规定来看，所谓应记载事项更多的是对于登记的要求，并非其效力如何的判断标准。

（二）关于章程规定不同于公司法规定的效力

除法律规定"章程另有规定"的表述外，即使章程规定不同于公司法规定时，效力也要具体情况具体分析，不能一概而论。如《公司法》第 122 条第 2 款规定了股份公司董事长对董事会决议实施情况的检查权，如果公司章程明确规定由其他执行董事检查，董事长无权检查，则该章程规定应受到尊重，不能以该规定违反法律规定而认为无效。该问题的实质是，作为公司内部检查权，完全可以由章程作出规定，符合公司自治原则。

在具体审查公司章程效力时，应当综合考虑公司章程生效的形式要件和实质要件，前者包括是否有股东签名，是否符合公司法上对章程条款的规定，公司章程的修正是否符合《公司法》关于股东会决议效力的审查要求；后者包括公司章程应当体现股东平等自愿，公司章程的执行是否会给部分股东特别是大股东、公司带来额外利益（不具有合法性），公司章程的规定不得违反

---

① 赵旭东主编：《新公司法实务精答》，人民法院出版社 2005 年版，第 34 页。

法律、行政法规的强制性规定。如公司章程规定对公司的某一股东，不根据公司的盈亏，每年定期分配固定利润就是无效的规定，因为这违反了现代经济社会中权利义务的对等原则。

第六条 【公司名称】公司应当有自己的名称。公司名称应当符合国家有关规定。

公司的名称权受法律保护。

本条是关于公司名称的基本规定。

一、企业名称的基本规则

本条第 1 款规定，公司应当有自己的名称。作为市场主体，公司必须有自己的名称，以使自己与其他市场主体区别开来。

（一）公司名称的合法性

作为表明企业存在并以之对外活动的名称来说，其不仅表明自己（经济价值），更重要的是通过企业名称显现的社会意义，故企业名称的表示或构成必须符合法律规定。

（二）公司名称的真实性

真实原则是指公司名称不得包括能够使人对相关的交易领域非常重要的业务关系产生误解的事项。真实原则对企业名称的所有部分都有效，包括核心及附属部分。

具体而言：（1）不能对营业类型产生误导。[①] 例如，一家企业生产塑料，不能在商号中标识为金属工厂；如果一家企业仅仅经营建筑材料，不能起名为建筑企业；如果经营疗养院，不能称特殊诊所。（2）对于营业范围和规模也不允许误导。如果仅仅是一个做点心的小作坊，不能将商号叫面包厂；如果仅仅经营独资企业，不能在商号中叫大市场。（3）地理标识不能误导。如果企业位于内地某城市，不能叫北京或上海某公司；如果仅仅是一个国内企业，从不进行国际贸易，则不能叫国际某企业。（4）其他方面的误导禁止。

---

① 参见"新黎明科创控股有限公司等与国家市场监督管理总局其他二审判决书"〔（2020）京行终 5334 号〕。

例如，经营茶社，不能称医学或保健茶社等；再如，将一个与企业无关的人的姓名放在商号中也是禁止的。

另外，根据企业名称登记管理办法规定，企业名称冠以"中国""中华""中央""全国""国家"等字词，应当按照有关规定从严审核，并报国务院批准。企业名称中间含有"中国""中华""全国""国家"等字词的，该字词应当是行业限定语。这些规定的意义主要在于防止误导。

二、公司名称权

依本条第 2 款，公司对其名称具有专用权（另见《民法典》第 110 条 2 款）。

（一）对于已登记名称的保护

首先，已登记的企业名称具有排斥他人在一定区域内登记相同或相类似名称的效力。

法律主要通过它们之间是否具备明显区别来判断的。依照《企业名称登记管理规定》（2020 年），在同一企业登记机关，申请人拟定的企业名称中的字号不得与下列同行业或者不使用行业、经营特点表述的企业名称中的字号相同：（1）已经登记或者在保留期内的企业名称，有投资关系的除外；（2）已经注销或者变更登记未满 1 年的原企业名称，有投资关系或者受让企业名称的除外；（3）被撤销设立登记或者被撤销变更登记未满 1 年的原企业名称，有投资关系的除外。

其次，已登记的企业名称具有排斥他人使用相同或类似字号的效力。

企业名称权的排他效力，是指企业名称一旦依法登记，就发生排斥他人为相同或类似名称的登记或使用该名称的效力。

企业名称登记对其他商业名称产生排他效力，需要具备两个基本条件：（1）必须是名称相互雷同，即相同或类似；（2）必须是同一行业，如果不是同一行业，不产生排他效力。

（二）对未登记企业名称的保护

对未登记企业名称，是通过不正当竞争法进行保护的。因其未登记，在未登记名称权利人的企业名称使用权方面，不适用推定规则，权利人对他人的侵权行为要负举证责任。

三、公司名称的出借

作为一种无形财产，企业名称的所有人是可以出借名称予别人的。但由于企业名称属于识别性权利，如果企业将其名称许可他人使用，使第三人误认他人为真正的企业名称所有人而与之进行交易的，则名称所有人必须与使用名称的人就因此发生的债务负连带责任。[1]

企业名称的出借属于授权行为。从出借本意来看，出借方意在扩大市场与影响，并收取相应出借费用；借出方意在通过出借方企业名称进入相应市场或取得资质、特定许可，这完全是一种市场行为。出借方与借出方需要通过合同明确约定双方权利义务，但合同约定仅具有内部效力。

对于外部，企业名称的出借意味着保证或担保，产生权利外观，出借方须对借名方行为负责。即使第三方知道或应当知道，因借名方行为导致第三人损失的，出借方均须承担连带责任，除非出借方、借名方与第三人另有协议约定。如《最高人民法院关于审理建设工程施工合同纠纷案件适用法律问题的解释（一）》（法释〔2020〕25号）第7条规定："缺乏资质的单位或者个人借用有资质的建筑施工企业名义签订建设工程施工合同，发包人请求出借方与借用方对建设工程质量不合格等因出借资质造成的损失承担连带赔偿责任的，人民法院应予支持。"

对于未获授权的借名行为，原则上属于侵权，不适用连带责任。但如果被借名方明知或应当知道借名的存在，而不制止，也会产生权利外观而适用连带责任问题。

第七条 【公司名称字样】依照本法设立的有限责任公司，应当在公司名称中标明有限责任公司或者有限公司字样。

依照本法设立的股份有限公司，应当在公司名称中标明股份有限公司或者股份公司字样。

本条是关于有限责任公司与股份有限公司名称基本标识的要求。

公司不仅应当在登记时确保其名称包含法定的组织形式，也应当在日常的商事交往中使用含有该法定名称的企业名称。如果公司名称中没有标明相关字样，或仅有所谓"公司"称号，会导致不能适用公司法之后果。

---

[1] 谢怀栻：《外国民商法精要》（第三版），法律出版社2014年版，第257页。

在"深圳同益安创新技术有限公司、深圳普安实业公司公司解散纠纷民事申请再审案"〔（2021）粤民申 11202 号〕中，普安公司的《企业法人营业执照》显示该公司企业类型为全民与集体联营，普安公司 1991 年 1 月 28 日的章程载明该公司为内联集体所有制企业，为有限责任公司，而普安公司成立于公司法颁布施行前，因此，尚不足以证明普安公司已经依法改建为公司法所调整的有限责任公司，一、二审法院据此认定本案不属于《公司法》适用范畴并无不当。

如果成立的所谓公司非其他法人企业，也非依法设立的合伙企业，而仅具有公司之名，则其实质为合伙关系，按照《民法典》有关合伙合同规定处理相关纠纷。

另外，该规定赋予了公司名称的关于"公司"的识别功能，使其与其他企业形式特别是合伙区别开来，得以在公司登记后对外形成交易中重要事项的外在表现形式与外观事实，构成他人与公司交往的信赖基础。

根据该条规定，有限责任公司与有限公司、股份有限公司与股份公司字样含义相同，当事人可以根据交易习惯选择适用。如果仅仅是"有限责任公司"与"有限公司"的差异，则一般不能认为违背真实性原则。①

第八条 【公司住所】公司以其主要办事机构所在地为住所。

本条是关于公司住所的基本规定。

一、公司住所的确定

公司住所是公司据以开展业务、进行民事活动的中心场所，也是对公司进行管理和确定诉讼管辖的依据。

依据本条及《民法典》第 63 条的规定，我国对公司住所采取的是管理中心主义做法，以主要办事机构所在地为住所。

二、公司住所的登记

公司住所属于公司应登记事项（第 32 条）。

---

① 参见"喜宝集团控股有限公司诉中国农业银行股份有限公司青岛城阳运行银行结算合同纠纷二审判决书"，载《最高人民法院公报》2014 年第 12 期。

公司登记的住所一般推定为公司的主要办事机构所在地。实践中，也会出现公司并不以其主要办事机构所在地登记为公司住所，特别是那些以中小型、服务为主要经营范围的公司，常常会将某个方便登记的地方登记为公司住所。在这种情况下，登记地即为公司住所，相关法律关系可以由此认定。

实践中，当事人常常以登记地非公司住所而对诉讼管辖提出异议，此时，基于法律关系的确定，一般是以登记地为诉讼管辖地。①

三、公司住所的变更

公司住所变更须及时进行工商登记变更。按照规定，市场主体变更住所或者主要经营场所跨登记机关辖区的，应当在迁入新的住所或者主要经营场所前，向迁入地登记机关申请变更登记（《市场主体登记管理条例》第27条）。

管理部门依法对公司住所变更登记之前，仍以原登记住所为确定相应法律关系之地。因为公司住所是公司必要登记事项，对外具有一定的公示性。②

四、公司住所与经营场所

公司住所与公司的经营场所是两个不同的概念。经营场所是指企业法人从事生产经营或服务活动的场所，它包括一定的场所和设施，如工业企业的制造车间。它是企业进行生产、经营、服务的基本条件。经营场所可以是一个，也可以是多个。

经营场所并非不能登记为公司住所，但多个经营场所仅表明其经营场地在不同地方，不能因此随意将某个经营场所当作公司住所。③ 而且，对于公司经营场所的确定，完全系公司内部经营问题，公司内部确定即可，没有可诉性。④

第九条 【公司经营范围】公司的经营范围由公司章程规定。公司可以修改公司章程，变更经营范围。

---

① 参见"浙江天意影视有限公司与吉林省长白山保护开发区管理委员会承揽合同纠纷管辖权异议裁定书"［（2015）吉民管终字第2号］；"缪某、张某与公司有关的纠纷二审判决书"［（2019）浙09民终538号］。

② 参见"芜湖中集瑞江汽车有限公司与双鸭山市金海煤炭有限责任公司承揽合同纠纷二审判决书"［（2015）皖民二终字第00935］。

③ 参见"江西银行股份有限公司与康得投资集团有限公司与破产有关的纠纷二审民事裁定书"［（2021）京民终161号］。

④ 参见"缪某、张某与公司有关的纠纷二审判决书"［（2019）浙09民终538号］。

公司的经营范围中属于法律、行政法规规定须经批准的项目，应当依法经过批准。

本条是关于公司经营范围的基本规定。

一、公司经营范围与公司能力

（一）经营范围一般不约束或限制公司的权利能力

作为营利法人的公司，一般都有自己的经营范围，依本条第 1 款，该经营范围由公司章程规定。公司章程规定的经营范围属于公司目的条款问题，公司的经营一般应以经营范围为准。

受传统计划经济的影响，我国原来的有关法律强调企业法人须在经营范围内活动（如《民法通则》第 42 条）。但随着社会主义市场经济的深入发展，与世界各国发展趋势一致，法律（《民法典》第 505 条）与司法实践也不再将公司目的与公司能力挂钩，公司可以从事其认为有利的一切事业，相应行为均有效。[①]

（二）超过特别经营许可或限制经营范围的行为一般无效

我国对某些行业或企业的经营范围有特别要求或限制经营的，则这些企业须在法律、行政法规许可的范围内从事经营活动。超出该特别许可或限制经营范围，则一般无效。[②]

二、公司经营范围的内部约束力

经营范围属于公司章程绝对必要记载事项，其尽管已经不能成为限制公司能力的举措，但对于董事会、法定代表人或股东集体具有直接的约束力（第 5 条、第 179 条）。如果董事会和法定代表人超出经营范围活动，给公司造成损失的，须对公司承担赔偿责任（第 188 条）。

所以，尽管公司超出经营范围的活动并不当然认为无效，但公司的经营范围对于约束公司董事、高级管理人员，意义重大，它是判断董事和高级管理人员是否符合信义义务的基本标准。

---

① 参见"中水电北固建设机械有限公司、成都市裕邑丝绸有限责任公司借款合同纠纷再审审查与审判监督民事裁定书"〔（2017）最高法民申 2175 号〕。
② 参见"李某贤、西藏翰辰生物科技有限公司等侵权责任纠纷民事申请再审审查民事裁定书"〔（2021）最高法民申 4820 号〕。

第十条 【公司法定代表人】 公司的法定代表人按照公司章程的规定，由代表公司执行公司事务的董事或者经理担任。

担任法定代表人的董事或者经理辞任的，视为同时辞去法定代表人。

法定代表人辞任的，公司应当在法定代表人辞任之日起三十日内确定新的法定代表人。

本条是关于公司法定代表人的基本规定。

一、公司法定代表人的基本认识

公司是以自己的名义对外从事经营活动的权利能力者，须有负责代表公司对外从事民事行为的机构和担当人，该人就被称为公司代表。

我国对于法人企业采取法定代表人制度（《民法典》第61条）。本条第1款进一步明确，公司的法定代表人按照公司章程的规定，由代表公司执行公司事务的董事或者经理担任。

公司法定代表人具有以下含义：

（一）法定代表人是公司必设且常设的代表机构

本条规定，表明了法定代表人是公司的代表机构，至于由谁担任，则属于担当人的问题。同时，《公司法》规定法定代表人是公司应登记事项（第32条）、公司营业执照应记载事项（第33条）。如果没有法定代表人事项，则公司将不获登记，不能取得营业执照而成立。所以，法定代表人是公司必设且常设的机构，[1] 功能是代表公司。

法定代表人首先是公司内部机构问题，其次才是公司由谁对外代表的概念，其并不因对外代表而不属于公司内部机构。[2] 前者决定了法定代表人应当设置，但如何设置、由谁担任及权力范围，完全是公司自治范畴，而非法定的问题；后者决定了法定代表人的代表外观，即对第三人而言，是谁在担任法定代表人并有权代表公司对外。

---

[1] 施天涛：《公司法论》（第4版），法律出版社2018年版，第375页。
[2] 民法学界认为，代表机构为公司对外机构，不属于内部机构，值得商榷，代表机构只是公司对外的代表机构，仍属于公司内部机构，仅功能分工不同，这种认识割裂了代表机构与执行机构之间必然的联系。参见张俊浩：《民法学原理》（上册）（第二版），中国政法大学出版社1997年版，第199页。

（二）法定代表人由执行公司事务的董事或者经理担任

法定代表人可以通过章程规定由执行公司事务的董事或经理担任，仅在章程规定的董事或经理，才能成为公司的法定代表人，这些人均作为执行机构董事会的成员或受到董事会领导的经理，本身也是相应机构，一般属于业务执行机构。所以，作为机构的法定代表人与作为执行机构的成员或受到其领导的经理机构是一体两面，体现了代表权与业务执行权的统一。代表机构的本意是代表公司对外执行公司相应的业务，只有业务执行权的机构对外代表公司，其对外意思表示才体现为公司的意思进而成为所谓代表机构。

（三）法定代表人是由作为执行公司事务的董事或经理的担当者担任的

作为机构的法定代表人，是由作为执行公司事务的董事或经理的担当人担任的，他是一个自然人。学界普遍认为法定代表人是代表法人进行民事活动的自然人，即是此意。

作为代表机构的法定代表人与作为代表机构的担当者（自然人）是两个不同的层面，前者是机构，后者是履行代表机构职责的业务执行者。作为机构，法定代表人与公司为一元系统关系；作为担当者的自然人，法定代表人有自己的人格，唯在职务范围内具有代表的权力，从而是一种代理关系。

二、关于法定代表人的"代表说"与"代理说"

关于法定代表人代表权的性质，应区分作为机构的法定代表人与作为担当人的法定代表人，前者为公司机构，与公司人格一体，构成代表；后者为公司代表机构法定代表人的担当人，为具有自己独立人格的自然人，与公司并不具有一体化意义，构成代理。也就是说，作为机构的法定代表人行使的是公司代表权，作为担当人的法定代表人行使的是代理权，只不过是以所谓"法定代表人"名义为之而已。

这种区分认识，符合公司治理法理，符合公司法关于作为代表机构的定位，以及章程对作为担当人的法定代表人的内部限制要求。

三、公司法定代表人的产生

依本条第 1 款，公司法定代表人应当在执行公司事务的董事或者经理之间产生与变更。

首先，法定代表人的担当者应当是执行公司事务的董事或经理，不具有以上身份者，如独立董事、其他高级管理人员等均不能通过章程规定为法定代表人。其中，无论是董事长、执行董事或经理，以及不设董事会的公司的董事与经理，均属于执行董事性质，可以实现对内执行与对外代表的一致价值。

其次，公司法定代表人能否一人以上？一般理解与实践，公司法定代表人均由一人担任，或董事长，或执行董事，或经理，不存在同时两个以上代表人之情事。但从国外立法及做法（如日本、韩国）来看，可以由两个以上执行董事担任，这种规定可能更为符合公司对外活动需要。从《公司法》第10条及《民法典》第61条第1款文义观察，它们并未禁止两人以上担任。基于私法自治，公司章程规定由两个以上具有以上身份者担任法定代表人，未必不可以。

再次，有限责任公司法定代表人的产生办法，可以根据公司实际情况通过章程自行确定（第46条、第95条）。

对于设董事会的有限责任公司，可以考虑以下做法：一是明确规定董事长或经理为公司法定代表人，其中董事长的产生既可采取委派制，[①] 也可以由全体董事选举产生（第68条第2款）；经理则由董事会决定聘任和解聘。二是明确规定由董事会以多数决决定由董事长、执行董事或经理担任。三是规定由股东会选举由董事长、执行董事或经理担任。

对于不设董事会的有限责任公司，章程可以明确规定由董事或经理担任。如果由经理担任，可以在章程规定："公司法定代表人由经理担任。经理由董事聘任或解聘，法定代表人的任期由董事决定，在聘任书中载明。"

最后，股份有限责任公司法定代表人的产生办法，可以比照以上有限责任公司的做法，但对于董事长，必须由全体董事选举产生（第122条第1款）。同时，股份有限公司董事会可以通过章程规定区分执行董事与非执行董事，如果章程规定董事长为非执行董事，则其不能成为法定代表人。如果章程规定董事长为法定代表人，则其实质为执行董事。

---

① 对于采取委派制的，应在章程中明确董事会或股东会认为被委派人不适合担任法定代表人时的更换请求权，且明确委派方不及时委派时的董事会或股东会的决定权，否则会导致公司管理僵局。

四、公司法定代表人的变更

法定代表人的变更办法也属于章程规定事项（第 46 条、第 95 条），但如何变更，由章程规定。

一般地，法定代表人的变更办法与产生办法是一致的，如果由董事会决定，则董事会可以决定变更；如果系委派，则由委派人解除委派，另行委派即可；如果由股东会选举，则应由股东会罢免并重新选举。公司章程也可以规定不同于以上的其他办法。

由于法定代表人是由具有特定身份的担任的，依本条第 2、3 款，在该法定代表人的特定身份消失后，须同时辞去法定代表人职务或失去该职务。法定代表人辞任的，公司应当在法定代表人辞任之日起三十日内确定新的法定代表人。

由于公司章程规定法定代表人的变更办法，意味着法定代表人的变更，不再是所谓章程的变更问题，无须再经股东会表决通过，可以直接根据章程规定的办法变更后，由新的法定代表人签字办理工商变更登记即可。

在法定代表人变更后，应当及时办理工商变更登记，但实践中由于各种原因，法定代表人的工商变更并不及时，从而导致两个法定代表人现象。此时，相应法律后果应基于内部与外部关系而区分。在"大拇指环保科技集团（福建）有限公司与中华环保科技集团有限公司股东出资纠纷案" [（2014）最高法民四终字 20 号][1] 中，最高人民法院指出，对法定代表人变更事项进行登记，其意义在于向社会公示公司意志代表权的基本状态。工商登记的法定代表人对外具有公示效力，如果涉及公司以外的第三人因公司代表权而产生的外部争议，应以工商登记为准。而对于公司与股东之间因法定代表人任免产生的内部争议，则应以有效的股东会任免决议为准，并在公司内部产生法定代表人变更的法律效果。

五、公司法定代表人缺位时临时代表的确定

实践中，经常会出现作为法定代表人的担当人不宜作为代表人（如发生利益冲突），或不履行其代表职责，或滥用其代表职责，或因此被公司停止职权，在新的代表担当人被选举或任命之前，需要有人代表公司对外行为时，

---

[1] 《最高人民法院公报》2014 年第 8 期。

如何处理，值得研究。一般认为，这时可以采用盖公章的方式，但公章的使用，仍需由有权机构或其担当人、代理人使用方可产生公章效果，[1] 亦即仍需确定由公司相应的机构及其担当人代表公司，这时的代表机构及担当人唯非"法定代表人"而已。

法定代表人作为代表机构的实质是以法律确定的机构名义行使本属于董事会业务执行事项，作为担当人的法定代表人属于董事会成员或受其管理的经理，法定代表人的代表权与董事会的业务执行权是一体两面。而且，代表权是基于董事会的业务执行权而产生，非因机构法定而独立或并列于董事会。因此，作为法定代表人的担当人不宜代表公司，或不履行其代表职责，或滥用其代表职责而被公司停止职权，在新的代表担当人被选举或任命之前，对此负责的公司机构首先应当是董事会，董事会应根据章程规定及时任命临时或新的代表人；其次如果章程规定须由股东会罢免和选举，则可以临时任命一位执行董事代表公司对外活动，等同于法定代表人之代表权。如果董事会没有临时任命，则可以依照《公司法》第72条规定，由副董事长临时担任，在副董事长不能担任或不担任时，由半数以上董事临时选举一名董事担任。在董事会全体成员均不担任或不能担任时，监事会设置公司则可以由监事会以监事会的名义担任，由监事会全体成员推举监事会主席、副主席或一名监事具体为之。

如此解释，既符合公司法团体法理，也符合公司治理结构安排，有利于维护公司内部稳定及维系必要的对外关系。

第十一条 【公司法定代表人行为后果】法定代表人以公司名义从事的民事活动，其法律后果由公司承受。

公司章程或者股东会对法定代表人职权的限制，不得对抗善意相对人。

法定代表人因执行职务造成他人损害的，由公司承担民事责任。公司承担民事责任后，依照法律或者公司章程的规定，可以向有过错的法定代表人追偿。

---

[1] 陈甦：《公章抗辩的类型与处理》，载《法学研究》2020年第3期；崔建远：《合同解释语境中的印章及其意义》，载《清华法学》2018年第4期。

本条是关于公司法定代表人从事民事活动的后果承担的规定。

一、公司法定代表人的行为后果

法定代表人制度是为了解决由谁代表或代理公司对外行为并由公司承受后果的。前已述及，作为代表机构的法定代表人与作为担当人的法定代表人是两个不同的概念，前者规定了只有代表机构才能代表公司，后者规定了作为代表机构担当人只要在以代表机构的名义下，即以公司名义从事相应的民事活动，其法律后果就由公司承受。所以，本条规定均指作为代表机构担当人的行为后果，无论是第 1 款要求以"公司名义"，第 2 款对其职权限制，还是第 3 款职务侵权后果规定，均是此意。

依本条第 1 款，作为法定代表人，必须以公司名义从事相应的民事活动，方产生归属于公司的法律后果（另见《民法典》第 61 条第 2 款）。法定代表人的意义在于其能够以公司名义从事民事活动，且因该名义而产生归属于公司的法律后果。如果非以公司名义为之，而是以个人名义参加某种活动，则相应后果不能归属于公司。

如何判断"以公司名义从事的民事活动"？

（一）其从事民事活动时须以公司法定代表人身份出现并以公司名义为之

这既是判断法定代表人行为后果是否归属于公司的形式标准，也是基本标准。① 原则上，凡是以公司名义从事活动的法定代表人的行为均归属于公司。该标准的确定，是由法定代表人对外行使权力的法定性与概括性决定的。尽管作为法定代表人的担当人本质上是公司代理人，但这种代理因作为机构的法定代表人的代表性质而具有代表公司的表征。

（二）公司法定代表人以公司名义从事的民事活动系其职务行为

这是判断法定代表人行为后果的实质标准。对于要求法定代表人的行为是否应当是其职务行为，本条第 1 款及《民法典》第 61 条第 2 款并未明确，仅强调"以公司名义"，但从《公司法》第 10 条关于法定代表人规定宗旨和本条第 2、3 款关于法定代表人内部限权与职务侵权规定，以及《民法典》第

---

① 参见"重庆市合川区可达公共交通有限公司、重庆嘉中智羽农业有限公司合同纠纷其他民事裁定书"〔（2021）最高法民申 1925 号〕。

62 条和第 504 条等规定，特别是从公司法关于公司权力分配的治理机制来看，公司法定代表人以公司名义从事民事活动，是指其职务行为，即法定代表人职权范围的行为。

由法定代表人职务行为的法定性与概括性决定，一般而言，凡是公司经营需要的对外行为，均属于法定代表人职权范围，而此"公司经营需要的对外行为"须结合董事会在公司的法律地位而定。

法定代表人由执行公司事务的董事或经理担任（第 10 条），他们均属于具有公司业务执行权的管理者，其中的经理尽管为专门的经营管理机构而受董事会领导，但实质上行使着执行董事的职责。它表明，法定代表人的地位及权力与董事会是不能分开的，以法定代表人命名的公司代表，与其他国家和地区有关公司代表制度理论上基本是一致的，其权力范围没有超出公司管理中心的董事会，仅以法定代表人的名义明确了公司日常经营事务由作为法定代表人的担当者——董事长、执行董事或经理进行，公司这些日常经营事务属于董事会管理并控制之下的事务。如果一些事务由法律规定或公司性质决定，应由董事会或股东会处理，则这些事务不属于法定代表人代表权范围。对于第三人而言，法定代表人不受限制的代表权也是因外观而生，非法定和当然，如果超出了公司法和法律规定权力范围，或没有外观且第三人非为善意，则不受保护。

在"山东华盛农业药械有限责任公司、山东新丝路工贸股份有限公司追偿权纠纷再审案"[（2020）最高法民申 6837 号] 中，法院认为，本案中，虽然华盛公司提交的新证据证明钱春生是新丝路控股的法定代表人，但是，钱春生在反担保函上签字时，并未加盖新丝路控股的公章，不能表明钱春生的该签字行为是以该公司的名义进行，不能认定其代表新丝路控股。因此，钱春生的签字行为不能证明新丝路公司为华盛公司对新光公司借款承担的保证责任提供的反担保无须经过新丝路公司决议机构的同意。亦即，本案钱春生尽管为公司法定代表人，但其签字行为难以认定为以公司名义为之。

二、公司法定代表人权力限制与善意第三人保护

从作为公司法定代表机构而言，公司法定代表人就是公司的代表，不存在权力限制问题，因为自己不能限制自己。从作为公司法定代表机构的担当者来说，公司法定代表人是以"代表"身份出现的代理人，可以通过章程或决议方式进行内部限制。但对于第三人而言，凡法定代表人以公司名义从事的民事活动，均代表着公司，故依本条第 2 款规定"公司章程或者股东会对法定代表人职权的限制，不得对抗善意相对人"。

（一）公司章程和股东会可以对法定代表人的代表权进行限制

通过公司章程和股东会决议方式限制法定代表人的代表权是公司自治的应有含义，如规定法定代表人不得代表公司从事超出经营范围的民事活动，或直接限制法定代表人对外签订超过多少金额的合同等。

有疑义的是，董事会能否限制法定代表人权力。从本条第 2 款规定文义观察，董事会似乎不能限制法定代表人的权力。但从公司法关于代表机构法定化、特定化及人选范围来看，法定代表人必须具有董事、经理身份，而无论是董事或经理，均体现为公司的执行董事意义，且须在董事会的集体领导之下，故从逻辑推理及其中蕴含的道理而言，董事会是可以限制作为董事或经理的法定代表人的权力的。本条第 2 款存有法律漏洞，需要以此填补。

与《民法典》第 61 条第 2、3 款规定一致，本条第 1、2 款规定了公司法定代表人广泛的代表公司权力。原则上，凡法定代表人以公司名义从事的民事活动，法律后果均由公司承受，即使公司章程或者股东会、董事会对法定代表人职权作出限制，也不能对抗善意相对人。此规定一方面表达了法定代表人广泛的公司代表权，另一方面也蕴含着公司可以通过章程或股东会、董事会决议限制法定代表人的代表权范围，唯限制不得对抗善意第三人而已。因此，从对外代表意义上讲，法定代表人享有的代表权不仅是概括性的，也是一种不可限制性职权。[①] 但是，从公司治理角度而言，作为董事或经理，其对外权力并非绝对，受制于法律和章程的规定以及董事会。一方面，法律强制规定属于股东会的权力（第 59 条、第 112 条、第 146 条、第 151 条、第 162 条、第 163 条、第 212 条）只能由股东会行使，董事无权行使，相应法定代表人不能不经过股东会决议而直接"代表"行事，如发行公司债券、公司合并、财务资助；同时，法律规定某些重大事项应由董事会或股东会决议的，

[①] ［日］前田庸：《公司法入门》（第 12 版），王作全译，北京大学出版社 2012 年版，第 364 页；［德］格茨·怀克、克里斯蒂娜·温德比西勒：《德国公司法》（第 21 版），殷盛译，法律出版社 2010 年版，第 477 页。

法定代表人也无权直接决定（如第 15 条）。另一方面，除法律规定外，公司章程或股东会、董事会决议可以限制法定代表人的代表权，以较好地制约作为法定代表人的担任者，其如果超出章程和股东会、董事会决议的权力限制，依本条第 3 款，给公司造成损失的，公司可以依法向法定代表人追偿。对内部限制，如果交易第三人非为善意，公司可以主张交易无效。

（二）公司对法定代表人职权的限制不得对抗善意第三人

公司法定代表人享有广泛的代表公司的权力，一般原则是，"法定代表人以公司名义从事的民事活动，其法律后果由公司承受"。因为对于第三人而言，公司法定代表人的代表权是法定且概括的，其本身就代表着公司。在公司章程或决议限制法定代表人职权时，也仅是公司内部事务，不具有对外的效力，除非第三人非为善意。现代各国均采取了对第三人有利的做法，由公司承担这一规避风险的义务。欧盟公司法指令规定，当所有形式要件满足时，或至少根据登记和公示能证明行为人系在任的公司董事会成员时，第三人即有理由相信行为人具有合法的对外代表权限。[①]

在"青海福银房地产开发有限公司、许某发合同纠纷再审案"［（2021）最高法民申 2126 号］中，法院认为，许某发系福银公司法定代表人，其有权代表公司对外签订协议。《解除协议》《解除补充协议》虽未加盖公司公章，但有许某发签名，该签名行为系许某发作为福银公司的法定代表人履行职务的行为，上述协议对福银公司具有拘束力。福银公司未提交证据证明许某发对外签订《解除补充协议》等须经公司股东会授权才对公司发生法律效力，也未提交证据证明宁辰公司对此事先知情，故二审判决认定《解除协议》《解除补充协议》有效并无不当。

（三）第三人善意的判断

整体而言，除非第三人非为善意，公司对法定代表人职权的限制不能对抗第三人。那么，如何判断第三人善意？

由本条第 1 款决定，公司法定代表人的行为采取名义规则，只要其以公司名义从事的民事活动，后果均由公司承受，故在法定代表人以公司名义从

---

① ［德］斯蒂芬·格伦德曼：《欧盟公司法》（上册：基础、公司治理和会计法），周万里主译，法律出版社 2018 年版，第 145 页。

事职务行为时，均断定为公司行为而约束公司，第三人此时均为善意。亦即，判断第三人善意与否主要是形式外观规则。在"侯某宇与西安锦华置业有限公司、陈某华民间借贷纠纷申请再审案"［（2020）陕民申35号］中，陈某华以自己名义借款，但同时由锦华公司担保，陈某华作为锦华公司的法定代表人，在借条上签名担保，并加盖锦华公司公章。借条上锦华公司印章的真假因陈某华属于锦华公司法定代表人身份，故法院认为善意相对人侯某宇无须甄别。

一般地，我国公司法定代表人对外以公司名义活动时不仅有其个人签字或签章，同时还附有公司公章，则第三人就会产生合理信赖而受到保护。在仅有法定代表人个人签字或签章时，则一般（如上述案例）也是如此，公章仅有补强效应。当然，仅有法定代表人个人签字或签章，实践中会受到较多审查而已。在"北京菜篮子配送股份有限公司等与山东凯马汽车制造有限公司买卖合同纠纷案"［（2022）京民终83号］中，法院指出，北京凯马新能源汽车销售有限公司虽未在《承诺函》上盖章，但北京新能源汽车销售有限公司的法定代表人已在《承诺函》上签字确认，且刘某龙为北京凯马新能源汽车销售有限公司持股90%的股东，其亦在《承诺函》中自认系北京凯马新能源汽车销售有限公司的实际控制人，菜篮子公司有理由相信刘某龙的签字行为代表北京凯马新能源汽车销售有限公司的真实意思表示，故《承诺函》应对北京凯马新能源汽车销售有限公司产生法律约束力。

实践中判断第三人的善意与否的具体分析：

首先，对于特定行业，其行为具有特殊要求及公众认知，如果超出了该特殊性，则难以认定为善意。①

其次，对于形成相对固定关系的当事人而言，其有能力，且应当知道对方有关规定的，则可能被视为非善意。② 在这方面，除了双方可能形成的共同项目公司关系的情形，还包括大量双方或多方其他长期合作关系中，均因相对固定的关系而使当事人负有合作而了解的注意义务。

---

① 参见"中国农业银行股份有限公司东宁市支行、徐某琴民间借贷纠纷民事申请再审审查民事裁定书"［（2021）最高法民申5457号］。
② 参见"烟台东苑置业有限公司、烟台瑞峰糖酒茶副食品有限公司合资、合作开发房地产合同纠纷民事申请再审审查民事裁定书"［（2021）鲁民申11818号］。

最后，对于具有专业知识与能力的当事人，如专门的投资公司，一般在投资之前均会事先对合作对象、投资范围等进行全面调研与调查。在此情况下，对这些具有专业知识与能力或专门进行相应投资的公司而言，其以自己为善意的抗辩要求就比较严格。现代商法的重要特征是，对于具有专业知识与能力者，以及经常从事某行业的，要求负有更多的注意义务。

关于举证责任，依本条第2款及《民法典》第61条第3款规定，应由公司举证证明第三人非为善意，第三人无须自证。

三、法定代表人的职务侵权责任

（一）法定代表人的职务侵权责任由公司承担

依照本条第3款的规定，法定代表人执行职务而侵犯他人权利和利益的，属于职务侵权行为，自应由公司承担侵权后果（另见《民法典》第62条第1款）。这里的侵权包括人身和财产的侵权，至于职务侵权的判断则依以上标准，即所谓职务侵权应当是作为法定代表人担当人在执行其"法定代表"职权范围内而引起的侵权行为，如环境侵权、签订或执行合同中导致第三人损害等。

法定代表人的职务侵权必须是以法定代表人名义从事职务行为时产生的侵权行为，不能仅仅因法定代表人的公司职务身份行为而认为均属于法定代表人的职务侵权行为。一些著述常常举例，如果法定代表人甲出差驾车途中发生交通事故而将路人乙撞伤，属于此款规定的职务侵权行为；而如果作为某公司法定代表人的甲自驾旅游途中将人撞伤，则不属于此款规定的职务侵权。这个看似有道理的举例其实是一种误解，即将作为法定代表人的所有与公司有关的行为将看作本条规定的职务行为。严格而言，法定代表人的职务行为不仅要求以公司名义为之，且属于作为法定代表人的职权范围之内的代表行为，非因法定代表人的公务身份而产生的所有与公司有关的行为。作为法定代表人的担当者，如果仅仅是因履行职务行为而产生的辅助性行为，如本例中的出差开车，或者仅仅因为其非履行作为法定代表人职责但属于因公行为的，则不应视作本条规定的职务行为，而只是如同其他所有公司职员一样的职务行为而已。如果因此致使他人受到损害，适用《民法典》第1191条关于用人单位工作人员的侵权责任规定即可，此时作为法定代表人的担当人和其他公司雇员一样，而不是一个法定代表人从事法定代表行为的问题。

本条及《民法典》第62条规定，作为高级管理人员的职务行为，意在鼓励其积极履行作为法定代表人的职权。《民法典》第1191条规定，所有公司职工凡执行工作任务引起的侵权均属于雇主责任，意在规范作为雇主的公司应为其所有职员的工作行为负责（雇主责任）。如果认为本条及《民法典》第62条规范作为法定代表人的担当者的所有因公行为，是不符合专门关于法定代表人职务行为规范意旨的，这种行为是"代表行为"，而非一般的因公行为。

（二）公司可以依照法律或公司章程规定追偿

法定代表人职务侵权，原因多样，但一般系因作为法定代表人担当者的不当行为，其在执行职务过程中存在过错。对于受害者而言，法定代表人的职务侵权行为，不论是否因担当者的故意或过失，均由公司承担侵权损害赔偿责任。

本条第3款及《民法典》第62条第2款规定，公司承担责任后，依照法律或者公司章程的规定，可以向有过错的法定代表人追偿。

从字面上看，该规定是指公司是否向有过错的法定代表人追偿，似乎属于私法自治，即是否及如何向法定代表人追偿，公司可以章程或决议方式决定。不过，其并非关于私法自治的问题，而是规定公司有权追偿，避免或减少法定代表人的不当代表行为。也就是说，本条规定的意旨是，如果法定代表人因过错而在执行职务中侵犯他人合法权益，造成公司损失的，公司即有权向其追偿，法定代表人也不能因其特别身份而免责。

关于法定代表人的过错之判断，主要是看其行为是否违反了法律或者公司章程的规定。此处的"法律"并未严格界定为"法律、行政法规"，可以视为包括地方立法、行政规章，同时也包括行业自治规章和行业习惯。之所以如此扩张，是因为作为公司法定代表人，其有义务遵守各种形式的规定要求，行业自治规章和习惯构成其代表公司对外行为的基本准则。在这方面，与《公司法》第180条之后关于董事等高级管理人员的信义义务要求是不同的，后者是公司内的要求。判断董事等高管是否违反信义义务的标准是法律和行政法规，旨在鼓励高管积极管理，减少顾虑。法定代表人同时是公司执行董事身份，在非涉及其代表行为时，判断的基本标准与其他董事是一样的，只不过因同时担任代表和管理而要求更高，但仍以法律和行政法规为准。

不过，考虑到法定代表人需要经常性对外代表，对于其在对外代表行为中的轻过失侵权，公司可以决议方式免除对其追偿。对此，公司应当在侵权行为发生后，以具体决议且全体一致决方式为之，即一事一议，不宜在章程中事先确定。

根据《公司法》第 190 条规定，法定代表人在执行代表职务行为，如因故意或重大过失造成第三人损害的，尚需承担连带赔偿责任。此将在后面详述。

第十二条 【公司形式变更】有限责任公司变更为股份有限公司，应当符合本法规定的股份有限公司的条件。股份有限公司变更为有限责任公司，应当符合本法规定的有限责任公司的条件。

有限责任公司变更为股份有限公司的，或者股份有限公司变更为有限责任公司的，公司变更前的债权、债务由变更后的公司承继。

本条是关于公司形式变更的原则规定。

一、有限责任公司变更为股份有限公司

同为资合公司的有限责任公司与股份有限公司，可以相互之间变更，由有限责任公司变更为股份有限公司，或由股份有限公司变更为有限责任公司。它们之间的相互变更，没有根本的障碍，仅是条件的变化。

从公司法关于二者的规定来看，它们之间的同多于不同，如发起人均须为股东、一般均有"三会"、公司财务会计规定相同等。所以，有限责任公司变更为股份有限公司，只需符合股份有限公司条件要求即可。

不过，根据《公司法》第 108 条的规定，第一，有限责任公司变更为股份有限公司时，折合的实收股本总额不得高于公司净资产额。第二，有限责任公司变更为股份有限公司，为增加资本公开发行股份时，应当依法办理。

二、股份有限公司变更为有限责任公司

由股份有限公司变更为有限责任公司，更为简单，主要是需要做符合有限责任公司要求的技术处理。

当然，依公司之间的转换或继承规则，有限责任公司变更为股份有限公司的，或者股份有限公司变更为有限责任公司的，公司变更前的债权、债务，均由变更后的公司承继（第 12 条第 2 款）。

由有限责任公司变更为股份有限公司，或由股份有限公司变更为有限责任公司，只是改变了公司的运作方式，没有改变公司独立的法人人格本身，变更前后的公司具有同一性。公司组织形态变更的最大好处是不中断公司人格，避免经过解散清算程序，就可以实现组织形态的变更，继续维持营业。[1]无公司设立行为，因而不产生新的公司人格。

变更前后公司的权利义务是在同一个公司内存续，严格而言不是继承。只有在变更前后是两个不同的公司主体的情况下，才存在权利义务继承问题，如公司合并、分立。

第十三条　【子公司与分公司】公司可以设立子公司。子公司具有法人资格，依法独立承担民事责任。

公司可以设立分公司。分公司不具有法人资格，其民事责任由公司承担。

本条是关于子公司、分公司的基本规定。

一、子公司

依本条第 1 款，子公司是指受母公司控制，但具有法人资格，依法独立承担民事责任的公司。

（一）子公司的法律地位

子公司不是分公司，而是一个独立的公司企业，其设立、运营均须按照公司法。母公司与子公司各自具有独立的法律人格，各自行为各自承担责任。

（二）母子公司之间的特殊关系与基本规则

尽管如此，母公司在经营中，实际上控制并支配着子公司，子公司全部或部分丧失自主权。这种控制性主要体现在以下三个方面：（1）母公司支配、影响子公司的决策。母公司常常通过向子公司派遣或任命董事或其他高级管理人员控制、影响子公司。（2）母公司控制子公司的主要经营活动。（3）母公司对子公司的控制是连续的，而不是一时的或偶然的。

---

[1]　刘连煜：《现代公司法》，新学林出版公司 2006 年版，第 136 页。

由于母子公司之间的控制、支配与被控制、被支配的关系，二者之间形成关联关系（第265条）。对于关联关系，如果损害债权人利益的，则由母公司对子公司的债务承担连带责任。

二、分公司

依照本条第2款的规定，公司为在不同地方经营，可以设立分支机构，此分支机构就是子公司。

（一）分公司的法律地位

分公司是总公司的分支机构，其不具有法人资格但具有一定的独立性：（1）分公司须依法登记，领取营业执照（第38条）。（2）分公司有自己的名称、负责人和经营范围（《市场主体登记管理条例实施细则》第6条第6项）。（3）分公司一般都有自己可以支配和使用的财产或经费。由于分公司对外并不独立承担责任，故其财产或经费非法定要求。

作为具有一定独立性的分公司，不仅能够以自己的名义签订合同并履行义务，也可以分公司的名义起诉、应诉。分公司起诉、应诉的后果本质上属于公司，故公司不存在以第三人名义要求撤销分公司的诉讼问题。

在最高人民法院指导案例第149号"长沙广大建筑装饰有限公司诉中国工商银行股份有限公司广州粤秀支行、林传武、长沙广大建筑装饰有限公司广州分公司等第三人撤销之诉案"中，法院认为，公司法人的分支机构以自己的名义从事民事活动，并独立参加民事诉讼，人民法院判决分支机构对外承担民事责任，公司法人对该生效裁判提起第三人撤销之诉的，其不符合《民事诉讼法》第56条规定的第三人条件，人民法院不予受理。

分公司是由本公司经营活动需要而依法设立的，无论是其名称和组织机构，还是其可以支配和使用的财产或经费，都是本公司的组成部分，相应业务活动都体现出是本公司的活动，后果最终由本公司承担。

（二）分公司应当在其经营范围或本公司的授权范围内活动

作为本公司的分支机构，分公司参加民事活动，应当在其经营范围或本公司的授权范围内。如果超出经营范围或授权范围，除非第三人知道或应该知道，分公司和本公司不能以此为由主张交易无效。

（三）关于分公司对外担保

对于保证或类似行为，它们对于本公司影响重大，不仅不属于其所谓经营范围，也不属于其权利能力范畴，除非本公司对此予以明确授权或追认，或符合表见代理规则，否则，分公司擅自所为保证行为无效。

对此，《民法典担保制度解释》第 11 条作出了明确规定，同时对金融机构和担保公司的分支机构作了区别对待：

首先，公司的分支机构未经公司股东会或者董事会决议以自己的名义对外提供担保，相对人请求公司或者其分支机构承担担保责任的，人民法院不予支持，但是相对人不知道且不应当知道分支机构对外提供担保未经公司决议程序的除外。

其次，金融机构的分支机构在其营业执照记载的经营范围内开立保函，或者经有权从事担保业务的上级机构授权开立保函，金融机构或者其分支机构以违反公司法关于公司对外担保决议程序的规定为由主张不承担担保责任的，人民法院不予支持。金融机构的分支机构未经金融机构授权提供保函之外的担保，金融机构或者其分支机构主张不承担担保责任的，人民法院应予支持，但是相对人不知道且不应当知道分支机构对外提供担保未经金融机构授权的除外。

最后，担保公司的分支机构未经担保公司授权对外提供担保，担保公司或者其分支机构主张不承担担保责任的，人民法院应予支持，但是相对人不知道且不应当知道分支机构对外提供担保未经担保公司授权的除外。

法人分支机构提供具有法定追偿权的保证尚需法人特别授权，债务加入作为责任更重的债务承担行为，更需有法人授权。债务加入与连带责任保证在功能、责任性质上具有高度相似性。对法人分支机构加入债务的效力、责任承担等问题，可类推适用《民法典》及其司法解释关于连带责任保证的相关规定处理。[①]

（四）分公司的登记

公司设立分支机构，须依法予以申报登记，由此确定其分支机构的法律地位。未经登记，不得以市场主体名义从事经营活动（《市场主体登记管理条例》第 3 条）。未经依法登记而以所谓分公司名义活动的，将受到行政处罚

[①] 司伟、周梅芳：《大理兰林阁置业有限责任公司昆明分公司、大理兰林阁置业有限责任公司与杨某甲、苏某某等民间借贷纠纷案——法人分支机构未经法人授权加入债务的民事责任》，中国应用法学微信公众号，2023 年 2 月 28 日。

（《市场主体登记管理条例》第 43 条）。不过，未经依法登记从事活动，其后果仍由本公司承担全部民事责任。

公司取消或撤销其分支机构，也须依法申请注销。但无论如何，其是否在公司法人变更中依法进行了注销，并不影响本公司对分支机构民事责任的承担。

第十四条 【公司投资】公司可以向其他企业投资。

法律规定公司不得成为对所投资企业的债务承担连带责任的出资人的，从其规定。

本条是关于公司转投资的基本要求。

一、公司向其他企业投资的一般规则

（一）公司投资自由

作为独立的经营体，向其他企业投资是公司的权利。公司转投资的对象，既包括其他有限责任公司和股份有限公司，也包括其他非公司企业。同时，公司转投资数额没有限制。

传统公司法理论上，公司投资属于公司权利能力范畴，原则上对其有一定限制，如投资数额等。现代公司法为鼓励投资，原则上不再限制，特别是对于公司转投资于其他公司企业，或单独或控股或参与投资某公司企业，包括企业之间相互参股等，均无不可。但这种无限制的投资或参股使得公司之间关系复杂，形成复杂的关联关系。如果集团公司假以统一管理之名，统一调配不同公司的财产或资金，可能会严重损害债权人利益，如此需要司法实践及时穿透它们之间的关系。对于相对人而言，如果发现公司转投资关系复杂，需要准确识别它们之间的关联关系，作出合理的商业判断，采取必要的预防措施。

（二）公司转投资的程序要求

公司向其他企业投资，应遵守法定程序，对此，《公司法》第 15 条第 1款将其委于公司章程。这涉及以下两个方面的问题：

一是对外投资额。如果公司章程规定了本公司对外投资额度的限制，则对外投资不得超出该额度。如果章程对此未作出明确规定，除非本公司是以对外投资为主业，其他一般公司不宜无限制地对外投资。法律对此不作出明确规定，是基于私法自治的安排。

二是由什么机构决定投资。章程可以规定对其他企业投资由股东会或董事会决定。如果章程未对此作出规定，一般视为属于董事会的权力（公司剩余权力归属原则）。不过，公司向其他企业投资，不仅影响债权人，也影响公司股东，向外过多或频繁地投资将严重影响股东对公司的控制权，特别是在公司之间相互转投资的情况下。因此，对于向其他企业投资，公司章程应事先作出规定，明确投资权限及程序。在公司章程未作出规定的情况下，如果转投资超过公司资产一定比例，如 20%，应当提交股东会决议，不宜由董事会单独决定。即使公司业务主要为对外投资，也应当在章程中对此作出明确规定。

公司转投资为公司正常经营行为，不能因为转投资而认为公司抽逃出资或其他非法行为。①

二、违反章程规定的投资行为效力

违反章程规定的投资行为，实质是公司法定代表人或其他负责人未经章程规定的程序，或者超越章程规定的投资权限而对外的投资行为。

对此，《最高人民法院关于适用〈中华人民共和国民法典〉合同编通则若干问题的解释》（法释〔2023〕13号）（以下简称《民法典合同编通则司法解释》）第20条规定："法律、行政法规为限制法人的法定代表人或者非法人组织的负责人的代表权，规定合同所涉事项应当由法人、非法人组织的权力机构或者决策机构决议，或者应当由法人、非法人组织的执行机构决定，法定代表人、负责人未取得授权而以法人、非法人组织的名义订立合同，未尽到合理审查义务的相对人主张该合同对法人、非法人组织发生效力并由其承担违约责任的，人民法院不予支持，但是法人、非法人组织有过错的，可以参照民法典第一百五十七条的规定判决其承担相应的赔偿责任。相对人已尽到合理审查义务，构成表见代表的，人民法院应当依据民法典第五百零四条的规定处理。合同所涉事项未超越法律、行政法规规定的法定代表人或者

---

① 参见"浙江和兴工程造价咨询有限公司与孙金献等股东损害公司债权人利益责任纠纷二审判决书"〔（2013）浙金商终字第1461号〕。

负责人的代表权限，但是超越法人、非法人组织的章程或者权力机构等对代表权的限制，相对人主张该合同对法人、非法人组织发生效力并由其承担违约责任的，人民法院依法予以支持。但是，法人、非法人组织举证证明相对人知道或者应当知道该限制的除外。法人、非法人组织承担民事责任后，向有过错的法定代表人、负责人追偿因越权代表行为造成的损失的，人民法院依法予以支持。法律、司法解释对法定代表人、负责人的民事责任另有规定的，依照其规定。"

三、公司作为合伙人

一般而言，公司不应该成为无限责任股东或合伙企业的成员，因为无限责任的股东或合伙成员要对无限公司或合伙企业承担连带无限责任，经营风险极大。

本条第 2 款规定："法律规定公司不得成为对所投资企业的债务承担连带责任的出资人的，从其规定。"从该条规定上看，我国公司法并非不允许公司成为合伙企业的投资人，除非法律另有规定。

《合伙企业法》第 2 条第 1 款规定："本法所称合伙企业，是指自然人、法人和其他组织依照本法在中国境内设立的普通合伙企业和有限合伙企业。"也就是说，我国合伙企业法是允许作为法人的公司成为合伙人的，这是基本原则。但是，该法第 3 条又规定，"国有独资公司、国有企业、上市公司以及公益性的事业单位、社会团体不得成为普通合伙人"，从而排除了作为公司的国有独资公司和上市公司成为合伙人的可能性。

第十五条 【公司担保】公司向其他企业投资或者为他人提供担保，按照公司章程的规定，由董事会或者股东会决议；公司章程对投资或者担保的总额及单项投资或者担保的数额有限额规定的，不得超过规定的限额。

公司为公司股东或者实际控制人提供担保的，应当经股东会决议。

前款规定的股东或者受前款规定的实际控制人支配的股东，不得参加前款规定事项的表决。该项表决由出席会议的其他股东所持表决权的过半数通过。

本条主要是关于公司对外提供担保的基本规定。

一、公司对外提供担保的程序

（一）基本规定

对外提供担保，为现代公司权利能力范畴。不过，对外担保对公司影响重大，本条对公司对外提供担保，规定了相应的程序规则。

首先，它区分了公司为无投资关系和无实际控制关系的其他企业与个人提供的担保，以及对公司股东或实际控制人提供的担保两种情形。

其次，对于前者，公司章程可以规定由股东会或董事会决议，后者则只能由股东会决议，不允许以章程规定由董事会决议，且利害关系股东不得参与表决，由出席会议的其他股东所持表决权的过半数通过即可。

再次，公司章程可以规定担保的总额及单项担保的数额。一旦规定，股东会或董事会均不得超出该数额限制。如公司欲超出该数额限制，应先行修改公司章程。

最后，如果章程没有另行规定，股东会决议依有限责任公司和股份有限公司的不同采取一般决议规则（第66条第2款、第116条第2款）。董事会决议由公司全体董事的过半数通过（第73条第2款、第124条第1款）。

（二）公司章程未予明确规定的决议机构

整体而言，本条关于公司对外提供担保的程序规定是比较清楚的，其中未予明确的是，如果公司章程没有规定由股东会或董事会决议担保事项，则应由股东会还是董事会决议？

从本条规定意旨来看，公司对外担保属于公司重大事项，非公司一般事务，必须经作为权力机构的股东会或作为执行机构的董事会决议。但是，根据《公司法》关于股东会职权（第59条、第112条）和董事会职权（第67条、第120条）规定，公司对外担保并非股东会法定职权，从公司剩余权力的分配来看，当公司章程未对公司对外担保决议机构作出明确规定时，应解释为可以由董事会决议。

另外，相对于《公司法》第66条第3款关于特别决议事项（修改公司章程、增加或减少注册资本、公司合并、分立、解散或变更公司形式），公司对外担保属于介于这些特别事项与一般事项之间的事项，故《公司法》在规定必须由股东会或董事会决议时，允许公司章程在股东会与董事会之间作出选择。未作出明确选择时，由董事会决议符合公司对外担保的法律性质及其对于公司权利能力的意义。

在仅有一名董事的公司中（第 75 条、第 128 条），由于公司规模较小，该名董事只是执行股东会决议，特别是在该名董事或其中一名董事同时担任法定代表人时，应由股东会决定，董事不得擅自为之。

二、本条关于对外担保限制规定的意义

自 2005 年《公司法》规定公司对外担保的程序限制以来，对于违反该程序性规定的担保效力如何，理论与实践争议极大，[①] 大致有无效论、有效论与审查义务论。无效论援引原《合同法》第 52 条第 5 项之规定，认为违规担保因违反了法律、行政法规的强制性规定而应认定无效；有效论主张，原《公司法》第 16 条仅系内部决策程序，不能对抗第三人，故不影响公司对外担保的效力；审查义务论则认为，法定限制应推定相对人知晓，故原《公司法》第 16 条应拘束第三人。[②] 这三种观点均是从简单的交易观出发审视的，将该条关于公司担保的内部程序性的限制规定放在了公司对外提供担保的外部层面，即提供担保方与被提供担保方双方角度理解与认识，其结论必然是交易规则（合同法）下的效力问题。

但本条并不直接规范公司与第三人之间的担保交易，而是规范公司内部关于对外提供担保由什么机构决议的，在决议后，方由公司代表或代理人以公司名义对第三人提供担保。进言之，关于本条对于担保合同效力的影响，应置于公司权力分配、公司内部治理层面理解，该条不能直接推论出担保合同的成立与效力问题。

首先，本条关于对外担保的规定，属于公司权力分配规范。通过该规定，明确了公司对外提供担保须经过股东会或董事会决议；如果是为股东或者实际控制人提供担保，则必须经过股东会决议。从这个角度来看，本条并不直

---

① 王毓莹：《公司担保规则的演进与发展》，载《法律适用》2021 年第 3 期；赵爽：《公司担保案件裁判路径之检视与完善——基于对 560 份裁判文书的实证分析》，载《山东法官培训学院学报》2022 年第 4 期。

② 詹巍：《公司担保案件裁判规则的反思与重构——基于交易成本的分析视角》，载《证券法苑》（2016）（第十八卷）。

接规范对外担保合同，而是公司内部决议或决策的问题。

其次，作为公司权力分配的规定，本条是法定的权力分配规范，非章程或股东会关于权力分配的规定或决议的自治规范。尽管该条规定"公司向其他企业投资或者为他人提供担保，按照公司章程的规定，由董事会或者股东会决议"，但此"按照公司章程规定"其一是指公司对外担保必须由章程明确由董事会或股东会决议，不允许公司章程对此不作规定或作出其他规定；其二，至于由董事会或股东会决议由章程规定，是法定分配下的章程自治。

最后，作为公司法定的权力分配规定，本条直接规范的是作为公司的法定代表人或其他代理人没有权力不经股东会或董事会决议而直接代表或代理公司对外签订担保合同。公司的法定代表人或其他代理人对外签订担保合同须经过法定程序由股东会或董事会决议并授权。

由此导致一个问题，如果公司法定代表人或其他代理人未经该法定程序而擅自与第三人签订担保合同，其法律效果如何？由于该条是关于公司的法定权力分配规范，公司法定代表人或其他代理人超越该权力分配规定而擅自与第三人签订担保合同的，除非相对人善意，担保合同对公司不产生效力（《民法典担保制度解释》第 7 条）。

公司法关于公司权力分配的规范主要体现为股东会与董事会、监事会之间的权力规定，也包括董事会与法定代表人之间的权力配置。本条既是对股东会与董事会之间的权力分配，也是关于公司法定代表人就对外担保的特别要求。法定代表人具有对外执行公司事务广泛的代表权（第 11 条、《民法典》第 61 条第 2 款），但这仅限于一般事务的执行代表。除章程的限制外，对于特别的权力（第 15 条、第 59 条），均非法定代表人执行一般公司事务范畴，故非当然代表权范围，其必须经过法定程序，在股东会或董事会决议后，由其代表公司对外签订相应合同。一般情况下，仅有法定代表人的签字或盖章，担保合同对公司是不产生效力的。

三、公司对外提供担保的效力规则

（一）一般规则

根据《民法典担保制度解释》第 7 条的规定，公司的法定代表人违反公司法关于公司对外担保决议程序的规定，超越权限代表公司与相对人订立担保合同，人民法院应当依照《民法典》第 61 条和第 504 条等规定处理：（1）相对人善意的，担保合同对公司发生效力；相对人请求公司承担担保责任的，人民法院应予支持。（2）相对人非善意的，担保合同对公司不发生效力；相对人请求公司承担赔偿责任的，参照适用本解释第 17 条的有关规定。

这里"所称善意，是指相对人在订立担保合同时不知道且不应当知道法定代表人超越权限。相对人有证据证明已对公司决议进行了合理审查，人民法院应当认定其构成善意，但是公司有证据证明相对人知道或者应当知道决议系伪造、变造的除外"。

所谓"合理审查"，包含以下内容：（1）相对人基于一般担保与特别担保而对公司决议主体进行审查；（2）审查同意提供担保的董事会、股东会决议签字人员和表决权比例是否符合公司法和章程的规定；（3）审查担保数额的限制。其中，对决议内容、签字人员的签字和担保数额的审查，一般仅进行形式审查即可。如对于公司决议的审查，只是公司决议本身，不需要审查公司决议的合法性、有效性，后者是由法院决定的事项。而且，即使公司决议系行为人伪造或变造、决议形成程序违法、签章（名）不实等，均属于实质审查的范畴，相对人无须核对。

而且，"合理审查"尚需结合个案具体分析，根据公司的类型和规模、营业性质、交易与公司营业范围之间的关系、行为人的身份、相对人的商业经验以及相对人与公司之间的交易习惯等因素综合判断。

对于公司的分支机构，由于其系本公司的分支，没有独立人格，故对外提供担保，也需要经过本公司股东会或董事会决议或授权，即遵循公司对外担保的一般规则。《民法典担保制度解释》第 11 条第 1 款规定，公司的分支机构未经公司股东会或者董事会决议以自己的名义对外提供担保，相对人请求公司或者其分支机构承担担保责任的，人民法院不予支持，但是相对人不知道且不应当知道分支机构对外提供担保未经公司决议程序的除外。

另外，实践中出现了大量公司法定代表人擅自以公司名义加入债务的现象，该债务加入属于公司对外担保，可参照适用一般规则（《民法典担保制度解释》第 12 条）。

需要注意的是，该解释第 7 条尽管是从相对人善意角度分析擅自对外担保合同的效力，但其基本认识是，公司法定代表人擅自对外签订担保合同首先是无效的，只有在相对人符合善意的条件下，才会保护相对人。①《民法典合同编通则司法解释》第 20 条就是遵循了该精神。

（二）特别规则之一

对外提供担保对公司影响重大，故一般公司必须按照本条规定的程序担保，不允许法定代表人擅自对外签订担保合同，相对人也不能简单以法定代表人签字或公司盖章主张担保合同有效。但根据《民法典担保制度解释》第 8 条的规定，出现以下情形之一，公司以其未依照公司法关于公司对外担保的规定作出决议为由主张不承担担保责任的，人民法院不予支持：

1. 金融机构开立保函或者担保公司提供担保。

这是因为对外出具保函系金融机构营业范围，担保公司对外提供担保系其正常营业活动，金融机构开立保函或担保公司提供担保的行为足以产生完全可信赖的外观，第三人无须追问提供担保的公司内部如何。不过，对于金融机构来说，仅开立保函行为适用该规则，其他对外提供担保的行为，仍须遵守一般规则。

对于金融机构的分支机构，其在其营业执照记载的经营范围内开立保函，或者经有权从事担保业务的上级机构授权开立保函，金融机构或者其分支机构以违反公司法关于公司对外担保决议程序的规定为由主张不承担担保责任的，人民法院不予支持。金融机构的分支机构未经金融机构授权提供保函之外的担保，金融机构或者其分支机构主张不承担担保责任的，人民法院应予支持，但是相对人不知道且不应当知道分支机构对外提供担保未经金融机构授权的除外（《民法典担保制度解释》第 11 条第 2 款）。

但对于担保公司的分支机构，如果其未经担保公司授权对外提供担保，担保公司或者其分支机构主张不承担担保责任的，人民法院应予支持，除非相对人不知道且不应当知道分支机构对外提供担保未经担保公司授权（《民法典担保制度解释》第 11 条第 3 款）。

2. 公司为其全资子公司开展经营活动提供担保。

在这种情形下，所谓对外担保其实是为自己担保，故不适用本条规定。

---

① 参见"湖北润达工程机械有限公司、郑某钧等买卖合同纠纷二审判决书"［（2020）最高法民终 1143 号］。

3. 担保合同系由单独或者共同持有公司三分之二以上对担保事项有表决权的股东签字同意。

法律之所以通过程序限制公司对外提供担保，主要是对外担保对公司影响重大，直接关系股东投资利益。如果公司的大股东（单独或者共同持有公司三分之二以上）未经开会而同意担保，也是符合公司资本多数决原理的，该程序瑕疵（不经股东会决议）不影响公司的外部担保行为。但如果因此给公司造成损失的，公司有权要求赔偿。

考虑到上市公司的特殊性，无论是对外担保，还是为自己的子公司提供担保，其对外担保均需要公开披露，故上市公司对外提供担保，不适用《民法典担保制度解释》第8条第1款第2项、第3项的规定。亦即，与上市公司、上市公司已公开披露的控股子公司、在国务院批准的其他全国性证券交易场所交易的公司订立担保合同的相对人，应当审查公开披露的公司机构关于同意对外担保的决议信息，否则担保合同对公司不发生效力。

（三）特别规则之二

对于上市公司而言，对外担保对公司股价影响重大，尽管《证券法》仅要求"重大担保"事项必须公开披露，但实践中上市公司需要由股东会或董事会决议的对外担保事项基本上属于"重大"，故是否披露并由相对人是否根据披露签订担保合同成为判断合同效力的根据（《民法典担保制度解释》第9条）：

1. 相对人根据上市公司公开披露的关于担保事项已经董事会或者股东大会决议通过的信息，与上市公司订立担保合同，相对人主张担保合同对上市公司发生效力，并由上市公司承担担保责任的，人民法院应予支持。

2. 相对人未根据上市公司公开披露的关于担保事项已经董事会或者股东大会决议通过的信息，与上市公司订立担保合同，上市公司主张担保合同对其不发生效力，且不承担担保责任或者赔偿责任的，人民法院应予支持。

3. 相对人与上市公司已公开披露的控股子公司订立的担保合同，或者相对人与股票在国务院批准的其他全国性证券交易场所交易的公司订立的担保合同，适用前两款规定。

该第9条解释是基于对证券市场交易秩序的规制，而一定程度上弱化了对债权人"过度"保护的倾向，通过"过错推定"适度加大债权人的审查义务，且在此种担保合同无效的情况下，上市公司不仅不承担担保责任，而且不承担因担保合同无效的赔偿责任，不适用《民法典担保制度解释》第 17 条规定的损失过错分担原则，即推定相对人存在过错，上市公司无过错，公司对担保合同无效不承担任何责任。

（四）特别规则之三

相较于普通公司，一人公司具有特殊性，不设股东会，股东与公司之间具有高度的关联性，这决定了一人公司在为自己的股东充当担保人时，不宜仅以对外担保决议程序的不合规来逃避承担担保责任。而且，如果因公司为其一人股东提供了担保导致公司不能清偿其他债务，还可能引起公司法人人格否认制度的适用。

《民法典担保制度解释》第 10 条规定："一人有限责任公司为其股东提供担保，公司以违反公司法关于公司对外担保决议程序的规定为由主张不承担担保责任的，人民法院不予支持。公司因承担担保责任导致无法清偿其他债务，提供担保时的股东不能证明公司财产独立于自己的财产，其他债权人请求该股东承担连带责任的，人民法院应予支持。"

一般情况下，一人公司往往只设一名董事，该董事或经理同时担任法定代表人。此时，出现对外代表人与公司内部管理者同一现象，作为法定代表人的董事同时履行着董事会职责（第 75 条、第 126 条），故对外担保仅有法定代表人的签字或盖章就可产生担保权利外观。[①]

第十六条 【职工保护】公司应当保护职工的合法权益，依法与职工签订劳动合同，参加社会保险，加强劳动保护，实现安全生产。

公司应当采用多种形式，加强公司职工的职业教育和岗位培训，提高职工素质。

本条是关于公司职工保护的基本规定。

---

① 参见"恩平市光谷光电科技有限公司、王某海等民间借贷纠纷民事申请再审审查民事裁定书"〔（2021）最高民申 7872 号〕。

职工是公司重要利益相关方，本条规定了职工保护的基本要求：第一，公司需要依法与职工签订劳动合同，职工的合法权益受到劳动合同法的保护。第二，公司需要依法为职工办理社会保险，此规定可以参照《劳动法》第72条关于"用人单位和劳动者必须依法参加社会保险，缴纳社会保险费"的规定。第三，加强劳动保护实现安全生产，这是对于劳动者劳动条件的要求，保障劳动者的工作安全。本条的第2款则是对于职工素质提高作出的要求，主要形式为职业教育与岗位培训。

第十七条 【职工参与】公司职工依照《中华人民共和国工会法》组织工会，开展工会活动，维护职工合法权益。公司应当为本公司工会提供必要的活动条件。公司工会代表职工就职工的劳动报酬、工作时间、休息休假、劳动安全卫生和保险福利等事项依法与公司签订集体合同。

公司依照宪法和有关法律的规定，建立健全以职工代表大会为基本形式的民主管理制度，通过职工代表大会或者其他形式，实行民主管理。

公司研究决定改制、解散、申请破产以及经营方面的重大问题、制定重要的规章制度时，应当听取公司工会的意见，并通过职工代表大会或者其他形式听取职工的意见和建议。

本条是关于职工参与的基本规定。

一、职工参与的意义

职工参与是指企业职工，不论是否持有公司股权或股份，都有权通过相应形式参与企业管理。

在我国，职工参与权源于国家的社会政治经济制度，该权利的功能在于树立职工对公司或企业的主人翁意识，以公司利益的获得为中心，全面实现公司设立目的。职工参与权与其他主体的权利，如股东的股权、经理的经营管理权既可能对抗也可能合作，在公司诸多权利主体所形成的权利体系中具有衡平与制约的功能，对于股权与经营管理权具有矫正和推进的双重功能。也就是说，职工参与权的设定已远远超出了维护职工利益的目的，而是旨在以该项权利与股权的有机结合，创立并形成现代企业制度全新的经营管理机制。

二、职工参与的基本制度与要求

本条共分三款规定了职工参与的基本制度与要求。

对于该条三款规定，在应用中应综合分析与判断，其核心是保障职工参与权，不得损害职工合法权益。在"马鞍山市交通企业总公司工会委员会、王某群股权转让纠纷案"〔（2020）皖05民终772号判决书〕中，法院认为，2013年10月10日的交企公司股东会决议，在未召开职工代表大会或者采取其他形式听取职工的意见和建议情况下，决议通过"交企公司工会自愿将所持5.5%及16.67%的股份以165000元及500000元的价格转让给邵成树"，该决议因损害职工权益而无效。

第十八条　【公司党组织】在公司中，根据中国共产党章程的规定，设立中国共产党的组织，开展党的活动。公司应当为党组织的活动提供必要条件。

本条是关于公司中党的基层活动原则的规定。

一、基本规定

宪法规定，中国共产党在我国政治生活和经济建设中处于领导地位。为了更好地发挥党的基层组织和党员在公司发展、经济建设中的作用，公司法依据宪法规定的原则，对公司中党的基层组织活动作了进一步具体的规定，以加强和改进企业党的建设，促进企业发展。

根据本条规定，首先，在公司中设立党的组织，应当遵守中国共产党章程的规定；其次，党的基层组织应当按照章的规定开展活动；最后，公司要为公司中党组织开展活动提供必要支持和条件。如提供所需的活动经费、场所和时间等。从法律规定的内容来看，这是一项明确规定党的基层组织所在单位负有为党组织活动提供条件的义务，对于加强基层党组织建设具有深远的意义。①

---

① 马怀德：《依法执政与〈公司法〉第19条的规定》，载《党建研究》2006年第7期。

二、党组织与公司治理

在国家出资公司及其控股公司中，党组织是要参与到公司治理层面的。具体而言，主要是通过"双向进入、交叉任职"的方式参与公司治理，通过行使"参与重大决策权、监督、重大人事决定"三项权利发挥作用，[①] 以期减少国有企业内部人控制的代理成本。

总体而言，公司法与中国共产党章程以及党的文件等对于国有企业和集体企业中党委会参与公司治理的内容和方式进行了说明，但对非国有企业来说，党组织发挥什么作用，非国有企业的党组织是否也应参与公司治理，尚待实践确立，其精神应当是尊重公司自治。

尽管党组织参与公司治理，具有参与重大决策权，但这种参与权只是参与，而非决定权，相应决策仍须符合公司治理基本法则。在"甘肃农垦金昌农场有限公司、金昌水泥（集团）有限责任公司公司决议效力确认纠纷再审案"［（2021）最高法民申 3524 号］中，当事人以公司股东会决议未经过党委参与决策而认为股东会会议决议无效。法院经审理指出，"三重一大"决策制度是党中央、国务院规范国有企业决策管理的制度，不能得出公司股东会决议效力的结果。也就是说，党组织的参与主要是政治性的，即通过政治性的决策影响股东会决议与管理层的行为，不直接约束公司机构决议及外部行为。

第十九条 【公司合法经营】公司从事经营活动，应当遵守法律法规，遵守社会公德、商业道德，诚实守信，接受政府和社会公众的监督。

本条是关于公司经营活动的基本规定。

一、遵守法律法规

作为经营活动体，遵守法律法规是公司的基本义务与要求。公司遵守法律法规主要是指公司须遵守外部法律法规，同时，公司法本身就具有较多强

---

① 蒋建湘、李依伦：《论公司章程在党组织参与国企治理中的作用》，载《中南大学报》（社会科学版）2017 年第 3 期。

制性规范，尤其是对于保护公司债权人而言，守法的对象也包括公司法上的强制性规范。[①]这一点的特别意义在于，外部强制责任应在特殊领域以特别法方式落实，不能直接诉诸于公司法；通过公司守法义务的设置，内部法律与外部法律的脱节很大程度上在公司法上得到了解决，建立起了连接关系。[②] 具言之，公司应遵守国家制定的安全生产、缴纳税款、产品质量保障、职工权益保障、消费者权益保护、市场经济秩序、环境保护、资源节约等法律规范，这是社会健康稳定协调发展的基本保障。

本条规定的"法律法规"是广义上的法律法规，不仅包括全国人民代表大会和常委会制定的法律、国务院颁布的行政法规，还包括地方性法规、部门规章及行业自治规章，同时还包括国际组织倡导的软法。这是因为，公司有义务遵守国家法律法规和世界经济行为、社会和文化准则。广义上的法律法规不仅是公司应当遵守的基本义务，也是其进入社会和世界的基本行为准则要求，公司不仅是自身营利的，更应是社会的良好表率。

二、遵守社会公德、商业道德

社会公德是指各个社会主体在交往过程中应当遵循的公共道德规范，目的是维系人与人之间的基本社会秩序；商业道德是在商业事件中发展起来的一套观念、准则和规范体系，目的是维系商业社会交往中的商业经济秩序。二者之间的区别在于，前者是一般社会的行为基本要求，后者是商业社会商业行为的基本要求。这两种规范在市场主体的活动中相互交融，对法律起着很好的补充作用。

遵守社会公德与商业道德，是公司作为经济公民如同普通人那样的道德要求。不同的是，由公司的营业身份决定，其应当更为严格遵循社会公德与商业道德。这是社会对公司"正直"的要求。

在法律适用上，二者存在差异。商业道德要按照特定商业领域中市场交易参与者即经济人的伦理标准来加以评判，它既不同于个人品德，也不能等

---

① 施天涛：《〈公司法〉第 5 条的理想与现实：公司社会责任何以实施？》，载《清华法学》2019年第 5 期。

② 这种连接关系在法理上被称为转介条款或引致条款，如民法上关于违反法律、行政法规的法律行为无效的规定就是这样的条款。苏永钦：《以公法规范控制私法契约：两岸转介条款的比较与操作建议》，载《人大法律评论》2010 年第 1 期。

同于一般的社会公德，所体现的是一种商业伦理。如经济人追名逐利符合商业道德的基本要求，但不一定合于个人品德的高尚标准；企业勤于慈善和公益合于社会公德，但怠于公益事业也并不违反商业道德。商法所要求的商业道德必须是公认的商业道德，是指特定商业领域普遍认知和接受的行为标准，具有公认性和一般性。即使在同一商业领域，由于是市场交易活动中的道德准则，公认的商业道德也应当是交易参与者共同和普遍认可的行为标准，不能仅从买方或者卖方的单方立场来判断是否属于公认的商业道德。具体到个案中的公认的商业道德，应当结合案件具体情形（如特定行业的一般实践、行为后果、交易双方的主观状态和交易相对人的自愿选择等）来分析判定。①

三、诚实守信

公司从事经营活动，必须诚实守信。这是民事主体从事民事活动的基本原则，有"帝王条款"之称，其重要功能在于控制权利的行使和义务的履行。公司作为市场经济活动的主体，应遵循诚信原则。诚实信用的内涵：起源于罗马法上的善意，要求行为人恪守诺言、诚实不欺，在不损害他人利益和社会利益的前提下追求自己的利益。诚实要求行为人正直；信用，指相对人可以对其信赖。唯其诚实，始具信用，方可信赖，体现诚实信用原则的伦理性。②

相对于遵守社会公德与商业道德，诚实信用原则着眼于微观，是对公司在从事具体经营活动时的要求。在"北京万方源房地产开发有限公司与中国长城资产管理公司沈阳办事处债权置换股份协议纠纷案"［（2015）最高法民二终字第 366 号］③ 中，万方源公司在签订《意向协议》后，没有与长城资产沈阳办事处签订正式的《股权折现协议》，也没有交纳保证金，属于违约方。在案涉股权价格大幅度升值（二审判决作出时已高达 3 亿多元）的情况下，万方源公司又主动要求履行《意向协议》，显然有悖诚实信用原则，故法院判决万方源公司败诉。

---

① 参见"山东省食品进出口公司、山东山孚集团有限公司、山东山孚日水有限公司与马达庆、青岛圣克达诚贸易有限公司不正当竞争纠纷案"［最高人民法院（2009）民申字第 1065 号］，载《最高人民法院公报》2009 年第 9 期。

② 王泽鉴：《诚实信用与权利滥用》，载《北方法学》2013 年第 6 期。

③ 2016 年 10 月 31 日最高人民法院第二巡回法庭发布关于公正审理跨省重大民商和行政案件十件典型案例九。

四、接受政府和社会监督

公司的经营行为是否符合法律法规，符合商业道德规范，要由政府和社会公众来进行监督。强调公司接受政府和社会的监督义务，源于消费者运动。如产品质量法、消费者权益保护法等多次提到生产者和经营者接受监督之义务，尤其是后者将监督权作为消费者的一项法定权利，将接受监督义务作为经营者的法定义务。这一内容在司法实践中的重要意义在于，平衡公众言论自由权和经营者商誉，优先保障言论自由权。公司社会责任论者也认为，公司，尤其是大型公众公司，已经嬗变为公共部门，并将其视为政治性实体，要求它们接受政府和社会监督。

第二十条　【公司社会责任】公司从事经营活动，应当充分考虑公司职工、消费者等利益相关者的利益以及生态环境保护等社会公共利益，承担社会责任。

国家鼓励公司参与社会公益活动，公布社会责任报告。

本条是关于公司社会责任的承担原则要求。

一、公司社会责任承担的基本规定

随着公司对社会影响的扩大，其不仅是自身（包括股东）的，也是社会的，由此发展出公司应当承担社会责任的现代公司行为原则。具体而言，公司社会责任是指企业在经营管理过程中，须承担的对相关利益者和社会的义务，它是处理企业与相关利益者与社会之间关系的法律制度与原则。

公司的社会责任首先是一个社会道德问题，它要求公司不仅关心股东的利益和自己的盈利，还要关注相关利益者和社会公共的利益，以使社会能够协调并和谐地发展。但是，公司社会责任不仅是企业的社会道德责任，还是企业作为商主体的法律意义上的责任。

按照本条规定，公司社会责任是"在遵守法律法规规定义务的基础上"，而对公司职工、消费者等利益相关者的利益以及生态环境保护等社会公共利益的充分考虑。亦即，如果法律有相关规定，是一个合法合规的问题。在符合法律法规的基础上对公司相关利益人和社会公共利益的进一步维护与尊

重，方构成本条所谓社会责任的承担。可以看出，我国公司法上社会责任是一种社会正直和促进的责任承担，其是对公司道德意义上的高要求。如在产品质量上，公司在严格遵照法律法规质量标准要求上提出更高的要求，更为符合环保与消费者权益保护，是典型的公司社会责任承担考量。仅仅符合国家产品或服务质量要求，不能称之为主动承担社会责任。如果国家规定某产品质量出现缺陷时应当召回，公司依法召回，属于遵守法律法规的问题；如果国家对某产品质量问题规定召回，公司主动召回，就属于社会责任承担的问题。

二、企业社会责任报告

企业社会责任报告（简称 CSR 报告），是指企业将其履行社会责任的理念、战略、方式方法，其经营活动对经济、环境、社会等领域造成的直接和间接影响、取得的成绩及不足等信息，进行系统的梳理和总结，并向利益相关方进行披露的方式。

我国已经建立了与世界接轨的企业社会责任报告制度。2005 年，国务院国资委制定了《中国企业社会责任标准》，2006 年，深圳证券交易所颁布《上市公司社会责任指引》，2008 年，上海证券交易所发布《上海证券交易所上市公司环境信息披露指引》。2012 年，国务院国资委通知要求中央企业必须发布企业社会责任报告，并强调企业履行社会责任的情况将被纳入央企考核体系。本条第 2 款规定，从企业基本法——公司法层面作出了明确要求。

三、关于公司合规

《公司法》第 19 条和第 20 条关于公司经营活动基本准则及社会责任承担的规定，在一定程度上是契合现代社会关于公司合规要求的，可以视为我国公司法关于公司合规的原则性规定。

为适应世界经济规则变化，2006 年，原中国银行业监督管理委员会发布《商业银行合规风险管理指引》，成为我国第一个企业合规法律文件。2017 年，中国标准化委员会以国际标准化组织发布的《合规管理体系指南》为蓝本，发布了中国版《合规管理体系指南》。同年，中国证券监督管理委员会发布《证券公司和证券投资基金公司合规管理办法》，以行政规章的方式向证券企业推行强制合规制度。2018 年，国务院国资委发布了《中央企业合规管理指引（试行）》。

公司合规有利于公司的可持续发展，有效地保护无辜第三人，划清不同责任人的权利与义务。2016 年兰州市城关区人民法院一审认定雀巢公司 6 名员工为抢占市场份额，推销雀巢奶粉，通过拉关系、支付好处费等手段多次从多家医院医务工作人员手中非法获取十余万条公民个人信息，构成侵犯公民个人信息罪。一审判决后，各被告人均以其行为是公司行为、本案应属单位犯罪为由上诉至兰州市中级人民法院，以寻求更为轻缓的量刑。但在本案一审过程中，雀巢公司就援引了合规作为抗辩事由。雀巢公司抗辩称，其从不允许员工以非法方式收集消费者个人信息，并且从不为此向员工、医务人员提供资金，其在《雀巢合规宪章》、《雀巢指示》（取自雀巢公司员工培训教材）、《关于与保健系统关系的图文指引》等文件中明确规定"对医务专业人员不得进行金钱、物质引诱"，对于这些规定，其还要求所有营养专员接受培训并签署承诺函，已建立了有效的合规计划，本案中员工行为应属个人行为。法院经审理认为，以上合规文件充分证明雀巢公司已尽到合规管理的义务，具有规避、防范合规风险的意识，并进行了合规培训，本案被告人违反雀巢公司的合规管理规定，应属个人行为。最终二审法院兰州市中级人民法院对此也予以认可，裁定驳回上诉，维持原判。本案中，合规成为切割单位责任和员工责任的根据，成为无罪抗辩的理由。

第二十一条 【不得滥用股东权利】公司股东应当遵守法律、行政法规和公司章程，依法行使股东权利，不得滥用股东权利损害公司或者其他股东的利益。

公司股东滥用股东权利给公司或者其他股东造成损失的，应当承担赔偿责任。

本条是关于股东权利不得滥用的原则规定。

一、团体法下股东权利的行使原则

权利应正当行使，不得滥用，是现代私法的基本原则，是现代民法所确立的"帝王条款"，即诚信原则（《民法典》第 7 条）的必然要求。

作为调整私人生活和经济关系的私法，其遵循私法自治，凡法律不明确禁止，均可自由为之。但该自由为之，蕴含着一个基本的道德准则，即不得滥用私法自治，损害他人和社会公共利益。在作为团体法的公司法中，权利不得滥用更具特殊意义。作为团体的公司，是集体行动的产物，所有公司成员，均以维系团体稳定与发展为己任，需要每位成员相互尊重，遵守法律与公司章程，共同促进公司利益之成就。一定意义上，股东不得滥用权利，是公司成为团体并得以共同发展的前提。

在公司关系中，股东之间、股东与公司之间是基本关系，其决定公司能否正常运营与存续。而股东之间及其与公司之间的关系，不仅体现在发行股份与认购或认缴出资的关系上，此仅仅构成公司成立的物质基础；还需股东之间、股东与公司之间共同的协力促进共同的事业，此进一步构成公司成立及存续的活力源。

股份与股权代表着公司成员的资格，它体现着持有者与法人公司之间的一种长期关系，也同时代表着许多具体权利与义务。尽管如此，它在法律上依然是一个统一的整体。[①] 股东对于公司享有成员权，也负有成员义务。除了出资义务之外，股东对于公司负有作为成员的诚信义务，尽管这是一种具有附带性质的义务。一般而言，股东对于公司负有的诚信义务是消极的，即仅需消极地不侵害公司利益即可。不过，对于控制股东，因其常常是公司的积极参与者，故其诚信义务是一种积极的义务，不能利用其控制地位损害公司利益，需要利用其控制地位积极促进公司利益的实现。

股东之间系因公司成立而共同为公司成员而产生成员间的关系，非个人之间的投资关系。作为成员间的关系，尽管他们之间均通过公司这个主体而产生同为股东的关系，但同时他们之间也因公司主体而产生直接的公司团体之中的法律关系，这是一种特别的法律关系，进而产生特定的忠诚义务。[②]

不过，对于人数较多和人数较少的公司（一般是有限公司和股份公司）而言，股东之间的义务需要类型化。对于股份公司特别是上市股份公司，股东是根据其股东资格而非公司机构行使股东权利的，故股东有权在履行忠诚

① ［德］托马斯·莱塞尔、吕迪格·法伊尔：《德国资合公司法》（第6版）（上），高旭军等译，上海人民出版社2019年版，第127页。
② ［德］托马斯·莱塞尔、吕迪格·法伊尔：《德国资合公司法》（第6版）（上），高旭军等译，上海人民出版社2019年版，第128页。

义务和不滥用权利下追求其个人利益。① 对于那些规模较小的有限责任公司和股份公司，由于股东普遍参与管理，并且他们之间常常具有较为强烈的人身相互信任性质，股东之间负有更为积极的忠诚义务，并需要积极促进公司利益的实现。同时，如果股东同时为公司高级管理人员，其更负有积极的促进义务。

对于股东不得滥用其权利，公司法作了大量具体规定，包括不当利用关联关系（第 22 条）、滥用公司人格（第 23 条）、公司决议无效、可撤销及不成立（第 25 条、第 26 条、第 27 条）、非货币财产出资的高估（第 48 条第 2 款、第 50 条、第 98 条）、股东查阅权的正当行使（第 57 条、第 110 条）、股东不得抽逃出资（第 53 条、第 105 条）、股权转让（第 84 条）、股权回购请求权（第 89 条第 3 款）、上市公司特别人持有的股份转让（第 160 条）等。

除这些具体规定外，其他有关股东滥用权利的，则可依据本条规定处理。从这个意义上，本条是关于判断股东是否滥用权利的一般条款。

二、团体法下股东权利的行使规则

作为公司团体成员，股东行使股东权利至少要做到以下要求：

（一）不得损害公司的利益

公司一旦依法成立，就成为一个独立的法律主体而具有自己的利益。尽管学界与实务界有不同认识，但普遍认为，公司利益是不同于股东利益的概念。随着公司相关利益人理论及 ESG 运动的兴起与强势发展，公司利益的范围及独立性越来越清晰。行使权利不得损害公司利益，是股东作为公司成员的基本责任。

（二）考虑其他股东的利益

公司是所有股东共同的事业。共同的事业意味着股东行使股东权利时需要相互考虑各自利益，从而以集体行动促进公司的发展，进而实现共同的利益。《公司法司法解释（四）》第 15 条关于"股东未提交载明具体分配方案的股东会或者股东大会决议，请求公司分配利润的，人民法院应当驳回其诉讼请求，但违反法律规定滥用股东权利导致公司不分配利润，给其他股东造成损失的除外"之规定，即为此意。

---

① ［德］托马斯·莱塞尔、吕迪格·法伊尔：《德国资合公司法》（第 6 版）（上），高旭军等译，上海人民出版社 2019 年版，第 132 页。

（三）在公司中严肃而负责地行使股东权及影响力

在许多公司中，一些大股东或相对控股股东因其持有较多股份或股权而对公司和其他股东具有重大影响。此时，由他们的地位和控制力决定，这些股东行使股东权时应当严肃而负责，不可任性为之。对于中小股东而言，其对于公司影响力较小，但仍需要严肃而负责地行使其股东权，如参加股东会时不得无理取闹、故意拖延会议议程等。如果中小股东持有的表决权对于公司决议影响过大，如故意不参加股东会或参加股东联合一致投票而使相关决议无法达到法定或章定表决权数时，则中小股东也具有了对于公司的较大影响。[1]

三、关于本条的适用

（一）本条所称股东的范围

首先，此处的股东一般是指公司现股东。

对于公司原股东是否可以提出诉讼（作为原告）或被提起诉讼（被告），公司法没有规定。从本条规定主旨来看，其目的在于防止某些股东不当利用股东权利而损害其他股东和公司的利益，从而为受害股东和公司提供相应法律救济，故即使原股东已经转让其股权或股份，如果其在作为股东时的合法权益受到其他股东不当行为的影响而受有损害，则在诉讼时效期间可以提起诉讼；或者其在作为股东时因不当行为而损害其他股东和公司利益，则其仍可以成为因本条引起的诉讼被告。

其次，滥用权利的股东一般为控股股东，包括股东集团以及实际控制人。[2]

（二）关于股东压迫

股东压迫是股东滥用权利常见的现象。股东压迫表现多样，包括：（1）多数股东拒绝分红；（2）向在任公司管理者的大股东或他们的亲属支付薪水和

---

[1] 在德国的吉梅斯案中，公司陷入经济困境。公司董事会与公司债权人拟定了一个重整议案，提交股东大会。但其中一个小股东反对该议案，并通过游说其他小股东授权其投票，而使得该议案没有通过。同意该议案的股东对该小股东提起诉讼。德国最高法院认为，小股东也对其他股东负有忠诚义务，为此在小股东行使股东权时，也必须适当考虑其他股东在公司中的利益。根据忠诚义务，任何股东不得为了其个人利益妨碍通过对公司有益的、经过各方努力而达成的整顿方案。如果几个小股东将其表决权联合起来，并且构成了否决权，那么，这就严重违反了其承担的忠诚义务。参见［德］托马斯·莱塞尔、吕迪格·法伊尔：《德国资合公司法》（第 6 版）（上），高旭军等译，上海人民出版社 2019 年版，第 147—148 页。

[2] 参见"吉林省金融控股集团股份有限公司与吉林省金融资产管理有限公司、宏运集团有限公司公司解散纠纷案"，载《最高人民法院公报》2021 年第 1 期；"陕西省耀县水泥厂、陕西耀县水泥厂置业有限公司等损害公司利益责任纠纷其他民事民事裁定书"［（2021）最高法民申 2487 号］。

福利；（3）公司以高额租金租用大股东的财产；（4）通过关联交易向大股东输送利益；（5）多数股东拒绝为少数股东提供公司内部的管理职位或其他工作机会；（6）以低价向大股东或其关联企业出售公司资产；（7）多数股东还可能建立一个排除了少数股东的新公司，将原来公司的资产和业务转移给新公司；（8）大股东可能合并公司，但是合同的计划对小股东不公平等。

压迫行为的一个特点是，它必然导致对小股东的个体化伤害。这意味着，如果该行为对所有股东造成类似的损害，则不能被视为构成压迫行为。例如，如果控股董事决定停止支付股息，并且没有股东获得股息，则所有股东都得到了平等对待，不存在压迫。相反，如果董事向某些股东而不是其他股东支付股息，那么没有收到股息的股东可能会对公司董事的压迫行为提出有效的索赔。

对于股东压迫，本条无疑构成其请求权基础。

判断是否构成股东压迫有两条路径。第一条路径是合理预期路径，股东的"预期"是否合理、是否值得保护。第二条路径是控股股东信义义务路径，可借鉴"公平交易义务""可反驳正当商业目的规则""实质公平规则"的基本要求，并通过程序性义务是否得到遵守为标准进行判断。

第二十二条 【关联关系】公司的控股股东、实际控制人、董事、监事、高级管理人员不得利用关联关系损害公司利益。

违反前款规定，给公司造成损失的，应当承担赔偿责任。

本条是关于利用关联关系损害公司利益的基本规定。

一、关联关系和关联企业

关联关系，是指公司控股股东、实际控制人、董事、监事、高级管理人员与其直接或者间接控制的企业之间的关系，以及可能导致公司利益转移的其他关系（第265条）。

关联关系是现代经济生活中普遍存在的现象。由公司的法人性质决定，有关关系人常常利用公司规避风险或实现更好的资源配置，[1] 但其同时也可能

---

① 林一英：《关联交易的差异化规范：方法与主体的视角》，载《中国政法大学学报》2022年第5期。

被不当利用而损害公司自身作为法人的独立利益，损害其他利害关系人的利益，故本条以及其他规定都是从规制角度予以规定的。

关联关系主要表现为企业之间的关联，即企业之间为达到特定经济目的通过特定手段而形成的企业之间的联合。这里所谓"特定的经济目的"是指企业之间为了追求更大的规模效益而形成的控制关系或统一安排关系；所谓"特定的手段"是指通过股权参与或资本渗透、合同机制或其他手段如人事连锁或表决权协议等方法；"企业之间的联合"则是特指具有独立法人地位的企业之间的联合。[①]

关联企业之间的利益关系是通过一定纽带关联在一起的：（1）资本联系纽带，通过股权参与形成股权控制或参股关系。（2）合同联系纽带，通过合同将有关企业联系起来，形成关联企业。（3）人事纽带，通过董事、监事和经理的相互兼任而足以控制企业形成的关联关系。

除了关联企业之外，关联关系还表现为非企业的自然人之间的关联，如亲属之间。不过实践中，自然人之间主要通过设立企业的形式为之。

二、关联企业的认定

关联关系是包括公司控股股东、实际控制人、董事、监事、高级管理人员在内的主体与其直接或间接控制的企业之间的关系。

一般认为，对关联企业的认定须从以下两个方面着手：

（一）关联企业是具有独立法律地位的企业之间的联合

关联企业本身并非独立的法律实体，而是具有独立法律地位的企业之间的联合。它成为法律术语并非企业之间联合，而主要是这种联合有可能构成关联交易而损害第三人和社会公共利益。具有独立法律地位企业之间的联合是判断关联企业及关联交易的基本前提，企业的分支机构（分公司）和合伙企业之间不构成关联企业。

（二）关联企业之间存在直接或间接的控制关系或重大影响关系

关联企业之间通过资本、合同或人事纽带成为一个利益联合体，它们之间形成了直接或间接的控制或其他重大影响关系。

---

① 施天涛：《公司法论》（第四版），法律出版社 2018 年版，第 438 页。

1. 直接或间接控制关系

企业主要是通过持股和合同安排直接或间接控制另一个企业的。

"控股股东"最简单的标准是持有过半数的股份或股权，但是"如果公司股东人数众多，任何股东所持股份数如达到相当数量，即使未超过半数，也可能是具有控制权的股东"，即所谓的"相对控股"。随着股份或股权的分散化、投资的多元化及相互持股和进行人事安排等现象的出现，绝对控股和相对控股的标准已经不能准确认定企业之间的控制关系。

2. 重大影响关系

重大影响关系是指关联企业之间除因持股或合同而直接或间接控制企业外的其他相互重大影响关系。重大影响与控制的区别在于，它仅仅能够对一方的财务和业务经营政策有参与决策的权利或对决策的作出有实际影响，但并不决定这些政策。

一般地，符合下列情况之一的，应当认为对被投资企业具有重大影响：（1）在被投资企业的董事会或类似的权力机构中派有代表。在这种情况下，由于在被投资企业的董事会或类似的权力机构中派有代表，可以通过该代表参与政策的制定，从而对该企业施加重大影响。（2）参与政策制定过程。在这种情况下，由于可以参与企业政策的制定过程，在制定政策过程中可以为其自身利益而提出建议和意见，由此可以对该企业施加重大影响。（3）互相交换管理人员。在这种情况下，通过一方对另一方派出管理人员，或者两方或多方互相交换管理人员，由于管理人员有权力并负责企业的财务和经营活动，从而能对企业施加重大影响。（4）依赖投资方的技术资料。在这种情况下，由于被投资企业的生产经营需要依赖对方的技术或技术资料，从而对该企业具有重大影响。

除了企业之间的关联之外，还有大量的自然人或者说非企业之间的关联人问题。例如，根据《深圳证券交易所股票上市规则》（2022年修订）第6.3.3条规定，具有下列情形之一的自然人，为上市公司的关联自然人：直接或者间接持有上市公司5%以上股份的自然人；上市公司董事、监事及高级管理人员；直接或者间接地控制上市公司的法人（或者其他组织）的董事、监事及高级管理人员；以及前述人士的关系密切的家庭成员。

关联企业的认定是错综复杂的。《公司法》仅于本条和第265条原则性规定了关联关系。为严格规范上市公司的关联交易，上海证券交易所、深圳证券交易所和北京证券交易所分别规定的股票上市规则中作出了具体规定。

鉴于关联交易的隐蔽性与复杂性，对于关联交易方的认定可采取实质认定主义。《深圳证券交易所股票上市规则》（2022 年修订）第 6.3.3 条规定，在过去十二个月内或者根据相关协议安排在未来十二个月内，存在规定所述情形之一的法人（或者其他组织）、自然人，均为上市公司的关联人。中国证监会、本所或者上市公司根据实质重于形式的原则，认定其他与上市公司有特殊关系、可能或者已经造成上市公司对其利益倾斜的自然人、法人（或者其他组织），为上市公司的关联人。

另外，鉴于国家出资企业的普遍存在及特殊性，国家控股的企业之间不因为同受国家控股而具有关联关系（第 265 条），但其法定代表人、董事长、总经理或者半数以上的董事兼任上市公司董事、监事或者高级管理人员的除外，亦即，后者仍可能构成关联关系而适用本条。

三、关联交易的公平判断

现代公司法并不禁止关联交易，要求关联关系应当符合法律要求，保证其公平性。

（一）股东、实际控制人的信息披露及持股达到法定程度时的告知义务

《公司法》第 140 条规定，上市公司应当依法披露股东、实际控制人的信息，相关信息应当真实、准确、完整。禁止违反法律、行政法规的规定，代持上市公司股票。

同时，当一个公司持有他公司的股份或出资额达到法定程度时，应该及时就该持股情况告知他公司及相关利益人。我国证券交易所关于股票的上市规则也作出明确规定，如《深圳证券交易所股票上市规则》（2022 年修订）第 6.3.5 条规定，上市公司董事、监事、高级管理人员、持股 5% 以上的股东及其一致行动人、实际控制人应当及时向公司董事会报送公司关联人名单及关联关系的说明，由公司做好登记管理工作。

（二）关联交易的信息披露

关联交易的信息披露包含两方面的内容：第一，在关联交易协商确定后而实施前，由公司授权执行人依照公司章程规定的决策权限向董事会或股东会报告说明该交易的内容、交易的合同条件、交易的性质等情况，并报请批

准。第二，在关联交易经授权批准后，合同签署与履行情况的信息披露，该披露亦须说明交易的内容、交易的条件、交易的性质、交易的公平性、交易的批准与履行情况（《深圳证券交易所股票上市规则》第6.3.6条）。

（三）关联交易的程序控制

程序是一个"过滤装置"，有关争议的问题经过这个过滤装置后就容易获得普遍性和正统性。法律通过设计关联交易的程序，可以尽最大可能减少交易的不公平性，使其在满足关联方交易需要的同时，也能使社会和第三人的利益不受损害。

具体来说，公司法和证券法设计的关联交易的程序制度主要是从三个方面考虑的：（1）关联交易需要经过股东大会或股东会同意（《深圳证券交易所股票上市规则》第6.3.7条）。（2）关联股东回避表决制度，即在股东大会或股东会表决某重大关联交易时，关联股东需要回避表决（《深圳证券交易所股票上市规则》第6.3.9条）。（3）关联董事回避表决制度，关联交易属于经营管理层的权力范围，一般都是由董事会表决决定的。这时，关联董事需要回避该项交易的表决（《公司法》第139条、《深圳证券交易所股票上市规则》第6.3.8条）。

四、违法关联交易的民事责任认定

依《民法典》第84条和本条，公司的控股股东、实际控制人、董事、监事、高级管理人员利用关联关系损害公司利益而给公司造成损失的，应当承担赔偿责任。

公司法并不禁止关联交易，禁止的是利用关联交易损害公司利益。一般地，如果关联交易符合公司法及公司章程规定的信息披露及程序要求，均是允许的。但是，在未履行必要的信息披露与程序情况下，或者尽管履行了所谓信息披露与程序，但其交易后果严重损害公司利益时，则为法律禁止。对于关联交易责任的认定，既要符合形式主义，也须符合实质要求。《公司法司法解释（五）》第1条关于"关联交易损害公司利益，原告公司依据民法典第八十四条、公司法第二十一条规定请求控股股东、实际控制人、董事、监事、高级管理人员赔偿所造成的损失，被告仅以该交易已经履行了信息披露、经股东会或者股东大会同意等法律、行政法规或者公司章程规定的程序为由抗辩的，人民法院不予支持"之规定，即是此意。

在"西安陕鼓汽轮机有限公司、高某华等公司关联交易损害责任纠纷民事再审案"〔（2021）最高法民再181号〕中，最高人民法院在认定案涉关联交易是否损害陕鼓汽轮机公司利益的问题上，作出如下分析：

1. 高某华、程某是否履行了披露义务。披露关联交易有赖于董事、高级管理人员积极履行忠诚及勤勉义务，将其所进行的关联交易情况向公司进行披露及报告。根据陕鼓汽轮机公司《公司章程》第36条之规定，本案高某华、程某作为董事及高级管理人员，未履行披露义务，违反了董事、高级管理人员的忠诚义务。

2. 案涉关联交易价格是否符合市场公允价格。公司法保护合法有效的关联交易，并未禁止关联交易，合法有效关联交易的实质要件是交易对价公允。参照《公司法司法解释（五）》第1条规定，应当从交易的实质内容即合同约定、合同履行是否符合正常的商业交易规则以及交易价格是否合理等进行审查。本案中，陕鼓汽轮机公司关于高某华、程某将本可以通过市场采购的方式购买相关产品转由向钱塘公司进行采购而增加购买成本，陕鼓汽轮机公司所多付出的成本，损害了陕鼓汽轮机公司权益的主张，有事实和法律依据。陕鼓汽轮机公司关于案涉交易对价高于市场价且不具备公允性的上诉主张，本院予以采信。

3. 高某华、程某的行为与陕鼓汽轮机公司损害结果的发生有因果关系。关联交易发生在高某华、程某任职董事期间，高某华于2011年7月8日任副董事长、总经理。关联交易的发生及变化与高某华、程某任职期间及职务变化存在同步性。根据2018年《公司法》第21条（新《公司法》第22条）关于"公司的控股股东、实际控制人、董事、监事、高级管理人员不得利用其关联关系损害公司利益。违反前款规定，给公司造成损失的，应当承担赔偿责任"的规定，高某华、程某共同实施的关联交易行为，损害了陕鼓汽轮机公司利益。

除了民事责任，关联人利用关联关系严重损害公司利益，构成犯罪的，将同时承担刑事责任。①

---

① 参见"李×1挪用资金案二审案"〔（2014）红中刑一终字第22号〕；"钟某周贪污等二审案"〔（2013）粤高法刑二终字第68号〕；"王某祥挪用资金罪二审案"〔（2016）粤刑终1154号〕。

五、关联交易适用中的其他问题

（一）实质股东或隐形股东可构成关联人

在我国现实生活中，存在大量所谓隐形股东的现象，他们既未在股东名册上记载，也未在工商登记簿中登记，但实质上参与公司经营活动，行使着股东权利。这时，如果他们利用关联关系从事有关活动，仍需要遵循上述规则。

（二）违法关联交易合同的效力

本条第 1 款规定关联人不得利用关联关系损害公司利益，第 2 款规定如果给公司造成损失，须对公司承担赔偿责任。如何看待该条两个条款之间的关系，值得探讨。

首先，本条第 1 款为效力性规定，直接约束因关联交易而产生的合同。法律并不禁止关联交易，但禁止利用关联交易损害公司利益。关联交易双方或多方对于他们之间利用关联交易损害公司利益的合同或协议的法律性质及后果是明知的，属于典型的恶意违法行为，应认定无效。

在"甘肃华屹置业有限公司、济宁空间房地产有限公司股权转让纠纷案"[（2016）鲁民终 1081 号]中，法院认为，如果认定 2018 年《公司法》第 21 条第 1 款（新《公司法》第 22 条第 1 款）属于"管理性规范"，不应认定合同无效，则必然出现空间公司向华屹公司履行担保义务，而华屹公司又因此向空间公司赔偿的局面，既不利于遏制控股股东利用关联交易损害公司利益，也不利于保护公司利益。因此，应当认定 2018 年《公司法》第 21 条第 1 款在本案中是"效力性规范"，《担保协议书》中担保条款因违反法律的强制性规定无效。

在最高人民法院指导案例第 33 号"瑞士嘉吉国际公司诉福建金石制油有限公司等确认合同无效纠纷案"中，法院认为，债务人将主要财产以明显不合理低价转让给其关联公司，关联公司在明知债务人欠债的情况下，未实际支付对价的，可以认定债务人与其关联公司恶意串通、损害债权人利益，与此相关的财产转让合同应当认定为无效。

其次，关于本条第 2 款关于关联人利用关联关系损害公司利益，给公司造成损失的，应承担赔偿责任的规定。其含义是，如果认定合同无效或公司制止了关联交易合同，且在未对公司造成损失情形下，关联人不存在赔偿公司损失的问题。但是，尽管合同无效或制止了关联交易合同，但因关联交易行为仍然给公司造成损失的，关联人须因此负有赔偿之责。

本款之规定不能被认为"关联人利用关联关系损害公司利益，相应关联合同并不必然无效，关联人对公司损失承担赔偿责任即可"。在"司某明、恒丰银行股份有限公司成都分行等确认合同无效纠纷案"〔（2021）最高法民申2529号〕中，最高人民法院认为，根据2018年《公司法》第21条（新《公司法》第22条）的规定：关联关系人利用关联关系损害公司利益，给公司造成损失的，应当承担赔偿责任。即使华升公司的担保行为构成关联交易，亦并不必然导致《最高额抵押合同》无效。对于因华升公司对外提供担保可能造成其股东利益受损的问题，与本案的合同效力确认之诉不属同一法律关系，相关权利人可以依据相关法律规定及事实向其大股东四川长华建设项目管理有限公司另行主张。

根据《公司法司法解释（五）》第2条规定，关联交易合同存在无效或者可撤销情形，公司没有起诉合同相对方的，符合《公司法》规定条件的股东，可以提起代表诉讼。

第二十三条　【公司人格否认】公司股东滥用公司法人独立地位和股东有限责任，逃避债务，严重损害公司债权人利益的，应当对公司债务承担连带责任。

股东利用其控制的两个以上公司实施前款规定行为的，各公司应当对任一公司的债务承担连带责任。

只有一个股东的公司，股东不能证明公司财产独立于股东自己的财产的，应当对公司债务承担连带责任。

本条是关于公司法人人格否认制度的规定。

一、关于公司法人人格否认的基本规定

公司法人人格否认，英美法系称为"揭开公司法人面纱"，是在具体的法律关系中，基于股东滥用公司人格的特定事由，否认公司的独立人格或揭开公司法人的面纱，将股东与公司视为一体，使股东与公司一起对公司债务承担连带责任的法律制度。2005年《公司法》正式引入公司法人人格否认制度。《九民会议纪要》对此作出了较为细致的规定。

对公司法人否认的制度是对股东有限责任的修正，是通过个案的审查和判断预防股东滥用公司的人格，保障债权人的合法权益。但它不是对公司法人人格的全面、彻底、永久地否认，而只是在具体案件中依据特定的法律事实、法律关系，突破股东对公司债务不承担责任的一般规则，例外地判令其承担连带责任。

从本条第 1 款规定来看，构成公司法人人格否认而承担责任的条件如下：

（一）公司股东滥用公司法人人格

公司法人人格否认制度的法理基础是禁止权利滥用，如股东无视或不顾公司自身利益，任意混同、处置公司财产，或利用公司制度规避法律或债务等。

首先，这些股东常常是公司握有实质控制能力或影响力的股东。他们不一定必须持有公司多数股份，而以其对公司有实际控制力或影响力为表征。在一人公司（包括家庭公司、小规模公司及我国的国有独资公司）或母子公司（母公司对子公司保持高度控制权）的场合中，支配股东过度控制公司的情况最为明显。

这里的股东也包括实际控制人（第 180 条第 3 款）。在"河南省伟祺园林有限公司、王某军合资、合作开发房地产合同纠纷再审案"〔（2020）最高法民申 1106 号〕中，法院查明，王某军虽然不是伟祺园林公司的股东，但其系伟祺园林公司股东张坤的丈夫，且作为伟祺园林公司的代表与苏州科环公司签订了《合作协议书》，并对伟祺园林公司的款项支出行使审批的权力。在伟祺园林公司不能及时还款的情况下，王某军自愿出具《保证书》，保证对伟祺园林公司的债务承担还款责任，故据此认定王某军系伟祺园林公司的实际控制人并判决王某军对伟祺园林公司的债务承担连带责任。

其次，这些股东一般是参与公司经营管理的股东。那些不作为的消极股东即没有参与公司经营管理权利的或者有权参与公司经营管理但不能或不愿参与公司经营管理的股东，不应因此而受到牵连。①

最后，公司的董事、其他高级职员也可能利用职务之便滥用公司法人人

---

① 参见"上海丰瑞投资咨询有限公司与上海汽车工业销售有限公司、扬州市机电设备总公司企业借贷纠纷申诉、申请民事判决书"〔（2016）最高法民再 37 号〕。

格，向公司转移风险，损害公司债权人利益，以谋自己之私利，但他们不能成为公司法人人格否认制度中的被告，可以根据《公司法》第191条规定追究董事、其他高级管理人员的责任。换言之，不同身份涉及不同责任，应将支配股东与公司董事或其他高级管理人员的身份加以区别。只有在以股东的身份滥用公司法人人格时，才符合适用要件。

（二）股东有逃避债务的主观恶意

股东滥用公司法人人格的目的是逃避债务，包括合同债务、劳动债务，以及侵权债务和税收债务等。一般情况下，股东主观恶意的判断应结合是否构成滥用其股东权、逃避债务而损害债权人利益。

（三）滥用行为严重损害了公司债权人的利益

股东滥用公司人格的行为导致公司债务清偿能力的严重削弱，且严重损害了公司债权人的利益，不能简单地适用公司法人人格否认制度。

在"国发节能环保发展集团有限公司、北京国发机关后勤服务有限公司股东损害公司债权人利益责任纠纷再审案"［（2020）最高法民申5116号］中，法院指出，"根据九民会议纪要精神，股东损害公司债权人利益责任纠纷实际上为侵权纠纷案件，原告应从侵权行为、损害结果、因果关系等方面提供证据证明，在公司法第二十条第三款的具体适用中，首先应查明债务人是否存在资本显著不足，资产不足以清偿债务的情况，再继续审查股东是否存在支配、控制公司逃避债务的行为。具体到本案中，首先，国发华企公司在进入强制执行程序后已经向国电光伏公司清偿债务两千多万元，其没有逃避债务的主观故意；其次，国发华企公司在上海市宝山区宝钢厂区内有价值超过6亿元的固定资产可供执行，国电光伏公司对上述情况明知，却未向北京二中院提供该项财产线索，其自身存在过错，并不是国发华企公司资本不足、逃避债务"。

作为公司法人人格否认制度的原告，只能是因股东滥用公司法人人格的行为而受到损害的公司债权人。司法实践中常有公司自身或股东为某种利益而诉请法院揭开公司面纱的情况，但这是不被允许的，因为公司本身和公司股东不能成为原告。①

---

① 参见"福建省青州造纸有限责任公司与福建省青山纸业股份有限公司股东占用公司资金纠纷案"［最高人民法院（2008）民二终字第49号民事判决书］。

二、滥用公司人格行为的认定

根据《九民会议纪要》，公司法关于公司法人人格否定制度的滥用行为，实践中常见的情形有人格混同、过度支配与控制、资本显著不足等。在审理案件时，需要根据查明的案件事实进行综合判断。

（一）人格混同

认定公司人格与股东人格是否存在混同，最根本的判断标准是公司是否具有独立意思和独立财产，最主要的表现是公司的财产与股东的财产是否混同且无法区分。在认定是否构成人格混同时，应当综合考虑以下因素：

（1）股东无偿使用公司资金或者财产，不作财务记载的；

（2）股东用公司的资金偿还股东的债务，或者将公司的资金供关联公司无偿使用，不作财务记载的；

（3）公司账簿与股东账簿不分，致使公司财产与股东财产无法区分的；

（4）股东自身收益与公司盈利不加区分，致使双方利益不清的；

（5）公司的财产记载于股东名下，由股东占有、使用的；

（6）人格混同的其他情形。

在出现人格混同的情况下，往往同时出现以下混同：公司业务和股东业务混同；公司员工与股东员工混同，特别是财务人员混同；公司住所与股东住所混同。

在审理案件时，关键要审查是否构成人格混同，而不要求同时具备其他方面的混同，其他方面的混同往往只是人格混同的补强。①

（二）过度支配与控制

公司控制股东对公司过度支配与控制，操纵公司的决策过程，使公司完全丧失独立性，沦为控制股东的工具或躯壳，严重损害公司债权人利益，应当否认公司人格，由滥用控制权的股东对公司债务承担连带责任。实践中常见的情形包括：

（1）母子公司之间或者子公司之间进行利益输送的；

（2）母子公司或者子公司之间进行交易，收益归一方，损失却由另一方

---

① 参见前述"国发节能环保发展集团有限公司、北京国发机关后勤服务有限公司股东损害公司债权人利益责任纠纷再审案"〔（2020）最高法民申5116号〕。

承担的；

（3）先从原公司抽走资金，然后再成立经营目的相同或者类似的公司，逃避原公司债务的；

（4）先解散公司，再以原公司场所、设备、人员及相同或者相似的经营目的另设公司，逃避原公司债务的；

（5）过度支配与控制的其他情形。

控制股东或实际控制人控制多个子公司或者关联公司，滥用控制权使多个子公司或者关联公司财产边界不清、财务混同，利益相互输送，丧失人格独立性，沦为控制股东逃避债务、非法经营，甚至违法犯罪工具的，可以综合案件事实，否认子公司或者关联公司法人人格，判令承担连带责任。

在"中国农业生产资料集团公司、中国农业生产资料沈阳公司借款合同纠纷再审案"［（2020）最高法民申 2302 号］中，中农集团公司系中农沈阳公司的出资人，二者均属集体所有制企业。2004 年改制后，中农沈阳公司取消独立核算制改为报账制，即中农沈阳公司向中农集团公司报送支出需求，中农集团公司根据需求进行拨款；中农沈阳公司不经营具体业务，不享有资产处置权，财务来源于中农集团公司拨款，中农沈阳公司的员工工资及一切福利待遇由中农集团公司发放，中农沈阳公司事实上已不具备自主经营，自负盈亏的条件。中农集团公司于 2012 年通过查封实际控制了中农沈阳公司名下的主要资产，但一直未申请对上述资产进行拍卖，同时又将中农沈阳公司的楼房销售款、房屋动迁款、房屋出租租金等全部资产收益转移至中农集团公司账户，导致中农沈阳公司丧失独立的偿债能力，损害了中农沈阳公司债权人的利益，故判决认定中农集团公司的行为构成滥用法人独立地位和出资人有限责任，应当对中农沈阳公司对嘉丰农资公司的债务承担连带责任。

过度支配与控制的要点在于通过支配与控制，导致双方财务混同，相互输送不当利益而严重损害公司债权人利益。如果仅仅是有所谓支配与控制，未导致人格丧失的，不适用法人人格否定制度。

在"中国华融资产管理股份有限公司深圳市分公司与青海水泥厂、青海水泥股份有限公司等金融借款合同纠纷案"［（2015）最高法民二终字第 244号］中，最高人民法院认为，关于合并报表是否表明青海水泥公司丧失独立人格，合并报表仅表明母公司对子公司的控制，并不能以合并表报为由简单得出子公司丧失独立法人人格的结论。

在"海南碧桂园房地产开发有限公司与三亚凯利投资有限公司、张伟男等确认合同效力纠纷案"① 中，法院认为，公司股东仅存在单笔转移公司资金的行为，尚不足以否认公司独立人格的，不应依据 2018 年《公司法》第 20 条第 3 款判决公司股东对公司的债务承担连带责任。但该行为客观上转移并减少了公司资产，降低了公司的偿债能力，根据"举重以明轻"的原则参照《公司法司法解释（三）》第 14 条关于股东抽逃出资情况下的责任形态之规定，判决公司股东对公司债务不能清偿的部分在其转移资金的金额及相应利息范围内承担补充赔偿责任。

（三）资本显著不足

资本显著不足指的是，公司设立后在经营过程中，股东实际投入公司的资本数额与公司经营所隐含的风险相比明显不匹配。股东利用较少资本从事力所不及的经营，表明其没有从事公司经营的诚意，实质是恶意利用公司独立人格和股东有限责任把投资风险转嫁给债权人。其中对于"明显不匹配"是指：（1）"明显"的定义为发展到一般人都认为是明显的程度；（2）这种"明显不匹配"需要达到一定的时间长度；（3）公司主观过错明显，有违交易诚信，抱有明显恶意。结合前述三点才能综合认定公司资本显著不足是由公司故意为之，进而才可能据此否定法人人格。②

在"广州市昊凌建筑工程有限公司、王某涛装饰装修合同纠纷案"[（2020）粤 01 民终 7959 号] 中，王某涛和张某作为昊凌建筑公司的股东实缴出资为 0 且将其认缴出资时间定于 2036 年 12 月 31 日，昊凌建筑公司作为一个认缴出资两千万元的建筑行业公司向钟某安承揽工程时却没有实缴资本，实为"空壳公司"，与其经营风险明显不匹配，实质是恶意利用公司独立人格和股东有限责任把投资风险转嫁给债权人，属于典型的滥用公司法人独立地位和股东有限责任情形中的资本显著不足。

由于资本显著不足的判断标准有很大的模糊性，特别是要与公司采取"以小博大"的正常经营方式相区分，因此在适用时要十分谨慎，应当与其他

---

① 《最高人民法院公报》2021 年第 2 期。
② 最高人民法院民事审判第二庭编著：《〈全国法院民商事审判工作会议纪要〉理解与适用》，人民法院出版社 2019 年版，第 156 页。

因素结合起来综合判断。在"温州昌浩光伏科技有限公司等与中铝宁夏能源集团有限公司股东损害公司债权人利益责任纠纷案"［（2020）京 01 民终 3005 号］中，北京意科公司成立于 2001 年，2008 年中铝宁夏公司成为北京意科公司的股东，后北京意科公司的实缴注册资本陆续增至 6900 万元。北京意科公司虽已申请破产，且债权人申报破产债权远高于公司注册资本，但此结果系企业正常经营问题，并无证据显示此结果与其资本显著不足存在关联关系，故不认为北京意科公司的资本存在所谓显著不足现象。

认定公司滥用法人人格和有限责任的法律责任，应综合多种因素作出判断。在实践中，公司设立的背景，公司的股东、控制人以及主要财务人员的情况，该公司的主要经营业务以及公司与其他公司之间的交易目的，公司的纳税情况以及具体债权人与公司签订合同时的背景情况和履行情况等因素，均应纳入考察范围。[①]

三、横向公司人格否认

传统上，公司人格否定制度主要适用于具有控制与被控制关系的股东与公司之间，以防止股东不当控制公司而损害债权人合法权益。随着社会的发展，实践中出现大量同为某个母公司或自然人股东控制的子公司部落，这些子公司之间因此会因同一个股东不当操控而出现损害债权人利益之情形。此时，也可通过否定同为子公司之间的人格来保护债权人。

在最高人民法院指导案例第 15 号"徐工集团工程机械股份有限公司诉成都川交工贸有限责任公司等买卖合同纠纷案"中，法院认为，川交工贸公司与川交机械公司、瑞路公司人格混同。一是三个公司人员混同。三个公司的经理、财务负责人、出纳会计、工商手续经办人均相同，其他管理人员亦存在交叉任职的情形，川交工贸公司的人事任免存在由川交机械公司决定的情形。二是三个公司业务混同。三个公司实际经营中均涉及工程机械相关业务，经销过程中存在共用销售手册、经销协议的情形；对外进行宣传时信息混同。三是三个公司财务混同。三个公司使用共同账户，以王永礼的签字作为具体用款依据，对其中的资金及支配无法证明已作区分；三个公司与徐工机械公

---

① 参见"邵萍与云南通海昆通工贸有限公司、通海兴通达工贸有限公司民间借贷纠纷案"，载《最高人民法院公报》2017 年第 3 期。

司之间的债权债务、业绩、账务及返利均计算在川交工贸公司名下。因此，三个公司之间表征人格的因素（人员、业务、财务等）高度混同，导致各自财产无法区分，已丧失独立人格，构成人格混同。该案例开创了我国横向公司法人人格否认制度的先河。

不过，尽管称其为所谓横向公司法人人格否认制度，但本质仍为同一个股东控制而产生的现象，故前述关于公司法人人格否认制度的基本规则同样适用。

四、关于反向公司法人人格否认

一般的公司人格否认是指由于控股股东不当操控子公司而否认母公司的人格，实践中也有大量受控股股东指使而将母公司的利益不当转移至子公司，损害母公司的债权人的情形。此时，可以通过否认子公司的法人人格而保护母公司债权人的利益。因这种做法与一般的否认母公司人格相反，故称为反向的公司法人人格否认。与横向公司法人人格否认一样，反向的公司法人人格否认本质仍是控制股东操控的结果。

在"南京市雨花台区豪顶吊顶材料销售中心与南京銮通建筑安装工程有限公司、南京安都贸易有限公司买卖合同纠纷案"〔（2017）苏 01 民终 346 号〕中，法院认为，公司人格否认制度包括：顺向否认，即股东为公司之债承担连带责任；逆向否认，即公司对股东的债务承担连带责任。虽然 2018 年《公司法》第 20 条第 3 款仅规定了顺向否认，但从保护债权人的权益，规范关联公司的经营行为，促进企业依法生产经营和健康发展的角度而言，仅适用顺向否认模式，并不能阻止滥用公司法人人格的行为，难以形成对公司债权人的有效救济，故参照公司法的前述规定，根据《民法通则》第 4 条（《民法典》第 7 条）规定的诚实信用原则，銮通公司应对安都公司的债务承担连带清偿责任。

对于反向人格否认，由于其系否认子公司法人人格而保护母公司债权人，在通过其他方式能够保护母公司债权人时，应先适用其他方式，不宜直接适用法人人格否认制度。如母公司低价将其财产转让给子公司情形，可以先行通过撤销权予以解决（《民法典》第 538 条、第 539 条）。如果母公司破产，则可以通过母子公司合并破产制度处理。亦即，反向公司法人人格否认制度，应当严格限制。

五、一人公司人格否认

（一）一人公司人格否认的基本规则

一人公司只有一个股东，缺乏社团性和相应的公司机构，没有分权制衡的内部治理结构。股东既是所有者，又是管理者，个人财产和公司财产极易混同，损害公司债权人利益。为规范一人公司的财产区分，防止其股东利用绝对的控制权操控公司而损害债权人利益，依本条第 3 款，对于一人公司是否构成滥用公司人格，采取举证责任倒置规则。

一人公司的财产与股东个人财产是否混同，应当审查公司是否建立了独立规范的财务制度、财务支付是否明晰、是否具有独立的经营场所等进行综合考量。①

在"弈成新材料科技（上海）有限公司、湘电风能有限公司债权人代位权纠纷案"［（2020）最高法民终 479 号］中，法院认为，判断一人公司财产与股东财产是否混同，主要审查公司是否建立了独立规范的财务制度，财务支付是否明晰，是否具有独立的经营场所等。湘潭电机公司提交了验资报告，能证明湘潭电机公司对湘电风能公司的出资到位；提交了财务制度、营业执照、章程、董事会决议等，能证明公司和股东分别建立了独立的财务制度，有独立的经营场所；提交了其与湘电风能公司近三年的审计报告，能证明公司财产与股东财产分别列支列收，独立核算。同时，湘潭电机公司作为一家上市公司，其财务体系和每年的审计报告亦要接受证监会的监管。因此，湘潭电机公司提交的证据能证明其财产独立于湘电风能公司。

需要特别注意的是，本条第 3 款关于一人公司人格否认适用的举证责任倒置规则，只是一个诉讼中举证责任的问题。从该条 3 款先后规定的逻辑而言，原告欲启动该条第 3 款举证责任倒置，须先行初步举证证明该一人公司存在本条第 1 款所规定"公司股东滥用公司法人独立地位和股东有限责任，逃避债务，严重损害公司债权人利益的"情形。在此基础之上，方进一步产生由该一人公司股东承担举证责任问题，断不可仅因一人公司而直接或必须由股东举证证明自己财产与公司财产相互区分。也就是说，适用第 23 条第 3

① 参见"应高峰诉嘉美德（上海）商贸有限公司、陈惠美其他合同纠纷案"，载《最高人民法院公报》2016 年第 10 期。

款的前提是存在公司法人格被滥用之情形，应先由原告承担举证责任。[①]

（二）夫妻以共同财产出资成立的公司是否适用一人公司举证责任倒置规则

公司实践中，有大量夫妻二人以夫妻共同财产出资成立的公司。从公司形式上，这种夫妻公司为一般公司，不属于一人公司范畴。但从实质上看，夫妻二人以夫妻共同财产出资设立公司，有实质一人公司之嫌。

在"再审申请人熊某平、沈某霞因与被申请人武汉猫人制衣有限公司、江西青曼瑞服饰有限公司申请执行人执行异议之诉案"［（2019）最高法民再372号］中，法院认为，夫妻二人出资成立的公司，注册资本来源于夫妻共同财产，公司的全部股权属于双方共同共有。即公司的全部股权实质来源于同一财产权，并为一个所有权共同享有和支配，股权主体具有利益的一致性和实质的单一性。在此情况下，该公司与一人公司在主体构成和规范适用上具有高度相似性，系实质意义上的一人公司。基于此，应参照《公司法》关于一人公司的规定，将公司财产独立于股东自身财产的举证责任分配给作为股东的夫妻二人。

尽管如此，夫妻二人以共同财产成立的公司，毕竟在形式上是一般公司，将其简单地界定为实质上的一人公司，无法律依据。而且，从公司法规定来看，其关于公司的规定强调其形式价值，非必要是不宜随意穿透公司形式的。对于夫妻二人以夫妻共同财产成立的公司，出资公司财产尽管为夫妻共有财产，但这些共有财产一旦进入公司，就成为章程所规定的两个股东（夫妻）的各自出资额，从而失去其家庭共有财产属性。一人公司与二人以上公司的重要区别在于其股东人数，非财产来源。

从法理来说，所有公司，不论是一人公司，还是普通公司，均应适用同样的公司法人人格否认规则，公司不因大小、种类及人员构成而区别对待。而且，对于普通公司适用法人人格否认，实践上也只是要求原告作出初步举证，不可能要求其证据充分。同样，对于一人公司，本也是如此。基于我国经济文化国情，《公司法》规定了一人公司适用法人人格否认制度时采取举证

[①] 参见"施某天与珠海霖阳投资有限公司、广州常江房地产开发有限公司等民间借贷纠纷二审判决书"［（2021）最高法民终1301号］。

责任倒置，但这并非说原告只需被动等待被告举证。

在"西安天虹电气有限公司、青海力腾新能源投资有限公司建设工程施工合同纠纷案"[（2018）最高法民终1184号]中，法院认为，力腾公司虽系李平和其妻子常向青出资设立，构成所谓"夫妻公司"，但是，夫妻公司与一人公司并不能完全等同。夫妻共同财产制亦不能等同于夫妻公司财产即为夫妻两人共同财产，公司财产与股东财产相互分离，公司财产仅归公司所有，这并不会因为股东为夫妻关系即发生改变。公司在取得投资者财产所有权之同时，用股权作为交换，投资者也凭该股权获得股东身份，在投资之前，股东之间之财产关系如何，是否实际为夫妻共同财产，有无订立财产分割协议，对公司资本构成及资产状况实质并无影响，更不应据此而认定为一人公司。因此，夫妻公司与普通有限责任公司并无人格以及责任独立等方面之差异，天虹公司依照《公司法》关于一人公司的规定，主张李平对力腾公司债务承担连带清偿责任，缺乏法律和事实依据。①

（三）股东与其设立的一人公司共同设立的公司为实质上的一人公司

法律允许一人公司的设立，目的在于鼓励投资。如果投资人作为股东投资一人公司，而后该股东与其投资的一人公司又共同投资一个表面上为两个股东的普通公司，这并非法律所禁止，但如股东滥用其权利，可适用关于一人公司法人人格否定制度的举证责任倒置规则。

在"重庆市蓝宇物业发展有限公司、雷某桦案外人执行异议之诉再审审查与审判监督案"[（2018）最高法民申178号]中，法院认为，虽然重庆蓝宇公司系由股东蓝鸿泽与蓝东房产公司共同出资设立，但蓝东房产公司为蓝鸿泽一人独资控股的公司。因此，在雷某桦等四人提出重庆蓝宇公司与蓝鸿泽存在财产混同抗辩的情况下，蓝鸿泽应对其个人财产与公司财产没有混同的事实承担举证责任。因蓝鸿泽未完成相应举证责任，原审法院认定蓝鸿泽与重庆蓝宇公司之间存在财产混同，并无不当。而且，重庆蓝宇公司虽注册为有限责任公司，但其实质是由蓝鸿泽个人独资。又因重庆蓝宇公司与蓝鸿泽之间存在财产混同，故原审法院认定本案可以直接执行重庆蓝宇公司财产，亦无不妥。

---

① 另参见"泰安市岱岳区新地龙打井服务中心、贾某执行异议之诉再审审查与审判监督案"[（2020）最高法民申6688号]；"上海振华重工（集团）股份有限公司、胡某跃等申请执行人执行异议之诉二审民事判决书"[（2022）浙民终869号]。

总体而言，对于夫妻以共同财产成立的公司，以及股东与其设立的一人公司共同投资的公司，原则上并不视其为所谓实质上的一人公司。只是在股东滥用其权利而严重损害债权人利益之时，可由法院依据案件具体情况决定是否适用一人公司法人人格否认制度的举证责任倒置规则。

第二十四条　【会议与表决的电子通信方式】公司股东会、董事会、监事会召开会议和表决可以采用电子通信方式，公司章程另有规定的除外。

本条是关于公司会议的电子通信方式的规定。

召开会议、提案与讨论、表决与决议是公司主要机构运作的根本方式。公司是社团法人，股东会（社员大会）享有决定公司生存发展等重大事项的最高权力。以资本多数决为基础的会议机制是调和各股东差异化的利益诉求、赋予公司行为民主性、正当性的重要程序。作为公司经营管理活动的决策、执行和监督机构，董事会和监事会采取会议的形式，也可以更好地在机构内部形成群策群力、监督制衡的良性秩序。

长期以来，公司各机构的会议主要以线下实地的面对面形式进行。但股票公开发行的上市公司由于股东数量多、所在地分散，参加会议的时间和金钱成本高，导致中小股东参加会议的意愿低下，股东会会议的质量受到影响。

《上市公司股东大会规则》（证监会〔2022〕13号公告）第20条第2款允许公司在现场会议的基础上，采用安全、经济、便捷的网络和其他方式为股东参加股东大会提供便利。股东通过上述方式参加股东会的，视为出席。第21条则规定了网络或其他方式表决的时间与程序。受到新冠疫情的影响，现场会议的召开具有客观困难，深圳证券交易所发布《关于支持实体经济若干措施的通知》（深证上〔2022〕439号）支持上市公司召开线上股东大会，上海证券交易所发布《关于应对疫情优化自律监管服务、进一步保障市场运行若干措施的通知》（2022年）同样支持线上召开股东大会。但对于董事会和监事会而言，由于董事和监事负有对公司的信义义务，现场亲自参加会议一直被认为是勤勉义务的要求，电子通信方式带来的履职变革和法律意义有待讨论。实际上，此前《公司法》没有对股东会、董事会和监事会的会议形式进行强制性的限制，本次的修订强化了法律条文的引领作用，将有利于公司通过章程自治等形式选择更符合公司业务发展需求的会议形式。

公司内部机构会议形式在法律上具有以下几个方面的影响。

首先，本条没有明确一般情况下会议形式的选择权利归属于哪一主体。

从目前立法对会议事项的规定来看，应当认为属于会议召集人的权利。会议召集人负有在法定要求下妥当选择会议形式、设计会议环节和推动会议顺利进行的义务。当然，公司可以通过章程自治对会议形式的决定事由、权利人和具体事项进行规定。

其次，电子通信方式与会议的召开、表决等各环节的结合深度有不同表现，上市公司普遍采用现场会议+网络投票表决的形式，未来也会更多地出现完全线上的会议，确保参会主体不因参会形式变化导致其权利受到差别对待，是会议召集人承担的法律义务。这至少包括会议通知、预约报名、身份验证、观看与互动发言通道、议案表决、电子决议生成、电子签章和决议公布等环节的全流程电子化选择，不同环节出现的问题对于决议效力的影响也要系统性地分析。

最后，以电子通信方式参与和表决的董事与监事，是否构成怠于履职行为。董事会和监事会与股东会的表决规则不同，后者是资本多数决而前者是人数多数决，每位董事和监事的个人意见都至关重要。董事和监事需要亲自参加会议，充分听取信息并发表意见。但应当注意的是，这一原则的直接要求是董事和监事一般不得委托他人代为参加会议和表达意见，对于会议形式没有强制要求。在考察董事和监事的信义义务履行时，特别是勤勉义务，宜重点评估的是会议形式与会议环节的设计，是否足以使董事会和监事会决议的形成是建立在参会人员充分履职的基础上。如果未能保证，那么相应的会议召集人和参会人员就存在违背信义义务的可能。

第二十五条　【决议无效】公司股东会、董事会的决议内容违反法律、行政法规的无效。

本条是关于公司股东会、董事会决议无效的规定。

一、公司决议的成立与生效

公司决议属于民事法律行为，其成立与生效遵循《民法典》总则编关于民事法律行为的规定与基本原理。

（一）公司决议的成立

《民法典》第 134 条第 2 款规定："法人、非法人组织依照法律或者章程规定的议事方式和表决程序作出决议的，该决议行为成立。"按照该规定，公司决议的成立取决于是否按照公司法和公司章程规定的议事方式和表决程序。尽管公司决议属于民事法律行为，但它并不严格遵循传统民事法律行为的基本要求，强调所谓的个人意思表示。

相对于个人，公司系由不同的个体组成的团体。传统民法主要是以理性的个人为主要调整对象，故相应民事法律行为也是以个人为主体加以构造的，有关规定是张扬的（权利+实体＝自由主义）；当作为不同于个人的组织体公司（法人）出现后，其基于个人而超越个人，相应法律的构造呈现出不同的景观，有关规定是内敛的（义务+程序＝团体主义）。尽管团体法仍是以私法上的合同为基础而针对特定目的的共同协作，[1] 仍须尊重团体成员必要的利益，亦即，团体成员并非没有个人利益或不能主张个人利益，但其个人利益须在团体利益之下得以实现或主张。因此，公司决议的结论常常只是大多数人（持股或人头）的意思表示，"决议行为经多数决通过后，各表意人之意思失其独立性，成立团体意思"。[2]

基于此，按照《公司法》，公司决议的成立须符合以下条件（以有限公司股东会规定为例）：（1）股东会的组成符合法律规定（第 58 条）；（2）股东会决议事项须为其职权范围内（第 58 条后半句"股东会是公司的权力机构，依照本法行使职权"，第 59 条之规定）；（3）股东会的召集程序合法（第 61 条首次会议召集、第 62 条关于定期会议与临时会议规定、第 63 条召集权人规定、第 64 条会议通知）；（4）股东会议事方式和表决合法（第 65 条表决权规定、第 66 条议事方式和表决程序规定）；（5）股东会会议记录和签名（第 64 条第 2 款）。

---

① 任中秀：《德国团体法中的成员权研究》，法律出版社 2016 年版，第 24 页。
② 姚瑞光：《民法总则论》，中国政法大学出版社 2011 年版，第 164 页。

可以看出，股东会决议成立重要的是形式或者说程序，当决议符合以上形式和程序要求时，决议即成立。在此法定形式或程序下，作为股东会的成员是以股东身份出现并主要以持股比例投票表决。股东须按照公司法及公司章程规定行使权利，表达意志，因而受到很多限制。在一定意义上，股东以成员身份参加股东会，是一种物化（资本化）的身份或者主体，因其持股比例或多或少但不完整地体现个人其意思，并最终汇合而成为所谓公司的意思。在这种情况下，公司决议的成立更多是因遵守了法定和章定的程序，而非因尊重了成员及其个人意志。因此，判断公司决议的成立不是说其是否充分表达了有关成员的意思，而是其应有的形式和程序。

对于董事会决议而言，更是如此。如果说股东会决议中尚有一定的股东个人意思表示外，则董事会决议中几乎没有董事作为个人意义的意思表示。这是因为，作为个人的董事会成员一旦当选，则其在董事会会议上是以董事而非特定个人身份出现的，而董事身份意味着其没有自己的利益，只有公司的利益。那么，在董事会决议中，董事的意思表示其实是公司的意思，董事只能以公司机构身份并以公司利益进行所谓的意思表示。为什么公司法对董事等高管采取经营判断规则，其不仅在于鼓励其积极经营，更重要的是其身份及意思价值使然。

所以，公司决议尽管有民事法律行为的形式，但与传统民事法律行为中的双方或多方法律行为是有较大区别的。与《民法典》第 134 条第 1 款关于"民事法律行为可以基于双方或者多方的意思表示一致成立，也可以基于单方的意思表示成立"规定不同，该条第 2 款关于决议行为的规定并不要求意思表示，而仅"依照法律或者章程规定的议事方式和表决程序作出"即可，亦即，是否遵守"法律或者章程规定的议事方式和表决程序"是判断公司决议成立与效力的标准。[①]

（二）公司决议的生效

《民法典》第 136 条第 1 款规定："民事法律行为自成立时生效，但是法

---

① 关于决议行为的理论探讨，可参见蒋大兴：《重思公司共同决议行为之功能》，载《清华法学》2019 年第 6 期；李建伟：《决议的法律行为属性论争与证成——民法典第 134 条第 2 款的法教义学分析》，载《政法论坛》2022 年第 2 期；王雷：《论民法中的决议行为——从农民集体决议、业主管理规约到公司决议》，载《中外法学》2015 年第 1 期。

律另有规定或者当事人另有约定的除外。"一般情况下，只要符合公司法和公司章程规定的程序依法作出，公司决议即生效。

二、公司决议无效的认定

公司决议的成立与生效必须满足相应实体和程序上的要求，产生相应法律约束力。否则，公司决议的效力就会有瑕疵。

本条规定了公司决议的无效。与无效的民事法律行为一样，无效的决议在法律上视为绝对不合法的存在，在任何意义上都是自始无效。任何利害关系人均可以主张无效。[1]

如何判定公司决议无效，本条规定比较简单，仅规定"决议内容违反法律、行政法规"时无效。按照民商法理，很多违反法律和行政法规的行为未必无效，只有那些违反了法律和行政法规的禁止性规定的才可能是无效的。

根据《民法典》第153条规定，第一，导致民事法律行为无效的法律形式只能是法律和行政法规，地方性法规和部门规章不能成为某个法律行为无效的依据。第二，强制性规定不必然导致民事法律行为的无效，即使是违反了法律、行政法规的强制性规定，也未必会引起法律行为的无效。一般地，民事法律规范可以分为任意性规范和强制性规范，后者又分为强行性（应当如何）和禁止性（不得如何）两种。违反强制性规范，如果该规范效果是无效的，则该行为无效，反之则有效。第三，凡违背公序良俗的民事法律行为均无效。所谓公序良俗，包括公共秩序与善良风俗，前者又包括政治公共秩序与经济公共秩序两种。一般地，违反了法律，常常同时违反了公序良俗，违背了公序良俗，也违反了法律，二者之间常常发生重叠。二者之间的区别在于，有时违反了法律规定，未必违背公序良俗；违背了公序良俗，但法律没有规定。因此，《民法典》第153条第2款关于"违背公序良俗的民事法律行为无效"规定非常重要。违背公序良俗与违反法律、行政法规之间是一种补充关系，只有在没有违反法律、行政法规而又确有必要认定民事法律行为无效的情况下才适用该款。《民法典》第153条规定同样适用于公司决议无效的认定。

如何确认公司决议内容违反法律和行政法规而无效。在《公司法司法解

---

[1] 朱庆育：《民法总论》，北京大学出版社2013年版，第229页。

释（四）》正式颁布之前的征求意见稿版本①中，其第 6 条曾对此作了细化规定，即，"股东会或者股东大会、董事会决议存在下列情形之一的，应当认定无效：（一）股东滥用股东权利通过决议损害公司或者其他股东利益；（二）决议过度分配利润、进行重大不当关联交易等导致公司债权人的利益受到损害；（三）决议内容违反法律、行政法规强制性规定的其他情形"。但到了正式颁布版本，删除了该规定。究其原因，以上规定的事由仍十分笼统，且这些无效事由并不具有代表性与包容性。

公司决议的无效，主要是违反了公司法强制性规定，损害了公司、股东、债权人等利害关系人的合法权益，当然也包括那些违背公序良俗而损害社会公共利益的决议。如《公司法》关于股东享有的权利规定（第 4 条第 2 款）、公司向其他企业投资的禁止性规定（第 14 条第 2 款）、公司担保的要求（第 15 条）、股东不得滥用权利的规定（第 21 条）、关联交易的规定（第 22 条），以及其他章节中的强制性规定等情形。

从公司法本身团体法性质来看，一般情形，违反了公司法关于公司、股东和债权人合法权益及社会公共利益强制性规定的，常常是无效的，不能以关于个人法的合同法思维认识公司法强制性规定。合同法是促进市场交易之法，故不仅其一般规定都是任意性的，强调意思自治，且其所谓违反强制性规定一般也不轻易认定为无效。但公司法系规范公司团体之法，为维护团体稳定计，有关规定很多为强制性的，不得以公司自治之名任意违背，否则将导致公司的非公司化，损害公司法和公司的存在价值。

实务界梳理了《公司法司法解释（四）》颁布之前的有关裁判文书，发现导致公司决议无效的事由主要集中在以下十二个方面：（1）侵害股东对公司增资的优先认缴权；（2）侵害股东的利润分配请求权；（3）违法解除股东资格；（4）非法变更股东出资额或持股比例；（5）侵害公司利益；（6）侵害公司债权人利益；（7）不具有股东（董事）资格的主体作出的决议；（8）决议内容的合意基础不存在；（9）选举的董事、监事、高管不具有任职资格；（10）违反禁售期的规定转让股权；（11）未经财务核算分配公司资产；（12）侵害

---

① 此指最高人民法院于 2016 年 4 月 12 日发布的《关于适用〈中华人民共和国公司法〉若干问题的规定（四）》（征求意见稿）。

股东的经营管理权。如果决议的内容属于公司自治范畴、新的决议改变原决议内容、未通知隐名股东参会等，则不属于公司决议无效之事由。①

以上司法实践关于公司决议无效事由的认定，几乎涉及公司法强制性规定的各个方面，体现了公司法作为团体法的性质与要求，有利于维护公司团体稳定及人格的实现。

另外需要注意的是，对于公司决议无效之诉，必须针对公司决议。在"许明宏诉泉州南明置业有限公司、林树哲与公司有关的纠纷案"② 中，法院认为，公司法意义上的董事会决议，是根据法律或者公司章程规定的权限和表决程序，就其审议事项经表决形成的反映董事会的商业判断和独立意志的决议文件。中外合资经营企业的董事会对于合营一方根据法律规定委派和撤换董事之事项所作的记录性文件，不构成公司法意义上的董事会决议，亦不能成为确认公司决议无效之诉的对象。

三、公司决议无效之诉的原告

本条仅规定了公司决议无效的基本事由，未规定谁有权利和资格提起诉讼。

依据《公司法司法解释（四）》第 1 条规定，公司决议无效和不成立之诉的适格原告为：（1）股东。不论是股东会，还是董事会决议，都直接影响到作为所有人的股东利益，作为成员，其自然有权利对违法决议提起诉讼。（2）董事。董事是公司的执行机构，代表并须维护公司利益，当公司决议内容违法损害公司利益之际，其有权力也有责任及时代表公司提起相应诉讼。（3）监事。公司法赋予监事对于公司和董事、高管的监督权，在股东会和董事会决议违法时，其有权力也有义务提起诉讼，行使监督权。但这时的董事、监事是以董事、监事身份而非个人身份提起诉讼的。

关于上述三类主体的诉权，其中股东的诉权属于个体性权利，董事和监事的诉权属于对股东会、董事会合法性的监督权利。有著述认为，董事与监事的诉权也属于个体性权利，因为这些决议通常会涉及董事和监事的个体权益，③ 该

---

① 唐青林、李舒主编：《公司法司法解释四裁判综述及诉讼指南》，中国法制出版社 2017 年版，第 19 页。

② 《最高人民法院公报》2019 年第 7 期。

③ 最高人民法院民事审判第二庭编著：《公司法司法解释（四）理解与适用》，人民法院出版社 2017 年版，第 27 页。

认识是值得商榷的。从我国公司法规定上看，董事与监事均属于公司机构，某个自然人一旦当选为董事或监事，其依法为之的公司活动均为公司机构活动，而非个人活动；这时他们是以公司董事和监事的身份履行相应义务和责任的。因此，董事和监事对于股东会、董事会的决议提起的无效之诉，并无个人利益，而是其职责所在。如果说公司决议内容涉及董事、监事个人任职不当而罢免或降薪、谴责等问题，且不说这些决议一般不会引起无效，更因这些决议也仅是发生在公司与董事、监事之间的公司内部机构之事务，而非董事与监事个人之问题，自然不存在相关决议涉及董事、监事的个人利益问题。

需要注意的是，作为适格原告的董事和监事，是否只能作为董事会决议瑕疵之诉的原告，抑或可以作为股东会决议瑕疵之诉的原告？从他们作为公司机构的性质来看，毫无疑问均可以，而不仅仅限于董事会决议瑕疵之诉。无论是股东会决议，还是董事会决议，只要董事和监事认为其内容违反了法律和行政法规规定，均有权利也有义务提起无效之诉。

《公司法司法解释（四）》第1条在规定股东、董事和监事可以作为适格原告外，还以"等"字作了开放性规定。

对于公司决议之诉，特别是无效之诉，由于决议从一开始就是当然、确定无效的，故理论上凡有关利害关系人，包括不限于前述股东、董事、监事均可以提起无效之诉。也正是如此，在《公司法司法解释（四）》正式颁布之前的征求意见稿版本中，拟规定"公司股东、董事、监事及与股东会或者股东大会、董事会决议内容有直接利害关系的公司高级管理人员、职工、债权人等"，均可以作为公司决议之诉的原告。

但由于争议较大，《公司法司法解释（四）》正式通过时，删除了征求意见稿中的"及与股东会或者股东大会、董事会决议内容有直接利害关系的公司高级管理人员、职工、债权人"表述，而直接表述为"公司股东、董事、监事等"。但是，这并非说"与股东会、董事会决议内容有直接利害关系的公司高级管理人员、职工、债权人"没有诉权，特别是那些因购买公司债券的债权人、拥有投票权安排的债权人，以及基于合同而能够直接参与公司管理的债权人，均可以成为公司决议无效之诉的原告。当然，基于公司法理，公司高级管理人员、职工及一般公司债权人，不宜轻易成为相应诉讼的原告，应作严格审查。

另外，《公司法司法解释（四）》第1条列举的原告仅包括起诉时具有股东、董事、监事资格者。这些人如果起诉时不再具有相应资格时，如何处理，则无规定。在前述"许明宏诉泉州南明置业有限公司、林树哲与公司有关的纠纷案"中，法院认为，人民法院应当根据《公司法》、《公司法司法解释（四）》以及《民事诉讼法》的规定审查提起确认公司决议无效之诉的当事人是否为适格原告。对于在起诉时已经不具有公司股东资格和董事、监事职务的当事人提起的确认公司决议无效之诉，人民法院应当依据《民事诉讼法》第119条的规定审查其是否符合案件有直接利害关系等起诉条件。

因此，一般意义上，对于公司决议无效或不成立之诉，仅股东、董事和监事是适格的原告。其他主体及特殊情况，需要具体分析。

四、股东等能否提起公司决议有效之诉

从理论上讲，公司决议效力之诉既然有无效之诉，也应有有效之诉，即公司决议有效提起确认之诉。我国司法实践中，也有股东主动提起要求确认公司决议效力的诉讼。

公司决议无效之诉是因对公司决议效力存疑，需要定分止争；公司决议有效之诉不存在争议问题，提起所谓公司决议有效之诉实无必要。在"北京兴地煤炭筛选有限公司与孟某海等公司决议效力确认纠纷〔（2015）京二中民（商）终字第06748号〕案"中，煤炭公司五名股东共同起诉，请求确认他们作为股东共同作出的某个股东会决议有效。法院认为，"法院在受理此类案件时应对原告对于确认公司决议有效的诉讼请求是否具有诉的利益进行审查……在五股东均对股东会决议不持异议的情况下，本案缺乏请求人民法院予以裁判的争议基础。"法院据此驳回了煤炭公司股东的起诉。

除了法律另有规定或者当事人另有约定外，民事法律行为自成立时生效（《民法典》第136条）。亦即，民事法律行为的有效性是被推定的，除非存在法定事由，公司决议的有效性无须证明，也不必确认。只有在对公司决议效力存疑时，才会产生相应诉讼。[①] 因此，尽管《公司法司法解释（四）》发布前的征求意见稿版本中第1条规定可以提起公司决议有效之诉，但在最终正式发布后的《公司法司法解释（四）》文本中，删除了公司决议有效之诉。

---

① 唐青林、李舒主编：《公司法司法解释四裁判综述及诉讼指南》，中国法制出版社2017年版，第31页。

事实上，当事人提起所谓公司决议有效之诉，其目的是有关股东和公司机构执行该有效的公司决议，绝非仅仅为了提起一个诉讼。如果公司通过了一个有效的决议，有关内容不能得到有效执行时，当事人完全可以通过相应的直接诉讼或间接诉讼起诉有关人员（包括有关股东和董事、监事）来解决问题，而不必通过所谓公司决议有效之诉，因为即使法院裁定有效，如果得不到有效执行，仍然是没有意义的。

第二十六条　【决议撤销】公司股东会、董事会的会议召集程序、表决方式违反法律、行政法规或者公司章程，或者决议内容违反公司章程的，股东自决议作出之日起六十日内，可以请求人民法院撤销。但是，股东会、董事会的会议召集程序或者表决方式仅有轻微瑕疵，对决议未产生实质影响的除外。

　　未被通知参加股东会会议的股东自知道或者应当知道股东会决议作出之日起六十日内，可以请求人民法院撤销；自决议作出之日起一年内没有行使撤销权的，撤销权消灭。

　　本条是关于公司决议可撤销的规定。

一、公司决议可撤销的情形

（一）股东会、董事会的会议召集程序和表决方式违反法律、行政法规或公司章程

　　除实体上的强制性义务规则，如权力分配性规则、经济结构变更性规则和信义义务规则外，作为团体的公司尚须通过明确的程序性规则保障公司相关利益人意志的有效表达，体现公司的团体价值。程序性规则意味着信息的公开与透明，明晰其中的权利、义务和责任主体及相关关系，从而保证相关利益人作出合理选择与判断。它们也是公司作为法人必须承担的代价。

　　在公司运行中，公司法规定了股东会、董事会的会议程序，规定了相应的会议召开、召集、举行及表决要求。这些程序规则主要是规范公司内部的，它们并不涉及权力分配的实质内容，仅规定有关活动时需要遵守的程序要件。尽管这些规定可能只是技术意义上的，如股东会召开的通知时间要求，但它们在

技术上确保了相应问题的明晰化，确立了利益相关者的权利、义务与责任，[1]并进而成为法院判断相关行为效力及后果的基准。

作为股东会、董事会集体机构议事的基本方式，会议的召集程序直接关系到决议结果的公平与否。股东会、董事会的召集程序必须符合公司法及公司章程的规定，不得随意为之。如果召集程序违反法律和行政法规或公司章程，如会议的召集决议不符合会议的议事规则，董事会没有经过决议而召集；由没有召集权的人召集；会议通知具有瑕疵，如未向部分股东通知，或通知时间、通知方式不合法或不当，或通知内容不齐全；会议主持人没有资格等等，均为召集程序不合法，从而构成决议瑕疵而可以被撤销。

（二）股东会会议决议内容违反公司章程

除公司法规定了股东会、董事会职权外，公司章程也可以在不违背法律规定的情况下规定其他职权，体现公司的自治性。如果公司决议内容违反公司章程关于这些职权的规定，该决议可被申请撤销。法律之所以不将这些内容违反章程规定的决议规定为无效，主要是因为这些事项是公司自治范畴，通过撤销能够更好地保护股东和公司的利益。

对于公司决议可撤销的事由，《公司法司法解释（四）》发布之前的征求意见稿版本中曾经作了较为详细的规定："公司法第二十二条第二款所称的'召集程序'和'表决方式'，包括股东会或股东大会、董事会会议的通知、股权登记、提案和议程的确定、主持、投票、计票、表决结果的宣布、决议的形成、会议记录及签署等事项。修改公司章程的有效决议不属于公司法第二十二条第二款所规定的'决议内容违反公司章程'。"尽管正式发布的版本没有纳入，但在司法实践中可资参考。

二、公司决议可撤销之诉的原告

公司决议内容违反法律、行政法规而无效的，不但从一开始就是无效的，而且任何人均可以主张其无效，故公司决议无效之诉的原告不仅包括股东、

---

① 在一定意义上，这些程序性规则在内容上多少有些臆断之嫌，如会议通知期限规定为15天或10天，但它们的强制性特征仍然具有合理性，原因在于：第一，针对这些规则提起的为数不多的诉讼通常都是在利益关系非常重大的情况下出现的，如激烈的公司控制权争夺战。第二，对于这些规则的任何实质性修改都具有令人非常怀疑的动机，因为这种修改很可能是一个公司控制权争夺战中的，或预见到公司控制权争夺战而提前采取的策略行为。［美］弗兰克·H.伊斯特布鲁克等：《公司法的逻辑》，黄辉编译，法律出版社2016年版，第105页。

董事和监事，还可以是其他利害关系人。但对于可撤销的公司决议，其瑕疵轻微，尽管决议可撤销之诉是使已发生法律效力的决议依判决归于无效为目的，但并不当然地以确认公司决议无效为目的，其属于形成之诉。① 为维护公司决议的安定性，保证公司自身的稳定，起诉人范围不宜扩大。

基于此考虑，本条仅股东可以提起公司决议可撤销之诉。《公司法司法解释（四）》第 2 条也规定，请求撤销股东会或者股东大会、董事会决议的原告，应当在起诉时具有公司股东资格。

具体来说：（1）原告起诉时应具备股东资格。如果原告原来一直持有公司股权或股份，但在起诉时转让或出售了其股权或股份的话，则因其起诉时不具备股东资格而不具有诉的利益。（2）原告起诉时具有股东资格即可，无须要求在公司决议时具有股东资格。但如果当事人起诉后转让了其股权或股份，其能否继续作为原告，值得研究。按照该条规定，原告起诉时具有股东资格即可，当无须考虑其起诉后不再具有股东资格。但如果当事人起诉后转让了其股权或股份而不再具有股东资格时，其诉所依托的利益不复存在，法院的判决也将对其没有意义，故相应诉讼似乎应当予以终止。但是，与普通民事法律行为之诉不同，公司决议瑕疵之诉的目的并不完全基于起诉者（股东）个人利益，而更有利于公司利益及全体股东，因此，即使原告起诉过程中转让了其股份而不再具有股东资格，正在进行的诉讼仍然需要继续，直到裁判终结。（3）原告起诉时持有股权或股份即可，无须考虑股权或股份的多少、是否具有表决权、是否出席了股东会或股东大会等因素。作为原告的股东行使公司决议可撤销的诉权，系基于其股东身份而享有相应诉的利益，而非基于其持股多少、表决权如何等。股东对于公司决议的诉权，是为了蕴含着股东个人利益的公司利益，尽管有不同的各自主观目的，但其客观上有利于矫正公司的不当行为，有利于促进公司的整体健康发展。（4）原告只能是股东，不包括董事和监事，也不包括其他所谓利益相关方。公司决议可撤销之诉，其瑕疵轻微，一般不会过分伤害公司整体利益与发展，因此《公司法》规定仅股东可以成为适格原告。

根据以上规定：首先，对于曾经是公司股东，但起诉时已不具备股东资

---

① 王文宇：《公司法论》，中国政法大学出版社 2004 年版，第 277 页。

格者，不具有原告资格，不能起诉。其次，股东资格的认定以工商登记、股东名册、出资证明书、章程记载等为准。在认缴资本制下，当事人只要认缴即可，无须实际缴付。瑕疵出资、应依章程缴付而未实际缴付，其仍有相应股东资格。受让股权的，过户手续并非股东资格确认的唯一依据。再次，非显名股东的实际出资人对于公司而言，不具有股东资格，故不能成为相应原告。但如该实际出资人已经显名化，实际参与公司管理、定期以自己之名获得分红、其他股东认可其股东身份，则可以认定为股东而具有原告资格。当然，如果起诉时对于股东资格有争议，则应先行提起股东资格确认之诉。不过，对于剥夺股东资格的股东会决议，被决议剥夺股东资格者可以股东身份提起决议无效可撤销之诉。因为这时所谓被剥夺者对公司决议有相应诉权，其股东资格在最终由法院确定之前处于争议状态，而非失格。

三、撤销之诉提起诉讼的期间

本条规定，股东可以自决议作出之日起六十日内，请求人民法院撤销。该六十日的期间是不变期间，并且是从决议作出之日起计算，逾期不提起的，则该决议即属有效。

但是在该类撤销权之诉中，原告有可能根本就不知道决议作出这一事实。《公司法》并未规定股东会、董事会作出决议之后应如何告知股东，亦未规定不告知的法律责任，这对保障股东撤销权是不利的。对此，本条第3款明确规定，未被通知参加股东会会议的股东自知道或者应当知道股东会决议作出之日起六十日内，可以请求人民法院撤销；自决议作出之日起一年内没有行使撤销权的，撤销权消灭。

本条的规定仅是针对股东提起决议撤销诉讼而设定的。对符合决议无效的情形，《公司法》未对股东提起诉讼的期限作出限制规定，也就是说，对于股东依据本法第25条提起的确认股东会、董事会决议无效的诉讼，不受六十日和一年期间的限制。①。

对于虚构的股东会决议，因为该决议本来是不存在的，即所谓决议不存在无效或可撤销的问题。这时，只要其他股东在知道或者应当知道自己的股

---

① 吴庆宝主编：《最高人民法院专家法官阐释民商裁判疑难问题：公司裁判指导卷》（增订版），中国法制出版社2011年版，第134页。

东权利被侵犯后，在法律规定的诉讼时效内提起诉讼，人民法院即应依法受理，也不受《公司法》第 26 条关于股东申请撤销股东会决议的六十日期限及一年期间的规定限制。[①]

四、公司决议轻微瑕疵

公司决议因瑕疵而被撤销，根本原因在于损害了股东的合法权益，影响公司治理的正常发挥。如果仅仅因会议召集程序或表决方式轻微瑕疵导致决议被撤销，而再次依法重新决议结果相同，将无益于公司整体利益，也不会对有关股东产生什么影响。也就是说，在公司决议出现轻微瑕疵的时候，股东动辄提起可撤销之诉，将不符合公司法设置决议瑕疵可撤销之诉的目的。

2018 年《公司法》第 22 条第 1 款仅笼统地规定了公司决议瑕疵可撤销，但未区分轻微瑕疵，导致司法实践中判决不一，有的裁决可以撤销，有的裁决不应撤销。新《公司法》于本条第 1 款作出了明确规定。

对可撤销决议的裁量驳回须符合以下条件：一是仅对于那些因"会议召集程序或者表决方式"有瑕疵的情形。如果是因公司决议不符合公司章程的规定，则不能裁量驳回，后者涉及实质问题，而非程序轻微问题。二是公司决议系因"会议召集程序或者表决方式"的轻微瑕疵引起。如何认定该瑕疵轻微，可以程序瑕疵是否会导致各个股东无法公平地参与多数意思的形成及获取对此所需要的信息为判定标准，[②] 如召开会议时间早于法定或章定时间，或者会议地点有所变更，或章程规定应以书面通知而以邮件或微信方式通知等。三是"对决议未产生实质影响"，这主要指程序瑕疵不具有影响决议结果的可能性，即该程序瑕疵的存在不改变公司决议的原定结果。[③]

在"广西洁宝纸业投资股份有限公司与卢某章、杨某乔公司决议撤销纠纷案"[（2013）桂民提字第 154 号] 中，法院指出，虽然洁宝公司 2011 年度股东大会表决结果报告单、选举公司第四届董事会董事结果报告单、选举公司第四届监事会监事结果报告单的监票员栏签名的"高茹、张志森"不是洁

---

① 参见"张艳娟诉江苏万华工贸发展有限公司、万华、吴亮亮、毛建伟股东权纠纷案"，载《最高人民法院公报》2007 年第 9 期。

② 参见"福斯派国际股份有限公司与永丰福斯派包装（扬州）有限公司、永丰余蓝色自然资源（扬州）有限公司公司决议撤销纠纷二审民事判决书"[（2018）苏民终 392 号]。

③ 参见"李某、宋某燕等公司决议撤销纠纷民事二审民事判决书"[（2020）鲁民终 2842 号]。

宝公司的监事，违反了洁宝公司《公司章程》第 62 条 "每一审议事项的表决投票，应当至少有两名股东代表和一名监事参加清点，并由清点人代表当场公布表决结果" 的规定，但洁宝公司《公司章程》对投票清点的规定并非《公司法》的要求。二审判决对此认定有误，本院予以纠正。其纠正的实质是因为投票清点行为属于轻微瑕疵。

当然，在理解和适用时，应将 "仅有轻微瑕疵" 与 "对决议未产生实质影响" 二者结合判断分析。涉及会议程序瑕疵轻微与否时，须根据该瑕疵程序是否会对决议产生实质影响予以判断。有些会议程序瑕疵可能在一般情况下是轻微的，但在特殊情况下可能对决议产生实质的影响，应根据个案具体情况具体分析。同时，应对股东权利的实质影响和对表决结果的实质影响加以结合分析，有的会议程序瑕疵虽然不影响决议的结果，但如果对股东权利造成重大损害，显然属于对决议有实质影响的情形，如持有有限责任公司多数股权的股东，仅召集部分股东开会并作出股东会决议，而没有通知其他股东的情况下；或者召集程序瑕疵可能会导致各个股东无法公平地参与多数意思的形成以及获取对此所需的信息①；或者监事在董事会未明确表示不召集临时股东会而自行召集的，② 即使会议符合法定和章定的最低出席人数和通过比例，该召集程序上的瑕疵亦不能认为是轻微瑕疵。

另外，在实践中，尽管公司决议出现了可撤销事由，但股东以其行为表明接受了决议，如股东甲未接到公司会议通知，但事后明确表示接受决议的，则其不能再提起所谓决议可撤销之诉，因为该股东以其行为消灭了决议可撤销事由。而且需要注意的是，股东不能以其他股东的瑕疵事由提起可撤销之诉，如股东甲接到通知参加了会议并依法进行了表决，但股东乙因没有收到会议通知而没有参加会议之情形。

第二十七条 【决议不成立】有下列情形之一的，公司股东会、董事会的决议不成立：

---

① 参见 "榆林市德厚矿业建设有限公司、陕西太兴置业有限公司等执行异议之诉民事申请再审审查民事裁定书"［（2021）最高法民申 6423 号］。

② 参见 "北京华友天下影视文化有限公司等与于某军公司决议撤销纠纷再审审查与审判监督民事裁定书"［（2020）京民申 5051 号］。

（一）未召开股东会、董事会会议作出决议；

（二）股东会、董事会会议未对决议事项进行表决；

（三）出席会议的人数或者所持表决权数未达到本法或者公司章程规定的人数或者所持表决权数；

（四）同意决议事项的人数或者所持表决权数未达到本法或者公司章程规定的人数或者所持表决权数。

本条是关于公司决议不成立的规定。

一、公司决议的不成立不同于公司决议的无效

如前述，公司决议的成立是需要符合法定和章定条件的。如果股东会决议没有通知其他股东参会，仅由一个大股东以所谓会议形式作出决议，或者股东会超出其职权范围作出的决议等就难以认定该决议成立，更不要说压根不召开股东会，而直接由某个股东或董事作出的假决议了。

公司决议依法成立，方产生决议生效与否问题。公司决议的成立与生效是两个法律问题，前者是一个法律事实，后者是一个法律效力，尽管从广义上而言，公司决议的不成立自属无效。

在过去法律及司法解释对决议不成立没有明确规定的情况下，法院已经开始运用法律行为不成立理论来处理此类纠纷。在"张艳娟诉江苏万华工贸发展有限公司、万华、吴亮亮、毛建伟股东权纠纷案"[1] 中，法院生效判决认为：本案中，虽然被告万华享有被告万华工贸公司的绝对多数的表决权，但并不意味着万华个人利用控制公司的便利作出的个人决策过程就等同于召开了公司股东会议，也不意味着万华个人的意志即可代替股东会决议的效力。万华工贸公司据以决定办理公司变更登记、股权转让等事项的所谓"股东会决议"，是当时该公司的控制人万华所虚构，实际上并不存在，因而当然不能产生法律效力，决议不成立。

《公司法》第25条、第26条关于公司决议无效与可撤销之诉不能涵盖决议不成立之诉，而决议不成立现象在我国公司法实践中大量存在。为更科学

---

[1]　《最高人民法院公报》2007 年第 9 期。

与合理地解决公司决议瑕疵问题，《公司法司法解释（四）》第 5 条规定了公司决议的不成立。关于公司决议效力瑕疵的类型，《公司法司法解释（四）》在正式发布前制定过程中，除了决议无效、决议可撤销和决议不成立之外，还曾设想增加一个决议未有效类型，即尽管会议召开，但未形成有效决议。鉴于决议未有效的实质仍然属于决议不成立，没有必要将其单独列为一种独立的类型，故正式出台的司法解释取消了该类型。新《公司法》于本条正式确立公司决议不成立制度。

二、公司决议的不成立情形

根据本条规定，公司决议的不成立有以下情形：

（一）公司未召开会议

实践中常见的情形是在根本未开会的情形下个别股东或董事签名形成"决议"、伪造签名、伪造决议等。股东会和董事会属于会议体，其决议应当以召开会议的方式作出，如果根本就未召开会议，也就无从谈起决议的成立。

公司特别是有限责任公司，常常由某个控制股东操纵着公司的运转，因而会出现大股东虚构股东会或董事会决议的情况。虚构的股东会或董事会决议是不存在的，因而不存在其有效或无效或可撤销的问题。因为，对于决议的撤销而言，在撤销前决议是有效的，这对于不存在的决议是荒唐的；对于决议的无效而言，是对存在的决议所作的法律价值上的判断，如果决议不存在，意味着无判断的对象，当然就无所谓效力的问题。因此，在没有召开股东会或董事会的情况下，通过伪造签名、伪造决议而出现的所谓决议，不具备决议成立的基本要件，不仅严重侵害了其他股东和董事的合法权益，更无视公司自身人格存在价值的非法行为。

当然，我国允许有限责任公司全体股东以书面形式一致表示同意的可以不召开股东会会议，直接作出决定，但须经全体股东在决定文件上签名盖章（第 59 条第 3 款）。这种书面形式一致同意的情况既可以是事前通过决议、合同和章程决定的，也可以是事后的。在这种情形下即使未召开股东会会议，该项股东会决定也是成立的。

（二）会议未对决议事项进行表决

这是指公司尽管依法召开了股东会、董事会，但对有关事项并没有进行表决。事后，个别股东或董事通过伪造签名和盖章造成该事项已经通过会议表决之假象，甚至直接伪造而声称该事项已经会议表决通过。

如果从法律行为的意思表示来看，该决议未成立的原因在于以个别股东或董事的意思表示冒充了其他股东和董事的意思表示，因而使得所谓共同的意思表示之决议欠缺必要的意思表示而没有成立。不过，正如前述，公司决议尽管被《民法典》规定为民事法律行为之一种，但仅具其形，而无其实质，公司决议之成立取决于是否有必要的形式与程序。会议未对决议事项进行表决构成对公司决议成立基本形式与程序要件之违反，而非相应个人之意思表示。这是由公司法作为团体法的价值决定的，在团体法之下，个人意思不能直接成为团体意思，其也只能通过团体程序与其他所有个人的意思汇合为团体意思。

（三）出席会议的人数或者股东所持表决权不符合公司法或者公司章程规定

无论是股东会，还是董事会，其出席人数须符合法定或章定人数或持股数，如此才符合其团体的价值与意义。

股东会由全体股东组成，所有股东均有权参加股东会。但股东是否参加，很大程度上取决于其个人意愿与利益所在或其他因素，法律不宜也不能强迫所有股东都须参加股东会，特别是那些股东人数较多的股份有限公司，很多小股东更在意投资回报，而非参与所谓公司的管理。尽管如此，作为公司最高权力机构和意思机构的股东会或股东大会，其形成决议的正当性在于出席会议或进行表决的持股数的足够代表性，因而能够形成所谓"公司"的决议。

我国公司法尽管规定股东会由全体股东组成（第58条、第111条），但并没有直接规定必须出席股东会或股东大会的人数或持股数。如果公司章程有规定的，按照公司章程。显然，这是一个法律漏洞。不过，尽管公司法对股东会出席人数没有作出明确规定，但通过公司法的有关规定，仍然可以推论出法定要求。

对于有限责任公司而言，基于其较大的人合性，《公司法》第66条第3款规定了有限责任公司决议如涉及特别事项，有限责任公司的股东会至少经全体股东中代表三分之二以上表决权的股东出席并同意。依此推理，对于一般事项的决议，则须经代表二分之一以上表决权的股东出席或同意。因此，对于一般事项，没有达到公司二分之一以上表决权的股东出席或同意的，为决议不成立。当然，如果公司章程另有规定的，依其规定。但一般情况下，公司章程的规定要高于而不能低于公司法规定。

对于股份有限公司来说，根据《公司法》第116条第2、3款规定，强调有关决议由出席会议的股东所持法定表决权数通过，未规定股东会出席会议的法定表决权数。尽管股份公司是典型的资合公司，其股权分布可能极为分散，许多小股东确实并不愿意参加股东会，但其团体价值要求出席者须达到一定持股比例。结合公司法关于有限责任公司的要求，同时借鉴国外有关规定，股份有限公司股东会出席法定有表决权持股比例数应不少于三分之一。

董事会是由全体董事组成的法定、必备、常设的集体业务执行机构。董事的义务和责任就在于参加董事会和在获得授权情况下从事相应具体业务。及时参加董事会是董事的义务和责任。而且，某个自然人一旦当选为公司董事，则其须以公司利益为重处理相关关系。所以，一般情况下，董事会的召开是由全体董事共同出席的。但由于各种各样的原因，董事会成员也可能无法或不愿参加董事会会议。为保证作为集体议事机构的董事会会议的正当性，《公司法》第124条规定，股份有限公司"董事会会议应有过半数的董事出席方可举行"。但对于有限责任公司则没有明确规定。根据股份有限公司董事会参会人数的要求及会议法理，有限责任公司董事会会议也须有半数以上董事出席。

（四）会议的表决结果未达到公司法或者公司章程规定的通过比例

会议的表决，必须符合公司法或公司章程规定的通过比例，该比例采多数决原则，一般决议为过半数通过，特别决议则三分之二以上通过。

对于股东会的表决，《公司法》第66条和第116条分别对有限责任公司和股份有限公司作出了规定。对于董事会的表决，《公司法》第73条和第124条也分别作出了规定。如果公司决议未达到公司法或公司章程所定表决权数，则公司决议不能成立，更不存在生效问题。

公司决议无效与公司决议不成立的区别较为容易，前者强调公司决议内容违反法律和行政法规，后者强调决议欠缺成立要件，故为程序瑕疵。但公司决议可撤销的一个重大事由也是程序瑕疵，故实践中须注意二者之间的区分。相对而言，决议不成立的程序瑕疵是一种严重瑕疵，足以引起决议不成立，即其严重破坏了公司决议成立的基础；决议可撤销的程序瑕疵则是一种相对轻微的程序瑕疵，其并没有破坏公司决议成立的基础，相应程序的启动与进行并没有影响到公司决议的成立，而仅是影响到某个或某些股东的合法权益，故通过赋予股东相应撤销权达到利益平衡，其可行使撤销权，也可不行使撤销权。如行使了撤销权，则决议自撤销之日起归于无效；如不行使撤销权，则决议仍为有效。

另外，我国公司实践中出现大量名为股权转让，实为担保的股权让与担保情形。在此种情形下，受让方并非真正的股东，其持有股权的实质是担保权，而非股东权，故名义股东通过的所谓股东会决议是不成立的。在"中融国际信托有限公司与北京家全基业物业管理有限公司等公司决议效力确认纠纷再审案"[（2021）京民申 6444 号] 中，家全基业基于信托计划获得了中融信托的投资，中融信托受让安华图公司的股权，在约定期间内，中融信托可以要求家全基业受让中融信托所持安华图公司的股权。上述权利义务的架构设计，属典型让与担保范畴。基于让与担保的性质，股权的受让属于对债权的担保，而非股东权利义务的完整转移，故中融信托在《合作协议》架构下不享有控股股东的股东会召集权、召开权及多数表决权。而且涉案决议作出前后，中融信托已通过公证《执行证书》向家全基业、安华图公司主张债权，并向人民法院申请强制执行，中融信托以其行为放弃了《合作协议》及补充协议赋予其在限定条件下可以行使的股东权利。

三、关于公司决议瑕疵诉讼的被告与第三人

（一）公司决议之诉的被告

公司与股东、董事等之间的关系决定，对于公司决议瑕疵提起的诉讼，只能以公司为被告，因为它是公司的决议（《公司法司法解释（四）》第 3 条）。

（二）公司决议之诉中的第三人

公司决议瑕疵之诉，不仅涉及起诉者的直接利益，也会涉及其他股东和董事的直接利害。一般情况下，公司决议作出后，赞成者有之，反对者也不乏其人。特别是在股东会决议作出后，常常会有股东赞成，也有股东反对，从而产生纷争。

对于那些反对公司决议而支持撤销决议的股东而言，因其诉讼请求与原告一致，诉讼标的相同，故如其希望参加诉讼，可以列为共同原告。对于主张决议有效，反对撤销的股东来说，如公司决议被撤销将影响到其直接利益，

应允许其申请参加诉讼，以第三人的身份加入。法院也可以主动通知其以第三人身份参加诉讼。

对于公司股东之外的第三人，如交易当事人，若公司决议撤销将影响到相应交易，影响到其合法利益，则其也可以第三人身份参与诉讼（《公司法司法解释（四）》第3条）。

如果当事人在起诉时就将其他股东和董事与公司一样列为被告的，法院应要求原告将其他股东和董事列为第三人。若原告坚持都列为被告的，则可以驳回其对于其他股东和董事的起诉。

另外，对于同一个公司决议，如果不同的当事人分别提起无效之诉、撤销之诉和不成立之诉，尽管诉讼要求不同，基于均系对同一个公司决议的诉讼，其诉讼标的同一，审判中须合并审理，防止同一决议的效力出现不同的裁判结果。

第二十八条 【决议无效、撤销、不成立的后果】公司股东会、董事会决议被人民法院宣告无效、撤销或者确认不成立的，公司应当向公司登记机关申请撤销根据该决议已办理的登记。

股东会、董事会决议被人民法院宣告无效、撤销或者确认不成立的，公司根据该决议与善意相对人形成的民事法律关系不受影响。

本条是关于决议被宣告无效、撤销或者确认不成立后果的规定。

一、公司决议的内部性与外部影响

根据《公司法》第59条和第112条第1款，股东会有9项职权，其中第（一）项、第（三）项、第（八）项为单纯的公司内部问题，第（二）项、第（四）项、第（五）项、第（六）项、第（七）项、第（九）项为可能涉及第三人的问题。除了这两条规定，《公司法》第15条、第135条、第163条等还专门规定了股东会的某项权力，这些法条规定的事项均涉及第三人。

根据《公司法》第67条和第120条第2款规定，董事会有10项职权，其中第（一）项、第（二）项、第（六）项、第（七）项、第（八）项为单纯公司内部问题，第（三）项、第（四）项、第（五）项、第（九）项为可能涉及第三人问题。

在以上这些事项中，无论是纯粹公司内部事务问题，还是可能涉及第三人的问题，公司有关决议均系关于公司经营决策和事务执行的决定，具有内部性，该决议仅对于公司、股东、董事等高管具有法律效力，无论是有效还是被撤销，其效力均及于内部。也就是说，尽管有些决议事项可能涉及第三人，但它们并无对第三人的约束力。从意思表示角度观察，公司决议仅是公司内部成员通过决议的形式表示出来的对公司内部的公司意思，该意思表示已经做出，其效力仅及于公司内部。对于股东会决议来说，其决议是要求公司执行机构和监督机构的；对于董事会决议而言，其决议是对股东会的报告、请示或决议的执行，或董事会本身对于职权范围内事务的执行。

公司决议具有内部性，其仅对公司内部产生法律效力而不及于外部，但这并非说公司决议对于公司外部没有影响。

纯粹为公司内部事项的决议，如公司章程的修改，在登记或公示后而对外具有公示意义和外观价值，因而就会对公司第三人产生影响。

公司决议仅具有内部性，如果该决议系公司对外意思表示的意思时，则公司对外行为须基于该意思进行表示。对自然人而言，其意思表示具有统一性，一般表示就是其意思，即使其表示与意思不一致，在对外效力上则以表示出来的意思为准。所以，民法上对于意思表示以客观主义为标准，兼采主观主义。将自然人的内心意思与外在表示清晰地予以界分是很难的，不利于其对外正常交往。但对于拟制的公司法人来说，尽管其有自己的代表人，该代表人的意思表示一般就属于公司法人的意思表示。但对于公司对外交往重大事项，为避免代表人随意代表，公司法规定须首先经过股东会或董事会通过相应决议，然后该代表才能基于该决议对外签字、盖章。也就是说，公司法对于这些事项通过法律构造区分了其"意思形成"和"表达"两个阶段，其中相应决议为公司的"意思形成"阶段，代表人基于该意思对外签字、盖章为"意思表达"阶段。也就是说，公司的对外意思表示可以通过法律明确地判断"意思的形成"与"表示"两个阶段。既如此，则公司对外交往涉及这些重大事项时，须尊重其意思是否形成，而不能仅以所谓代表人的个人表示来认定。那么，当这些事项没有经过决议，亦即没有公司相应的"意思形成"时，代表人擅自对外签订的合同或从事的法律行为应不属于公司意思的单纯表示行为，从而欠缺合同成立要件，即合同不成立或不生效。

当然，对于第三人而言，公司是否因此召开相应会议而形成决议，其仅凭外观判断即可，即如果公司对外提供担保时，提供了公司所谓的决议，该决议符合形式要件，即使这些决议是不成立的或可撤销的，也可因此外观而获得保护。

第三人无论是因登记而公示，还是仅凭决议形式外观而获得保护，均是因商事外观使然，而非这些公司决议不具有对外的法律效力。也就是说，这些决议显然是直接影响公司对外行为的，如果没有形式外观，则有关行为是不能获得保护的。

因此，公司决议仅具有内部性，不具有对外的效力，但如果有关决议系关于公司如何对外交往时，则这些决议构成公司对外行为的"意思形成"。如没有该"意思形成"，则有关"表示"因欠缺该要素而使其不能形成"意思表示"，从而使有关与第三人形成的合同或法律行为无法成立或生效。当然，这些仅是关于公司重大事项且经公司法明确规定的，如果公司法没有规定必须经过股东会或董事会决议的事项，则即使公司代表人的行为不符合公司利益，其代表人的意思表示就是公司的意思表示。

二、公司决议无效或被撤销的，善意相对人形成的民事法律关系不受影响

本条第2款系针对影响到公司交易相对人的有关决议。正如上述，公司决议仅具有内部性而对外不具法律效力，但这并非说决议不会对第三人产生影响。如果相对人为善意，因此形成的法律关系不受影响。该条的解释是基于善意理论，而非公司决议是否对外具有影响的问题。

善意相对人理论的实质是商事外观主义，即"以交易当事人行为之外观为准，而认定其行为所生之效果也"。在商事外观主义中，是交易重要事项的外在表现形式，而不是其实质决定相应法律效果，以保护他人对该外在表现形式的信赖。作为团体的公司决议不但具有一经作出即推定其有效，也具有一旦公司出示相应形式意义上的决议就被认定为存在的特点，因此为保护善意第三人，即使该决议被人民法院判决确认无效或者撤销的，善意相对人因此与公司形成的民事法律关系也是不受影响的。

与善意相对的是恶意，即当事人知道或应当知道决议存在无效、不成立和可撤销情形。从举证责任角度，公司如果欲否定相应法律关系，须举证证明对方非为善意。知道是事实上知道，应当知道是推定知道。在立法史上，《合同法》对"应当知道"曾经采用了"因重大过失而不知"的标准。该标准在个案中能够辅助判断的情形，不仅包括特定交易的具体情况，如交易性质、金额、重要性等，而且包括当事人之间的惯常做法、关于某种交易的特别交易习惯或交易行规则等。对于相对人善意的衡量标准，除相对人不知道该事实存在的情况外，在尽了形式审查义务之后仍不可能知道存在的事实，也应当认定相对人属于善意。

需要注意的是，《民法典》第85条仅规定了营利法人决议可撤销情形下的善意相对人保护，即"营利法人的权力机构、执行机构作出决议的会议召集程序、表决方式违反法律、行政法规、法人章程，或者决议内容违反法人章程的，营利法人的出资人可以请求人民法院撤销该决议。但是，营利法人依据该决议与善意相对人形成的民事法律关系不受影响"。

从法律行为无效系国家对于该行为的价值判断上看，公司决议如被裁决无效，该无效裁判具有对世性，所有相关的行为均应为无效，否则，公司决议的无效仅具有一定范围的相对性。从这个角度来看，《民法典》第85条的规定更为精确。不过，公司决议无效的情形，很多系因其违反公司法关于内部关系的强制性规定引起，而这些关于公司内部关系的强制性规定对于公司内部关系人意义更大，而不牵涉社会公共利益，故《公司法》第28条第2款规定，也具有正当性。

第二章 公司登记

第二十九条 【设立登记申请】设立公司，应当依法向公司登记机关申请设立登记。

法律、行政法规规定设立公司必须报经批准的，应当在公司登记前依法办理批准手续。

本条是关于设立公司登记申请的规定。

一、公司登记的申请主义

依本条规定，当事人设立公司，必须依法向公司登记机关申请设立登记。此被称为登记的申请主义，是否设立公司，均由当事人自愿申请。

一般的行业，当事人申请设立公司，是不需要特别批准的，但对于某些特殊的行业，如金融、军工等，在申请公司登记前，需要由有关主管部门批准。

二、公司登记的实名主义

公司登记是关于公司重要信息对外的公开，它首先要求实名登记，公司设立人、股东、法定代表人、董事、监事等均须实名。实名登记是公司登记的基本原则，直接关系被公开的法律事实是否真实。

申请登记时，首先申请人应当保证申请登记材料的真实性（第30条第1款），其次登记机关必须对实名进行实质审查，公司设立人、股东、法定代表人、董事、监事等应当亲自签名，登记人有义务配合核验身份信息。如果提交虚假材料或采欺骗手段获得登记的，构成虚假登记，利害关系人可申请撤销登记；公司会受到包括罚款在内的行政处罚，情节严重可以吊销营业执照（第250条）。

在"邵某等与北京市丰台区市场监督管理局再审审查与审判监督案"

［（2020）京行申 1168 号］中，法院认为，根据《行政许可法》第 31 条规定，申请人申请行政许可，应当如实向行政机关提交有关材料和反映真实情况，并对其申请材料实质内容的真实性负责。《公司登记管理条例》（已失效）第 2 条规定，申请办理公司登记，申请人应当对申请文件、材料的真实性负责。本案中，北京兴朔汇鑫塑料制品有限公司在申请公司设立登记时，向原丰台工商分局提交的文件符合《公司登记管理条例》（已失效）第 20 条规定的形式，且材料齐全，但其提交的文件中《郑重承诺》下方的"邵某"签名经鉴定确认非邵某本人所签，即兴朔汇鑫公司向原丰台工商分局提交了虚假申请登记材料，进而导致原丰台工商分局核准的公司设立登记失去了相应准确的事实根据，对于该设立登记内容依法应予撤销。

实践中经常发生登记存在签名不实的情况，如果能够证明或推断出尽管非本人签名，但本人知悉而同意或不反对的，或者在登记后一直以相应名义从事有关行为的，视为符合公司的实名要求。依据《最高人民法院办公厅关于印发〈关于审理公司登记行政案件若干问题的座谈会纪要〉的通知》（法办〔2012〕62 号）关于"以虚假材料获取公司登记的问题"的规定，公司法定代表人、股东等以申请材料不是其本人签字或者盖章为由，请求确认登记行为违法或者撤销登记行为的，人民法院可以根据具体情况判决撤销登记行为、确认登记行为违法或者判决登记机关履行更正职责，但能够证明原告此前已明知该情况却未提出异议，并在此基础上从事过相关管理和经营活动的，人民法院对原告的诉讼请求一般不予支持。

第三十条　【申请材料】申请设立公司，应当提交设立登记申请书、公司章程等文件，提交的相关材料应当真实、合法和有效。

申请材料不齐全或者不符合法定形式的，公司登记机关应当一次性告知需要补正的材料。

本条是关于设立公司申请材料和审查的基本规定。

一、申请材料的提交

对于设立登记，应当提交下列材料：申请书；申请人资格文件、自然人身份证明；住所或者主要经营场所相关文件；公司章程；法律、行政法规和国务院市场监督管理部门规定提交的其他材料（《市场主体登记管理条例》第16条）。

对于变更登记，依本法第35条，应当向公司登记机关提交公司法定代表人签署的变更登记申请书、依法作出的变更决议或者决定等文件。公司变更登记事项涉及修改公司章程的，应当提交修改后的公司章程。其中，公司变更法定代表人的，变更登记申请书由变更后的法定代表人签署即可，无须原法定代表人配合。

申请人应当依法自主申请，对提交材料的真实性、合法性和有效性负责（第30条第1款）。当事人可以委托他人代为办理登记事项（《市场主体登记管理条例》第18条）。

二、申请登记的审查

对于公司申请登记事项如何审查，有形式审查与实质审查两种做法或者说主义。前者审查提交的文件是否符合法定要求，一般不审查相应事项的真实性，事项的真实由申请人保证；后者是指登记机关在审查登记事项时，不仅审查提交的文件是否符合法定要求，还要审查相应事项的真实性。不过，实质审查并非由登记机关保证申请材料的真实性，而是指登记机关对申请事项有是否真实的调查权。

根据本条规定，我国登记机关对申请材料进行形式审查。对申请材料齐全、符合法定形式的予以确认并当场登记。不能当场登记的，应当在3个工作日内予以登记；情形复杂的，经登记机关负责人批准，可以再延长3个工作日。申请材料不齐全或者不符合法定形式的，登记机关应当一次性告知申请人需要补正的材料。

同时，《市场主体登记管理条例》第38条、第39条规定，登记机关可以采取随机抽取检查对象、随机选派执法检查人员的方式，对市场主体登记事项进行监督检查，对涉嫌违反规定的行为进行查处，进入市场主体的经营场所实施现场检查，查阅、复制、收集与市场主体经营活动有关的合同、票据、账簿以及其他资料等。如果因此发现违法登记和不实登记，则登记机关有权要求更正并予以行政处罚。

也就是说，我国公司登记原则上采形式主义，必要时可进行实质审查。①

登记机关在进行形式主义的审查过程中，主要是对申请登记人提交的书面文字材料进行形式审查，审查方做到合理注意义务即可。

在"海南升辉实业有限公司、海南省市场监督管理局质量监督检验检疫行政管理：其他（质量监督）再审审查与审判监督案"［（2019）最高法行申

---

① 对于公司登记的性质及审查模式，最高人民法院在"杨某、美国新都兴业有限公司质量监督检验检疫行政管理：质量监督行政管理（质量监督）再审审查与审判监督案"［（2017）最高法行申4779号］中从行政法角度作出了分析：公司依法设立以后的存续期间，因公司股东、法定代表人、名称和住所地、注册资本和经营范围等变化，公司登记机关会对公司登记事项进行相应的变更登记。作为公司登记的一种法定种类，公司变更登记的性质取决于公司登记的性质。而关于公司登记的行为属性，在《行政许可法》颁布实施前，存在较大争议，存在行政确认说和行政许可说两种基本观点。但随着《行政许可法》的全面实施，该法第12条第5项明确规定："下列事项可以设定行政许可：企业或者其他组织的设立等，需要确定主体资格的事项。"该条规定从法律上宣告了公司登记的行政许可性质。既然公司登记属于行政许可事项，那么针对公司登记事项的变更登记原则上也应当属于行政许可，需要遵循《行政许可法》的规定。作为一种依申请的行政行为，公司变更登记包括当事人申请和登记机关受理、审查、登记、造册、颁证等多个环节。其中，公司登记机关的审查是诸多环节中最为关键和最为重要的一环，直接决定着登记申请能否得到准许，登记程序能否顺利进行，登记目的能否有效实现。所谓变更登记审查，是指登记机关对公司提出的变更登记申请是否符合法律、行政法规的规定依法进行审查的活动。关于公司变更登记的审查问题，一般有形式审查说和实质审查说两种观点。大体上，形式审查说认为，行政许可机关在实施许可时仅对申请材料是否齐全、是否符合法定形式负有审查职责，对申请材料真实性不作审查，也不对申请材料真实性承担责任。实质审查说则主张，行政许可机关在实施许可时应当对申请材料是否真实有效进行核实，以确保许可的合法有效。不同的审查学说反映不同的审查标准，代表着不同的价值取向：形式审查重在突出登记效率，实质审查旨在强调交易安全。上述两种变更登记审查模式均具有其合理内核，尤其是随着国家治理能力和治理体系的进步和商事制度改革的深入，公共服务需求渐趋紧迫，行政管理扁平化趋势越发明显的现实背景下，无论是形式审查还是实质审查均难以适应公司登记实践需要，无法满足公司登记案件审判的现实需求。为此，必须适时对公司变更登记的审查模式作出调适，在借鉴吸收现有审查模式合理成分基础上，用"法定条件审查说"指导公司变更登记工作实践。所谓"法定条件审查说"，主要是指公司登记机关根据《公司法》和《公司登记条例》等法律法规的规定，审查相关主体的变更登记申请，如申请人提供的书面材料能够成立，不存在表面上不符合规定之处，则予以变更登记；相反，如申请人提供的书面申请材料存有疑点或者不能确定，则不予变更登记。《最高人民法院关于审理公司登记行政案件若干问题的座谈会纪要》第2条规定，登记机关无法确认申请材料中签字或者盖章的真伪，要求申请人进一步提供证据或者相关人员到场确认，申请人在规定期限内未补充证据或者相关人员未到场确认，导致无法核实相关材料真实性，登记机关根据有关规定作出不予登记决定，申请人请求判决登记机关履行登记职责的，人民法院不予支持。该条规定确定了以下几个问题：一是登记机关必须对申请材料真实性进行审查；二是对申请材料真实性的审查首先是形式上的，即看是否存在表面上的不一致或错误之处；三是如果登记机关无法得出真实或虚假的结论，则需要进一步核实，申请人必须配合；四是登记机关无法得出是否真实结论的，可以不予变更登记，或者完善和补充材料后再提出申请；五是登记机关可以判断申请材料本身是否合法、有效，但对申请材料记载的内容是否合法、有效无法作出实质判断，只能是形式上的判断。上述座谈会纪要较为全面系统地提出了包括变更登记在内的公司登记的一般审查模式，即法定条件审查模式。这种模式既是登记机关在变更登记审查时应当遵循的工作方式，也是人民法院审理公司登记行政案件所应遵循的审查思路。

1337 号］中，星辉公司于 2016 年 2 月 1 日申请变更登记时提交了公司登记（备案）申请书、指定代表或者共同委托代理人授权委托书、公司章程修正案、股东会决议、股权转让协议、股东身份证明、承诺书、税源监控表、法定代表人信息、董事监事经理信息、联络员信息、公司营业执照副本等材料，提交的申请材料符合法律要求。省市场监管局对星辉公司的变更登记申请材料是否齐全、是否符合法定形式进行审查，尽到了法定的审查职责。关于升辉公司与壮兴公司签订的《股权转让协议》的真实性，虽然双方对此意见不一，但是双方均未否认该协议中各方签字、盖章的真实性，作为公司登记机关，对于双方签字、盖章真实的协议依法予以认可，已经尽到了合理谨慎的注意义务，不应再过度增加登记机关的审查注意义务。

审查中出现存疑的登记事项时，登记机关须审慎处理。

在"新疆鸿远投资有限公司、中华人民共和国国家市场监督管理总局质量监督检验检疫行政管理：其他（质量监督）再审审查与审判监督案"［（2016）最高法行申 2956 号）］中，新疆工商局在受理鸿远公司提交的股东变更和公司章程修正案备案登记申请之前，已经收到该公司股东赵某如关于撤销其对邓某宏的委托、要求不予受理邓某宏代其转让股权的申请的律师函。此情况表明鸿远公司提交的申请材料中有关邓某宏受赵某如委托转让股权的事实存疑。尽管新疆工商局也进行了调查核实，但调查核实结果并不能排除股权变更存在争议的可能。在此情形下，新疆工商局迳行作出登记行为构成主要事实不清、明显不当。

第三十一条　【设立登记】申请设立公司，符合本法规定的设立条件的，由公司登记机关分别登记为有限责任公司或者股份有限公司；不符合本法规定的设立条件的，不得登记为有限责任公司或者股份有限公司。

本条是关于公司登记的基本规定。

根据本条，除了特种行业公司，如军工业、金融业及其他有特别规定的行业公司采行政许可主义，其他行业，一般采准则主义。凡符合设立条件的，均应获得登记，由公司登记机关分别登记为有限责任公司或者股份有限公司；不符合设立条件的，不得登记为有限责任公司或者股份有限公司。

准则主义下的登记是公司成立的事实记载，并不决定公司能否成立，登记机关的登记仅是一种行政确认。[①] 不过，通过这种行政确认，创设了作为法人的公司主体。

尽管我国要求包括个体工商户、电商经营者在内的所有市场主体均须通过登记而取得法定的市场主体资格（《市场主体登记管理条例》第2条、第3条），但相对而言，公司法人的登记是一种全面的要求，即只有通过登记才能取得法人资格，进而享有有限责任。非法人的市场主体不依法登记仅产生"不得以市场主体名义从事经营活动"之后果，不影响有关投资人的连带无限责任。

从各国发展趋势上看，登记的设权后果在淡化，更多注重宣示后果。这种做法不仅意在强调保护社会公众和第三人，也有利于促进投资及企业的自治。

未依法登记为有限责任公司或者股份有限公司，而冒用有限责任公司或者股份有限公司名义的，或者未依法登记为有限责任公司或者股份有限公司的分公司，而冒用有限责任公司或者股份有限公司的分公司名义的，由公司登记机关责令改正或者予以取缔，可以并处十万元以下的罚款（第259条）。

第三十二条　【公司登记事项】公司登记事项包括：

（一）名称；

（二）住所；

（三）注册资本；

（四）经营范围；

（五）法定代表人的姓名；

（六）有限责任公司股东、股份有限公司发起人的姓名或者名称。

公司登记机关应当将前款规定的公司登记事项通过国家企业信用信息公示系统向社会公示。

---

① 赵旭东、邹学庚：《商事登记效力体系的反思与重构》，载《法学论坛》2021年第4期。

本条是关于公司登记事项及公示的规定。

一、登记事项

公司登记是商业领域法律事实的公开名单，目的是使第三人了解公司基本信息，确立公司的对外关系。一般而言，它们都是对于社会和商业交易有法律意义或有利益的公司法律事实。

本条规定了公司登记事项。它们不可遗漏，否则将不获登记。

除这些应登记事项外，《公司法》和企业登记法并未就公司能否自己决定登记某些事项，作出明确规定。从鼓励企业信息公开及维护交易安全考虑，如果公司自愿将应登记事项之外的事项予以登记的，应当允许。不论是应登记事项还是自愿登记事项，当登记将导致相关事项产生变更或消灭的效力时，应对该事项进行登记，否则不产生对抗第三人的效果。

在我国企业登记法及《公司法》所规定的登记事项中，从理论上有设定的登记事项与免责的登记事项之分。

设定的登记事项是指通过登记可以创设事实或法律关系的效力，如法定代表人的选任、股东变更、资本的减少与增加等；免责的登记事项是指通过登记可以免除相关当事人责任的效力，如法定代表人的更换、股东因转让股权或股份而退出。

一般地，第三人不知道发生免责的登记事项的，也因该事项已经公示而可以避免遭受意外损害。正因为如此，商业登记所发挥的功效，也主要反映在免责的登记事项上。

二、登记事项的公示

企业登记是商业领域法律事实的公开名单，登记机关应当将以上规定的公司登记事项予以公示，包括通过统一的企业信息公示系统向社会公示。

公司通过登记而得以成立，但登记的功能并不在于作为市场主体的公司成立，主要是通过信息的登记而公示于众，产生一种公示的效果，如股东登记、法定代表人的登记、分支机构的登记等。这种效果是对于第三人而言的，申言之，某种法律事实的成立并不以企业登记为前提，即使未予商业登记，该法律事实也是成立的，如法定代表人的变更，即使未予登记，法定代表人也产生了变更，只不过，未变更登记不产生公示的价值而已。

当然，登记的公示不是说不产生法律效果，而仅仅是指被登记的法律事实本身并非通过登记才予以产生的。① 如果这些事项进行登记和公告的，第三人必须承受事实的效力，不登记，则未必承受。并非所有的登记事项都产生设权后果，只有那些经过登记产生相应权利或某种法律事实的事项登记才具有设权后果，否则仅产生公示后果。

三、关于备案事项登记

《市场主体登记管理条例》第9条在规定以上企业应登记事项之外，还规定了公司应备案登记事项。

具体包括：（1）公司章程；（2）经营期限；（3）有限责任公司股东或者股份有限公司发起人认缴的出资数额；（4）公司董事、监事、高级管理人员；（5）公司登记联络员、外商投资企业法律文件送达接受人；（6）公司受益所有人相关信息；（7）法律、行政法规规定的其他事项。

从市场监督管理角度，备案是报送备查之意，是我国市场监督管理由行政强制到服务的转变表现，软化了市场监督管理部门与企业之间的管理与被管理关系。备案一方面表明备案事项并非企业应登记事项，可以由企业通过简单的报送程序即可完成；另一方面表明备案事项是市场监督管理部门需要关注的事项，以备随时查证，确定相关关系。

但从公司登记角度，通过以上备案事项可以看出，它们对于确立公司内部与外部关系，意义也是重大的，如公司章程直接确立企业内部关系；公司股东或发起人认缴或认购的出资数额则会在公司破产或被执行时产生对第三人责任问题；公司受益所有人可确定公司实际控制人等。

从整体上来说，《公司法》与《市场主体登记管理条例》关于公司登记事项的规定是关于公司对外基本关系的要求，符合企业登记法关于登记事项的可登记性。同时，为使企业内部关系更为明确，对于并不怎么涉及外部关系或社会利益的一些事项，如公司章程与公司经营期限，基于维护公司内部关系需要，规定其为备案事项。这是我国对于企业登记事项的可登记性要求的进一步提升，它同时也将企业自身的稳定当成了企业备案登记的重要价值所在，有利于保护并促进投资。

相对而言，企业应登记事项属于一般公开事项，即对社会的公开，在公

---

① ［德］卡纳里斯：《德国商法》，杨继译，法律出版社2006年版，第74页。

开的网站或其他法定载体即可获得。备案事项则属于特定交易方需要时的公开，它需要并可以由利害关系人通过法定程序查询而获得。

第三十三条　【营业执照】依法设立的公司，由公司登记机关发给公司营业执照。公司营业执照签发日期为公司成立日期。

公司营业执照应当载明公司的名称、住所、注册资本、经营范围、法定代表人姓名等事项。

公司登记机关可以发给电子营业执照。电子营业执照与纸质营业执照具有同等法律效力。

本条是关于公司营业执照的基本规定。

一、营业执照的功能

依本条规定，当事人申请设立企业，符合条件并按照法定程序登记申请，登记机关依法予以登记的，签发营业执照。营业执照签发日期是公司依法成立日期。

（一）取得营业执照是公司作为法定市场主体的法律证件

一方面表明企业的合法性，另一方面表明企业基本信息，包括公司名称、住所、注册资本、经营范围、法定代表人姓名，以及登记机关、成立日期、统一社会信用代码等事项。营业执照分为正本和副本，具有同等法律效力。电子营业执照与纸质营业执照具有同等法律效力，企业可以凭电子营业执照开展经营活动。

营业执照是关于企业依法成立及基本信息的，故其属于企业登记制度中重要的内容。如果企业登记事项发生变更，涉及营业执照记载事项的，需要依法及时换发新的执照（第36条）。如未及时换发或换发与变更登记不一致的，则按照有利于第三人原则，依营业执照记载或工商登记记载确定利害关系人之间的法律关系。

营业执照制度是计划管理体制的产物，随着我国社会主义市场经济深入全面发展，特别是近年来市场监督管理体制的转型，其已经从原来以营业管制为主要内容转变为以营业公示为主要内容的制度。

营业执照首先是关于企业合法性与信息透明的，是企业主体性的问题。企业应当将营业执照置于住所或者主要经营场所的醒目位置。从事电子商务经营的市场主体应当在其首页显著位置持续公示营业执照信息或者相关链接标识。如果企业应登记信息是虚假且情形严重的，可以吊销其营业执照。

（二）营业执照是一个依此营业的问题

公司可以凭营业执照开展经营活动。在一定意义上，营业执照的主体性与营业性是一个问题的两个方面，企业一旦依法成立，自然可以进行营业活动，除非需要法律特别许可的行业或事项。所以，营业执照所表现的营业意义是企业作为主体的必然结果或表现，二者不可分割。

总体而言，营业执照所表现的营业性是依附于企业主体性的，不具有独立意义，仅因企业依法成立而表现出的应有营业价值。从这个角度，当企业违法而被吊销营业执照时，其主体性并不因之丧失，不得进行经营活动只具有行政管理意义，会受到行政处罚。如果被吊销营业执照的企业仍然从事营业活动，仍为有效法律行为。[①]

二、关于营业执照的基本要求

根据《市场主体登记管理条例》第 36 条、第 37 条、第 48 条，公司对营业执照须遵守以下基本规定：

（一）营业执照的置放

营业执照是公司合法存在的表征，公司应当将营业执照置于住所或者主要经营场所的醒目位置。从事电子商务经营的公司应当在其首页显著位置持续公示营业执照信息或者相关链接标识。

市场主体未依照本条例将营业执照置于住所或者主要经营场所醒目位置的，由登记机关责令改正；拒不改正的，处 3 万元以下的罚款。从事电子商务经营的市场主体未在其首页显著位置持续公示营业执照信息或者相关链接标识的，由登记机关依照《电子商务法》处罚。

[①] 参见"重庆台华房地产开发有限公司与重庆晨光实业发展（集团）有限责任公司、重庆晨光百货有限责任公司、重庆晨光大酒店有限责任公司房屋搬迁纠纷案"，载《最高人民法院公报》2006年第 10 期；"广西北生集团有限责任公司与北海市威豪房地产开发公司、广西壮族自治区畜产进出口北海公司土地使用权转让合同纠纷案"，载《最高人民法院公报》2006 年第 9 期。

（二）营业执照的使用

任何单位和个人不得伪造、涂改、出租、出借、转让营业执照。伪造、涂改、出租、出借、转让营业执照的，由登记机关没收违法所得，处10万元以下的罚款；情节严重的，处10万元以上50万元以下的罚款，吊销营业执照。

营业执照遗失或者毁坏的，市场主体应当通过国家企业信用信息公示系统声明作废，申请补领。

登记机关依法作出变更登记、注销登记和撤销登记决定的，市场主体应当缴回营业执照。拒不缴回或者无法缴回营业执照的，由登记机关通过国家企业信用信息公示系统公告营业执照作废。

第三十四条 【变更登记与登记效力】公司登记事项发生变更的，应当依法办理变更登记。

公司登记事项未经登记或者未经变更登记，不得对抗善意相对人。

本条是关于公司登记效力的规定。

一、登记的公开效力

（一）公司登记的消极公开效力

登记的消极公开效力是指，应依法登记的法律事实，只要尚未登记和公告，就不得被应对此种事实进行登记的人利用来对抗第三人，但此种事实已为第三人知悉的除外。

之所以称为消极公开，是因为它保护的是人们对于商事登记簿"沉默"的信赖，而不是保护对其"表达"的信赖。① "注册的权利存在，不注册的权利不存在"。现代各国普遍认可，已登记注册事项有对抗善意第三人的效力，不允许援引应登记而未登记的事项来对抗善意第三人。例如，法定代表人代表权的消灭没有进行工商登记和公示，尽管该消灭是有效的（它不具有设权性），企业仍然要承担尚登记于工商登记册上法定代表人的代表行为后果。

公司登记消极公开效力的实质是为了善意第三人的利益，一个事实上并

---

① ［德］卡纳里斯：《德国商法》，杨继译，法律出版社2006年版，第81页。

不存在的法律状态被视为存在，外观被视为真实情况，当然，第三人知悉除外。所以，企业登记的消极公开效力是所谓的权利外观责任。那么，人们对于这一"消极"公开的信赖体现在什么地方？它主要体现为以下两种情况，一是关于对迄今为止的法律状态存续的信赖保护，如某公司法定代表人代表权消灭（免职或辞职）而未变更登记；二是对法律通常状态存在的信赖保护，如公司法定代表人的代表权（《公司法》第11条、《民法典》第61条）。

适用公司登记消极公开的效力要求具备以下条件：（1）应登记人有登记义务的事实，即应登记而未登记。（2）有登记义务的事实尚未登记和公告。登记本身还不足以排除信赖责任，必须还要已经公告，因为"商人的交易对方不须知悉商事登记簿中的登记，而只需知悉公告即可"。（3）第三人对于真实的法律状态不知悉。（4）第三人在法律行为意义上或诉讼法意义上做出了行为。

如果不仅是登记义务事实，而且相关的前登记义务事实也没有登记，如一个公司既未登记某个股东，也没有登记该股东的退出，该股东是否还要对公司债权人承担出资不实责任？对此，从目的论角度看，即使前登记义务事实没有登记，第三人也可能对此知悉。因为，信赖表现不仅存在于商事登记簿中，也可以存在于其他的有关相关法律状态的宣告中，特别是在所谓"开业过程"中存在，如在经营过程中，第三人知道某人是实际股东。

所以，登记的消极公开效力表现为，登记义务事实不得"用来对抗"第三人（注意，是登记义务事实，而非登记事项）。但对于第三人而言，他通常对于企业登记提供的法律状态和真实的法律状态之间具有选择权，如第三人认为和已经离职但未变更登记的法定代表人之间签订的协议不够有利，他可以代表权的缺乏而主张协议无效。也就是说，其倾向于保护第三人而非本人，本人在此没有选择权。

（二）公司登记的积极公开效力

登记的积极公开效力是指，对应登记的事实已经进行不正确公告的，第三人可以对在其事务上应对此种事实进行登记的人援用已经公告的事实，但第三人明知不正确的，不在此限。其法理依据是，向企业登记簿进行了不实陈述的人，相对于善意第三人要受此内容约束；以及，不能推卸其对企业登记簿中不正确登记的责任之人，相对于善意第三人要受此内容约束。

和公司登记的消极公开效力一样，它们都是为第三人利益而将权利外观置于和法律事实同等地位。因此，公司登记的积极公开效力也是关于权利外观责任的规定。但和消极公开效力不同的是，登记的积极公开效力是关于保护对于不正确公告事实的信赖，即不是信赖的企业登记簿的"沉默"，而是企业登记簿的"宣告"，即"表达"，它是一种"积极"公开。

需要注意的是，此处受到保护的"善意相对人"是指具体交易中的相对方。在"云南能投新能源投资开发有限公司、中航光合（上海）新能源有限公司等执行异议之诉案"［（2022）最高法民再117号］中，关于中航光合公司以云南能投公司没有及时变更股权登记为由主张云南能投公司就涉案股权仅享有债权请求权，不足以排除其所申请的强制执行的答辩理由是否成立。最高人民法院指出，如前所述，在中航光合公司申请就涉案股权采取强制执行措施之前，涉案股权已非被执行人山路集团的财产，而实际归属云南能投公司所有。2018年《公司法》第32条第3款（新《公司法》第34条）中的变更登记作为对抗要件，所针对的"第三人"仅限于与名义股东存在交易的第三人。中航光合公司在本案中对涉案股权主张执行，并不是基于涉案股权为标的的交易行为，而是基于与上海山晟公司之间的民间借贷纠纷，以民事调解书确定的普通债权而申请查封并执行山路集团名下涉案股权，其权利基础系普通债权。中航光合公司不属于商事外观主义保护的第三人，并无信赖利益保护的需要。

二、登记事项的对抗效力

凡企业应登记的事项业已登记并公告后，第三人除基于不可抗力之正当理由而对此尚不知悉外，不论其是出于善意还是恶意，均能产生对抗效力。[1] 也就是说，已经登记公告的事项，法律可以推定第三人已经知悉。

企业登记目的在于通过关系第三人和社会公共利益的重大事项的公开，保护交易安全。它强调的是登记人有义务进行登记并公告，以使第三人知悉这些事项，从而作出如何与之进行交易的选择。登记人作出正确的事项登记，是其义务，否则要承受不利后果。这一点，从前述关于企业登记的消极公开效力和积极公开效力上都可以看出。

---

[1] 范健主编：《商法》（第4版），北京大学出版社、高等教育出版社2011年版，第87页。

那么，当登记义务人作出了正确的事项登记并公告后，第三人是不是就因为被推定知悉而要承受相应不利后果？对这个问题的理解，必须将之放在具体交易的关系之中来理解。

一般地，作出正确的事项登记而必然对抗第三人，主要发生在前述改变迄今为止的法律行为状态，如法定代表人变更或股东转让股权的退出。如果这些事项变更已经登记并公告，仅是在抽象意义上，善意第三人不能再依照企业登记法关于已经正确登记的要求主张自己的权利。而在具体事务上，他仍然可以按照表见代理制度主张所谓非登记法的权利外观责任，即不适用登记法要求，而适用普通民法关于表见代理制度要求相关人承担责任（《民法典》第 172 条）。也就是说，如果有相应信赖存在，如表见代理行为，则第三人仍可以通过其他权利外观责任主张权利。

所以，理解公司登记的对抗效力必须结合有关权利外观责任的一般性条款和规则。如果虽然将法定代表人变更进行了登记并公告，但原法定代表人仍然持有公司印章或其他证明且已出示而从事某种法律行为，则适用民法上关于表见代理的制度。因为，第三人通常并不必然知悉公告，而且出示了授权文书后对于企业登记簿的查阅也没有必要。

如果说公司登记一经正确登记并公告就意味着第三人知悉，显然是武断和简单的，至少该看法没有顾及非商人不可能被要求具有真正意义上的交易中的注意义务这一点。而且，即使对于企业，也不可能保持对于登记机关的持续注意，而随时对登记机关的信息加以充分利用和分析。登记公告与知悉之间没有必然的联系，它常常是偶然和例外的。有时，第三人会例外地查阅一下企业登记簿或者向营业所有人询问确认，如某负责人已经很长时间没有来往，这时，第三人是不应受到保护的。但这不是适用企业登记的问题，而是适用民法关于代理规定的，如果第三人在法律行为实施时知道或应当知道代理权消灭的，不产生代理效果。

第三十五条　【变更登记提交的文件】公司申请变更登记，应当向公司登记机关提交公司法定代表人签署的变更登记申请书、依法作出的变更决议或者决定等文件。

公司变更登记事项涉及修改公司章程的，应当提交修改后的公司章程。

公司变更法定代表人的，变更登记申请书由变更后的法定代表人签署。

本条是关于公司变更登记的基本规定。

公司应登记事项发生变更的，应及时申请变更登记。

《市场主体登记管理条例》第24条规定："市场主体变更登记事项，应当自作出变更决议、决定或者法定变更事项发生之日起30日内向登记机关申请变更登记。市场主体变更登记事项属于依法须经批准的，申请人应当在批准文件有效期内向登记机关申请变更登记。"

申请变更时，应当向公司登记机关提交公司法定代表人签署的变更登记申请书、依法作出的变更决议或者决定等文件。公司变更登记事项涉及修改公司章程的，应当提交修改后的公司章程。

对于公司变更法定代表人，变更登记申请书由变更后的法定代表人签署即可，无须由原法定代表人协助。

第三十六条　【营业执照的换发】公司营业执照记载的事项发生变更的，公司办理变更登记后，由公司登记机关换发营业执照。

本条是关于公司营业执行记载事项变更的规定。

公司营业执照不仅是代表公司合法存在的，还涉及其内容是否符合法律规定而对外影响的问题。因此，依本条规定，公司营业执照记载的事项发生变更需要作变更登记而换发新的营业执照。

第三十七条　【公司终止登记】公司因解散、被宣告破产或者其他法定事由需要终止的，应当依法向公司登记机关申请注销登记，由公司登记机关公告公司终止。

本条是关于公司注销登记的基本规定。

公司因解散、被宣告破产或者其他法定事由需要终止的，应当依法向公司登记机关申请注销登记，由公司登记机关公告公司终止。

市场主体注销依法须经批准的，应当经批准后向登记机关申请注销登记（《市场主体登记管理条例》第 31 条第 2 款）。

第三十八条　【分公司登记】公司设立分公司，应当向公司登记机关申请登记，领取营业执照。

本条是关于分公司登记的基本规定。

第三十九条　【登记撤销】虚报注册资本、提交虚假材料或者采取其他欺诈手段隐瞒重要事实取得公司设立登记的，公司登记机关应当依照法律、行政法规的规定予以撤销。

本条是关于虚假登记设立公司撤销的基本规定。

当事人申请公司登记应当提交真实的材料，但实践中常常出现提交虚假材料登记情形，如虚报注册资本、提交虚假材料或者采取其他欺诈手段隐瞒重要事实而取得公司登记。此时，受虚假市场主体登记影响的自然人、法人和其他组织可以向登记机关提出撤销市场主体登记的申请（《市场主体登记管理条例》第 40 条），公司登记机关应当依法予以撤销（第 39 条）。

有下列情形之一的，登记机关可以不予撤销市场主体登记：撤销市场主体登记可能对社会公共利益造成重大损害；撤销市场主体登记后无法恢复到登记前的状态；法律、行政法规规定的其他情形（《市场主体登记管理条例》第 41 条）。

撤销登记是登记机关依法行使的职权，其法律依据主要是不符合实名登记及形式要件要求，如法定代表人非本人签字而"被"登记为法定代表人，或自然人被冒名登记等。撤销登记的法律效果是登记（行政）状态的改变。这些均基于行政管理所要求的形式规则与程序规则而规范的，是一种行政处理结果。

但对于撤销前登记状态而产生的民事法律关系而言，基于登记的公示主义与第三人保护规则，登记的撤销并不直接影响相应民事法律关系的认定，后果需要依案件事实进行实质判断。在上海市的某个案子中，静安市场监管局出具了《撤销行政许可决定书》，撤销了詹某梅的股东资格，主要依据为"詹某梅身份证复印件以及个人签字的真实性、合法性均无证据支持"。法院指出，公司登记机关对于 B 公司的变更登记申请仅作形式审查，而非实质审查。首先，在 B 公司办理涉案变更登记时，C 公司作为代办公司承办了全部手续，公司登记机关并未实质审查委托书及其他材料中签字的真实性，也未要求股东本人到场。其次，股东姓名的登记仅具有对外公示的效力，不具有设权性效力；相应地，撤销股东登记只是撤销了该登记对外公示的效力，并不具有消灭股东资格的效力。《撤销行政许可决定书》仅对变更登记作出了撤销，并未实质否定詹某梅的股东资格。最后，公司登记信息作为公司对外公示的权利外观的一部分，构成了善意债权人判断公司综合商业能力的信赖外观。具体到本案中，A 公司作为善意债权人无从知晓 B 公司的实际股东情况，公司登记信息系其与 B 公司交易时赖以信赖的判断基础。在公司登记机关对股东信息进行形式审查后，以股东身份证及签名真实性、合法性无证据支持为由，撤销十五年前的公司登记信息的情况下，即据此认定股东资格不存在，不利于保护善意债权人的交易安全，也不利于维护法律关系及经济秩序的稳定。综上，静安市场监管局出具的《撤销行政许可决定书》不能直接否定詹某梅的股东资格，而应在司法程序中，就詹某梅是否被冒名登记为 B 公司的股东进行实质审查与判断。[1]

第四十条 【公司主动公示】公司应当按照规定通过国家企业信用信息公示系统公示下列事项：

（一）有限责任公司股东认缴和实缴的出资额、出资方式和出资日期，股份有限公司发起人认购的股份数；

---

[1] 庄龙平、贾佳秀：《公司登记机关撤销股东登记后对股东资格的司法认定》，载上海市第二中级人民法院"至正研究"微信公众号，2023 年 3 月 23 日。

（二）有限责任公司股东、股份有限公司发起人的股权、股份变更信息；

（三）行政许可取得、变更、注销等信息；

（四）法律、行政法规规定的其他信息。

公司应当确保前款公示信息真实、准确、完整。

本条是关于公司主动信息公示的基本规定。

一、公司主动信息公示的事项

《公司法》第 32 条关于应登记事项规定，仅是公司基本信息的登记要求。对于第三人而言，这些所谓应登记事项尚不足以产生交易所需要的有关信息。如有限责任公司因采认缴出资制下的已经缴纳与尚未缴纳的出资，股权变动情况如何等，对于交易的相对人十分重要。但《公司法》和《市场主体登记管理条例》均未要求登记和备案。

为进一步提升公司信息公开，保障交易安全，新《公司法》于本条创造性地规定了公司主动公示相关信息的制度，以弥补《市场主体登记管理条例》规范的不足。

依本条规定，公司应当按照规定通过统一的企业信息公示系统公示下列事项：（1）有限责任公司股东认缴和实缴的出资额、出资方式和出资日期，股份有限公司发起人认购的股份数；（2）有限责任公司股东股权转让等股权变更信息；（3）行政许可取得、变更、注销等信息；（4）法律、行政法规规定的其他信息。

以上需要由公司主动公示的信息也都是会影响第三人与公司进行交易的重大事项。

二、公司主动信息公示的效力

相对地，公司登记机关应当公示的登记事项（第 32 条），需经行政形式审查，相关信息不仅产生公示的法律效果，还通过审查产生了公信力。而公司应主动公示的登记事项（第 40 条）无须在公示前经行政审查，信息的真实准确性不能获得行政机关的背书，但公司有义务确保公示信息的真实、准确和完整（第 40 条第 2 款）。

但是，无论是经过登记机关的公示，还是经过公司主动的信息公示，二者之间并未有实质性区别：

首先，二者需要公示的信息都是关系到第三人的基本信息，只不过前者是关于公司成立及现状的基础性信息，后者是关于公司现状的更为具体的一些信息。其次，二者对于公司而言，都是一种义务与责任，并非权利性规定。前者要求不仅要求公司应当登记，还同时要求登记机关必须依法公示；后者不要求登记机关公示，但要求公司必须自己依法公示并确保其真实、准确与完整。最后，二者公示的目的是一样的，均为了通过公示而保障交易安全，促进交易，维护整个社会交易秩序。

所以，从公司应登记事项（第32条），到公司应备案事项（《市场主体登记管理条例》第9条），再到公司应主动公示事项（第40条），表面上形成了不同事项的公示程度递减，实质上都是必要且法定的公示。公司均需要为公示的事项负责，产生公开效力与对抗效力。

在公司应登记事项、备案事项与应主动公示事项之间出现冲突时，原则上以公司应登记事项为先，备案事项次之，应主动公示事项再次之。如果主动公示的事项已经为公司依法公示（内部变更并公示），且第三人知悉的，即使与应登记事项不一致（尚未外部变更），应以主动公示的为准。

第四十一条 【公司登记信息化】公司登记机关应当优化公司登记办理流程，提高公司登记效率，加强信息化建设，推行网上办理等便捷方式，提升公司登记便利化水平。

国务院市场监督管理部门根据本法和有关法律、行政法规的规定，制定公司登记注册的具体办法。

本条是关于公司登记机关信息电子化的基本要求。

随着数据化时代的到来，公司登记的信息完全可以通过电子数据方式展示出来，为公司信息的全面公开提供了不同于以往纸质为载体的方式。对此作为公司登记机关，其有能力也需要通过完善数据信息的方式，建设数据化的信息公开渠道。

依本条规定，为适应公司信息公示需要，公司登记机关应当优化公司登记办理流程，完善具体规定，提高公司登记效率，加强信息化建设，推行网上办理等便捷方式，提升公司登记便利化水平。

具体如何做，由国务院市场监督管理部门根据本法和有关法律、行政法规的规定，制定公司登记注册的具体办法。

第三章　有限责任公司的设立和组织机构

第一节　设　　立

第四十二条　【设立人数】有限责任公司由一个以上五十个以下股东出资设立。

本条是关于有限责任公司的人数要求的基本规定。

一、有限责任公司的人数限制

（一）人数上限

有限责任公司是仿照股份有限公司设立的小型股份公司，系专门针对中小型企业设置的公司形态。自 1993 年《公司法》成立以来，一直规定有限责任公司股东人数上限为 50 人。

（二）超过人数上限的效力

本条关于有限责任公司上限的规定，非效力性规定，只是为技术上区分有限责任公司与股份有限公司方便需要的管理性规定。

如果投资人在设立有限责任公司时股东人数超过 50 人，则仅不获工商登记，非意味登记于股东名册而没有登记于工商登记簿的股东不为公司股东。如果因超过 50 人而未被登记于工商登记簿的投资人，但登记于公司股东名册，或者为公司承认为股东的投资人，仍为公司股东，享有股东权利，承担股东义务。在工商登记层面，股东名称登记不具有创设效力，仅具有公示意义。在公司内部，则一般通过股东名册或股东（公司）共同认可即可。

实践中，如股东人数超过 50 人，为登记需要，常常由某一个或一些股东代持，或以所谓工会名义共同持有股权。在此情况下，如果被代持人被记载于股东名册（与工商登记提交的股东名册不一致），或者以股东身份参与管理与获得分红，应直接认定该被代持人的股东身份。①

如果被代持人既未被记载于公司内部的股东名册，也未以股东身份参与公司管理与分红，而是全部委托代持人或以集体身份参与管理与分红，则一般不被认定具有股东身份。②

当然，实践出现的职工持股会或工会集体持股是因为中国集体企业或国有企业改制而来，具有特别的时代意义与内容。职工是否因此具有股东身份或其他权利，需要依具体情况而定。在"郝某国与江苏扬农化工集团有限公司工会委员会、江苏扬农化工集团有限公司等公司盈余分配纠纷再审案"［（2015）苏审二商申字第 00436 号］中，法院指出，企业职工持股的本质是企业给予在职员工的福利，是建立在企业与职工间劳动关系基础上的激励机制，非一般意义上的股权。

二、关于一人有限责任公司

一人有限责任公司是指仅有一个股东的公司。

一人公司的出现是现代社会经济发展的结果，其并非对公司团体性的反动，而是特殊表现形式。作为中小企业形态的有限公司，本为少数投资人为承担有限责任需要设计的公司形式，原意是允许承担有限责任以鼓励投资。法理上，一人有限责任公司也是如此。一人公司和两人以上公司没有本质区别。2005 年《公司法》就承认了一人有限公司。

不过，由于一人公司的特殊性，其不设股东会，对公司法关于股东会职权范围内事项决议时仅作书面形式而置放于公司即可（第 60 条）。同时，要求该股东应明确其个人财产与公司财产的区分，否则将承担个人连带责任（第 23 条第 3 款）。

而且，一人公司往往以家庭成员一人名义进行投资，收益一般归属于家庭共有。如果家庭其他成员参与实质上的管理，就会导致公司债务属于夫妻共同债务的认定。③

---

① 参见"临沂恒昌煤业有限责任公司、临沂恒昌焦化股份有限公司侵害企业出资人权益纠纷二审判决书"［（2020）鲁民终 1151 号］。

② 参见"柳某芬与常熟开关制造有限公司工会、常熟开关制造有限公司等与公司有关的纠纷再审复查与审判监督民事裁定书"［（2014）苏审二商申字第 0032 号］。

③ 参见"张某平、安仁县成虎商联房地产开发有限公司等建设工程施工合同纠纷民事再审民事判决书"［（2022）最高法民再 168 号］。

三、关于夫妻公司

实践中，有大量夫妻公司，即夫妻二人共同成立的公司。

从法律规定上，公司法并未对夫妻公司作出特别规定，形式上仍为一般公司范畴。根据《民法典》规定，夫妻在家庭中地位平等（第1055条），夫妻人格独立（第1057条），夫妻各自也有个人的财产（第1063条），但总体而言，受传统文化影响，实践中，夫妻之间的财产基本上为共同财产，且为《民法典》承认并规定（第1062条）。由此导致夫妻共同成立的公司事实上由夫妻共同财产投入，夫妻双方对公司的管理也基本上由一方决定，另一方并不参与。

因此，夫妻公司很容易被认定为所谓实质上的一人公司而适用一人公司财产管理规定（第23条第3款）。不过，夫妻公司毕竟形式上仍为一般公司而非一人公司，正如本书第一章关于法人人格否认制度论述的那样，不能轻易认定夫妻公司为所谓实质上的一人公司。

尽管如此，夫妻公司的特殊性使其也很容易被适用公司法人人格否认制度。

在"陆某与张家港市阳光钢化玻璃有限公司、上海叶欣玻璃制品有限公司等买卖合同纠纷案"〔（2020）苏民申7488号〕中，法院认为，本案中，叶欣公司系陆某与朱某永设立的股东仅为二人的夫妻公司，基于二人特殊的身份关系，对于公司人格独立的判断相较于其他有限责任公司应更为严格。从一审法院调取的叶欣公司银行基本户交易明细来看，该账户与朱某永、陆某个人账户资金往来频繁，朱某永、陆某从叶欣公司支取的款项金额远超其向叶欣公司支付的款项，但陆某提供的叶欣公司的会计凭证并未如实记载上述款项交易。朱某永、陆某在使用叶欣公司资金时未作完整财务记载，公司财产与股东财产无法区分，双方利益不清，现叶欣公司财产无法清偿债务，一、二审判决认定陆某存在滥用公司独立地位以致股东与公司财产混同的情形，且实际损害债权人的合法权益，应对叶欣公司债务承担连带清偿责任，符合法律规定，并无不当。

第四十三条　【设立协议】有限责任公司设立时的股东可以签订设立协议，明确各自在公司设立过程中的权利和义务。

本条是关于公司设立协议的基本规定。

一、设立协议的性质

依本条规定，投资人为设立公司，可以事先通过签订设立协议予以规范，内容主要包括有关公司的组建方案、发起人之间的职责分工等权利义务规定。

关于发起人协议的性质，普遍认为它是合伙合同，适用《民法典》关于合伙合同的规定。

二、公司成立后设立协议的约束力

实践中，当事人在签订合资或合作协议书中，既有合资、合作内容，也有设立协议内容。这时，应就该混合合同内容作出区分，适用不同合同规则。公司一旦依法成立，设立协议就履行完毕，对成立后的公司不具有约束力。[①]

公司成立后，如果当事人因合作协议产生纠纷，优先适用公司法及章程。在"漳州中森置业有限公司与厦门市纽新投资集团有限公司、皇家（福建）置业有限公司合同纠纷再审案"〔（2021）最高法民申5865号〕中，法院认为，通观上述《合作协议》约定内容以及实际履行情况，中森公司与纽新公司之间以合作方式开发建设案涉项目，无论合作开发项目用地的合同目的是否实现，双方共同出资设立的项目公司依然存续，双方各自的合作投资款均已最终转化为对项目公司的股权份额出资款。因此该《合作协议》客观上已无解除的必要性。中森公司提出的纽新公司存在未规范经营项目公司、不让中森公司插手项目公司经营管理等主张，系有关项目公司依法成立以后公司内部治理的范畴，该争议应属公司法的调整范畴，且不能证明该事实存在是否与《合作协议》合同目的不能实现之间有何必然联系。为保障中森公司合法权益，原审法院也已释明若中森公司认为其合法权利受到损害，可以相关项目公司股东的身份依照公司法相关规定另行主张权利。

第四十四条 【设立中公司】有限责任公司设立时的股东为设立公司从事的民事活动，其法律后果由公司承受。

公司未成立的，其法律后果由公司设立时的股东承受；设立时

---

① 参见"北京御龙昌恒置业有限公司、北京优龙国际旅游度假村投资有限公司缔约过失责任纠纷再审民事判决书"〔（2020）最高法民再4号〕。

的股东为二人以上的，享有连带债权，承担连带债务。

设立时的股东为设立公司以自己的名义从事民事活动产生的民事责任，第三人有权选择请求公司或者公司设立时的股东承担。

设立时的股东因履行公司设立职责造成他人损害的，公司或者无过错的股东承担赔偿责任后，可以向有过错的股东追偿。

本条是关于公司设立时股东法律地位及其行为与公司成立后关系的基本规定。

一、设立时股东的法律地位

公司自营业执照签发之日取得法人资格，具有民事权利能力。公司成立之前需要一系列准备活动，从开始组建到公司依法登记成立常常有一个时间段，这个筹备过程就是公司的设立阶段。在这个时间段，公司尽管还未依法成立，但可能已经具备了公司的基本雏形，有了管理人，管理人要处理内部关系，对外从事一些活动，甚至发生某些交易行为。这就产生了这样的问题，即如何处理相应的内外部关系？它和即将成立的公司应该是一种什么样的关系等？

本条即是关于这方面的基本规定。

对于有限责任公司来说，所有股东均需要认缴出资，共同签署公司章程，亲自或委派管理人进行设立中的必要活动，故设立时所有股东均具有公司设立人的角色（《公司法司法解释（三）》第 1 条）。[①]

作为设立人，股东在公司设立过程是承担发起责任和义务并享有权利的发起者，受发起人协议的约束。在公司成立后，其身份发生转换（由合伙人）成为真正的股东，并对公司设立存在的问题承担责任。从这个意义上，从公司设立开始到公司依法成立，事实上已经具有了公司的雏形，在理论上被称为"设立中的公司"。[②] 设立中公司是具有一定独立性的非法人团体，设立时的股东可以视为设立中公司的代表机构和执行机构，代表设立中公司从事设

---

① 《公司法司法解释（三）》第 1 条将其称为发起人，《民法典》第 75 条则用的是"设立人"这一术语，新《公司法》第 44 条使用了"设立时的股东"，三者的含义是一样的，以下统称为设立人或设立时股东。

② 徐强胜：《设立中的法人制度的功能及缺陷——兼评〈民法总则〉第 75 条》，载《法学杂志》2017 年第 4 期。

立公司的活动，其后果由成立后公司承受（《公司法》第44条第1款、《民法典》第75条第1款）。

在设立中公司内部关系上，设立时的股东视为股东，可以依一般公司内部关系处理。但在公司设立失败而涉及第三人债务的，设立时的股东之间为合伙关系而承担连带无限责任。

总体而言，设立时的股东法律地位比较特殊，既非一般合伙企业或合伙合同的合伙之间的关系，也非公司成立后的股东关系，仅在公司设立失败且涉及第三人债务时，设立人之间被认为合伙关系而承担连带责任。在其他情形下，应将设立时的股东视为股东而准用公司法有关制度，如内部管理与对外代表制度、设立失败清算制度等。

二、设立时的股东"为设立公司从事的民事活动"认定

依本条第1款，有限责任公司设立时的股东为设立公司从事的民事活动，其法律后果由公司承受。实质是将设立时股东视作设立中的公司机构。如何认识设立时股东"为设立公司从事的民事活动"，成为其后果能否为成立后公司承受的前提。

设立中的法人制度，本是大陆法系国家和地区为解决成立后的公司，能够承受发起人因设立公司所为必要行为的后果，而在理论上提出并在实践中解决相关问题的法律制度。《公司法司法解释（三）》确立了该制度，并在《民法典》第75条作出规定。

该项制度是借鉴日本和我国台湾地区有关司法实践及理论的。但是，在日本和我国台湾地区，也仅仅认为公司章程的制定、股份的认购、高管的选举等属于设立中的公司法律关系，不需要特别移交就自然归属于成立的公司；而不认为发起人的其他行为，如公司经营行为或为经营的附属行为必然归属于成立后的公司。这是因为，如果这样的话，将会对成立后公司的资力产生影响，进而影响成立后公司的资信及人格的完整。

法人的设立是一个过程，需要从事一定的为设立法人所必要的活动，但也仅限于为设立法人而必要的活动，如制定章程、收取股款、进行工商登记等，超出该等范围的活动，即使其有利于成立后的法人，也不应该轻易得到认可。所以，《民法典》第75条和本条第1款均规定，设立人为设立法人从事的民事活动，其法律后果由法人（成立后公司）承受。

具体而言，该"设立公司从事的活动"系指为设立公司所必要的活动，包括制定公司章程、收缴股款、刻制公章、办理银行账户、租赁房屋（作办公地点或公司住址）、委托代理注册登记、必要且适当的人员雇佣，以及为设立公司必要的开支等。超出该等范围，一般视为非为设立公司所必要的活动，如签订借款合同、购买设备等。亦即，应当对该条作"符合公司设立需要活动"的限制性解释。

从公司法理及本条第 1 款规定来看，发起人以设立中公司名义对外签订合同，如果超出了为设立公司所必要，除非公司事后认可或者得到全体股东事前同意，不宜简单地将凡发起人以设立中公司名义对外签订的合同后果均归属于成立后的公司。

所谓以设立中的公司名义，既包括经过公司登记机关预先核准的名称，也包括尚没有报送公司登记机关进行预先核准之前的名称。发起人以设立中公司名义对外签订合同，既包括直接使用设立中公司的名称，也包括使用设立中公司的临时机构的名称，如公司筹办处、公司筹备组等。①

三、公司未成立时的设立人责任

（一）公司未成立时的一般后果

公司设立因故未依法成立，设立人须承担相应法律责任。将设立中的公司视为具有一定独立性组织体及设立时股东视为股东的前提，是公司通过设立而依法成立，从而依照公司那般处理设立中公司的法律关系。在公司设立失败情况下，如果不牵涉设立发生的债务承担，也可以按照公司那般进行清算。如果涉及设立公司债务问题，则依本条第 2 款规定，设立人之间是依照合伙债务关系处理的。

（二）公司未成立时股东对外责任的承担

公司未成立的，其法律后果由公司设立时的股东承受。其中，对于设立公司行为所产生的债务，由设立时股东承担连带责任。此处的债务包括为设立公司产生的费用（《公司法司法解释（三）》第 4 条第 1 款）。

一般地，债权人有权选择向设立时全体股东人或者部分股东请求清偿全

---

① 最高人民法院民事审判第二庭编著：《最高人民法院关于公司法解释（三）、清算纪要理解与适用（注释版）》，人民法院出版社 2016 年版，第 58 页。

部债务，即使被请求的为部分设立人，其仍需对全部债务承担清偿责任，不能依超过内部约定比例或出资比例为由抗辩。而且，当债权人向人民法院起诉请求部分设立人承担连带责任，由于公司未成立产生的连带责任之诉，并非民事诉讼法中规定的必要共同诉讼，法院不负有通知未被起诉的其他设立人参与诉讼的义务。但由于全体设立人承担的是连带责任，法院判决的结果对全体设立人的利益都会产生直接或间接的影响，故未被起诉的设立时股东与案件的处理结果存在法律上的利害关系，有权向法院申请以第三人身份参与诉讼。

另外，这里规定的"债务（包括费用）"的认定，应作目的性解释与合理性解释。目的性解释是指必须是因设立公司行为所产生的费用和债务，换句话说，凡是与设立公司行为无关的，应当由做出该行为的设立人承担责任。合理性解释是指因设立公司行为所产生的费用和债务应当是在合理范围内不得超过必要的限度。[1]

（三）公司未成立后的发起人之间内部责任的承担

因公司设立行为产生的费用和债务，本应由全体发起人共同承担连带责任，但实践中常常出现债权人仅要求部分设立人承担连带责任情形，这时，就涉及所有设立时股东内部责任的承担。

按照《公司法司法解释（三）》第4条第2款规定，如果部分设立股东承担了连带责任，则有权要求其他设立股东按照普通合伙规则承担责任：首先，事先有约定的，依约定承担责任，这是当事人意思自治的问题。其次，如果事先没有约定且事后不能为此达成约定的，则按照出资比例确定责任的承担，这是当事人权利与义务、责任一致的体现。最后，如果设立人之间既无事前或事后的约定，也无对他们之间的出资比例约定的，则按公平原则，由设立人按照均等份额分担责任。

如果发起人之间事先有关于公司成立后投票权、分红权等不按照出资比例而按照人头享有的规定，但他们之间确实出资比例不同，且发起人并未预见到公司不能成立的情形时，如果仍然按照上述一般合伙规则处理相应纠纷，

---

[1]　最高人民法院民事审判第二庭编著：《最高人民法院关于公司法解释（三）、清算纪要理解与适用（注释版）》，人民法院出版社2016年版，第75页。

就可能对出资比例多者产生不公平的后果。进一步来说，如果公司成立后，基于未来的展望，出资比例多者可能并不在意其出资多而与其他出资少者按照均等份额分红和投票。如果公司因故不能成立，则会因现实出资多而对因公司未成立导致的债务承担更多的责任。那么，这就会导致不能享有更多权利或权益的出资多者责任多于其他出资人的不公平结果。在这种情况下，按照一般的合伙规则解释是值得商榷的。不简单地按照出资比例处理可能更符合法理与实际问题的解决，如适当增加出资少者的责任，甚至按照人头平均承担责任。

公司因故未成立，有各种原因，其中可能是由于部分设立时股东的过错引起，按照民法过错者承担责任原理，其他发起人可以主张有过错方承担相应的责任（《公司法司法解释（三）》第 4 条第 3 款）。

公司未成立的原因不论是什么，所有设立人均须为此对第三人承担连带责任，不得以任何理由（包括以部分设立人存在过错为由）进行抗辩。对外承担连带责任后，如果确实存在因部分设立时股东的过错致使公司未能成立，其他无过错的设立人可以按照《公司法司法解释（三）》第 4 条第 3 款的规定，向法院起诉请求具有过错的发起人承担因设立公司而产生的合理费用和债务，法院则须依据具体情况对发起人的过错情况加以判断，确定有过错一方的责任及范围。

另外，如果在设立公司的过程中产生一定盈利，其构成为设立公司产生的连带债权，依本条第 2 款规定，由全体设立时股东按照连带债权规则予以分配（《民法典》第 518 条、第 521 条）。

四、设立时股东为设立公司但以个人名义从事活动的法律后果

（一）规则

在公司设立中，设立时股东常常以个人名义对外从事为设立公司所需要的民事活动。从第三人利益保护角度，本款规定了其后果，第三人有权选择请求公司或股东个人承担相应责任。

（二）限制解释

严格而言，设立时股东以个人名义签订合同，可能是为了设立公司的利益而签订和履行的，但具体到某个合同上，具有相对性。合同的相对人应向发起人主张合同权利，而不能向合同关系以外的公司主张合同权利。

中应当拥有为了设立公司需要而对外签订合同的权利，但该权利可能会被滥用。

对于以个人名义签订的所谓设立时的股东行为，应作限制解释，严格审查该合同是否是"为设立（公司）法人"这一特殊目的。"设立人从事民事活动的目的受到限制，即必须是以设立法人为目的，坚持实质判断标准。如果设立人是为其自己的利益而非以设立法人为目的，哪怕是以设立中法人的名义从事的民事活动，其法律后果原则上不应当由成立后的法人承受。"①

五、设立时股东的侵权责任

依本条第 4 款规定，公司设立时，设立时股东因履行公司设立职责而造成他人损害的，无论是过错还是无过错，均构成设立中公司的侵权责任。凡设立时股东为履行公司设立职责而造成他人损害，如公司已经依法成立，则依本条第 1 款规定，由公司承担责任；如公司未成立，则依本条第 2 款规定，依合伙关系由设立时全体股东承担连带责任。当然，公司或者无过错的股东承担赔偿责任后，可以向有过错的股东追偿。

当然，同样需要对本款"因履行公司设立职责"作限制解释。

第四十五条　【章程制定】设立有限责任公司，应当由股东共同制定公司章程。

本条是关于有限责任公司章程制定要求的基本规定。

从公司法发展史上看，公司是章程创造的，没有公司章程，就没有公司的成立与存续。作为公司宪章，章程规范着公司一系列内部关系，决定着某

---

① 李适时主编：《中华人民共和国民法总则释义》，法律出版社 2017 年版，第 229 页。

个公司具体是什么样的，以及其对外行为的基本准则。章程一旦制定完成，就成为公司内部关系处理的基本准则，并在一定意义上规范着公司对外行为。而公司法相关规定，也主要是在公司章程没有规定时起一种补充解释功能（缺省规则）。章程的制定至关重要，是公司设立的基本要求。

依本条规定，设立时的所有股东（创始股东）均应当参与章程的制定，这是章程成立并生效的前提（《民法典》第 134 条、第 136 条）。

一般情况，设立时的所有股东主要通过设立会议或传阅方式参与章程的草拟、讨论，最终通过正式会议讨论并由设立时所有股东签字盖章认可（第 46 条第 2 款）。实践中，公司章程主要是在市场管理部门提供的章程模板基础上，结合自己设立公司的实际情况修改而成。不论以何种方式，体现股东共同制定章程的关键是在章程上的签字或盖章。

工商登记的实名主义没有在实践中得到严格执行，实践中，出现了登记备案的章程签字或盖章出现代签甚至虚假签字盖章等不一致的现象。在此情形下，应结合案件事实综合分析相关问题。在"谢某来、深圳前海汇能金融控股集团有限公司股东出资纠纷二审案"［（2019）粤 03 民终 12430 号］中，法院指出，汇能互联网公司成立后，谢某来系该公司股东，并担任该公司总经理，对公司已经设立和公司章程内容应当知晓，但谢某来并未提供证据证明其曾对公司设立和章程内容提出异议。诉讼中，谢某来否认公司章程上其签名的真实性，但也未提供证据证明或申请司法鉴定，故对其主张不予支持。

第四十六条 【章程载明事项】有限责任公司章程应当载明下列事项：

（一）公司名称和住所；

（二）公司经营范围；

（三）公司注册资本；

（四）股东的姓名或者名称；

（五）股东的出资额、出资方式和出资日期；

（六）公司的机构及其产生办法、职权、议事规则；

（七）公司法定代表人的产生、变更办法；

（八）股东会认为需要规定的其他事项。

股东应当在公司章程上签名或者盖章。

本条是关于公司章程载明事项的基本规定。

一、章程的法定应当载明事项

（一）法定应当载明事项意义

依本条第 1 款规定，有限责任公司章程载明事项包括应当载明事项与股东会认为需要规定的其他事项。

其中，该款规定的前 7 项系法定应记载事项，涉及公司构成要素与组织机构，如章程不作记载，将不获登记，无法成立公司（第 30 条、第 45 条）。第 8 项系自治记载事项，根据公司自身实际情况需要而由股东会决定。

（二）法定应载明事项第 6 项的理解

《公司法》第三章第二节规定了有限责任公司的组织机构有关规则，本条第 1 款第 6 项规定"公司的机构及其产生办法、职权、议事规则"，可作如下理解：

首先，关于公司的机构及其产生办法的规定，一是指公司章程可以在公司法规定的组织机构形式中予以选择（第 69 条、第 75 条、第 83 条），以及关于董事长、副董事长的产生办法由章程规定。二是指公司章程也可以根据自身实际情况规定不同于公司法关于组织机构及其产生办法的要求（第 68 条第 2 款）。

实践中，由于公司章程并未得到公司应有的重视，其内容一般都是根据市场监督管理部门提供的章程模板制定的，加上市场监督管理部门一般不允许公司在章程中自行选择不同于公司法规定的组织机构形式，故实践中一般不会出现不同于公司法规定的组织机构模式。但从理论上来讲，以及未来的服务行政的进一步提升来看，公司章程规定不同于公司法规定的组织机构模式，应当是允许的。这是由有限责任公司的人合性价值决定的，法律应当尊重公司自身的选择。如章程规定仅设股东会统一管理，不设董事会或董事，或者仅设董事会而不设股东会。《民法典》第 80 条、第 81 条和《公司法》第

58 条、第 67 条关于作为权力机构的股东会和作为执行机构的董事会设置规定，只是为公司提供了组织机构选择导向、非强制性的效力要求。

其次，关于组织机构的职权分配，一是公司应对法定事项在章程中作出权力分配，关于公司投资和担保的规定（第 15 条）。二是公司可根据实际情况在章程中作出不同于公司法的规定，如将董事会的权力交由股东会行使，或股东会的权力交由董事会行使，或者将选择管理者的权力交由监事会，都是可以的。当然，其基本前提是不损害中小股东的切身利益。在这方面，规模较小的有限责任公司应当获得更大的自由选择权。

再次，关于组织机构的议事规则，除了《公司法》第三章第二节有关组织机构议事规则可以由公司章程明确规定（包括第 64 条第 1 款、第 65 条、第 66 条第 1 款、第 68 条第 2 款、第 73 条第 1 款、第 81 条第 2 款）外，尚包括没有明确规定"公司章程另有规定"或类似表达的有关法条，如第 66 条第 2、3 款对股东会一般事项与特别事项的表决作出了一般要求，即达到全体股东有表决权的二分之一或三分之二以上方为有效，该两款是关于一般事项与特别事项表决的最低要求。如果章程规定一般事项须达到全体股东有表决权的三分之二以上或绝大多数决（70%、80% 甚至 90% 以上），或者规定特别事项须经全体股东一致决，也是允许的。

2005 年以来，《公司法》试图区分大小有限责任公司，但整体观察，包括新《公司法》，其是以较大规模的有限责任公司为模型构建其内部管理架构及程序的，对于规模较小的有限责任公司关注较少。规模较小的有限责任公司，其管理十分灵活，如果章程作出了不同于公司法的组织结构规定，更应予以充分尊重，除非有关规定将导致股东压迫或其他严重损害其他股东重大利益之可能（第 21 条）。当然，对于规模较大的有限责任公司，在公司法就有关组织结构及程序作出规定且没有"章程另行规定"之表达外，应当遵守公司法规定，如《公司法》第 68 条规定了职工董事，则此时董事会是必设机构，且章程不能规定由股东会行使董事会的权力。

三、股东会会议认为需要规定的其他事项

除了以上法定应记载事项外，公司可根据自身实际情况，通过股东会会议决议，在章程中记载认为需要的其他事项。

这种"股东会会议认为需要规定的其他事项"有以下两种情形：

（一）公司法明文可以由"章程规定"情形

有关条文包括：关于董事会职权规定（第 67 条）、关于董事任期规定（第 70 条第 1 款）、关于经理职权规定（第 74 条第 2 款）、关于监事会中职工监事比例规定（第 76 条）、关于监事会职权规定（第 78 条）、关于股权转让（第 84 条第 2 款）、关于营业期限和解散事由的规定（第 89 条第 1 款第 3 项）、关于股权继承（第 90 条）、关于自我交易的决议（第 183 条）、关于公司机会除外规定（第 184 条）、关于董事、经理、监事违反章程规定的赔偿责任规定（第 188 条）、关于向股东提交财务报告的规定（第 209 条第 1 款）、关于利润分配的规定（第 212 条）、关于聘任解聘会计师事务的规定（第 215 条）、关于公司合并规定（第 219 条第 2 款）、关于公司解散规定（第 229 条）。

另外，公司法有关"全体股东另有约定除外"的表述，包括一致通过的章程规定，如关于公司增资股东的优先认购权规定（第 228 条第 1 款）。

（二）可以由股东会会议认为需要规定的其他情形

除了上述法律条文有明确"章程规定"的之外，就其他重要事项，股东会会议认为需要规定的，也可以规定在章程之中。如在章程中规定具有一票否决权的黄金股，或者规定具有不同投票权、不同表决权、不同分红权的股权制度，以及股东退出和评估制度等。

应当说，除公司法有明文规定及明文"章程规定"外，可以由股东会会议认为需要规定的其他情形，是最具现实意义的"公司法"。

第四十七条　【注册资本】有限责任公司的注册资本为在公司登记机关登记的全体股东认缴的出资额。全体股东认缴的出资额由股东按照公司章程的规定自公司成立之日起五年内缴足。

法律、行政法规以及国务院决定对有限责任公司注册资本实缴、注册资本最低限额、股东出资期限另有规定的，从其规定。

本条是关于有限责任公司注册资本制度的规定。

一、认缴出资下的公司注册资本

依本条第 1 款规定，有限责任公司的注册资本为在公司登记机关登记的全体股东认缴的出资额，该规定确定了有限责任公司的认缴制本制度，承继 2014 年公司资本制度改革成果。[①] 这种制度是由股东个人通过章程自由决定认缴出资，并对认缴出资承诺承担责任的一种制度。其隐含的理论认知是，公司是投资人的投资平台与工具，所有投资人均有权决定自己的投资，同时基于私法自治承诺产生责任法理，即便股东认缴出资期限未至，公司债权人也可以在公司不能清偿到期债务时，要求股东在认缴出资范围内提前承担责任（第 54 条）。

公司资本是公司与股东之间以资本为纽带产生的公司关系，其中，公司是中心，公司资本是公司的资本问题，进而关联股东、公司与公司债权人。尽管对于公司资本信用功能存疑，公司资本仍构成整个公司法理论及制度设计的一个基石性概念和制度，其确定公司法定资本，奠定公司治理基础，维系公司关系自洽良性的循环。

股东可以通过章程自由地确定出资数额、出资方式和出资期限的完全认缴资本制（第 46 条），不仅导致公司不能根据资本缴付规则获得股东认缴出资的控制权，使公司资本产生的资产管理权不能实现，而且对于股东与公司债权人、股东个人债权人而言，均会导致不可控的风险产生，使有关关系混乱：

首先，对于股东，无任何限制并通过章程规定的认缴出资可能是其不能控制的未来出资，而仅是想象出来的一种可能。公司的经营随时会有各种变化，是任何股东都不能左右的。当变化出现时，股东认缴的出资，即将来可能的出资就会变成现实的出资和责任，从而使其希望通过认缴的出资实现公司未来发展及将来的个人出资责任，成为自己无法掌控的责任，打破其个人所希望的有限责任。

其次，对于公司债权人，完全的认缴资本制并非股东实际缴纳和公司所能控制的资本，其在评估和监督公司资产的价值方面具有极大的不确定性，因为同时还要考虑股东个人的信用与能力。

最后，对于股东个人债权人，也将因股东对公司未来认缴出资的不确定性而无法合理作出股东个人偿债能力的判断。

---

① 林一英：《公司注册资本认缴登记制的完善》，载《国家检察官学院学报》2023 年第 6 期。

一言以蔽之，股东个人的财产与公司财产之间的界分是极其模糊的。所以，现行的认缴资本制，不能做到通过确定和可控的资本缴纳，实现公司有限责任的基本要义，股东、公司与公司债权人之间本基于有限责任清晰的资本关系将变得混沌，股东对公司间接的有限责任将成为无法控制的以未来可能的认缴出资的承诺责任。

二、认缴期限的限制

为了应对前述完全认缴制带来的滥用风险，新《公司法》在本条第 1 款后段补充了最长出资年限为 5 年的规定。

尽管此限制在一定程度上影响了投资者对于出资期限安排的自由空间，但对公司生存发展的长期而言，利大于弊。首先，认缴出资期限的规定保留了认缴制的出资安排空间，投资者的资金压力更小，可以根据公司业务发展情况妥当安排资金投入时机。其次，认缴出资期限可以降低投资者的投机倾向。完全认缴制实施以来，出现了大量公司超规模登记注册资本、超常理约定实缴时间等乱象，使得投资者忽视出资入股行为的商业风险，在公司经营出现问题后，被债权人以出资加速到期等理由要求短时间内实缴大量资金，无法承担相应的法律后果。适当的实缴出资期限，可以让投资者充分思考自己的资金实力与认缴额度，投资行为回归理性。最后，稳定可预期的实缴出资期限，有利于债权人对公司资产情况的良性认知，帮助公司拓宽融资渠道。

本条承认股东认缴出资的期限利益，但不得超过 5 年，即"全体股东认缴的出资额由股东按照公司章程的规定自公司成立之日起五年内缴足"。而且，5 年到期后，不得再次延长缴纳出资期限。

同时，《公司法》第 54 条确立了公司不能清偿到期债务时的提前缴纳出资义务，表明股东认缴的期限，系对公司内部的约束。

作为公司内部的规定，原则上，公司章程规定的股东认缴出资期限应予以尊重。在"鸿大（上海）投资管理有限公司与姚某城公司决议纠纷案"[（2019）沪 02 民终 8024 号]① 中，法院认为，有限责任公司章程或股东出资协议确定的公司注册资本出资期限系股东之间达成的合意。除法律规定或存在其他合理性、紧迫性事由需要修改出资期限的情形外，股东会会议作出

---

① 《最高人民法院公报》2021 年第 3 期。

修改出资期限的决议应经全体股东一致通过。公司股东滥用控股地位，以多数决方式通过修改出资期限决议，损害其他股东期限权益，其他股东请求确认该项决议无效的，人民法院应予支持。

三、认缴出资下的注册资本例外

本条第 2 款规定了例外，主要指向金融行业等对公司资本具有特殊要求的公司群体，其负有按照其他法律法规和国务院决定安排注册资本和资本缴付的义务。

第四十八条 **【出资方式与评估】**股东可以用货币出资，也可以用实物、知识产权、土地使用权、股权、债权等可以用货币估价并可以依法转让的非货币财产作价出资；但是，法律、行政法规规定不得作为出资的财产除外。

对作为出资的非货币财产应当评估作价，核实财产，不得高估或者低估作价。法律、行政法规对评估作价有规定的，从其规定。

本条是关于股东出资方式的基本规定。

一、股东出资方式的一般规则

（一）股东出资方式的基本要求

依本条第 1 款规定，股东的出资包括货币和非货币两种方式，但是，法律、行政法规规定不得作为出资的财产除外。

从本条规定及股权转让要求来看，用于对公司的出资：一是可以评估作价，即出资不仅应有使用价值，还应具备交换价值；二是具有可转让性，即能够通过出资而转让给公司；三是具有合法性，法律、行政法规规定不得作为出资的财产不得用于对公司的出资，如《市场主体登记管理条例》第 13 条第 2 款规定，股东不得以劳务、信用、自然人姓名、商誉、特许经营权或者设定担保的财产等作价出资。

对法无明文规定的出资形式，要根据出资时的财产是否符合现物出资的标的物所应具备的基本条件判断：确定性、现存性、价值评估的可能性、可独立转让性。

（二）非货币财产出资的有用性

股东出资构成公司资本，该出资对于公司而言必须具备现实意义与价值。对于那些尽管具有可评估性、可转让性及合法性的财产，如果对于公司没有可用性价值，则一般不宜认定为出资方式合适。当然，这需要具体情况具体分析，如字画和古玩等对于生产性公司是没有实际价值的，不宜直接作为出资方式，但对于专门从事服务或担保的公司，字画与古玩也可以作价出资。

对于股东出资方式的有用性，法律并未强制规定，需要由公司基于自身实际情况确定。如果股东出资方式对于公司并无实际意义或意义很小，则董事会在公司成立后核查公司股东出资情况时（第51条第1款），有义务向全体股东报告此种情况。如果全体股东一致同意，则相应法律后果由全体股东承担。如果有股东不同意而提出反对意见，则不能通过所谓资本多数决表决方式通过。如果董事会没有就股东出资方式的有用性及妥当性向全体股东报告，则有违其信义义务（第180条）。

二、股东出资基本规则

（一）关于知识产权出资

随着现代高科技的发展，以知识产权出资成为现代公司重要的出资方式。知识产权是权利人依法就下列客体享有的专有权利：作品；发明、实用新型、外观设计；商标；地理标志；商业秘密；集成电路布图设计；植物新品种；以及法律规定的其他客体（《民法典》第123条）。其中除了地理标志，其他一般均可出资于公司。因为地理标志权是某一区域内从事与地理标志相关经营的全体经营者的共有权利，没有独占性，经营个体无权将该标志作为个人财产，因此地理标志权不具有依法转让的条件，不能作为公司资本存在。

知识产权的出资包括所有权的出资和使用权的出资，前者是将知识产权专用权转移至公司名下；而后者是指双方通过签订知识产权使用许可合同，实质是以一定期限内的知识产权使用费作为出资额。

相对于其他非货币财产出资，知识产权出资较为复杂，其中一个重要表现是作为专有权的知识产权可能事后被宣布为无效，由此产生纷争。在"宋某、白某强等股东出资纠纷案"〔（2021）鲁03民终1283号〕中，宋某、白某强以20项专利、专有技术出资。其中仅有一项专利办理了转让登记并实际交付，但四项技术失效，不能办理转让登记，剩余的专利和专有技术可以继续交付。二审法院判决宋某、白某强对不能办理转让登记的四项技术的出资承担补足责任，其余能够交付的则继续交付。也就是说，本案对于被宣布无效的专利出资认定为无效出资，需由出资人事后补足。不过，也有不同裁判意见。在"青海威德生物技术有限公司、北京威德生物科技有限公司公司增资纠纷再审案"〔（2020）最高法民申4578号〕中，最高人民法院认为："北京威德公司于2010年委托北京大正评估公司对其所有的知识产权价值进行了评估，并据此增资入股至青海威德公司，双方未作其他约定。此后，青海威德公司召开股东会会议，决议同意北京威德公司以知识产权评估作价1300万元入股青海威德公司，并履行了工商变更登记手续。上述事实表明，北京威德公司的出资严格遵循了《公司法》对知识产权出资的要求。虽然几年后用以出资的专利和商标都被宣告无效，但青海威德公司未能提交证据证明本案评估存在违法情形或者北京威德公司在评估时存在违法情形，现以案涉两项知识产权被确认无效，要求北京威德公司承担补足出资和赔偿损失的责任，缺乏事实和法律依据。"不同的裁判意见表明，对于知识产权出资，当事人最好在投资合同或章程中明确约定在知识产权被宣布无效后的处理办法。

（二）出资人以无权处分的财产出资

出资人向公司的出资，应具有处分权。如果出资人以不享有处分权的财产出资，当事人之间对于出资行为效力产生争议的，法院可以参照《民法典》第311条规定的善意取得制度予以认定（《公司法司法解释（三）》第7条第1款），进而确定财产的归属。此时对于该出资行为的效力提出主张的"当事人"，不仅包括公司或者股东，还包括与出资设立公司有利害关系的债权人。

对于货币，其作为种类物和可替代物，所有权与占有权合一，应推定货币占有人为货币所有人。出资人即使以贪污、受贿、侵占、挪用等违法获罪手段取得的货币出资，也不宜认定出资人构成民法上的无权处分。该出资人将其非法取得的货币投入公司后，公司就取得货币的所有权，该出资行为应当有效，出资人依法取得与该出资对应的股权。

（三）出资人以划拨土地使用权或者设定权利负担的土地使用权出资

出资人可以土地使用权出资，但该土地使用权须为通过出让或转让取得的土地使用权，且其之上不得设定权利负担。

如出资人以划拨土地使用权出资，或者以设定权利负担的土地使用权出资，公司、其他股东或者公司债权人主张认定出资人未履行出资义务的，法院应当责令当事人在指定的合理期间内办理土地变更手续或者解除权利负担；逾期未办理或者未解除的，法院应当认定出资人未依法全面履行出资义务（《公司法司法解释（三）》第8条）。

需要注意的是，出资人并非完全不可以划拨土地使用权出资，或者以设定权利负担的土地使用权出资，关键是公司、其他股东或公司债权人是否提出异议。而且，从法理及实际经济生活来看，如果出资人以划拨土地使用权或者以设定权利负担的土地使用权出资能够实现公司设立目的，也无须否认这种出资方式。

（四）关于股权出资

作为一种典型的非货币财产出资形态，股权出资在当前公司设立及增资过程中比较常见，可能产生的风险也较多。《公司法司法解释（三）》对股权出资作了规范，新《公司法》明确了股权的出资方式。

出资人以其他公司股权出资，符合下列条件的，应当认定出资人已经履行出资义务：（1）出资的股权由出资人合法持有并依法可以转让；（2）出资的股权无权利瑕疵或者权利负担；（3）出资人已履行关于股权转让的法定手续；（4）出资的股权已依法进行了价值评估（《公司法司法解释（三）》第11条第1款）。

如果股权出资不符合规定，公司、其他股东或者公司债权人请求认定出资人未履行出资义务的，法院应当责令该出资人在指定的合理期限内采取补正措施；逾期未补正的，法院应当认定其未依法全面履行出资义务（《公司法司法解释（三）》第11条第2款）。

以股权出资主要适用于不同公司通过交换股权而实现简易合并的效果，或者某种程度上的联合。

（五）关于债权出资

债权也属于"能够以货币估价并可以依法转让"的财产，也可以出资。特别是在因公司欠债而导致"债转股"时，可使公司的负债被抵减，相当于现金出资，此时的债权原则上具有现物出资效力。

对于其他情形，即以对出资公司之外的第三人享有的债权作为出资时，该债权的实现具有相当的不确定性，必须符合以下条件：

首先，该债权原则上是可以依法转让的。

债权人转让权利的，无须债务人同意，但应当通知债务人。未经通知，该转让对债务人不发生效力。债权人转让权利的通知不得撤销，但经受让人同意的除外。债权人转让权利的，受让人取得与债权有关的从权利，如抵押权，但该从权利专属于债权人自身的除外。

依《民法典》第 545 条规定，第一，那些具有人身依附性质的债权如赡养金、抚养金、侵害人身权赔偿金等，因债权本身之转让受到法律限制，是不能作为出资的。第二，根据合同性质不得转让的债权不能作为出资，主要指基于当事人特定身份订立的合同，如出版合同、赠与合同、委托合同、雇用合同等产生的债权。第三，当事人在合同中特别约定不得转让的债权，也不得再转让给公司作为出资。此外，行政罚款、刑事罚金以及追缴金等公法上的债权也是不允许转化为出资的。

其次，该债权出资时尚需具备特殊要求。

第一，原则上应当是货币债权或者债务人书面同意转化为货币债权的其他债权。特别是非货币债权，除非确实为公司生产经营所实际需要，否则不得作为对公司的出资，因其对公司不具有出资的效应。债权的可评估性的具备不等于完全具备出资的可能性。

第二，债权应具有确定性。附条件的债权不得作为对公司的出资，因其能否生效或维持效力具有不确定性。

第三，原则上应是未到期的债权。对以未到期债权出资的，还要注意债权未到期的期限长短，过于远期的债权因长期无法交付到位，对公司将失去出资意义，也不符合资本充实原则。判定期限是否合理、能否作为出资的标准，应是《公司法》规定的最长出资缴付期限，即自公司成立之日起五年内缴足（第 47 条第 1 款）。

第四，用于出资的债权不存在抵销事由，或由债务人明示放弃抵销权利（《民法典》第 548 条、第 549 条）。

三、关于非货币财产出资的依法评估

依本条第 2 款规定，对于非货币财产出资，应当予以评估，不得高估或者低估作价。如果"出资人以非货币财产出资，未依法评估作价，公司、其他股东或者公司债权人请求认定出资人未履行出资义务的，人民法院应当委

托具有合法资格的评估机构对该财产评估作价。评估确定的价额显著低于公司章程所定价额的，人民法院应当认定出资人未依法全面履行出资义务"（《公司法司法解释（三）》第 9 条）。

除非法律和行政法规对评估作价另有强制规定，对非货币财产的评估作价，一般由公司和股东自行决定，既可以聘请专业评估机构进行，也可以由全体股东自行决定评估价值。全体股东一致认可的评估作价，应当得到尊重，除非欺诈。在"四川省川麻王食品有限公司、石某股东出资纠纷案"〔（2021）川 01 民终 2607 号〕中，法院指出，关于川麻王公司用于出资的商标未经评估能否认为其未出资的问题，全体股东共同认可石某就其技术及持有的案涉三个商标的价值为 50 万元，并约定无须进行评估。该约定并未违反法律、法规禁止性规定。

公司成立后，如果发现作为设立公司出资的非货币财产的实际价额显著低于公司章程所定价额的，应当由交付该出资的股东补足其差额。但出资人以符合法定条件的非货币财产出资后，因市场变化或者其他客观因素导致出资财产贬值，公司、其他股东或者公司债权人请求该出资人承担补足出资责任的，法院不予支持，除非当事人另有约定（《公司法司法解释（三）》第 15 条）。

第四十九条 【出资缴纳】 股东应当按期足额缴纳公司章程规定的各自所认缴的出资额。

股东以货币出资的，应当将货币出资足额存入有限责任公司在银行开设的账户；以非货币财产出资的，应当依法办理其财产权的转移手续。

股东未按期足额缴纳出资的，除应当向公司足额缴纳外，还应当对给公司造成的损失承担赔偿责任。

本条是关于股东按期足额缴纳出资义务的规定。

一、认缴出资下的按期足额缴纳原则

除了法律、行政法规以及国务院决定对有限责任公司注册资本实缴、注册资本最低限额另有规定的以外，有限责任公司采有期限的认缴出资制。依照本条第 1 款，股东须按照章程规定期限及时缴纳到期所规定的金额。此构成股东出资义务的重要内容之一。

二、不同出资方式的按期足额缴纳

（一）现金出资的缴纳

从规定上看，股东出资分为现金出资与非现金出资两种形式。

依本条第 2 款，现金出资要求股东认缴期限届至之日将认缴金额存入公司账户，公司会计做相应法律处理。不按期和非足额存入公司账户均构成出资瑕疵。

（二）非现金出资的缴纳认定

依本条第 2 款规定，非现金出资（实物与知识产权出资）须依法办理其财产权的转移手续。

具体也分为两种情况：

1. 出资人以需要办理权属变更登记手续的财产出资

出资人或发起人以房产、船舶、车辆、土地使用权等作价出资，按照物权变动的一般规则，采取公示的方式，办理过户登记。对于需要办理权属登记的知识产权，也同样如此。通过过户登记，公司就取得相应财产的完全的权利。交付和产权登记是该类非货币财产出资行为不可分割的两个方面，缺一不可。

在判断出资人是否已经向公司履行相应的交付和登记义务时，法院注重权利获得的实质而非形式方面进行审查和认定。

对于已交付，但未办理过户手续的，属于事实上的出资而非法律上的出资，构成出资义务不履行行为，其他股东和公司有权催告该股东及时办理过户手续，对于此种情况不能简单地以未办理财产转移手续认定股东未履行出资义务，如果该财产自公司成立时起一直由公司占有、使用，可以起诉责令公司或股东限期办理权属转移手续（《公司法司法解释（三）》第 10 条第 1 款）。

对于已办理过户手续但未交付的财产，公司或其他股东有权要求该出资者履行交付义务并赔偿由此给公司造成的损失，并可以主张其不享有股东权利；公司债权人在公司财产不足以清偿其债务时，可以通过诉讼要求强制执行（《公司法司法解释（三）》第 10 条第 2 款）。

出资人以房屋、土地使用权或者需要办理权属登记等财产出资，不仅需要办理权属变更登记，而且需要实际交付，否则出资人可能不能享有相应的股东权利。如股东在办理了房屋产权变更登记后，一直不将房屋交付于公司，而使公司收益中并未有该房屋的实际贡献，因而在公司分红时，其他股东可以主张其不能享有相应的具体分红权。

对于需要办理转移登记手续的知识产权的交付认定，原则上以以上规则为准。[1]

2. 对于动产实物和以知识产权使用权以及知识产权中的商业秘密、专有技术出资

此时不需要办理相应登记手续，但须与公司签订合同并向公司实际交付而由公司占有并利用。

对于动产实物出资，基本判断标准是否向公司实际交付。在"中国长城资产管理公司乌鲁木齐办事处与新疆华电工贸有限责任公司、新疆华电雁池发电有限责任公司、新疆华电苇湖梁发电有限责任公司借款合同纠纷案"[（2008）最高法民二终字第 79 号民事判决书][2] 中，最高人民法院指出，根据《物权法》第 23 条（《民法典》第 224 条）的规定，动产物权的设立和转让自交付时发生效力，动产所有权的转移以实际交付为准。股东以动产实物出资的，应当将作为出资的动产按期交付给公司。未实际交付的，应当认定股东没有履行出资义务，其出资没有到位。

对于以知识产权使用权和商业秘密和专有技术出资的，不仅需要出资人转移相关资料给公司，还要看它们是否被公司认可并利用。在"上海伟仁投资（集团）有限公司与上海汉光陶瓷股份有限公司股东出资纠纷案"[（2018）沪 02 民终 9872 号] 中，法院根据公司生产了相关产品、使用商标对外销售和商标、发明专利、外观设计的排他性许可使用合同等证据，认定被告完成了专利、商标的交付。对于其中的商业秘密和专有技术交付问题，法院认为具有特殊性，难以像专利、商标一样使用排他性的书面授权完成，对此法院根据公司员工出具的掌握专有技术的证言、被告移交给公司的技术清单资料，

---

[1]　参见"吴某与张某华、顾某娣等清算责任纠纷申诉、申请民事裁定书"[（2019）苏民申 4217 号]。

[2]　《最高人民法院公报》2009 年第 2 期。

公司本身的认可等证据，认定被告完成了商业秘密和专有技术的交付。

对于在某些专业性、技术性强的专有技术或专利，被投公司在仅获得相关技术资料的情况下，并不能直接将其投入使用，出资方应给被投公司提供相关指导培训，使被投企业完全掌握实施相关技术知识产权研发制造产品或者提供科技服务，此时出资方的出资义务才算全面履行完毕。①

三、股东一般瑕疵出资的责任

（一）股东一般瑕疵出资的认定

股东出资应当符合以上要求，如未按期足额缴纳出资，或者作为出资的非货币财产的实际价额显著低于所认缴的出资额的，构成瑕疵出资。判断股东瑕疵出资的标准为是否按期及足额。

已按期足额缴纳中的足额，一般按照评估结果确定，而评估结果的参照对象是章程所确定的出资人的出资额。认定未依法全面履行出资义务的标准是评估确定的价额显著低于公司章程确定的价额。此处的"显著"不应作绝对化理解，主要应看二者的差额与章程确定价额之间的比例，同时也可以对绝对数额予以一定的考虑。该所谓"显著"是一个相对概念，具体判断标准由人民法院依个案确定。②

（二）瑕疵出资股东对公司的赔偿责任

依本条第3款规定，股东未按期足额缴纳出资，除应当向公司足额缴纳外，还应当对给公司造成的损失承担赔偿责任。

首先，股东未按期足额缴纳出资，应当向公司足额缴纳。

此时，公司既可以采取诉讼手段要求未按期足额缴纳的出资人履行出资义务，也可以催缴后以失权方式（第52条）处理。相对于通过诉讼强制要求按期足额缴纳，以失权方式处理更为理性。因为当股东不能按期足额缴纳出资时，要么是没有能力出资，要么是希望通过这种方式减少对公司的投资或退出公司。那么，强行要求未按期足额缴纳出资的股东必须向公司足额缴纳，不符合经济行为中的合同自由原则，有人身强制之嫌。

---

① 参见"东北制药集团股份有限公司、北京华德停车场管理有限公司合同纠纷再审裁定书"［（2018）最高法民申1950号］。

② 参见"濮阳经济技术开发区城市建设投资有限公司、吴某股东损害公司债权人利益责任纠纷二审判决书"［（2020）豫09民终1762号］。

其次，未足额缴纳出资的股东应当对公司造成的损失承担赔偿责任。

不论未按期足额缴纳出资人是否依照本款向公司足额缴纳，均须对因此给公司造成的损失承担赔偿责任。这种责任是一种违约责任，其基础在于股东协议和章程。

（三）瑕疵出资股东对公司债务的补充赔偿责任

股东瑕疵出资损害公司债权人利益的，公司债权人可以要求瑕疵出资股东承担补充赔偿责任（《公司法司法解释（三）》第 13 条 2 款）。违反出资义务的股东对公司负有补足出资的义务，还需对公司债务承担补充赔偿责任。债权人既可在向公司主张债权的同时将违反出资义务的股东一并列为被告，也可在债权人与公司的基础债权债务关系确定后，另案提起股东损害公司债权人利益纠纷诉讼，要求股东承担赔偿责任。

在审理中，法院应注意如下两点：（1）违反出资义务的股东仅对公司不能清偿的债务部分承担赔偿责任。法院在判决中应当明确在公司不能履行债务时，由该股东对公司不能清偿的部分承担赔偿责任。（2）违反出资义务的股东向全体债权人承担赔偿责任的范围应以未履行出资义务的本金及利息范围为限。法院应当查明该股东是否已经在出资本息范围内承担过责任，对已经承担过的部分应当予以扣除。①

（四）瑕疵出资股东对其他股东的违约责任

根据 2018 年《公司法》第 28 条第 2 款规定，股东构成瑕疵出资的，应当按照股东之间的约定向已按期足额缴纳出资的股东承担违约责任。鉴于此系股东之间的事先投资协议问题，非公司法问题，故新《公司法》删除了该规定。

当然，如果股东之间事先通过投资协议或其他约定对此作出了规定，则瑕疵出资股东应依约对其他股东承担违约责任。不过，如果股东之间事先没有就此作出约定，不宜要求瑕疵出资股东对其他股东承担所谓违约责任。因为此时可通过限制瑕疵出资股东的权利及其对公司的赔偿责任等措施解决相应问题，实现股东平等原则。

---

① 《股东出资纠纷案件的审理思路与裁判要点》，载上海市第一中级人民法院网站，https://www. a-court. gov. cn/xxfb/no1court_ 412/docs/201908/d_ 3541024. html，最后访问时间：2024 年 1 月 30 日。

在股东之间事先有约定时，如果其他股东明知瑕疵出资股东未按期足额缴纳，且较长时间未提出异议并要求补足，则违约责任将不复存在。在"伟升（香港）有限公司、福建亚通新材料科技股份有限公司等股东出资纠纷民事申请再审案"〔（2021）最高法民申 5945 号〕中，最高人民法院认为，案涉澳通公司 1042 万元对外转款虽可认定为亚通公司抽逃出资，但伟升公司对此应属明确知晓，且自 2007 年至 2017 年起诉的较长时间内，伟升公司均未提出异议，也未要求亚通公司补齐出资。原判决据此认定双方当事人对亚通公司抽逃出资行为具有默示的一致意思表示、亚通公司不构成违约，并不缺乏事实依据。[①]

第五十条 【设立时股东出资瑕疵的其他股东责任】 有限责任公司设立时，股东未按照公司章程规定实际缴纳出资，或者实际出资的非货币财产的实际价额显著低于所认缴的出资额的，设立时的其他股东与该股东在出资不足的范围内承担连带责任。

本条是关于设立时其他股东对设立时股东瑕疵出资的连带责任的规定。

一、关于本条的初步理解

依本条规定，有限责任公司设立时，股东未按照公司章程规定足额缴纳出资，或者作为出资的非货币财产的实际价额显著低于所认缴出资额，不仅应当由该股东补足其差额，且设立时的其他股东应当对此承担连带责任。

该规定要求公司设立时的其他股东对瑕疵出资股东的不当行为承担连带责任，意在确保公司设立时股东认缴出资的真实与确定，维系公司依法成立后资本关系的稳定。

二、设立阶段的连带责任还是成立后的连带责任

本条规定了设立时其他股东对于设立时股东瑕疵出资的连带责任，但未明确该责任是设立阶段的还是公司成立后的。

本条关于设立时其他股东对设立股东的出资瑕疵承担连带责任，从字面表达来看，应当是设立时股东之间连带责任的规定。设立时股东之间的关系

---

① 抽逃出资是更为严重的瑕疵出资行为，下文将专门探讨。

为合伙关系，设立时某股东出资瑕疵，其他股东自然负有连带补偿之责。但设立时股东之间的合伙关系，也只是在设立阶段，当公司依法成立后，股东之间不再是合伙关系，而相互之间共同成为公司的成员，并只对各自认缴出资承担财产责任。

从这个逻辑上来看，本条关于设立时其他股东对设立股东出资瑕疵承担连带责任，应当是在公司不能成立的情形下，为确保公司已经确定的认缴出资额全部得以认缴且无瑕疵出资，而对全体股东的出资补偿要求。此时，通过设立时其他股东的连带补偿出资，使得公司已经确立的注册资本额得以符合公司设立要求而最终成立公司。

也就是说，本条关于设立时其他股东的连带责任规定，是针对未成立公司的，且目的是使公司能够按照已经确定的注册资本无瑕疵的依法成立。

首先，本条不是对未成立公司的债权人的，因为"公司未成立的，其法律后果由公司设立时的股东承受；设立时的股东为二人以上的，享有连带债权，承担连带债务"（第44条第2款）。其次，本条也不是针对公司成立后债权人的，因为公司成立后需由董事会核查出资并催缴，通过失权程序处理（第51条、第52条），亦即监督股东出资不实或瑕疵的义务是由董事会承担的，非由股东承担，股东没有义务核查其他股东出资是否存在瑕疵。既无义务，也无责任。

三、本条规定"连带责任"的基本含义

基于以上分析，此处"连带责任"的承担包含以下内容：

一是责任主体是设立时的股东，公司成立后加入的股东（包括受让加入）不是本条规定的责任主体。

二是设立时股东承担责任的对象仅指处于设立阶段的公司。公司成立后，相应监督股东出资瑕疵的责任转移到了董事会，董事会有义务和责任核查并催缴出资。

三是其他设立时股东的连带责任是一种在瑕疵出资股东应出资额度内的，按照各自出资比例的连带补足责任。如仍然出现其他设立时股东无法按其出资比例补足，则其他有能力的设立时股东继续进一步按比例连带补足，直至补足完毕而使公司确定的出资额符合法定要求。如果所有设立时股东均不愿承担补足责任，则公司应调整股东认缴出资额。

总之，从本条规定意旨及其在公司法中的地位来看，其是规范设立时的公司股东出资关系，而非关于成立后公司股东之间关系的，故本书不认为本条关于设立时股东承担连带责任的对象包括成立后的公司债权人，后者可以通过瑕疵出资股东（即使失权）的补足获得保障。而且，股东的出资是向公司出资，公司有义务也有能力核查某个股东是否足额按期出资，单纯的股东个人（特别是中小股东）难以监督核查其他股东出资情况。新《公司法》通过第51条和第52条的催缴及失权规则将监督股东出资的权力及责任明确于作为公司管理者的董事会，其意即在于此。依此，《公司法司法解释（三）》第13条第3款所规定的公司债权人可以向设立时的其他股东要求承担连带责任就值得探讨。

第五十一条 【出资的核查】有限责任公司成立后，董事会应当对股东的出资情况进行核查，发现股东未按期足额缴纳公司章程规定的出资的，应当由公司向该股东发出书面催缴书，催缴出资。

未及时履行前款规定的义务，给公司造成损失的，负有责任的董事应当承担赔偿责任。

本条是关于公司成立后出资的核查与催缴规定。

一、出资的核查

依本条第1款规定，公司依法成立后，作为管理机构的董事会有权力也有责任核查股东出资情况。

从法律关系而言，公司依法成立后成为独立人格者，其与股东之间形成互为人格法律关系，股东认缴出资后，应依章程规定和公司法要求实际缴纳其到期应付出资。公司是否收到股东应付出资，需要由作为管理机构的董事会予以核查确认。董事会的核查结果是判断股东是否履行其到期出资义务的标准。

自2013年《公司法》实行完全的认缴出资制以来，如何判断股东已经实际按照出资期限要求出资并无相应标准或依据，致使司法实践对于股东权利义务的判断混乱，如实践中许多公司股东断断续续缴纳其认为的出资，而这些出资并未得到董事会的核查与确认，就产生是否认定为出资的法律问题。

本条明确董事会对于股东出资的核查要求，既是董事会的权力，也是董事会的责任，成为判断董事会及董事是否勤勉尽责的重要内容。该职责不因股东会或股东的核查或确认而免除董事会此一义务要求，更不因此免除董事的责任。亦即，公司法尽管没有排除作为公司权力机构股东会的核查与确认，但无论在何种情况下，董事会均负有核查与确认股东出资的义务与责任。

董事会对股东出资的核查主要有两种情形：一是公司成立后对设立股东应当实际缴纳出资的核查；二是公司成立后章程所规定的其他股东认缴到期应出资缴纳的核查。对于初次缴纳出资的核查，应于董事会选举产生并于公司依法成立后召开的第一次董事会上安排，该事项为法定事项。作为董事会召集人的董事长应当将该事项列入董事会议案，董事会成员有权提醒并要求董事会对此做出安排。对于股东其他分期到期应缴纳出资的核查，董事会应当在到期之前一定时期（如半年或至少一个月）预先通知股东即将届至的出资日期、金额，必要时可在股东会上通知甚至做出决议。期限届至后，董事会须通过决议安排或委托董事长、其他董事、专业委员会或专门小组核查股东出资实际情况。核查结束，受托人应就股东出资情况在董事会上报告并决议。

严格来讲，公司依法成立后，董事会应立即召开初次股东会，其中一个重要议案是出资核查报告，公司法对此并未明确规定。从本条规定来看，董事会负有此报告义务，并须依本条催缴。股东会的决议或股东分别的表态不影响核查结果、后续行为及相应责任的承担。

二、出资的催缴

依本条第 1 款规定，经过核查，如果发现股东没有按期足额缴纳出资，董事会应当向该股东发出书面催缴书，催缴出资。此可称为公司的催缴权，体现了股东与公司互为人格的资本关系。

从时间上来看，董事会确认股东瑕疵出资后，应立即向该股东发出催缴。在方法上，依照本条规定，应采书面方式，包括书写信件、电报、电传、传真等可以有形地表现所载内容的方式。以电子数据交换、电子邮件等方式能够有形地表现所载内容，并可以随时调取查用的数据电文，视为书面形式

（《民法典》第 469 条第 2 款、第 3 款）。不得通过口头或传达方式。实践中，如果董事会通过召开股东会做出催缴决议，且该股东出席股东会的，视为"向该股东发出了书面催缴书"。如果瑕疵出资股东未出席股东会，仍需向其发出书面催缴书。

公司发出书面催缴书的，可以载明缴纳出资的宽限期；宽限期自公司发出催缴书之日起，不得少于 60 日，可以多于 60 日。如果没有载明宽限期，则以 60 日为限。申言之，《公司法》第 52 条规定的宽限期为强制性规定，以让瑕疵出资股东做出一定的准备。

三、董事违反核查、催缴义务的赔偿责任

公司依法成立后，董事会应就股东出资予以核查，发现股东应实际缴付而未实际缴付时，须立即催缴。此是作为公司管理中心的董事会具体职责。依照本条第 2 款，董事会怠于履行义务给公司造成损失，负有责任的董事须承担赔偿责任。

该规定与《公司法》第 188 条规定含义一致，股东可依该法第 189 条行使派生诉讼权，要求负有责任的董事向公司赔偿。

（一）负有责任的董事之判断

判断董事是否负有责任应依公司法及章程对于董事会内部权力分工及董事会行使权力方式和程序进行。

对股东出资核查及催缴的职责属于董事会，意味着董事会集体负责核查并以公司名义催缴出资，故每位董事均须以董事会成员身份对核查及催缴负责。当然，这并非指每位董事以董事身份行使核查和催缴权，而是一种集体行权和义务的履行。以董事会成员身份并以董事会集体行权与履行义务，要求每位董事对于董事会是否按照公司法和章程规定履行了核查和催缴职责尽到应有的勤勉（第 180 条第 2 款）。进言之，如果董事会就股东出资核查与催缴没有做出任何行为，且每位董事就此置之不理，则可以认为每位董事均为此处所称的"负有责任的董事"。如果某位董事就此向董事长、执行董事、董事会办公室或其他董事书面提出，或在董事会开会期间提出相关问题，则该董事就不再属于此款所称的"负有责任的董事"。

董事会的集体行权及义务履行是否意味着对股东出资的核查及催缴必须通过董事会决议方式进行安排？此涉及我国公司法对于董事会权力配置的制

度安排。从公司法规定来看，关于董事会权力的制度安排有两种情形：一是通过董事会决议方式为之，即《公司法》第 67 条关于董事会职权的规定，该条所列举的职权事项均须通过决议方式行使；二是属于董事会管理公司的基本职责的事务性工作，包括置备股东名册（第 56 条）、召集股东会（第 63 条）、编制并向股东报告财务会计报告（第 208 条、第 209 条）等。对于股东出资的核查与催缴属于第二种情形。从这种制度安排来看，第二种并不强调或必然要求通过会议方式为之，因为这些所谓董事会职责无须通过会议方式，而属于作为公司管理中心的董事会正常职务行为范围。换言之，通过董事会会议决议方式的事项均需要集体讨论，第二种情形无须集体讨论就需要为之的事务性的职责。因此，尽管《公司法》第 51 条第 1 款规定董事会负责核查与催缴，但一般无须专门召开董事会为之。

公司法关于董事会内部权力的分工规定，一般要求董事长或其他执行董事就此做出安排，亦即，董事长或其他执行董事就此负有首要责任，其他董事对此负有监督责任。当董事长或其他执行董事做出核查及催缴安排后，须将核查及催缴结果提交董事会并做出下一步安排，一般要提交并报告于股东会。不过，如前所述，向股东会提交并报告核查和催缴结果，即使股东会就此做出有关决议，也不免除董事会及董事个人的责任。

（二）赔偿责任范围

根据本条第 2 款规定，公司的损失必须是因董事会未依法履行核查和催缴义务造成。董事会未依法履行核查和催缴义务，后果是公司没有收到股东应实际缴纳的出资额，从而导致以下损失：一是公司应收到出资额的利息损失；二是公司因未收到股东出资额而不得不放弃相应交易导致的利得损失，或不得不因此通过向外借贷而导致的利息损失；三是其他损失，如因此可能导致的行政罚款（第 251 条）。

该赔偿责任范围不包括股东应出资金额。新《公司法》修改之前，最高人民法院出台的《公司法司法解释（三）》第 13 条第 4 款规定，公司可在股东未出资范围内要求未及时催缴的董事承担连带赔偿责任，并在最高人民法院公报案例"斯曼特微显示科技（深圳）有限公司、胡某生损害公司利益责任纠纷案"〔（2018）最高法民再 366 号〕中予以了肯定。该解释具有时代局限，已经不符合新《公司法》规定。

新《公司法》于本条不仅明确规定了公司成立后董事会对于股东出资的核查与催缴权，还明确了催缴不成时的失权及补救规则（第52条）。根据失权规则，当董事会未及时核查和催缴，而公司和股东发现有其他股东存在出资不实情形，完全可以通过事后的核查与催缴，以失权规则处理，维护公司利益。如果因董事会未依法履行核查和催缴义务导致相应损失，则由负有责任的董事承担赔偿即可，此赔偿是对公司因此遭受损失的补偿，非瑕疵出资股东出资本金与利息的补充。

如果按照《公司法司法解释（三）》第13条规定，认为董事应对包括股东应出资额本金在内的公司所谓损失承担赔偿责任（连带补充），将使董事可能成为股东，而应失权的股东则因董事的连带补偿而可能仍享有股权。显然，这是极其不符合公司法逻辑且荒唐的，它将造成更多的不确定性。

（三）违反核查及催缴是否向公司债权人承担赔偿责任

《公司法》第191条规定："董事、高级管理人员执行职务，给他人造成损害的，公司应当承担赔偿责任；董事、高级管理人员存在故意或者重大过失的，也应当承担赔偿责任。"那么，董事会未履行核查与催缴义务造成公司债权人损害，负有责任的董事是否应按照该条向公司债权人承担赔偿责任？

核查和催缴出资，属于董事会职务执行范畴，故从一般意义上，负有责任的董事不依法核查与催缴出资，均构成"故意或重大过失"，造成公司债权人损害的，应承担赔偿责任。"故意或重大过失"的判断采客观标准。而且，即使董事会依法进行了核查与催缴，但未依法提交股东会处理，使应失权股权长期处于空置状态，也构成《公司法》第191条中的"故意或者重大过失"而适用该条。判断该条是否适用于董事会对股东出资的核查与催缴责任，关键还要看债权人所受到的损害与负有责任的董事不履行核查、催缴职务之间是否存在因果关系。

第五十二条 【出资的催缴与失权】 股东未按照公司章程规定的出资日期缴纳出资，公司依照前条第一款规定发出书面催缴书催缴出资的，可以载明缴纳出资的宽限期；宽限期自公司发出催缴书之日起，不得少于六十日。宽限期届满，股东仍未履行出资义务的，公司经董事会决议可以向该股东发出失权通知，通知应当以书面形式发出。自通知发出之日起，该股东丧失其未缴纳出资的股权。

依照前款规定丧失的股权应当依法转让，或者相应减少注册资本并注销该股权；六个月内未转让或者注销的，由公司其他股东按照其出资比例足额缴纳相应出资。

股东对失权有异议的，应当自接到失权通知之日起三十日内，向人民法院提起诉讼。

本条是关于认缴出资股权的丧失与处理规定。

一、认缴出资股权的丧失

（一）基本规定

依本条第 1 款规定，书面催缴书载明的宽限期满，或者尽管没有记载，但自发出催缴书之日起满 60 日（发出主义），股东仍未履行出资义务，公司可以向该股东发出失权通知，明确告知其应缴而未缴纳出资股权的丧失。该失权通知也须采书面形式，自通知发出之日起，该股东丧失其未缴纳出资的股权。

按期足额缴纳认缴的出资，是股东对于公司的基本义务，也是股东享有相应股权的基础。股东不能按期足额缴纳，在公司催缴下仍不能或不愿缴纳的情况下，其原认缴而到期未缴的出资就失去了意义与价值，其与公司之间的股权法律关系基础不再存在，故本条明确规定了股权的失权制度。

（二）失权的基本条件

根据本条规定，股权失权制度包含以下基本要求：

一是公司需对未按期足额缴纳公司章程规定出资的股东发出书面催缴书，催缴书可以载明缴纳宽限期，但不得少于 60 日；未载明宽限期的，以 60 日为准。此为股权失权的基本程序规则之一。未经该法定催缴程序，公司不得径行宣布股权失权，否则为无效行为。

同时需要注意的是，判断股东未按期足额缴纳出资，以公司章程记载为准，即以章程记载的"股东的出资额、出资方式和出资日期"（第 46 条第 5 项）为据。实践中出现的股东非依章程记载出资约定（通过投资协议或其他约定）不能成为其失权与否的判断依据。另外，如果公司以全体一致通过的股东会决议改变了公司章程规定，没有对章程予以修改的，以股东会决议为准。

二是催缴宽限期届满，股东仍未履行出资义务，公司应发出书面失权通知。此为股权失权的第二步程序要求。经过了催缴程序，尚需再次发出书面失权通知，明确告知瑕疵出资股东的失权后果。未经该程序，也同样不产生股权失权之法律后果。股权失权不仅对瑕疵出资股东影响重大，且将导致公司相应资本的处理，严重影响公司正常经营与资本真实，故公司法对于股权失权程序作出了严格规定。

三是股东丧失其未缴纳出资的股权自公司失权书面通知发出之日起开始。亦即，一旦公司发出书面失权通知，失权效果就随之发生，无须由公司股东会或董事会专门做出决议，更不需要征得瑕疵出资股东的同意。当然，失权股东对此可提出异议，或与公司协商，且不影响失权股东提起相应诉讼。但这些均不影响失权书面通知发出立即产生的失权效果。

四是瑕疵出资股东仅失去其到期应足额缴纳部分的股权，其已经缴纳部分股权仍然存在。如果股东没有按期且全部未缴纳，则股东将不仅失去所谓股权，且将失去股东身份而被除名。

（三）失权与除名

新《公司法》以失权规则规范股东出资，而不直接以所谓除名规则进行，意在剥夺股东应缴而未缴纳部分出资的对应股权，股东对已缴纳出资对应的股权，仍享有股权，不得剥夺。

在"陆某宇、陆某1等请求变更公司登记纠纷案"〔（2022）苏04民终1184号〕中，法院指出，股东权利的限制乃至剥夺，应与股东未尽出资义务的严重程度相匹配。就本案而言，陆某1、陆某2仅是就增资部分未尽出资义务，对于注册资本为50万元时期的祺源公司而言，陆某1、陆某2实际已完成相应的出资义务。故陆某1、陆某2不属于未出资或抽逃全部出资的严重违反出资义务情形，依法不应对陆某1、陆某2实行股东除名。而祺源公司于2020年9月24日召开的临时股东会，直接确认陆某1、陆某2不享有各自认缴增资部分所对应股权的一切权利，并决定由陆某宇就两人未履行增资部分的出资予以履行和享有相应股东权利，法律效果等同于股东除名。故一审法院对该次股东会决议的法律效力不予确认，并无不当。

新《公司法》修订之前，对于股东的瑕疵出资，《公司法司法解释（三）》是通过限制股权行使及如未全面出资而除名进行处理的（第 16 条、第 17 条）。相对于该司法解释，新《公司法》通过催缴、失权的解决办法更为合理，可以解决应缴未缴而导致公司资本的长期虚置状态及公司资本关系的混乱。

无论是失权还是除名，均基于被失权或除名者没有按照规定缴纳出资。如果所有股东均存在此问题，则公司不能仅仅针对某一个或某些股东进行所谓的失权或除名。显然，公司股东均为虚假出资或抽逃全部出资，部分股东通过股东会决议解除特定股东的股东资格，由于该部分股东本身亦非诚信守约股东，其行使除名表决权丧失合法性基础，该除名决议应认定为无效。[1]

二、失权股权的处理

依本条第 2 款规定，股权失权后，失权股东相应股权不再存在，但其认缴而未出资部分仍属于公司注册资本的一部分，公司需要通过转让该部分而维持公司资本，或者通过法定减资程序确保公司资本真实与确定。

首先，失权股权应依法转让，即应当按照《公司法》第四章规定的股权转让程序办理，既可转让给公司其他股东，也可转让给第三人。此时转让人为公司，非失权股东。失权股权在被转让出去之前，属于库藏股。

其次，失权股权可通过法定减资程序注销该出资部分，即按照《公司法》第十一章规定的减资程序办理。

最后，失权股权的转让或注销应在法定期间内完成，否则由公司其他股东按照其出资比例足额缴纳相应出资。

失权股权的转让或注销非一般意义上的转让和注销，目的在于迅速了结因失权股权导致的公司资本关系不确定状态，故需要在一定时间内完成。依本条第 2 款，应在失权 6 个月内未转让或者注销。该 6 个月为法定期间，不得通过章程延长。该 6 个月的期间计算从公司发出失权通知之日开始，按月计算至第 6 个月相应月份日期止。失权股东的异议和诉讼不影响该期间计算，

---

[1] 参见"刘美芳与常州凯瑞化学科技有限公司公司决议效力确认纠纷二审民事判决书"[（2018）苏 04 民终 1874 号]，载《最高人民法院公报》2023 年第 2 期。

除非失权股东通过诉讼由法院发出相应裁定。

如果 6 个月内未转让或者注销的，须由公司其他股东按照其出资比例足额缴纳相应出资，即其他股东对于失权而未依法处理的应出资部分承担最后的保证出资责任（按份责任）。对于股东来说，除非章程另有规定，仅限于按照章程所规定的个人认缴额及期限出资，公司成立后不再负有章程之外的出资义务，《公司法》关于本条的规定属于例外，意在督促公司及时处理失权股权。

三、未及时处理失权股权的对外责任

按照本条第 2 款规定，公司应在法定期间内通过转让或减资程序处理失权股权，如果未能在法定期间内转让或减资，则由其他股东按照各自出资比例足额缴纳予以填补。

此关于其他股东按出资比例足额缴纳的填补规定，是一种法定的按份责任，意味着其他股东仅按照出资比例足额填补。此按份填补责任，不仅在公司内部是按份的，对外也是按份的。依《民法典》第 518 条第 2 款关于连带之债的规定，仅法律明确规定或当事人之间约定之际，方在多数债务人之间产生连带之债。《公司法》本条关于失权股权的处理十分明确地规定了其他股东仅按照各自出资比例填补失权股权额。

四、失权异议之诉

依本条第 3 款规定，股东对失权有异议的，可以自接到失权通知之日起 30 日内，向法院提起诉讼，从而为其提供相应救济。

第五十三条　【抽逃出资】公司成立后，股东不得抽逃出资。

违反前款规定的，股东应当返还抽逃的出资；给公司造成损失的，负有责任的董事、监事、高级管理人员应当与该股东承担连带赔偿责任。

本条是关于股东不得抽逃出资的规定。

一、抽逃出资的认定

（一）抽逃出资的基本认定

本条第 1 款规定了股东于公司成立后不得抽逃出资的基本要求。

抽逃出资一般是指股东在公司成立后将其已经缴纳的出资（股本）暗中撤回，却仍享有股东权利并保留其原有出资数额的欺诈性违法行为。其不仅违反了公司资本制度，还破坏了股东之间责任承担的公平性基础，实质是股东滥用权利和有限责任的行为。

从行为上看，股东抽逃出资的行为是"抽逃"，对象是股东的出资，发生的时间是在公司成立后。如何认定"抽逃"是问题的核心。

根据《公司法司法解释（三）》第 12 条规定，以下情况可以认定为构成抽逃出资：

一是财务上，制作虚假财务会计报表虚增利润进行分配的。实践中，抽逃出资常常通过财务漏洞或财务造假进行，其突出表现是通过制作虚假财务会计报表虚增利润予以分配。表面上是一种利润分配，但由于其分配的前提是虚增利润，故可以认定为抽逃出资。

二是通过虚假的债权债务关系将出资转出。这也是实践中常常发生的情形，名义上发生了某种债权债务关系，而事实上是以债权债务合同之名将出资转走。

三是利用关联交易转出出资，关联交易是关联企业或关联方之间的交易行为。从经济学角度看，关联交易是不可避免的，它可以节约交易成本，提高管理效率。但它常常被用来从事损害公司、其他股东和债权人的利益。其中利用关联交易将出资抽走，就是表现之一。《公司法》第 265 条第 4 项对所谓的关联关系、关联主体作了基本的界定："关联关系，是指公司控股股东、实际控制人、董事、监事、高级管理人员与其直接或者间接控制的企业之间的关系，以及可能导致公司利益转移的其他关系。但是，国家控股的企业之间不仅因为同受国家控股而具有关联关系。"

四是其他未经法定程序将出资抽回的行为。该规定是"兜底性条款"，即除前边的三种情形外，凡是没有经过法定程序将出资抽回的行为，均可能认定为抽逃出资。如对于股东实际出资多于其认缴出资的情况，该多余的出资构成公司资本溢价，性质上属于公司的资本公积金，股东可按出资比例向公司主张所有者权益，但不构成股东对公司的借款，股东出资后不能抽回，亦不得转变为公司的债务计算利息。如果股东以此作为借款债权而与公司以物抵债的，则构成变相抽逃出资。

（二）关于"将出资款项转入公司账户验资后又转出"的行为

在此需要特别指出的一个问题是，"将出资款项转入公司账户验资后又转出"的行为是否属于抽逃出资行为？该问题的产生是由于《公司法司法解释（三）》第 12 条在 2014 年的修改引起。修改时，该条第 1 项即"将出资款项转入公司账户验资后又转出"被删除，对抽逃出资事由的列举由五项变为四项。由此，现行《公司法司法解释（三）》（2014 年）第 12 条所列举的抽逃出资情形不再包含"将出资款项转入公司账户验资后又转出"这种情形。实践中有不少人据此认为，既然这种情形在 2014 年修改时被删除，因此"将出资款项转入公司账户验资后又转出"的行为不再属于抽逃出资，不用再承担抽逃出资责任。

这种观点是错误的。在"再审申请人张幼渠与被申请人王峰案外人执行异议之诉案"［（2019）最高法民申 3194 号］中，最高法院指出，《公司法司法解释（三）》第 12 条在 2014 年修正后删除了"将出资款项转入公司账户验资后又转出的行为"属于抽逃出资的规定，是为适应公司注册资本登记制度改革以及《公司法》的修订而实施，虽然"将出资款项转入公司账户验资后又转出的行为"不再作为一项明文规定的股东抽逃出资的典型行为，但并不意味着该种行为一律不再认定为抽逃出资之性质，该行为已经被修正后《公司法司法解释（三）》第 12 条第 4 项"其他未经法定程序将出资抽回的行为"吸收。

只要股东不能证明其转款的行为系公司的正常经营行为，或股东与公司之间存在真实的债权债务关系，或该转款行为经过法定程序等事实，"将出资款项转入公司账户验资后又转出"的行为就应当认定构成抽逃出资。

（三）损害公司权益是认定抽逃出资的必要条件

整体上，抽逃出资的表现多样，但只有在该行为对公司权益造成损害的情况下（侵蚀公司股本），才被认定为抽逃出资，进而追究行为人的责任。损害公司权益是认定抽逃出资行为的必要条件。在上述情形中，有的本身已经构成了对公司权益的损害，如《公司法司法解释（三）》第 12 条第 1 款第 1 项"制作虚假财务会计报表虚增利润进行分配"和第 2 项"通过虚构债权债务关系将其出资转出"，这两者均不同于股东借款，前者是相关股东制作虚假财务会计报表虚增利润进行分配，违反了《公司法》关于公司分配利润的法定条件的规定，即"没有盈利不得分配"的法律原则，侵害了公司的权益。后者是指恶意地将公司资本转出，一般无须支付对价和提供担保，也无返还期限的约定等，同时也违反了有关金融管理、财务制度的规定，而股东向公司借款时，有真实的债权债务关系且符合有关相关规定等。

但上述其他两种情形中，有的行为本身并不足以构成抽逃出资，是否构成抽逃出资，应看该行为是否侵害公司权益。如第 3 项情形中，股东利用关联交易将出资转出，如果该交易行为符合法律规定，交易价格公平合理，则该关联交易行为并未侵害公司权益，也不应认定为抽逃出资。

（四）股东以土地使用权的部分年限对应价值作价出资期满后收回土地不构成抽逃出资

如果股东以土地使用权的部分年限对应价值作价出资，期满后收回土地是不构成抽逃出资的。对此，最高人民法院民事审判第二庭〔2009〕民二他字第 5 号函（2009 年 7 月 19 日）中批复道：根据我国《公司法》及相关法律法规的规定，股份有限公司设立时发起人可以用土地使用权出资。土地使用权不同于土地所有权，其具有一定的存续期间即年限，发起人将土地使用权出资实际上是将土地使用权的某部分年限作价用于出资，发起人可以将土地使用权的全部年限作价用于出资，作为公司的资本。发起人将土地使用权的部分年限作价作为出资投入公司，在其他发起人同意且公司章程没有相反的规定时，并不违反法律法规的禁止性规定，此时发起人投入公司的资本数额应当是土地使用权该部分年限作价的价值。在该部分年限届至后，土地使用权在该部分年限内的价值已经为公司所享有和使用，且该部分价值也已经凝结为公司财产，发起人事实上无法抽回。由于土地使用权的剩余年限并未作价并用于出资，所以发起人收回土地使用权是取回自己财产的行为，这种行为与发起人出资后再将原先出资的资本抽回的行为具有明显的区别，不应认定为抽逃出资。发起人取回剩余年限的土地使用权后，公司的资本没有发生变动，无须履行公示程序。[①]

另外，对于股东以将其股权转移至债权人名下的方式为债务履行提供担

---

① 杜军：《股东以土地使用权的部分年限对应价值作价出资，期满后收回土地是否构成抽逃出资》，载最高人民法院民事审判第二庭编：《商事审判指导》2009 年第 4 辑（总第 20 辑），人民法院出版社 2010 年版，第 99—100 页。

保（股权让与担保），公司或者公司的债权人以股东未履行或者未全面履行出资义务、抽逃出资等为由，请求作为名义股东的债权人与股东承担连带责任的，人民法院不予支持（《民法典担保制度解释》第 69 条）。

二、抽逃出资的民事责任

（一）抽逃出资股东的民事责任

抽逃出资损害了公司独立财产权，违反了和其他股东关于出资的约定，严重损害公司债权人对于公司财产确定的合理信赖。尽管《公司法》对股东抽逃出资的责任没有作出直接规定，抽逃出资者本人毫无疑问应承担返还并加相应利息的法律责任，这是抽逃出资者的基本责任要求，如果因此给公司造成损失的，还须对此承担赔偿责任。

即使是股东抽逃出资后转让股权，仍不免除其民事责任的承担。[①]

（二）抽逃出资中董事、监事、高级管理人员的责任

实践中，股东抽逃出资并非其本人自己所能完成的，常常需要董事、监事、高级管理人员的配合甚至直接操控完成。此时负有责任的董事、监事、高级管理人员事实上是与抽逃出资股东的共同行为，构成《民法典》第 1168 条关于"二人以上共同实施侵权行为，造成他人损害的，应当承担连带责任"之要件，故本条第 2 款规定，给公司造成损失的，负有责任的董事、监事、高级管理人员应当与该股东承担连带赔偿责任。[②]

如果其他股东有能力协助抽逃出资，该股东要么是董事、监事或高级管理人员，要么是控股股东或实际控制人，此时可按照《公司法》第 180 条第 3 款规定处理，即其为事实董事而承担责任。

另外，一般情况下，因他人侵权或违约而承担连带责任的人在承担了连带赔偿责任后，都是可以向侵权人或违约人要求追偿的。但对于协助抽逃出资的其他股东、董事、高级管理人员、实际控制人来说，其依法承担连带责任后，是否可以向抽逃出资者予以追偿，本条并未作出规定。按照法律并不保护违法行为的基本原理，法律并不承认和保护协助者追偿的权利。此时的

---

① 参见"濮阳经济技术开发区城市建设投资有限公司、吴某股东损害公司债权人利益责任纠纷二审民事判决书"〔（2020）豫 09 民终 1762 号〕。

② 参见"光彩宝龙兰州新区建设有限公司、宝纳资源控股（集团）有限公司等与袁某岷、龙湾港集团有限公司一般股权纠纷二审民事判决书"〔（2014）最高法民二终 00092 号〕。

董事、监事、高级管理人员、实际控制人协助抽逃出资的行为一般存在直接故意的严重违法意图，这种协助行为对公司财产损失及公司债权人合理信赖利益存在直接的侵害或危害关系，如果允许连带责任人承担连带责任后可以向抽逃出资者进行追偿，就意味着违法可以得到补救，这是严重违背法理的。因此，应对连带责任人追偿权予以否定，科以协助抽逃出资人更加严格的责任，维护应有的公司法秩序。

三、抽逃出资与公司法人人格否定

抽逃出资直接违反资本维持原则，属于资本非法返还。从《公司法》第53条规定位置来看，其在我国公司法体系中为"股本被侵蚀"范畴，即对股东的支付导致公司股本而非净利润或公积金的减少，而与其他违反返还资本规则（如非法减资）有明确的区别。不过，从以上我国关于抽逃出资认定观察，其有扩大趋势，超出了"股本被侵蚀"标准。[1] 由于其系"股本被侵蚀"，故一般要求抽逃出资者在抽逃出资范围内予以补足即可。

公司人格否定的本质是股东滥用公司的有限责任而严重损害公司债权人，直接触及公司法赋予公司人格的对价，在发生公司人格否定情形，由滥用权利的股东承担无限连带责任。而且，由于其系对公司人格的否定，是对公司有限责任的反动，故仅在发生特定人格否定情形，方适用该制度。

由于抽逃出资与公司人格否定制度法理的不同，一般不宜仅以股东抽逃出资为由而否定公司人格，[2] 但如果股东抽逃出资符合公司人格否定要件，严重损害债权人合法权益，可以适用公司人格否定制度。

四、关于对赌协议

依《九民会议纪要》规定，"对赌协议"，又称估值调整协议，是指投资方与融资方在达成股权性融资协议时，为解决交易双方对目标公司未来发展的不确定性、信息不对称以及代理成本而设计的包含了股权回购、金钱补偿等对未来目标公司的估值进行调整的协议。从订立"对赌协议"的主体来看，有投资方与目标公司的股东或者实际控制人"对赌"、投资方与目标公司"对赌"、投资方与目标公司的股东、目标公司"对赌"等形式。人民法院在审理

---

[1] 刘燕：《重构"禁止抽逃出资"规则的公司法理基础》，载《中国法学》2015年第4期。

[2] 参见"三亚凯利投资有限公司、张某确认合同效力纠纷二审民事判决书"[（2019）最高法民终960号]。

"对赌协议"纠纷案件时，不仅应当适用合同法的相关规定，还应当适用公司法的相关规定；既要坚持鼓励投资方对实体企业特别是科技创新企业投资原则，从而在一定程度上缓解企业融资难问题，又要贯彻资本维持原则和保护债权人合法权益原则，依法平衡投资方、公司债权人、公司之间的利益。对于投资方与目标公司的股东或者实际控制人订立的"对赌协议"，如无其他无效事由，认定有效并支持实际履行，实践中并无争议。但投资方与目标公司订立的"对赌协议"是否有效以及能否实际履行，存在争议。对此，应当把握如下处理规则：

投资方与目标公司订立的"对赌协议"在不存在法定无效事由的情况下，目标公司仅以存在股权回购或者金钱补偿约定为由，主张"对赌协议"无效的，人民法院不予支持，但投资方主张实际履行的，人民法院应当审查是否符合公司法关于"股东不得抽逃出资"及股份回购的强制性规定，判决是否支持其诉讼请求。投资方请求目标公司回购股权的，人民法院应当依据《公司法》关于"股东不得抽逃出资"或者关于股份回购的强制性规定进行审查。经审查，目标公司未完成减资程序的，人民法院应当驳回其诉讼请求。

投资方请求目标公司承担金钱补偿义务的，人民法院应当依据《公司法》关于"股东不得抽逃出资"和关于利润分配的强制性规定进行审查。经审查，目标公司没有利润或者虽有利润但不足以补偿投资方的，人民法院应当驳回或者部分支持其诉讼请求。今后目标公司有利润时，投资方还可以依据该事实另行提起诉讼。

第五十四条　【提前缴纳出资】公司不能清偿到期债务的，公司或者已到期债权的债权人有权要求已认缴出资但未届出资期限的股东提前缴纳出资。

本条是关于认缴出资的提前缴纳规定。

2014 年认缴资本制度改革，符合中国投资文化而具中国特色，其是由股东个人通过章程自由决定认缴出资，并对认缴出资承诺承担责任的一种制度。

其隐含的理论认知是，公司是投资人的投资平台与工具，所有投资人均有权决定自己的投资，同时基于私法自治承诺产生责任法理，即便股东认缴出资期限未至，公司债权人也可以要求股东在其认缴出资范围内承担责任。① 这种认知重构了股东—公司—债权人之间的法律关系，尽管学界与司法仍然还在努力基于传统上三者之间的关系处理相关问题。新《公司法》将全面的认缴资本制改为有期限（5 年）的认缴制（第 47 条），并在司法实践及《九民会议纪要》基础上规定了股东提前缴纳出资的要求（第 54 条），以减少完全认缴出资制度的弊端。

一、公司不能清偿到期债务的判断

公司不能清偿到期债务是股东提前缴纳出资的实质条件与前提。

根据规定，有限责任公司的注册资本为在公司登记机关登记的全体股东认缴的出资额（第 47 条第 1 款），构成公司对外最后的担保（注册资本担保）。当公司对外欠债时，公司须以包括股东已经实际出资在内的所有资产进行清偿。在这些所有资产仍不足以偿还时，作为公司注册资本构成的股东认而未缴部分，自然因其构成公司资本担保部分而须向公司债权人支付，从而产生所谓提前缴纳出资问题。股东提前缴纳出资的实质是股东以其认缴出资构成公司对外担保部分而产生的保证责任结果，但因股东—公司—债权人之间互为人格的形式隔离关系而体现为所谓的由股东向公司提前缴纳，并以公司名义支付于公司债权人。通过提前缴纳，并非为了实现公司资本的缴纳，而是为实现债权人的利益。可以看出，股东提前缴纳出资不是股东与公司之间的事情，而是公司债权人利益保证问题，故不存在股东与公司之间的所谓期限利益一说。

公司不能清偿到期债务，并不以公司现有资产是否足以偿付为标准，关键在于公司能否对于其到期债务及时清偿。即使公司现有资产足以偿付公司债务，如公司不能及时清偿到期债务，即触发本条所称提前缴纳的条件。不过，对于公司而言，如果其发现不能清偿到期债务而需要股东提前缴纳出资的，需要由公司依照章程或比照公司法有关规定（见下文），要求股东提前出资，但不需要以公司穷尽一切手段而仍不足以偿还到期债务为前提；对于公

---

① 徐强胜：《公司关系视角下认缴资本制的修正》，载《法治研究》2022 年第 5 期。

司债权人而言，仅凭公司不能清偿到期债务的外观，即可通过诉讼要求股东直接提前缴纳。也就是说，二者均为形式上的外观标准。只不过，前者需要履行公司内部必要程序而已。

相对于《九民会议纪要》，在认缴出资制下，新《公司法》关于股东提前缴纳出资的标准能够更好地发挥"公司资本"对公司债务的保证功能，可以迅速了解公司债务，稳定公司关系和促进公司发展，避免出现公司债权人不能及时实现债权，公司又不能因公司债务的及时处理而陷入经营困境的局面。而且，《公司法》第53条消除了《九民会议纪要》关于所谓"加速到期"规定有关认定的困境以及执行中的难题。

二、公司要求提前缴纳出资

公司不能清偿到期债务，关系公司的正常经营，公司有权要求已认缴出资但未届缴资期限的股东提前缴纳出资。

股东认缴出资期限为章程规定事项（第46条、第47条）。在公司正常经营或者说不存在公司不能清偿到期债务的时候，公司因受到章程约束而不能要求股东提前缴纳出资。此被学界与司法实践界称为未到期股东的所谓"期限利益"。从股东认缴出资与公司之间的关系来看，以民法上未到期合同规定（《民法典》第530条）解释股东未届出资期限的出资缴纳，有其形式上的相似性与价值。但是，当公司不能清偿到期债务之际，正如前述，已经不只是未届出资期限股东与公司之间的关系，系直接关系公司债权人债权之实现而成为公司注册资本的担保问题（第4条、第47条）。本来，公司注册资本担保功能的实现主要是在公司陷入清偿不能状态，一般是在公司破产之际体现出来，其假定的前提是公司已经占有并充分利用了股东已经缴纳的出资。认缴出资制度下，公司仅仅占有并利用了股东已经缴纳的出资，而未占有并利用股东认而未缴部分资本，故难以公司破产之极端情形，即陷入清偿不能之标准决定股东认而未缴部分的担保责任。认缴出资制度的本意是方便股东根据自身财产状况和公司经营需要进行出资安排，那么，在公司不能清偿到期债务的情况下，股东也需要随时在认而未缴部分范围内提前缴纳，后者也是认缴出资制度的本来含义（第4条）。认缴出资下的有限责任不仅体现在公司破产程序中，也体现在正常经营的公司因公司不能清偿到期债务之时。这是股东以认缴出资为限承担责任的基本内涵。

公司要求股东提前出资，涉及以下法律问题：

（一）应由董事会召集股东会并通过决议方式为之

首先，董事会应召开股东会。

根据本条规定，在公司不能清偿到期债务的时候，股东提前出资系其义务。但是，公司不能清偿到期债务，不仅涉及公司债权人的合法权益，也直接关系全体股东的合法利益，需要公司以法定或章定的方式和程序由全体股东知悉并讨论。亦即，董事会应专门提出包括公司不能清偿到期债务金额、股东按照出资比例应提前缴纳金额及期限等内容的议案，就此召开股东会，向全体股东报告公司财务困境及不能清偿到期债务的实际情况。

其次，股东会应对此做出决议。

股东提前出资尽管直接关系其所谓出资利益，但公司不能清偿到期债务而提前出资系其义务，无须采特别多数决，经代表过半数表决权的股东通过即可（第66条2款）。

当然，股东以书面形式一致表示同意的，可以不召开股东会会议，直接作出决定，并由全体股东在决定文件上签名或者盖章即可（第59条3款）。

（二）董事会催缴

股东会做出决议后，议案所载股东应提前出资期限届满而不缴纳的，负有责任的董事有权力予以催缴。催缴应采书面方式。催缴书应载明股东会决议、应提前缴纳金额及再次的时间要求，并附上不予缴纳可能导致的民事责任提醒。

（三）股东会无法召开或无法做出决议的处理

实践中，由于各种原因，会出现股东会无法召开或尽管召开而无法做出决议之情形。此时，董事会仍需就公司不能清偿到期债务而要求股东提前出资以书面方式通知并催缴。股东会召开与否或决议与否并不免除股东此时的提前出资义务与责任。

三、债权人要求提前缴纳出资

本条关于股东提前缴纳出资的规定，目的在于保护公司债权人。只要出现公司不能清偿到期债务的外观，公司债权人即可通过启动诉讼程序要求股东提前缴纳出资。此时，其并不以公司内部召开股东会并做出决议为前提，后者仅是公司内部关系运行的逻辑。而且，公司债权人也无须通过董事会催缴而直接行使该请求权。因此，在公司不能清偿到期债务时，可以同时将公司与股东列为被告。在执行阶段，当发现公司没有财产可供执行，可以直接将未届出资期限的股东列为被执行人。

四、其他情形下的提前缴纳出资

除了本条规定以外，是否存在需要股东提前缴纳出资的其他情形，不无疑义。

从《公司法》关于认缴出资制度的规定（第 4 条、第 32 条、第 46 条、第 47 条、第 49 条、第 88 条）来看，除非章程另有规定，或全体股东一致同意，非出现本条规定之情形，其原则遵循认缴出资的章定规则，以保护股东认缴出资的"期限利益"。

但将股东认缴出资期限规定于章程，必然产生所谓"股东出资期限利益"与公司利益的冲突。在"鸿大（上海）投资管理有限公司与姚某城公司决议纠纷案"[（2019）沪 02 民终 8024 号民事判决书][1] 中，法院认为，除法律另有规定外，2018 年《公司法》第 28 条（新《公司法》第 49 条）赋予公司股东出资期限利益，是资本认缴制的核心要义，为公司各股东的法定权利。修改股东出资期限直接关系到公司各股东的切身利益，其性质不同于公司增资或解散等事项，后者并不直接影响公司股东之固有权利。修改出资期限如允许适用资本多数决，不同意提前出资的股东将可能因未提前出资而被剥夺或限制股东权益，直接影响股东根本利益。该裁决意见将股东的出资期限利益视为股东的固有权利，公司发展即便需要股东提前缴付出资，也不能通过资本多数决决定，只能是全体一致决，因为股东按期出资"本质上属于各股东之间的一致约定，而非公司经营管理事项"。根据该逻辑，完全的认缴资本制是全体股东的一致决，不遵从公司法资本多数决基本原理。依此推理，认缴资本制是各个股东共同决定公司资本缴付，如同合伙企业一样采全体一致决。从这个意义上来讲，该制度造就了一个合伙式资本规则的公司，而不仅仅是具有人合性那样简单了。

认缴出资制度导致的合伙式资本规则，使企业本身受到出资人个人情况的左右，公司有了出资人的个人属性，损害了股东与公司之间互为人格的

---

[1] 《最高人民法院公报》2021 年第 3 期。

法理与基本要求。也许正因如此，实践中也出现在公司发展需要资金时，可以通过资本多数决做出决议的裁判意见。在"高某远与北京薇安俪餐饮管理有限公司股东出资纠纷案"［（2020）京 01 民终 5002 号民事判决书］中，法院认为，公司法及其司法解释对于股东以股东会决议的形式修改公司章程，变更股东缴纳出资期限，并无限制性规定。虽然薇安俪公司原公司章程规定认缴出资，但为了维持公司正常的经营需要、避免破产等正当理由，公司根据章程的规定，通过召开股东会，重新确定合理的出资期限要求股东提前出资，符合公司实际经营管理的现实情况。高某远无法说明薇安俪公司经营资金的来源，在其他股东均已履行出资义务的情况下，拒绝提前履行己方出资义务，既不利于公司经营发展，亦有悖于各股东权利义务平等的原则。

整体而言，该裁决是符合公司资本法理的。此时，对于以股东会决议的形式修改公司章程，变更股东缴纳出资期限，因其涉及章程重大事项修改，股东会决议须采 2/3 资本多数决，不能采一般多数决。如果一些股东（一般为中小股东）认为提前缴纳出资决议损害了自己的合法权益，可以参照异议股东请求权，请求公司按照合理的价格收购其股权（第 89 条）。如果希望继续作为股东，可参照失权规则对其不愿意提前缴纳部分作失权处理（第 52 条第 2 款）。如此安排，既符合公司法理，维持公司正常经营（实质是公司存续），又能够较好地保护中小股东的合法权益。

认缴出资制的本质是通过认缴而使公司可以根据经营需要灵活使用资本，并非确立股东的所谓期限利益。从经济学角度来看，股东认缴出资的期限是确定的，但公司的经营发展是不确定的，以确定的认缴期限决定不确定的公司经营发展是荒谬的。当股东个人利益与公司利益发生冲突时，后者优先于前者。公司法应当也能够为中小股东提供合理的渠道，保护其个人利益。

五、已转让股权的原股东是否适用于本条

原则上，股东转让已认缴出资但未届缴资期限股权的，由受让人承担缴纳该出资的义务（第 88 条第 1 款前句），那么，依此原则，股东已经转让其股权的，其因不具有股东身份而不适用本条的要求。但在受让人未按期足额缴纳出资情形，转让人对受让人未按期缴纳的出资需承担补充责任（第 88 条第 1 款后句），亦即，转让人对受让人承担连带补充责任的前提是受让人未按期缴纳出资，不包括其他情形。因此，从文义观察，正常转让股权的原股东不适用于本条的规定。

认缴出资制中的认而未到期缴付部分，极大地改变了公司资本规则，带来一系列不确定问题。尽管如此，转让未到期出资的股权为认缴出资下的必然情形，属于正常的股权转让，故《公司法》第 88 条第 1 款首先规定由受让人承担受让的未届缴付期限出资的一般规则，其次才规定仅在受让人未按期足额缴纳出资情形，由转让人对受让人未按期缴纳的出资需承担补充责任的例外规则。

该第 88 条第 1 款确立的一般与例外规则，明确了正常股权转让下的转让人的出资责任。依举轻以明重规则，转让人的责任不宜扩大适用于第 54 条。

但对于非正常股权转让，即未届出资期限的股东明知公司将无力清偿债务，试图通过转让股权逃避出资义务的，应当在未出资范围内对公司不能清偿的债务承担补充赔偿责任。在"许某兰、周某义申请执行人执行异议案"〔（2019）川民终 277 号〕中，经查，周某义、许某兰作为金州公司原始股东，在公司章程约定的出资期限届满（2018 年 5 月 22 日）前均将股权进行转让，《公司法》及其司法解释虽然规定未（全面）履行出资义务的股东在未出资本息范围内对公司负有补足出资的义务、对公司债务不能清偿部分负有补充赔偿责任，但对资本认缴制制度下，股东在认缴期限届满前即转让股权的，应否仍对公司负有补足出资义务未作规定。法院认为，未（全面）履行出资义务是股东违反出资义务的不法行为，这与认缴资本制下股东享有的合法的出资期限利益有着本质区别。故股东在认缴期限内未（完全）缴纳出资不属于未履行或未完全履行出资义务。认缴的股份实质上是股东对公司承担的负有期限利益的债务，当股权转让得到公司认可情况下，视为公司同意债务转移，出让人退出出资关系，不再承担出资义务，除非有证据证明其系恶意转让以逃避该出资义务。①

_____

① 另参见"北京南亚物流有限公司与岳某浩等执行异议之与二审民事判决书"〔（2023）京 03 民终 7470 号〕；"上海鲁韵国际贸易有限公司、王某国等股东损害公司债权人利益责任纠纷二审民事判决书"〔（2022）浙 02 民终 2447 号〕。

第五十五条　【出资证明书】有限责任公司成立后，应当向股东签发出资证明书，记载下列事项：

（一）公司名称；

（二）公司成立日期；

（三）公司注册资本；

（四）股东的姓名或者名称、认缴和实缴的出资额、出资方式和出资日期；

（五）出资证明书的编号和核发日期。

出资证明书由法定代表人签名，并由公司盖章。

本条是关于出资证明书的基本规定。

一、出资证明书的性质

出资证明书是有限责任公司成立后发给股东的出资凭证。有限责任公司不同于股份有限公司，并不将股东出资划分为等额股份，而被我国《公司法》称为出资证明书。

出资证明书是有限责任公司成立后由公司签发的证明股东出资并享有相应权利的凭证，股东可以据此享有权利并承担相应义务。它不具有创设股东权的作用。如股东将出资证明书丢失或无法找到，他可以通过其他方式证明其股东地位。也就是说，出资证明书是一种证明文书，非有价证券。

二、出资证明书的签发

依本条第 1 款规定，出资证明书是在公司成立后由公司签发给股东的，一般应在公司成立后召开第一次股东会，由董事会经过核查出资（第 51 条）并报告确认全体股东出资状况后，由公司签发给股东。

出资证明书应在公司成立后签发。在公司设立阶段签发的有关证明，可以成为出资人与设立中公司之间的出资证明，但不能作为本条的"出资证明书"。后者是对股东出资的确认及证明，并因而产生股东与公司之间的法律关系。如果公司设立阶段签发了所谓出资证明，需要在公司成立后由公司经过法定程序出具正式的出资证明书，以表彰出资人已履行了认缴出资义务并成为股东。

三、出资证明书的转让

出资证明书是股东股权的书面形式表现，类似于股份有限公司的股份。其转让遵循《公司法》第四章关于股权转让的规则。股东转让其股权的，需要将其持有的出资证明书同时交付，由公司签发新的出资证明书或背书，并变更股东名册。如果股东仅转让部分股权的，则转让股东需要将其持有的出资证明书交付于公司，由公司根据转让份额分别签发新的出资证明书，交由转让人与受让人。

第五十六条　【股东名册】有限责任公司应当置备股东名册，记载下列事项：

（一）股东的姓名或者名称及住所；

（二）股东认缴和实缴的出资额、出资方式和出资日期；

（三）出资证明书编号；

（四）取得和丧失股东资格的日期。

记载于股东名册的股东，可以依股东名册主张行使股东权利。

本条是关于股东名册的制作与置备规定。

一、股东名册的制作与置备

股东名册是有限责任公司应当制作并置备，记载股东个人情况及其出资等有关法定事项的簿册。

本条第 1 款规定了有限责任公司应当置备股东名册及应记载事项。

二、股东名册的效力

股东名册具有确认股东资格的效力，因为依本条第 2 款规定，"记载于股东名册的股东，可以依股东名册主张行使股东权利"。

而且，公司据此履行对股东的会议通知，分配红利、分配剩余财产、确认表决权等。亦即，公司是根据记载于股东名册上的股东姓名或名称、出资比例、地址、通信方式等来履行这些义务的。

三、股东名册的公开

股东名册直接关系股东与公司债权人切身利益。许多国家和地区公司法规定，股东名册依法制作后应置备于总公司和分公司，股东及债权人在营业期间可以查阅并抄录，且公司应每年向公司登记机关报送股东名册，以备公开。

本条仅规定公司必须制作并置备股东名册，未就其他作进一步要求。有限责任公司的股东姓名或名称属于登记事项（第32条），股东名册既非登记事项，也非备案事项。不过，股东名册属于股东查阅权范围（第57条），在一定意义也体现了其公开性。对于公司债权人而言，可以通过工商登记的股东姓名或名称记载确认股东关系。

四、出资证明书与股东名册的关系

出资证明书是公司签发给股东的出资凭证，股东名册是关于股东的身份、出资额及个人情况的记载。一般情况下，持有出资证明书的股东应被记载于股东名册，记载于股东名册上的股东是持有出资证明书的投资者。二者关于股东的记载一般情况下是一致的。

但是，二者在性质和功能上都是不同的。出资证明书是公司签发给投资者的出资凭证，证明其出资于公司因而成为股东。它只有对内的效力，即持有出资证明书的股东可以因此要求对公司行使股东权利。股东名册是关于公司所有股东身份、出资额及个人情况的记载，它具有确认某个投资者股东身份的功能。一旦某个投资者被记载于股东名册，他就当然成为公司的股东，除非其他人能够证明自己是真实的股东。所以，股东名册一旦对股东作出记载，其证明力要优于出资证明书。同时，股东名册不但具有对内的效力，即确认和证明某个投资者是公司的股东，还具有对外的效力，即第三人仅以股东名册记载认定某投资者为股东，因而可以要求其履行相应义务。

就股东与公司之间的关系来说，股东可以凭借股东名册记载行使股东权利。如果股东名册没有记载或公司没有依法制作股东名册，股东可以依据出资协议书、出资证明书、股东会会议记录和公司章程等证据，请求确认其股东资格，并要求公司制作并记载于股东名册。

五、公司章程、公司登记、股东名册、出资证明书与股东资格认定的关系

股东资格可以凭借公司章程、工商登记、股东名册、出资证明一系列形式化证据予以证明。

公司章程的约束力主要及于公司、股东、董事、监事和经理，章程的记载赋予股东之间相互抗辩、否定股东资格的权利。公司章程的记载，并非确

定发起人股东资格的充分条件，只是一个必要的形式化证据。工商登记并非设权性程序，只具有证权功能。工商登记可以被视为证明股东资格并对抗第三人的表面证据。第三人可以凭借工商登记材料来主张或者否定股东的资格。股东名册是证明记名股东资格的充分的表面证据，是记名股东所据以对抗公司，行使股东权利的依据。股东名册主要是解决公司和股东之间关系的法律文件。出资证明书等股权证书是持有人对出资额拥有物权性权利的凭证，可以证明持有人与公司间存在某种成员关系。

在各种证据发生冲突时，原则上应当坚持股东名册优先，出资证明书次优的原则处理，但同时应当按照争议当事人的具体构成确定各类表面证据的选择适用规则。

在"云南能投新能源投资开发有限公司、中航光合（上海）新能源有限公司等执行异议之诉案"〔（2022）最高法民再 117 号〕中，最高人民法院指出，股权受让方是否实际取得股权，应当以公司是否修改章程或将受让方登记于股东名册，股权受让方是否实际行使股东权利为判断依据。

整体而言，根据《公司法》规定和司法实践中掌握的基本原则，首先股东资格应以认缴出资并获得出资证明书作为认定其资格的最基本依据，其次股东名册应当对股东加以记载以便明确各个股东的持股，最后市场管理部门的登记中也要明确记载股东组成情况，只不过这是对社会公示的性质，并不能改变公司股东组成的实际构成。

六、实际出资人与显名股东

（一）隐名投资、实际出资人

司法实践中，有大量所谓"隐名投资"问题，理论上称投资人为"隐名股东"。《公司法司法解释（三）》以"实际出资人"的术语作出了相应的规定，即实际出资，享有相应投资权益但不被记载于公司法律文件的投资人。相对的是名义出资人，也称名义股东或显名股东，是指并未出资但被记载于公司法律文件的主体。应该说，实际出资人与名义股东两个词汇更为准确表达了相应问题，但我国理论及实践中常常以隐名股东和显名股东之称表达。

（二）实际出资纠纷的处理规则

1. 实际出资人与显名股东之间的纠纷

实际出资人与显名股东之间一般都会有相应协议，双方因投资权益归属发生纠纷时，以双方约定为标准（《公司法司法解释（三）》第 24 条）。

实际出资人与显名出资人之间的隐名投资协议不能违反法律的强制性规定，其是否无效应当根据《民法典》第 143 条、第 146 条、第 153 条、第 154 条认定。

2. 实际出资人与其他股东或公司之间的纠纷

如果公司及公司的其他股东知道或者应当知道实际出资人的存在，而且实际出资人也一直在参与公司的经营管理，并已实际以股东身份行使股东权利的，应认定其他股东或者公司对实际出资人的股东资格是认可的，确认其实际股东资格。

《九民会议纪要》第 28 条规定："实际出资人能够提供证据证明有限责任公司过半数的其他股东知道其实际出资的事实，且对其实际行使股东权利未曾提出异议的，对实际出资人提出的登记为公司股东的请求，人民法院依法予以支持。公司以实际出资人的请求不符合公司法司法解释（三）第 24 条的规定为由抗辩的，人民法院不予支持。"

如果涉及外商投资，需要注意我国政府关于外商投资的负面清单规定，其对隐名股东显名化有重大影响。在"张某与上海纽鑫达进出口有限公司公司决议效力确认纠纷民事二审案"〔（2021）沪 01 民终 12984 号〕[1] 中，法院认为，《外商投资法》对外商投资采取准入前国民待遇和负面清单管理模式。外籍隐名股东诉请确认股权并显名登记的，隐名股东除证明自己已实际投资，且具有被认可的股东身份外，如该公司所从事领域不属于外商投资准入负面清单内的，人民法院可确认其变更为显名股东；如该公司所从事领域属于负面清单内的限制类领域，人民法院及当事人在诉讼期间应征得外商投资企业主管机关的同意；还应征得外商投资企业主管机关的同意。

为了维护公司法律关系的稳定，避免出现产生不当得利等复杂问题，对于名义股东之前所为的公司法律行为，实际出资人显名成为公司股东，原则上无溯及力，不影响名义股东之前法律行为的效力。[2]

---

[1]　《最高人民法院公报》2023 年第 11 期。

[2]　最高人民法院民事审判第二庭编著：《最高人民法院关于公司法解释（三）、清算纪要理解与适用（注释版）》，人民法院出版社 2016 年版，第 393 页。

（三）关于名义股东处分其名下股权

名义股东仅是名义上具有股东身份，其虽与实际出资人约定由其行使股权，但股权归属于实际出资人，因此，名义股东不能擅自处分股权，应得到实际出资人的同意，否则构成无权处分。

但在对外关系上，名义股东毕竟为显名者，第三人可以由此认定其就是公司股东。根据《公司法》第 56 条第 2 款和第 34 条规定，股东姓名或者名称未在公司登记机关登记的，不得对抗善意相对人，第三人凭借对登记内容的信赖，可以合理相信登记的股东（名义股东）就是真实的股权人，接受该名义股东对股权的处分，实际出资人不能主张处分行为无效。

但是，公司登记只是发生权利推定的效力。在认定股东资格时，公司登记只是相对优先适用，而非绝对的。在实践中，有时名义股东虽然是被登记于工商登记簿，但第三人可能事实上知道实际情况，即知道其并非真正的股东，股权事实上不属于名义股东。因此，如果名义股东将登记于其名下的股权转让、质押或者以其他方式处分，实际出资人以其对于股权享有实际权利为由，请求认定处分股权行为无效的，法院可以参照处理（《公司法司法解释（三）》第 25 条）。

在第三人构成善意而取得股权的情形下，名义股东的行为就违反了其与实际出资人之间的事先协议而构成侵权（《公司法司法解释（三）》第 25 条）。当然，实际出资人既可以按照侵权规则起诉，也可以依代持协议起诉。

（四）名义股东的瑕疵出资责任

实际出资人未适当进行投资，直接体现为名义股东的瑕疵出资。在公司债权人不知道实际出资人的情况下，名义出资人对于公司债权人毫无疑问就是股东。因此，公司债权人以登记于公司登记机关的股东未履行出资义务为由，请求其对公司债务不能清偿的部分在未出资本息范围内承担补充赔偿责任，股东以其仅为名义股东而非实际出资人为由进行抗辩的，法院是不予支持的（《公司法司法解释（三）》第 26 条第 1 款）。

在公司债权人知悉实际出资人的情况下，其既可以只要求基于登记信赖的名义股东承担责任，也可以将实际出资人和名义股东列为共同被告，请求实际出资人与名义股东对未履行出资义务承担连带责任。当然，在名义股东在承担对外责任后，其可以向实际出资人追偿（《公司法司法解释（三）》第 26 条第 2 款）。

七、关于冒名股东

冒名股东是指以根本不存在的人的名义（如去世者或者虚构者）出资登记，或者盗用真实人的名义出资登记的投资者。[①] 包括以根本不存在的人的名义出资和盗用真实的人的名义出资并登记两种情况。

对于以假名或盗名出资并登记的情形，由于名义股东对冒名人的冒名投资行为并不知情也未予以认可，或名义股东为现实中不存在的主体，名义股东不可能作为公司股东承担相应的义务与责任，而由冒用人承担（《公司法司法解释（三）》第 28 条）。

八、关于借名股东

借名投资是指实际出资人出于各种目的，在公司实际认缴或认购出资时，借用他人名义在公司章程、股东名册或工商登记材料中记载的情形。

与隐名出资中的显名股东不同的是，尽管显名股东与被借用者都是自愿的，但后者仅被借用名称或姓名，其并不行使股权，而是由实际出资人行使的。同样，名义出资人没有成为公司股东的意思，工商登记、公司章程均记载其为股东但其实际并未出资，也不参与公司管理，其仅有股东的形式要求，因此可以说仅仅是"法律意义上"的象征性股东。所以，在借名投资法律关系中，名义出资人仅是挂名而已，其既未认缴或实际出资，也不参与公司经营管理。

在借名法律关系中，实际出资人实际出资并且行使了全部股东权益，名义出资人没有成为公司股东的意思，不享有任何实际权利，也不对实际出资人承担任何义务。

在对外关系上，一方面，由于实际出资人就是真正的股东，其在享有权利的同时也要承担义务，公司债权人可以向作为真正股东的出资人要求承担认缴出资范围内的财产责任。另一方面，由于被借名人的行为，导致了第三人误解，应以外观主义，要求其与真正的股东对公司债权人的损失承担连带责任。

---

① 刘敏：《股东资格认定的三个问题》，载《人民法院报》2003 年 8 月 27 日。

第五十七条 【股东查阅与复制权】股东有权查阅、复制公司章程、股东名册、股东会会议记录、董事会会议决议、监事会会议决议和财务会计报告。

股东可以要求查阅公司会计账簿、会计凭证。股东要求查阅公司会计账簿、会计凭证的，应当向公司提出书面请求，说明目的。公司有合理根据认为股东查阅会计账簿、会计凭证有不正当目的，可能损害公司合法利益的，可以拒绝提供查阅，并应当自股东提出书面请求之日起十五日内书面答复股东并说明理由。公司拒绝提供查阅的，股东可以向人民法院提起诉讼。

股东查阅前款规定的材料，可以委托会计师事务所、律师事务所等中介机构进行。

股东及其委托的会计师事务所、律师事务所等中介机构查阅、复制有关材料，应当遵守有关保护国家秘密、商业秘密、个人隐私、个人信息等法律、行政法规的规定。

股东要求查阅、复制公司全资子公司相关材料的，适用前四款的规定。

本条是关于股东查阅与复制权的规定。

一、股东知情权

股东知情权是指股东有权了解和掌握与股东切身利益相关的公司信息的权利，包括获得公司信息报告权和查阅权。前者是指股东有权要求公司管理者在股东会或股东大会上报告公司相关信息的权利；后者是指股东可以要求查阅和复制公司账簿及相关文件的权利。

股东知情权属于股东固有、法定的权利，它不得通过公司章程、股东大会决议或其他方式限制或剥夺，否则是无效的。但是，基于公司自治，公司可以通过章程或股东大会决议形式扩大股东知情权范围。

二、股东知情权查阅和复制的范围

（一）查阅范围及扩大

依本条规定，公司法规定的股东查阅复制权的范围既包括公司经营方面的，也包括财务方面的。

在本次《公司法》修订之前，《公司法》并未规定股东可以查阅公司会计凭证，理论与实践争议极大。[①] 不过，当时最高人民法院的倾向性观点是，查阅原始会计凭证是股东行使知情权的主要途径，在符合 2005 年《公司法》第 33 条规定的条件下，应当允许股东查阅和复制、摘抄需要的内容；若需要支付必要费用的，股东应当支付。[②] 本次《公司法》修订，最终确认了会计凭证属于股东查阅范围。

在整个公司法关于股东权利的规定上，股东知情权是基础性权利，其他权利（包括直接诉讼与间接诉讼、异议股东回购请求权、股权的转让权利等）均离不开股东知情权的正确行使及保障。一定意义上，知情权是股东让渡财产所有权与企业控制权的对价，是公司作为法人或独立主体必须提供并保障股东的。有理论认为，股东知情权行使中应注意与公司利益之间的平衡，不宜对股东知情权作出扩大解释。[③] 这种认知值得商榷。股东与公司互为人格是指二者之间财产的独立，公司利益体现在公司行为系以公司而非股东利益为重。股东的参与权与知情权属于公司内的股东作为成员的权利，该权利行使的目的在于防止管理层或控制股东的不当行为而损害中小股东的合法利益，故不存在股东因行使参与权与知情权而平衡股东与公司利益的问题。凡有助于股东行使知情权的，都属于查阅范围。日本 2005 年《公司法》的一个重要修改就是放宽了股东查阅的限制条件，废除了原关于如果股东经营的事业与公司有竞争关系时的公司拒绝查阅权规定，因为在理论上，股东对公司没有

---

① 关于争议及问题，参见李建伟：《股东知情权诉讼研究》，载《中国法学》2013 年第 2 期；上海市第二中级人民法院商事审判庭课题组：《股东知情权客体的第三层面：查阅会计凭证的证成与限度——兼谈公司法修订草案第 51 条》，载《法律适用》2022 年第 10 期。

② 《加强调查研究，探索解决之道——最高人民法院民二庭庭长宋晓明就在全国民商事审判工作会议中提出的若干疑难问题答记者问》，载最高人民法院民二庭编：《民商事审判指导》2007 年第 1 辑，人民法院出版社 2007 年版，第 73 页。

③ 上海市第二中级人民法院商事审判庭课题组：《股东知情权客体的第三层面：查阅会计凭证的证成与限度——兼谈公司法修订草案第 51 条》，载《法律适用》2022 年第 10 期。

竞业禁止义务，假如因查阅等侵害公司权益的，公司也可以采取其他救济措施。① 以保护或平衡公司利益为名限制股东查阅权实质是有利于大股东和经营管理层，其是对股东知情权规定的误读。新《公司法》明确查阅范围包括会计凭证，是关于股东知情权的本源认识回归。

以此为基础，可以对股东查阅范围作进一步的扩大解释，不仅包括会计账簿与会计凭证，股东名册、股东会决议、董事会决议等，必要时还应包括公司其他有关记录。这是符合公司法关于股东知情权规定目的和功能的，从而保证股东与公司之间通过记录确定的具体财产关系，而非抽象意义上的互为人格与所有、控制关系。

（二）复制范围

依本条第 1 款规定，股东不仅可以查阅公司章程等，也可以复制公司章程等，而第 2 款则仅规定股东可以查阅公司会计账簿与会计凭证。那么，这是否意味着股东仅可以查阅而不能摘抄。所谓查阅，其本来含义是包括查找、阅览、摘抄甚至复印的。如果说根据其前一款的规定，股东的查阅不包括复制的话，但绝不能得出股东不能摘抄的结论。面对繁多的数字记录，如果股东无法摘抄会计账簿，查阅就没有实质意义。

三、股东知情权的诉讼主体

（一）原则上为现股东

知情权是指公司股东享有的知道和了解公司经营状况重要信息的权利，为股东权的重要内容，相应的诉权只属于具有股东身份者。

一般情况下，股东权具有社员权的性质，股东权利不能与其股东身份相分离。股东退出公司导致其丧失股东身份，不再对公司享有股东权，所以其请求对公司行使知情权的权利也随之丧失。请求对公司行使知情权的适格主体为公司股东，公司有证据证明原告在起诉时不具有公司股东资格的，人民法院应当驳回起诉。

（二）符合条件的原股东

实践中常常出现这种情形，即原告有初步证据证明在持股期间其合法权益受到侵害，其需要通过提起知情权诉讼来维护自己的合法权益，如原股东

① 吴建斌编译：《日本公司法》（附经典判例），法律出版社 2017 年版，"编译者前言"第 8 页。

认为公司隐瞒真实经营状况，导致其股权出让价格明显不公的。在这种情形下，尽管从理论上来说该原告可以向人民法院提起撤销权之诉或公司侵权之诉，但这两种诉讼对于保护原告不仅滞后，且因其间接性而会使该原告处于极其不利地位。

为更好地处理有关纠纷，《公司法司法解释（四）》第7条规定："股东依据公司法第三十三条、第九十七条或者公司章程的规定，起诉请求查阅或者复制公司特定文件材料的，人民法院应当依法予以受理。公司有证据证明前款规定的原告在起诉时不具有公司股东资格的，人民法院应当驳回起诉，但原告有初步证据证明在持股期间其合法权益受到损害，请求依法查阅或者复制其持股期间的公司特定文件材料的除外。"也就是说，原告可以查阅或复制有关资料，但限于其持股期间的公司特定文件材料。

（三）瑕疵出资股东

知情权是股东权的一项重要权利，其不因出资瑕疵、持股比例和持股时间而受到限制。

首先，如果股东出资存在瑕疵，但在其未丧失公司股东身份之前仍可按照公司法或章程的规定行使相应的股东权，除非章程或股东与公司之间另有约定，一般不能以股东出资存在瑕疵为由否定其应享有的知情权。

其次，本条规定股东有权要求查阅公司会计账簿与会计凭证，而没有申请股东持股比例的限制。也就是说，行使查阅权不以股东持有多少出资比例为前提。

最后，股东对于其持股之前的公司信息仍有查阅权，在"广州市易发街物业管理有限公司、冯某年股东知情权纠纷案"［（2018）粤01民终8157号］中，法院指出，关于易发街公司主张冯某年不能查阅其成为股东前的会计账簿的问题。《公司法司法解释（四）》第7条仅对股东的诉权进行了规定，并无明确禁止限制股东查阅其成为股东前的会计账簿。且冯某年查阅目的是了解公司的经营情况及财务状况，公司经营是一个整体延续性的过程，冯某年对其成为股东之前的公司运营情况和财务信息的了解和掌握属于股东正当行使股东知情权的范围。易发街公司主张冯某年只能查阅其成为股东后的资料，于法无据，本院不予采纳。

对于如何确认股东的身份，根据《公司法》第56条和第32条，有限责任公司的股东名册与公司登记证明均可。如既无股东名册记载，也无公司登记证明，则可以提供公司其他文件或合同等证明股东身份，如公司章程、股东会决议、出资证明、股权转让合同等。当然，如果这些文件之间有矛盾或当事人之间存在股东资格纠纷，则当事人须先提起股东资格确认之诉。对此法院也应予以释明。

（四）关于隐名股东的诉权

原则上，隐名股东不能成为知情权诉讼的主体。在"吴某福与邵某益、安徽法姬娜置业开发有限公司股东资格确认纠纷案"［（2015）最高法民申第2709号］中，最高人民法院认为：因吴某福系法姬娜公司的隐名股东，其对法姬娜公司所享有的股东权利应通过显名股东主张，吴某福本人向法姬娜公司主张行使股东知情权，要求法姬娜公司向其提供相关会计资料无法律依据。

但是，如果隐名股东事实上已经成为显名股东时，则可以成为诉讼主体。在冯某诉南京顶上大酒店有限公司股东知情权纠纷案［（2008）宁民五初字第70号］中，法院指出："冯某作为顶上大酒店的隐名股东，虽未登记在册，但公司及其他股东均对其股东身份予以认可。依照相关法律规定，其应享有股东知情权。虽然顶上大酒店在诉讼期间已将公司部分财务资料提供给冯嘉宝查阅，但未能提供冯某要求查阅的全部财务资料，使得原告的股东知情权没有充分实现。"

四、股东行使查阅权的"正当目的"

（一）股东行使查阅权须说明目的

股东行使查阅权，有可能用于不当目的，如不当竞争、恶意捣乱、无事生非等。所以，股东查阅须有正当目的。

依本条第2款规定，股东要求查阅公司会计账簿和会计凭证的，应当向公司提出书面请求，说明目的。如果公司有合理根据认为股东查阅会计账簿有不正当目的，可能损害公司合法利益的，可以拒绝提供查阅，并应当自股东提出书面请求之日起十五日内书面答复股东并说明理由。

公司拒绝提供查阅的，股东可以请求人民法院要求公司提供查阅。这时，法院可判令公司在指定的地点、指定的合理时间，提供账簿、报表、原始凭证等供股东查阅。

（二）股东行使查阅权"不正当目的"的认定

从本条第 2 款规定上看，公司拒绝股东行使查阅权的前提条件有两个：一是认为股东有不正当目的；二是该查阅行为可能损害公司合法利益，两个条件须同时存在。在该两个条件中，后者仅是一种合理的推断，在一定意义上限缩了前者。因此，判断公司能否行使拒绝查阅权，关键是如何认定"不正当目的"。

对此，《公司法司法解释（四）》第 8 条作了列举加概括式的规定：

1. 股东自营或者为他人经营与公司主营业务有实质性竞争关系业务的，但公司章程另有规定或者全体股东另有约定的除外

有限责任公司具有较强的人合性，股东之间相互信任，以共同发展公司为目标，故股东一般不得另行经营（包括自营和为他人经营）与公司主营业务有实质竞争关系的业务，否则将严重损害公司的发展。因此，如果股东自营或者为他人经营与公司主营业务有实质性竞争关系业务的，可以认定其有"不正当目的"。不过，如果股东自营或为他人经营竞争业务在先，且事后未对此明确予以排除时，则一般不能简单地以此标准认定其有不正当目的。而且，我国实践中，有大量的股东尽管共同成立了公司，但同时这些股东也都或部分地自营或为他人经营着竞争业务现象，因此，在以此为标准判断查阅目的不正当时，需个案分析。

在"北京金牧鑫农生物科技有限公司与徐某等股东知情权纠纷案"［（2018）京民终 1336 号］中，关于金牧公司辩称的李某荣、史某智的查阅有不正当目的的意见，法院认为，从金牧公司提供的证据显示，李某荣所在的北京旺牧人生物技术有限公司以及史某智所在的北京一品双龙生物科技有限公司的经营范围与金牧公司并不完全一致，且经营范围的部分相同也不能当然等同于有实质性竞争关系，故法院对金牧公司的抗辩意见不予采信。

当然，基于公司自治，法律也允许全体股东通过公司章程或协议作出其他约定。也就是说，如果全体股东通过章程或协议约定股东可以从事有关竞争业务，则不构成本项所称"不正当目的"。

2. 股东为了向他人通报有关信息查阅公司会计账簿，可能损害公司合法利益的

实践中，股东行使查阅权并非为了自己了解公司经营状况，而是为了向

他人通报有关公司会计信息，而他人基于此可能就会从事有害于公司利益之情事。在这种情况下，显然属于具有"不正当目的"。但如果尽管向他人通报了公司信息，但不可能因此损害公司合法权益的，则不能认定为具有"不正当目的"。

3. 股东在向公司提出查阅请求之日前的三年内，曾通过查阅公司会计账簿，向他人通报有关信息损害公司合法利益的

该规定属于"嫌疑条款"，即只要出现过股东在向公司提出查阅请求之日前的三年内，曾通过查阅公司会计账簿，向他人通报有关信息损害公司合法利益的情形的，不论本次是否因此会再次向他人提供或通报有关信息，均认定有此"嫌疑"。

4. 股东有不正当目的的其他情形

该项规定为"兜底条款"，即除以上情形外，其他能够认定为具有"不正当目的"的情形。如果股东的行为并不以损害公司利益为目的，如仅为自己或他人谋取一定利益，但事实上可能会对公司的已存利益或潜在利益造成损害的，则可认定为具有不正当目的。[①]

五、公司不得剥夺股东知情权

基于公司自治，法律允许通过公司章程或股东之间的协议对股东的知情权予以适当限制。但是，股东的知情权属于固有权，其可以适当限制，但不得剥夺，否则将严重损害股东与公司之间的关系。

本条关于公司股东享有知情权的规定系强制性规范，其既是公司法赋予股东的固有权利，也是股东作为公司股东享有的最低限度的知情权，故首先不得以约定的方式予以排除适用。即使股东事先放弃了所谓知情权，但其事后仍然可以要求行使查阅权。可以说，股东知情权是因取得股东身份而必然一直享有的基本权利，其不仅不能被剥夺，也不能被股东放弃。如果股东放弃的话，则其放弃的仅是某次权利的行使，而不能是其抽象意义上的知情权。因此，公司不能以股东放弃了知情权而拒绝其行使知情权。

认定实质性剥夺知情权，应根据本条赋予股东的法定知情权进行。如果某

---

① 最高人民法院民事审判第二庭编著：《最高人民法院公司法司法解释（四）理解与适用》，人民法院出版社2017年版，第189页。

有限责任公司的章程或股东之间的协议规定股东不能要求查阅公司会计账簿，则构成对股东知情权的实质性剥夺，其不因股东之间的协议约定而丧失。①

从股东行使知情权的程序而言，《公司法》未作出明确规定。公司章程可以对此作出要求，如规定股东一般应在某个季度或某个月份查阅，或规定须在公司办公地点并在公司工作人员在场时查阅等，均是允许的。但如果这些程序性规定明显地妨碍了股东行使股东权，如规定必须在某个工作日行使，或必须在公司指定的非办公场所行使等，就可能构成实质性剥夺股东知情权。

如果公司章程或者股东间协议仅对本条规定以外的知情权行使地点、行使方式等事项进行细化约定，一般不构成实质性剥夺问题。公司章程、股东间协议等只有对知情权主体、对象和权利行使方式等作出了实质性限制且将导致股东知情权可能被架空的情况下，该限制性约定才构成对法定知情权的实质性剥夺。②

总之，法定知情权不能被剥夺、限制，也不能由股东通过协议主动放弃。股东对其法定知情权的事前约定放弃行为，并不影响股东再向公司主张权利。知情权作为股东固有权和手段性基础权利，与其他股东权利显著不同的是，股东对法定知情权的自由处分，仅限于股东是否实际行使，其意思上的主动放弃并不能产生权利消灭的效果。③

不过，公司章程可以赋予股东大于公司法规定的知情权范围，此属于公司自治，该约定优于法律规定适用。

六、全资子公司的穿透

对于子公司，股东能否要求查阅，理论与实践上争议较大。基于谨慎的态度，本条第五款首先承认了股东可以要求查阅、复制子公司的相关材料，其次将其限于全资子公司。④

---

① 参见"佛山市南海鸿钢裁断机制造有限公司、章某股东知情权纠纷二审民事判决书"[（2018）粤06民终5366号]。

② 最高人民法院民事审判第二庭编著：《最高人民法院公司法司法解释（四）理解与适用》，人民法院出版社2017年版，第209页。

③ 最高人民法院民事审判第二庭编著：《最高人民法院公司法司法解释（四）理解与适用》，人民法院出版社2017年版，第208页。

④ 李建伟：《股东查阅权穿越的可行性分析》，载《山东科技大学学报（社会科学版）》2022年第1期。

尽管如此，实践中，法院可通过类型化，在不损害子公司其他股东合法权益情况下，适当进一步扩大，如绝对控股子公司，或名义上为非全资子公司，但实质上为全资子公司或关联性极强的股东之间共同组成的子公司。

第二节　组 织 机 构

第五十八条　【股东会的组成】 有限责任公司股东会由全体股东组成。股东会是公司的权力机构，依照本法行使职权。

本条是关于有限责任公司股东会性质及组成的规定。

一、股东会的性质

依本条规定，有限责任公司股东会是由全体股东组成的公司权力机构，行使修改公司章程等在内的法定和章定权力（第 59 条、《民法典》第 80 条）。相对于董事会和监事会，其一般被称为公司的意思机构。

股东会是必设权力机构，除一人公司外，其他公司都应当设立股东会。如果公司只设董事会而未成立股东会，属于公司治理结构上的缺陷，违反法律强制性规定，当公司经营管理出现严重困难时，可能被判决解散。[1]

作为权力机构，根据本条规定，其应依照公司法规定行使职权。亦即，股东会原则上依公司法关于其与董事会、监事会权力的分配与分工行使属于股东会的权力，并主要以会议形式（定期会议或临时会议）为之（第 59 条）。

二、股东会的组成

依本条规定，股东会由公司全体股东组成，包括设立时股东（原始股东）与成立后继受股东及新加入股东（增资扩股股东）。

股东会的组成直接关系其合法性与正当性。一般而言，股东名册的一个重要功能是确认股东与公司之间的关系，故记载于股东名册的股东均可参加

---

[1]　参见"河北木材贸易中心与中国木材总公司、河北物产企业（集团）公司公司解散纠纷二审民事判决书"［（2013）冀民二终字第 29 号］。

股东会。但实践中，由于公司管理的不规范，即使未记载于股东名册，但为公司和其他全部股东认可的人（股东认可主义），也是公司股东，有权参加股东会。同样，即使记载于股东名册，但该记载于股东名册者已经不是公司股东的，则不能参加股东会。因此，前述所谓隐名股东者，一般不能作为股东参加股东会，除非其已经被公司和其他全体股东认可（此时该所谓隐名股东者其实是真正的股东，只不过没有记载于股东名册）。

对于出资瑕疵者，如果没有出现根本未按期出资或抽逃全部出资的情形，则其仍为公司股东，有权参加股东会。

第五十九条　【股东会的职权】股东会行使下列职权：

（一）选举和更换董事、监事，决定有关董事、监事的报酬事项；

（二）审议批准董事会的报告；

（三）审议批准监事会的报告；

（四）审议批准公司的利润分配方案和弥补亏损方案；

（五）对公司增加或者减少注册资本作出决议；

（六）对发行公司债券作出决议；

（七）对公司合并、分立、解散、清算或者变更公司形式作出决议；

（八）修改公司章程；

（九）公司章程规定的其他职权。

股东会可以授权董事会对发行公司债券作出决议。

对本条第一款所列事项股东以书面形式一致表示同意的，可以不召开股东会会议，直接作出决定，并由全体股东在决定文件上签名或者盖章。

本条是关于股东会职权的基本规定。

一、股东会的法定职权

依本条规定，作为公司的权力机构，股东会的职权主要有五种，其中，第一种、第二种是关于股东与公司管理人之间委托代理关系的基本规定，股东通过选举和罢免权控制董事与监事，董事与监事则通过董事会与监事会的报告展现其受托管理能力并向股东会负责。第三种、第四种是关于公司组织和资本变更的重大事项，直接关系股东投资公司的切身利益。第五种是兜底条款，系除以上法定权力外的，可以由公司根据自身实际情况决定的股东会权力，是公司自治的表现。从这个角度来看，股东会的职权共有三大种。

与修订前的公司法规定不一样，公司的重大经营事项也直接由董事会行使，不再由股东会直接决定，而通过对董事会重大事项报告的审议批准间接决定。同时，以上权力中的公司债券发行权，依本条第 2 款规定，可以由股东会授权董事会直接决议。

二、关于"公司章程规定的其他职权"

对于"公司章程规定的其他职权"可作如下理解：（1）公司章程可以增加股东会的职权；（2）股东会的公司法规定之外的职权需要由章程作出规定；（3）第 59 条第 1 款第 1 项至第 8 项的规定是股东会的专属职权，不能通过章程规定变更为其他机构的职权。

公司法理论认为，有限公司具有很强的人合性，特别是那些人数较少、股东关系亲密的有限公司更是如此，人合性意味着公司内部关系处理的灵活性与自治性。不过，尽管人合性表明公司股东之间的信任关系，但这种信任关系是通过法律制度设计明确表达的，而非由股东任意取舍的。总体而言，有限责任公司的人合性在法律上主要体现为，公司章程拥有更多的自由空间，公司法规范在很大程度上具有选择性质。对于公司的许多事务，如果全体股东愿意事先予以明确，可以通过章程加以规定，并因此受到法律的尊重。但在公司机构权力分配上，以法定为主、章定为辅。依本条关于股东会职权的规定、第 67 条关于董事会职权的规定、第 78 条关于监事会职权的规定，我国公司"三会"的职权均以明确的法定为主，再加上"章程规定的其他职权"。

公司法关于有限责任公司的规定是以较大型有限责任公司为模型的，法定性规定较多。不过，对中小型公司，特别是规模较小的公司，实践中应更多作开放解释，尊重私法自治，允许其作出不同于公司法的有关内部管理的规定，但前提是没有损害第三人的利益，符合公司股东关系的公平原则要求。①

理论上，有限责任公司可以通过章程规定将属于董事会的职权由股东会行使，一旦做如此规定并行使，则股东会成员不仅需要承担股东的义务与责任，也应承担董事的义务与责任。

三、全体股东的一致书面同意规则

有限公司人数较少，一般都参与公司管理，且随着现代高科技的发展而更容易获得公司有关信息，因此，本条第 3 款规定：“对本条第一款所列事项股东以书面形式一致表示同意的，可以不召开股东会会议，直接作出决定，并由全体股东在决定文件上签名或者盖章。”

全体股东的一致书面同意规则表明，股东会会议不是公司处理公司重大事务的唯一手段，股东会会议只是一种机制或程序，全体股东而非股东会可以成为公司的意思机构。不过，根据该款规定，全体股东一致同意有两个要求：一是全体股东一致同意；二是须采书面形式，包括电报、电传、电子数据交换、电子邮件等（《民法典》第 469 条）。如果表决事项涉及有关股东，须按照法律和章程规定回避，其他全体股东也可以一致同意的方式表决。

本条第 3 款仅在形式上规定了全体股东可以书面形式就法定或章定股东会权力事项进行一致决，意在减少公司会议成本。但是否所有事项均可以采全体股东书面一致决，未做进一步规定。从公司的形式价值上看，股东会会议仍然是全体股东行使权力的基本方式，该正式会议更有利于保护全体股东，如可以在会议上讨论与辩论等。对此，公司章程可以明确允许采全体股东一致决的事项，也可以明确不允许采一致决的事项。如果章程没有规定，在发生争议时，应当在考虑书面形式一致决事项对于具体公司和股东的影响、信息的告知方式与程序的基础上，综合判断书面形式一致决的效力，而不能仅以全体股东书面同意便认定决议有效，其中存在根据《公司法》第 27 条“未召开股东会会议作出决议”而认定股东会决议不成立的适用空间。

---

① 参见“南京安盛财务顾问有限公司诉祝鹃股东会决议罚款纠纷案”，载《最高人民法院公报》2012 年第 10 期。

第六十条　【一人公司股东会职权行使】只有一个股东的有限责任公司不设股东会。股东作出前条第一款所列事项的决定时，应当采用书面形式，并由股东签名或者盖章后置备于公司。

本条是关于一人有限责任公司股东会职权行使的基本规定。

一、基本规则

股东会是由全体股东组成的一种议事、表决机构，但对只有一名股东的一人有限责任公司来说，没有"议事、表决"之必要，因此，本条规定"一人有限责任公司不设立股东会"。但一人有限责任公司不设股东会并不意味着否认公司权力机构职能的存在。

由于一人公司的股东一人就能行使公司权力机构的职能，容易使股东一人的意思混同于公司法人的意思。为了避免这种现象的发生，本条要求股东在作出公司权力机构职权的决定时"应当采用书面形式，并由股东签名或盖章后置备于公司"（外观形式），这对于约束股东任意决策具有十分重要的法律意义。在通常情况下，该书面文件就是区分股东意思与公司意思的主要依据。而且，本条也具有使企业信息透明化之目的，以保护公司债权人及相关第三人的利益。

二、未采书面形式的决定的效力

笔者认为，"应当采用书面形式，并由股东签名后置备于公司"的规定，属于程序性规定，如果股东决定没有采取书面形式签名并置备于公司，也只是程序方面存在瑕疵，不影响股东决定的效力。因为公司法未对股东决定形成过程作出实质性要求，也未规定违反时的责任。《民法典担保制度解释》第10条规定："一人有限责任公司为其股东提供担保，公司以违反公司法关于公司对外担保决议程序的规定为由主张不承担担保责任的，人民法院不予支持。……"该规定尽管并不是关于一人公司担保的要求，但其蕴含的法理是一样的。[①]

---

①　实践中，也有因违反本条规定而判决相关合同无效的案例。例如，在"高某红与孟某卫、昌吉准东经济技术开发区亿发久矿物质加工有限公司股东资格确认纠纷二审民事判决书"〔（2021）新23民终736号〕中，法院认为，原股东即本案的第三人吴某梅未履行采用书面形式签字的相关资料手续置备于公司。原、被告于2018年6月签订的《昌吉准东经济技术开发区亿发久矿物质加工有限公司新增股东协议》（一人有限责任公司整体转让）违反《公司法》第61条的规定未采取书面形式，属无效的合同。

第六十一条　【首次股东会会议召集与主持】 首次股东会会议由出资最多的股东召集和主持，依照本法规定行使职权。

本条是关于首次股东会的召集与主持的规定。

首次股东会会议是指有限责任公司第一次召开的由全体股东参加的会议。股东会的召集一般由董事会负责（第63条）。但在首次股东会召开之前，公司管理机构还没有选出，董事会以及董事长亦未产生，故可以由出资最多的股东召集和主持（第61条）。该权利属于一次性权利，决定了公司后续的方向和框架。

和其他股东会一样，首次股东会也须按照《公司法》第59条第1款的规定进行（第61条），并按照法定和章定程序进行（第64条、第65条、第66条）。同时，一般情况下，也可以全体股东书面一致决作出决议（第59条第3款）。

对于首次股东会召开的时间，根据公司登记的要求，"申请设立公司，应当提交设立登记申请书、公司章程等文件，提交的相关材料应当真实、合法和有效"（第13条），其中章程包括"公司的机构及其产生办法、职权、议事规则"（第46条第1款第6项）。那么，首次股东会召开的时间应在公司获得营业执照之日前，而非公司依法成立之后。从这个意义上讲，首次股东会议的主要事项是选举董事、监事，以及公司设立中的其他一些重大问题。

第六十二条　【股东会定期会议与临时会议】 股东会会议分为定期会议和临时会议。

定期会议应当按照公司章程的规定按时召开。代表十分之一以上表决权的股东、三分之一以上的董事或者监事会提议召开临时会议的，应当召开临时会议。

本条是关于股东会会议的种类及召开的基本规定。

依本条规定，股东会会议分为定期会议和临时会议，前者是指按照公司章程的规定按时召开的会议（一般指但不限于一年一度的股东会年会）；后者是指因发生法定情形而需要临时召开的股东会议。

本条第 2 款就提议召开临时股东会议的主体及持股比例限制作了规定，这意味着临时会议是不能随意召开的。只有当公司需要作出重要决策或出现重大问题时，才由法定人员提议召开，且当法定人员提议召开临时会议时，公司"应当"即必须召集临时会议。

其中，代表十分之一以上表决权的股东认为需要召开的，只要符合持股要求，即可向董事会提出召开临时股东会议的要求。对于三分之一以上的董事提议召开，前提是公司董事会不能就召开股东会达成一致，而又需要召开的临时会议。此时，该临时会议的召开人为三分之一以上的董事。对于监事会提议召开临时会议的，前提是公司董事会不主动或其他原因而不召开，且又无三分之一以上的董事提议召开。亦即，监事会提出召开临时股东会，应先提议董事会召开而董事会不召开。

如果不符合股东会临时会议召开的提议要求，或者提议非股东会法定或章定事项，则股东会决议无效或可撤销。

第六十三条　【股东会会议的召集与主持】股东会会议由董事会召集，董事长主持；董事长不能履行职务或者不履行职务的，由副董事长主持；副董事长不能履行职务或者不履行职务的，由过半数的董事共同推举一名董事主持。

董事会不能履行或者不履行召集股东会会议职责的，由监事会召集和主持；监事会不召集和主持的，代表十分之一以上表决权的股东可以自行召集和主持。

本条是关于股东会的召集与主持的规定。

一、股东会的召集

依本条第 1 款规定，无论是定期会议还是临时会议，均由董事会召集，不设董事会的，由董事行使董事会职权（第 75 条）。

作为集体议事机构，董事会召集股东会之前，会事先通过董事会会议做出召集股东会决议，并就相关事项做出安排，除非出现本条第 2 款所规定的

"董事会不能履行或者不履行召集股东会会议职责的"情况。如果董事会召集股东会之前没有先行做出召集决议，应被视为会议召集程序瑕疵。这是由董事会作为集体议事机构的性质决定的。否则，将出现由公司控制之人（如董事长或其他实际控制人）擅自召开股东会的情况，严重破坏公司治理规则。在我国的司法实践中，也有持不同观点的案例。在"上海雅原投资管理有限公司与上海东方期货经纪有限责任公司公司决议撤销纠纷案"［（2020）沪01民终9855号］中，法院认为，股东会会议由董事会召集，董事长主持，但并未要求形成董事会决议，而董事会召集是指以董事会的名义通知会议召开，安排会务等。① 显然，这种认识割裂了董事会与股东会之间的关系。

二、董事会召集股东会的权力为集体性权力

《公司法》第62条第2款规定"……代表十分之一以上表决权的股东、三分之一以上的董事或者监事会提议召开临时会议的，应当召开临时会议"，是指临时会议的召开提议权，而非股东会的召集权。

有资格人员提出召开临时会议的建议后，董事会首先有责任召集股东会。如果董事会不能或拒绝召集，由监事会召集和主持；监事会不召集和主持的，代表十分之一以上表决权的股东可以自行召集和主持（第63条第2款）。由此可知，董事会召集股东会的权力属于集体性权力，除非公司仅有一名董事（第75条）的情况，不能以董事个人名义召集股东会。监事会行使股东会召集权也是如此。董事会与监事会均不能或没有行使召集权时，代表十分之一以上表决权的股东就可以自行召集和主持。此处的代表十分之一以上表决权的股东可以是复数，即二人以上所持表决权总和达到十分之一以上。

三、股东会的主持

依本条规定，关于股东会的主持，原则上由董事长主持。如果董事长不能履行职务或者不履行职务的，由副董事长主持；副董事长不能履行职务或者不履行职务的，由过半数的董事共同推举一名董事主持。进而，如果所有

---

① 另参见"创慧投资管理有限公司、广东智能云制造有限公司等公司证照返还纠纷民事二审民事判决书"［（2021）粤07民终7006号］。法院认为，董事会无权决定是否应召开股东会会议，董事会的召集是一种义务而非职权，若还需要董事会另行就是否召开股东会会议形成决议，则该条规定将无实际意义，且董事会作为执行机构，负责执行股东会决议及公司日常经营决策，对于涉及股东权益的事项，不属于董事会审议和决议的范围，故董事会决议并非股东会召开与否的法定前置程序。

董事均不能主持的，则可以由监事会主席主持，监事会主席不能主持的，由过半数的监事共同推举一名监事主持。以上均无法做到的，方可由代表十分之一以上表决权的股东可以自行主持。发生争议时，应由全体股东推举代表主持。

第六十四条　【股东会会议的通知与会议记录】 召开股东会会议，应当于会议召开十五日前通知全体股东；但是，公司章程另有规定或者全体股东另有约定的除外。

股东会应当对所议事项的决定作成会议记录，出席会议的股东应当在会议记录上签名或者盖章。

本条是关于股东会会议的通知与会议记录的基本规定。

一、股东会会议的通知

作为公司权力机构的股东会，其议决事项基本上为公司重大事项，为便于股东知悉并作出选择，公司须事先通知全体股东。依本条第 1 款的规定，除非公司章程另有规定或者全体股东另有约定，召开股东会会议，应当于会议召开十五日前通知全体股东。作为有限公司治理规则，其运用"章程除外条款"赋予有限公司极大的意思自治权，包括通知的内容与方式，均可以通过章程自由规定。

获得公司股东会会议通知是股东参与公司管理的基本权利（第 4 条第 2 款），属于股东固有权，不仅不得剥夺，而且必须符合法定或章定的通知要求，否则将严重影响股东会决议效力。因为，未通知股东参加股东会会议的行为与诸如提前通知不足法定期间、表决方式未按公司章程约定等情形存在明显不同，其后果并非影响股东表决权的行使，而是从根本上剥夺了股东行使表决权的机会和可能。[①]

二、股东会会议记录与签名或盖章

（一）股东会会议记录

任何正式会议均需要有记录，否则会议就可能存在瑕疵。依本条第 2 款，

[①] 参见"王某蓉、奇台县众嘉气体有限公司等公司决议效力确认纠纷民事再审民事判决书"〔（2023）新民再 107 号〕。

股东会应当对所议事项的决定作成会议记录。一般记录人为公司董事会工作人员，也可以由股东会会议临时任命记录人。

记录内容包括会议召开的时间、地点、参加股东及列席人员，以及会议期间股东发言及表决结果等。股东会会议没有记录就意味着不存在股东会的召开，将导致决议的不成立问题。会议记录不能以所谓微信聊天记录及录音资料代替。① 而且，记录不完整会导致决议瑕疵问题。

（二）股东会会议记录的签名或盖章

依照本条第 2 款规定，股东会会议不仅需要记录，出席会议的股东还需要在会议记录上签名或者盖章，否则不仅不构成所谓会议记录，而且难以判断股东会决议的合法与正当。

第六十五条　【股东会会议表决】股东会会议由股东按照出资比例行使表决权；但是，公司章程另有规定的除外。

本条是关于股东会议表决权的基本规定。

一、股东会议的表决

股东参加股东会并行使表决权，是股东最重要的参与管理权的表现，成为连接作为成员的股东与作为联合体的公司的关键点。它既是固有权，也是共益权，既体现着股东个人意志，也通过表决而"汇成"全体股东的意志，进而形成公司意思。

有限责任公司具有人合性，本质是资合公司，故本条规定，除了公司章程另有规定以外，股东会会议由股东按照出资比例行使表决权。即公司股东会议的表决以按照出资比例为原则，以章程另有规定为例外。

章程既可以规定按照每人一票表决，也可以规定特定股东的多重表决，以及不同类别股权的不同表决权。对于章程另有规定的，除非其严重损害其他股东利益，导致重大不公平，否则原则上应予以尊重。

---

① 参见"张磊、威海三泰照明有限公司等公司盈余分配纠纷民事申请再审审查民事裁定书"〔（2021）鲁民申 3596 号〕。

二、关于"按照出资比例行使表决权"

除非章程另有规定，股东会表决按照出资比例进行。由于有限责任公司采认缴出资制，此处"出资"如何理解？是按照认缴出资比例还是实缴出资比例？

对此，原则上采认缴出资比例，即按照规定于公司章程并由股东认缴的出资比例确定。因为认缴出资制本身决定了认缴而非实缴作为股东权利的出资基础。如果认缴出资期限届至，应实缴而未实际缴纳的，可以比照《公司法》第51条、第52条之规定，由公司催缴，催缴不成的，对应实际缴纳而未缴作失权处理，即应缴而未缴纳出资的股东对此部分失去表决权。《公司法司法解释（三）》第16条规定"股东未履行或者未全面履行出资义务或者抽逃出资，公司根据公司章程或者股东会决议对其利润分配请求权、新股优先认购权、剩余财产分配请求权等股东权利作出相应的合理限制，该股东请求认定该限制无效的，人民法院不予支持"，就是此意。

三、表决权的回避

表决权是股东的固有权，不得剥夺或限制，但如果表决事项与某股东有利益冲突，则该股东不得参与表决。此被称为股东表决权排除或表决权回避，是指当某股东与股东会讨论的决议事项具有利益冲突关系时，该股东或其代理人不得就其所持股权行使表决权，也不得代理其他股东行使表决权的制度，其目的是避免股东滥用表决权和资本多数决而损害公司和其他股东的利益。

表决权排除制度在《公司法》第15条第3款的规定中有具体体现。除此规定外，还包括以下情形：（1）关联交易；（2）限制股东权利；（3）免除股东义务或责任；（4）追究股东责任；（5）股东董事、股东监事薪酬的决定；（6）其他与股东具有利益冲突关系的表决事项。

如果表决不当，股东会决议可以被撤销（第26条）或视为不成立（第27条第2项、第3项、第4项）。

四、委托表决

《公司法》未对有限责任公司股东会上的股东委托表决作出规定。依私法自治，股东可以委托其他股东或者其他人作为代理人代为表决。此时就应当向股东会提交授权委托书，委托书应当明确代理人代理的事项、权限和期限，并在授权范围内行使表决权。

如果代理人超越表决权代理协议，其行为无效，并会影响到股东会决议的效力。例如，在"夏某中与贵州省黔西交通运输联合有限公司、何某阳等公司决议效力确认纠纷案"〔（2016）最高法民申 334 号〕中，最高人民法院认为，代某贵的行为超越了夏某中的授权范围，夏某中向代某贵出具的授权委托书并不包括代其参加股东会并对决议内容发表意见的内容，故 2010 年 3 月 30 日、6 月 20 日、6 月 24 日、6 月 29 日黔西交通公司召开的股东会所作出的关于增加注册资本以及修改公司章程的股东会决议内容，没有经过当时仍持有公司 93.33%股权的夏某中的同意，也没有证据证明夏某中就公司的该次增资已知悉并明确放弃了优先认缴权，决议内容因违法而无效。

第六十六条　【股东会会议的议事方式与表决程序】股东会的议事方式和表决程序，除本法有规定的外，由公司章程规定。

股东会作出决议，应当经代表过半数表决权的股东通过。

股东会作出修改公司章程、增加或者减少注册资本的决议，以及公司合并、分立、解散或者变更公司形式的决议，应当经代表三分之二以上表决权的股东通过。

本条是关于股东会的议事方式与表决程序的基本规定。

一、股东会议事方式与表决程序的基本要求与私法自治

有限责任公司具有人合性，主要体现在其内部管理上。依本条第 1 款规定，关于股东会的议事方式和表决程序，除明确规定决议通过的基本表决比例外，其他均由公司章程予以明确。

和其他国家和地区规定一样，我国公司法也遵循资本多数决。多数决有简单多数决和绝对多数决之分。前者是指一般事项的决议简单多数（二分之一以上）通过即可，后者是指特别事项需要绝对多数（三分之二以上）通过。根据本条第 2 款与第 3 款规定，股东会会议作出的一般决议应当经代表过半数表决权的股东通过。对于股东会会议作出修改公司章程、增加或者减少注册资本的决议，以及公司合并、分立、解散或者变更公司形式的决议，则需要经代表三分之二以上表决权的股东通过。

二、章程规定的效力

无论是简单多数决还是绝对多数决，均可以通过章程改变表决权数要求，只要该改变不低于法定的简单多数和绝对多数标准即可，低于将是无效的。

实践中存在大量"全体股东一致同意"规定，如何看待其效力，值得研究。

全体股东一致同意条款有两种表现形式：一是笼统规定股东会作出决议，应经全体股东一致同意；二是规定股东会就特定事项作出决议（如公司合并、分立、变更形式等），必须经全体股东一致同意。

对于列举型全体股东一致同意条款，公司章程约定"全体股东一致同意"的事项通常都是关乎公司"生死存亡"、经营管理的重大决策，这些决议事项的性质决定了其必须被审慎对待。作为理性的经济人，股东设定列举型全体股东一致同意条款时应当能够预见该条款可能带来的后果，股东既然愿意将列举型全体股东一致同意条款写入公司章程，就表明他们愿意接受由此产生的各种后果，包括决策效率、特别决议案通过可能性的降低。因此，列举型全体股东一致同意条款应当具有法律效力。

对于概括型全体股东一致同意条款，以"一致同意"规则完全取代"资本多数决"，有悖于公司法"资本民主"的理念与逻辑，可能导致股东会长期以来无法形成有效决议并严重危及公司正常的经营管理，故似乎不应确认其法律效力。但是，全体股东一致同意规则是全体股东自治的体现，即使导致股东会长期以来无法形成有效决议并严重危及公司正常的经营管理的结果，也仅影响公司及股东，不属于违背公序良俗而无效情形（《民法典》第153条第2款）。

三、资本多数决的滥用

在资本多数决的决策机制之下，多数股东凭借其绝对或相对多数的股权比例而拥有多数表决权，但资本多数决如果被滥用，不仅损害中小股东的合法权益，也将使公司治理流于形式。

在"湖南盛宇高新材料有限公司与湖南胜利湘钢钢管有限公司公司决议纠纷案"〔（2016）湘民申1612号〕中，法院认为，股东会决议是股东会就提请股东会会议审议的事项，依照法律或章程规定的程序表决形成的公司意思，这是股东行使其职权的法定方式。湖南胜利公司最初的公司章程对公司董事候选人名额进行了分配。公司董事会由七名董事组成，董事由股东会选举产生。山东胜利公司四名、湘潭钢铁公司二名，盛宇公司一名，董事会任期三年。该条款的确定，也是盛宇公司达成与山东胜利公司、湘潭钢铁公司合资成立湖南胜利公司的最终合意。2013年6月25日，湖南胜利公司召开股东会，第四次修改公司章程，以少数服从多数的原则将盛宇公司董事踢出董事局，从形式上看，未违反《公司法》及公司章程的规定，但结合2012年5月，湖南胜利公司向新通公司采购价值5000万元螺旋焊管机组生产线，并未按公司章程规定行使董事会授权制的行为来看，盛宇公司有理由相信，湖南胜利公司是通过修改公司章程的行为，剥夺股东对公司的经营状况进行了解并参加公司经营管理的权利，同时，也违反了《公司法》规定的"股东应当遵守法律、行政法规和公司章程，依法行使股东权利，不得滥用股东权利损害公司或者其他股东的利益，不得滥用公司法人独立地位和股东有限公司责任损害公司债权人的利益"实质要件及公司最初章程关于盛宇公司出任一名董事、董事会任期三年的诚实信用原则。故，原审认定湖南胜利公司决议系滥用"资本多数决"原则，变相侵犯了小股东利益并无不当。

认定是否构成资本多数决的滥用，一般需要具备以下要件：一是主体是单独或联合持有多数股的股东，亦即并不局限于单个股东，即使是小股东为实现自己或第三人利益结合起来，达到了多数股，也视其为多数股股东。二是主观上故意，目的是追求多数股东自身的利益。三是客观上形成了损害公司或其他股东利益的不公正决议。

第六十七条　【董事会设置与职权】有限责任公司设董事会，本法第七十五条另有规定的除外。

董事会行使下列职权：

（一）召集股东会会议，并向股东会报告工作；

（二）执行股东会的决议；

（三）决定公司的经营计划和投资方案；

（四）制订公司的利润分配方案和弥补亏损方案；

（五）制订公司增加或者减少注册资本以及发行公司债券的方案；

（六）制订公司合并、分立、解散或者变更公司形式的方案；

（七）决定公司内部管理机构的设置；

（八）决定聘任或者解聘公司经理及其报酬事项，并根据经理的提名决定聘任或者解聘公司副经理、财务负责人及其报酬事项；

（九）制定公司的基本管理制度；

（十）公司章程规定或者股东会授予的其他职权。

公司章程对董事会职权的限制不得对抗善意相对人。

本条是关于有限责任公司董事会的设置及职权的规定。

一、董事会的性质与地位

（一）董事会的性质

依据本条第 1 款规定，除规模较小或者股东人数较少的有限责任公司可以不设董事会外，一般的有限责任公司应设董事会。

关于董事会的性质，公司法并未明确，仅规定了董事会的权力。不过，相对于股份公司，董事会更多的是执行机构（《民法典》第 81 条第 1 款），主要负责执行作为权力机构的股东会的意思，并负责除了股东会之外的一切公司权力的行使。亦即，此处"执行"为主动管理、治理的机构之意思，而不是奉命执行的机构。同时，由于董事会大多由股东同时担任，有限责任公司的董事会具有自我管理机构的性质。不过，在有职工董事和非股东董事的公司，董事会已经具有了独立管理机构的性质，其服务于公司整体，而非仅服务于股东（全体股东）。也正是由于该原因，新《公司法》不再规定董事会对股东会负责。

（二）董事会的地位

根据本条规定，董事会既需对公司经营中所涉日常事务进行决策，还需负责执行股东会的决议，而决议执行又暗含监督。董事会作为三层机构（股东会、董事会、经理）的中间机构，定位为股东会的执行机构、经理的决策机构以及监督机构，换言之，董事会的定位是执行、决策和监督三位一体。但由有限责任公司董事会自我管理机构性质决定，本条关于董事会的设置及权力规定更多是一种形式意义上的，以利于公司关系的明晰。

董事会是集体议事机构，其权限的行使应以会议的方式进行。同时，由于公司采法定代表人制度，董事会的决议不能直接对外发生效力，需要通过法定代表机构的法定代表人基于其决议及董事会授权以意思表示进行。

（三）关于董事会与股东会之间的关系

修订前的《公司法》第46规定董事会对股东会负责。新《公司法》第67条仅规定公司设董事会及其权力清单，不再提及董事会对股东会负责。从直接原因上看，是从职工董事的设置导致董事会成员的多元化与不同利益的角度考量。

从深层角度看，此新规定意义重大：第一，表明董事会是基于公司权力分配而产生的公司机构，非因董事会成员由股东会选举和罢免而使其服从于股东会。也就是说，股东会、董事会、监事会是公司根据不同权力分工而设置的机构，不存在互相负责的问题，作为权力机构的股东会与分别作为执行机构和监督机构的董事会、监事会均对公司负责，仅权力分配不同。第二，在配有非股东董事和职工董事的情形下，特别是在强制要求配置职工董事的情形下，成员的多元化和非股东化使得董事会可以进一步实现依法管理，为公司人格的独立与发展奠定良好的管理基础，这体现了新《公司法》关于董事责任的强化规定。

二、董事会的职权

本条第2款明确规定董事会的九项职权。

其中，对于第9项"公司章程规定或者股东会授予的其他职权"为公司自治范畴，可以由公司根据实际情况灵活确定，但原则上不能是法定属于股东会的职权（第59条），如修改公司章程、增加或者减少注册资本的决议，以及公司合并、分立、解散的决议，这是股东会的法定权力，不得授权董事会行使，否则无效。[①]

基于公司自治，公司可以通过章程或股东会决议的方式对董事会的职权予以限制，如规定超过某个数额的投资或借贷需要经过股东会决议，但依本条第3款，对董事会权力的限制不得对抗善意相对人。

---

① 参见"徐某霞与安顺绿洲报业宾馆有限公司、第三人贵州黔中报业发展有限公司公司决议效力确认纠纷上诉案民事判决书"[（2015）黔高民商终字第61号]。

第六十八条 **【董事会组成】**有限责任公司董事会成员为三人以上，其成员中可以有公司职工代表。职工人数三百人以上的有限责任公司，除依法设监事会并有公司职工代表的外，其董事会成员中应当有公司职工代表。董事会中的职工代表由公司职工通过职工代表大会、职工大会或者其他形式民主选举产生。

董事会设董事长一人，可以设副董事长。董事长、副董事长的产生办法由公司章程规定。

本条是关于董事会的组成规定。

一、董事会人数

依本条规定，作为集体议事机构，董事会成员为三人以上。该规定为指导性规范要求，由公司根据实际情况在公司章程中确定。如果因各种原因导致董事会成员低于三人的，公司应当及时召开股东会选举新的董事会成员，否则，可能导致董事会决议瑕疵。

二、职工董事

为彰显职工参与和民主管理（第 17 条第 2 款），本条鼓励董事会成员可以有公司职工代表；对于职工人数三百人以上的有限责任公司，除依法设监事会并有公司职工代表的外，其董事会成员中应当有公司职工代表。申言之，基于企业职工人数规模，公司法对于职工董事作出了不同的要求。董事会中的职工代表由公司职工通过职工代表大会、职工大会或者其他形式民主选举产生。

对于"应当有公司职工代表"的董事会，职工代表董事是董事会不可或缺的成员，直接影响董事会决议的效力。

"对于职工人数在三百人以下的公司，其可以既不设职工董事，又不设职工监事"不属于立法漏洞。此时，《公司法》第 20 条新增的社会责任条款明确要求公司从事经营活动要充分考虑职工利益，这种要求贯穿公司经营决策和执行的各个环节，强化了公司法上的职工利益保护，提供了更为直接的规范保护原则。[1]

---

[1] 刘斌：《公司治理中监督力量的再造与展开》，载《国家检察官学院学报》2022 年第 2 期。

三、董事长、副董事长

依本条第 2 款规定，有限责任公司董事会设董事长一人，可以设副董事长。董事长、副董事长的产生办法由公司章程规定。章程既可以规定经过董事会选举产生，也可以规定经过股东协商委派产生。

对于董事的产生，未明确可否如本条第 2 款规定那样，可以由股东协商或直接委派。按照本法第 59 条关于股东会职权的规定，一般应由股东在股东会会议上选举产生。但考虑到有限公司的人合性，在股东人数较少的情况下，可以由股东协商产生或分别委派，无须通过选举。

无论是通过选举产生，还是以协商或委派方式产生，董事一旦当选或委派，就是以董事身份并通过董事会行使董事职责。即使董事表决时体现了其背后股东的意志，也仍然应认为其表决系其独立意思。

在"佛山市顺德区南华投资有限公司、佛山市燃气集团股份有限公司损害公司利益责任纠纷再审案"〔（2018）最高法民申 3884 号〕中，最高人民法院认为，公司股东或者其派出董事依照公司章程或者《公司法》的规定享有参与重大决策并根据自己的意思表决的权利。对于公司议案，公司股东或者其派出董事有权独立进行判断，即便表决意见可能构成滥用股东权利损害公司利益，其后果应通过 2018 年《公司法》第 20 条（新《公司法》第 21条）规定的股东赔偿责任制度来进行规制，也不应在法律上强制公司股东或者其派出董事必须投赞同票或者反对票，否则就损害了公司股东或者其派出董事的独立表决权。

第六十九条　【审计委员会设置】有限责任公司可以按照公司章程的规定在董事会中设置由董事组成的审计委员会，行使本法规定的监事会的职权，不设监事会或者监事。公司董事会成员中的职工代表可以成为审计委员会成员。

本条是关于公司设置审计委员会的规定。

一、审计委员会的设置

依照本条规定，新《公司法》的一个重大变革是引入了英美法系的一元制治理模式，允许有限责任公司通过章程规定，在公司董事会中设置由董事组成的审计委员会，由审计委员会行使公司法规定的监事会职权，而可以不再设置监事会或监事，从而为公司治理提供了更多的模式选择。此制度设计有利于加强公司内部监督，避免外部监督不力，强化董事会的监督职责，提高公司经营效率。

根据本条规定，第一，在董事会中设置由董事组成的审计委员会可以由公司章程规定。第二，当公司章程规定在董事会中设置由董事组成的审计委员会，则可以不再设置监事会或监事。第三，如果不再设置监事会或监事，则由董事组成的审计委员会行使《公司法》第78条规定的监事会职权。

那么，当公司章程规定既设置由董事组成的审计委员会，又设置了监事会或监事时，则审计委员会只是董事会内部服务于董事会的部门，其不能代替监事会或监事的职责。从本条规定来看，其规范的是不再同时设置监事会或监事的有限责任公司。

二、审计委员会的组成与决议

如果公司章程规定设置由董事组成的审计委员会，不再同时设置监事会或监事，则审计委员会应当符合以下要求：第一，审计委员会成员必须是董事会成员，非董事不得作为委员出现。第二，组成审计委员会的董事会成员应以非执行董事为主，至少占审计委员会的二分之一之上。从职工参与的意义而言，如有职工董事，则职工董事可以成为审计委员会委员。第三，审计委员会主任或主席必须由非执行董事担任，执行董事不得担任。第四，审计委员会决议以普通多数决通过。

设置由董事组成的审计委员会的目的是强化公司对执行董事与经理层的监督，提高监督力度与效率，由董事组成的审计委员会具有相当于监事会或监事的独立监督权力与责任。

对于审计委员会的议事方式与程序，可以通过章程或专门的规则予以明确。

三、审计委员会的职权及行使

此将在股份有限公司中详述。

第七十条　【董事任期与辞任】 董事任期由公司章程规定，但每届任期不得超过三年。董事任期届满，连选可以连任。

董事任期届满未及时改选，或者董事在任期内辞任导致董事会成员低于法定人数的，在改选出的董事就任前，原董事仍应当依照法律、行政法规和公司章程的规定，履行董事职务。

董事辞任的，应当以书面形式通知公司，公司收到通知之日辞任生效，但存在前款规定情形的，董事应当继续履行职务。

本条是关于董事的任期与辞任的规定。

一、董事的任期

依本条第 1 款规定，董事任期由公司章程规定，但每届任期不得超过三年。董事任期届满，连选可以连任。

作为章定事项，董事任期应由股东会决议，董事会无权决定。同时，法律规定其任期不得超过三年，一方面可以保持公司经营机构的相对稳定；另一方面也起到激励董事积极履行职责的作用，股东通过对董事工作业绩的考察，选举或罢免董事，从而更好地保护自己的利益，这也是公司股东的法定权利。[1] 章程规定董事的任期可以低于三年，不得超过三年，否则为无效规定。实践中，一些公司的董事实际任期远远超过三年，但未有股东提出异议，可以视为超期担任董事，但非违反 "每届任期不得超过三年" 的情形。

依本条第 2 款规定，董事任期届满，公司应及时改选。未及时改选的，董事不因此失去董事身份，仍需要作为董事履行董事职务。也就是说，董事身份不因董事任期届满而自然丧失，需要经过公司改选产生新的继任董事后方才失去董事身份。这是为了保证公司管理的持续性。

二、董事的辞任

股东会通过选举某人担任公司董事，在双方之间形成委任关系。董事任职期间，可以辞任，这是其作为受托人的权利（《民法典》第 933 条）[2]。

---

[1]　参见 "诸某四、陈某涌股权转让纠纷二审民事判决书"［（2021）浙 04 民终 3736 号］。

[2]　参见 "成长家教育集团（青岛）有限公司、李某璁股东出资纠纷二审民事判决书"［（2022）鲁 02 民终 15269 号］。

依本条第 3 款规定，董事辞任的，应当以书面形式通知公司，口头或其他形式无效。公司收到辞任董事的书面通知之日，董事的辞任生效（到达主义），无须经过公司的特别批准。

但是，依本条第 2 款规定，如果董事在任期内辞任导致董事会成员低于法定人数，在改选出的董事就任前，原董事仍应当依照法律、行政法规和公司章程的规定，继续履行董事职务。亦即，董事任期内辞职是其权利，应受到尊重，但因此而导致法定情形出现的，则仍需要以董事身份履行职务。此时，董事的辞任因法定阻缺事由而不生效。

三、担任法定代表人的董事辞任

法定代表人一般由代表公司执行公司事务的董事担任（第 10 条）。此时，董事的身份与法定代表人的身份是一体的，亦即，只有具备董事身份者，方可以成为法定代表人。因此，如果担任法定代表人的董事辞任，视为同时辞去法定代表人的身份，因为作为法定代表人的身份基础已经消失。

与一般董事辞任一样，作为法定代表人的董事辞任，也自公司收到通知之日辞任生效。随之，公司应当及时确定新的法定代表人。

四、需要进一步探讨的问题

一是在公司确定新的人选之前，已经依法提出辞任的法定代表人是否应如本条第 2 款规定的那样，有义务继续履行法定代表人的职务？本条第 2 款之所以保持董事会集体议事机构的法定人数下的完整性，主要原因在于维系董事会作为公司管理中枢的正常运转。从我国公司法关于董事会的设置来看，没有董事会或董事会不健全的，都将严重影响公司的正常存续，符合法律基本规定（三人以上）的董事会是公司的基本要求。因此，如果董事辞任导致董事会人数低于法定人数的，在新的董事选任之前，原董事仍需要继续履行董事职责。对于法定代表人而言，尽管其在我国《公司法》中属于法定的代表机构，但其权力系派生于作为公司管理中枢的董事会，作为机构的法定代表人之代表权与董事会的业务执行权是一体两面。《公司法》第 10 条第 1 款明确规定，法定代表人由代表公司执行公司事务的董事或经理担任，就是此意。也就是说，法定代表人的辞任并不影响公司的正常运转，公司不仅可以及时确定新的法定代表人，而且可以由其他执行董事甚至监事临时代表公司。所以，在公司确定新的人选之前，已经依法提出辞任的法定代表人没有义务继续履行法定代表人的职务。法定代表人辞任的，公司自收到书面通知之日起即生效，如果公司不予配合办理工商登记手续，可以诉请法院作出涤除判决。

二是一般董事辞任后导致公司董事会人数低于法定人数时，公司有无义务及时选举任命新的董事？对于该问题，《公司法》并无明确规定。从《公司法》关于股东会、董事会的设置及权力配置来看，股东会有权力也有责任及时选举或委派任命董事会成员，当董事会成员人数因辞任、任期届满或其他原因导致股东人数低于法定人数时，股东会也应当及时选举或委派任命新的董事成员。"董事在任期内辞任导致董事会成员低于法定人数的，在改选出的董事就任前，原董事仍应当依照法律、行政法规和公司章程的规定，履行董事职务"，该规定也只是给予公司一定的时间来选举并任命新的董事，而非对辞任董事的履职要求。

从法律关系的角度来看，作为委任关系的公司与董事之间是平等的民事关系，辞任的董事有权要求公司及时选举任命新的董事。如果公司以各种理由推诿，则系公司（股东会）放弃了其组建正常董事会的权力，属于公司内部事务，而与辞任的董事无关。那么，如果公司不能及时选举任命新的董事，则董事辞任生效，公司需要及时进行工商登记，除去辞任董事的董事身份。公司不主动进行工商变更登记的，法院可直接进行涤除判决。

而且，从相对角度来看，《公司法》第71条第1款规定："股东会可以决议解任董事，决议作出之日解任生效。"那么，辞任董事一旦辞去董事职务，则股东会有权力也有义务马上补选或另行委派。股东会没有及时选举或另行委派的，由公司承受由此导致的一切后果。此符合股东会与董事之间的基本关系。

司法实践中有一种错误的认识，即认为公司是否选举任命新的法定代表人或董事，属于公司内部事务，为公司自治管理范畴。即使法定代表人或董事辞任，如果公司不主动确定新的人选，则辞任的法定代表人或董事仍应当履行相应职责。由此引起的相应诉讼属于公司内部自治问题，法院不应受理或支持。[1]此种认识的错误之处在于，将法定代表人或董事简单地当作公司的

---

[1]　参见"陈某华、佛山市匠大师轻钢房屋科技有限公司等请求变更公司登记纠纷民事二审民事判决书"[（2021）粤06民终11440号]。

附属品，而非平等的委任关系。而且，从公司登记的功能与效力来看，其意义在于向社会公示公司意志代表权或管理人的基本状态，[①] 而非关于法定代表人或董事的确定。《公司法》第35条第3款规定的"公司变更法定代表人的，变更登记申请书由变更后的法定代表人签署"，就是此意。

无论是法定代表人的辞任，还是一般董事的辞任，公司收到书面辞任通知书后，均应及时确定或选任新的人选。如果因没有及时确定或选任新的人选，其只是公司内部管理的问题，如没有及时进行工商变更登记而给辞任者造成损失的，公司应负赔偿责任，并承担由此造成的一切法律后果。

第七十一条 【董事解任】股东会可以决议解任董事，决议作出之日解任生效。

无正当理由，在任期届满前解任董事的，该董事可以要求公司予以赔偿。

本条是关于董事的解任规定。

一、股东会可以决议解任董事

选举和更换董事，是股东会的首要权力（第59条）。作为委任关系，不论是委托人还是受托人，均有任意解除权（《民法典》第933条），《公司法》在赋予董事辞任权的同时（第70条），在本条规定了股东会对董事的解任权。

股东会对董事的解任权为无因解任，不需要理由就可以由股东会决议解任。这与大多数国家和地区的立法趋势是一致的。尽管《公司法》第59条规定了很多股东会的职权，但其最为基本的权力是人事权，即对董事和监事的选任与解任权，这是股东放弃直接管理权的基本对价。

依本条第1款规定，股东会一旦决议解任董事，决议作出之日解任生效，被解任者即失去董事资格，后续无须专门书面通知被解任者。对此决议，股东会以普通决议通过即可，无须特别决议，除非公司章程另有规定。当然，决议解任董事的股东会，既可以是公司章程规定的正常股东会，也可以是临

---

① 参见"海南金南华实业有限公司、三亚香山金玉观音文化艺术有限公司与曾某兵、张某娟等不当得利纠纷二审裁定书"[（2022）最高法民终27号之三]。

时股东会，相应会议的启动与召开按照公司法和章程规定的程序进行。至于解任后公司是否选举任命新的董事或法定代表人，属于公司自治范畴。[①]

股东会一旦解任了董事职务，须立即重新选举或委派董事，特别是法定代表人的解任，应当及时办理工商变更登记。如果给被解任人造成损失的，则要承担赔偿责任。

二、被解任董事的赔偿请求权

依本条第 2 款规定，股东会没有正当理由而在任期届满前解任董事的，被解任董事可以要求公司予以赔偿。实践中，股东会解任董事一般都有相应的理由，如被解任者不称职或有其他不当行为，但这些也仅是引起解任的缘由，而非解任的前提或条件。解任必然会给被解任者造成影响，如果解任非因被解任者的原因导致，亦即"无正当理由"解任给被解任者造成损失的，应予以赔偿，赔偿范围包括直接损失和任期届满后可以获得的薪酬（《民法典》第 933 条）。

可以看出，《公司法》第 70 条与第 71 条分别赋予董事的辞任权与股东会的解任权是相互对应的，明确了二者之间的委任关系，为双方关系的处理奠定了基本规则与指引。

第七十二条　【董事会召集与主持】董事会会议由董事长召集和主持；董事长不能履行职务或者不履行职务的，由副董事长召集和主持；副董事长不能履行职务或者不履行职务的，由过半数的董事共同推举一名董事召集和主持。

本条是关于董事会会议的召集与主持的规定。

一、董事会会议召集与主持的顺位规则

依本条规定，董事会会议由董事长召集和主持；董事长不能履行职务或者不履行职务的，由副董事长召集和主持；副董事长不能履行职务或者不履行职务的，由过半数的董事共同推举一名董事召集和主持。

[①]　参见"韦统兵、新疆宝塔房地产开发有限公司等请求变更公司登记纠纷民事再审民事判决书"〔（2022）最高法民再 94 号〕，载《最高人民法院公报》2022 年第 12 期。

其中，副董事长召集和主持，不以董事长委托为前提；过半数的董事共同推举一名董事召集和主持，也不以董事长与副董事长委托为前提。此系为防止作为具有召集权与主持权的董事长与副董事长不能或不履行职务而设定的顺位规则，以保证作为公司管理中心的董事长正常运转。该规则体现了董事会集体议事的机构性，以及董事会成员的平等性。董事长和副董事长只是董事会中具有优先召集权与主持权（同时是职责）的成员而已。当其不能或不行使职责时，不仅是放弃召集权与主持权，而且为典型的不履职行为，同为董事会成员的其他董事可依法召集与主持。

《公司法》赋予董事长对于董事会会议的召集权与主持权及其他权力，是专属于具有董事长身份的权力，作为董事长的个人不能以此授予他人。董事长因故不能履职的，应通过法定程序让渡权力或者进行改选，而不能通过个人总体概括授权的方式让渡董事长职权。①

二、董事长或副董事长不能或不履行职务的判断

董事长或副董事长不能履行职务，主要是指因客观原因（如身体原因、丧失行为能力或被依法逮捕等）而导致的客观不能状态。董事长或副董事长的不履行职务是指主观原因，即其故意不为之。

判断董事长或副董事长不能或不履行职务，不以其消极回应或不积极主动为标准。在"仇某山、唐某雷与盐城金洲置业有限公司公司决议撤销纠纷案"[（2020）苏民申568号]中，法院认为，作为公司董事的唐某雷分别于2018年7月25日、7月29日两次书面通知金洲公司董事长尤某参加将召开的董事会会议，尤某在收到通知后两次通过回函告知仇某山、唐某雷其将在收到仇某山、唐某雷的正式提议函后安排、主持召开临时董事会，董事会开会的具体时间、地点另行书面通知，尤某没有拒绝召集和主持董事会会议，不能视为尤某不能履行职务或者不履行职务。

三、董事会会议召集的时间、程序

召集时间因董事会的种类而不同。董事会的定期会议由公司章程规定。一般情况下，至少每半年召开一次定期会议。董事会的临时会议可在必要时

---

① 参见"广西金伍岳能源集团有限公司、广西物资储备有限公司确认合同无效纠纷再审民事判决书"[（2019）最高法民再35号]。

召开。至于召集程序，考虑到有限责任公司的人合性和中小企业形式性，《公司法》对此并没有作出明确规定。所以，公司可以通过章程规定董事会的召集程序，以书面、口头、电子通知等形式均可。

另定的临时董事会的通知方式与时限，应能够为董事就会议事项表决提供一定的准备时间，保障各董事能提前了解需要自行约定的内容并保障各董事充分发表意见。在程序权益被剥夺的情况下，实质结论的正当性难以保证。①

第七十三条　【董事会议事方式、表决程序与会议记录】董事会的议事方式和表决程序，除本法有规定的外，由公司章程规定。

董事会会议应当有过半数的董事出席方可举行。董事会作出决议，应当经全体董事的过半数通过。

董事会决议的表决，应当一人一票。

董事会应当对所议事项的决定作成会议记录，出席会议的董事应当在会议记录上签名。

本条是关于董事会的议事方式与表决程序的规定。

一、董事会的议事方式与表决程序的一般要求

依本条第 1 款规定，关于董事会的议事方式和表决程序，除法律有规定的外，由公司章程规定。也就是说，董事会的议事方式和表决程序主要由公司根据自己的实际情况通过章程确定。

二、董事会会议的出席及决议

依本条第 2 款规定，董事会会议应由全体董事出席。如果不能全体出席的，董事会会议至少要有过半数的董事出席方可举行，否则会议不成立。作出决议时，则须经全体董事的过半数通过，即使董事会会议仅有过半数董事出席。当然，如果章程规定某些事项需要经过全体董事大多数通过或全体一致决的，则依照章程规定。

---

① 参见"山东金石沥青股份有限公司、金石财富投资有限公司公司决议撤销纠纷二审民事判决书"［（2019）鲁 11 民终 1945 号］。

为体现董事会成员的平等及集体议事的价值，依本条第 3 款规定，董事会决议的表决采一人一票制，董事长或其他董事没有更多的表决权。如果章程规定董事长在董事会表决中有两票或更多，则是无效规定。

三、会议记录

依本条第 4 款规定，董事会应当对所议事项的决定作成会议记录，出席会议的董事应当在会议记录上签名。

原则上，董事应出席董事会会议。如果董事因故不能出席，可以委托其他董事代为表决。实践中有董事委托非董事出席的情况，基于有限责任公司董事会自我管理机构的性质，如果股东与其他董事不提出异议，可视为有效出席。

第七十四条 【经理设置】有限责任公司可以设经理，由董事会决定聘任或者解聘。

经理对董事会负责，根据公司章程的规定或者董事会的授权行使职权。经理列席董事会会议。

本条是关于有限责任公司设置经理的规定。

一、经理的地位与聘任

依本条第 1 款规定，经理是由董事会聘任并负责组织日常经营管理活动的业务执行机构。它包含以下含义：（1）公司经理由董事会聘任，对董事会负责；（2）经理是负责组织日常经营管理活动的业务执行机构；（3）经理是由公司根据经营需要而设置的任意机构，是否设置经理，由章程或董事会自行决定。

经理可以由公司章程规定设置并委派，但最终需要经过董事会聘任程序。在"戚某等与上海寰邃智能科技有限公司公司证照返还纠纷案"［（2023）沪 02 民终 690 号］中，法院认为，公司董事会对总经理人选的审查与任命，并非只是一个可有可无的形式，也并非如一审判决认定的只是照抄法律条款。公司董事会对总经理的任命程序不可省略。章程规定的 BMI 公司对总经理人选的委派并不排除董事会对总经理人选的审查及任用，BMI 公司对寰邃公司总经理人选的委派对寰邃公司不能直接产生任命的效力。

二、经理与公司之间的关系

（一）雇佣关系

经理作为高级职员，对公司而言首先是雇员，在董事会授权下执行和实施董事会决策。经理的经营管理权来自董事会的授权，董事会应当明确经理的管理权限范围。如果权限不明的话，经理在采取措施时，必须取得董事会的同意。

（二）代理关系

无论是大陆法系还是英美法系，都认为经理是公司所有人的代理人。我国法律没有明确规定经理与公司之间的关系，但学界与实务界普遍认为，在经理不担任公司法定代表人时，他与公司之间是代理关系。

根据《民法典》第 81 条和第 61 条，董事会是执行机构，且实行法定代表人制度。因而，不具有法定代表人身份的执行董事和经理，没有直接为公司管理事务而对外签字的权利。在对第三人关系上，必须经过代表机关（法定代表人）的授权后，方可认为非法定代表人的执行董事和经理取得代理权。换言之，判断非法定代表人的执行董事和经理是否享有对外的职务代理权，一般需要结合法定代表人的授权。

（三）机构关系

经理为公司机构，对内具有经董事会授权的经营管理权，对外具有相应的职务代理权。如果公司章程规定经理是公司法定代表人，则其为公司代表机关，其行为就是公司的行为。如果没有规定其为公司法定代表人，则经理是公司的职务代理人，相应行为产生代理或表见代理的后果。

三、经理的职权

依本条第 2 款规定，经理是由公司董事会聘任的，其职权来源于公司章程或董事会的授权，一般是关于公司内部日常经营管理方面的职权。

本条第 2 款只是笼统规定"经理对董事会负责，根据公司章程的规定或者董事会的授权行使职权"。参照修订前的《公司法》第 49 条的规定，经理可以行使以下职权：（1）主持公司的生产经营管理工作，组织实施董事会决议；（2）组织实施公司年度经营计划和投资方案；（3）拟订公司内部管理机构设置方案；（4）拟订公司的基本管理制度；（5）制定公司的具体规章；（6）提请聘任或者解聘公司副经理、财务负责人；（7）决定聘任或者解聘除应由董事会决定聘任或者解聘以外的负责管理人员；（8）董事会授予的其他职权。

作为经理，其有权利也有义务列席董事会会议，但董事会也可以不允许其列席或允许其不列席。

四、经理的辞任与解任

董事会与经理之间是典型的委任关系，经理的辞任与解任可类推适用董事的辞任与解任。

在最高人民法院指导案例第 10 号"李建军诉上海佳动力环保科技有限公司公司决议撤销纠纷案"中，法院认为，董事会决议解聘李建军总经理职务的原因如果不存在，并不导致董事会决议撤销。首先，公司法尊重公司自治，公司内部法律关系原则上由公司自治机制调整，司法机关原则上不介入公司内部事务；其次，佳动力公司的章程中未对董事会解聘公司经理的职权作出限制，并未规定董事会解聘公司经理必须有一定原因，该章程内容未违反公司法的强制性规定，应认定为有效，因此佳动力公司董事会可以行使公司章程赋予的职权即作出解聘公司经理的决定。故法院应当尊重公司自治，无须审查佳动力公司董事会解聘公司经理的原因是否存在，即无须审查决议所依据的事实是否属实，理由是否成立。

第七十五条 【不设董事会公司的董事】规模较小或者股东人数较少的有限责任公司，可以不设董事会，设一名董事，行使本法规定的董事会的职权。该董事可以兼任公司经理。

本条是关于不设董事会的有限责任公司董事的设置及权力的基本规定。

设置董事会的公司往往是那些规模较大或股东人数较多的有限责任公司，对于规模较小或股东人数少的有限责任公司，可以不设董事会，设一名董事。此种公司可以称为不设董事会的有限责任公司，该董事可以依法行使公司法所规定的董事会职权。当然，董事也可以兼任公司经理。

依本条规定，法律并不排斥公司通过章程规定设两名董事。如果公司设置两名董事，则由该两名董事行使公司法规定的董事会职权。至于两名董事的分工，可以由章程规定，也可以由两名董事自由确定。

在仅有一名董事的情形下，该董事的主要任务是执行股东会决议，处理公司日常事务。从性质上而言，该董事更多的是股东会或全体股东的代表，而非公司的代表。股东会可以通过股东会决议或章程限制本属于董事会的权力，而将有关权力收归股东会或全体股东。

第七十六条　【监事会设置、组成、会议召集与主持】有限责任公司设监事会，本法第六十九条、第八十三条另有规定的除外。

监事会成员为三人以上。监事会成员应当包括股东代表和适当比例的公司职工代表，其中职工代表的比例不得低于三分之一，具体比例由公司章程规定。监事会中的职工代表由公司职工通过职工代表大会、职工大会或者其他形式民主选举产生。

监事会设主席一人，由全体监事过半数选举产生。监事会主席召集和主持监事会会议；监事会主席不能履行职务或者不履行职务的，由过半数的监事共同推举一名监事召集和主持监事会会议。

董事、高级管理人员不得兼任监事。

本条是关于监事会的设置、组成及成员的基本规定。

一、监事会的地位

监事会是有限责任公司的监督机构。

至于是否设置监事会及如何设置监事会，原则上由公司自治。公司可以按照公司章程的规定在董事会中设置由董事组成的审计委员会，行使本法规定的监事会的职权，不设监事会或者监事（第69条）。

从现代各国企业立法的发展趋势来看，由于有限责任公司是中小企业的主要企业形式，大多国家和地区已经不再强令有限责任公司必须设置监事会，而基本上交由公司自己决定或直接由不执行业务的股东行使监督权。尽管《公司法》规定有限责任公司可以不设监事会或监事，以及规定股东人数较少或规模较小的有限责任公司可以不设监事会，而仅设一名监事，但对于那些全体股东都参与管理的公司而言，确实没有必要一定设置监事会或监事。有限责任公司可以通过章程规定全体股东均有监督权，直接行使公司法关于监事会职权的规定，这其实为公司治理提供了除了审计委员、监事会或监事之外的另一种监督模式。

二、监事会的组成

依本条第 2 款规定，如公司设置监事会，其成员为三人以上。监事会应当包括股东代表和适当比例的公司职工代表，比例不得低于三分之一，具体比例由公司章程规定。职工代表由公司职工通过职工代表大会、职工大会或者其他形式民主选举产生。

本条第 2 款关于职工监事的规定为强制性要求，且职工监事不能由股东会任命。在"上海保翔冷藏有限公司诉上海长翔冷藏物流有限公司公司决议效力确认纠纷案"① 中，法院认为，有限责任公司监事会中的职工代表监事应当具有该公司职工的身份，职工代表监事的产生方式应符合《公司法》规定的职工民主选举产生的程序，并符合该条规定的代表比例。公司股东会作出任命职工代表监事的决议，如果该被任命的监事并非本公司职工，或该被任命监事的产生程序、代表比例违反《公司法》相关规定的，该部分决议内容应属无效。

另外，作为主要被监督对象的董事、高级管理人员不得兼任监事。

依本条第 3 款规定，监事会设主席一人，不能被委派产生，应由全体监事过半数选举产生。其职责是负责召集和主持监事会会议。如果不能履行职务或者不履行职务的，可以由过半数的监事共同推举一名监事召集和主持监事会会议。

第七十七条　【监事任期与辞任】 监事的任期每届为三年。监事任期届满，连选可以连任。

监事任期届满未及时改选，或者监事在任期内辞任导致监事会成员低于法定人数的，在改选出的监事就任前，原监事仍应当依照法律、行政法规和公司章程的规定，履行监事职务。

---

① 《最高人民法院公报》2019 年第 11 期。

本条是关于监事任期的规定。

依本条规定，同董事任期一样，监事的任期每届为三年。任期届满，连选可以连任。

为维护监事会集体行权的需要，本条规定，监事任期届满未及时改选，或者监事在任期内辞任导致监事会成员低于法定人数的，在改选出的监事就任前，原监事仍应当依照法律、行政法规和公司章程的规定，履行监事职务。

第七十八条　【监事会职权】 监事会行使下列职权：

（一）检查公司财务；

（二）对董事、高级管理人员执行职务的行为进行监督，对违反法律、行政法规、公司章程或者股东会决议的董事、高级管理人员提出解任的建议；

（三）当董事、高级管理人员的行为损害公司的利益时，要求董事、高级管理人员予以纠正；

（四）提议召开临时股东会会议，在董事会不履行本法规定的召集和主持股东会会议职责时召集和主持股东会会议；

（五）向股东会会议提出提案；

（六）依照本法第一百八十九条的规定，对董事、高级管理人员提起诉讼；

（七）公司章程规定的其他职权。

本条是关于监事会的职权的规定。

具体论述，详见第五章关于股份有限公司监事会职权的解读。

第七十九条　【监事列席董事会、质询或建议权、调查权】 监事可以列席董事会会议，并对董事会决议事项提出质询或者建议。

监事会发现公司经营情况异常，可以进行调查；必要时，可以聘请会计师事务所等协助其工作，费用由公司承担。

本条是关于监事列席董事会会议，提出质询或建议，以及必要的调查权的规定。

在董事会开会时，监事可以列席会议并对该次董事会决议事项提出质询或建议，对于监事的质询，董事会有说明的义务。

当发现公司出现异常经营时，监事可以对此予以调查。这是监事的一种事中监督权，可以更好地监督公司经营。

发现公司经营有问题，监事会认为必要时，可以聘请会计师事务所等协助其工作。

第八十条 【董事、高级管理人员向监事会提交职务报告及如实提供材料的义务】监事会可以要求董事、高级管理人员提交执行职务的报告。

董事、高级管理人员应当如实向监事会提供有关情况和资料，不得妨碍监事会或者监事行使职权。

本条是关于监事会要求董事、高级管理人员提交执行职务报告及提供有关情况和资料的权力。

详见第五章解读。

第八十一条 【监事会会议的召开】监事会每年度至少召开一次会议，监事可以提议召开临时监事会会议。

监事会的议事方式和表决程序，除本法有规定的外，由公司章程规定。

监事会决议应当经全体监事的过半数通过。

监事会决议的表决，应当一人一票。

监事会应当对所议事项的决定作成会议记录，出席会议的监事应当在会议记录上签名。

本条是关于监事会会议的召开及表决的规定。

一、监事会会议的召开及临时会议

依本条第 1 款规定，作为监督机构，监事会每年度至少召开一次会议，该次会议一般是对本年度工作的总结。

监事会尽管为集体监督机构，但监事如果认为需要召开临时监事会会议的，可以提议召开，监事会主席应当及时召开。

本条规定监事有权提议召开临时监事会会议，没有规定其他前提条件，这意味着监事有相当程度上的个人监督权，只不过需要通过监事会予以表达而已。

二、监事会的议事方式和表决程序

依本条第 2 款规定，除本法有专门规定外，监事会的议事方式和表决程序原则上由公司章程规定。

三、监事会会议的表决

与董事会表决要求一样，依本条第 3 款规定，监事会会议的表决采一人一票制。该一人一票制加上监事的临时会议提议权在一定程度上表明监事个体也可以很好地发挥监督作用。

四、监事会会议记录

依本条第 4 款规定，监事会会议必须对其所议事项作成会议记录，并应由出席会议的监事签名。

第八十二条　【监事会行使职权的费用承担】监事会行使职权所必需的费用，由公司承担。

本条是关于监事会行使职权的费用承担的规定。

监事会除日常监督及召开会议外，基于职责需要，可能需要聘请专业部门，如会计师事务所、律师事务所等进行必要的检查，相应费用，自然由公司承担。

第八十三条　【不设监事会的公司监督】规模较小或者股东人数较少的有限责任公司，可以不设监事会，设一名监事，行使本法规定的监事会的职权；经全体股东一致同意，也可以不设监事。

本条是关于规模较小或者股东人数较少的有限责任公司可不设监事会的规定。

一、规模较小或股东人数较少的公司可仅设一名监事

依本条规定，如果公司规模较小或者股东人数较少，可仅设一名监事，行使本法所规定的监事会职权。

二、规模较小或股东人数较少的公司可不设监事

依本条规定，对于规模较小或者股东人数较少的有限责任公司，不仅可以不设监事会，经全体股东一致同意，也可以不设监事。

该规定意义重大，实际上肯认了有限责任公司的自我监督价值。也就是说，在全体股东一致同意不设监事的情况下，其有两种情况：一是全体股东均为董事会成员或经理，全体股东在共同管理中互相监督；二是如有某些股东没有参与管理，则这些股东可以行使如监事那样的监督权，换言之，从法律解释学角度，该规定意味着非参与经营管理股东监督权的存在。

第四章　有限责任公司的股权转让

第八十四条　【股权转让一般规则】有限责任公司的股东之间可以相互转让其全部或者部分股权。

股东向股东以外的人转让股权的，应当将股权转让的数量、价格、支付方式和期限等事项书面通知其他股东，其他股东在同等条件下有优先购买权。股东自接到书面通知之日起三十日内未答复的，视为放弃优先购买权。两个以上股东行使优先购买权的，协商确定各自的购买比例；协商不成的，按照转让时各自的出资比例行使优先购买权。

公司章程对股权转让另有规定的，从其规定。

本条是关于有限公司股权转让的基本规定。

一、股权内部转让的自由与限制

有限责任公司具有人合性，股东之间具有很强的相互信任关系，股东之间的依赖和股东的稳定对公司有着至关重要的作用，故需要对有限责任公司的股权转让作出一定的限制。

对于股东之间相互转让股权，一般不会影响股东之间的相互信任关系，他们之间可以自由转让股权。

本条第 1 款规定"有限责任公司的股东之间可以相互转让其全部或者部分股权"，而其第 2 款则对"股东向股东以外的人转让股权"作了限制性规定。从该两款规定的字面逻辑来看，有限责任公司的股东之间可以自由转让股权，无须征得其他股东的过半数同意。

股东之间相互转让股权，对公司的人合性并无实质影响，理论上似无限制的必要。但从公司内部持股比例的变化来看，转让的实际发生将导致公司股权结构的变化，涉及其他股东在公司中地位的改变，影响公司内部的表决权、决策权、收益权等比例性权利的变化，进而影响其利益的实现。特别需要注意的是，股权的内部流转极易使控制股东失去控制权，或者增大其控制权而不当损害公司或其他股东的利益，从而使公司内部关系失衡。因而，对股东之间相互转让股权，除章程有规定外，司法实践中也须限制股东之间自由转让其股权。

二、有限责任公司股权对外转让的一般规定

（一）对外转让股权的原则

本条第 2 款规定是关于股权对外转让的程序性规则，是转让人对外转让股权应当遵守的程序，并非对股权转让的实质性限制，体现了公司法关于公司的基本认识，即其资合性价值，尽管该规定常常被理解为我国有限责任公司具有人合性的法条。其隐含的法理是，转让是权利，仅需遵守法定程序。有限公司股权对外转让也是自由的。

（二）对外转让股权的程序

首先，转让股东履行通知义务。

通知的内容包括"股权转让的数量、价格、支付方式和期限等事项"。这是关于股权转让的基本条件要求，如果通知的内容过于简单，如仅通知股权转让，则不构成本规定所谓"通知内容"，进而不被认为履行了必要的通知要求。而且，由于通知的目的是便于其他股东行使优先购买权，故股权转让的数量、价格、支付方式和期限等事项严格而言均需要具备，否则将因通知瑕疵而被认为通知不当，影响转让股东的股权转让。

通知的方式应当为书面，如信件、电报、电传等方式（《民法典》第 469 条第 2 款、第 3 款），但不能以公告方式进行。在"马某诉郭某等确认合同无效纠纷案"〔（2015）最高法民申 1593 号〕中，最高人民法院认为，虽然马某已经支付富广联兴公司股权转让金 200 万元并在报纸上发布股权转让声明，称富广联兴公司已将其持有的粤龙公司 400 万元股权转让给马某，但上述通知的方式不符合《公司法》关于股东应就其股权转让事项书面通知其他股东征求同意的规定。

通知的对象为"其他股东"，一般以股东名册记载为准。非记载于股东名册的人，公司全体股东认可为股东的，也包括在通知范围内，而股东名册所

记载的对应名义股东非公司股东。

本条未规定股东转让股权需要通知公司，但股东最终转让股权需要经过公司重新派发出资证明书，变更股东名册，以及进行工商变更登记。那么，从形式上来说，股东转让其股权仍须经过公司，故股东转让股权应当同时通知公司（第 86 条）。不过，这也仅仅是通知公司，并非需要经过公司同意，也无须经过公司股东会同意，除非公司章程另有规定。

其次，依本条第 2 款规定，其他股东收到转让股权的书面通知后，应在收到通知之日起 30 天内决定是否行使优先购买权。如决定行使优先购买权，应以书面方式通知转让股东（对等原则）。超过 30 天未决定并通知转让股东的，视为放弃优先购买权。该规定的 30 日期间为不可变期间，不适用中止、中断或延长的相关规定，且不能由章程另行规定其他期间（无论是短于或长于 30 日）。同时，该行使期间起算之日不应早于通知到达其他股东之日。依该规定，优先购买权的行使应明确提出购买请求并在合理的特定期限内行使，如当事人仅表示"考虑购买"，则该表示并非明确提出的购买请求。

最后，其他股东行使优先购买权的，转让股东应与行使优先购买权的股东协商转让事宜并最终转让。其他股东不行使优先购买权的，则在与受让方签订转让合同后通知公司，由公司变更或重新出具出资证明书，变更股东名册，并依法进行工商变更登记（第 86 条）。

三、其他股东的优先购买权

（一）对股东优先购买权的理解

股东优先购买权，是指当股东对外转让股权时，其他股东享有的以同等条件优先于第三人购买该股权的权利。股东优先购买权衍生于传统民法中的优先购买权制度，但在立法宗旨、权利来源、救济方式等诸多方面与民法上的优先购买权并不完全相同，而只是沿用了民法上的优先购买权的保护模式。

1. 优先购买权是一种受到章程限制的法定权利

股东优先购买权是由《公司法》直接规定确立的，是一种法定权利；如果"公司章程对股权转让另有规定的，从其规定"，即该权利可以受到章程的限制。

对此，有观点认为，应区别公司设立时制定章程与公司存续中修改章程两种不同情况加以解释：第一，公司设立时制定的公司章程须经全体投资人协商一致方能通过，如果此时的章程有限制股东优先购买权的条款，应视为已经全体股东同意，为有效约定。第二，公司成立后，按多数决原则即可对公司章程加以修改，如此时修改的章程中含有限制股东优先购买权的条款，则应视为尚未经股东同意即剥夺了部分股东的固有权利，该限制条款是无效的。第三，按照前述逻辑，如果公司设立后新增股东，则设立时虽经全体股东同意但未获得新股东同意的限制条款，丧失效力；而按多数决原则修改的章程相关限制条款可因其后获得全体股东追认同意而生限制效力。

这种认识有待商榷，公司存续中发生的股权转让，受让人在接受股权转让前有义务了解和知悉公司章程，股权受让人一旦受让股权，就意味着接受公司现有章程的约束。如果其不想接受公司章程中有关条款的约束，应当与股权转让人及公司进行协商，并在股权受让后依照法定程序进行章程修改。

其他股东的优先购买权仅受到章程的限制，在其他场合其法定性不容限制。在"中静实业（集团）有限公司诉上海电力实业有限公司等股权转让纠纷案"① 中，法院认为，虽然国有产权转让应当在产权交易所进行公开交易，但因产权交易所并不具有判断交易一方是否丧失优先购买权的权利，在法律无明文规定且股东未明示放弃优先购买权的情况下，享有优先购买权的股东未进场交易，并不能根据交易所自行制定的"未进场则视为放弃优先购买权"的交易规则，得出其优先购买权已经丧失的结论。

2. 优先购买权是一种基于股东身份而享有的优先于非股东的请求权

从本条第 2 款规定来看，股东优先购买权的效力内容表现为，当转让股东向第三人转让股权而将"股权转让的数量、价格、支付方式和期限等事项书面通知其他股东"时，符合合同要约的规定（《民法典》第 472 条），亦即它是转让股东向其他股东发出的要约；而收到通知的其他股东一旦行使优先购买权，意味着对该书面要约的承诺，在二者之间形成合同约束。从这个意义上看，本条第 2 款规定的其他股东的优先购买权是一种合同要约与承诺性质的一种请求权利，其仅在形式上符合形成权要件，实质并非形成权，因为形成权是仅依权利人单方意思表示而形成的一种权利。而且，股东的优先购买权的"优先购买"只是基于股东身份而享有的优先于非股东的一种权利，

---

① 《最高人民法院公报》2016 年第 5 期。

非基于其股东身份享有的单方形成权。

因此，法院并未将其作为形成权看待，而认为是一种类似请求权的权利，允许转让股东在其他股东主张优先购买后可以不同意转让股权，除非公司章程另有规定（《公司法司法解释（四）》第 20 条）。

3. 优先购买权并非对拟转让股东股权转让的限制

优先购买权是法律规定股东在同等条件下对其他股东拟对外转让的股份享有的优先购买的权利，是一种为保证有限责任公司的人合性而赋予股东的权利。优先权的规定并不是对拟转让股份的股东股权的限制或对其自由转让股份的限制。①

（二）股东行使优先购买权的对内效力

股东一旦行使优先购买权，一方面将在转让股东与行使优先权的股东之间产生法律效力，即股东优先购买权的对内效力；另一方面对转让股东与非股东第三人之间的法律关系也将产生影响，即股东优先购买权的对外效力。

股东优先购买权的对内效力主要体现为，优先权股东一经行使优先购买权，就意味着其对转让股东转让股权条件的承诺，进而在他们之间成立股权转让合同。

（三）股东行使优先购买权的对外效力

股东优先购买权的对外效力集中表现为如何认定转让股东与非股东第三人之间股权转让合同的效力问题。股权对外转让需要经过其他股东行使优先购买权，否则其效力就会产生问题。②

本条第 2 款关于股东优先购买权的规定，是对转让股东与其他股东之间基于有限责任公司人合性而作出的规范，功能在于规范转让股东与其他股东之间的关系。转让股东与第三人之间的股权转让合同系基于双方合意而对转让和受让股权产生的合同关系。该两种关系分别受《公司法》和《民法典》规范，前者在于约束转让股东与其他股东之间的关系，后者在于约束转让股

---

① 参见"北京新奥特集团等诉华融公司股权转让合同纠纷案"［（2003）最高法民二终 143 号］，载《最高人民法院公报》2005 年第 2 期。

② 徐强胜：《股权转让限制的效力——〈公司法〉第 71 条规定的功能分析》，载《环球法律评论》2015 年第 1 期。

东与第三人之间的股权买卖关系。二者分属于不同的法律关系，故《公司法》关于股东优先购买权的规定并不影响转让股东与第三人之间的股权转让合同。"股东以外的股权受让人，因股东行使优先购买权而不能实现合同目的的，可以依法请求转让股东承担相应民事责任"（《公司法司法解释（四）》第21条第3款）。

《九民会议纪要》第9条指出："审判实践中，部分人民法院对公司法司法解释（四）第21条规定的理解存在偏差，往往以保护其他股东的优先购买权为由认定股权转让合同无效。准确理解该条规定，既要注意保护其他股东的优先购买权，也要注意保护股东以外的股权受让人的合法权益，正确认定有限责任公司的股东与股东以外的股权受让人订立的股权转让合同的效力。一方面，其他股东依法享有优先购买权，在其主张按照股权转让合同约定的同等条件购买股权的情况下，应当支持其诉讼请求，除非出现该条第1款规定的情形。另一方面，为保护股东以外的股权受让人的合法权益，股权转让合同如无其他影响合同效力的事由，应当认定有效。其他股东行使优先购买权的，虽然股东以外的股权受让人关于继续履行股权转让合同的请求不能得到支持，但不影响其依约请求转让股东承担相应的违约责任。"简单地说，"除转让股东和股东以外的股权受让人恶意串通损害其他股东优先购买权订立的合同无效外，一般情况下，转让股东与股东以外的股权受让人之间签订股权转让合同时即使没有履行《公司法》第71条第2款、第3款的义务侵犯了其他股东的优先购买权，该合同也是有效的"。①

（四）两个以上股东行使优先购买权的处理规则

依本条第2款规定，如果有两个以上股东行使优先购买权的，由他们协商确定各自的购买比例；协商不成的，按照转让时各自持有的出资比例行使优先购买权。

（五）股东优先购买权能否部分行使

实践中，基于各种考虑，股东可能主张对拟转让股权的一部分行使优先购买权，而不全部购买。对此，应区分不同的情况分别处理：如果股东仅主

---

① 最高人民法院民事审判第二庭编著：《〈全国法院民商事审判工作会议纪要〉理解与适用》，人民法院出版社2019年版，第143页。

张部分优先购买权，而受让股东对剩余部分愿意继续受让的，可以认可部分优先购买的效力；如果因为股东主张部分优先购买权导致受让股东完全放弃购买计划的，此时则不应允许行使部分优先购买权，股东必须全部购买，否则视为放弃优先购买权。[①]

但如果数位股东整体对外转让股权且转让价格是以整体转让为条件时，其他股东的优先购买权针对的是整体股权，而非单个股东的股权，此时应以整体转让确定转让价格，而非数位转让股东中个别股东股权转让的价格。[②]

（六）关于本条第 2 款的总体认识

整体而言，本条第 2 款为程序性规定，是关于股权转让的程序性要求，这意味着，非经该法定程序，不产生转让人期望的法律后果。换言之，股权的转让是一个过程，而非一个简单的转让时点。在这个过程中，不仅要有转让人与受让人之间关于股权的买卖行为，还需要转让人将转让意愿和条件通知其他股东，并由其他股东决定是否行使优先购买权。也就是说，完成股权的转让需要三个连续的民事行为，缺一不可。不能仅将转让人与受让人之间就股权转让达成协议视为本条所谓的股权转让，亦即，转让人与受让人之间的合意不是本条所规定的股权转让问题。

单就转让人与受让人之间的转让合同而言，如果未履行该条所规定的股权转让程序，其结果有四种情形：第一，双方事先在合同中约定以其他股东不行使优先购买权为成就条件的，基于条件的不成就而导致合同不生效。第二，双方可以在合同中约定受让人支付对价款，在其他股东行使优先购买权之前，受让人没有股东身份但享有股权中的权益，双方关系完全由合同加以约束。但这个时候，双方之间的关系与公司无关，转让人仍为公司股东。第三，双方同意或推定受让方同意作为实际出资人出现，双方的关系按照实际出资人与名义股东之间的关系处理。第四，如果双方事先没有在合同中约定第一种条件的，且不符合第二种和第三种要求的，则属于转让人履行不能而须承担违约责任的问题。

---

① 吴庆宝主编：《最高人民法院专家法官阐释民商裁判疑难问题：公司裁判指导卷》（增订版），中国法制出版社 2011 年版，第 104—105 页。

② 参见"浙江环益资源利用有限公司诉陈某股权转让纠纷二审民事判决书"［（2017）浙 02 民终 1283 号］。

四、关于公司章程的限制及其他

（一）关于公司章程的限制

依本条第 3 款规定，有限责任公司可以通过章程限制股权的转让，章程优先于公司法规定。

公司可以基于自己的实际情况与对未来的考虑，通过章程作出不同的规定。公司章程可以规定股权转让给某个或某几个股东，而不能转让给公司股东之外的人。由于公司章程是经过股东会同意的，即使公司章程对股东作出了区别对待，也不违反股东平等原则。公司章程也可以禁止自然人股东死亡后其继承人不得继承股东资格，以维持公司股东之间相互信任的纯洁性。一般情况下，对于家族式有限责任公司，为防止外人加入，可以在章程中明确规定股权转让必须转让于其他股东或家族成员，而不得转让于外人。当然，也可以规定公司或其他股东有优先购买权，或规定受让人须承担一定义务等。

公司章程限制甚至禁止股权对外转让都是可以的，但不能影响或者限制股东权利的行使。公司股东转让股权的目的通常是退出公司，获取投资该公司的收益或者避免因人合性不足造成的财产与精神损害。公司章程规定股东不得将股权转让给公司以外的民事主体是完全可以的，但须有切实可行的方法救济不能转让股东的合法权益：第一，股权应当由公司其他股东受让，受让股东应按正常的、欲转让股权的价值受让，不能有压低股权价格导致股权客观上转让不能，或者干脆拒绝受让其他股东的股权。第二，公司对股东的股权应当有赎回机制。公司章程可以规定，股东欲退出公司的，可以将股权转让给其他股东，其他股东不同意受让的，公司应当以合理的价格赎回，同时不得拒绝收购股东股权。如果其他股东拒绝受让股权，公司也不同意回购股权，导致股东客观上无法实现股权转让的，则股东可以请求司法机关确认公司章程的相关条款无效，或者强制公司以合理价格收购股东欲转让股权。[①]

在最高人民法院指导案例第 96 号"宋文军诉西安市大华餐饮有限公司股东资格确认纠纷案"中，法院认为，国有企业改制为有限责任公司，其初始

---

① 吴庆宝主编：《最高人民法院专家法官阐释民商裁判疑难问题：公司裁判指导卷》（增订版），中国法制出版社 2011 年版，第 185—187 页。

章程对股权转让进行限制，明确约定公司回购条款，只要不违反公司法等法律强制性规定，可认定为有效。有限责任公司按照初始章程约定，支付合理对价回购股东股权，且通过转让给其他股东等方式进行合理处置的，人民法院应予支持。

（二）关于需要经过有关部门批准的股权转让

对于依法需要经过有关部门批准的股权转让，因未办理批准等手续影响合同生效的，不影响合同中履行报批等义务条款以及相关条款的效力。这时，应当办理申请批准等手续的当事人未履行义务的，对方可以请求其承担违反该义务的责任（《民法典》第502条第2款）。此时，股权转让合同虽已经成立，但因转让未经有权机关批准，应认定其效力为未生效。[①]

（三）关于夫妻共同出资形成的股权转让

从民法理论上看，源于夫妻共同财产的出资形成的股权属于夫妻共同财产。夫妻对共同财产，有平等的处理权（《民法典》第1062条第2款）。但该所谓共同财产系指夫妻双方对共同出资形成的股权财产性权益的共同，非指双方因此成为股权共有人而共同享有公司法上的股权。

在公司法上，出资来源不是股东能否获得股东资格并获得股权的前提，关键是股东是否出资或认缴出资及登记。亦即，仅登记于股东名册和工商登记簿中的人方为股东，股东当然有权处理其所持股权。只有在该持有人转让股权时有不正当目的且第三人存在恶意时，股权转让才因构成侵权而无效。也就是说，在婚姻关系存续期间，以夫妻共同财产认缴出资但登记在夫妻一方名下的股权，登记方未经另一方同意擅自将股权转让给第三人，一般并不属于无权处分，除非第三人为恶意。[②]

（四）股权转让导致股东人数突破50人时的股权转让

《公司法》取消了有限责任公司股东最低为2人的限制，承认了一人公司

[①] 参见"深圳市标榜投资发展有限公司、鞍山市财政局股权转让纠纷二审民事判决书"〔（2016）最高法民终802号〕，载《最高人民法院公报》2017年第12期；另见"广州市仙源房地产股份有限公司与广东中大中鑫投资策划有限公司、广州远兴房产有限公司、中国投资集团国际理财有限公司股权转让纠纷二审民事判决书"，载《最高人民法院公报》2010年第8期。

[②] 参见"于某德、邱某杰等股权转让纠纷民事申请再审审查民事裁定书"〔（2021）最高法民申7141号〕；另参见"彭丽静与梁喜平、王保山、河北金海岸房地产开发有限公司股权转让侵权纠纷案"，载《最高人民法院公报》2009年第5期。

的法律地位，同时仍然保留了对股东最高数额的限制（第 42 条）。在公司成立后，股东转让其股权可能导致股东人数超过 50 人，从而突破《公司法》关于股东人数的最高限额。

对于这种情况，《公司法》关于股东上限的规定，仅是技术上的处理规则，非效力性规定。当因股权转让而导致股东人数超过法定限制时，可以由公司根据股权转让后的新情况和公司需要，将有限责任公司变更登记为股份有限公司，如果股东仍愿意维持有限责任公司的人合性和闭合性特点，股东可借助信托制度或者代持制度将公司的名义股东控制在 50 人以内，[①] 或者在公司内部通过股东名册承认为股东，而不在公司登记上显名。

五、关于股权让与担保

（一）股东让与担保的实质是担保

股权让与担保作为非典型担保的一种形式，系由债务人或第三人与债权人订立合同，约定将财产形式上转让至债权人名下，债务人到期清偿债务，债权人将该财产返还给债务人或第三人，债务人到期没有清偿债务的，债权人可以对财产拍卖、变卖、折价偿还债权。在股权让与担保中，债务人实质上为案涉股权真实权利人，债权人形式上享有股权，实质享有担保物权。[②]

对此，《民法典担保制度解释》第 68 条、第 69 条作出了规定：

首先，债务人或者第三人与债权人约定将财产形式上转移至债权人名下，债务人不履行到期债务，债权人请求对财产折价或者以拍卖、变卖该财产所得价款偿还债务的，人民法院应当认定该约定有效。当事人已经完成财产权利变动的公示，债务人不履行到期债务，债权人请求参照民法典关于担保物权的有关规定就该财产优先受偿的，人民法院应予支持。

其次，债务人或者第三人与债权人约定将财产形式上转移至债权人名下，债务人不履行到期债务，财产归债权人所有的，人民法院应当认定该约定无

---

① 吴庆宝主编：《最高人民法院专家法官阐释民商裁判疑难问题：公司裁判指导卷》（增订版），中国法制出版社 2011 年版，第 106 页。

② 典型案例为"昆明哦客商贸有限公司、熊志民与李长友等股东资格确认纠纷案"，载《最高人民法院公报》2022 年第 6 期。另参见"邓某华、周某平等股东资格确认纠纷民事申请再审审查民事裁定书"〔（2022）最高法民申 1021 号〕。

效，但是不影响当事人有关提供担保的意思表示的效力。当事人已经完成财产权利变动的公示，债务人不履行到期债务，债权人请求对该财产享有所有权的，人民法院不予支持；债权人请求参照民法典关于担保物权的规定对财产折价或者以拍卖、变卖该财产所得的价款优先受偿的，人民法院应予支持；债务人履行债务后请求返还财产，或者请求对财产折价或者以拍卖、变卖所得的价款清偿债务的，人民法院应予支持。

再次，债务人与债权人约定将财产转移至债权人名下，在一定期间后再由债务人或者其指定的第三人以交易本金加上溢价款回购，债务人到期不履行回购义务，财产归债权人所有的，人民法院应当参照《民法典担保制度解释》第 68 条第 2 款规定处理。回购对象自始不存在的，人民法院应当依照《民法典》第 146 条第 2 款的规定，按照其实际构成的法律关系处理。

最后，基于股权让与担保实质上为担保而非股权转让的认识，在股东以将其股权转移至债权人名下的方式为债务履行提供担保的情形下，公司或者公司的债权人以股东未履行或者未全面履行出资义务、抽逃出资等为由，请求作为名义股东的债权人与股东承担连带责任的，人民法院不予支持。

（二）股权让与担保具有物权效力

在"黑龙江闽成投资集团有限公司与西林钢铁集团有限公司、第三人刘志平民间借贷纠纷案"[1] 中，法院认为，民间借贷合同是否已成立、生效并全面实际履行，应从签约和履约两个方面来判断，出借人应举示借款合同、银行交易记录、对账记录等证据证明，且相关证据应能相互印证。当事人以签订股权转让协议方式为民间借贷债权进行担保，此种非典型担保方式为让与担保。在不违反法律、行政法规效力性强制性规定的情况下，相关股权转让协议有效。签订股权让与担保协议并依约完成股权登记变更后，因借款人未能按期还款，当事人又约定对目标公司的股权及资产进行评估、抵销相应数额债权、确认此前的股权变更有效，并实际转移目标公司控制权的，此时应认定当事人就真实转让股权达成合意并已实际履行。以此为起算点一年以后借款人才进入重整程序，借款人主张依企业破产法相关规定撤销该以股抵债行为的，不应支持。对于股权让与担保是否具有物权效力，应以是否已按照

---

[1] 《最高人民法院公报》2020 年第 1 期。

物权公示原则进行公示作为核心判断标准。在股权质押中，质权人可就已办理出质登记的股权优先受偿。在已将作为担保财产的股权变更登记到担保权人名下的股权让与担保中，担保权人形式上已经是担保标的物的股权的持有者，其就作为担保的股权所享有的优先受偿权利，更应受到保护，原则上享有对抗第三人的物权效力。当借款人进入重整程序时，确认股权让与担保权人享有优先受偿的权利，不构成《企业破产法》第 16 条规定所指的个别清偿行为。以股权设定让与担保并办理变更登记后，让与担保权人又同意以该股权为第三人对债务人的债权设定质押并办理质押登记的，第三人对该股权应优于让与担保权人受偿。

六、股权依法转让后当事人因转让合同的分期履行争议

依照本条规定依法转让股权后，股权转让方与受让方因分期履行合同发生争议的，不能简单适用《民法典》第 634 条关于分期付款出卖人的法定解除权规定。

在最高人民法院指导案例第 67 号"汤长龙诉周士海股权转让纠纷案"中，法院认为，有限责任公司的股权分期支付转让款中发生股权受让人延迟或者拒付等违约情形，股权转让人要求解除双方签订的股权转让合同的，不适用《合同法》第 167 条关于分期付款买卖中出卖人在买受人未支付到期价款的金额达到合同全部价款的五分之一时即可解除合同的规定。这是因为，依据上述法律和司法解释的规定，分期付款买卖的主要特征为：一是买受人向出卖人支付总价款分三次以上，出卖人交付标的物之后买受人分两次以上向出卖人支付价款；二是在经营者和消费者之间较为多发，一般是买受人作为消费者为满足生活消费而发生的交易；三是出卖人向买受人授予了一定信用，而作为授信人的出卖人在价款回收上存在一定风险，为保障出卖人剩余价款的回收，出卖人在一定条件下可以行使解除合同的权利。而本案系有限责任公司股东将股权转让给公司股东之外的其他人。尽管案涉股权的转让形式也是分期付款，但由于本案买卖的标的物是股权，因此具有与以消费为目的的一般买卖不同的特点：一是汤长龙受让股权是为了参与公司经营管理并获取经济利益，并非满足生活消费；二是周士海作为有限责任公司的股权出让人，其所持股权一直存在于目标公司中，所以其因分期回收股权转让款而承担的风险，与一般以消费为目的分期付款买卖中出卖人收回价款的风险并不同等；三是双方解除股权转让合同，也不存在向受让人要求支付标的物使用费的情况。综上，股权转让分期付款合同与一般以消费为目的的分期付款买卖合同有较大区别。对案涉《股权转让资金分期付款协议》不宜简单适用《合同法》第 167 条规定的合同解除权。

第八十五条　【法院强制执行股权转让】人民法院依照法律规定的强制执行程序转让股东的股权时，应当通知公司及全体股东，其他股东在同等条件下有优先购买权。其他股东自人民法院通知之日起满二十日不行使优先购买权的，视为放弃优先购买权。

本条是关于股权强制执行下股权转让的规定。

依本条规定，法院强制执行公司某股东的股权时，同样适用通知及优先权规则。不过，其他股东自人民法院通知之日起满 20 日不行使优先购买权的，视为放弃优先购买权，而不适用 30 日的期间要求。

在股权被法院强制执行的情形之下，股东依然享有优先购买权。在"甘肃兰驼集团有限责任公司与常柴银川柴油机有限公司等股权转让纠纷上诉案"［（2016）最高法民终 295 号］中，兰驼公司是常柴银川公司的股东。常柴银川公司与万通公司签订了一份《借款质押合同》……常柴银川公司以其持有的西北车辆公司 57% 股权作为质押，并约定常柴银川公司届时不能还款，万通公司有权申请强制执行。双方就该《借款质押合同》在银川市国信公证处办理了具有强制执行效力的公证书。之后，常柴银川公司通知万通公司其无法按期归还借款，万通公司遂申请强制执行。双方在执行中达成和解协议，常柴银川公司将持有的西北车辆公司 0.5% 股权作价 50 万元转让给万通公司抵偿债务，并在工商局办理了股权变更登记手续；常柴银川公司将持有的西北车辆公司 56.5% 股权作价 5650 万元抵偿万通公司剩余债务。法院根据和解协议将常柴银川公司持有的西北车辆公司 56.5% 股权执行给了万通公司。最高人民法院认为，该股权抵债行为侵犯了兰驼公司的优先购买权，万通公司与常柴银川公司没有有效转让案涉 0.5% 的股权。由于万通公司未合法取得西北车辆公司 0.5% 的股权，故其以股东身份受让剩余 56.5% 股权抵债，未通知西北车辆公司股东行使优先购买权的行为也侵害了西北车辆公司其他股东的优先购买权，亦不发生有效转让股权的效力。综上，不能认定万通公司合法取得案涉 57% 的股权。

第八十六条　【股权转让对公司的通知及股东名册变更】 股东转让股权的，应当书面通知公司，请求变更股东名册；需要办理变更登记的，并请求公司向公司登记机关办理变更登记。公司拒绝或者在合理期限内不予答复的，转让人、受让人可以依法向人民法院提起诉讼。

股权转让的，受让人自记载于股东名册时起可以向公司主张行使股东权利。

本条是关于股权转让通知公司并由公司变更股东名册的规定。

一、股权变更

在履行了《公司法》第 84 条规定的股权转让程序后，不论是转让给公司其他股东还是第三人，均会在转让股东与公司之间产生变更请求权问题，转让股东有权要求公司进行股权变更。

依本条第 1 款规定，首先，股权转让股东应当书面通知公司，请求变更股东名册。该书面通知应当包括转让人与受让人的基本情况、转让人遵守了《公司法》第 84 条规定的程序证明，以及股东不行使优先购买权或没有在法定期间行使优先购买权的证明。需要办理工商变更登记的，转让股东可以同时请求公司向登记机关办理变更登记。

一般而言，书面通知公司并请求变更股东名册的人是转让股东。尽管转让股东与受让人签订了股权转让合同并符合公司法规定的转让程序要求，但对于公司来说，此时的转让股东仍是公司的股东，受让方尚未受到公司的认可，故由转让股东通知并要求变更股东名册，符合公司法原理。不过，受让方可以与转让方同时提出请求。

其次，公司收到书面通知后，应立即核实相关情况，特别是其他股东是否行使优先购买权。经核实认为符合法律和章程规定的，应变更股东名册，并按法定程序进行工商变更登记。

对于转让股东的请求，除非认为不符合公司法或章程规定的，公司不得拒绝或拖延答复。公司拒绝或者在合理期限内不予答复的，转让人、受让人可以依法向人民法院提起诉讼。

二、股权变动

股权变动是指受让人什么时候获得股东资格，即受让人什么时候获得公司股权的问题，它与股东变更是一个问题的两个方面。

股权变动的实质是受让人与公司之间股东关系的确立，即通过变动，受让人成为公司的股东。根据《公司法》第55条的规定，记载于股东名册的股东，可以依股东名册主张行使股东权利。亦即，只有记载于股东名册，受让人才与公司之间建立了股东法律关系。因此，本条第2款规定："股权转让的，受让人自记载于股东名册时起可以向公司主张行使股东权利。"

依本条第2款规定，股权变动始于股东名册变更记载。也就是说，公司法关于股权变动采纳了形式主义模式。不过，这种形式主义的做法并不是为了公示，而是通过记载于股东名册而确立受让人与公司之间的股权关系。

和形式主义相对的是一种所谓意思主义模式，其认为股权变动的效力发生于股权转让合同生效之时，股权转让合同生效直接发生股权变动效力，而不以形式要件为必要。这种认识的错误之处在于，它将股权转让人与受让人之间的合同关系直接当作了公司法上的股权转让。股权转让不仅包括股权转让方与受让方之间的关系，还包括并主要包括对股权转让的程序性规定的遵守。股权转让合同只是在转让人与受让人之间产生债的关系，这种债的关系内容包括主要由转让人向公司请求股东变更，进而由公司变更股东名册等，即须符合《公司法》第84条、第86条的规定，方产生以股权为标的的变动效果。[1] 我国有学者称之为公司认可主义。[2]

---

[1] 关于股权变动的形式主义与意思主义，可参见最高人民法院民事审判第二庭编著：《最高人民法院关于公司法解释（三）、清算纪要理解与适用》，人民法院出版社2011年版，第411—412页。

[2] 李建伟：《公司认可生效主义股权变动模式——以股权变动中的公司意思为中心》，载《法律科学》2021年第3期。

第八十七条 【股权转让后新出资证明书的签发与章程、股东名册的修改】依照本法转让股权后，公司应当及时注销原股东的出资证明书，向新股东签发出资证明书，并相应修改公司章程和股东名册中有关股东及其出资额的记载。对公司章程的该项修改不需再由股东会表决。

本条是关于公司变更股权的程序规定。

公司确认股权变更的，应注销原出资证明书，签发新出资证明书。从《公司法》第 54 条关于出资证明书的规定及第 55 条关于股东名册的规定来看，公司应当将转让股东的出资证明书收回或作废，重新向受让股东签发新出资证明书。

本条明确规定，依法转让股权后，公司应当及时注销原股东的出资证明书，向新股东签发出资证明书，并相应修改公司章程和股东名册中有关股东及其出资额的记载。而且，对公司章程的该项修改不需再由股东会表决。当然，股东部分股权转让的，也需要收回或作废原出资证明书，对双方重新制作新出资证明书。

第八十八条 【股东转让已认缴出资但未届出资期限的股权】股东转让已认缴出资但未届出资期限的股权的，由受让人承担缴纳该出资的义务；受让人未按期足额缴纳出资的，转让人对受让人未按期缴纳的出资承担补充责任。

未按照公司章程规定的出资日期缴纳出资或者作为出资的非货币财产的实际价额显著低于所认缴的出资额的股东转让股权的，转让人与受让人在出资不足的范围内承担连带责任；受让人不知道且不应当知道存在上述情形的，由转让人承担责任。

本条是关于未届出资期限股权的转让及受让未按期足额缴纳出资的受让规则。

一、未届出资期限股权的自由转让及一般规则

在认缴出资制度下，股东持有的股权包括已认缴但未届出资期限的部分。当股东转让股权时，就会出现部分甚至全部未届出资期限的股权转让问题。股权的自由转让是公司法的基本原则，不论是已经全部实际缴纳认缴出资股权的转让，还是仅部分实际缴纳而其他因尚未届期而未缴纳出资的股权，甚至是全部因未届出资期限而未缴纳的股权，均为认缴出资制度下的合法股权，可以自由转让。从这个意义来说，未届出资期限股权的转让也应遵从公司法关于股权转让的一般规则。

与其他出资制度不同的是，认缴出资形成的股权，既包括因认缴而形成的股东权利，也包括因认缴而对未届出资期限出资的到期缴纳义务。那么，未届出资期限股权的转让，不仅将相对应的股东权利转让给了受让人，同时将未届出资期限的缴纳出资义务转让给了受让人，故本条第 1 款规定"股东转让已认缴出资但未届缴资期限的股权的，由受让人承担缴纳该出资的义务"。

二、未届出资期限的股权转让人对受让人未按期缴纳出资承担补充责任的规则

（一）转让人对受让人未按期缴纳出资承担补充责任规则的确立

从公司法关于股东与公司关系的法理而言，股东既已转让股权，则其不再对已转让股权享有权利，也不承担任何义务。转让股东已将其持有的某公司股权全部转让，其与该公司就不再具有任何法律关系。同样，当股东甲将股权转让给乙，双方股权转让合同履行完毕，也就互相不再对对方及各自的行为负责，除非转让的股权具有瑕疵（《民法典》第 615 条）。对于未届出资期限股权的转让，并非瑕疵出资或股权的转让，而是公司法认缴出资下的正常行为。

认缴出资制度本意是鼓励投资，便于公司资本的利用。但这种制度存在缺陷，即认缴出资人可能利用认而未缴的优势，在有利于自己的情况下，将股权转让给没有出资能力的受让人，逃避应当缴纳出资的责任，严重损害公司和公司债权人的利益。这种情况在我国公司实践中已经大量出现。

为充分发挥认缴出资制度的优势，尊重股权自由转让，同时避免或减少其缺陷，本条第 1 款确立了转让人对受让人未按期缴纳出资承担补充责任的规则，即如果受让人未按期足额缴纳出资，则转让人对受让人未按期缴纳的出资承担补充责任。

未届出资期限的股权转让人对受让人未按期缴纳出资承担补充责任，是认缴出资制中认而未缴部分法定保证责任（第4条）的延续，即从公司初始股东认缴出资起，因此产生的股权不论如何转让，均由转让股东对未届期出资承担保证责任，且须对后续未按期缴纳出资承担保证出资的责任。基于成为新股东后的受让人对未按期出资的首要责任原则，由转让人承担补充保证责任。

（二）转让人对受让人未按期缴纳出资承担补充责任规则的构成

首先，转让人承担补充责任的前提是受让人没有按期足额向公司缴纳出资。

本条第1款规定目的在于保护公司债权人，防止出资人利用转让股权损害债权人利益。因此，该款对于转让人的补充规则采客观主义标准，只要受让人不能按期足额缴纳出资，转让人就要承担补充责任。至于转让人是否为恶意或不当转让，则在所不问。当然，该补充责任是针对受让人不能按期足额出资的部分，对于未到期缴纳的部分，不在此限。

此次《公司法》修订之前，按照《九民会议纪要》的相关规定，注册资本认缴制下的股东依法享有期限利益，未届出资期限的股东不属于未履行或未全面履行出资义务，债权人无权请求该股东在未出资范围内对公司不能清偿的债务承担补充赔偿责任。但如果未届出资期限的股东明知公司将无力清偿债务，转让股权以试图逃避出资义务的，应当在未出资范围内对公司不能清偿的债务承担补充赔偿责任。

其次，转让人承担补充责任的对象是公司债权人，[①] 即当受让人未按期足额缴纳出资时，转让人应当在受让人未缴纳出资范围内向公司债权人承担责任。公司并非该规则的适用对象。作为股东的受让人不能按期足额缴纳出资的，公司可依《公司法》第52条关于催缴出资及失权的规定予以处理。

最后，股权多次转让的，包括初次转让在内的所有前手转让人均须对受

[①] 陈景善、邵俊辉：《股权转让后未届期出资义务承担》，载《国家检察官学院学报》2022年第6期。

让人不能按期足额缴纳出资承担补充责任。股权的多次转让，不能切断作为前手的转让人对受让人的法定保证责任。如果仅将该规定理解为单次股权转让的前手与后手之间的补充责任关系，将导致该规定失去存在的价值与意义。

三、未按期足额缴纳出资股东转让股权的受让人责任

一般而言，作为买卖行为，股权转让方对于股权具有瑕疵担保责任（《民法典》第 615 条），而受让人不对转让方承担瑕疵义务。但是，一方面，股权非消费品，股权受让属于典型的投资行为。转让人有义务向受让人说明拟转让股权及所在公司基本情况（《民法典》第 500 条），受让人也有义务对受让股权认缴出资额、实际缴纳出资额等状况进行考察并确定。另一方面，股权转让与受让不仅是转让人与受让人、公司之间的问题，还关系公司债权人的利益，因为股权转让的实质是股东出资，后者与其他股东出资一起构成公司对外最低担保。

与第 1 款相比，第 2 款关于受让人的补充责任采"知道或应当知道"的主观标准。也就是说，原则上，瑕疵出资的股东应当为其瑕疵出资承担足额缴纳责任，但如果受让人知道或应当知道该瑕疵而受让股权，则意味着受让人同意由自己补充该瑕疵出资。法律规定原股权的继受者承担连带责任，主要是基于股权的基础即出资义务的存续。原股权的受让人一旦受让股权成为公司股东，其作为股东享有的权利是基于受让股权的出资，该出资也是公司债权人的合理信赖利益的基础。当然，如果受让人对此不知道或不应当知道的，则不承担责任。

在"刘某、贾某等案外人执行异议案"［（2021）最高法民再 218 号］中，最高人民法院指出，出资是股东最基本、最重要的法定义务，股东未全面履行出资义务侵害了公司的财产权和其他股东的合法权益，也损害了公司债权人利益。华润天能公司在本院庭审中自述股权转让对价确定为 1360 万元，系因"前股东已经出资 169 万美元，大概可以换算为 1360 万元"，且不论是从华润天能公司持有《股权转让协议书》还是从工商档案所存《股权转让协议书》的内容看，华润天能公司知道或者应当知道香港康宏国际投资集团有限公司未足额缴纳出资，但其仍自愿受让案涉股权，成为被执行人禄恒能源公司的股东，根据《公司法司法解释（三）》第 18 条的规定，应对原股东未全面履行出资义务承担相应的责任。华润天能公司在受让股权后，未在分期缴付期限内缴足应缴付的出资额，负有补足出资的义务，应在未出资本息范围内对公司债务不能清偿的部分承担相应补充赔偿责任。

对于如何判断"知道或者应当知道"，在诉讼中采举证责任倒置规则。《公司法司法解释（三）》第20条规定："当事人之间对是否已履行出资义务发生争议，原告提供对股东履行出资义务产生合理怀疑证据的，被告股东应当就其已履行出资义务承担举证责任。"

在受让人因原股东不履行出资或未全部履行出资而承担了连带责任后，其有权向原股东请求偿还。但现实中，常常出现受让人已经知道有关情形且与转让人达成了将来由受让人承担出资责任的约定，此时，受让人就不能再要求转让人承担赔偿责任。《公司法司法解释（三）》第18条第2款规定："受让人根据前款规定承担责任后，向该未履行或者未全面履行出资义务的股东追偿的，人民法院应予支持。但是，当事人另有约定的除外。"

第八十九条 【异议股东请求权】 有下列情形之一的，对股东会该项决议投反对票的股东可以请求公司按照合理的价格收购其股权：

（一）公司连续五年不向股东分配利润，而公司该五年连续盈利，并且符合本法规定的分配利润条件；

（二）公司合并、分立、转让主要财产；

（三）公司章程规定的营业期限届满或者章程规定的其他解散事由出现，股东会通过决议修改章程使公司存续。

自股东会决议作出之日起六十日内，股东与公司不能达成股权收购协议的，股东可以自股东会决议作出之日起九十日内向人民法院提起诉讼。

公司的控股股东滥用股东权利，严重损害公司或者其他股东利益的，其他股东有权请求公司按照合理的价格收购其股权。

公司因本条第一款、第三款规定的情形收购的本公司股权，应当在六个月内依法转让或者注销。

本条是关于股权回购请求权的规定。

一、异议股东股权回购请求权及性质

异议股东股权回购请求权又叫评估权，是指在特定形态的交易中，法律赋予异议股东请求公司以公平价格回购其股权或股份的权利。[①]

股权回购请求权常常是在股东会就公司合并、解散、营业让与等公司重大事项进行表决前和表决时而赋予中小股东表示反对意见的权利，以防止大股东滥用权利欺压少数股东的一种救济方式，它也叫异议股东评估权或异议股东股权或股份回购请求权。该权利属于自益权与固有权，不得以公司章程剥夺，也无须公司的承诺，因股东一方的行使，就在股东与公司之间发生成立股份买卖契约的效果，具有形成权的性质。

作为形成权，只要有一定的表示即拥有该请求权，不需要公司作出承诺。且一旦出现法定情形，公司应当及时通知异议股东，以确定其是否行使回购请求权。对股东进行通知是公司的义务。

另外，作为股权回购，异议股东股权回购请求权对公司、其他股东以及公司债权人等都会产生较大影响，其是特殊情形下赋予股东的一项保护性权利，应由股东在符合法定情形下依法向公司请求，公司没有相应权利。因此，股权回购应严格按照约定和法定的情形及程序进行，公司不得随意进行股权回购。[②]

二、异议股东股权回购请求权行使的基本条件

股权回购请求权直接关系公司的正常经营和公司资本的减少，各国法律都明确规定须在特定交易的情形下才能适用。

本条第 1 款明确规定了异议股东回购请求权行使的基本条件，只有出现了第 1 款中的三种法定事由，公司才能对股东所享有的股权进行合法回购。[③]

[①] 施天涛：《商法学》（第四版），法律出版社 2018 年版，第 286 页。

[②] 参见"杨某禄、禄丰森龙有限责任公司股权转让纠纷二审民事判决书"［（2020）云民终 472 号］；"深圳市广华创新投资企业、大连财神岛集团有限公司请求公司收购股份纠纷二审民事判决书"［（2019）辽民终 1198 号］。

[③] 参见"习水雄胜汽车维修服务有限公司、冷某磊请求公司收购股份纠纷二审民事判决书"［（2017）黔民终 668 号］；"深圳市广华创新投资企业、大连财神岛集团有限公司请求公司收购股份纠纷再审民事判决书"［（2020）最高法民再 350 号］。

三、转让主要财产的认定

第 1 款中的法定条件规定得比较清晰，对于如何认定转让主要财产，需要结合案情具体分析。

在"中国华融资产管理股份有限公司与重庆南桐矿业有限责任公司请求公司收购股份纠纷案"〔（2018）渝民初 146 号〕中，法院认为，公司主营业务涉及的财产且运营该财产所得收益构成公司主要收入来源，转让该财产将改变公司经营方向的，该财产可以被认定为公司主要财产。本案中，南桐公司的主营业务包括煤炭的生产和销售，且根据南桐公司《会计报表》显示，2018 年 1—4 月南桐公司煤炭收入分别占月总营业收入的 43.5%、44%、58.3% 和 55.4%，可见，经营煤炭的收入是南桐公司营业收入的主要部分。同时，根据南桐公司 2018 年度 5—9 月《会计报表》显示，南桐公司 2018 年 5 月 24 日《股东会决议》涉及的财产转让后，南桐公司不再有煤炭收入，因此，该《股东会决议》决定转让的南桐煤矿、红岩煤矿、东林煤矿、选煤厂及救护队资产（包括存货、固定资产、在建工程、土地使用权及矿业权）是南桐公司的主要财产。华融公司对该项《股东会决议》投反对票，依据前述规定，享有请求南桐公司按照合理的价格收购其股权的权利。

四、异议股东股份回购请求权的行使方式与程序

（一）股东应当参加股东会表决且坚决地投反对票

当发生法定事由时，股东必须参加股东会，并对相关决议投反对票，且该反对态度是坚决而彻底的，弃权票不能被认为是反对票；收到股东会会议召开通知而不参加会议，决议通过后以其他方式表示反对的，不构成本条行使条件。在"蔚某与长春果品批发市场有限公司与公司有关的纠纷再审案"〔（2019）吉民申 254 号〕中，法院认为，仅就本案而言，蔚某没有参加股东会，其不可能是该项决议（经营期限延期事项）投反对票的股东。虽然其事后多次表示其意欲"投反对票"的意思，但相对于股东会该项决议其还无法视为其投的是"反对票"。蔚某依据 2018 年《公司法》第 74 条（新《公司法》第 89 条）的诉讼请求只是假想其投了反对票而已，并不是现实。

而且，即使股东没有出席股东会，但已经向公司表达了明确的反对意见，也视为符合本条规定。在"袁某晖与长江置业（湖南）发展有限公司请求公

司收购股份纠纷案"① 中，法院认为，根据《公司法》规定，对股东会决议转让公司主要财产投反对票的股东有权请求公司以合理价格回购其股权。非因自身过错未能参加股东会的股东，虽未对股东会决议投反对票，但对公司转让主要财产明确提出反对意见的，其请求公司以公平价格收购其股权的，法院应予支持。

（二）必须书面提出回购请求

公司法没有明确规定提出回购请求权的方式，但从该事项的重要性而言，应当采书面方式正式提出。

（三）协商收购属于诉讼前置程序

依本条第 2 款规定，自股东会决议通过之日起 60 日内，股东应与公司协商，不能达成股权收购协议的，股东才可以自股东会会议决议通过之日起 90日内向人民法院提起诉讼。也就是说，股东与公司在法定时间内启动股权收购协议的谈判程序是必要的前置程序。在上述"中国华融资产管理股份有限公司与重庆南桐矿业有限责任公司请求公司收购股份纠纷案"中，法院认为，异议股东在股东会决议形成后的 60 日内，应当先在公司内部寻求救济，如果没有向公司申请，视为放弃权利，不能与公司达成股权收购协议是股东提起收购诉讼的前提。法律规定 60 日，是为了促使异议股东尽快行使权利，避免不确定状态持续存在。如果股东未在 60 日内向公司提出收购申请，即丧失向法院提出诉讼的权利。

（四）合理价格的确定

公司法确立了两种股权转让价格：一是协商价格；二是司法评估价格。对于司法评估价格，一般可由法院指定一家法定资质的资产评估机构评估目标公司在股东退股之时的净资产，根据净资产与异议股东的持股比例，计算出异议股东股权的转让价格。

在"赵某跃、海力生集团有限公司请求公司收购股份纠纷再审案"[（2017）浙民再89号]中，法院再审认为，本案再审的争议焦点在于，一审、二审法院确定股权收购价格为海力生公司主张的股东出资额的 2.5 倍，是否属于《公司法》规定的"合理的价格"？首先，赵某跃主张的通过第三

---

① 《最高人民法院公报》2016 年第 1 期。

方财务审计和资产评估来确定股权收购价，并非判断"合理的价格"的唯一途径。若根据案件具体情况已足以认定市场公允价格，则无须通过委托第三方进行评估来确定股权收购价格。认定合理价格的关键，仍在于法院在审查全案事实之基础上，就市场公允价格作恰当的司法判断。其次，按一般理解，公司收购异议股东股份的合理价格，应当是指按公司净资产计算出的股权价值。在公司财务会计制度规范的情况下，企业资产负债表中的所有者权益能够反映出公司真实的净资产。最后，目前海力生公司已有21名自然人股东和191名持股会会员接受该价格转让了股权，也在一定程度上印证了出资额2.5倍的价格反映出海力生公司在市场交易中的真实股价。①

另外，异议股东回购请求权的存在与行使，须基于股东要反对的公司就有关事项所作的决议，如果公司撤销了上述决议事项，或者上述决议经法院宣告无效，或者公司取消了上述行为，则股东异议的对象便不复存在，股权回购请求权的前提也随之消失。②

五、控股股东滥用权利时的其他股东请求公司回购权

有限责任公司最主要的法律问题是大股东或控股股东与小股东之间的冲突，并最终可能升级为不可调和的矛盾。除非双方达成某种协议，否则只有通过一方的退出解决双方的矛盾。可以说，股东冲突的最终解决方案是某种形式的股东退出，通过退出，股东与公司之间以及股东与其共同股东之间的法律关系被切断。前述异议股东回购请求权就是典型的股东退出方案。

依据《公司法》第21条规定，股东应当依法行使股东权利，不得滥用股东权利损害公司或者其他股东的利益。如果给公司或者其他股东造成损失的，应当承担赔偿责任。该规定原则性规定了股东不得滥用权利，是对所有公司股东的诚信要求。

相对于股份有限公司，不仅有限责任公司的控股股东极易利用其控股地位达到自己利益最大化，而且有限责任公司的中小股东通过股权转让退出的

① 另参见"中国华融资产管理股份有限公司与重庆南桐矿业有限责任公司请求公司收购股份纠纷一审裁决书"〔（2018）渝民初146号〕。
② 参见"管某平与江苏瑞佳化学有限公司请求公司收购股份纠纷申诉、申请民事裁定书"〔（2017）苏民申1782号〕。

渠道受到很大限制，从而使得中小股东在受到控股股东压迫时，难以仅仅通过要求控股股东承担赔偿损失来维护自己的合法权益。特别是当有限责任公司的控股股东滥用其股东权利时，极易导致股东之间合作信任基础彻底消失。在这种情况下，需要给予中小股东相应退出的渠道，避免被"锁定"，以更好地维护其利益。

本条第 3 款规定了控股股东滥用权利时的其他股东请求公司回购的退出机制。该回购请求权构成要件有以下几个方面：

首先，其适用对象是公司的控股股东。控股股东"是指其出资额占有限责任公司资本总额超过百分之五十或者其持有的股份占股份有限公司股本总额超过百分之五十的股东；出资额或者持有股份的比例虽然低于百分之五十，但依其出资额或者持有的股份所享有的表决权已足以对股东会的决议产生重大影响的股东"（第 265 条）。此处超过 50% 股权和足以对股东会的决议产生重大影响的股东，包括共同持股超过 50% 和通过联合而足以对股东会的决议产生重大影响的股东。

其次，适用的前提是控股股东滥用股东权利，严重损害公司或者其他股东利益。该前提一般理解为"因为控股股东滥用权利，而造成严重损害公司或者其他股东利益"，即控股股东滥用了权利，且因此造成了公司或其他股东利益的严重损害。但是，这仅是语言表述，其实质是控股股东滥用权利造成对中小股东的"挤出"或"压迫"效应。例如，在大股东同时担任董事的情况下，他们可能利用其管理和/或股东权利为自己谋取利益，而牺牲公司和小股东的利益。因此，对该适用前提的判断应以控股股东滥用权利对于中小股东是否造成了"挤出"或"压迫"效应，不宜简单地理解为造成了所谓严重损失，因为后者很多时候难以判断并难以举证。所以，对该前提应作宽松解读，以利于中小股东的及时退出。

再次，有权提出回购请求权的股东是因控股股东滥用权利而受到严重损害的中小股东。非受到控股股东滥用权利损害的股东，不具有该请求权。

最后，公司应按照合理价格收购股权。该合理价格的确定可参考以上做法。

六、公司回购公司股权后的处理

依本条第 4 款规定，无论是对于异议股东股权的回购，还是控股股东滥用权利时的其他股东股权的回购，均应当在六个月内依法转让或者注销。

如公司不按照以上要求处理，董事即违背其信义义务。

第九十条　【自然人股东死亡的股东资格继承】 自然人股东死亡后，其合法继承人可以继承股东资格；但是，公司章程另有规定的除外。

本条是关于自然人死亡后股东资格的继承规则。

一、自然人死亡后股东资格继承的一般规则

一般认为，股权同时具有财产和身份属性，而继承是对于财产的继承，身份性的权利是不能被继承的。也就是说，当作为股东的某个自然人死亡后，其继承人只能继承股权中的财产价值，而股权包含的身份属性，即股东资格是不能继承的。

这种认知显然与大众常识有很大偏差。之所以如此，与学界关于股权的性质认知有关，其实质是如何认识股权中的所谓人身属性问题。关于股权的属性，学界提出了"所有权说""债权说""社员权说""股东地位权说""独立民事权利说"。尽管学说不同，但它们均没有离开财产权这个核心，即使包括"社员权说"与"独立民事权利说"，其所谓"社员权"与"独立民事权利"都以财产权为根基和主要内容。不仅股权的基础为财产，其核心也以财产权为根本内容，其所谓具有身份权性质的共益权（如表决等权利）均系因为股权的财产价值与目的而衍生，非因为共益权而产生自益权。所以，体现股权财产价值的自益权与具有共益性质的管理权具有不可分割性，后者系因自益权的实现需要而产生的，无财产权，自无身份权。实践中的委托投票或信托，均是股东行使股权的财产权的表现，而非将股权的财产权与身份权分割开来。股权的属性从本质上仍为财产权，其人身属性是财产权的衍生。当我们谈到股权的人身属性时，也仅是为了实现其财产权的需要而体现为具有人身性质的权利而已。所以，股权可以转让，更可以继承，只不过其对外转让受到一定的法定和章定限制，继承则仅受章定合理限制而已。①

在"韩某、上海垦丰天和石油化工有限公司执行异议之诉案"〔（2023）最高法民终45号〕中，最高人民法院认为，案涉股权与"股东的权利"并不完全等同。"股东的权利"亦即股东权，是指股东基于向公司出资的事实而享有的权利，包括但又不限于股东的财产权利，此外还包括公司法和公司章程规定的参与公司经营管理、查阅公司账簿、表决等基于股东身份而享有的系列权利。案涉股权则仅指财产权利，属于"股东的权利"之一部分，二者并不等同。在有限责任公司中，股东行使财产权利虽然受到股东身份的限制，但不改变股权的财产本质属性。将"股东的权利"笼统称为股权，不能准确把握夫妻共同财产中股权的内涵和外延。2018年《公司法》第75条（新《公司法》第90条）还规定："自然人股东死亡后，其合法继承人可以继承股东资格；但是，公司章程另有规定的除外。"若不作仔细辨析，把案涉股权概括认定为包括股东身份权在内的复合型权利，则对该股东权利采取查封、扣押、冻结等强制措施亦将失去其合理性。故原审判决认为"股权具有财产权与身份权两重属性"，进而作出排除案涉股权为夫妻共同财产的认定，有失妥当。

股权继承首先是一个继承的问题，必然先遵从继承法关于财产继承的基本原则；其次才是股权如何被继承的问题，遵守公司法关于股权继受的基本规则。既然如此，在关于股权继承的问题上，应以正常继承为原则，以章程限制为例外；同时，股权继承非一般财产的继承移转，而是作为团体法范畴的财产权的转移，应遵守公司法关于股权转移的基本程序要求。

基于此，本条规定"自然人股东死亡后，其合法继承人可以继承股东资格；但是，公司章程另有规定的除外"，前半句规定并无公司法的特有价值，而是遵循《民法典》继承规则规定。正如《民法典》第125条规定的那样，股权不过是股东因投资而产生的财产权的不同表现而已。在自然人股东死亡之后，其股权并非没有了主体，而仅因自然人股东死亡而暂时没有权利的行使者而已，股权本身仍是自然存在的，其权利行使者有待于继承人或其他人

---

① 关于这方面的讨论可参见徐强胜：《〈公司法〉第七十五条规定的逻辑》，载《河南财经政法大学学报》2020年第2期。

依法继承股权后填补。本条后半句关于"公司章程另有规定的除外"则是公司法上的问题，体现了公司法关于股权继承的特殊规定。

依据本条规定，股权继承的一般规则为，自然人股东死亡后，其合法继承人即可继承股权而取得股东资格，除非公司章程另有规定。在"姜某莉、连云港市盛发建设工程有限公司等股东资格确认纠纷案"〔（2021）苏 0791 民初 1518 号〕，法院认为，根据《公司法》，自然人股东死亡后，其合法继承人可以继承股东资格，但公司章程另有规定的除外。本案中，未有证据证明被告连云港市盛发建设工程有限公司的章程对股东资格的继承作出禁止性规定。江某盛生前系被告公司股东，出资比例占公司注册资本的 90%，原告姜某莉作为江某盛的合法继承人，有权继承江某盛的股东资格及相应份额。关于股权份额，原告与本案第三人签订了《协议书》，约定由原告姜某莉享有继承股权份额为 22.5%。该协议书系各方当事人的真实意思表示，其内容不违反法律、行政法规的强制性规定，且继承人姜某莉未明确放弃对江某盛遗产的继承权，本院确定原告姜某莉分得江某盛生前持有的被告连云港市盛发建设工程有限公司 90% 股权中的 22.5%。

二、公司章程可以对股权（股东资格）继承另行规定

有限责任公司可以通过章程和全体股东一致通过的协议限制股东资格的继承。这时，该章程规定和另有约定优先于公司法的规定。

公司可以基于自己的实际情况，通过章程和全体股东之间的协议方式作出不同的规定。公司章程和协议既可以规定股东资格继承的条件，也可以禁止继承股东资格，或规定其股权只能转让给某些股东等。而且，公司章程可以规定强制买卖协议条款，允许公司或其他股东有义务按事先约定的股权价格或事先约定的计算方法计算所得的股权价格购买去世股东的股权。

公司章程关于股权继承的规定必须经过股东会或全体股东一致同意，不允许采资本多数决。由于其采全体一致决，故即使章程对股东作出了区别对待，也不违反股东平等原则。当然，这里的全体股东一致同意必须是作为被继承人的股东生前公司全体股东，即被继承人生前以书面方式同意如此。

三、股东资格的取得与股权变动

除公司可以通过章程限制股权继承外，对于从什么时候和按照什么样的程序获得股东资格，尚需按照公司法关于股权变更的程序为之。根据《公司法》第 55 条规定，应由继承人或其代表向公司主张股东资格，要求公司变更股东名册记载，公司有义务及时作出变更登记。在公司将继承人姓名依法记载于股东名册后，继承人获得股东资格，从而全面继承股权。

这是公司法关于包括股权继承在内的股权转让专门规定，由此使其与《民法典》有关规定区别开来，成为规范股权继承的公司法规定。根据《民法典》第 230 条规定，因继承取得物权的，自继承开始时发生效力，即因一般继承产生的物权变更始于继承开始之时，而继承开始之时，则为被继承人死亡之时。但对于股权继承，被继承人死亡仅发生继承权的产生，并不直接导致股权的获得，须依团体法程序申请并经公司登记于股东名册，需要工商登记的，同时进行工商变更登记。对此，可参照《公司法》第 86 条第 1 款的规定处理。

在公司章程事先规定股权不能被继承的情况下，股权也并非如《民法典》第 230 条规定那样"自继承开始时发生效力"，仍须遵守公司法关于股权变更的程序规定。章程如规定由其他股东购买，则依股权转让程序规定；如章程规定由公司收购，则须依减资程序办理。

总之，从《民法典》关于继承规定的角度，被继承人死亡后，作为其财产的股权可以由继承人依法继承；从公司法的角度，自然人股东死亡后，作为其遗产的股权被继承需要履行必要手续后才发生股权的转移。如果公司章程对于股权继承有其他规定，则依该章程。

四、优先购买权不适用于股权继承

与一般意义上的股权转让一样，股权继承也发生原股东的退出与新股东的加入，由此导致股权继承是否也应当适用《公司法》第 84 条第 2 款的规定。

人合性只是表明有限责任公司股东之间的应有信任关系，故从维系股东之间的信任而言，第三人不宜轻易通过股权变更加入公司而破坏公司股东之间已有的信任关系。但对于股权继承来说，其是因为作为自然人股东的死亡导致的股权自然变更，非股东与第三人之间通过股权转让合同所做的刻意行为。在一定意义上，被继承人死亡，继承人继承其生前财产和其他利益，乃社会正常运转之必然。自然人股东死亡后，其合法继承人可以无障碍地继承股东资格，除非公司章程另有规定，不存在其他股东的优先购买权问题。

从《公司法》第四章关于"有限责任公司的股权转让"规定来看，共 7 条，即第 84 条到第 90 条，其按照一般到特殊的立法例对广义上的股权转让作了规定，分别是股权转让、法院强制执行时的转让、转让股权的变更程序安排、未届出资期限股权的转让及受让未按期足额缴纳出资的受让、股东收购请求权、股权继承。从法律解释的体系角度，第 84 条、第 85 条、第 86 条、第 87 条、第 88 条是关于股权转让的一般规定，第 89 条和第 90 条则是对形式上为股权转让的特殊规定，既为特殊，显然其为一种例外安排，有其自己的逻辑。从法律解释的语义解释观察，第 84 条、第 85 条、第 86 条、第 87 条、第 88 条中的"股权转让"系狭义上的"转让"，即股东对于其股权的自由处分，而第 89 条和第 90 条中的"回购"与"继承"则为广义上的"转让"，系特殊情况下由非股东方回购或继承。因此，认为该章第 84 条的有关规定可以统一适用于特殊情况下的所谓"转让"是不符合立法逻辑的。

只有在公司章程或股东协议关于股权继承另有规定时，须依该规定，由此产生其他股东对于继承人转让其应当继承股权的优先购买权问题（《公司法司法解释（四）》第 16 条）

另外，股权继承仅是继承法问题，不考虑继承人成年或民事行为能力问题。而且，从公司法的角度，法律并不禁止无民事或限制民事行为能力人成为股东，因为股东并不需要直接参与公司管理，其仅以出资为限承担责任。代理人制度完全可以解决无民事或限制民事行为能力人的民事行为问题。

总之，股权既具有财产属性，也具有人身属性，二者是不能分割的，在继承人继承被继承人股权之时，股权之中的财产权与人身权均随之继承。这时股权之中的人身权利益因财产权的转移而转至继承人，即股东资格被继承了。尽管法律强调股权的特殊性，即其同时具有财产属性与人身属性，但从总体来看，其更多的是一种财产权，是股东希望通过投资获得更多财产利益的权利，其人身属性仅系因股权的财产属性，而与作为独立法人的公司之间的一种法律上的连接表现而已。当股东投资于公司，其所投资财产及因此获得的收益均属于公司，亦即，股东因此就失去了对其投资财产的直接支配权，但换取了包括管理权、分红权、剩余财产索取权等在内的所谓股权，其实质仍是最终获得相应收益，收益既可以是现实的，也可以是未来的。

第五章　股份有限公司的设立和组织机构

第一节　设　　立

第九十一条　【设立方式】设立股份有限公司，可以采取发起设立或者募集设立的方式。

发起设立，是指由发起人认购设立公司时应发行的全部股份而设立公司。

募集设立，是指由发起人认购设立公司时应发行股份的一部分，其余股份向特定对象募集或者向社会公开募集而设立公司。

本条是关于股份有限公司设立方式的规定。

一、发起设立

依本条第 2 款规定，股份有限公司的发起设立，是指由发起人认购设立公司时应发行的全部股份的设立方式。

发起设立方式适合中小型股份公司。其因设立简单，也称简单设立；且因股东一次性确定而称一次性设立。

二、募集设立

依本条第 3 款规定，股份有限公司的募集设立，是指由发起人认购公司发行股份的一部分，其余股份向社会公开募集或者向特定对象募集而设立公司。

募集设立方式须对外募足股份，召开创立大会，设立程序复杂，因此又称复杂设立。同时，因股东不是一次性确定的，而是分次确定，又叫渐次设立。

采取募集方式设立的公司，其股东常常人数众多，是向社会大众发行股份，因而又称公众公司或公开公司。

三、公募设立与私募设立

公司法规定了股份有限公司的募集设立方式，并将募集设立区别为公开募集设立（公募设立）与向特定对象募集而设立（私募设立）。

公募设立是指由发起人认购公司应发行股份的一部分，其余股份向社会公开募集而设立公司。按照《首次公开发行股票注册管理办法》第 10 条规定，我国实践中并不存在实质意义上募集设立的股份公司，所有募集股份的公司都是在公司设立后再行募集股份的。即使是首次公开发行股票，也不是在公司设立中进行的。不过，实践中有法院认为众筹设立公司的行为属公司募集设立的范畴。[①]

私募设立也是在公司成立之后经证监会批准向特定对象募集而设立公司。

总体来看，我国对股份有限公司中划分的发起设立公司与募集设立公司，在立法上的边界不够清晰，未能很好实现公司形态的类型化分配，募集设立公司在实践中多等同于上市公司，理论上也只有公开募集新股的股份公司能成为公开募股公司。当然，司法实践中可通过公司的类型化处理有关纠纷。

第九十二条　【发起人人数与住所】设立股份有限公司，应当有一人以上二百人以下为发起人，其中应当有半数以上的发起人在中华人民共和国境内有住所。

本条是关于股份公司发起人人数和发起人住所的规定。

一、股份有限公司发起人的人数

依本条规定，设立股份有限公司应当有一人以上二百人以下为发起人。

具体而言，一是规定发起人不能超过二百人，这主要是为了保护社会公众利益，防止一些人通过设立公司达到非法集资的目的；二是明确了发起人的下限是一人，首次引入了一人股份有限公司制度。

一人股份有限公司首先在理论上是可行的，因为公司人格与股东人格分

---

① 参见"广西利众主题餐饮管理有限公司、陈某伟公司设立纠纷二审民事判决书"〔（2020）桂 05 民终 83 号〕。

立，股东独立于公司，但股东数量实际上并没有绝对限制。在公司经营权和控制权分离的情形下，大型股份公司的股东可能并不参与公司经营活动，此时承担公司经营重任的是股东委托的职业经理人团体。由此，股东数量与公司生存能力和实际运营情况理论上不具有必然联系。同时，如果法人作为股份有限公司的唯一股东，实际上也是以团体意思的形式参与公司决议活动，并不是绝对意义上的"一人管理"。此外，一人股份有限公司在实践中也是可能的，如某股份有限公司的股份经过流转而最终均归于一人之手。

二、住所要求

依本条规定，设立股份有限公司应当有半数以上的发起人在中华人民共和国境内有住所。

该规则的意义有以下三个方面：第一，我国只规定发起人的住所要求，未规定发起人的国籍要求，发起人无须是中国人或具有中国国籍的法人。第二，关于自然人作为发起人的行为能力问题，通说认为应当为完全民事行为能力人，限制或无民事行为能力人不宜作为发起人，但他们可以成为公司股东。第三，立法只要求半数以上发起人在我国境内有住所，实际上也为外商投资主体作为发起人提供了便利条件，使发起人的构成更具弹性。

第九十三条　【发起人协议】股份有限公司发起人承担公司筹办事务。

发起人应当签订发起人协议，明确各自在公司设立过程中的权利和义务。

本条是关于发起人地位与发起人协议的规定。

一、发起人承担公司筹办事务

依本条第 1 款规定，公司筹办事务的主体是发起人，认股人仅作为投资人的身份参与公司设立。

发起人不仅筹办公司发起事务，还要共同制订公司章程（第 94 条），认购公司股份（第 96 条、第 97 条）。亦即，《公司法》要求股份公司的发起人必须是股东，在公司章程上签字或盖章，其姓名或名称记载于公司章程。

二、股份有限公司中的发起人协议

依本条第 2 款规定，发起人应当签订发起人协议，明确各自在公司设立过程中的权利和义务。在法律性质上，发起人协议为合伙协议，公司无法成立的，发起人之间为此承担无限连带责任。

股份有限公司设立事项繁多，涉及发起人、认股人、交易第三人等主体的相关利益人，故而应当签订发起人协议，确定发起人的权利与义务，便于发起人顺利筹办公司事务。发起人协议的内容主要包括发起人各自认购的股份数、发起人的出资方式、不按约定出资的违约责任、发起人在公司设立过程中的分工、公司设立失败时责任的分担等。

一般来说，发起人协议对成立后的公司不再发生约束力，除非有明确条款表示继承，或得到公司承认。

第九十四条 【发起人制订公司章程】设立股份有限公司，应当由发起人共同制订公司章程。

本条是关于股份公司的章程制订规定。

依本条规定，股份有限公司的章程是由发起人共同制订的，发起人均应在公司章程上签字确认。

需要注意的是，由发起人共同制订的公司章程与发起人协议是不同功能和法律性质的法律文件。发起人协议是解决发起人之间为发起设立公司而进行的约定，其功能是为了明确发起人之间在发起设立过程中各自的权利义务，即使发起人协议事先约定了公司成立后的权利义务安排，其也仅在发起人之间具有法律约束力，对成立后的公司没有约束力。公司章程则属于公司宪章，其一旦制订并通过，功能是为了约束公司及股东、董事、监事和其他高级管理人员，是确立公司内部基本法律关系和权利义务分配的基本法律文件。发起人协议属于合伙协议，完全依当事人意思自治决定；公司章程为公司宪章，需遵守公司法要求。

基于以上区别，公司章程与发起人协议之间不存在继承关系，没有吸收关系，公司成立后各自互不隶属。公司成立后，公司关系的处理完全依照公司章程确定，发起人协议对其没有约束力。原则上，发起人协议在公司成立时就完成使命而失去效力。如果发起人认为其他发起人在发起过程中违约，则可依协议追究其违约责任。

当然，公司成立后，发起人由发起人协议中的协议方转变为公司股东，正式成为新设立公司的成员，不再是设立中公司的机构。

第九十五条　【章程载明事项】 股份有限公司章程应当载明下列事项：

（一）公司名称和住所；

（二）公司经营范围；

（三）公司设立方式；

（四）公司注册资本、已发行的股份数和设立时发行的股份数，面额股的每股金额；

（五）发行类别股的，每一类别股的股份数及其权利和义务；

（六）发起人的姓名或者名称、认购的股份数、出资方式；

（七）董事会的组成、职权和议事规则；

（八）公司法定代表人的产生、变更办法；

（九）监事会的组成、职权和议事规则；

（十）公司利润分配办法；

（十一）公司的解散事由与清算办法；

（十二）公司的通知和公告办法；

（十三）股东会认为需要规定的其他事项。

本条是关于股份有限责任公司章程的应记载事项规定。

一、股份有限公司章程应记载的事项

相较于修订前，本条对公司章程应记载事项进行的实质性删改有以下四处。

第一，本条第 4 项规定公司章程应载明公司股份总数、公司设立时发行的股份数，发行面额股的，每股的金额。一方面，该条是为了配合授权资本制改革，明确公司设立时发行股份数和公司股份总数的区分，此外还应明确公司授权董事会发行的股份数；另一方面，适应无面额股的发行，该条还规定了面额股票面金额载明要求。

第二，明确将公司注册资本和发起人出资时间排除在章程应记载事项之外，主要是为了配合授权资本制的改革。一方面，在授权制下，股份总数可以分次发行，删去章程应记载"注册资本"这一规定，避免注册资本（实缴）变动引起的章程修改问题。另一方面，删除发起人"出资时间"的规定，是为了避免发起人分次缴足出资所引发的公司章程修改程序，出资时间理论上是公司自治事项，无法在章程首次颁布时予以确定。

第三，本条第5项规定公司发行类别股的，公司章程应载明类别股股东的股份数及其权利和义务，该规定在体系上与《公司法》关于类别股的相关规定相衔接（第144条、第145条、第146条）。类别股的股权并非一股一权，股东权利的各项子权利可以因股东的不同需求而进行排列组合。[1] 类别股载于公司章程，可以有效保障类别股股东权益。同时，该项还要求，章程必须载明类别股股东权利、义务，以表彰该类股东独立价值，明晰股东责任。

第四，本条第8项规定公司章程应载明公司法定代表人的产生、变更办法。此举一是直接表明公司章程无须载明法定代表人，避免公司章程因法定代表人多次更替而需多次进行修改情况的发生。二是强调应载明法定代表人产生、变更的具体方式，实则更重视法定代表人的选出过程，而不限于结果，反映出公司程序的独立价值，减少实践中因法定代表人选任办法、过程不透明导致的公司纠纷。

此外，本条还进行了一项形式性修改，将股东大会修改为股东会，这是条文体系化修改的结果，此后我国公司法均以股东会代之。

二、股份有限公司与有限责任公司应记载事项的区别

股份有限公司与有限责任公司之间的区别比较大，这主要表现在公司章程应记载事项上。

---

[1] 江青松、赵万一：《股份公司内部权力配置的结构性变革——以股东"同质化"假定到"异质化"现实的演进为视角》，载《现代法学》2011年第3期。

首先，有限责任公司仍然要求公司章程记载公司注册资本。这是因为有限责任公司仍然采认缴资本制，需要明确所有股东认缴的出资额。股份有限公司章程则要求注明公司股份总数，公司设立时发行的股份数，发行面额股的，要注明每股的金额。

其次，有限责任公司章程应载明股东姓名或名称，以及股东出资方式、出资额和出资时间。这是因为有限公司相对封闭，股东人数较少，章程可以清晰载明具体的股东信息以及股东出资相关事宜。股份有限公司章程则须载明公司发起人的姓名或者名称、认购的股份数和出资方式。这是因为股份公司相对公开，股东人数较多，难以在章程上表彰全体股东，且股份公司由发起人共同制订公司章程，此时只能在章程上表明发起人具体信息，其他投资者信息难以载于章程。

再次，有限责任公司章程应当载明公司机构及其产生办法、职权、议事规则，而股份公司则分别规定了章程应当载明董事会的组成、职权和议事规则与监事会的组成、职权和议事规则。这实际上是考虑到有限公司多是小型公司，公司机构人员混同严重，且有限公司自治范围较大，在董事会、监事会设置上呈现出相当的自由性。此与股份公司要求的公司机构完整性有较大差异。

最后，在以下事项中，股份有限责任公司必须载于章程，而有限责任公司无此要求。第一，公司设立方式，股份有限公司可以发起设立或募集设立两种方式设立，有限责任公司原则上只能发起设立。第二，股份公司发行类别股的，应表明类别股股东的股份数及其权利和义务，这是为了更好地适应并鼓励股份公司通过不同类别股的设置而融资的需要。有限责任公司是否设置不同类别股，法律未明确规定。第三，公司利润分配办法，股份公司股东资合性明显，且存在类别股股东，应当载明不同股权股东的利润何以分配。第四，公司的解散事由与清算办法，这还是考虑到股份公司的公开性，其解散清算事宜复杂性高于有限公司，应在公司设立时就较为明晰地拟定公司解散清算事项。第五，公司的通知和公告办法，此乃程序性事项，主要考虑到股份公司人数众多，股东分散，明确通知股东的具体方式，以免不参与公司经营活动的股东无法得知公司会议召集等具体事宜。

作为典型资合公司的股份有限公司，其法定性要求较高，作为具有人合性的有限责任公司，更多尊重其章程自治。

第九十六条 **【注册资本】**股份有限公司的注册资本为在公司登记机关登记的已发行股份的股本总额。在发起人认购的股份缴足前，不得向他人募集股份。

法律、行政法规以及国务院决定对股份有限公司注册资本最低限额另有规定的，从其规定。

本条是关于股份有限公司的注册资本规定。

一、授权资本制下的注册资本

依本条第 1 款规定，股份有限公司的注册资本为在公司登记机关登记的已发行股份的股本总额。

《公司法》引入授权资本制，公司章程中同时规定了股份总数和已发行的股份数两个概念（第 95 条第 4 项）。

公司可以在设立时于股份总数内先发行部分股份，该部分为已发行股份数，而后授权董事会在公司发展需要时在章程规定的股份总数内另行发行一定数额的股份。其中，公司已经发行并募足的部分构成公司注册资本，章程规定的股份总数但未发行的部分仅为股份总数，不成为注册资本。只有董事会按照授权并依法发行且已经募足的部分，方构成注册资本。

比如，公司章程规定公司股份总数为 1000 万元人民币，先行发行了 100 万元，余下 900 万元未发行。其中 100 万元为注册资本，余下的 900 万元仅构成公司股份总数，不属于注册资本。但该 900 万元系公司授权董事会根据公司发展需要可以发行的数额，董事会可以在该 900 万元数额内多次发行，一旦发行，就成为注册资本。授权董事会发行的股份属于授权股份制，其与授权资本制是两个不同的概念。

作为已发行的股份，必须由认购人缴清，即公司需募足并登记于登记机关，才构成注册资本，未募足已经发行股份的，不得再次发行股份。《公司法》对于授权资本制下再次授权股份发行的前提是，前已发行的股份必须得到全部认购且缴足。

如果发起人没有缴足认购股份，便已经向社会公众募集的，其效力如何，值得探讨。此时可比照第 51 条、第 52 条的规定，发起人承担逾期催缴失权的责任，该部分股份可以转让或注销。但是，针对上市公司，该规定应是效力性规定，不存在突破空间。

另外，公司章程或者股东会可以授权董事会在三年内决定发行不超过已发行股份50%的股份，但以非现金支付方式支付股款的应当经股东会决议（第152条）。亦即，授权董事会发行股份是有严格限制的，董事会不得在章程规定股份总数内随意发行新股，且授权发行的新股数量比照已发行股份。对于以实物、知识产权等非现金方式出资支付的，不得由董事会授权发行，必须由股东会决议。

《公司法》对于授权发行股份限制规定得比较严格，目的是确保股东最终的决定权。

二、注册资本最低限额的特殊规定

依本条第2款规定，法律、行政法规以及国务院决定对股份有限公司注册资本最低限额另有规定的，从其规定。

根据有关法律法规要求，仍然存在法定最低注册资本限制的公司主要包括：（1）证券类公司，如从事证券经纪公司、证券投资咨询公司、证券承销与保荐公司、证券融资融券公司、证券做市交易公司等。（2）基金类公司，如公募基金的基金管理公司、社保基金投资管理人、社保基金托管人；信托公司，如信托投资公司、期货公司、期货投资咨询公司等；商业银行公司，如外商独资银行、中外合资银行；非银行金融机构，如金融租赁公司、货币经纪公司、融资性担保公司等。（3）保险类公司，如保险公司、保险经纪公司、保险专业代理公司等。（4）其他公司，如支付行业类公司、拍卖行业类公司、典当行业类公司、电信行业类公司、运输行业类公司等，都有相应的法律、法规、部门规章确定其最低注册资本限制。

第九十七条　【发起人对股份的认购】以发起设立方式设立股份有限公司的，发起人应当认足公司章程规定的公司设立时应发行的股份。

以募集设立方式设立股份有限公司的，发起人认购的股份不得少于公司章程规定的公司设立时应发行股份总数的百分之三十五；但是，法律、行政法规另有规定的，从其规定。

本条是关于发起人对股份认购的规定。

一、发起设立下的股份认购

依本条第 1 款规定，发起设立的股份公司由发起人承担认购责任，全体发起人应对公司章程规定的股份总数予以认足，如某公司章程规定公司股份总数为 1000 万元人民币，则所有发起人应按照各自认购比例认足该 1000 万元。

发起人认购股份相加少于章程所定股份总数的，公司不得成立。

二、募集设立下的股份认购

依本条第 2 款规定，对以募集方式设立的股份有限公司而言，除法律、行政法规另有规定外，发起人认购的股份不得少于章程规定的公司设立时应发行股份总数的 35%。此规则在于强化发起人责任，为广大投资者和公司债权人提供应有的出资担保。比如，公司章程规定公司股份总数为 1000 万元人民币，先行发行 100 万元，则发起人认购达到 35 万元即可，其余 65 万元向社会公开募集。

第九十八条　【发起人股款的缴纳与出资方式】 发起人应当在公司成立前按照其认购的股份全额缴纳股款。

发起人的出资，适用本法第四十八条、第四十九条第二款关于有限责任公司股东出资的规定。

本条是关于发起人足额缴纳及出资的基本规定。

一、发起人认购股份的足额缴纳

足额缴纳股款是股份有限公司发起人对公司的基本义务，是形成公司财产的基础，也是保障股份有限公司顺利成立及后续运营的必要条件。

二、出资方式及评估

有关股份公司发起人出资准用《公司法》关于有限责任公司出资的基本要求，具体分析见本书对有限责任公司股东出资的论述。

第九十九条　【发起人对其他发起人瑕疵出资的连带补足责任】
发起人不按照其认购的股份缴纳股款，或者作为出资的非货币财产的实际价额显著低于所认购的股份的，其他发起人与该发起人在出资不足的范围内承担连带责任。

本条是关于发起人违约责任的规定。

新《公司法》删去了有限责任公司股东的出资违约责任，保留了股份公司发起人按照发起人协议对其他发起人承担违约责任的规定。

相对而言，股份有限公司的设立过程较为复杂，发起人之间的关系应当通过发起协议明确，当发起人不按照其认购的股份缴纳股款或者作为出资的非货币财产的实际价额显著低于所认购的股份的，应当按照发起人协议对其他发起人承担违约责任。

需要注意的是，尽管新《公司法》对有限责任公司不再规定设立时股东之间因出资瑕疵导致的违约责任，但不代表他们之间不存在该种违约责任。有限责任公司设立时股东事先有发起协议的，仍按照发起协议处理。如果设立时股东之间没有事先约定，则可依照其他违约责任处理（《民法典》第 577 条）。

关于发起人之间的协议，本是合同法问题，不属于公司法范畴，本条关于发起人之间的违约责任规定非公司法规范。该规定的意义在于，通过明确发起人之间违约责任的承担，提示发起人之间应当制定发起人协议，并对相应违约责任作出明确的规定，以免未来无法计算损失。

第一百条　【公开募集股份的招股说明书与认股书】发起人向社会公开募集股份，应当公告招股说明书，并制作认股书。认股书应当载明本法第一百五十四条第二款、第三款所列事项，由认股人填写认购的股份数、金额、住所，并签名或者盖章。认股人应当按照所认购股份足额缴纳股款。

本条是关于股份公司公开募集股份的招股说明书和认股书的规定。

一、招股说明书

（一）招股说明书的内容

招股说明书是向社会公众发出的认购股份的书面说明，该说明书在发出以前应当经过国务院证券管理部门的批准。其既适用于首次公开募集，也适用于发行新股的公开募集。

根据《证券法》第9条的规定，有下列情形之一的，为公开发行：第一，向不特定对象发行证券；第二，向特定对象发行证券累计超过二百人，但依法实施员工持股计划的员工人数不计算在内；第三，存在法律、行政法规规定的其他公开发行行为。

《公司法》第154条明确规定了招股说明书的内容。招股说明书应当附有公司章程，并载明下列事项：发行的股份总数；面额股的票面金额和发行价格或者无面额股的发行价格；募集资金的用途；认股人的权利和义务；股份种类及其权利和义务；本次募股的起止日期及逾期未募足时认股人可以撤回所认股份的说明。公司设立时发行股份的，还应当载明发起人认购的股份数。

发起人向社会公开募集股份必须向国务院证券监督管理机构即中国证券监督管理委员会提交募股申请，并报送相应材料。根据《证券法》第11条的规定，这些材料包括：公司章程；发起人协议；发起人姓名或者名称，发起人认购的股份数、出资种类及验资证明；招股说明书；代收股款银行的名称及地址；承销机构名称及有关的协议。另外，如果依照证券法规定需要聘请保荐人的，还应当报送保荐人出具的发行保荐书。法律、行政法规规定设立公司必须报经批准的，还应当提交相应的批准文件。

（二）招股说明书的性质

根据《民法典》第473条的规定，要约邀请是希望他人向自己发出要约的表示。拍卖公告、招标公告、招股说明书、债券募集办法、基金招募说明书、商业广告和宣传、寄送的价目表等为要约邀请。可见，法律上将招股说明书定位为要约邀请。理论界也普遍认为招股说明书是要约邀请，其主要依据是，招股说明书仅仅是向社会公众做出准备发行股票的意思表示，其目的在于唤起社会公众投资者进行认购。首先，在证券发行人披露招股说明书时，尚无法确定某个投资者未来的持股数量。其次，是因为它不符合要约的第二个条件即"表明经受要约人承诺，要约人即受该意思表示约束"。循此逻辑，公告的招股说明书是要约邀请，则认股人的认股书就是要约，继而公司如何承诺、要约人能否撤回等问题皆应具体分析。

（三）招股说明书的披露

招股说明书是首发信息披露的核心文件，也是持续信息披露的基础。法律为了实现其信息披露的宗旨，是以招股说明书为核心机制的。2022 年 1 月 28 日，证监会发布《关于注册制下提高招股说明书信息披露质量的指导意见》强调，招股说明书是注册制下股票发行阶段信息披露的主要载体，是投资者作出价值判断和投资决策的基本依据，是企业发行上市过程中最核心、最重要的法律文件。招股说明书披露的信息应当真实、准确、完整，简明清晰、通俗易懂，不得存在虚假记载、误导性陈述或者重大遗漏。2023 年 2 月 17 日，为全面实行股票发行注册制，证监会发布沪深证券交易所、北京证券交易所招股说明书内容与格式准则，对招股说明书内容和信息披露规则进行了较为全面的修改与完善，以配合全面注册制改革。

二、认股书

依本条规定，募股申请经国务院主管部门批准以后，发起人应该公告招股说明书，并制作认股书。认股书应载明公司法所要求的内容，由认股人填写有关事项，如认购的股数、金额、认股人的住所等。认股书的内容原则上与披露的招股说明书一致，一方面，应当载明招股说明书上要求载明的具体事项，这是对发起人的约束；另一方面，认股人应填写认购的股份数、金额、住所，并签名或者盖章，这是对认股人的约束。

第一百零一条 【公开募集股份股款缴足的验资】向社会公开募集股份的股款缴足后，应当经依法设立的验资机构验资并出具证明。

本条是关于公开募集股份的验资的专门规定。

一、验资机构的验资

依本条规定，对于募集设立的股份有限公司，仍然保留了法定的验资规定，对定向的私募可以根据章程规定进行自治，不属于立法明确要求的范围。

二、验资不实的法律责任

验资不实的法律责任属于侵权责任。根据《最高人民法院关于审理证券市场虚假陈述侵权民事赔偿案件的若干规定》第18条第1款规定："会计师事务所、律师事务所、资信评级机构、资产评估机构、财务顾问等证券服务机构制作、出具的文件存在虚假陈述的，人民法院应当按照法律、行政法规、监管部门制定的规章和规范性文件，参考行业执业规范规定的工作范围和程序要求等内容，结合其核查、验证工作底稿等相关证据，认定其是否存在过错。"第19条规定："会计师事务所能够证明下列情形之一的，人民法院应当认定其没有过错：（一）按照执业准则、规则确定的工作程序和核查手段并保持必要的职业谨慎，仍未发现被审计的会计资料存在错误的；（二）审计业务必须依赖的金融机构、发行人的供应商、客户等相关单位提供不实证明文件，会计师事务所保持了必要的职业谨慎仍未发现的；（三）已对发行人的舞弊迹象提出警告并在审计业务报告中发表了审慎审计意见的；（四）能够证明没有过错的其他情形。"

第一百零二条　【股东名册】股份有限公司应当制作股东名册并置备于公司。股东名册应当记载下列事项：

（一）股东的姓名或者名称及住所；

（二）各股东所认购的股份种类及股份数；

（三）发行纸面形式的股票的，股票的编号；

（四）各股东取得股份的日期。

本条是关于股份公司股东名册的基本规定。

一、股东名册的制作与置备

依本条规定，董事会应在股份有限公司依法成立后，制作股东名册并置备于公司。其中置备不仅要求公司置于合适地方以备股东查询，还蕴含保管之意。

制作并置备股东名册，是董事会的基本义务与责任。不依法制作和置备股东名册，构成对董事勤勉义务（第180条第2款）之违反，给公司造成损失的，须承担赔偿责任（第188条）；损害股东利益的，股东可以向人民法院起诉（第190条）。

二、股东名册记载的效力

股份公司的股东名册系公司内部法律文件，对公司及相关关系人产生法律效力。股份有限公司发行记名股票的，以记载于股东名册作为其权利设立和公示的方式。股权变更以股东名册为准，未经登记部门办理变更登记，不影响股权变更的效力。

在"五矿国际信托有限公司、成都森宇实业集团有限公司借款合同纠纷执行审查类执行案"[（2020）最高法执复 60 号]中，最高人民法院明确指出，成都农商行系非上市股份有限公司，其发行的是记名股票。成都农商行的股东情况，应当以置备于该公司的股东名册为准。故而，公司法关于股东名册的相关规定实际上是针对公司内部作出的规定，对公司而言，只有记载于股东名册的股东才是真正的股东，未记载于股东名册的股东，公司没有通知义务。[①]

第一百零三条 **【募集设立成立大会的召开】**募集设立股份有限公司的发起人应当自公司设立时应发行股份的股款缴足之日起三十日内召开公司成立大会。发起人应当在成立大会召开十五日前将会议日期通知各认股人或者予以公告。成立大会应当有持有表决权过半数的认股人出席，方可举行。

以发起设立方式设立股份有限公司成立大会的召开和表决程序由公司章程或者发起人协议规定。

本条是关于募集设立的股份公司成立大会的规定。

一、成立大会召开

依本条第 1 款规定，以募集设立方式设立公司，成立大会的召开应符合以下条件。

第一，召集人为发起人。发起人为多人的，由发起人共同召集。多个发起人也可以选举一人至二人负责召集。

[①] 另参见"谢某铭、张某桃与郜某萍、代某民间借贷纠纷执行复议案"[（2016）皖执复 35 号]。

第二，召开成立大会之前需缴足应发行股份的股款。首先，发起人必须依法认购并缴足。除非法律、行政法规另有规定，以募集设立方式设立股份有限公司的，发起人认购的股份不得少于公司章程规定的公司设立时应发行股份总数的 35%（第 97 条第 2 款），且发起人应当按照其认购的股份足额缴纳股款（第 98 条）。其次，其他认购人缴足余下的应发行股份的股款。这是以募集设立公司成立大会召开的实质性前提条件。

第三，成立大会应在公司设立时应发行股份的股款缴足之日起 30 日内召开。该 30 日规定是强制性要求，如未在 30 日内召开成立大会，认股人可以要求返还认股并加算利息（第 105 条第 1 款）。当然，如果全体认股人同意，也可以适当延长。

第四，发起人应当在成立大会召开 15 日前将会议日期通知各股东或者予以公告。能够通过通知告知所有认购人，无须公告。以公告的方式往往是在认购人众多的情形下。

第五，股份有限公司不要求全体股东均出席成立大会，只要有持有表决权过半数的股东出席，即可举行。

二、以发起设立公司的成立大会召开

依本条第 2 款规定，以发起设立方式设立股份有限公司，其发起人人数较少且确定，故其成立大会的召开和表决程序由公司章程或者发起人协议规定。

以发起设立方式设立股份有限公司的实质是先行简单地设立公司，而后由公司根据资金需要确定是否公开募集。

第一百零四条　【成立大会的职权】 公司成立大会行使下列职权：

（一）审议发起人关于公司筹办情况的报告；

（二）通过公司章程；

（三）选举董事、监事；

（四）对公司的设立费用进行审核；

（五）对发起人非货币财产出资的作价进行审核；

（六）发生不可抗力或者经营条件发生重大变化直接影响公司设立的，可以作出不设立公司的决议。

成立大会对前款所列事项作出决议，应当经出席会议的认股人所持表决权过半数通过。

本条是关于公司成立大会的职权和决议的规定。

一、公司成立大会的职权

本条第 1 款规定了公司成立大会的职权。其中"审议发起人关于公司筹办情况的报告"，包括发起人、认股人认购及出资情况，特别是非现金出资情况，并需要制作资产负债表，必要时制作公司成立时的财产清单；以及发起过程中为设立公司而进行的必要活动及因此产生的债权债务情况等。该审议事项是公司成立大会最基本的要求，直接关系公司后续财产及行为的连续价值。

本条第 1 款第 4 项、第 5 项属于广义上的"审议发起人关于公司筹办情况的报告"中的事项，但鉴于其对公司成立影响重大，故本条专门特别要求。

二、成立大会的决议

依本条第 2 款规定，对于上述职权范围内事项作出决议，应当经出席会议的股东所持表决权过半数通过。

《公司法》允许公司发行不同类别股份（第 144 条），不同类别股份股东享有不同的权利。上述公司成立大会的权力，属于具有表决权的普通股股东表决权范围，故其经出席会议的股东所持表决权表决通过即可。

另外，公司成立大会召开的目的是快速成立公司。尽管公司成立后章程的修改需要经过出席股东会会议的股东有表决权的三分之二通过（第 66 条第 3 款），但成立大会上，章程的通过仅需要出席会议的股东所持表决权过半数通过即可。

第一百零五条　【股份未募足及未及时召开成立大会的后果】

公司设立时应发行的股份未募足，或者发行股份的股款缴足后，发起人在三十日内未召开成立大会的，认股人可以按照所缴股款并加算银行同期存款利息，要求发起人返还。

发起人、认股人缴纳股款或者交付非货币财产出资后，除未按期募足股份、发起人未按期召开成立大会或者成立大会决议不设立公司的情形外，不得抽回其股本。

本条是关于股款返还请求权和不得抽回股本的规定。

一、认股人的返还股款请求权

依本条第 1 款规定，公司设立时应将发行的股份募足，并在法定时间内召开成立大会。如果公司设立时应发行的股份未募足，或者发行股份的股款缴足后，发起人在 30 日内未召开成立大会的，认股人可以按照所缴股款并加算银行同期存款利息，要求发起人返还。

理论上，公司设立时应发行的股份未募足，和发行股份的股款缴足后发起人在 30 日内未召开成立大会，是两种不同的情况。前一种情况是发起人并无过错，后一种情况则是因发起人过错造成的公司设立不能。但是，公司法并不因此而将二者的责任予以区分，发起人均需承担退还及加算利息的责任。

实践中，需要关注股款缴纳与股东资格取得的关联与区别。在"河南一恒贞珠宝股份有限公司、北京金一文化发展股份有限公司股东资格确认纠纷案"［（2021）最高法民申 5609 号］中，最高人民法院指出，第一，缴纳股份认购款并不是获得公司股东资格的充分条件，要成为公司的股东，需完成案涉定向发行。第二，全国股转公司的复函亦载明进行股份登记并出具股份登记证明文件后，认购方方可行使相关股东权利，而该案中股份登记并未完成，且并无证据表明认购人已被公司股东名册记载，国家企业信用信息公示系统公示的公司股东信息中也没有认购人。故认购人在不具有公司股东资格的情况下就可以解除协议并退出股份认购。这里退出股份认购不是抽回股本的行为，因为公司并未成立。实际上，这只关乎认购合同，而非公司法律关系，合同相对人当然存在协议解除合同的空间，存在违约情形的应承担违约责任。

二、不得抽回股本

依本条第 2 款规定，股份有限公司的发起人、认股人缴纳股款或者交付抵作股款的出资后，除未按期募足股份、发起人未按期召开成立大会或者成立大会决议不设立公司的情形外，不得抽回其股本。这是对发起人的特别义务规定。

抽回股本与抽逃出资是两个不同的概念。首先，不得抽回股本适用于股份有限公司设立阶段，公司成立前。有限责任公司出资人在设立阶段，公司成立前不禁止抽回出资。其次，抽逃股本与抽逃出资（第 57 条第 1 款）为同一概念，均适用于成立之后的有限责任公司与股份有限公司（第 107 条）。禁止在公司成立之前抽回股本，是为了确保股份有限公司设立的确定性。

与有限责任公司不同，股份有限公司的发起人一旦发起设立公司，负有公司筹办事务之义务（第 93 条第 1 款），包括签订发起人协议（第 93 条第 2 款）、共同制订章程（第 94 条）、依法认足或认购且足额缴纳公司股份（第 97 条、第 98 条），如果是采募集设立方式，发起人责任更大（第 100 条、第 101 条）。这些要求均为法定义务与责任，共同决定了股份有限公司的发起人不能抽回股本之义务。相对地，有限责任公司设立时的股东之间完全交由私法自治，在公司成立之前，股东可以抽回出资，决定不参与公司设立，只产生设立时股东之间的违约责任而已。

对于其他认股人来说，其认股并缴纳出资的行为不仅构成承诺与履行完毕，而且认股人与发起人、其他认股人的共同认购行为共同确保公司设立的顺利进行，并最终成立公司。

无论是对于发起人还是其他认股人，如果允许其认购并缴纳出资后随意撤回，将导致公司设立的不确定性，严重损害其他发起人、认股人的合法权益。

第一百零六条　【成立大会召开后的申请设立登记】董事会应当授权代表，于公司成立大会结束后三十日内向公司登记机关申请设立登记。

本条是关于股份公司设立登记申请的基本规定。

公司成立大会结束后，董事会应当授权代表，于公司成立大会结束后 30 日内向公司登记机关申请设立登记，向登记机关提交设立登记申请书、公司章程等文件（第 30 条）。

第一百零七条　【股款缴纳核查与催缴出资、抽逃出资的法律准用】本法第四十四条、第四十九条第三款、第五十一条、第五十二条、第五十三条的规定，适用于股份有限公司。

本条是关于股款缴纳核查与催缴出资、抽逃出资的基本规定。

关于股份公司股款缴纳核查、催缴出资、抽逃出资等出资责任问题，采用了准用性、引致性规范立法技术，具体内容参见关于有限责任公司的第49条第3款、第50条、第57条的相关规定。

从《公司法》关于股份有限公司的定性及较为严格的规定来看，在以上法条的适用中，董事会负有更为严格的信义义务与责任。

第一百零八条　【有限责任公司变更为股份有限公司时的股本】有限责任公司变更为股份有限公司时，折合的实收股本总额不得高于公司净资产额。有限责任公司变更为股份有限公司，为增加注册资本公开发行股份时，应当依法办理。

本条是关于有限公司变更为股份有限公司的资本要求。

在符合《公司法》规定的股份有限公司的条件下，有限责任公司可以变更为股份有限公司（第12条）。由于二者资本制度不同，当有限责任公司变更为股份有限公司时，涉及资本有明确的要求。

首先，有限公司变更为股份公司时，折合的实收股本总额不得高于公司净资产额。具体而言，应按原账面净资产值折股，不改变历史成本计价原则，不根据资产评估结果进行账务调整，以整体变更基准日经审计的净资产额为依据折合为股份公司股本，且折合的实收股本总额不得高于公司净资产额。其主要原因是，净资产额是公司资产总额减去负债总额的余额，代表了股东在公司中财产的价值即公司实际拥有的资产数额。有限公司变更为股份公司的，原有限公司净资产额没有任何增加，所以，原有限公司的资产所折合的股本总额应当与公司的净资产额相等，以确保公司资本真实，防止损害后加入的股东、债权人利益。① 采认缴资本制的有限公司变更为采授权资本制的股份公司，其注册资本须从认缴变成实缴。

其次，有限公司变更为股份公司，为增加资本公开发行股份时，应当依法办理。该规定其实是对股份公司发行新股的要求，即公司以公开发行新股的方式实现增资的，应遵循新股发行相关程序，符合新股发行的要求（第151条、第153条、第227条、第228条）。同时，在授权资本制引入后，原则上有限公司应当先变更为股份公司，以公司章程或股东会决议授权董事会发行新股的，才能在授权制下进行新股发行。

第一百零九条　【公司基本法律文件的置备】 股份有限公司应当将公司章程、股东名册、股东会会议记录、董事会会议记录、监事会会议记录、财务会计报告、债券持有人名册置备于本公司。

本条是关于公司文件置备的要求。

一、法定文件置备

相较于有限责任公司，股份有限公司的独立性更强，一般股东并不直接以董事或监事身份参与管理与监督，至少在形式上遵循两权分离模式。对于较大型的股份有限公司，特别是上市公司，更是如此。置备公司重要的法律文件，包括公司章程、股东名册、股东会会议记录、董事会会议记录、监事会会议记录、财务会计报告，是确保股东与公司之间关系清晰最为重要的要求，是公司对股东基本的义务，公司必须将其置备于本公司。

（一）公司章程的置备

公司章程是公司宪章。对公司而言，它是公司的自治规范，确立公司内部的权利、义务关系，也是公司对外经营交往的基本法律依据。对股东而言，其是确定股东基本义务与权利的规定。股东与公司之间的关系基本依赖于章程规定。

（二）股东名册的置备

股东名册系确立股东与公司之间股东资格的法律文件。公司凭股东名册

---

① 李建伟：《公司法学》（第四版），中国人民大学出版社2018年版，第118页。

确认谁是其股东，并因此在召开股东会会议、公司分红的时候用来通知股东。股东既因为载于股东名册而享有股东权利，也可以通过查阅股东名册了解其他投资者。

（三）股东会、董事会、监事会会议记录的置备

公司"三会"是确定公司权力分配的基本制度，通过置备股东会、董事会和监事会会议记录，以反映公司决议作出经过，并由此体现公司实际运营活动全过程。同时，也为股东异议回购可行性、董事信义义务履行情况等问题提供客观依据，真实反映公司运营、监督过程中的决议事项及内容。

（四）公司财务会计报告置备

财务会计报告是指公司制作的包括资产负债表、损益表、财务状况变动表、财务情况说明书、利润分配表及附属明细表在内的报告，反映公司在一年中的财务状况及获利能力。一方面，对公司而言，它可记录公司财务状况，成为公司享有独立人格的依据，体现财务行为的"私"的属性。另一方面，对于股东而言，股东通过查阅财务会计报告，了解所投资本的运营情况及其分配情况，作出评价及今后的投资决策，并便于股东对公司进行监督，提出建议或者质询。

二、置备义务人

我国公司法的有关规定涉及相关行为时，常常以抽象的"公司"为名，很少提到董事会或执行董事的义务和责任，仅是笼统地在第六章关于"董事监事的资格和义务"中作了并不明确的所谓责任。其结果是，本应由董事主动为之的义务，成为和其没有关系的事情，继而导致董事的不作为。[1] 本条就是典型的"抽象意义上的公司"，这种立法技术存在较为明显的缺漏，即实际上仅规定了模糊的概念，还需要司法机关在实践中进一步解释。

从公司权力分配与分工来看，公司文件置备人应当是董事会，它是公司事务的执行机构，是股份公司的中枢，掌握着公司管理与监督的权力，并因此承担相应的义务。置备公司文件是典型的公司事务执行问题，域外立法例通常将置备责任人规定为董事会，其法律基础在于董事会享有独断性的公司经营管理权。当然，董事会可以将置备以上法律文件的任务委托给经理层的

---

[1] 徐强胜：《公司基本关系的公司法构造——从股东知情权谈起》，载陈洁主编：《商法界论集》（第 1 辑），社会科学文献出版社 2018 年版，第 47 页。

高级管理人员，但委托不减免董事会的义务与责任。

三、违反置备义务的责任

《公司法司法解释（四）》第 12 条规定："公司董事、高级管理人员等未依法履行职责，导致公司未依法制作或者保存公司法第三十三条、第九十七条规定的公司文件材料，给股东造成损失，股东依法请求负有相应责任的公司董事、高级管理人员承担民事赔偿责任的，人民法院应当予以支持。"依此，董事、高级管理人员未依法制作或者保存公司有关文件与材料的民事责任的认定需具备以下条件。

一是主体必须是公司董事和高级管理人员，不包括公司监事。这是由公司董事和高级管理人员的执行机构地位决定的。各国公司法均明确规定董事和高级管理人员系公司的执行机构，凡公司执行、管理之事务均应由其执行和管理。《公司法》也规定了董事会和经理等高级管理人员的执行机构地位，尽管其没有明确规定其在包括置备公司有关文件方面的义务，但从相关规定可以看出，董事和高级管理人员无疑是置备公司有关文件和材料的责任者。这时的董事和高级管理人员既包括名义董事和高级管理人员，也包括影子董事和高级管理人员，后者是指尽管名义上不是公司董事和高级管理人员，但其在公司中事实上行使着公司董事和高级管理人员职责的人。

二是公司董事和高级管理人员没有履行其依法制作或保存公司法规定的公司文件材料的义务。这里的"依法"既包括公司法规定，也包括会计法、会计规则等，但不包括公司章程。也就是说，本条的规定具有法定性，不得通过公司章程扩大，它们不属于公司自治范畴。

三是公司董事和高级管理人员未依法履行置备公司文件材料职责的行为给股东造成了损失。从我国公司实践和有关司法实践来看，股东因公司未依法置备文件材料遭受损失，主要是由于公司会计账簿被故意隐匿或者销毁所导致的。股东因此遭受的损失主要包括难以证明公司具备可分配利润并请求公司分配利润、难以证明公司具有可分配剩余财产并请求相应分配，以及因无法组织公司清算而依法承担赔偿责任等带来的损失。[①]

---

① 最高人民法院民事审判第二庭编著：《最高人民法院公司法司法解释（四）理解与适用》，人民法院出版社 2017 年版，第 254—255 页。

四是公司董事和高级管理人员未依法制作或保存的行为与股东的损失之间具有因果关系，即前者的行为导致后者的损失。

在"叶某与周某损害股东利益责任纠纷案"［（2020）沪01民终3550号］中，法院认为，因公司执行董事没有制作和保存公司的财务会计报告、会计账簿和会计凭证，导致公司股东无法通过行使股东知情权查阅、复制前述文件材料，股东知情权无法行使，并致其遭受了包括难以证明公司具备可分配利润并请求公司分配利润、难以证明公司具有可分配剩余财产并请求相应分配，以及因无法组织公司清算而依法应承担赔偿责任等带来的损失。股东只需证明公司不能提供有关文件资料导致其无法查询、复制。股东不能证明的，法院可根据公司经营现状、股东持股比例和责任人违法程度酌定赔偿金额。而对于公司是否依法制作或保存了相关的财务会计报告以及出现的上述"难以证明"的损失，应转由执行董事承担举证责任，若其未能对此予以举证证明，应承担举证不能的后果。而关于公司董事和高级管理人员未依法履行职责置备公司文件材料，给股东造成损失时应如何承担赔偿责任的规定，属于侵权损害赔偿之诉。

第一百一十条　【股东查阅与复制权】股东有权查阅、复制公司章程、股东名册、股东会会议记录、董事会会议决议、监事会会议决议、财务会计报告，对公司的经营提出建议或者质询。

连续一百八十日以上单独或者合计持有公司百分之三以上股份的股东要求查阅公司的会计账簿、会计凭证的，适用本法第五十七条第二款、第三款、第四款的规定。公司章程对持股比例有较低规定的，从其规定。

股东要求查阅、复制公司全资子公司相关材料的，适用前两款的规定。

上市公司股东查阅、复制相关材料的，应当遵守《中华人民共和国证券法》等法律、行政法规的规定。

本条是关于股东知情权以及对公司经营的建议或质询权的规定。

一、股东知情权

（一）股东知情权基本规定

在一般情形下，有限责任公司的股东都会以不同的方式参与公司管理，如直接担任董事、经理、监事或财务负责人，或通过章定或其他方式规定的公司定期信息通报制度进行。尽管每位"股东有权查阅、复制公司章程、股东名册、股东会会议记录、董事会会议决议、监事会会议决议和财务会计报告"（第57条第1款），但从理论上来讲，该规定更多的是针对公司治理不完善的情况下对中小股东的一种救济。

股份有限公司的两权分离特征使得股东的知情权不仅具有理论上的价值，更是实践的需要。《公司法》对于股份有限公司股东的知情权，如有限责任公司那般（第57条第1款）再次以同样的语言予以了表述，即"股东有权查阅、复制公司章程、股东名册、股东会会议记录、董事会会议决议、监事会会议决议、财务会计报告……"，而没有如第107条关于"本法第四十九条第三款、第五十条、第五十一条、第五十七条的规定，适用于股份有限公司"等法条那样作准用技术处理。

（二）股东知情权的行使

股东知情权的行使主要体现在查阅权的行使上。

关于股份公司股东查阅权的规定，新《公司法》进行了如下调整：第一，进一步明晰了股东权利，将股东查阅公司文件的权利扩张至复制，即股东可以复制公司章程和财务会计报告。第二，将申请查阅公司财务会计账簿和会计凭证的股东合计持股比例明确规定为3%，一定程度上提高了股份公司股东查阅的门槛，这主要是基于股份公司具有更大的独立性，防止股东滥用查阅权损害公司利益。第三，通过准用有限责任公司关于股东查阅权的规定，明确了股份公司股东知情权行使的前置程序及保密要求。一方面，股东申请委托第三方机构查阅公司会计账簿和会计凭证的，应先向公司书面请求（第57条第3款）；另一方面，股东及其委托的第三方机构，应当遵循严格的保密义务（第57条第4款）。第四，《公司法》鼓励公司章程对于股东行使查阅权的比例规定低于3%，以适应中小型股份有限公司的发展需要。

二、对公司经营的建议或质询权

与有限责任公司关于股东知情权规定（第57条）不同，本条在对股份有限公司知情权加以规定的同时，规定了股东对公司经营的建议或质询权。

从规范逻辑上，将股东对"公司的经营提出建议或者质询"的权利置于"股东有权查阅、复制公司章程、股东名册、股东会会议记录、董事会会议决议、监事会会议决议、财务会计报告"之后，似乎是指股东查阅、复制这些文件的最终目的，系对公司经营提出建议或质询，前者是行为，后者是结果。但事实上，股东知情权与对公司的建议或者质询权完全是两个不同的权利，前者是股东监督权的表现或要求，其目的是保障股东的合法权益，防止公司不当行为，具有消极防御权性质；后者是股东参与公司管理权（第4条第2款）的表现或要求，以促进公司经营管理，具有积极促进权性质。《公司法》之所以将二者以看似具有前后逻辑关系加以规定，是因为通过知情权的行使（复制与查阅）不仅可以监督公司合法经营，以保护股东合法权益，而且使关心公司发展的股东能够通过建议与质询参与公司管理，从而实现了积极监督。也就是说，股东知情权与对公司的经营提出建议或者质询的权利之间具有联系，但实际属不同性质的股东权利。

股东对公司经营提出建议或者质询可以通过不同方式进行，一方面以股东身份通过通信方式直接向公司管理层提出建议或质询，另一方面在股东会会议上提出建议，或者行使质询权进行。对于在股东会会议上的质询，由于其是在某个具体的股东会会议上进行的，应理解为质询的议题与该次会议决议事项有关，且不涉及公司商业秘密。此外，不能无限制扩大质询范围，否则将侵犯公司管理层的管理权和商业秘密。

三、对公司全资子公司的知情权

依本条第3款规定，股东可以要求查阅、复制公司全资子公司相关材料的，适用前两款的规定。

对于非全资子公司的相关材料，股东原则上没有查阅与复制权。但在司法实践中，法院可根据类型化或者基于非全资子公司的相关材料关系重大的原因，也可以允许查阅与复制。

对于子公司另行设立的子公司，一般也不允许行使知情权，实践中也需要法院根据具体情况具体分析。

四、关于上市公司股东知情权的特别规定

鉴于上市公司的特殊性，依本条第4款，上市公司股东查阅、复制相关材料的，应当遵守《证券法》等法律、行政法规的规定。

例如，《证券法》第 86 条规定："依法披露的信息，应当在证券交易场所的网站和符合国务院证券监督管理机构规定条件的媒体发布，同时将其置备于公司住所、证券交易场所，供社会公众查阅。"

第二节　股　东　会

第一百一十一条　【股东会的组成】股份有限公司股东会由全体股东组成。股东会是公司的权力机构，依照本法行使职权。

本条是关于股份公司股东会的组成及性质规定。

一、股份有限公司股东会的特殊地位

有限责任公司与股份有限公司的股东会均由全体股东组成，是公司的权力机构，并依照本法行使职权。

同为权力机构，股份有限公司股东会的地位具有以下特殊性：

第一，股份有限公司的股东会是必设机构，其职能不能为董事会或其他机构所代替。而有限责任公司因其股东人数较少甚至很少，股东的一致同意形式可以代替股东会，且可以将其职能交给全部由股东组成的董事会。

第二，股份有限公司股东会的权力严格限制在法律规定范围，不得将属于董事会的职权以章程或股东会决议的方式划归股东会。股份有限公司股东会的权力机构性质主要体现在重大决策与人事选举和罢免上，以及公司权力分配与分工上。对于有限责任公司，则因其人数少而可以将董事会的职权完全划归股东会，即直接由股东行使。《公司法》关于有限责任公司股东会、董事会、监事会的预先设置仅是一种指导性规范，权力分配与分工的意义不大。

第三，股份有限公司股东会作为权力机构的意义主要在于公司的基本权力来源于股东（会），而非指股东会可以领导和指挥董事会和监事会。有限责任公司股东会作为权力机构的意义则是指对公司可以有全面的甚至直接的权力，具体如何做，由公司自己决定。

二、股份有限公司与有限责任公司股东会之间的制度差异

鉴于股东大会与股东会两个术语之间没有本质的不同，本次《公司法》修订，将股份有限公司"股东大会"变更为"股东会"，但由于两种公司资合与人合的差异，它们的有关制度是有显著差别的：

第一，表决权行使不同，股份公司在没有不同股权结构时原则上一股一权，有限公司则以股东出资比例行使表决权。第二，出席会议股东要求不同，股份公司股东会决议应当经出席会议股东表决权过半数通过，有限公司股东会决议则须经代表二分之一以上表决权的股东通过。第三，选任董监高的要求不同，股份公司选举董事、监事可以采取累积投票制，有限公司选举公司管理层则完全遵从章程自治。第四，委托代理人出席会议有别，股份公司股东可以委托代理人出席，并在授权范围内行使表决权，有限公司则交由章程自治，法律未规定。总体来看，《公司法》对股份公司的股东会要求更多，限制更为严格，而对有限公司要求较少，限制较为保守，多交由公司章程自治。

章程自治的赋权大小不同，体现出股份公司更为典型的资合性，有限责任公司虽然本质上是资合公司，但存在相应的人合属性。当然，完全资合性的公司也必然存在人为因素的干扰。公司信用在于公司股东、实际控制人本身的财产及信用能力，在于股东、实际控制人的人格信用，[①] 人的参与是任何公司经营无可回避的现实，资合性公司必然存在人合性背景。

第一百一十二条　【股东会的职权】本法第五十九条第一款、第二款关于有限责任公司股东会职权的规定，适用于股份有限公司股东会。

本法第六十条关于只有一个股东的有限责任公司不设股东会的规定，适用于只有一个股东的股份有限公司。

本条是关于股份公司股东会职权的规定。

一、股份有限公司股东会的职权

关于股份有限公司股东会职权，原则上准用本法第 59 条关于有限责任公

---

① 蒋大兴：《公司法改革的文化拘束》，载《中国法学》2021 年第 2 期。

司股东会职权规定。从形式上，股份有限公司与有限责任公司的股东会职权都是一样的。实质上，二者因股东会与它们之间的关系不同，在适用上差距极大。

股份有限公司股东会的职权原则上限于第 59 条第 1 款、第 2 款，且对第 1 款第 9 项所谓"公司章程规定的其他职权"应作限制解释，限于向其他企业投资或者为他人提供担保（第 15 条），上市公司在一年内购买、出售重大资产超过公司资产总额一定比例（第 135 条），公司董事、监事、高级管理人员任职时股份的持有或转让（160 条第 2 款），公司聘用、解聘承办公司审计业务的会计师事务所（第 215 条），清算组的组成（第 232 条第 2 款）。

二、一人股份有限公司股东会权力的行使

关于一人股份有限公司的股东会职权行使，准用第 60 条关于一人有限责任公司规定，即不设股东会，股东作出本法第 59 条关于股东会职权所列事项的决定时，应当采用书面形式，并由股东签名或者盖章后置备于公司。

第一百一十三条　【股东会年会与临时股东会的召开】 股东会应当每年召开一次年会。有下列情形之一的，应当在两个月内召开临时股东会会议：

（一）董事人数不足本法规定人数或者公司章程所定人数的三分之二时；

（二）公司未弥补的亏损达股本总额三分之一时；

（三）单独或者合计持有公司百分之十以上股份的股东请求时；

（四）董事会认为必要时；

（五）监事会提议召开时；

（六）公司章程规定的其他情形。

本条是关于股份公司召开股东会会议的规定。

一、股东会会议类型

股份公司的股东会会议分为股东会年会和临时股东会会议两种。

《公司法》第 62 条明确规定有限公司的股东会会议类型分为定期会议和

临时会议，但在股份公司中，《公司法》第113条未明确采取上述股东会会议类型的二分法，仅规定了股东会年会和临时股东会会议。然而，依据定期会议乃按照公司章程的规定按时召开的股东会会议的定义，股份公司仍可依据章程规定召开定期会议。同理，股东会年会也可以划分至定期会议的范畴之内。

二、股东会年会

股东会年会每年应召开一次，召集时间由公司章程确定。于上市公司，应在每一会计年度终了后的六个月内召开。股东会年会通常对公司的年度财务预算和决算方案、年度利润分配或亏损弥补方案、董事会和监事会所作的公司年度报告及公司重要的人事任免等作出决定。

三、临时股东会

股东会临时会议的召开主要是因为出现了突发情况，致使公司难以继续经营下去；或公司面临严峻挑战，急需股东会提供相应的对策方案。股份有限公司经营复杂，具体情况相对多样化，常需要公司紧急决策。但董事会职权毕竟有限，公司合并、分立或者受让重大投资等问题，需要股东会决议，甚至特别多数决议，这便需要召开临时股东会。

本条规定了召开临时股东会的六种情形，其中，在第1项情形下，董事会因人数不足难以正常开展活动。第2项情形下，公司处于严重亏损状态，股东利益难以得到保障。值得注意的是，此处由"实收股本"修改为"股本"系用语调整，因为股份公司设立时发起人的认缴义务已修改为实缴义务（《公司法》第98条）。第3项尊重占有相当比重权益股东对公司发展的考虑。第4项基于董事会经营管理的地位，其最了解公司的情况。第5项基于监事会的监督职权。第6项体现股东自治，适应不同公司的实际需要。

第一百一十四条　【股东会的召集与主持】股东会会议由董事会召集，董事长主持；董事长不能履行职务或者不履行职务的，由副董事长主持；副董事长不能履行职务或者不履行职务的，由过半数的董事共同推举一名董事主持。

董事会不能履行或者不履行召集股东会会议职责的，监事会应当及时召集和主持；监事会不召集和主持的，连续九十日以上单独或者合计持有公司百分之十以上股份的股东可以自行召集和主持。

单独或者合计持有公司百分之十以上股份的股东请求召开临时股东会会议的，董事会、监事会应当在收到请求之日起十日内作出是否召开临时股东会会议的决定，并书面答复股东。

本条是关于股份公司股东会会议的召集与主持规定。

一、股东会会议的一般召集与主持

本条第 1 款规定了股东会会议的一般召集与主持规则。其中，董事会召集不仅是指必须以董事会名义为之，而且召开股东会会议需要先行经过董事会决议，任何董事包括董事长均不能越过董事会决议直接以董事会名义召集股东会。

董事长主持股东会会议，实质是董事长代表董事会主持，因为董事会是集体机构，集体机构行事时由其代表进行。也正因如此，"董事长不能履行职务或者不履行职务的，由副董事长主持；副董事长不能履行职务或者不履行职务的，由过半数的董事共同推举一名董事主持"。该主持顺序的安排是根据董事长、副董事长及其他董事在董事会中的权力与职责分工进行的。

二、特殊情况时股东会的召集与主持

本条第 2 款规定了特殊情况下股东会的召集与主持，即董事会不能履行或不履行召集职责情况下的召集与主持权分配；第 3 款规定了股东请求召开股东会时的董事会、监事会答复时间及方式。该顺序及时间是根据董事会、监事会及股东之间在公司中的地位进行安排的，以保障股东会会议的及时召集与主持，稳定公司正常运转。

要注意对于股东要求召开临时股东会，有持股数量及时间要求，即连续九十日以上单独或者合计持有公司百分之十以上股份。

在"马某选、河南至真实业股份有限公司与公司有关的纠纷再审审查案"〔（2020）豫民申 1515 号〕中，法院认为，在本案中，无论潘某某的股份是否转让给马某选，宋某现和刘某州二人共同持有的股份自公司成立以来，各个文件显示均超过 60% 以上。宋某现和刘某州 2018 年 1 月 23 日提出关于提请董事会召集和主持股东大会临时会议的函。2018 年 1 月 29 日至真公司函复载明：董事会及董事长均不予认可上述二股东召开临时股东大会的提议。在此情况下，宋某现和刘某州以邮政特快专递的方式向监事会成员王某利、王某丽、冯某、郭某亮发送关于提请监事会召集和主持股东大会临时会议函，请求监事会限期召集临时股东大会，但是监事会在通知的期限内未履行职责。后宋某现和刘某州自行召集和主持股东大会会议，符合上述法律规定，相应决议合法有效。

第一百一十五条　【股东会的召开与临时提案】 召开股东会会议，应当将会议召开的时间、地点和审议的事项于会议召开二十日前通知各股东；临时股东会会议应当于会议召开十五日前通知各股东。

单独或者合计持有公司百分之一以上股份的股东，可以在股东会会议召开十日前提出临时提案并书面提交董事会。临时提案应当有明确议题和具体决议事项。董事会应当在收到提案后二日内通知其他股东，并将该临时提案提交股东会审议；但临时提案违反法律、行政法规或者公司章程的规定，或者不属于股东会职权范围的除外。公司不得提高提出临时提案股东的持股比例。

公开发行股份的公司，应当以公告方式作出前两款规定的通知。

股东会不得对通知中未列明的事项作出决议。

本条是关于股份公司股东会会议的通知和临时提案规定。

一、股东会会议的通知

基于股份有限公司股东较为分散的特点，本条明确规定了股东会会议通知的时间、地点、方式及审议事项要求，并明确"股东会不得对通知中未列明的事项作出决议"。违反这些规定的，将导致股东会决议的无效或撤销（第25条、第26条）。

在"广西洁宝纸业投资股份有限公司与卢某章、杨某乔公司决议撤销纠纷申请案"［（2013）桂民提字第154号］中，涉及股东大会休会后再次召开与监事会选举问题。法院认为，首先，关于股东大会休会后再次召开的问题。2011年11月11日上午，洁宝公司股东大会休会30分钟，本应于9时50分准时继续开会，但洁宝公司并没有按时于 9 时 50 分继续开会，且在没有通知包括卢某章、杨某乔在内的 21 名股东的情况下，于当天上午 10 时 20 分，即超过原定的休会时间之后再次召开股东会，违反了《公司法》及洁宝公司章程关于召开股东大会应提前告知各股东开会的时间、地点的规定。虽然卢某章、杨某乔等 21 名股东在股东大会休会超过 30 分钟之后，没有询问是否继续开会就离开会场，但这并不能免除洁宝公司履行通知股东召开股东会的时间、地点的义务，因此洁宝公司认为卢某章、杨某乔等股东在没有询问是否继续开会的情况下擅自离开，应视为自动放弃权利的理由不成立，本院不予支持。其次，关于股东大会对选举第四届监事会监事的事项进行了决议的问题。洁宝公司于 2011 年 10 月 11 日和 10 月 27 日关于召开 2011 年度股东会的通知中均未列明选举第四届监事会监事的事项，但却对选举第四届监事会监事的事项进行了决议，违反了《公司法》规定。虽然洁宝公司章程仅禁止临时股东大会对通知中未列明的事项作出决议，而对股东大会的决议事项没有进行任何禁止和限制，但未将股东大会决议事项提前通知股东，这与《公司法》规定不符。

一般来讲，股份有限公司对于股东会会议的通知没有公司自治的权利。相对地，《公司法》对有限责任公司股东会会议的召开没有规定会议地点与审议事项，且仅规定应当在会议召开十五日前通知全体股东，同时允许公司章程另有规定或者全体股东另有约定（第 64 条第 1 款）。

但是，在股份有限公司人数较少的情况下，经全体股东同意，以上会议通知的时间、地点与审议事项也可以尊重公司自治。关于股东会会议通知人，则依《公司法》第 114 条关于股东会会议召集与主持规定确定。

二、临时提案

股东提案权是指符合一定资格要件的股东，就股东会表决事项提出自己的议案，并寻求股东会合法程序予以表决的权利。股东提案权既可以积极促进中小股东参与公司治理，也可以防止大股东或董事会独占股东会会议的提案权。

根据本条第 2 款规定，股东可以在股东会会议召开前提出临时议案，具体要求如下：

（一）行使提案权的股东

必须是单独或者合计持有公司百分之一以上股份的股东，不要求股东持股期限如何。公司不得以任何方式提高提出临时提案股东的持股比例，但公司章程可以规定更低持股比例。

如果公司有不同类别股东的，则不同类别（普通股与优先股）股东可分别在类别股东会会议上提出相应议案，不同类别股东不得在不属于自己类别股东会会议上提出临时议案。亦即，股东仅对自己具有表决权的事项提出临时议案。

（二）临时提案提出的时间及方式

临时提案必须在股东会召开十日前提出，并以书面方式提交董事会。

（三）临时提案内容

临时提案应当有明确的议题和具体决议事项，符合法律、行政法规或公司章程，属于股东会职权范围之内。同时，选举、解任董事、监事以及公司章程变更、增加或者减少注册资本的决议、公司合并、分立、解散或者变更公司形式事项，不得以临时提案方式提出。

（四）董事会对临时议案的审查与提交审议

董事会应当在收到提案后进行审查，除非出现下列情形，应于二日内通知其他股东，并将该临时提案提交股东会审议：一是提案程序不符合规定；二是提案内容违法；三是实质上为同一议案。

一般情况下，只要符合条件的股东在限定时间内提交了临时议案，董事会即应当将该临时提案提交股东会审议，对临时议案的要求仅是内容应当属于股东会职权范围，并有明确议题和具体决议事项，同时不得违反法律、行政法规规定，不得设置其余障碍。在"创新医疗管理股份有限公司、浙江富浙资本管理有限公司决议纠纷案"［（2021）浙06民终3045号民事判决书］中，创新公司董事会拒绝将案涉提案提交股东大会审议，理由之一是富浙公司送达提案逾期。法院查明后认为，富浙公司等提出提案，对这些以股东身份创新公司也无异议，且双方就此事项有过沟通，之前也是通过相同的电子邮件的方式进行交流，有关文件的真实性足以认定；进一步而言，即使创新公司认为富浙公司临时提案因文件缺失而有瑕疵，应在收悉第一时间内与富浙公司等就未提交材料的补交事项进行积极沟通，而不是径自以此为由拒绝将案涉临时提案列入临时股东大会议程。富浙公司临时提案的内容是提名董事会、监事会候选人，属于股东会职权范围，有明确议题和具体决议事项，也未违反法律、行政法规和公司章程有关规定。

三、公开发行股份的公司的通知方式

基于公开发行股份公司的公众性，依本条第 3 款规定，其应当以公告方式作出前两款规定的通知。

四、股东会不能对通知未列明事项决议

股东会会议通知，必须载明决议事项，且该决议事项应当明确具体。因此，依本条第 4 款规定，股东会不得对通知中未列明的事项作出决议，否则为无效决议。

对于会议通知载明的事项存在笼统和模糊情况，如引起股东误解或不清楚，也不得作出决议。

第一百一十六条　【股东会决议表决与通过】股东出席股东会会议，所持每一股份有一表决权，类别股股东除外。公司持有的本公司股份没有表决权。

股东会作出决议，应当经出席会议的股东所持表决权过半数通过。

股东会作出修改公司章程、增加或者减少注册资本的决议，以及公司合并、分立、解散或者变更公司形式的决议，应当经出席会议的股东所持表决权的三分之二以上通过。

本条是关于股份公司股东会会议表决的基本规定。

一、表决权行使

（一）行使原则

在股东皆持有同样表决权股之时，股东行使的表决权按持股比例分配，遵循"一股一权"的准则，体现表决权平等理念。表决平等不是形式上赋予每一股份相等的表决权，而是实质上以公平方式实施决议。股东基于每一股份行使其表决权时，得以自由表达意思，不受不当干扰或限制，否则即有违背每一股份均有一表决权、每一股份表决权利平等的原则。[1]

---

[1] 王文宇：《公司法论》（第六版），元照出版公司 2018 年版，第 396—397 页。

（二）类别股东表决权的行使

类别股股东表决不遵循"一股一权"原则。若存在类别股股东，该股东持股存在特殊情形，如复数表决权股、无表决权股、优先股、劣后股等，其表决权无法与普通股股东相同。因为其持股方式的特殊性，他们难以"同股同权"，其持有的股份表征不同的股权，自然不能按照"所持每一股份有一表决权"的规定予以约束。

（三）股东可以委托他人代为出席表决

原则上来说，股东享有表决权，与其是否出席股东会没有必然联系，虽然股东行使表决权以其持股比例为依据，但股份公司股东可以委托他人代为出席股东会会议（第118条）。亦即，股东并非必须"出席"股东会才享有表决权，其享有的表决权是持有股份的结果。

（四）公司持有的本公司股份没有表决权

公司作为团体，可能因回购等事由持有自己的股份，但其对自己持有的股份没有表决权，否则会引发董事会不当控制公司。

（五）《证券法》对表决权的限制

《证券法》第63条规定，通过证券交易所的证券交易，投资者持有或者通过协议、其他安排与他人共同持有一个上市公司已发行的有表决权股份达到百分之五时，应当在该事实发生之日起三日内，向国务院证券监督管理机构、证券交易所作出书面报告，通知该上市公司，并予公告，在上述期限内不得再行买卖该上市公司的股票，但国务院证券监督管理机构规定的情形除外。投资者持有或者通过协议、其他安排与他人共同持有一个上市公司已发行的有表决权股份达到百分之五后，其所持该上市公司已发行的有表决权股份比例每增加或者减少百分之五，应当依照前款规定进行报告和公告，在该事实发生之日起至公告后三日内，不得再行买卖该上市公司的股票，但国务院证券监督管理机构规定的情形除外。投资者持有或者通过协议、其他安排与他人共同持有一个上市公司已发行的有表决权股份达到百分之五后，其所持该上市公司已发行的有表决权股份比例每增加或者减少百分之一，应当在该事实发生的次日通知该上市公司，并予公告。违反第1款、第2款规定买入上市公司有表决权的股份的，在买入后的三十六个月内，对该超过规定比例部分的股份不得行使表决权。

在"恒泰艾普集团股份有限公司与北京硕晟科技信息咨询有限公司等公司决议纠纷案"〔（2021）京01民终7069号〕中，法院认为，证券法规定以5%为披露和暂停交易节点，即持股每增加或者减少5%，投资者应当履行报告和公告程序，并在事实发生之日起至公告后三日内暂停股票买卖交易，否则，其超过规定比例的部分股份的将在36个月内不得行使表决权。法律上述规定目的并非限制投资人买卖股票，而是以报告、公告等程序控制投资人操作节奏，保护中小投资者的利益。本案中，硕晟公司、李某萍在合计持股分别达到5.00002%、10.025%时履行报告和公告程序，超出规定比例部分的股份分别为152股和179917股，上述股份对应的表决权应依法受到限制。恒泰公司主张对于所有超过5%的持股表决权均予以限制，与上述规定不符。

（六）有限责任公司和股份有限公司表决权的差异

第一，有限责任公司股东按出资比例行使表决权，股份有限公司股东按持有股份比例行使表决权。第二，有限责任公司章程可以对表决权行使方式作出例外规定（《公司法》第65条），如可以规定按人头决议或按其他比例行使表决权。但《公司法》没有赋予股份有限公司章程对表决权行权方式进行自治的权利，而是以法定方式明确类别股股东的特殊表决权存在价值。

二、决议的通过

依本条规定，股东会做出普通决议，应当经出席会议的股东所持表决权过半数通过。做出特别决议，包括修改公司章程、增加或者减少注册资本的决议，以及公司合并、分立、解散或者变更公司形式的决议，应当经出席会议的股东所持表决权的三分之二以上通过。

而《公司法》第66条规定，有限责任公司的股东会作出决议应当经代表过半数表决权的股东或代表三分之二以上表决权的股东通过。亦即，有限责任公司股东会会议的召开没有对出席会议的股东要求所谓"法定足数"，其意指除非公司章程规定了类似于类别股那样的具有不同表决权的股权，会议决议应以全体股东为足数确定通过比例。

由此可见，两种公司的股东在公司的地位并不相同。作为有限责任公司的股东，其对于公司不可或缺，可直接影响股东会会议的召开及表决；作为股份有限公司的股东，只有那些愿意积极参加股东会的股东才会影响股东会，不参加或不愿意参加的股东不影响股东会决议的通过。

第一百一十七条　【累积投票制】股东会选举董事、监事，可以按照公司章程的规定或者股东会的决议，实行累积投票制。

本法所称累积投票制，是指股东会选举董事或者监事时，每一股份拥有与应选董事或者监事人数相同的表决权，股东拥有的表决权可以集中使用。

本条是关于累积投票制的规则。

一、累积投票制规则

所谓累积投票制，是在股东会选举董事、监事时，每一表决权股份针对每一应选董事、监事具有一个表决权，每一股东可以行使的表决权总数则为该股东所持有的表决权股份数与应选董事、监事人数的乘积，即"每一股份拥有与应选董事或者监事人数相同的表决权，股东拥有的表决权可以集中使用"。

累积投票制的实质是给予全体股东的一种与表决公司其他一般事项所不同的特别表决权利，这种权利的特别之处主要表现在表决权的数额上。在实行累积投票时，股东的表决权票数是按照股东所持有的股票数与所选举的董事或监事人数的乘积计算，而不是直接按照股东所持有的股票数计算。简单地说，股东的表决权票数等于股东所持有的股票数乘所选举的董事或监事人数。

例如，某公司要选 7 名董事，公司股份共 1000 股，股东共 10 人，其中 1 名大股东持有 510 股，即拥有公司 51% 的股份；其他 9 名股东共计持有 490 股，合计拥有公司 49% 的股份。若按直接投票制度，每一股有一个表决权，则控股 51% 的大股东就能够使自己推选的 7 名董事全部当选，其他股东毫无话语权。但若采取累积投票制，表决权的总数就成为 1000×7 = 7000 票，控股股东总计拥有的票数为 3570 票，其他 9 名股东合计拥有 3430 票。根据累积投票制，股东可以集中投票给一个或几个董事候选人，并按所得同意票数多少的排序确定当选董事，因此从理论上来说，其他股东至少可以使自己的 3 名董事当选，控股比例超过半数的股东也最多只能选上 4 名自己的董事。

二、累积投票与中小股东保护

采用累积投票制方式，股东既可以把自己拥有的投票权集中于一人，也可以分散选举数人，促成小股东将其代言人选入董事会和监事会，扩大小股东在公司经营管理中的话语权，保护广大中小股东。

对于是否被告累积投票制，本条并不作强制性要求，而是规定"股东会选举董事、监事，可以按照公司章程的规定或者股东会的决议，实行累积投票制"，以引导并鼓励公司采取累积投票制。

对于有限责任公司，《公司法》没有明确这样鼓励而作出指引，从公司自治角度，可以通过章程或股东会决议方式实行累积投票制。

三、上市公司

上市公司在满足相应条件时，存在特殊规定，必须适用累积投票制。

《上市公司治理准则》第 17 条规定，董事、监事的选举，应当充分反映中小股东意见。股东会在董事、监事选举中应当积极推行累积投票制。单一股东及其一致行动人拥有权益的股份比例在 30% 及以上的上市公司，应当采用累积投票制。采用累积投票制的上市公司应当在公司章程中规定实施细则。

第一百一十八条　【股东委托出席股东会会议】股东委托代理人出席股东会会议的，应当明确代理人代理的事项、权限和期限；代理人应当向公司提交股东授权委托书，并在授权范围内行使表决权。

本条是关于委托投票表决的规则。

一、表决权的亲自行使与他人行使

表决权是股东参与公司管理的最重要权利，其一般亲自参会表决，也可以委托他人代为出席行使。

表决权本为共益权，与股东身份紧密结合，一般应亲自参会并表决。但由股份有限公司的资合性决定，公司发行股份的价值主要在于融资，股东投资目的主要在于获得投资回报，故依附于股份之上的共益权是以财产为导向的，其身份意义更多的是在于通过参会表决等权利的行使获得更好的财产回报。因此，现代主要国家的公司法均允许股份有限公司的股东委托他人代为出席表决。表决权的"财产权化"，扩张了股份财产的增值空间。

对于上市公司，委托他人出席股东会会议表决有十分详细的规则。

《上市公司章程指引》（2022 年修订）第 62 条明确规定，股东出具的委托他人出席股东大会的授权委托书应当载明下列内容：（1）代理人的姓名；（2）是否具有表决权；（3）分别对列入股东大会议程的每一审议事项投赞成、反对或弃权票的指示；（4）委托书签发日期和有效期限；（5）委托人签名（或盖章）。委托人为法人股东的，应加盖法人单位印章。第 63 条规定，委托书应当注明如果股东不作具体指示，股东代理人是否可以按自己的意思表决。

《上市公司股东大会规则》（2022 年修订）第 20 条第 3 款、第 31 条第 4 款规定，股东可以亲自出席股东大会并行使表决权，也可以委托他人代为出席和在授权范围内行使表决权。公司董事会、独立董事、持有百分之一以上有表决权股份的股东或者依照法律、行政法规或者中国证监会的规定设立的投资者保护机构可以公开征集股东投票权。征集股东投票权应当向被征集人充分披露具体投票意向等信息。禁止以有偿或者变相有偿的方式征集股东投票权。除法定条件外，公司不得对征集投票权提出最低持股比例限制。

二、委托投票代为行使基本规则

在股东委托情况下，代理人应当向公司提交股东授权委托书，委托书应当明确代理人代理的事项、权限和期限，并在授权范围内行使表决权。

如果代理人超越表决权代理协议，其行为无效，但是否会影响股东会决议的效力，需要看其表决数是否影响股东会表决结果。

三、委托合同的解除

作为委托合同，委托他人代为出席股东会会议并表决的协议适用《民法典》关于委托合同的规定。

关于委托合同解除，双方均可以随时行使解除权（《民法典》第 933 条）。

第一百一十九条　【股东会会议记录】股东会应当对所议事项的决定作成会议记录，主持人、出席会议的董事应当在会议记录上签名。会议记录应当与出席股东的签名册及代理出席的委托书一并保存。

本条是关于股东会会议记录与保存的基本规定。

一、股东会会议的记录

会议结束，股东会应当对所议事项的决定作成会议记录。

与股东会由董事会召集与主持一致，会议记录为董事会，具体人员由其安排。股东会会议上，也可以临时由股东会以决议方式另选其他股东、监事会作为记录人。公司章程有规定的，依其规定。

在由股东会以决议方式另选他人，或章程另有规定的情况下，股东会会议记录应由股东会所选或章程规定之人进行，否则股东会决议将构成瑕疵而被撤销。但在章程另有规定的情况下，股东会会议记录没有由章程规定之人记录，股东没有当场提出异议且签字时，该决议仍为有效。

二、股东会会议记录的签字

与有限责任公司股东会由出席会议股东签名不同（第 64 条第 2 款），股份有限公司股东会会议记录需由主持人、出席会议的董事签名。如由监事会召集并主持的，由出席会议的监事签名，由股东召集的，由召集股东签名（第 114 条第 2 款），同时有其他董事出席的，出席董事也应签名。

董事会召集并主持的股东会会议，监事应当出席并做必要的报告，故非由监事会召集并主持的股东会会议记录，也需要由出席监事签名。由股东召集并主持的股东会也是如此。

有疑问的是，股东是否需要在股东会会议记录上签名。本条关于由主持人与出席董事签名的规定，是对主持人与董事的要求，并未规定出席会议股东需要签名。这主要是基于股份有限公司股东人数较多的考虑。章程规定出席股东应当签名的，则依章程规定。

股东会会议记录并签名，是为了确定股东会会议决议的合法性与正当性。如果没有股东会会议记录及签名，将严重影响股东会决议的效力。

在"徐某南与鲁南制药集团股份有限公司公司决议纠纷案"［（2019）鲁1302 民初 17562 号］中，法院认为，根据《公司法》相关规定，股东大会应当对所议事项的决定作成会议记录，主持人、出席会议的董事应当在会议记录上签名。会议记录应当与出席股东的签名册及代理出席的委托书一并保存。公司章程也作出了与《公司法》一致的规定。该案中，第三人并未向法庭提交股东会对所议事项的决定作成的会议记录，2019 年 9 月 10 日召开的临时股东大会通过的决议中载明本次会议由董事长张某平先生主持，而营业执照及企业登记信息显示某某制药公司现法定代表人、董事长为张某民，无证据证实张某平系被告的法定代表人，也无证据证实会议系经董事会决议召开；故应认定会议的召集、召开程序违背公司法及公司章程的上述规定，且该程序瑕疵能够对决议产生实质影响，故其决议被撤销。

三、会议记录的保存

依本条规定，股东会会议记录应当与出席股东的签名册及代理出席的委托书一并保存。

对会议记录予以保存是对其进行置备的前提要求，若相关文件毁损、灭失，给公司造成损害的，董事应承担赔偿责任（第 109 条、第 188 条）。

第三节　董事会、经理

第一百二十条　【董事会的设置、职权、组成、任期和解任】
股份有限公司设董事会，本法第一百二十八条另有规定的除外。

本法第六十七条、第六十八条第一款、第七十条、第七十一条的规定，适用于股份有限公司。

本条是关于股份公司董事会的职权、组成、任期和解任的基本规则。

一、股份有限公司的董事会地位

与有限责任公司一样，除规模较小或者股东人数较少的股份有限公司，可以不设董事会外，股份有限公司均需要设立董事会。

股份有限公司系典型的资合公司，相对于有限责任公司，其股东人数众多，规模较大，一般需要一个独立于股东的董事会。现代公司法所谓的两权分离理论，就是源于此。所有权与控制权的分离使得董事会不仅形式上是独立的，实质上也是独立的。从这个意义上看，股份有限公司董事会成为公司中枢，连接作为所有者的股东与作为具体管理人的经理层，进而，董事会不仅代表全体股东管理公司，也代表全体股东监督经理。

二、股份有限公司董事会的职权：与有限责任公司董事会职权行使的比较

《公司法》第 67 条关于有限责任公司董事会的职权规定适用于股份有限公司董事会。从文字表述来看，股份有限公司与有限责任公司董事会的职权都是一样的，但由二者在公司地位差异决定，其职权行使具有极大不同。

首先，有限责任公司章程可以规定由股东会行使属于董事会的职权，如第 67 条第 1 款中的第 6 项、第 7 项、第 8 项权力，甚至由股东会完全代替董事会，因为有限责任公司的董事会常常是自我管理机构。

股份有限公司则不允许以所谓公司章程为名剥夺董事会的职权。《公司法》上的股份有限公司，是一种人数较多、规模较大且股份可以自由转让的公司形态，如果允许公司章程剥夺董事会的职权，公司经营可能会无法正常运转，而且相应权力责任的分配也可能变得混乱。所以，《公司法》将股份公司的董事会视为一种第三机构，是完全有别于股东会的，基于信义关系管理监督公司。《公司法》第 59 条第 1 款第 9 项关于股东会可以享有"公司章程规定的其他职权"的规定，一般不适用于股份有限公司，股份公司董事会的权力不允许公司章程剥夺和限制。

其次，有限责任公司股东会可通过章程规定或一致决议的方式，将本属于股东会的权力交由董事会行使，这主要是在全体股东均为公司董事的情况下。有限责任公司的人合性不仅体现在认缴出资制，更体现在灵活管理方式。公司完全可以根据自己的实际情况设置不同的管理架构，对管理权作适合自己的分配与分工。

股份有限公司一般不允许通过公司章程或股东会决议，将本属于股东会的权力赋权于董事会，除非法律明确规定（第 59 条第 2 款）。因为股份公司人数及规模本身决定了章程与决议不可能采一致通过或决议方式。法律规定的股东会权力（第 59 条第 1 款）系关于公司股东基本利益的事项，是股东出资所有权的对价，具有法定性与不可让渡性。

另外，关于《公司法》第 67 条第 1 款第 10 项"公司章程规定或者股东会授予的其他职权"，主要指《公司法》第 15 条第 1 款关于公司投资和担保、第 152 条关于授权发行新股、第 162 条第 2 款关于股份回购、第 163 条第 2 款关于财务资助、第 202 条第 1 款关于发行可转换公司债券的规定。股份公司遵循的一个基本权力分配规则是，除了股东会之外的权力，均归属于董事会行使。

总体而言，《公司法》第67条关于有限责任公司董事会职权的规定准用于股份有限公司董事会，其意义并不相同。对于股份有限公司，该规定是一种强制性的权力分配，不得由公司章程或股东会决议剥夺或限制。对于由全体股东担任董事的有限责任公司，该规定是一种指导性的权力分配，可以由公司根据实际情况在股东会与董事会之间转换。

三、董事会的人数与成员构成

在此方面，股份有限公司与有限责任公司之间没有区别，均要求董事会成员为三人以上，其成员中可以有公司职工代表。职工人数三百人以上的公司，除依法设监事会并有公司职工代表的外，其董事会成员中应当有公司职工代表。董事会中的职工代表由公司职工通过职工代表大会、职工大会或者其他形式民主选举产生（第68条第1款、第120条第2款）。

四、董事的任期与辞任

此与有限责任公司的要求是一样的（第70条、第71条）。

第一百二十一条　【审计委员会的设置、组成、议事和决议】 股份有限公司可以按照公司章程的规定在董事会中设置由董事组成的审计委员会，行使本法规定的监事会的职权，不设监事会或者监事。

审计委员会成员为三名以上，过半数成员不得在公司担任除董事外的其他职务，且不得与公司存在任何可能影响其独立客观判断的关系。公司董事会成员中的职工代表可以成为审计委员会成员。

审计委员会作出决议，应当经审计委员会成员的过半数通过。

审计委员会决议的表决，应当一人一票。

审计委员会的议事方式和表决程序，除本法有规定的外，由公司章程规定。

公司可以按照公司章程的规定在董事会中设置其他委员会。

本条是关于股份公司专业委员会设置的规定。

一、审计委员会的设置

与有限责任公司一样，股份有限公司可以通过章程规定，在董事会中设置由董事组成的审计委员会，由其行使《公司法》规定的监事会职权，而不再设置监事会或监事。

从本条的规定来看，其规范的也是不再同时设置监事会或监事的股份有限公司。如果公司既设置了审计委员会，又设置了监事会或监事，则同时设置的审计委员会是服务于董事会的专事于财务监督的机构。

二、审计委员会的组成

与有限责任公司规定不同，本条第2款明确了股份有限公司审计委员会的组成：

第一，审计委员会成员必须为三名以上董事组成，非董事身份者不得担任审计委员会成员。

第二，审计委员会中过半数成员不得在公司担任除董事外的其他职务，即审计委员会成员至少有一半成员专职于董事会及审计委员会事务，他们不得同时为执行公司事务的董事和经理。

第三，前述成员何时不得与公司存在任何可能影响其独立客观判断的关系，应为一般意义上的独立董事。进而，审计委员会主席由独立董事担任，会议决议采一般多数决。

第四，公司董事会成员中的职工代表可以成为审计委员会成员。从文义上看，该规定似乎为鼓励性规定，但从关于股份有限公司监事会成员中应当有职工代表且比例不得低于三分之一（第130条第2款）的要求来看，作为代替监事会的审计委员会也应当有职工代表，即由职工董事代替。所以，本条第2款的"可以"规定应理解为原则要求，非一般意义上的"可以"。

以上要求是由审计委员会功能决定的。

三、审计委员会的决议、表决

依本条第3款、第4款规定，审计委员会作出决议，应当经审计委员会成员的过半数通过。审计委员会决议的表决，应当一人一票。如此规定的意义不仅仅在于程序上的严格规制，也在于通过此程序表明，审计委员会在董事会中具有特殊地位，具有在其职权内的法定独立性，其不因设置于董事会而可以由董事会决定。

四、审计委员会的议事方式与表决程序

依本条第 5 款规定，审计委员会的议事方式和表决程序，除本法有规定的外，由公司章程规定。

五、审计委员会的职权行使

根据《公司法》关于审计委员会的设置，由其在董事会内部行使监督权，而不再设置监事会。本条第 1 款明确规定审计委员会行使该法关于监事会的职权，从而形式上实现了审计委员会与监事会同样监督功能的要求。

由监事会与审计委员会进行监督，只是两种不同的监督机制或方式，不存在优劣之分。关键是哪种方式更适合公司实际。所以，如果设置审计委员会，而不设监事会的，则审计委员会享有《公司法》规定的监事会的职权。

不过，相对于监事会，审计委员会设置于董事会内部。审计委员会成员同时以董事身份进行决策与人事任命，可以较为有力地监督执行董事和经理层，监督效率更高。从这个角度观察，审计委员会行使《公司法》规定的监事会的职权，无论是检查公司财务（第 78 条第 1 项），还是对董事、高级管理人员执行职务的行为进行监督（第 78 条第 2 项），均可更直接、更快捷。

一般而言，监事会对董事、高级管理人员的监督为合法性监督，即只能监督其行为是否符合法律、行政法规、公司章程、股东会决议，而对董事、高级管理人员职务行为的妥当性，是不能监督的，后者是一个商业判断的问题。但审计委员会不仅可以进行合法性监督，也可以进行必要的妥当性监督，如通过财务检查发现的经营问题，可通过董事会会议及时传达并以董事会名义提出要求；对于经理层，可以直接要求其纠正不当行为，而不仅仅是指出其违法行为（第 78 条第 3 项）。

六、其他专业委员会的设置

除可以设置审计委员会外，股份有限公司也可以通过章程规定设置其他专业委员会，如战略发展委员会、薪酬管理委员会、提名委员会、技术开发委员会、风险管理委员会、人力资源管理委员会等。公司可以根据公司业务性质及社会定位决定设置相应专业委员会。其中的薪酬管理委员会和提名委员会是以监督为主的委员会，成员组成应准用于审计委员会。

第一百二十二条　【董事长、副董事长及董事会会议的召集与主持】董事会设董事长一人，可以设副董事长。董事长和副董事长由董事会以全体董事的过半数选举产生。

董事长召集和主持董事会会议，检查董事会决议的实施情况。副董事长协助董事长工作，董事长不能履行职务或者不履行职务的，由副董事长履行职务；副董事长不能履行职务或者不履行职务的，由过半数的董事共同推举一名董事履行职务。

本条是关于股份有限公司董事会的董事长、副董事长以及董事会的基本规定。

一、董事长、副董事长的产生

相对于有限责任公司，股份有限公司董事会具有第三人管理机构属性，即使董事是由股东担任，其也已经脱离股东身份，对全体股东和公司负有信义义务。作为集体议事机构，董事会应设一名董事长，并可以根据公司情况设置副董事长，副董事长并不限制人数，其职责主要是协助董事长工作。

董事长与副董事长应当由全体董事的过半数选举产生，一般不得如有限公司那样采委派制或由章程直接规定。依本条规定，即使股东之间已经就董事长委派达成协议，也需要经过董事会内部的选举程序，否则可能导致委派无效。

二、董事长的职责及履行

（一）董事长的职责

1. 董事长的召集与主持董事会职责

由董事会的集体议事机构性质决定，董事长的职责首先是召集和主持董事会会议。换言之，董事会会议的召集和主持是由董事长组织的，这是董事长的程序性职责。其中召集的重要任务是确定会议时间并向各董事、监事发出明确的会议通知。

这是一种程序性职责，董事长并没有因此获得其优于其他董事的议事权力，反而是负有了更多的勤勉义务，须保证董事会及时合法、正当地开会，并为其不当履行召集与主持的行为负责。

2. 董事长的检查董事会决议实施职责

非会议期间，由董事长负责检查董事会决议的实施情况。通过检查决议的实施情况，董事长获得了对公司重大事务的直接监督权，进而取得了间接管理权。

这是一种实体性职责，董事长获得了优于其他董事的公司管理权。如果公司章程规定董事长为公司法定代表人，则其事实上成为公司首席执行官（CEO），获得公司内外全面的管理权。

获得检查董事会决议实施情况的权力，也意味着负有更多的义务，董事长应当定期向董事会报告董事会决议实施情况。

（二）董事长不能履行或不履行职责时的补位

正常情况下，董事长应亲自履行召集、主持董事会职责，并行使必要的董事会决议实施情况检查权，这是其作为董事长的基本职责，从而保证董事会的正常运作。必要时，也可以委托副董事长或其他董事为之。

董事长出现不能履行或不履行以上职责情形，又无法委托或不委托时，则由副董事长履行职务；副董事长不能履行职务或者不履行职务的，由过半数的董事共同推举一名董事履行职务。

由董事会的集体管理和议事机构性质决定，董事会的召集与主持，以及非会议期间对董事会决议实施情况的检查，并非仅可以由董事长为之，其他董事也有权力为之。本条第 2 款，只是为董事会的召集、主持及非会议期间的检查作出了一般性规定，原则上首先由董事长行使，如不行使，则由其他董事行使。进而，公司章程也可以另有规定，或者董事会决议决定由其他董事行使以上权力。

第一百二十三条　【董事会会议的召开】董事会每年度至少召开两次会议，每次会议应当于会议召开十日前通知全体董事和监事。

代表十分之一以上表决权的股东、三分之一以上董事或者监事会，可以提议召开临时董事会会议。董事长应当自接到提议后十日内，召集和主持董事会会议。

董事会召开临时会议，可以另定召集董事会的通知方式和通知时限。

本条是关于董事会会议的规定。

一、一般会议

作为集体议事与管理机构，董事会应根据公司实际情况决定召开董事会会议。依规定，董事会每年度至少召开两次，一般由董事长负责召集，每次会议应当于会议召开 10 日前通知全体董事，并同时通知全体监事。通知内容为会议议程、议案并附随必要的资料。如董事与监事全体一致同意，会议通知时间可以少于法定的 10 日前或省略。

要注意的是，董事会会议通知董事与监事，意义并不相同。

对于董事，得到必要的提前通知及议案资料是其作为董事基本的权利，董事会的集体议事性要求必须通知到每一位董事，否则构成董事会的集体瑕疵，将严重影响董事会作为集体议事机构的存在价值。因此，如果没有依照法定时间通知，或者某董事不同意早于法定时间，形成的董事会决议构成《公司法》第 26 条所规定的决议瑕疵，可以被撤销。

对于监事，董事会会议通知是为了保障其列席董事会并有利于其提出质询与建议（第 79 条），但列席、质询与建议并不能实质影响董事会做出决议。如果董事会会议没有按照法定时间通知，或者监事不同意提前开会，即使不利于其提出质询与建议，其也可以事后通过其他手段予以监督。因此，没有依法通知监事行为，属于《公司法》第 26 条所规定的对决议未产生实质影响的轻微瑕疵。

另外，通知召开董事会会议，对董事应当采取直接通知的方式，对监事则可直接通知，也可间接通知，即通过通知监事会主席或监事会办公室，由其再通知其他监事。

二、临时会议

代表十分之一以上表决权的股东、三分之一以上董事或者监事会，可以提议召开临时董事会会议。

与股东会临时会议（第 113 条）一样，董事会临时会议制度安排体现了

《公司法》关于公司关系的程式性规定意义。股东、股东会及董事、董事会、监事会均须遵守法定的权力分配及程序要求，从而使各自权利、义务与责任关系清晰，维系公司的人格价值与团体意义。

根据本条第 2 款规定，董事会临时会议的召开有如下要求：

（一）必须由具备法定资格的主体提议

首先是代表十分之一以上表决权的股东，既可以单独代表，也可以联合代表十分之一以上的股东。至于持有具有表决权股份的时间，不在限制范围。不具有表决权的股东，如优先股股东，没有权利提议召开。

其次是三分之一以上的董事。一般情况下，所有董事均可在认为必要时于董事会内提议召开董事会会议，因此召开的会议，属于董事会一般会议。如董事提议不获董事会认可，而董事又认为应当召开的，可以在符合三分之一董事的条件下提出临时会议召开要求。董事行使该权利的实质是履行其作为董事的勤勉义务（第 180 条第 2 款）。

最后是监事会。作为监督机构，监事会自然可以在必要时提议召开临时董事会会议。不过，该权利的行使需以监事会集体名义，监事个人不得提议。

（二）提议召开临时董事会会议的事项属于董事会职权范围

除了《公司法》第 67 条第 2 款规定的董事会职权之外，还包括《公司法》明确规定属于董事会职权事项，如召集股东会（第 114 条），以及应当由董事会决议的其他事项，如制止法定代表人和其他董事、经理的不当行为。

（三）董事长应当自接到提议后十日内，召集和主持董事会会议

除非明确属于股东会职权范围（第 59 条第 1 款）事项，董事长不得以其他理由拒绝。本条第 2 款仅规定临时董事会会议召开的提议与召集，未就是否要求提议事项的正当性作出规定，是因为法律无须就此进一步规范，董事会召开后是否通过决议，是另一个法律问题。从这个意义观察，该规定为股东、董事和监事会提供了便利的临时董事会召开提议权，也能充分发挥董事会的集体管理与监督功能。

（四）临时会议的召开可以另定召集董事会的通知方式和通知时限

对于临时董事会会议的召开，可以另定召集董事会的通知方式和通知时限。该方式和期限应当是合理的，符合会议事项本身的要求，如制止法定代表人或其他董事、经理的不当行为，在时间紧急的情况下，就需要立即召开。

第一百二十四条　【董事会会议的举行与决议】 董事会会议应当有过半数的董事出席方可举行。董事会作出决议，应当经全体董事的过半数通过。

董事会决议的表决，应当一人一票。

董事会应当对所议事项的决定作成会议记录，出席会议的董事应当在会议记录上签名。

本条是关于董事会的举行与决议的规定。

一、董事会的举行与决议的一般规则

原则上讲，董事会会议应由全体董事出席。实际中，如果不能全体出席的，董事会会议应当有过半数的董事出席方可举行，否则为会议不成立。董事会作出决议，则须经全体董事的过半数通过。即，会议的举行以过半数董事出席为基本要求，会议决议表决通过以董事会全体董事的过半数为准。当然，如果章程规定某些事项需要经过全体董事大多数通过或全体一致决的，则依照章程规定。其中，对决议事项有特别利害关系的董事，如对外投资或担保、被解除职务等，不得参与表决。

同时，董事会决议的表决，采一人一票制，董事长或其他董事没有更多的表决权。

董事会应当对所议事项的决定作成会议记录，出席会议的董事应当在会议记录上签名。

二、董事会能否以全体董事一致决代替会议举行

（一）董事会原则上不得以一致决代替会议举行

本条仅规定了董事会举行与表决的一般规则，未规定能否不举行会议而以全体董事一致决方式进行决议。此表明，召开并举行董事会，董事通过会议讨论并表决是董事会会议的基本规则，以体现董事会的集体议事机构性质。

在"广东泰都钢铁实业股份有限公司、蔡某波公司决议纠纷案"〔（2019）粤52民终209号〕中，法院指出，泰都钢铁公司章程规定，董事会会议应当于会议召开十日前将开会时间、地点和会议事项通知全体董事和监事。泰都钢铁公司章程、《公司法》均没有规定董事会决议可以不召开会议而由董事直接在决定文件上签名形成。但涉案董事会决议是在没有召开会议的情况下，先由蔡某波和陈某泉于 2018 年 7 月 19 日在决定文件上签名，其他董事是在当天下午陆续在决定文件上签名而形成的，违反了《公司法》和泰都钢铁公司章程的规定。因此，根据《公司法司法解释（四）》第 5 条第 1 款第 1 项的规定，蔡某波请求确认涉案董事会决议不成立的理由成立，应予以支持。

（二）例外

原则上，董事会不宜以全体一致决方式代替会议表决，但如果全体董事就某个具体议决事项临时一致同意且全体监事（监事会设置公司）一致同意，也应当允许董事会以全体一致决方式为之。这时的议决事项常常是简单且能够为董事、监事清晰了解的。这种例外具有临时性与特定性，且该事项对于公司不具有重大性，但紧迫性不构成例外的要求。

（三）公司章程不得允许董事会以全体一致决代替会议举行

公司章程一旦制定，就成为公司一般的行为规则。章程如果对董事会全体一致决作出规定，将使董事会的全体一致决成为董事会决议常态，与董事会集体议事性质严重背离。

第一百二十五条　【董事会会议的出席与责任】董事会会议，应当由董事本人出席；董事因故不能出席，可以书面委托其他董事代为出席，委托书应当载明授权范围。

董事应当对董事会的决议承担责任。董事会的决议违反法律、行政法规或者公司章程、股东会决议，给公司造成严重损失的，参与决议的董事对公司负赔偿责任；经证明在表决时曾表明异议并记载于会议记录的，该董事可以免除责任。

本条是关于董事出席会议及责任的规定。

一、董事出席会议

作为董事会成员，董事应当亲自出席董事会会议。如因故不能出席，可以书面委托其他董事代为出席，委托书应当载明授权范围。

对于该规定，需要注意两点：一是董事必须委托其他董事，不允许委托非董事代为出席；二是对于该书面委托，董事会有审查的义务，如非为书面或授权不明，则不能认定进行了委托，而应视其未委托而缺席会议。董事委托非董事出席会议，董事会应予拒绝。

二、董事对决议的责任

董事主要通过参加董事会履职，对董事会决议承担责任。董事会决议应当符合法律、行政法规或公司章程、股东会决议，否则，如果给公司造成严重损失，参与决议的董事对公司负赔偿责任。

其中，董事会决议除应当遵守法律和行政法规外，尚需符合有关管理部门行政规章，特别是上市公司须遵守证券监督管理部门颁布的规章，并符合上市交易所上市交易规则。如果违反这些规章与规则，也构成违法决议。

参与表决的董事对公司承担赔偿责任不仅要求董事会决议违法，还要求给公司造成严重损失，该严重损失应结合公司实际情况判断。

对于违法决议，董事经证明在表决时曾表明异议并记载于会议记录的，可以免除责任。该规则要求有二：一是董事表明了异议态度；二是该异议须记载于会议记录，二者缺一不可。某董事即使在表决时表明了异议态度，如未记载于会议记录，仍需对违法决议承担责任。当然，董事投票时的记名投票，也可以证明其异议而免责。

第一百二十六条　【经理的设置】 股份有限公司设经理，由董事会决定聘任或者解聘。

经理对董事会负责，根据公司章程的规定或者董事会的授权行使职权。经理列席董事会会议。

本条是关于股份公司经理的设置规定。

一、经理的设置

现代股份有限公司的董事会已经不再直接经营管理公司，将其委托给了专门负责经营管理的人，以便自己专志于公司决策与监督。被董事会委托直接经营管理公司的人即经理。一般来说，股份有限公司是需要设置经理的，但是否设立及如何设立，由董事会决定，并由董事会聘任和解聘。

董事会可以根据公司经营管理需要设置设（总）经理一名，副经理若干。副经理可以由董事会直接聘任，也可以经由经理提名聘任，甚至董事会授权由经理自己直接聘任。经理与副经理均需要对董事会负责。

二、经理的地位

我国公司法上的经理属于高级管理人员，直接对董事会负责并受董事会监督，执行公司内部事务管理，有义务也有权利列席董事会会议。经理既可以由董事会成员兼任（第127条），也可以由其他人员任职。

如果公司章程规定经理为法定代表人（第10条），则经理不仅是公司内部事务执行人，也是公司外部事务代表人。

三、经理的职权

经理对董事会负责，根据章程的规定或者董事会的授权行使职权。章程没有规定或董事会授权不明的，如系公司内部经营管理事宜，原则上由经理行使，除非董事会明确排除。也就是说，经理具有在其职权范围内的概括性权力。

第一百二十七条　【董事会成员兼任经理】公司董事会可以决定由董事会成员兼任经理。

本条是关于董事会成员兼任经理的规定。

我国《公司法》规定的经理其实属于执行董事，负责公司日常经营管理事务，属于董事会监督对象。而且，作为管理公司日常事务的经理直接由董事兼任，可以在董事会上更好地传达经营管理信息，有利于董事会决策。因此本条规定，公司董事会可以决定由董事会成员兼任经理。

第一百二十八条　【不设董事会的董事设置与职权】规模较小或者股东人数较少的股份有限公司，可以不设董事会，设一名董事，行使本法规定的董事会的职权。该董事可以兼任公司经理。

本条是关于规模较小或股东人数较少的股份有限公司董事设置的规定，

即可以不设董事会，仅设一名董事，行使法律规定的董事会职权。

当然，如公司设置经理，则该董事可以同时任公司经理。

第一百二十九条　【董事、监事、高级管理人员报酬的披露】公司应当定期向股东披露董事、监事、高级管理人员从公司获得报酬的情况。

本条是关于董事、监事和高级管理人员报酬的披露的规定，即公司应当定期向股东披露董事、监事、高级管理人员从公司获得报酬的情况。

此处的报酬指董事、监事、高级管理人员从公司获得的各种报酬。董事和监事的报酬由股东会决定（第 59 条），其他高级管理人员的报酬则由董事会决定。对于董事而言，其报酬主要包括：因出席董事会议所需的车马费；兼任公司高管所领取的薪酬；以认股权方式所获取的激励性额外报酬；签订如金色降落伞等特别协议所获得的特别酬金等。对于监事和高级管理人员，其报酬包括他们从公司获得的所有与职务有关的所得。

披露义务人为公司董事会。所谓定期一般指股东会年会召开时，以报告的方式向全体股东报告。

第四节　监　事　会

第一百三十条　【监事会的设置、组成、内部分工及任期】股份有限公司设监事会，本法第一百二十一条第一款、第一百三十三条另有规定的除外。

监事会成员为三人以上。监事会成员应当包括股东代表和适当比例的公司职工代表，其中职工代表的比例不得低于三分之一，具体比例由公司章程规定。监事会中的职工代表由公司职工通过职工代表大会、职工大会或者其他形式民主选举产生。

监事会设主席一人，可以设副主席。监事会主席和副主席由全体监事过半数选举产生。监事会主席召集和主持监事会会议；监事会主席不能履行职务或者不履行职务的，由监事会副主席召集和主持监事会会议；监事会副主席不能履行职务或者不履行职务的，由过半数的监事共同推举一名监事召集和主持监事会会议。

董事、高级管理人员不得兼任监事。

本法第七十七条关于有限责任公司监事任期的规定，适用于股份有限公司监事。

本条是关于股份有限公司监事会的设置、组成与任期的基本规定。

一、监事会的设置

尽管股份有限公司可以通过审计委员会的设置而不再设置监事会，但从《公司法》关于审计委员会的规定（第 121 条）及本条关于监事会的规定来看，监事会是股份有限公司的一般机构设置。

二、监事会的组成

监事会成员为三人以上。监事会成员应当包括股东代表和适当比例的公司职工代表，其中职工代表的比例不得低于三分之一，具体比例由公司章程规定。监事会中的职工代表由公司职工通过职工代表大会、职工大会或者其他形式民主选举产生。

作为被监督对象的董事、高级管理人员不得兼任监事。

三、监事会主席和监事会会议的召集、主持

监事会设主席一人，可以设副主席。监事会主席和副主席由全体监事过半数选举产生。监事会主席召集和主持监事会会议；监事会主席不能履行职务或者不履行职务的，由监事会副主席召集和主持监事会会议；监事会副主席不能履行职务或者不履行职务的，由过半数的监事共同推举一名监事召集和主持监事会会议。

四、监事的任期

《公司法》关于有限责任公司监事任期的规定（第 77 条），适用于股份有限公司监事。

第一百三十一条　【监事会的职权】 本法第七十八条至第八十条的规定，适用于股份有限公司监事会。

监事会行使职权所必需的费用，由公司承担。

本条是关于股份有限公司监事会职权的规定。

除《公司法》第78条所规定的第4—7项职权外，根据《公司法》第78条前三项要求及第79条、第80条规定，股份有限公司的监事会主要行使以下职权：

一、检查公司财务

监事会的首要职权是财务监督，检查公司财务状况（第78条第1项）。

监事会对公司财务的检查权是主动的，非简单地获得公司财务报告或列席董事会，而是对公司的基础性、全面性的监督。《公司法》并未明确规定什么时间及如何检查公司财务，但从关于监事会财务检查权规定的意旨及有关规定来看，其不仅可在董事会召开时检查财务报告，也可随时查核公司财务状况。检查的方法包括要求董事会、经理、财务总监及其他财务负责人提交财务会计报告及有关资料等。一般而言，凡是涉及公司财务报告或会计问题，监事会均有责任予以检查。

依《公司法》第80条第2款关于"董事、高级管理人员应当如实向监事会提供有关情况和资料，不得妨碍监事会或者监事行使职权"的要求，董事会及有关人员有义务配合监事会的调查，不能以任何借口拒绝。

及时、认真和有效地检查公司财务，是监事履职的基本信义义务。履职不当，应当依法承担责任。在"刘某龙、江某河等证券虚假陈述责任纠纷再审案"〔（2022）最高法民申101号〕中，最高人民法院认为，江某河作为监事，未提交充分证据证明其曾对涉案信息披露事项实施过必要的有效的检查和监督，无法证明其对公司所实施的虚假陈述没有过错。

二、对董事、高级管理人员履职的监督

监事会设置的重要目的是监督董事、高级管理人员的履职行为。对违反法律、行政法规、公司章程或者股东会决议的董事、高级管理人员，可向股东会提出解任的建议。必要时，监事会可因此要求召开临时股东会会议（第

62条）。

监事会对公司董事、高级管理人员的监督贯穿于董事、高级管理人员行使职权的全过程。一般情况下，监事会如果发现董事、高级管理人员在履职中出现违法情况，应及时通报董事会，并提醒有关人员。如果董事会在得到监事会报告后不采取行动，或董事、高级管理人员不停止其违法行为的，监事会可提出解任，至于是否造成严重后果，则在所不问。

需要注意的是，监事会对董事、高级管理人员的监督为合法性监督，不包括行为妥当与否，这属于董事和高级管理人员的商业判断问题，由董事会监督。

三、对董事、高级管理人员损害公司利益行为的纠正

在对董事、高级管理人员合法性监督中，如发现董事、高级管理人员有损害公司利益的行为，监事会有权要求董事、高级管理人员纠正其行为。

监事会在认为董事、高级管理人员实施不当行为或者有可能实施该行为，或认为其违反法律、行政法规、公司章程或股东会决议的事实或有明显不正当事实时，均应及时向董事会指出，并要求有关董事或高级管理人员予以纠正，董事和高级管理人员也有义务予以纠正。也就是说，监事会对董事和高级管理人员的监督包括对其损害公司利益行为的纠正要求。

对于监事会的该纠正权的行使，应作如下理解：

第一，董事、高级管理人员有损害公司利益的行为。

实践中，董事、高级管理人员损害公司利益的行为主要有侵占财产、违反勤勉义务、同业竞争、自我交易、挪用资金、擅自借款、侵占账册证照、违规担保、违规投资、违规财务资助、关联交易、违反忠实义务等。只要发现董事、高级管理人员有损害公司利益的行为，监事会就应该依法纠正，而不以这些行为出现严重后果为前提。

第二，监事会应依法合理行使纠正权。

当发现董事、高级管理人员有损害公司利益的行为时，应首先报告董事会，并同时书面或在董事会会议上当面要求董事、高级管理人员纠正其不当行为。如果董事会或董事、高级管理人员不主动纠正，则监事会必要时可通过临时股东会的召开予以纠正。当然，在这个过程中，监事会也应当同时向有关当事人，如向不当交易的对方发出警告函或其他告知。

四、列席董事会及对公司出现经营异常时的调查权

（一）列席董事会

董事会每次召开董事会，均应通知监事（第 123 条第 1 款），监事可以列席董事会会议，并对董事会决议事项提出质询或者建议（第 79 条第 1 款）。

列席董事会既是监事的权力，也是其义务。通过列席董事会会议，同步跟进公司决策与监督，并掌握公司经营基本情况。监事如果认为董事会决议存在疑惑或不当之处，有权就此提出质询；对认为需要完善的地方，可以提出建议。

监事有权列席董事会会议，非指所有监事均需要列席，监事会可根据实际情况确定每次会议的代表列席。

（二）公司出现经营异常时的调查权

检查公司财务的目的是确保公司经营正常，如果发现公司经营情况异常，则监事会可以对公司进行调查（第 79 条第 2 款），该调查权既包括对公司的业务和财产状况的调查，也包括全面检查公司财务。必要时，监事会还可以聘请会计师事务所、律师事务所等专业机构协助其工作，费用由公司承担（第 79 条第 2 款）。

依此规定，监事会对公司的调查权的行使前提是发现公司经营情况异常。正常情况下，为尊重董事会和经理层经营管理权，监事会主要对公司的财务和董事、高级管理人员的合法行为进行日常监督，不能随意调查公司经营状况。但如果公司经营出现异常情况，日常通过财务检查已经不能掌握相关情况，就可以启动对公司全面的调查。调查结束，需要向股东会提交调查报告及建议。

五、要求董事、高级管理人员提交执行职务报告和提供有关情况和资料权

监事会的重要职责是监督董事与高级管理人员。董事、高级管理人员不仅应向股东会年会提交年度职务报告，还应在股东会年会前先行提交监事会，以备监事会向股东会年会提交有关监事会工作报告。亦即，董事和高级管理人员向监事会提交执行职务报告系其基本义务（第 80 条第 1 款）。

在监事会行使监督职权过程中，需要董事、高级管理人员提供有关情况和资料时，其必须如实提供，不得妨碍监事会或监事行使职权（第 80 条第 2

款）。如果董事、高级管理人员拒绝提供或怠于提供，均构成妨碍情形，监事会可要求董事会及董事、高级管理人员予以纠正。不予纠正的，必要时，监事会可提议召开临时股东会。

同时，需要注意的是，尽管法律没有规定除了董事和高级管理人员之外的其他有关人员，如部门负责人或具体办事人员，提供有关情况和资料，但如监事会认为需要提供的，他们也有责任提供。

第一百三十二条 【监事会会议的召开】监事会每六个月至少召开一次会议。监事可以提议召开临时监事会会议。

监事会的议事方式和表决程序，除本法有规定的外，由公司章程规定。

监事会决议应当经全体监事的过半数通过。

监事会决议的表决，应当一人一票。

监事会应当对所议事项的决定作成会议记录，出席会议的监事应当在会议记录上签名。

本条是关于监事会会议召开的规定。

作为公司专门的监督机构，其会议的召开一般与公司董事会会议一致。董事会每年度至少召开两次会议，并需要于会议召开前通知全体监事（第123条第1款）。因此，本条规定股份有限公司的监事会每六个月至少召开一次会议。当然，该会议时间并不要求一定与董事会会议时间一致。

如果监事在其他时间发现公司董事会及高管或公司经营有问题，而认为需要召开监事会的，也可以因此提议召开临时监事会会议。此时，并不要求监事达到一定人数，一位监事即可提出临时会议召开要求。

基于公司自治，监事会的议事方式和表决程序，除法律有规定的外，由公司章程规定。

监事会决议应当经全体监事的过半数通过，表决采一人一票制。

监事会应当对所议事项的决定作成会议记录，出席会议的监事应当在会议记录上签名。如果监事对表决事项有异议，应当在会议记录上予以记载。

第一百三十三条　【不设监事会的监事职权】规模较小或者股东人数较少的股份有限公司，可以不设监事会，设一名监事，行使本法规定的监事会的职权。

本条是关于规模较小或者人数较少的股份有限公司监事设置的规定，即可以不设监事会，仅设一名监事，行使法律规定的监事会的职权。

与有限责任公司不同，股份有限公司不得以股东会决议的方式不设监事。

第五节　上市公司组织机构的特别规定

第一百三十四条　【上市公司的界定】本法所称上市公司，是指其股票在证券交易所上市交易的股份有限公司。

本条是关于上市公司的界定的规定。

一、上市公司与不上市股份有限公司

依本条规定，上市公司是指其股票在证券交易所上市交易的股份有限公司。

上市公司为典型的公众公司，其因上市而股权分散，有大量以投资为目的的中小股东。同时，其股份可以自由交易，使得股份持有人不断变动。

二、上市公司发行股份受《证券法》规制

上市公司通过上市而公开发行股份并于公开市场自由交易，其受到《证券法》严格规制。

公开发行的证券，应当在依法设立的证券交易所上市交易或者在国务院批准的其他全国性证券交易场所交易。非公开发行的证券，可以在证券交易所、国务院批准的其他全国性证券交易场所、按照国务院规定设立的区域性股权市场转让（《证券法》第37条）。

从这个意义上讲，上市公司主要是指在主板市场、科创板和创业板市场上市的股份公司，在全国中小企业股份转让系统（或称"新三板""全国股转系统"）挂牌的公司或者未上市未挂牌的其他股份有限公司则被定性为非上市公司。

第一百三十五条 【上市公司特别事项的股东会决议】上市公司在一年内购买、出售重大资产或者向他人提供担保的金额超过公司资产总额百分之三十的，应当由股东会作出决议，并经出席会议的股东所持表决权的三分之二以上通过。

本条是关于上市公司特别事项的股东会决议的规定。

一、上市公司特别事项的范围

购买或者出售公司资产，以及向他人提供担保或投资，属于公司权利能力范畴，一般由公司董事会予以处理，章程另有规定的，按照章程规定（第15条）。

其中，对于重大资产处置和重大对外担保，直接涉及公司生存基础，涉及广大中小股东的合法权益，故本条规定如果上市公司在一年内购买、出售重大资产或者向他人提供担保的金额超过公司资产总额百分之三十的，应当由股东会作出决议，并经出席会议的股东所持表决权的三分之二以上通过。

依此，上市公司特别事项范围包括：

（一）一年内购买或出售重大资产的金额超过公司资产总额百分之三十的

根据《上市公司重大资产重组管理办法》第12条规定，上市公司及其控股或者控制的公司购买、出售资产，达到下列标准之一的，构成重大资产重组：（1）购买、出售的资产总额占上市公司最近一个会计年度经审计的合并财务会计报告期末资产总额的比例达到百分之五十以上；（2）购买、出售的资产在最近一个会计年度所产生的营业收入占上市公司同期经审计的合并财务会计报告营业收入的比例达到百分之五十以上，且超过五千万元人民币；（3）购买、出售的资产净额占上市公司最近一个会计年度经审计的合并财务会计报告期末净资产额的比例达到百分之五十以上，且超过五千万元人民币。购买、出售资产未达到前款规定标准，但中国证监会发现涉嫌违反国家产业政策、违反法律和行政法规、违反中国证监会的规定、可能损害上市公司或者投资者合法权益等重大问题的，可以根据审慎监管原则，责令上市公司暂停交易、按照本办法的规定补充披露相关信息、聘请符合《证券法》规定的独立财务顾问或者其他证券服务机构补充核查并披露专业意见。

（二）一年内向他人提供担保的金额超过公司资产总额百分之三十的

《上市公司监管指引第 8 号——上市公司资金往来、对外担保的监管要求》第 9 条规定，应由股东大会审批的对外担保，必须经董事会审议通过后，方可提交股东大会审批。须经股东大会审批的对外担保，包括但不限于下列情形：（1）上市公司及其控股子公司的对外担保总额，超过最近一期经审计净资产百分之五十以后提供的任何担保；（2）为资产负债率超过百分之七十的担保对象提供的担保；（3）单笔担保额超过最近一期经审计净资产百分之十的担保；（4）对股东、实际控制人及其关联方提供的担保。股东大会在审议为股东、实际控制人及其关联方提供的担保议案时，该股东或者受该实际控制人支配的股东，不得参与该项表决，该项表决由出席股东大会的其他股东所持表决权的半数以上通过。

以上的"一年"，遵循会计原则，从 1 月 1 日至 12 月 31 日。公司资产总额原则上是变量，通常高于资本总额，进行重大资产处分和担保公司资产总额，原则上应按会计年度审计结果而定。

二、上市公司特别事项的特别多数决议

依本条规定，以上作为上市公司股东会的特别决议事项，应经出席会议的股东所持表决权的三分之二以上通过。没有经过股东会决议或决议没有达到经出席会议的股东所持表决权三分之二通过的，购买或出售及担保行为无效。

在"滁州安兴环保彩纤有限公司诉江苏霞客环保色纺股份有限公司普通破产债权确认案"［（2015）锡商初字第 00029 号民事判决书］中，法院认为：就上市公司而言，其资产与负债情况影响社会公众的利益，故包括处置重大资产在内的影响公司资产与信用的诸多事项需对全体股东进行公告披露，且就某些决定应在披露前召开股东大会并形成有效决议。比如，未经股东大会同意而处置重大资产，应属重大违规行为，即使相对方可能善意，但因其侵害了众多投资者的利益，扰乱了证券市场的秩序，故应认定为无效。

有关上市公司担保合同效力问题，《民法典担保制度解释》第 9 条规定，相对人根据上市公司公开披露的关于担保事项已经董事会或者股东大会决议通过的信息，与上市公司订立担保合同，相对人主张担保合同对上市公司发生效力，并由上市公司承担担保责任的，人民法院应予支持。相对人未根据上市公司公开披露的关于担保事项已经董事会或者股东大会决议通过的信息，与上市公司订立担保合同，上市公司主张担保合同对其不发生效力，且不承担担保责任或者赔偿责任的，人民法院应予支持。相对人与上市公司已公开披露的控股子公司订立的担保合同，或者相对人与股票在国务院批准的其他全国性证券交易场所交易的公司订立的担保合同，适用前两款规定。

在"安通控股股份有限公司、安康营业信托纠纷案"〔（2019）最高法民终 1524 号〕中，最高人民法院认为，上市公司作为公众公司，其章程、关联担保等重大经营事项均应依法公开，相对人可以通过很低的交易成本了解到上市公司法定代表人是否有权自行决定对外担保以及公司股东大会重大决议事项。因此，无论是从利益平衡的角度还是从注意义务分配的角度看，上市公司的法定代表人以公司名义对外提供关联担保的，相对人应当审查该担保是否经过股东大会决议。该案中，安某作为相对人未提交充分有效的证据证明其对上市公司法定代表人郭某泽签订案涉《担保合同》经过安通公司股东大会决议进行了审查，未尽到应尽的注意义务，不属于善意相对人。

第一百三十六条　【上市公司的独立董事】 上市公司设独立董事，具体管理办法由国务院证券监督管理机构规定。

上市公司的公司章程除载明本法第九十五条规定的事项外，还应当依照法律、行政法规的规定载明董事会专门委员会的组成、职权以及董事、监事、高级管理人员薪酬考核机制等事项。

本条是关于上市公司独立董事的基本规定。

一、上市公司独立董事的设置与基本制度安排

（一）上市公司独立董事的设置

依本条第 1 款，上市公司必须设独立董事制度。

上市公司独立董事制度，是指在上市公司中，通过设立与公司没有直接或间接的经济利益关系的独立董事，对公司重大经营决策活动进行监督指导的一种公司治理结构制度。该制度的核心是"独立董事"，指不在所受聘公司担任除董事及董事会内职务外的其他职务，直接或间接持有公司股份在一定比例以下，并与公司及主要股东不存在可能妨碍其独立客观判断的实质性利益关系的董事。

独立董事的特点在于独立性：一是独立于大股东；二是独立于经营者；三是独立于公司的利益相关者。独立董事由股东会选举产生，不能由大股东委派或推荐，也不是公司聘用的经营管理人员，他们代表公司全体股东和公司整体利益，不能与公司、公司内部人、大股东存在任何影响其作出独立客观判断的关系。独立董事以超然的地位履行自己的职责，监督高级管理人员，检视董事会和执行董事的表现，确保其遵守最佳行为准则，并就公司的发展战略、业绩、资源、主要人员任命、薪酬等问题作出独立判断。

（二）上市公司独立董事的制度安排

依本条第2款规定，上市公司的公司章程除载明本法第95条规定的事项外，还应当依照法律、行政法规的规定载明董事会专门委员会的组成、职权，以及董事、监事、高级管理人员薪酬考核机制等事项。

二、独立董事的独立性要求

《上市公司独立董事管理办法》（2023年）第6条规定，独立董事必须保持独立性。

下列人员不得担任独立董事：（1）在上市公司或者其附属企业任职的人员及其配偶、父母、子女、主要社会关系；（2）直接或者间接持有上市公司已发行股份百分之一以上或者是上市公司前十名股东中的自然人股东及其配偶、父母、子女；（3）在直接或者间接持有上市公司已发行股份百分之五以上的股东或者在上市公司前五名股东任职的人员及其配偶、父母、子女；（4）在上市公司控股股东、实际控制人的附属企业任职的人员及其配偶、父母、子女；（5）与上市公司及其控股股东、实际控制人或者其各自的附属企业有重大业务往来的人员，或者在有重大业务往来的单位及其控股股东、实际控制人任职的人员；（6）为上市公司及其控股股东、实际控制人或者其各自附属企业提供财务、法律、咨询、保荐等服务的人员，包括但不限于提供服务的中介机构的项目组全体人员、各级复核人员、在报告上签字的人员、合伙人、董事、高级管理人员及主要负责人；（7）最近十二个月内曾经具有第 1 项至第 6 项所列举情形的人员；（8）法律、行政法规、中国证监会规定、证券交易所业务规则和公司章程规定的不具备独立性的其他人员。

上述第 4 项至第 6 项中的上市公司控股股东、实际控制人的附属企业，不包括与上市公司受同一国有资产管理机构控制且按照相关规定未与上市公司构成关联关系的企业。独立董事应当每年对独立性情况进行自查，并将自查情况提交董事会。董事会应当每年对在任独立董事独立性情况进行评估并出具专项意见，与年度报告同时披露。

三、独立董事的职责

（一）独立董事的基本职责

独立董事的职权主要体现在以下四个方面：其一，对公司经营事项提出建议，并通过召集股东会会议、董事会会议的方式商讨公司重大问题。其二，通过董事会会议集体行使决策权，同时对于重大事项具有否决权。其三，监督执行董事，独立董事作为非执行董事和执行董事没有利害关系，其可以超越普通董事的身份达到监督的目的。其四，在不设审计委员会的上市公司承担一定的审计监督职能，聘请中介机构对公司进行审计核查。独立董事的监督原则上是持续性监督。同时，我国也参考了英美法的相关规定，规定了特殊事项由独立董事预决的机制，即部分事项应先由独立董事审议通过，方能进入董事会审议阶段。

根据《上市公司独立董事管理办法》（2023 年）第 17 条规定，独立董事履行下列职责：（1）参与董事会决策并对所议事项发表明确意见；（2）对上市公司与其控股股东、实际控制人、董事、高级管理人员之间的潜在重大利益冲突事项进行监督，促使董事会决策符合上市公司整体利益，保护中小股东合法权益；（3）对上市公司经营发展提供专业、客观的建议，促进提升董事会决策水平；（4）法律、行政法规、中国证监会规定和公司章程规定的其他职责。

（二）独立董事的特别职权

《上市公司独立董事管理办法》（2023 年）第 18 条还规定了独立董事行使的特别职权：（1）独立聘请中介机构，对上市公司具体事项进行审计、咨询或者核查；（2）向董事会提议召开临时股东大会；（3）提议召开董事会会议；（4）依法公开向股东征集股东权利；（5）对可能损害上市公司或者中小股东权益的事项发表独立意见；（6）法律、行政法规、中国证监会规定和公司章程规定的其他职权。独立董事行使第（1）项至第（3）项所列职权的，应当经全体独立董事过半数同意。独立董事行使上述职权的，上市公司应当及时披露。上述职权不能正常行使的，上市公司应当披露具体情况和理由。

（三）独立董事特殊事项的提交

《上市公司独立董事管理办法》（2023 年）第 23 条规定，下列事项应当经上市公司全体独立董事过半数同意后，提交董事会审议：（1）应当披露的关联交易；（2）上市公司及相关方变更或者豁免承诺的方案；（3）被收购上市公司董事会针对收购所作出的决策及采取的措施；（4）法律、行政法规、中国证监会规定和公司章程规定的其他事项。

四、独立董事的信义义务

独立董事对上市公司及全体股东负有诚信与勤勉义务。独立董事应当认真履行职责，维护公司整体利益，尤其要关注中小股东的合法权益不受损害。独立董事应当独立履行职责，不受上市公司主要股东、实际控制人或者其他与上市公司存在利害关系的单位或个人的影响。独立董事原则上最多在 3 家上市公司兼任独立董事，并确保有足够的时间和精力有效地履行独立董事的职责。具体而言：一方面，忠实义务为全部治理主体的共同行为底线；另一方面，勤勉义务为受独立董事角色定位影响的灵活性义务。同时，忠实义务作为底线性、原则性义务不容修改；勤勉义务作为抽象的填补性规则，留有灵活的裁量空间，且不属于公司事项中影响股东会与董事会基础权利配置的内容，可以由公司内部自行决定其内容的修改和变更。①

《上市公司独立董事管理办法》第 3 条规定，独立董事对上市公司及全体股东负有忠实与勤勉义务，应当按照法律、行政法规、中国证监会规定、证券交易所业务规则和公司章程的规定，认真履行职责，在董事会中发挥参与决策、监督制衡、专业咨询作用，维护上市公司整体利益，保护中小股东合

---

① 具体内容详见徐强胜、简晓婷：《独立董事信义义务的逻辑与展开》，载《学术交流》2022 年第 6 期。

法权益。该管理办法对独立董事的工作提出了具体要求（如第 30 条、第 33 条、第 34 条），成为独立董事是否履行其信义义务的判断标准。

五、独立董事的责任承担

从康美药业案来看，我国对独立董事责任的认定采取了结果主义的模式，即只要出现损害结果，就要让独立董事承担责任。且我国兼采身份规则，只要具有独立董事身份就要承担责任，如在虚假陈述场合，会被推定承担连带责任。同时，独立董事的责任的承担其实主要是根据从执行董事、董事会秘书、公司财务会计人员、审计人员等处获得的信息做出判断的，如果任何人都认为这个信息是正当、正常的，那么即使其获取的信息存在问题，独立董事也要承担相应的责任。但原则上来说，独立董事承担与其职能相对应的责任更为妥当，如对公司虚假陈述保持必要的注意，这是独立董事的分内职责。独立董事责任在我国也不断发展，目前采取了所谓的比例连带责任，但实际上独立董事可能也难以承担。

在虚假陈述案中，独立董事行为固然难以直接导致虚假陈述事件的发生，但是也必须承认其应当在一定的范围内对帮助作假的积极行为与尸位素餐的消极行为负责。考虑到独立董事履职的个体差异，按比例连带责任中连带比例的可调控性，为勤勉义务中合理注意的合理性衡量提供了空间，即按照个人过失程度及对不实报告的因果影响力，推估实际案件中个体责任比例之依据。

第一百三十七条　【上市公司审计委员会的特别权力】上市公司在董事会中设置审计委员会的，董事会对下列事项作出决议前应当经审计委员会全体成员过半数通过：

（一）聘用、解聘承办公司审计业务的会计师事务所；

（二）聘任、解聘财务负责人；

（三）披露财务会计报告；

（四）国务院证券监督管理机构规定的其他事项。

本条是关于上市公司审计委员会的特别权力的规定。

一、上市公司审计委员会设置公司的特殊性

上市公司在董事会中设置审计委员会，不再设置监事会，由审计委员会履行监事会的职责（第121条）。

作为审计委员会，其专业能力主要在于审计事项，通过审计监督扩展至其他监督层面。审计委员会的监督及参与公司管理，首先要能够决定公司财务会计基本层面的事项。这是审计委员会发挥监督职能的基础与前提，其对上市公司尤为重要。

因此，本条专门规定，上市公司有关聘用、解聘承办公司审计业务的会计师事务所，以及任免财务负责人和披露财务会计报告等事项，由审计委员会先行审议并决定，否则不能提交董事会。该规定赋予了审计委员会实质性的监督管理权力，审计委员会有先于董事会对上述事项进行裁决的权力，从而使审计委员会的核心职能得以发挥。

二、上市公司审计委员会预决事项

本条规定了上市公司审计委员会的预决事项。《上市公司独立董事管理办法》第26条第1款规定，上市公司董事会审计委员会负责审核公司财务信息及其披露、监督及评估内外部审计工作和内部控制，下列事项应当经审计委员会全体成员过半数同意后，提交董事会审议：（1）披露财务会计报告及定期报告中的财务信息、内部控制评价报告；（2）聘用或者解聘承办上市公司审计业务的会计师事务所；（3）聘任或者解聘上市公司财务负责人；（4）因会计准则变更以外的原因作出会计政策、会计估计变更或者重大会计差错更正；（5）法律、行政法规、中国证监会规定和公司章程规定的其他事项。

第一百三十八条　【上市公司董事会秘书】上市公司设董事会秘书，负责公司股东会和董事会会议的筹备、文件保管以及公司股东资料的管理，办理信息披露事务等事宜。

本条是关于上市公司董事会秘书的基本规定。

一、董事会秘书的地位

"董事会秘书"一词在英美法系国家通常被称为公司秘书，要求其对公司负责，而非仅对董事会负责。本条规定"上市公司设董事会秘书"，而非"董事会设秘书"，意指该"董事会秘书"是公司重要的机构，其虽由董事会聘任，但作为高级管理人员，其为公司服务而对公司负有信义责任，并对上市公司监管机构负责。

在制度定位上，董事会秘书是上市公司必备的协助董事会日常工作的常设机构，既是法定机构，也是必设机构，其地位具有法定性。董事会秘书履行法律、行政法规以及公司章程对公司高级管理人员所要求的信义义务，享有相应的工作职权，并获取相应的报酬。当然，董事会秘书只是协助董事会日常工作，其非董事。

二、董事会秘书的职责

依本条规定，董事会秘书主要有以下职责：

（一）负责公司股东会和董事会会议的筹备、文件保管

其应当按照法定程序筹备股东会和董事会会议，准备和提交有关会议文件和资料；负责保管公司股东名册、董事名册，大股东及董事、监事和高级管理人员持有本公司股票的资料，股东会、董事会会议文件和会议记录等。

（二）负责公司股东资料的管理

包括股东名册等资料的管理。公司文件置备义务的责任人是董事会，但是具体细化实施中，有关股东资料管理的义务人则是董事会秘书。

（三）负责办理信息披露事务

如督促公司制定并执行信息披露管理制度和重大信息的内部报告制度，促使公司和相关当事人依法履行信息披露义务，按照有关规定向有关机构定期报告和临时报告；负责与公司信息披露有关的保密工作，制定保密措施，促使董事、监事和其他高级管理人员以及相关知情人员在信息披露前保守秘密，并在内幕信息泄露时及时采取补救措施。

相关规范文件中还规定了董事会秘书的其他具体职权。上交所、北交所、深交所于2023年修订的股票上市规则还规定，上市公司董事会秘书除了负责公司治理和监管合规以外，还肩负着其他职责，如内部和外部沟通、投资者关系管理、媒体沟通、资本市场运行、股价管理和高级管理层监督等。2018年修订的《上市公司治理准则》第28条规定，董事会秘书作为上市公司高级管理人员，为履行职责有权参加相关会议，查阅有关文件，了解公司的财务

和经营等情况。董事会及其他高级管理人员应当支持董事会秘书的工作。任何机构及个人不得干预董事会秘书的正常履职行为。

与以上职责相应，董事会秘书履职应享有知情权、获得配合权、出席会议权、证券事务沟通权及申诉权。

当然，作为公司高级管理人员，董事会秘书应当遵守公司章程，承担高级管理人员的有关法律责任，对公司负有诚信和勤勉义务，不得利用职权为自己或他人谋取利益。

第一百三十九条　【上市公司董事关联事项的报告与回避】 上市公司董事与董事会会议决议事项所涉及的企业或者个人有关联关系的，该董事应当及时向董事会书面报告。有关联关系的董事不得对该项决议行使表决权，也不得代理其他董事行使表决权。该董事会会议由过半数的无关联关系董事出席即可举行，董事会会议所作决议须经无关联关系董事过半数通过。出席董事会会议的无关联关系董事人数不足三人的，应当将该事项提交上市公司股东会审议。

本条是关于上市公司董事关联事项的报告与回馈规定。

一、董事与董事会决议事项有关联关系规制的原则

《公司法》不允许公司的控股股东、实际控制人、董事、监事、高级管理人员利用关联关系损害公司利益（第 22 条），但并不禁止关联交易，前提是公开并经法定程序。对于上市公司的董事，本条规定，如果其与董事会会议决议涉及的企业或者个人有关联关系的，应向董事会报告并不得就该事项予以表决。

二、关联关系的主动报告

如果董事会决议事项涉及与董事有关联关系的企业或个人，该董事应当及时向董事会书面报告。其中"及时"是指董事应在知道事件发生时的主动报告；"书面"则以纸质并签名的形式为主，即使先行以电子方式报告的，事后也应补充纸质书面报告，以存档备查。

三、关联事项决议表决的回避

董事会表决时，董事不得对与其有关联关系的事项行使表决权，也不得代理其他董事行使表决权。此时，该董事应当在开会前或涉及事项决议前主动提出回避表决，一旦其提出回避，无须经过董事会审查与批准。

董事会会议涉及与某董事有关联关系的事项，由过半数的无关联关系董事出席即可举行，同时相关决议须经无关联关系的董事过半数通过。如果出席董事会的无关联关系董事人数不足三人的，也就意味着无法形成法定最低人数的董事会要求，则应当将该事项提交上市公司股东会审议。

在"张某与某企业股份有限公司公司决议撤销纠纷案"〔（2017）粤03民终8665号〕中，法院认为，董事张某平因关联关系而按照公司章程要求向董事会作了披露，其向某公司董事会申明回避该次董事会会议议案的投票表决，其他董事对此均未提出异议，董事会在张某平回避后未将其计入法定人数，该董事亦未参加表决，投票和计票均符合公司章程规定的表决方式，因此涉案董事会决议不具有决议撤销事由。

需要注意的是，向董事会报告关联关系是董事的义务，但不是影响相关董事会决议效力的因素。如果董事没有事先报告关联关系，但在董事会决议表决前提出回避的，董事会决议在符合法定条件的，仍为有效。

第一百四十条 【上市公司特殊主体的信息披露与股票代持的禁止】上市公司应当依法披露股东、实际控制人的信息，相关信息应当真实、准确、完整。

禁止违反法律、行政法规的规定代持上市公司股票。

本条是关于上市公司特殊主体信息披露的规定。

一、上市公司对股东与实际控制人的信息披露

公开透明是上市公司的基本原则，其应当及时依法履行信息披露义务。其披露的信息，应当真实、准确、完整，简明清晰，通俗易懂，不得有虚假记载、误导性陈述或者重大遗漏（《证券法》第78条）。

本条规定，上市公司应当依法披露股东、实际控制人的信息。这是对上市公司信息披露的基础性规定，目的在于防止控股股东和实际控制人不当操控公司，实现公司治理的透明化。

对股东与实际控制人信息的披露，应当真实、准确、完整。所谓真实是指所披露的股东与实际控制人是真实存在的自然人、法人或其他非法人组织，不得冒名、借名，也不得是曾用名。所谓准确是指所披露的股东与实际控制人的信息是清晰明了的，不得模糊不清。所谓完整则是指所披露的股东与实际控制人的信息，包括其曾用名、股东变化等信息。总之，所披露的股东与实际控制人的信息不能有误导性和片面性。

二、关于股权代持

股权代持是公司实践中普遍存在的现象，一般也不为法律所禁止。但是，对于上市公司而言，发行人、持有股份5%以上的股东对公司影响重大，《证券法》及相关证监会规章要求必须公开，不允许代持。因此，本条第2款明确规定，禁止违反法律、行政法规的规定代持上市公司股票。

在"杨某国、林某坤股权转让纠纷案"［（2017）最高法民申2454号］中，最高人民法院指出，从《证券法》《公司法》和中国证监会《首次公开发行股票并上市管理办法》《上市公司信息披露管理办法》相关规定可以看出，公司上市发行人必须股权清晰，且股份不存在重大权属纠纷，并且公司上市需遵守如实披露的义务，披露的信息必须真实、准确、完整，这是证券行业监管的基本要求，也是证券行业的基本共识。由此可见，上市公司发行人必须真实，并不允许发行过程中隐匿真实股东，否则公司股票不得上市发行，通俗而言，即上市公司股权不得隐名代持。该案中，在亚玛顿公司上市前，林某坤代杨某国持有股份，以林某坤名义参与公司上市发行，实际隐瞒了真实股东或投资人身份，违反了发行人如实披露义务，为上述规定明令禁止。中国证券监督管理委员会根据《证券法》授权对证券行业进行监督管理，是为保护广大非特定投资者的合法权益。要求拟上市公司股权必须清晰，约束上市公司不得隐名代持股权，系对上市公司监管的基本要求，否则如上市公司真实股东都不清晰的话，其他对于上市公司系列信息披露要求、关联交易审查、高管人员任职回避等监管举措必然落空，必然损害到广大非特定投资者的合法权益，损害到资本市场基本交易秩序与基本交易安全，损害到金融安全与社会稳定，从而损害到社会公共利益。违反公司上市系列监管规定，这些规定有些属于法律明确应于遵循之规定，有些虽属于部门规章性质，但因经法律授权且与法律并不冲突，并属于证券行业监管基本要求与业内共识，并对广大非特定投资人利益构成重要保障，对社会公共利益亦为必要保障所在。

在"陆某林诉陈某、沈某俊等股权转让纠纷案"〔（2019）沪民终 295 号〕中，上海市高级人民法院认为，上市公司股份代持行为涉及不特定多数潜在投资人的证券市场公共秩序，涉及金融安全、市场秩序、国家宏观政策等的公序良俗。上市公司因涉及发行人等信息披露真实的监管法规要求，发行人应当如实披露股份权属情况，禁止发行人的股份存在隐名代持情形。这个要求不仅针对首次公开发行股票并上市的公司，也同样适用于如本案的上市公司兼并重组过程中。上市公司股权必须清晰，不得隐名代持股权，是对上市公司监管的基本要求，也是上市公司兼并重组等的审查重点。上述规则属于证券市场基本交易规范，关系到以信息披露为基础的证券市场整体法治秩序和广大投资者的合法权益。

第一百四十一条　【上市公司母子公司交叉持股的禁止】 上市公司控股子公司不得取得该上市公司的股份。

上市公司控股子公司因公司合并、质权行使等原因持有上市公司股份的，不得行使所持股份对应的表决权，并应当及时处分相关上市公司股份。

本条是关于母子公司禁止交叉持股的规则。

一、交叉持股

交叉持股，是指两个或两个以上公司相互持有对方公司股份，从而使得两个公司互为股东。公司法人之间单方面持有其他公司股票而成为该公司的股东，是企业转投资的形式，而企业间相互持股实质上就是两家以上企业相互之间进行转投资。①

公司间相互持股并不为法律禁止，这样可以增进公司合作，既摆脱因公司合并带来的法人人格合一困境，又有效提高企业间合作与联盟，还能促进交差持股公司间的相互交流沟通，在一定程度上降低交叉持股公司的经营成

---

① 李燕：《公司相互持股的法律问题探讨》，载《现代法学》2003 年第 1 期。

本和交易成本，有益于公司的良性发展。

但公司交叉持股也存在一定弊端：第一，交叉持股的公司人格独立难以有效保障，相互持股的公司实际上在彼此持有股份之时，也持有自己的股份，在分配股份收益时，必然相互从对方持股中获得自己持股的收益。第二，公司可能沦为控制股东或实际控制人掏空公司的工具，公司控制人可以通过相互持股将公司资产转出，也可以通过交叉持股实现表决权互易，进而以此掌握控制权。第三，若出现公司交叉持股，会抬高公司资本，也可能会阻碍资本的流动性，破坏市场配置资源的能力。第四，公司在走向联合的过程中，可能出现垄断现象，破坏市场良性竞争，交叉持股比单项持股更难规制。第五，公司间存在大量交叉持股情形，可能严重干扰证券市场秩序，制造虚假繁荣和市场泡沫甚至操纵股市，不利于资本有序扩张。

二、子公司禁止持有上市母公司股份

（一）一般规则

考虑到母子公司的特殊存在，本条第 1 款明确规定，上市公司控股子公司不得取得该上市公司的股份。其原因在于：

第一，子公司持有母公司股份，必然会产生母公司自己取得自己股份，进而成为自己股东的现象，会破坏公司独立人格和资本充实的要求。我国《公司法》原则上也禁止公司取得自己的股份，这有违出资与表决均衡原则。

第二，子公司持有母公司股份会造成股东间事实上的不平等。比如，母公司控制子公司恶意增资，然后利用自身资金实力和信息优势购买子公司股份，进一步冲淡子公司中小股东的股权；又如，子公司在母公司授意下持有母公司股份，稀释母公司中小股东的表决权；母公司还可能利用相互持股所虚增的资本购买子公司股份，并享有与真实股权无异的股权。[1]

第三，从公司控制权视角来看，禁止母子公司交叉持股的原因还在于，上市公司经营管理层会利用交叉持股架空公司股东权利。公司董事会若允许子公司持有母公司股份，其便可以通过控制子公司的股份，分化母公司股东的控制权。同时，母公司经营管理层还可以与子公司管理层达成默契，实现母子公司管理层的利益输送，通过交叉持股方式使母公司管理层掌握控制权，

---

[1]　容缨：《母子公司相互持股之法律规制》，载《政法论坛》2005 年第 3 期。

架空股东会，而子公司管理层可由此获得相应利益。

（二）例外

原则上，被母公司控股的子公司不得持有母公司股份，但因存在特殊情形而事实上持有母公司股份的现象，则该股份子公司不能行使表决权，并应及时处置。

第一，母公司可能将股份出质给子公司作为担保，子公司作为质权人理论上持有了母公司表决权，当母公司不能及时清偿对子公司的债权时，子公司可以就该股份优先受偿，但不能因此行使表决权。

第二，母子公司因为合并，也会出现子公司持有母公司股份的现象，这一情势为立法所允许，子公司不仅不能行使所谓表决权，也应及时处置其持有的母公司股份。

针对禁止上市公司交叉持股的规则，《深圳证券交易所创业板股票上市规则》（2023 年修订）第 2.3.12 条规定，上市公司控股子公司不得取得该上市公司发行的股份。确因特殊原因持有股份的，应当在一年内消除该情形，在消除前，上市公司控股子公司不得对其持有的股份行使表决权。《上海证券交易所股票上市规则》《北京证券交易所股票上市规则（试行）》皆有类似规定。

第六章　股份有限公司的股份发行和转让

第一节　股份发行

第一百四十二条　【股份的划分、面额股与无面额股】公司的资本划分为股份。公司的全部股份，根据公司章程的规定择一采用面额股或者无面额股。采用面额股的，每一股的金额相等。

公司可以根据公司章程的规定将已发行的面额股全部转换为无面额股或者将无面额股全部转换为面额股。

采用无面额股的，应当将发行股份所得股款的二分之一以上计入注册资本。

本条是关于股份种类的基本规定。

一、股份的划分

（一）作为公司资本基本单位的股份

依本条第 1 款规定，股份是股份有限公司资本的基本组成单位。"资本"是指公司的注册资本，即股本。通过股份，公司所有权者权益实现了单位化和标准化的划分。一方面，便于公司和股东识别、计算每一股东享有的权益，另一方面，便于对所有者权益定价和交易。

（二）面额股与无面额股的划分

公司的全部股份，可以根据公司章程的规定择一采用面额股或者无面额股。其中，面额股是指每一股份标明其面值数额，每一股的金额相等；无面额股，是指股票票面不记载具体价格，仅载明股数，以表示其对公司全部股份所占比例。

面额被认为是股票发行的价格，这个固定的价格在后续的转让中同样发挥作用，使投资者相信他的利益不会被稀释。股票面额的预期功能是三重的：一是公司运营并富有偿债能力的防护垫；二是股东之间出资公允的衡量标尺；三是防范公司不当分配的底线标尺。然而，随着现代信用调查和救济机制的完善、公司筹资效率化的发展、公司最低资本额的功能质疑及从资本信用到资产信用的观念与规则变迁，这三重功能的影响一一落空。① 现代经济环境下，面额股意义逐渐消解，其作用仅限于两个方面：一是支持禁止折价发行原则，降低了投资者购买掺水股的可能；二是确定公司资本账户各会计科目的数值（"股本"和"资本公积"）。面额股的禁止折价发行原则，限制了公司在困境情况下（股票市价低于面额）发行新股融资的可能。

无面额股具有两大优势：一是便利公司筹集资金，公司可以在未来的发行中以更高的价格发行股票。对于财务上处于困境的公司，能够给予较大的定价空间和筹资空间。二是真实反映公司价值，揭示股份的本来面目，避免在债权人和股东对公司估值时产生误导性的作用。此外，无面额股"股份与资本相分离"的形式特征，方便了股份的分拆和合并，有利于促进公司融资和重组等活动。

二、面额股与无面额股的选择

依本条规定，公司的全部股份，根据公司章程的规定择一采用面额股或者无面额股。一方面，《公司法》将公司采取面额股或无面额股的选择事项交由章程规定，实际上是将选择权赋予股东会。使用面额股或无面额股，受到直接影响的是股东，因此应当由股东自治决定。另一方面，公司不能同时存在面额股和无面额股，只得择一适用。因为面额股的股票票面记载股数与价格，可以通过二者的相乘累积算出公司的全部股本，无面额股则不记载票面金额，仅根据收取的总资金数结合分配比例确定总股本，二者在一家公司内并行会造成公司资本计算和股东持股比例计算的混乱。

发行面额股的，其票面价值应当相等，以便于根据总发行股数计算公司股本。若采取无面额股，每股股票的价格实际上是根据章程记载总股数与公司决定之股本数计算得来，不存在预先设定每股价格相等的需求。

三、面额股与无面额股的转换

面额股与无面额股之间并无本质的区别，仅形式上体现为有面额或没

① 傅穹：《股票面额取舍之辩》，载《比较法研究》2004年第6期。

有面额，二者之间可以互相转换。本条第 2 款规定，公司可以根据公司章程的规定将已发行的面额股全部转换为无面额股或者将无面额股全部转换为面额股。

至于二者之间转换的次数和方向，没有限制，完全交由股东会根据公司和市场的实际情况，综合考虑转换成本与收益进行决策。值得关注的是，有关无面额股的规定及面额股向无面额股的转换事项，新《公司法》没有对公开发行股份的上市公司作排除性规定，未来可由证券监管部门作出专门规定。

四、无面额股下公司资本的确定

由于不存在票面金额，实行无面额股制度的公司在发行时无法单纯根据发行股数和票面金额确定注册资本，需要增加股份发行吸纳资金在公司股本和其他所有者权益科目之间的分配环节。对此，本条第 3 款予以了明确，即采用无面额股的，应当将发行股份所得股款的二分之一以上计入注册资本。这是一种计量注册资本的新规则。①

对于应由股东会还是董事会享有注册资本配置权，新《公司法》没有明确。从职责配置和行权能力方面考量，应当解读为公司董事会享有这一权利。公司股本不仅是公司经营发展的基础资产，也是股东对公司承担责任的根本依据。若交由股东会进行分配，在公司经营状况欠佳之时，难免会有降低公司股份而增加其他所有者权益科目数值的可能，尽管公司资产不变，但股东可能承担的责任减少，在未来经营状况堪忧时，债权人利益受到威胁。董事会负责公司的经营管理和商业决策，对于公司在未来运行过程中的资本科目配置更具有专业性，同时信义义务的存在，也使得其在履职过程中受到更好地监督。

但是，根据新《公司法》关于股份公司设立与公司章程的相关内容，股份公司首次发行股票时，若决定采取无面额股的，相关事项应由发起人共同确定（第 151 条）。从体系解释的角度上，新《公司法》将确定收纳资金计入股本比例的权力赋予了股东会，并且设置了二分之一的最低比例，以限制股东潜在的自利行为。

---

① 叶林、张冉：《无面额股时代公司资本制度的体系性调适》，载《国家检察官学院学报》2023年第 6 期。

第一百四十三条　【股份发行原则】股份的发行，实行公平、公正的原则，同类别的每一股份应当具有同等权利。

同次发行的同类别股份，每股的发行条件和价格应当相同；认购人所认购的股份，每股应当支付相同价额。

本条是关于股份发行的原则规定。

一、股份发行的公平、公正原则与同股同权规则

（一）股份发行的公平、公正原则

依本条第 1 款，股份的发行，实行公平、公正的原则。

股份发行的公平、公正与公开原则一同构成证券市场基石性的"三公原则"。理论界对股份发行的公平原则与公正原则存在不同理解，有观点认为公平与公正二词在语义上没有区分的必要，其强调的是信息占有上的公平。[1] 也有学者指出，公平原则是要保障参与市场交易的每个投资者都公平地"参与游戏"，而不是充当资本"大鳄"的猎物，公正原则是指市场外的监管部门和市场内的自律组织应当秉持中立立场和执法尺度，不偏不倚。[2] 从《公司法》的定位及本条文义来看，应当将此处的公平、公正原则所欲调整的对象理解为公司与投资者，以及投资者之间的关系，监管机构和自律组织等第三方是在这一原则下，设计具体规则进行事前预防和事后救济。

该原则的具体要求是：一方面，发行股份的公司应当平等地对待投资者，不能利用有倾向性的信息披露等方式人为地制造歧视；另一方面，也要求投资者之间不得不当享有竞争优势。例如，在适用原《证券公司集合资产管理业务实施细则》第 34 条时，法院曾指出"对集合计划申购新股的限制规定能够防范证券公司利用优势地位损害中小投资者的利益，有利于维护市场的公平、公正秩序；也可防范极端情况下新股成功申购金额达到集合资产计划的一定规模甚至超过集合计划现金总额所导致的流动性风险。"[3]

---

[1]　朱锦清：《证券法学》，北京大学出版社 2022 年版，第 148—150 页。

[2]　郑彧：《证券法要义》，北京大学出版社 2021 年版，第 49 页。

[3]　参见"郑某诉中国证券监督管理委员会、上海监管局、中国证券监督管理委员会行政监管措施决定及行政复议决定案"，上海市第三中级人民法院（2018）沪 03 行终 34 号行政判决书。

（二）股份发行的同股同权规则

股份的发行，同类别的每一股份应当具有同等权利，此是股份发行的公平与公正原则的体现。

同股同权不等同于股东间的权利平等，而是同类别股份（如同为普通股或同为优先股）上所"附着"的权利相等，即同类股份权利同质，是关于股份"质量"的要求。"'同股同权'原则表现主要有：（1）同股同价；（2）相同股份对应相同的投票权；（3）相同股份应当对应相同的自益权；（4）每一股份上的投票权和收益应当是相对应的"。[①]

同股同权的基本要求是，同次发行的同类别股份，每股的发行条件和价格应当相同；认购人所认购的股份，每股应当支付相同价额。之所以强调同次，是因为随着公司发展状况变化和市场波动，同类别的股票价值也变化不定。

实践中，境内外同时发行时，如何判断同次发行，机构投资者和二级市场投资者配售中，部分主体享有的新股优先认购权是否违反同等条件等。[②]这有赖于法院在具体裁判中进行个案裁量。

第一百四十四条　【类别股】公司可以按照公司章程的规定发行下列与普通股权利不同的类别股：

（一）优先或者劣后分配利润或者剩余财产的股份；

（二）每一股的表决权数多于或者少于普通股的股份；

（三）转让须经公司同意等转让受限的股份；

（四）国务院规定的其他类别股。

公开发行股份的公司不得发行前款第二项、第三项规定的类别股；公开发行前已发行的除外。

公司发行本条第一款第二项规定的类别股的，对于监事或者审计委员会成员的选举和更换，类别股与普通股每一股的表决权数相同。

---

① 参见"李某奔与北京京西文化旅游股份有限公司公司决议效力确认纠纷上诉案"，北京市第三中级人民法院（2017）京03民终7216号民事判决书。

② 彭冰：《中国证券法学》，高等教育出版社2005年版，第50页。

本条是关于类别股的规定。

一、普通股与类别股

公司发行的股份一般为普通股，其股东权没有任何差别待遇而一律平等。与其不同的股份被称为类别股，是公司发行的相对普通股而言有某种特别权利、义务的股份。

具体而言，普通股是指传统的、完整具有股权各项全能的股份，而类别股是指股东权利在某些方面有所扩张或限制的股份。类别股股东所享有的权利具有债权和股权（普通股）的双重属性，实质是在股权内容切割基础上的债权和股权的混合。一方面，类别股股东同样要承担公司的经营风险和破产风险，不享有债权人的权利，如不能申请公司破产。另一方面，相比普通股，类别股的股东权利在某些方面会有所减损或扩张，甚至会附加一些不属于股权内容的权利，如回赎权。

类别股具有独特的公司制度价值。首先，在股权价值理念层面，类别股表现为股权之经济收益与投票权之间的分离，使得股权的内涵价值发生分裂：一方面股权收益权与公司盈余的关联度显著降低，进一步体现债权特性；另一方面表决控制权的大小与持股数量之间的一一对应关系被突破。其次，丰富了股东平等原则的内涵。股东形式平等原则的前提是同一类别的股东。对于不同类别的股东，则应遵循实质平等原则。实质平等原则考虑到了股东之间偏好和需求的差别，允许他们与公司约定一些特殊的股权内容和合同内容，并同时将这些信息公示，以使第三人知悉。再次，促进公司法信义义务的演进与分层。因考虑利益冲突的多元化，类别股将使得信义义务规范在纵向与横向两个方面发生演变。在纵向方面，董事的信义义务将在勤勉与忠实义务的基础上，演化出公平对待不同类别股东的义务，更加明确地指向公司社团的整体利益；在横向方面，由目前的控制股东对中小股东的信义义务，演进到不同类别股东之间的信义义务。最后，促进公司资本制度与观念的革新。类别股突破了我国传统公司法关于股权不能获得固定收益回报的基本理念，冲击了公司利润分配与清算分配的准则。在融资功能上，类别股的巧妙之处在于分割投资者的经济利益和对公司的事实治理权，充分体现控制权与财产权的博弈。投资者和企业通过运用类别股制度，可以构建理想的控制权关系，合理分配股东之间的利益和风险，满足风险资本和创业者的不同偏好。

二、类别股的种类

我国类别股也是按照章程规定发行的，但不允许任意发行，依本条规定，只能通过章程规定发行法定的类别股，即财产分配型类别股、表决权型类别股、限制转让型类别股以及国务院规定的其他类别股。

（一）财产分配型类别股

1. 财产分配型类别股的意义

财产分配型类别股是指优先或劣后分配公司利润、剩余财产的类别股。前者是公司利润分配、剩余财产分配等权利优先于普通股的股份；后者是公司利润分配、剩余财产分配等权利劣后于普通股的股份。

公司的标准股为"普通股"，那些在分红和剩余财产分配上比普通股具有优先地位的股份为"优先股"，与之对应的是，比普通股具有劣后地位的为"劣后股"。

优先股、普通股与劣后股的发行可由章程根据公司实际情况合理搭配。一般情况下，优先股发行的对象是那些主要关心公司利润的投资人，其目的在于投资获取利润，并不以参与管理为目的。特别是对于业绩差的公司，为吸引投资，可发行优先股。劣后股发行的对象一般是发起人或特殊团体，发起人共同投资的目的是通过募集资金将企业发展壮大，其可以通过劣后股的发行表明他们能够将公司做好。政府、社会团体、母公司等对公司提供资金支持而又并非完全无偿使用的，为了不影响一般投资者认购普通股的积极性，也可发行劣后股。业绩不错的公司在发行新股时为了不损害既存股东的利益，也可以选择发行劣后股的方式。当然，这里也可以发行那种分红金额与子公司业绩数值相互联动的追踪股（tracking stock）。[①]

2. 分配公司盈余的优先股

分配公司盈余的优先股是指当公司分派盈余时，按照所定的分派率优先得到盈余的分配，如尚有剩余的盈余，始分配给普通股。它还可分为：（1）累积性优先股和非累积性优先股，前者指公司本年度可分配的盈余如不敷优先股分配时，则由下年度盈余补足；只有在历年积欠的优先股股息分配后，才能分配给普通股。后者指公司本年度盈余不足支付优先股股息时，其余额

① ［日］近藤光男：《最新日本公司法》，梁爽译，法律出版社2016年版，第60页。

不得累积到下一年度，而仅以本年度盈余为限。（2）参与优先股与非参与优先股，前者指优先股除按固定比率从每年度盈余中优先分配股息外，还参与同普通股一起分配其余利润；后者则不再参与剩余利润的分配。

优先股有利于公司方便地使用社会资金，但时间过长会增加公司的成本负担，对普通股的股东也不十分公平，特别是在发行累积的参加优先股时更是如此，因此，可通过设置偿还期限予以赎回。该种股份也称偿还股，即在公司章程中事先预定其偿还或消除的股份，亦称赎回股、返还股，类似于公司债。公司发行的偿还股应以公司盈余或发行新股所得的股款收回。与之对应的是非偿还股，不规定期限也不能由公司赎回的股份。

3. 分配公司剩余财产的优先股

分配公司剩余财产的优先股是指，当公司解散清算时，若有剩余财产，优先于普通股分配公司剩余财产。

4. 分配公司利润或剩余财产的劣后股

分配公司利润或剩余财产的劣后股是指公司利润或剩余财产的分配劣后于普通股的类别股。这种类别股主要适用于发起人或与其有关的团体和个人。

5. 混合股

公司既可以在章程中规定分别的优先股或劣后股，也可以将二者混合而构成混合股，即权利内容的一部分优于普通股，一部分劣于普通股，如利润分配优先普通股，但剩余财产分配时劣后于普通股。

（二）表决权型类别股

1. 表决权型类别股的意义

这是指每一股的表决权数多于或者少于普通股的股份。前者也被称为复数表决权股，即每一股的表决权数有数个而多于普通股；后者也被称为受限表决权股，即每一股的表决权数受到限制而少于普通股。

表决权型类别股直接关系股东参与公司治理的表决权，不同类别表决权股意味着其表决权多于或少于普通股，故其也主要适用于具有不同投资目的的股份。

2. 一般复数表决权股

一般复数表决权股在实践中被称为多重表决权股，即其一股具有多于一普通股的表决权，如2倍或3倍，甚至是更多。这种类别股多适用于公司创办人，其通过复数表决权股实现对公司的控制。

3. 黄金股

黄金股是指对于公司重大事项，如解任董事、公司并购或重大决策等拥有否决权的类别股。这种类别股非一般复数表决权股，属于特别复数表决权股。

黄金股也称为"特权优先股"，其行使的权利特别优越，可适用于特别行业，特别是政府关注而由政府部门持有一股的行业，以确保社会公共利益。但这种类别股不参与公司经营，一般也不参与分红，不具有财产性权利，是一种典型的"为控制而控制的股份"。这种股份应当受到严格的限制。

4. 一般受限表决权股

一般受限表决权股是指一股股份的表决权受到一定限制，但并未被禁止，如股东持有的股份数超过公司资本一定比例的，对其股份的表决权加以相应限制，如每一股仅享有95%的表决权。其设置的目的是防止拥有一定股份的股东享有的表决权过多而操纵公司事务。

5. 无表决权股

无表决权股是指根据章程规定，持有人没有表决权的类别股。这种类别股主要指优先股，一般都是中小股东的股份，他们常常对支配公司不感兴趣，主要是参与公司的盈利，故公司章程可以剥夺其表决权，而在公司盈余或剩余财产的分派上优先予以补偿。

需要注意的是，公司法上还有一种法定的无表决权股，即公司持有的自身的股份（如回购的股份）不得表决。这种法定的无表决权股不属于本条所规定的类别股。

（三）限制转让型类别股

这是指转让须经公司同意等转让受限的股份。公司可以根据发展需要，在章程中规定某类股份的转让必须经过公司的同意，如为引进战略投资人或特别技术人而设计的股份。这类股份不得如普通股那样随意转让，必须经过公司的同意，从而稳定公司经营。

（四）国务院规定的其他类别股

本条关于类别股的规定是限制性规定，除了以上三种以外，原则上不允许发行其他类别股。为了适应以后的公司发展需要，国务院可以根据情况规定其他类别股，从而使类别股具有了一定灵活性。

总体而言，《公司法》关于类别股的类型规定是强制性规定，即章程只能规定《公司法》和国务院规定的类别股，不得发行其他类别股。新《公司法》没有完全放松对类别股的法定规制，主要是考虑到放任公司自由创设类别股，会导致投资者无法准确识别股份的权利内容，造成投资者损失。

三、公司公开发行表决权型类别股和限制转让型类别股的禁止

依本条第 2 款规定，公司在向社会公众公开发行股份前，是可以发行表决权型类别股和限制转让型类别股的，一旦公开发行股份，则禁止发行这两种类别股。

公开发行股份的公司不得发行表决权型类别股，旨在保护普通投资者的权益，防止享有表决权型类别股的股东滥用权力。公开发行的公司不得发行限制转让型类别股，目的在于维护公开股份公司股份的流通性。当然，上述公司在公开发行前已发行的表决权型类别股和转让受限股不受影响。

四、公司发行表决权类别股的特别规定

依本条第 3 款规定，公司发行表决权类别股的，对于监事或者审计委员会成员的选举和更换，类别股与普通股每一股的表决权数相同。

监事或审计委员会的设置是为了保护所有股东，非仅维护普通股持有人，故发行表决权型类别股的公司，对于监事或者审计委员会成员的选举和更换，类别股与普通股每一股的表决权数相同。

《上海证券交易所科创板股票上市规则》第 4.5.12 条规定，由监事会对公司特别表决权股东资格、特别表决权股份转换、特别表决权比例，以及控制人是否滥用特别表决权等情形进行监督。

第一百四十五条　【发行类别股的公司的章程记载】 发行类别股的公司，应当在公司章程中载明以下事项：

（一）类别股分配利润或者剩余财产的顺序；

（二）类别股的表决权数；

（三）类别股的转让限制；

（四）保护中小股东权益的措施；

（五）股东会认为需要规定的其他事项。

本条是关于发行类别股的公司章程特别记载的规定。

一、一般要求

公司发行类别股，旨在通过不同类别股份的发行实现不同的资源配置，以适应公司个性发展需要。依本条规定，作为章程安排，公司发行类别股的，应当在公司章程中载明以下事项：类别股分配利润或者剩余财产的顺序；类别股的表决权数；类别股的转让限制；保护中小股东权益的措施；股东会认为需要规定的其他事项。

二、财产分配型类别股的章程安排

作为财产分配型类别股，公司章程无疑需要明确其分配利润或者剩余财产的顺序。同时，公司发行利润分配类别股的，应在公司章程中规定该种股份可发行的股份总数，向该种类别股股东分配利润时的优先分配率与方法、条件，以及其他和利润分配有关的内容。

公司发行剩余财产分配类别股的，应当在公司章程中规定该种股份可发行的股份总数，向该种股份股东交付分配财产时的财产价格的决定方法，剩余财产的种类，以及其他和剩余财产分配有关的内容。①

三、限制转让型类别股的章程安排

公司发行转让受限型类别股，首先应在章程中明确该类别股的转让限制。同时，也应明确其总发行数额，并明确记载该类别股转让时必须经过公司的同意。如公司认为在某些场合下限制转让型类别股可不经公司同意，则必须在章程中写明该场合。

四、保护中小股东权益的措施

公司发行的各种类别股，特别是复数表决权股，直接涉及广大中小股东的合法权益，公司必须在章程中明确规定相应的对于中小股东的特别措施，如规定中小股东如果认为复数表决权的具体行使不当时，可允许股东起诉；或规定在某些场合下持有复数表决权的股东不得行使复数表决权等。

五、股东会认为需要规定的其他事项

除了以上事项以外，股东会还可根据实际情况规定其他认为需要规定的事项。

---

① 参见［日］近藤光男：《最新日本公司法》，梁爽译，法律出版社 2016 年版，第 60 页。

第一百四十六条　【发行类别股的公司股东会决议】发行类别股的公司，有本法第一百一十六条第三款规定的事项等可能影响类别股股东权利的，除应当依照第一百一十六条第三款的规定经股东会决议外，还应当经出席类别股股东会议的股东所持表决权的三分之二以上通过。

公司章程可以对需经类别股股东会议决议的其他事项作出规定。

本条是关于类别股股东会决议的规定。

一、类别股股东会议的一般规则

依本条第 1 款规定，发行类别股的公司，有《公司法》第 116 条第 3 款规定的事项等可能影响类别股股东权利的，除应当依照第 116 条第 3 款的规定经股东会决议外，还应当经出席类别股股东会议的股东所持表决权的三分之二以上通过。

类别股是为满足不同股东对股权收益和公司控制权的偏好而创设的，分类表决则是基于照顾不同利益诉求股东群体的意志表达，而于股东会一般表决机制基础上衍生出的特殊表决机制。

二、公司章程可作其他规定

关于需要分类表决的事项，大致有三种立法模式可供参考。第一种是概括型的立法模式，即仅概括地规定变动、损害类别股股东权益的事项应取得类别股股东的同意，如英国。第二种是列举型的立法模式，详细列举适用分类表决的各种情形，如日本和美国。第三种是概括型加列举型的立法模式，如德国。① 而我国属于概括型的立法模式。

概括性立法模式具有高度的适应性，具体由公司根据需要作出规定。

允许公司章程对需经类别股股东会决议的其他事项作出规定，既可以满足不同公司的个性化需求，又能较好地兼顾不同类别股股东之间的利益平衡，体现出必要的灵活性。赋予优先股股东更多的决策权，特别是将那些看似与

---

① 王建文：《论我国类别股股东分类表决制度的法律适用》，载《当代法学》2020 年第 3 期。

优先股股东权益无直接关联的事项纳入分类，可以在事前更好地维护优先股股东的权益。

值得注意的是，扩大分类表决的适用范围可能带来消极后果，典型如造成股东会决议效率低下，增加决议成本，阻碍公司的经营自由，损害公司适应市场环境的灵活性，引发类别股股东的道德风险，特别是类别股股东可能滥用否决权对公司和普通股股东进行威胁以获取不正当利益。然而，类别股股东欲将与其权益无直接利害关系的事项纳入分类表决殊非易事，普通股股东不会轻易同意类别股股东扩大分类表决事项的要求。普通股股东之所以愿意在公司章程中增加需要进行分类表决的事项，必然是与类别股股东进行利益妥协的结果，类别股股东也有参与分类表决确保其自身权益得到维护的合理期待。分类表决的特点决定了分类表决并非常态，即便公司章程增加分类表决事项，也不可能增加太多，因而不会对公司的经营自由和决策效率构成太大威胁。

第一百四十七条　【股票的性质与记名股票】公司的股份采取股票的形式。股票是公司签发的证明股东所持股份的凭证。

公司发行的股票，应当为记名股票。

本条是关于股票的界定的规定。

一、股票的意义

依本条第 1 款规定，股票是表彰股份公司股东权利的要式有价证券证权。

根据证券的设立是设立了某种财产权利还只是证明某项财产权利的存在，可以将证券分为设权证券和证权证券。设权证券是指证券一经签发就创设了某项财产权利，该证券一经丢失，证券权利就不复存在，票据就是典型的设权证券。证权证券是指该证券的设立只是证明证券权利的存在。如果证权证券丢失或损坏，权利人在相应证据证明下仍可以行使证券权利。股票就是证权证券，即其是证明已发生的股东权的证券，而非创设股东权的证券。

在"合肥开尔纳米技术发展有限责任公司、张某某与陈某某股权转让纠纷案"［（2019）最高法民申 4489 号］中，最高人民法院经审查认为，开尔纳米能源科技公司为非上市股份公司，依照《公司登记管理条例》的规定，对于非公司发起人的股东之间的股份转让，不需要必须办理变更登记，登记行为也不是确定股份公司股东身份及权利的实质要件，故股权变更是否登记对同华控股公司及陈某某处分该550.72万股股权并无影响。

二、记名股票

本条第2款明确要求，公司发行的股票，应当为记名股票。

相较于2018年《公司法》，新《公司法》取消了不记名股票的规定，全面转向记名股票。记名股票是指股票上记载股东姓名或名称的股票；无记名股票是指股票上不记载股东的姓名或名称的股票。这种分类的意义在于它们所表彰的股东权的行使及转让方法不同。在权利行使上，对于记名股票，由于股东已记载于股东名册，故其出席股东会无须交付股票于公司，只须凭股东名册之记载即可；而无记名股票的持有人须在股东会之前一定时间内，将其股票交存于公司，否则不得出席股东会。在权利转让上，记名股票须由股东以背书方式转让，并要履行股东名册记载的变更手续；对于无记名股票，股东仅需交付股票即可。

无记名股票的优势在于其流通性更高，然而，也基于其"不记名"的特征，常常被当事人用作绕开相关法律法规禁止性规定的"捷径"，甚至是沦为洗钱的工具。此外，随着现代互联网技术的发展，上市公开交易的股票基本上都是在证券登记机构采取电子化的形式保管，在这种情况之下，采取记名形式不影响流通。实际上，此处还涉及公众公司的透明性问题，尽管股份公司作为一种典型资合公司，股东身份无碍商业经营。在将公司视为重要的投资工具时，通过记名股票能够明确股票持有人，进一步提高股份有限公司的透明度。此外，从责任追究意义上看，记名股票利于保护投资者的利益。这些均有利于促进公司本身发展。

第一百四十八条　【面额股股票的发行价格】 面额股股票的发行价格可以按票面金额，也可以超过票面金额，但不得低于票面金额。

本条是关于面额股票的禁止折价发行原则的规定。

新《公司法》允许公司发行面额股与无面额股（第 142 条）。对于面额股票，其发行价格可以按票面金额，也可以超过票面金额，但不得低于票面金额。

这是关于面额股的禁止折价发行原则。"票面价值"，是指在公司章程中规定的股票的面额。票面价值由公司章程规定并记载在股票证书的票面上，一经公司章程记载，非经正式修改公司章程，不得变更。

禁止折价发行主要有如下几种理由：一是防止实收股款低于注册资本额，违反资本确定和维持原则，也即折价发行股票将导致公司资本的不充实，进而造成公司资本难以维持的巨大风险。二是防止出现"掺水股"，也即折价发行允许后进入公司的股东以较低的价格获得与原有股东同样的权利，可能损害公司原有股东的利益。三是折价发行存在稀释既有股东权益与强迫"挤出"小股东的问题。

第一百四十九条　【股票的形式与记载】股票采用纸面形式或者国务院证券监督管理机构规定的其他形式。

股票采用纸面形式的，应当载明下列主要事项：

（一）公司名称；

（二）公司成立日期或者股票发行的时间；

（三）股票种类、票面金额及代表的股份数，发行无面额股的，股票代表的股份数。

股票采用纸面形式的，还应当载明股票的编号，由法定代表人签名，公司盖章。

发起人股票采用纸面形式的，应当标明发起人股票字样。

本条是关于股票的形式与记载的规定。

一、股票的要式性

依本条第 1 款规定，股票采用纸面形式或者国务院证券监督管理机构规定的其他形式。

根据证券是否必须具备一定的形式，可以将证券分为要式证券与不要式证券。要式证券是指证券的制作与记载事项必须严格按照法律规定进行，否则将导致无效。股票是要式证券，各国公司法普遍要求其制作与记载事项须严格按照法律规定为之。

其中"国务院证券监督管理机构规定的其他形式"主要指无纸化的电子形式。无纸化发行和交易占据我国股票市场的绝对多数，从 1991 年 5 月开始，上海证券交易所已经开始向股民回收手中的股票，无纸化交易系统试运行。[①]

二、股票的记载

本条规定了股票应当载明的主要事项。其中第 4 款是专门针对发起人股票的记载要求。发起人作为设立公司的全面参与者，相较于潜在的股权转让对象，对公司的内部事务享有高度的信息优势，发起人股票的特殊标记有助于保护交易相对人的利益。在"周某、刘某宏等与苏州捷富投资企业与公司有关纠纷案"〔（2018）辽 02 民终 2953 号〕中，法院认为，股份有限公司发起人对股份公司设立以及公司成立初期的财产组成和组织管理具有重要影响。为了便于投资者的决策及有利于对公司的法律监督，《公司法》还规定了股份有限公司的信息披露制度。

第一百五十条　【股票的交付时间】股份有限公司成立后，即向股东正式交付股票。公司成立前不得向股东交付股票。

本条是关于股票交付的规定。

股票是一种证权证券，公司迟延交付股票并不影响股东权利的行使。但股东未实际受让股份，无疑将会影响其未来转让或质押融资等商业活动，存在遭受机会损失的风险。故本条规定股份公司成立后，即需要向股东正式交付股票，目的在于便于股票流通。

不过，公司在未成立时不得提前交付股票。这是由股票的确定性决定的。如允许公司登记成立前向股东交付股票，而该股票在市场上进行了流通，那

---

① 《新中国第一家证券交易所：持续助力中国经济发展》，https：//www.chinanews.com.cn/gn/2019/09-10/8952312.shtml，最后访问时间：2024 年 2 月 19 日。

么，会因公司可能没有成立而使交易关系混乱，严重影响市场的交易秩序。公司成立前不得交付股票，事实上冻结了公司成立前股东资格的转让，使得公司成立期间发起人资格确定且稳定。

第一百五十一条　【发行新股的股东会决议事项】公司发行新股，股东会应当对下列事项作出决议：

（一）新股种类及数额；

（二）新股发行价格；

（三）新股发行的起止日期；

（四）向原有股东发行新股的种类及数额；

（五）发行无面额股的，新股发行所得股款计入注册资本的金额。

公司发行新股，可以根据公司经营情况和财务状况，确定其作价方案。

本条是关于发行新股的股东会决议的规定。

一、新股发行的股东会决议事项

新股发行，是指在公司成立以后再次发行股份的行为。依本条，需要股东会作出决议的新股发行事项包括：

（一）新股的种类及数额

即本次发行的新股是什么类型的股份，是普通股还是类别股。如果是类别股，属于什么类型的类别股。此次新股发行的数额是多少。

（二）新股的发行价格

主要是指此次新股发行是平价发行还是溢价发行，具体的发行价格是多少。

（三）新股发行的起止日期

采用公开募集的方式发行新股的，如果发行期限届满，向投资者出售的股票数量未达到拟公开发行股票数量的70%，为发行失败（《证券法》第33条）。股东会必须对新股发行的期限进行明确。

（四）向原有股东发行新股的种类及数额

对于股份有限公司，由于其股东数量较多，笼统地规定股东享有优先认购的权利并不好操作。因此，股份有限公司向原有股东发行新股的，股东会应当对向原有股东发行新股的种类及数额作出决议。

（五）发行无面额股的，新股发行所得股款计入注册资本的金额

对于公司发行无面额股的，应当将发行股份所得股款的二分之一以上计入注册资本（第142条第3款）。具体多少，由股东会决议决定。

二、新股的作价方案

依本条第2款规定，公司发行新股，可以根据公司经营情况和财务状况，确定其作价方案。

第一百五十二条　【授权发行股份】公司章程或者股东会可以授权董事会在三年内决定发行不超过已发行股份百分之五十的股份。但以非货币财产作价出资的应当经股东会决议。

董事会依照前款规定决定发行股份导致公司注册资本、已发行股份数发生变化的，对公司章程该项记载事项的修改不需再由股东会表决。

本条是关于授权发行股份的基本规定。

一、授权发行股份的基本规则

本条确立了股份有限公司采授权资本制，公司章程或者股东会可以授权董事会在三年内决定发行不超过已发行股份百分之五十的股份。

授权资本制是指章程规定资本总额，且资本总额在公司设立时不必全部发行，只需发行并认足部分即可成立公司，其余部分由董事会决定发行的时间和次数的公司资本制度。[1] 授权资本制在体系上属于公司资本形成制度，股东将出资注入公司的制度，是公司独立人格和公司信用的基本保证。[2] 授权资本制的优势在于：公司不必一次发行全部资本、股份，减轻了公司设立的难度；授权董事会自行决定发行资本，不需经股东会决议并变更公司章程，简

---

[1]　赵旭东：《公司法学》，高等教育出版社2006年版，第231页。

[2]　徐强胜：《我国公司人格的基本制度再造——以公司资本制度与董事会地位为核心》，载《环球法律评论》2020年第3期。

化了公司增资程序；董事会根据公司经营情况发行资本，既灵活适应了公司经营的需要，又避免了资金的冻结、闲置，提高了投资效率。

根据本条第 1 款规定：

首先，授权董事会发行股份，既可以事先由章程规定，也可以由股东会以决议授权。由股东会决议决定的，可以不同于章程的事先规定。

其次，授权董事会发行股份，并非股份有限公司的必然要求，章程或股东会决议可以不采授权发行股份，或者由股东会决议废止章程已经规定的授权发行制度。

再次，在股份有限公司仅只有一名董事时，不适用授权股份发行。

最后，授权发行股份有两点严格限制。第一，公司章程或者股东会可以授权董事会在三年内决定发行不超过已发行股份百分之五十的股份，既有时间限制，也有数额限制，以避免董事会发行权的肆意扩大。第二，以非货币方式支付股款的，应当经股东会决议。实践中表现为债权、土地使用权等具有财产价值的权利或实物资产。其目的旨在通过股东会决议的方式防范非货币出资的价值风险。换言之，将非货币出资的可行性及价值判断的问题交由股东会决定。

二、授权发行股份与公司章程的个性

依本条第 2 款规定，董事会依照第 1 款的规定决定发行股份导致公司注册资本、已发行股份数发生变化的，对公司章程该项记载事项的修改不需再由股东会表决，因为已经得到股东会的授权。

第一百五十三条　【董事会发行新股的决议】公司章程或者股东会授权董事会决定发行新股的，董事会决议应当经全体董事三分之二以上通过。

本条是关于授权董事会发行新股的特别决议的规定。

作为集体议事机构，一般情形下，董事会会议应当有过半数的董事出席方可举行，决议经全体董事的过半数通过即可（第 124 条第 1 款）。但对于公司章程或者股东会授权董事会决定发行新股的情形，董事会决议应当经全体董事三分之二以上通过。亦即，授权发行股份的董事会采特别决议制度，要求全体董事而非出席董事为基数的三分之二以上通过。这主要是为了防止董事会滥用授权发行制度，避免实际控制人等主体通过委派董事控制股权发行问题的出现。

第一百五十四条　【招股说明书】公司向社会公开募集股份，应当经国务院证券监督管理机构注册，公告招股说明书。

招股说明书应当附有公司章程，并载明下列事项：

（一）发行的股份总数；

（二）面额股的票面金额和发行价格或者无面额股的发行价格；

（三）募集资金的用途；

（四）认股人的权利和义务；

（五）股份种类及其权利和义务；

（六）本次募股的起止日期及逾期未募足时认股人可以撤回所认股份的说明。

公司设立时发行股份的，还应当载明发起人认购的股份数。

本条是关于公开募集股份的注册与公告的规定。

一、公开募集股份的注册

依本条规定，公司向社会公开募集股份，应当经国务院证券监督管理机构注册。

尽管投资者购买公司股份是市场行为，法律法规和监管机构不宜深度介入，但对于公开募集股份，法律和监管介入是必要的。发行人希望用更少的证券博取更多的资金流入，而投资者追求有限资金投入下的更高股权收益。在双方博弈的过程中，有一点是很明确的，即抛开投资者提前转让证券收回投资成本的情形（可能亏损或盈利），在一个特定周期内（投资回收期），投资者表现为资产的净支出，发行人则表现为资产的净流入，投资者的回报取决于发行人利用投资进行生产所得的利润分配或者未来偿还，如果发行人亏损或者破产，则意味着投资者的投资预期落空，投资失败。发行人只有持续盈利，才有机会通过分配利润的方式返还投资者的投资成本。① 关于公司盈利能力和资产价值等的信息在这种博弈过程中至关重要。

因此，公开发行证券，必须符合法律、行政法规规定的条件，并依法报经国务院证券监督管理机构注册。未经依法注册，任何单位和个人不得公开发行证券。证券发行注册制的具体范围、实施步骤，由国务院规定（《证券法》第9条）。

国务院证券监督管理机构对已作出的证券发行注册的决定，发现不符合法定条件或者法定程序，尚未发行证券的，应当予以撤销，停止发行。已经发行尚未上市的，撤销发行注册决定，发行人应当按照发行价并加算银行同期存款利息返还证券持有人；发行人的控股股东、实际控制人以及保荐人，应当与发行人承担连带责任，但是能够证明自己没有过错的除外（《证券法》第24条第1款）。

二、公开募集股份的招股说明书

依本条规定，公司向社会公开募集股份，不仅应当经国务院证券监督管理机构注册，还需要公告招股说明书。

招股说明书是指专门表达募集股份的意思并载明有关信息的书面文件，有利于社会公众知道公司募集股份的意图并了解相关信息，达到吸引社会公众认购股份的目的。同时，将招股说明书公之于众，也才能使社会公众了解公司的真实情况，保护广大投资者的利益，防止公司以不正当手段进行募股。

招股说明书须依法制作，内容法定，同时附有公司章程，并载明本条第2款规定的事项。

股票的发行人在招股说明书等证券发行文件中隐瞒重要事实或者编造重大虚假内容，已经发行并上市的，国务院证券监督管理机构可以责令发行人回购证券，或者责令负有责任的控股股东、实际控制人买回证券（《证券法》第24条第2款）。

第一百五十五条　【证券承销】公司向社会公开募集股份，应当由依法设立的证券公司承销，签订承销协议。

---

① 郑彧：《证券法要义》，北京大学出版社2021年版，第95页。

本条是关于证券承销的基本规定。

一、证券承销的一般规则

非公开发行与公开发行的重要区别之一是股份采取间接发行的方式，通过中介机构的证券公司完成销售行为。

股票承销是指股票发行人委托具有股票承销资格的金融机构代其向社会公众股发行股票的行为。证券承销机构可根据承销风险的大小，按承销总额的一定比例收取承销手续费。[①] 股票承销尽管会增加发行人的发行成本，但可以规范股票销售行为，同时利用承销机构的信息优势和客户资源，使股票在定价和销售环节获得优势。

证券承销业务采取代销或者包销方式（《证券法》第 26 条第 1 款）。其中，证券代销是指证券公司代发行人发售证券，在承销期结束时，将未售出的证券全部退还给发行人的承销方式（《证券法》第 26 条第 2 款）。证券包销是指证券公司将发行人的证券按照协议全部购入或者在承销期结束时将售后剩余证券全部自行购入的承销方式（《证券法》第 26 条第 3 款）。

发行人可以自主选择承销机构（《证券法》第 27 条），并通过协议的方式对各方的权利义务以及具体的承销模式进行符合商业目的的安排。

二、证券承销协议的内容

代销或包销协议应载明下列事项（《证券法》第 28 条）：（1）当事人的名称、住所及法定代表人姓名；（2）代销、包销证券的种类、数量、金额及发行价格；（3）代销、包销的期限及起止日期；（4）代销、包销的付款方式及日期；（5）代销、包销的费用和结算办法；（6）违约责任；（7）国务院证券监督管理机构规定的其他事项。

证券公司承销证券，应当对公开发行募集文件的真实性、准确性、完整性进行核查。发现有虚假记载、误导性陈述或者重大遗漏的，不得进行销售活动；已经销售的，必须立即停止销售活动，并采取纠正措施（《证券法》第 29 条第 1 款）。

---

① 邢会强：《证券法学》，中国人民大学出版社 2020 年版，第 37 页。

第一百五十六条　【股款代收】 公司向社会公开募集股份，应当同银行签订代收股款协议。

代收股款的银行应当按照协议代收和保存股款，向缴纳股款的认股人出具收款单据，并负有向有关部门出具收款证明的义务。

公司发行股份募足股款后，应予公告。

本条是关于公开募集股份的代收股款的规定。

一、公开募集股份的代收股款规则

依本条规定，公开募集股份的股份公司，应当采取由银行代收股款的方式完成发行。

为了确保销售股票所收资金得到妥善保管，法律要求由商业银行实行款项代管。对代收股款的银行而言，其所负义务主要有：（1）按照协议代收和保存股款。代收股款的协议签订之后，代收股款的银行就应当按照协议的规定，代发起人收取其向社会公开募集股份所得的股款，并将该股款保存于本银行，以使公司设立所需的资本能够得到保证，从而使公司能够顺利成立。（2）向缴纳股款的认股人出具收款单据。认股人在缴纳股款后，应当有证明其已经缴纳股款的书面文件。为此，本条规定代收股款的银行对向其缴纳股款的认股人，负有出具收到该认股人缴纳股款的单据的义务，以使认股人能够持有已经缴纳股款的凭据。（3）向有关部门出具收款证明。为使有关部门能够知悉公司的资金情况，以便对股票发行进行监督管理、对所收股款进行审核验资，代收股款的银行还负有向有关部门出具收款证明的义务。

二、公司发行股份募足股款后的公告与募集资金使用规则

依本条规定，公司发行股份募足股款后，还应予以公告。

公司对公开发行股票所募集资金，必须按照招股说明书或者其他公开发行募集文件所列资金用途使用；改变资金用途，必须经股东大会作出决议。擅自改变用途，未作纠正的，或者未经股东大会认可的，不得公开发行新股（《证券法》第 14 条）。

第二节 股份转让

第一百五十七条 【股份的自由转让原则】股份有限公司的股东持有的股份可以向其他股东转让，也可以向股东以外的人转让；公司章程对股份转让有限制的，其转让按照公司章程的规定进行。

本条是关于股份转让的一般规则。

一、股份的自由转让原则

股份的自由转让是股份有限公司的基本特征之一。在一定意义上，正是股份的自由转让，导致了公司的两权分离，形成了现代企业制度。本条规定，股份有限公司的股东持有的股份可以向其他股东转让，也可以向股东以外的人转让，没有如有限责任公司那样的股权转让的法定限制要求（第84条第2款）。

股份自由转让原则有三大功能：一是便利股东实现投资收益；二是增加了股东退出渠道，并对公司管理层形成资本市场的外部压力，促进公司经营管理水平的提升；三是促进资金在市场上的自由配置。

二、股份转让的章程限制

依本条规定，公司章程对股份转让有限制，按照公司章程的规定进行。

关于这一点，其与有限责任公司规定相似，尊重公司章程自治。但是，与有限责任公司章程自治不同，股份有限公司章程关于股份转让的规定主要限于非上市公司。上市公司的股份原则上不得限制转让，除非章程另有规定，以及该限制转让型类别股在公开发行前已经发行（第144条第1款第3项）。而且，公司章程可以规定股份转让限制，不能是禁止转让，否则为无效规定。相对地，有限责任公司章程不仅可以限制转让，也可以禁止转让。当然，对于中小型股份有限公司，可以通过类型化处理相关章程规定。

新《公司法》直接明确公司章程可以对股份转让作出限制性规定，而未以公司开放性程度为依据作出划分。原因在于，一是开放程度在公司实态上是一个渐进的逐步过渡的概念。二是开放式公司、公众公司或上市公司是否实行股份转让自由这一基本原则的理论依据尚不清晰。三是有关法律法规已经修改相关规定，实际上允许上市公司为了特殊目的设置限制转让股份，如前述的股权激励措施，司法裁判也已确认此类限制性规定的法律效力。因而，承认股份有限公司章程限制的有效性，并不违背股份公司的本质特征，反而有利于实现资源配置。

第一百五十八条　【股份转让场所】股东转让其股份，应当在依法设立的证券交易场所进行或者按照国务院规定的其他方式进行。

本条是关于股份转让场所的规定。

一、股份转让的场所

依本条规定，股东转让其股份，应当在依法设立的证券交易场所进行或者按照国务院规定的其他方式进行。

股份公司股份转让的场所随着公司类型的不同而存在差异。根据股东数量是否超过 200 人、是否公开发行和转让股份等条件，可以将我国股份公司分为上市公司、非上市公众公司和非上市非公众股份公司。根据《证券法》第 37 条第 1 款，公开发行的证券，应当在依法设立的证券交易所上市交易或者在国务院批准的其他全国性证券交易场所交易。根据《非上市公众公司监督管理办法》第 4 条，公众公司公开转让股票应当在全国中小企业股份转让系统进行，公开转让的公众公司股票应当在中国证券登记结算公司集中登记存管。但"非上市公众公司"并不等于"新三板挂牌公司"，而是其上位概念。新三板挂牌公司只是非上市公众公司中的一种类型。根据证监会非上市公众公司信息披露网站，非上市公众公司还包括两网及退市公司，以及 6 家其他类型的非上市公众公司。[①] 对于非上市非公众公司，实际上国务院并没有专门制定股份转让场所的相关规定，主要由公司自行向当地的股份交易中心进行股权的托管和转让，不存在明显的强制性规定。

---

① 此类公司的详细情况参见资本市场电子化信息披露平台：http：//eid. csrc. gov. cn/nlpc/1024/index. html，最后访问时间：2023 年 12 月 8 日。

二、违反规定的行为效力

在违反股权转让交易场所的限制是否影响股权转让效力的问题上，司法实践一般认为不影响。① 在"陈某明与荆某国等股权转让纠纷案"〔（2018）最高法民终 60 号〕中，最高人民法院认为，《股份转让协议》签订时大康公司为股份有限公司，2018 年《公司法》第 138 条（新《公司法》第 158 条）对股份有限公司股东转让股份场所或方式的规定，对股权转让关系效力并无影响。陈某明作为大康公司的股东转让其持有的大康公司股份是对自己权利的正常处分，不违反法律、行政法规的强制性规定。

第一百五十九条　【股票转让】股票的转让，由股东以背书方式或者法律、行政法规规定的其他方式进行；转让后由公司将受让人的姓名或者名称及住所记载于股东名册。

股东会会议召开前二十日内或者公司决定分配股利的基准日前五日内，不得变更股东名册。法律、行政法规或者国务院证券监督管理机构对上市公司股东名册变更另有规定的，从其规定。

本条是关于股票转让的规定。

一、股票转让的一般规则

（一）转让方式

根据新《公司法》规定，股票采记名股票方式（第 147 条第 2 款），故本条规定股票的转让，一般由股东以背书方式进行。实践中，同时存在无纸化的股票，即以在证券登记结算机构记载股东账户的方式发行股票，不印制实物股票。这些股票的交易，按照有关法律、行政法规的规定，要求交易者在证券公司开户、委托证券公司买卖、达成交易合同、进行清算交割、办理证券的登记过户手续等程序。因此，股票转让可以"法律、行政法规规定的其他方式进行"。

---

① 另参见"丁某华与江苏大丰农村商业银行股份有限公司、袁某等股权转让纠纷二审民事判决书"〔（2018）苏 09 民终 2159 号〕。

（二）股票转让后股东名册的记载

记名股票的股东按照股票记载享有股东权利，权利的行使以记名股票的记载与股东名册的记载相一致为前提，在二者不一致的情况下，以股东名册记载为依据。因此，转让后应由公司将受让人的姓名或者名称及住所记载于股东名册。

违反此项程序的股票转让，对公司没有对抗效力。因为如果不依法办理股票过户手续，公司的股东名册没有变更，股权没有真正转移，股东一切应享受的权利和应尽的义务，仍以原股东名册上的记载为准。在"王某、成都农村商业银行股份有限公司金花支行案外人执行异议之诉"〔（2019）川06民终255号〕中，法院认为，股份制公司股东转让记名股票，由股东以背书的方式或法律、行政法规规定的其他方式转让，即完成了股权法律意义上的交付。股东名册是股东对公司享有股权的法律依据，以此作为识别股东、确定股东享有股权份额及股权行使范围的依据，具有公示的效力，在公司股份转让后必须由公司将受让人的姓名或名称及住所地记载于股东名册，若受让股东未能将股东及其股权状况登记于股东名册，则该记名股份的转让对公司不发生效力，亦不能对抗善意第三人。但如果因公司原因没有及时变更，则受让人有权要求及时变更并享有相应权利。

记名股票转让后，公司依法律法规的规定和章程将受让人姓名或名称及住所记载于股东名册即可，一般不需要再向受让人签发其他文书。

需要注意的是，变更股东名册并非股权转让协议生效的必经程序。

二、股东会会议召开前股东名册变更的禁止

股份有限公司的股份可以自由转让，实践中，股票的转让较为频繁。在决定召开股东会会议时，需要确定股东参会并享有相关权利，因此应规定股东会会议召开前一定时间内的股东名册变更禁止，解决该期间的权利归属的确定性问题，确保股东会会议顺利召开。另外，为避免证券市场被集中操纵，以及因派发股息而引起股票价格过于波动，也需要如此。

对此，本条规定，股东会会议召开前二十日内或者公司决定分配股利的基准日前五日内，不得变更股东名册，除非法律、行政法规或者国务院证券监督管理机构对上市公司股东名册变更另有规定。

第一百六十条 【特定股份转让限制】公司公开发行股份前已发行的股份，自公司股票在证券交易所上市交易之日起一年内不得转让。法律、行政法规或者国务院证券监督管理机构对上市公司的股东、实际控制人转让其所持有的本公司股份另有规定的，从其规定。

公司董事、监事、高级管理人员应当向公司申报所持有的本公司的股份及其变动情况，在就任时确定的任职期间每年转让的股份不得超过其所持有本公司股份总数的百分之二十五；所持本公司股份自公司股票上市交易之日起一年内不得转让。上述人员离职后半年内，不得转让其所持有的本公司股份。公司章程可以对公司董事、监事、高级管理人员转让其所持有的本公司股份作出其他限制性规定。

股份在法律、行政法规规定的限制转让期限内出质的，质权人不得在限制转让期限内行使质权。

本条是关于公开发行股份的公司的特定主体股份转让的限制规定。

一、股份自由转让原则的例外

股份自由转让是股份有限公司股份转让的基本原则，贯穿于公司整个经营活动过程。但对于某些股东，由于其地位特殊，如发起人、作为股东的董事、监事和其他高级管理人员等，其自由转让股份可能会损害其他股东的利益，需要加以限制（《证券法》第36条）。对于公司因某种原因而回购股份，显然会影响到债权人和普通股东的利益，也需要限制（第161条）。

二、特定股份转让限制的基本规定

（一）公司公开发行前股份转让的限制

依本条规定，如果公司在证券交易所公开上市，其公开发行股份前已发行的股份，自公司股票在证券交易所上市交易之日起一年内不得转让，除非法律、行政法规或者国务院证券监督管理机构对上市公司的股东、实际控制人转让其所持有的本公司股份另有规定。

该规则主要是对公司发起人持有股份的限制，当然也包括非发起人股东在公司公开发行前取得的股份，目的是防止发起人及其他股东利用公司股份上市随意炒作股票，扰乱证券市场秩序。

（二）公司董事、监事、高级管理人员转让股份的限制

作为公司管理与监督人员，公司董事、监事、高级管理人员不仅掌握公司内部信息，而且其行为直接关系公司股价，因此对其转让股份需作出必要限制。

依本条规定，公司董事、监事、高级管理人员应当向公司申报所持有的本公司的股份及其变动情况，在就任时确定的任职期间每年转让的股份不得超过其所持有本公司股份总数的百分之二十五；所持本公司股份自公司股票上市交易之日起一年内不得转让。上述人员离职后半年内，不得转让其所持有的本公司股份。公司章程可以对公司董事、监事、高级管理人员转让其所持有的本公司股份作出其他限制性规定。

此外，为防止短线交易，《证券法》第44条第1款规定："上市公司、股票在国务院批准的其他全国性证券交易场所交易的公司持有百分之五以上股份的股东、董事、监事、高级管理人员，将其持有的该公司的股票或者其他具有股权性质的证券在买入后六个月内卖出，或者在卖出后六个月内又买入，由此所得收益归该公司所有，公司董事会应当收回其所得收益。但是，证券公司因购入包销售后剩余股票而持有百分之五以上股份，以及有国务院证券监督管理机构规定的其他情形的除外。"

（三）限制转让期限内出质股份的行使质权限制

为回避以上限制规定，实践中出现一些受到限制转让的股东试图通过出质的方式，将其持有股份进行实质上的转让的情况。这是一种典型的以合法形式掩盖非法目的的做法（《民法典》第146条第1款）。为防止此种不当行为，本条规定，如果股份在法律、行政法规规定的限制转让期限内出质的，质权人不得在限制转让期限内行使质权。

三、违反限制规定转让股份行为的效力

本条关于特殊股份转让限制的规定，是为了维护证券市场秩序而对特殊股份的特别约束。表面上看，是关于三种特殊股份持有人转让股份的要求，但实质上是对特殊股份的特别要求。这些特殊股份直接关系公开发行股份公司的内部稳定与整个证券市场的外部秩序。申言之，如果违反本条规定的"不得转让"要求，则属于违反法律、行政法规的强制性规定的无效民事法律行为（《民法典》第153条）。

对此，作为规范证券发行与交易的《证券法》第36条也强调，依法发行的证券，《公司法》和其他法律对转让期限有限制性规定的，在限定的期限内"不得转让"，且明确"不得违反法律、行政法规和国务院证券监督管理机构关于持有期限、卖出时间、卖出数量、卖出方式、信息披露等规定，并应当遵守证券交易所的业务规则"。

所以，违反以上限制规定而转让股份的行为无效，[①] 即使转让方与受让方均为公司股东。在"王某与黄某荣股权转让纠纷再审案"[（2016）苏民再418号]中，一审和二审法院均认为2018年《公司法》第141条（新《公司法》第160条）只是对股份公司董事、监事以及其他高级管理人员转让股份的限制，而非禁止，其目的在于防止公司董事、监事以及其他高级管理人员利用其身份谋取不当利益，但该限制性规定并不影响股权转让合同的效力，而只是影响其履行。但再审法院指出，命令当事人不得为一定行为的法律规定通常被称为禁止性规定，法律制定禁止性规定的目的在于规范及指引当事人的法律行为，如当事人的法律行为违反禁止性规定则可能导致行为无法律上的效力。本案中，王某与黄某荣于2015年4月18日签订案涉股份转让协议时，均系集团公司的董事。双方约定将王某持有的集团公司全部股份一次性转让给黄某荣，明显违反前述法律规定，故案涉协议应属无效。

需要注意的是，本条关于特殊股份转让的限制规定，是对公开发行股份公司的特定股份转让的限制，其前提是公司已经公开上市。如果公司尚未公开上市，而处于非上市阶段，则不适用本条。

在"袁某平等与李某等股权转让纠纷案"[（2022）京01民终2138号]中，法院认为，就本案而言，从公司性质角度，精准沟通公司系非上市股份

---

① 也有裁判文书认为有效，如在"严某敏等诉赵某芳等股权转让纠纷案"[（2015）浙商提字第51号]中，法院认为该条立法意旨主要为了完善公司治理，防止股份公司的董事、监事和高管通过违规的股权转让谋取不当利益，侵害广大投资者的权益。本案公司虽为股份有限公司，但股东仅为三人，并非公众公司。案涉股权转让并不涉及公众利益的保护问题。在本案情形下，公司法上述规定当属管理性规定而非效力性规定，不影响股权转让合同的效力判断。另见"张桂平诉王华股权转让合同纠纷案"，载《最高人民法院公报》2007年第5期。

有限公司，案涉股权转让时，股东人数确定、不具有涉众因素，股权转让本身不具有侵害社会不特定多数人的逻辑前提；股权转让后，精准沟通公司经股东会决议变更了公司章程和工商登记，现有证据显示其他股东对该股权转让未提出异议，表明股权转让本身亦不存在侵害其他投资人的情形。故《股份转让协议》《补充协议》并未侵犯 2018 年《公司法》第 141 条（新《公司法》第 160 条）所保护的法益，不宜认定上述协议存在被确认无效的情形。

第一百六十一条　【异议股东股份回购请求权】 有下列情形之一的，对股东会该项决议投反对票的股东可以请求公司按照合理的价格收购其股份，公开发行股份的公司除外：

（一）公司连续五年不向股东分配利润，而公司该五年连续盈利，并且符合本法规定的分配利润条件；

（二）公司转让主要财产；

（三）公司章程规定的营业期限届满或者章程规定的其他解散事由出现，股东会通过决议修改章程使公司存续。

自股东会决议作出之日起六十日内，股东与公司不能达成股份收购协议的，股东可以自股东会决议作出之日起九十日内向人民法院提起诉讼。

公司因本条第一款规定的情形收购的本公司股份，应当在六个月内依法转让或者注销。

本条是关于异议股东股份回购请求权的规定。

一、非公开发行股份公司异议股东股份回购请求权

异议股东股份回购请求权，指在公司特定行为中，法律赋予对其有异议的股东请求公司以公平价格回购其股份的权利。

异议股东股份回购请求权是对特定情形下的异议股东提供的一种保护性措施，实质上是防止多数股东滥用权利或者欺压少数股东的一种救济。鉴于该项权利的救济目的，如果进行特定交易的公司是公众公司，异议股东可以直接在公开市场出售其股份而获得等值的救济。① 此外，根据"有效市场理论"，投资者可以充分地利用市场信息，确保公开市场对股票的定价能够精准地反映公司股票的价值。所以，异议股东股份回购请求权不适用于公开发行股份的公司。

二、行使回购请求权的法定情形

异议股东股份回购请求权行使的结果是由公司收购股份，属于广义上的股份转让。但是，由于收购者是本公司，其性质就不单纯是股份转让，实质上是股东撤回投资、退出公司的行为，有必要对其作出严格限制。

依本条第 1 款规定，有下列三种情形之一，并且股东会在该股东投反对票的情况下依然作出了有效的决议，该投反对票的股东可以请求公司按照合理的价格收购其股权。

（一）公司连续五年不向股东分配利润，而公司该五年连续盈利，并且符合本法规定的分配利润的条件

在这种情况下，股东有权要求分配利润，但持有公司多数表决权的其他股东通过了不分配公司利润的股东会决议，从而阻碍了其分配利润的合理利益实现，故应允许其退出公司。

（二）公司转让主要财产

公司转让主要财产，如生产型公司的生产场地或主要生产设备等，使得公司赖以开展生产经营活动的财产基础出现变化，未来的发展充满不确定性甚至可能产生风险。尽管股东会按照"资本多数决"原则形成了合法的决议，但与少数表决权股东的意愿相反，改变了其设立公司时的合理利益期待，故应允许其退出公司。

（三）公司章程规定的营业期限届满或章程规定的其他解散事由出现，股东会会议通过修改章程使公司存续

章程规定的营业期限届满或章程规定的其他解散事由出现时，公司本应解散，股东因此退出投资。持有公司多数表决权的其他股东通过股东会决议修改公司章程，决定公司存续，已与公司章程订立时股东的意愿发生根本性

---

① 参见楼秋然：《公开市场例外规则：理论反思与制度建构——兼评〈公司法（修订草案）〉第 172 条》，载《证券市场导报》2022 年第 7 期。

差异，应允许对此决议投反对票的股东退出公司，不能要求少数表决权股东违背自己意愿而被迫面对公司继续经营的风险。

一般来讲，如果出现以上法定情形，异议股东有权要求公司回购其股份。值得思考的是，前两种情形，即公司该分配利润而未分配、公司转让主要财产的实质是公司经营权的行使。异议股东股份回购请求权的实质是为了解决大股东滥用权利而致使小股东受到压迫和挤出，其应当结合《公司法》第 21 条第 1 款来适用。如果没有出现股东滥用权利而损害所谓异议股东的权利，就不存在异议股东股份回购请求权的问题。股东有不同意见，可以通过一般的股份转让处理。

三、"合理价格"的确认

依本条规定，出现以上情形，异议股东可以请求公司按照合理的价格收购其股份。那么，如何确定"合理的价格"？一般情况下，异议股东可以和公司协议解决，协议不成的，可以通过诉讼处理。

关于合理价格的确定方式，争议颇大。有的学者认为净资产价值能够合理反映公司的经营情况，在确定股价时，既可以是上一财务年度末的净资产价格，也可以是退股前三年净资产的平均价值。[1] 有学者认为除前述方法外，也可以以股东退股时的净资产为基准进行股价评估。[2] 还有的学者认为，在股票上市的情形下可参照市价确定，在股票不上市的情形下，则应以净资产价值为准计算股价。[3] 有学者建议参照市场价值法、资产价值法、收益价值法等对股价进行评估。[4] 也有学者在赞同借鉴不同的方法时指出，评估方法应该是开放的，只要符合商业惯例，都应该作为股价评估的参考因素。[5] 由于公司的具体情况不同，且实践中"合理价格"的确定难有统一的客观标准，因而，采用开放的评估方法更为可取。

四、异议股东股份回购请求之诉

按照本条规定，异议股东请求公司收购其股份，应首先通过协商的方式解决，即应在股东会决议作出之日起的六十日内，向公司提出回购股份的请

---

[1] 刘兰芳：《新公司法疑难案例判解》，法律出版社 2009 年版，第 173 页。
[2] 刘俊海：《现代公司法》，法律出版社 2011 年版，第 278 页。
[3] 赵万一：《公司治理法律问题研究》，法律出版社 2004 年版，第 192 页。
[4] 高永深：《论异议股东股份回购请求权》，载《河北法学》2008 年第 4 期。
[5] 徐洪涛：《异议股东股份收买请求权研究》，清华大学 2004 年博士学位论文。

求。其次，如果双方不能就股份回购达成协议，异议股东可以自股东会决议作出之日起九十日内向人民法院提起诉讼。

以上法定的六十日与九十日均系从股东会决议作出之日起算。超过该期限的，法院将不予受理（参见《公司法司法解释（一）》第3条）。

五、回购股份的处理

依本条规定，公司收购本公司股份后，基于公司不得持有本公司股份原则，应当在六个月内依法转让或者注销。如董事会不在此时间要求内转让或注销，属于违反信义义务（第180条）而应承担相应的责任（第188条、第189条）。

第一百六十二条 **【公司收购本公司股份的禁止与例外】** 公司不得收购本公司股份。但是，有下列情形之一的除外：

（一）减少公司注册资本；

（二）与持有本公司股份的其他公司合并；

（三）将股份用于员工持股计划或者股权激励；

（四）股东因对股东会作出的公司合并、分立决议持异议，要求公司收购其股份；

（五）将股份用于转换公司发行的可转换为股票的公司债券；

（六）上市公司为维护公司价值及股东权益所必需。

公司因前款第一项、第二项规定的情形收购本公司股份的，应当经股东会决议；公司因前款第三项、第五项、第六项规定的情形收购本公司股份的，可以按照公司章程或者股东会的授权，经三分之二以上董事出席的董事会会议决议。

公司依照本条第一款规定收购本公司股份后，属于第一项情形的，应当自收购之日起十日内注销；属于第二项、第四项情形的，应当在六个月内转让或者注销；属于第三项、第五项、第六项情形的，公司合计持有的本公司股份数不得超过本公司已发行股份总数的百分之十，并应当在三年内转让或者注销。

上市公司收购本公司股份的，应当依照《中华人民共和国证券法》的规定履行信息披露义务。上市公司因本条第一款第三项、第五项、第六项规定的情形收购本公司股份的，应当通过公开的集中交易方式进行。

公司不得接受本公司的股份作为质权的标的。

本条是关于股份回购的规定。

一、股份回购的原则禁止与例外允许

股份回购，是指公司基于一定的目的，以公司拥有的资金从股东手中买回本公司的股份。

股份回购的实质是公司持有本公司的股份，会损害公司资本维持，违背股东平等，导致公司被不当控制，破坏证券市场秩序。但同时，也可以优化公司资本结构，提升公司投资价值，调节股票供应量，实施反收购，实施股票期权等优势。

因此本条规定，原则上公司不得收购本公司的股份，但也规定了例外的法定情形，即"原则禁止，例外许可"，许可的例外属于"合法正当的商业目的"情形。

二、例外允许的情形

根据本条第 1 款规定，下列情形允许回购：

（一）减少公司注册资本

减少注册资本是公司依照法定程序减少公司的注册股份总额，一般出现在公司资本充裕，又不需要对外投资或者对外投资收益率较低的情形。公司减少注册资本可以采取减少每股金额的方式，也可以采取减少股份数额的方式。在采取减少股份数额的方式时，公司可以按一定的价格购回公司的部分股份，予以注销。

（二）与持有本公司股份的其他公司合并

这里的合并主要指吸收合并，当公司与持有本公司股份的其他公司合并时，股票的债权人与债务人就成为一体，因而需要回购股份。

（三）将股份用于员工持股计划或者股权激励

现代公司为鼓励员工，常常采取职工持股计划和股票期权制度，以使职员和管理者的努力与公司财富增大建立相关性。根据中国证监会发布的《关于上市公司实施员工持股计划试点的指导意见》规定，员工持股计划是指上市公司根据员工意愿，通过合法方式使员工获得本公司股票并长期持有，股份权益按约定分配给员工的制度安排。员工持股计划的参加对象为公司员工，包括管理层人员。股权激励是指上市公司以本公司股票为标的，对其董事、高级管理人员及其他员工进行的长期性激励，激励对象可以包括上市公司的董事、高级管理人员、核心技术人员或者核心业务人员等。公司推行员工持股计划或者股权激励，也可以通过发行新股进行，但可能会稀释未来股权收益。而通过股份回购进行，有利于提升股价，也不会稀释未来股权收益，既维护了既有股东的利益，也有利于对员工的激励。

（四）股东因对股东会作出的公司合并、分立决议持异议，要求公司收购其股份

这是为了保护中小股东利益而作出的特别规定，为中小股东退出公司提供了合理的渠道。其法理同前述异议股东股份回购请求权。

（五）将股份用于转换公司发行的可转换为股票的公司债券

可转换为股票的公司债券是以债券形式发行的，在一定时期内依据约定的条件可以转换为股票的债券。上市公司为转换可转债的需要回购股份，避免发行新股稀释未来股权收益，有利于股东和可转债券持有人的利益。

（六）上市公司为维护公司价值及股东权益所必需

这是专门对上市公司设置的回购股份规定。根据《上市公司股份回购规则》第2条规定，本条中的"为维护公司价值及股东权益所必需"，应当符合以下条件之一：（1）公司股票收盘价格低于最近一期每股净资产；（2）连续二十个交易日内公司股票收盘价格跌幅累计达到百分之二十；（3）公司股票收盘价格低于最近一年股票最高收盘价格的百分之五十；（4）中国证监会规定的其他条件。

为规范上市公司股份回购，《上市公司股份回购规则》作出了较为具体的要求。

三、股份回购的程序

股份回购的程序包括回购的决定程序和债权人保护程序两方面：

（一）股份回购的决定程序

股份回购的决定程序，根据情形的不同，分别由股东会和董事会决定。

依本条规定，公司因减少公司注册资本、与持有本公司股份的其他公司合并的情形收购本公司股份的，应当经股东会决议。该股东会决议应当经代表三分之二以上表权决的股东通过。

公司因将股份用于员工持股计划或者股权激励、将股份用于转换公司发行的可转换为股票的公司债券、上市公司为维护公司价值及股东权益所必需的情形收购本公司股份的，可以按照公司章程或者股东会的授权，经三分之二以上董事出席的董事会会议决议。

（二）债权人保护程序

《公司法》规定，公司减资和合并应履行债权人保护程序，不可通过股份回购规避。

公司合并，应当由合并各方签订合并协议，并编制资产负债表及财产清单。公司应当自作出合并决议之日起十日内通知债权人，并于三十日内在报纸上或者国家企业信用信息公示系统公告。债权人自接到通知之日起三十日内，未接到通知的自公告之日起四十五日内，可以要求公司清偿债务或者提供相应的担保（第220条）。

公司应当自股东会作出减少注册资本决议之日起十日内通知债权人，并于三十日内在报纸上或者国家企业信用信息公示系统公告。债权人自接到通知之日起三十日内，未接到通知的自公告之日起四十五日内，有权要求公司清偿债务或者提供相应的担保（第224条第2款）。

除减资和合并外，为其他目的回购股份系以可分配盈余为财源，并不违背资本维持原则，无须履行债权人保护程序。

当发生股份回购情形，公司必须依法定程序进行决定，并办理相关手续，否则不能认为存在股份回购问题。

在"深圳市深长实业股份有限公司、深圳市金江房地产开发投资有限公司股权转让纠纷案"〔（2017）粤民终6号〕中，法院指出，《公司法》规定，除非出现法定情形，公司不得收购本公司股份。本案深长公司提出其已回购金江公司持有的本公司股份，但其未曾召开股东大会讨论减少该司注册资本，亦不存在与持有该司股份的其他公司合并及将回购的股份奖励给公司职工的情形，故深长公司有关其已回购该司股权的主张违反上述法律的强制性规定，对其有关确认深长公司已受让并回购股份的主张不予支持。

四、公司收购股份的处理

公司依法收购本公司股份后，其性质属于库藏股，即存放于公司的股份，既不能分配利润，也没有表决权。在公司资产负债表上，库藏股不能列为公司资产，应当将其作为所有者权益的备抵项目反映。

本条规定，公司收购的本公司股份必须及时处理。其中，公司为减少公司注册资本收购的股份应当自收购之日起十日内注销。与持有本公司股份的其他公司合并、股东因对股东会作出的公司合并或分立决议持异议而收购的股份，应当在六个月内转让或者注销。将股份用于员工持股计划或者股权激励、将股份用于转换公司发行的可转换为股票的公司债券，以及上市公司为维护公司价值及股东权益所必需而收购的股份，一方面要求公司因此合计持有的本公司股份数不得超过本公司已发行股份总数的百分之十；另一方面要求在三年内转让或者注销。

五、上市公司股份回购的信息披露与集中交易

（一）上市公司股份回购的信息披露

本条规定，信息披露是上市公司的基本要求。公司收购本公司的股份属于应当披露事项，其必须按照规定履行信息披露义务。披露的基本要求是及时、真实、准确、完整，简明清晰，通俗易懂，不得有虚假记载、误导性陈述或者重大遗漏（《证券法》第78条第2款）。

（二）上市公司股份回购的集中交易

本条规定，将股份用于员工持股计划或者股权激励、将股份用于转换公司发行的可转换为股票的公司债券，以及上市公司为维护公司价值及股东权益所必需的情形而收购本公司股份的，应当通过公开的集中交易方式进行。

六、公司不得接受本公司的股份作为质权的标的

依本条规定，将自己持有的股份对外进行质押，属于股东的权利，但股东不能将其股份质押给本公司。

其原因主要在于，股东有可能通过质押导致变相的公司回购。如果质押股东本人或其被担保人不能到期偿还债务，质押的股份就会成为公司的股份。显然，如果公司接受自己本公司的股份作为质权标的，无异于用自己的财产担保自己的债权。此外，还有其他立法考量，如股东股份质押给本公司，导致内幕交易等违法情形出现。

违反该规定的，质押无效。在"山西盟科房地产开发有限公司与山西忻州农村商业银行股份有限公司、忻州恒昌贸易有限公司等借款合同纠纷案"［（2017）晋民终 545 号］中，法院指出，《公司法》规定公司不得接受本公司的股票作为质押权的标的。本案中，望洲健康公司向忻州农商银行提供反担保的质物就是忻州农商银行的股份。因此，协议书关于股权质押条款因违反法律禁止性规定，应依法认定无效。

第一百六十三条　【财务资助的禁止与例外】 公司不得为他人取得本公司或者其母公司的股份提供赠与、借款、担保以及其他财务资助，公司实施员工持股计划的除外。

为公司利益，经股东会决议，或者董事会按照公司章程或者股东会的授权作出决议，公司可以为他人取得本公司或者其母公司的股份提供财务资助，但财务资助的累计总额不得超过已发行股本总额的百分之十。董事会作出决议应当经全体董事的三分之二以上通过。

违反前两款规定，给公司造成损失的，负有责任的董事、监事、高级管理人员应当承担赔偿责任。

本条是关于财务资助的规定。

一、财务资助的意义

财务资助制度起源于英国，是指公司或其控股公司对购买自身股份的人提供财务上的帮助。[①]

在新《公司法》之前，我国的禁止财务资助制度缺乏统一性，相关规定

[①]　林少伟：《英国现代公司法》，中国法制出版社 2015 年版，第 665 页。

散落于《证券发行与承销管理办法》《上市公司收购管理办法》等证监会规章以及《上海证券交易所股票上市规则》等证券交易所规则中。各个行政规章与交易所规则所规定的财务资助含义、规制对象、规制范围等内容也不尽相同。新《公司法》将该规则从上市公司推广至全部股份公司。

二、财务资助的原则

（一）禁止原则

本条规定，原则上，公司及其子公司不得实施财务资助行为，即公司不得为他人取得本公司或者其母公司的股份提供赠与、借款、担保以及其他财务资助。

禁止财务资助制度肇始于对杠杆收购的遏制。购买方通过大幅提升目标公司债务水平的方式取得购买资金。购买者会设计各种交易结构，以使得股票收购对价中绝大部分比例的最终偿付都来源于被收购公司的日常经营现金流和被收购企业资产的变卖所得。[①] 目的不当的杠杆收购无疑将损害公司股东的利益，特别是在收购股份中受到潜在歧视的股东。同时，财务资助将降低公司资产的质量和数量，进而影响债权人的利益。因此，尽管杠杆收购的积极影响被市场所认可，财务资助行为仍然得到普遍的禁止。

具体而言，首先，依文义，《公司法》禁止的是第三人取得公司股份，而不禁止公司资助第三人取得子公司股份。其次，财务资助的类型很难穷尽，但从本条列出的具体情形来看，都是减少或有可能减少公司净资产的行为。此处的资助应局限于具有"财务"性质，其他资助，如仅仅提供信息（即便是财务信息）也应当认为不构成资助。[②] 最后，禁止财务资助制度所调整的财务资助特指为了资助他人购买本公司或本公司控股公司的股份，如果被资助对象使用公司资助去从事购买公司股份之外的其他行为（如购买公司债券），则不属于禁止财务资助制度的调整范围。[③]

司法实践中，可深入探究公司交易的商业实质，以实质重于形式的标准，

[①] 王几高：《我国杠杆收购中规制财务资助的制度逻辑和规则重构——以降低代理成本为视角》，载《上海金融》2018年第8期。

[②] ［英］保罗·戴维斯、［英］莎拉·沃辛顿：《现代公司法原理（上册）》，罗培新等译，法律出版社2016年版，第356页。

[③] 沈朝晖：《财务资助行为的体系化规制——兼评释2021〈公司法（修订草案）〉第174条》，载《中国政法大学学报》2022年第5期。

判断公司的某一个交易或行为是否导致公司的资产减损，变相资助他人取得本公司股份。

在类型上，财务资助分为直接资助与间接资助。直接资助是公司对股份购买方的直接资助，资助交易发生在公司与被资助对象之间。间接资助是指公司通过第三方对股份购买方进行资助。在界定财务资助时，资助是提供给股份的买方或者卖方，甚至财务资助的受益者是其他方，对财务资助的界定都不重要；只要财务资助的目的是股权的取得或购买。财务资助的表现形式既包括公司用资产去资助买方或卖方，也包括为股份交易合同提供担保，作出担保买方会支付价款的意思表示。

（二）例外

本条规定，公司实施员工持股计划的，允许进行财务资助。

员工持股计划作为禁止财务资助制度的例外，一方面考虑到员工的薪酬收入购买力不足以购买公司股份，为了避免员工对外举债以行权，故允许公司对员工提供财务资助。另一方面，该例外本质上属于一个更高层面的目标，即通过公司员工持有公司股权实现公司内部股权社会化和经济民主。[①]

值得注意的是，国有控股混合所有制企业存在特殊规定。《关于国有控股混合所有制企业开展员工持股试点的意见》明确规定，"试点企业、国有股东不得向员工无偿赠与股份，不得向持股员工提供垫资、担保、借贷等财务资助。持股员工不得接受与试点企业有生产经营业务往来的其他企业的借款或融资帮助"。

三、为公司利益的财务资助

禁止财务资助主要是为了防止公司拿自己的钱资助他人而损害公司利益。如果是为了公司的利益或者有利于公司，则应当允许财务资助。

如何判断是为了公司利益或者有利于公司，难以通过规范的实质标准认识。因为，这一目的极具抽象性，很容易通过当事人的解释技巧将各类财务资助行为解释为符合公司利益，最终架空这一目的性限制。司法机关对于当事人交易目的的判断至关重要。但任何公司进行的所有交易都会使其处于某种程度的风险之中，除非通过评估意外风险发生的可能性及其带来的威胁的

[①]　王几高：《公司法中禁止财务资助制度研究》，华东政法大学 2018 年博士学位论文。

重要程度来进行判断，否则损害发生的标准设置不可能对财务资助禁令的范围提供任何真正的限制。[①]

不过，对于公司而言，是否有利于公司，可以交由公司自身判断，即通过股东会决议或由股东会、章程授权董事会决定某行为是否为了公司利益。这是一个典型的程序性标准，体现了公司成员本身才是公司利益最佳判断者。

因此，依本条第2款规定，我国采取了"股东批准模式"和"资本比例模式"两者的结合模式。《公司法》设置了两个方面的限制：一是资助总额上的限制，通过这一要求能尽可能地保护债权人的利益；二是董事会表决上的限制，三分之二的表决权要求既能确保大部分董事成员就该议题发表充分的商业判断意见，也能避免全体通过时个别董事的否决权滥用。

四、违反规定的责任

本条第3款规定，违反前两款规定而给公司造成损失的，负有责任的董事、监事、高级管理人员应当承担赔偿责任。

《公司法》将财务资助行为单独列明为一种高度可疑的行为，属于董事忠实义务的精细化立法，一是可以提醒董事履职时关注此类行为；二是可以唤醒股东、债权人的维权意识。

第一百六十四条　【股票被盗、遗失或者灭失的公示催告】 股票被盗、遗失或者灭失，股东可以依照《中华人民共和国民事诉讼法》规定的公示催告程序，请求人民法院宣告该股票失效。人民法院宣告该股票失效后，股东可以向公司申请补发股票。

本条是关于股票被盗、遗失的公示催告的规定。

一、公示催告程序

公示催告程序是民事诉讼法中的一种特别程序，是指人民法院根据当事人基于法定理由提出的申请，以公示的方式，催告不特定或不明的利害关系人在一定期间申报权利，如不申报，即产生失权效果或其他不利的法律后果。

根据《民事诉讼法》有关规定，股票被盗等的公示催告程序主要为：

---

① 张弓长：《论公司财务资助的价值面向和规制结构》，载《华东政法大学学报》2023年第3期。

（一）申请人提出申请

根据本条规定，提起公示催告程序的只能是股东。股东的申请应采用书面形式，申请书应写明票面金额、股份数额、发行公司的名称、持股人、背书人等股票记载的内容和申请的理由、事实。

（二）法院受理申请

人民决定受理申请的，应当同时通知发行公司停止该记名股票股东权的行使，并在三日内发出公告，催促利害关系人申报权利。公示催告期间的长短，由人民法院根据案件的具体情况决定，但不得少于六十日。股份发行公司接到人民法院的止付通知后，应按通知执行，直至公示催告程序终结。在公示催告期间，转让股票权利的行为无效。利害关系人应在公示催告程序期间向人民法院申报，人民法院接到利害关系人申报后，应当裁定终结公示催告程序，并通知申请人和股份发行公司。申请人或申报人可以向人民法院起诉。

（三）除权判决

公示催告期间届满，无人申报权利的，经申请人申请，人民法院应作出除权判决，宣告该记名股票无效。利害关系人因正当理由不能在除权判决前向人民法院申报的，可以自知道或应当知道判决公告之日起一年内，向作出判决的人民法院起诉。

二、股票的补发

除权判决应当公告，并通知股份发行公司，自判决公告之日起，股东可以向公司申请补发股票。董事会作为股份发行的代表机构应当履行补发股票的义务。

第一百六十五条　【上市公司股票交易】上市公司的股票，依照有关法律、行政法规及证券交易所交易规则上市交易。

本条是关于上市公司股票交易的基本规定。

上市公司，是指所发行的股票在依法设立的证券交易所上市交易的股份有限公司。目前实践中，通常是股份有限公司经国务院证券监督管理机构注册首次公开发行股票并上市交易。

证券在证券交易所上市交易，应当采用公开的集中交易方式或者国务院证券监督管理机构批准的其他方式。股票交易以现货交易和国务院规定的其他方式进行，公司应当依法保证其公司的信息持续公开，禁止进行内幕交易和其他不正当交易，对上市公司的收购应当符合法律规定的程序。《证券法》的上述规定、有关证券监督的行政法规以及证券交易所的业务规则关于上市公司股票交易的规定，都是上市公司的股票进行交易时所必须遵守的。

第一百六十六条　【上市公司信息披露】上市公司应当依照法律、行政法规的规定披露相关信息。

本条是关于上市公司信息披露的规定。

一、上市公司信息披露制度的原则

上市公司的股票在依法设立的证券交易所进行交易，面对广大的投资者。为了方便投资者进行投资决策、保护投资者的合法权益，上市公司应当将公司的有关情况及时、准确地予以披露。

（一）信息披露的实质性原则

第一，真实原则。这是指公开的信息必须具有客观性、一致性和规范性，不得作虚假陈述。证券投资者将公司信息作为对公司证券进行投资判断的依据，必然要求公司所公开的信息能够真实地反映其经营状况。第二，准确原则。这是指公司公开的信息必须准确无误，不得以模糊不清的语言使公众对其公布的信息产生误解，不得有误导性陈述。第三，完整原则。这是指公司必须依照法律规定或主管机关和证券交易所的指令将有关信息予以公开，不得有重大遗漏。第四，及时原则。这是指公司必须在合理的时间内尽可能迅速地公开其应公开的信息，不得有迟延。

（二）信息披露的形式性基本原则

第一，规范性原则，要求信息披露必须按照统一的内容和格式标准公开。第二，易解性原则，要求公开披露信息从陈述方式到使用术语上都应尽量做到浅显易懂，用语不要过于专业化，阻碍一般投资者的有效理解。第三，易得性原则，要求公开披露信息容易为一般公众投资者所获取。

二、信息披露制度的主要内容

（一）股份发行信息披露制度

信息披露制度要求发行人公开的信息主要有：基本情况、组织结构、业务和生产设施状况；主要固定资产，证券及其市场信息；财务状况；管理阶层对公司财务状况和经营业绩的讨论和分析；高级管理人员的经验、报酬及利益冲突等。具体有：（1）财务资料；（2）有关管理人员及大股东的资料；（3）公司财务状况和业绩的讨论与分析；（4）股票发行的有关资料。

在证券发行信息披露中，招股说明书及上市公告最为重要。根据有关规定，上市公告书不仅要披露关联企业及关联交易的情况，还要披露同业竞争情况；不仅要求披露董事、监事及高级管理人员的情况，还要求披露核心技术人员的情况，包括姓名、年龄、性别、国籍，或在境外的永久居留权、学历、职称、在发行人公司的职务等；以及对上市推荐人情况的披露，包括上市推荐人的名称、法定代表人、住所、联系电话、传真、联系人等。同时，公告书还须在显要位置作如下重要声明与提示：本公司董事会保证上市公告书的真实性、准确性、完整性，全体董事承诺上市公告书不存在虚假记载、误导性陈述或重大遗漏，并承担个别和连带的法律责任。

（二）信息持续披露制度

信息持续披露制度有两种情况。一是定期披露制度。《证券法》第79条规定，上市公司、公司债券上市交易的公司、股票在国务院批准的其他全国性证券交易场所交易的公司，应当按照国务院证券监督管理机构和证券交易场所规定的内容和格式编制定期报告，并按照以下规定报送和公告：（1）在每一会计年度结束之日起四个月内，报送并公告年度报告，其中的年度财务会计报告应当经符合本法规定的会计师事务所审计；（2）在每一会计年度的上半年结束之日起二个月内，报送并公告中期报告。二是不定期的披露，即披露信息是无法事先预见的，因为这类披露的发生常常是有关发行人的重大变动、重大变化而引起的，如重大人事变动、成立新的子公司、法律诉讼等。

《证券法》第80条规定，发生可能对上市公司股票交易价格产生较大影响的重大事件，投资者尚未得知时，上市公司应当立即将有关该重大事件的情况向国务院证券监督管理机构和证券交易所报送临时报告，并予公告，说明事件的起因、目前的状态和可能产生的法律后果。重大事件包括：（1）公司的经营方针和经营范围的重大变化；（2）公司的重大投资行为和重大的购置财产的决定；（3）公司订立重要合同、提供重大担保或从事关联交易，可能对公司的资产、负债、权益和经营成果产生重要影响；（4）公司发生重大债务和未能清偿到期重大债务的违约情况；（5）公司发生重大亏损或者重大损失；（6）公司生产经营的外部条件发生的重大变化；（7）公司的董事、三分之一以上监事或者经理发生变动，董事长或者经理无法履行职责；（8）持有公司百分之五以上股份的股东或者实际控制人持有股份或者控制公司的情况发生较大变化，公司的实际控制人及其控制的其他企业从事与公司相同或者相似业务的情况发生较大变化；（9）公司分配股利、增资的计划，公司股权结构的重要变化，公司减资、合并、分立、解散及申请破产的决定，或者依法进入破产程序、被责令关闭；（10）涉及公司的重大诉讼、仲裁，股东大会、董事会决议被依法撤销或者宣告无效；（11）公司涉嫌犯罪被依法立案调查，公司的控股股东、实际控制人、董事、监事、高级管理人员涉嫌犯罪被依法采取强制措施；（12）国务院证券监督管理机构规定的其他事项。

三、信息披露不实的责任

为保证信息披露制度的实施，《证券法》还规定，发行人的董事、高级管理人员应当对证券发行文件和定期报告签署书面确认意见。发行人的监事会应当对董事会编制的证券发行文件和定期报告进行审核并提出书面审核意见。监事应当签署书面确认意见。发行人的董事、监事和高级管理人员应当保证发行人及时、公平地披露信息，所披露的信息真实、准确、完整。董事、监事和高级管理人员无法保证证券发行文件和定期报告内容的真实性、准确性、完整性或者有异议的，应当在书面确认意见中发表意见并陈述理由，发行人应当披露。发行人不予披露的，董事、监事和高级管理人员可以直接申请披露。

信息披露义务人未按照规定披露信息，或者公告的证券发行文件、定期报告、临时报告及其他信息披露资料存在虚假记载、误导性陈述或者重大遗漏，致使投资者在证券交易中遭受损失的，信息披露义务人应当承担赔偿责任；发行人的控股股东、实际控制人、董事、监事、高级管理人员和其他直接责任人员以及保荐人、承销的证券公司及其直接责任人员，应当与发行人承担连带赔偿责任，但是能够证明自己没有过错的除外。

第一百六十七条　【自然人股东死亡的股东资格继承】 自然人股东死亡后，其合法继承人可以继承股东资格；但是，股份转让受限的股份有限公司的章程另有规定的除外。

本条是关于股份继承的规定。

一、一般规则

在股份继承问题上，有限责任公司受到人合性限制，而股份有限公司则不存在这一问题。作为资合性公司，股份有限公司的股东变更不影响公司的存在基础。相反，股份的流通性是股份有限公司的重要特征。因而，本条规定，自然人股东死亡后，其合法继承人可以继承股东资格。

二、章程规定

股份流通性是股份有限公司的基本特征。因而作为股份有限公司股东的自然人死亡后，其合法继承人可以继承股东资格，此为原则。

但是，《公司法》第144条规定，股份有限公司有权依据公司章程的规定发行类别股，其中包括"转让须经公司同意等转让受限的股份"。因而，对于公司章程规定发行转让受限股的股份有限公司，其股东的合法继承人不得直接继承股东资格。

第七章　国家出资公司组织机构的特别规定

第一百六十八条　【国家出资公司的法律适用与界定】国家出资公司的组织机构，适用本章规定；本章没有规定的，适用本法其他规定。

本法所称国家出资公司，是指国家出资的国有独资公司、国有资本控股公司，包括国家出资的有限责任公司、股份有限公司。

本条是关于国家出资公司组织机构的法律适用基本规定。

一、国家出资公司组织机构特殊规定的优先适用

国有企业作为独立的市场主体参与市场竞争，承担一定的社会功能。更为重要的是，国有企业是社会主义制度的重要物质基础和经济基础，是社会主义价值目标赖以实现的重要支点。国有企业的社会主义性质需要特殊的组织机制予以保障。[1]

相较于《公司法》意义上的典型"公司模型"，国家出资公司存在特殊之处：第一，有限营利性与非利润目标；第二，"经济事业发展"性；第三，"国家使命性"与国家竞争力属性。[2] 由此，很多学者认为《公司法》应当将国家出资公司相关制度剥离。理由如，国家出资公司的公共属性与《公司法》的私法色彩不兼容，《公司法》不足以解释国家出资公司的规制实践，域外法上欠缺实证依据，《公司法》规定国家出资公司是国企改制的特殊产物。[3]

尽管如此，《公司法》纳入国家出资公司并且设置特殊规定具有合理性。

---

① 张弛：《为什么中国特色现代国有企业制度"特"在党组织?》，载《红旗文稿》2017年第6期。

② 付敏杰：《国有企业作为"特殊市场主体"：事实、理论与政策》，载《河北学刊》2024年第1期。

③ 胡国梁：《国家出资公司进入〈公司法〉的逻辑理路》，载《政治与法律》2022年第12期。

一方面，国家出资公司根本上仍然是公司制的市场主体，遵循公司经营和治理的基本原理，超越《公司法》"另起炉灶"不仅会徒增立法成本，还会强化国家出资公司相较于一般公司的差异。另一方面，尽管国家出资公司在出资人身份、党组织参与和监督机制等方面具有特殊性，但这种特殊性的调整也应遵循法治路径，本章关于组织机构的特殊规定可以满足治理需求。

本条规定，国家出资公司的组织机构，适用本章规定；本章没有规定的，适用本法其他规定。

相较于修订前，新《公司法》对国家出资公司在三个方面进行了调整：一是在内容安排上，将国家出资公司相关规定的内容，从第二章"有限责任公司的设立和组织机构"的一节变为单独成章，符合国家出资公司同时存在有限责任公司、股份有限公司两种形态的现实情况。二是弱化了国家出资公司设立环节的特殊性，在表述上删除了 2018 年《公司法》第 64 条第 1 款的"设立"表述。三是在概念界定方面进行了扩张，将国有独资公司改为国家出资公司。意义在于，将国家所有变成了国家仅仅是以出资人身份存在，而不再强调所有权，体现出推进现代企业制度全面建立建成的良好意图。

二、国家出资公司的界定

（一）国家出资公司的概念

长期以来，关于国有资本主导的市场主体，国资监管方面的法律法规和其他规范性、政策性文件一般称之为"国有企业"或"国家出资企业"。例如，《企业国有资产法》第 5 条规定："本法所称国家出资企业，是指国家出资的国有独资企业、国有独资公司，以及国有资本控股公司、国有资本参股公司。"但"国有企业"或"国家出资企业"的表述实际上外延非常宽泛，也缺乏清晰的判定标准。

党的十九届四中全会指出，应深化国有企业改革，完善中国特色现代企业制度，形成以管资本为主的国有资产监管体制。本条将其统一称为"国家出资公司"，即指国家出资的国有独资公司、国有资本控股公司，包括国家出资的有限责任公司、股份有限公司。

"国家出资公司"一词明确国家的出资人身份，不再强调其所有人身份，有利于强化国家出资企业的公司价值，推进所有权和控制权分离，完善现代企业制度。

（二）国有独资公司

国有独资公司，是指国家单独出资、由国务院或者地方人民政府委托本级人民政府国有资产监督管理机构履行出资人职责的国家出资公司。国有独资公司是我国《公司法》规定的一种公司形态，它既有独资企业的优势，也有公司企业的优势，被认为是我国《公司法》的独创。

（三）国有资本控股公司

国有资本控股公司，是指国家资本出资额占有限责任公司资本总额百分之五十以上或者其持有的股份占股份有限公司股本总额百分之五十以上的国家出资公司；出资额或者持有股份的比例虽然不足百分之五十，但依其出资额或者持有的股份所享有的表决权已足以对股东会的决议产生重大影响的国家出资公司。

相比于国有独资公司，国有资本控股公司是推进混合所有制改革的重要形式。《国务院关于国有企业发展混合所有制经济的意见》指出，"鼓励非公有资本参与国有企业混合所有制改革。非公有资本投资主体可通过出资入股、收购股权、认购可转债、股权置换等多种方式，参与国有企业改制重组或国有控股上市公司增资扩股以及企业经营管理"。在保证国有资本主导地位的基础上，广泛吸纳社会资本，充分发挥社会资本的积极作用。

第一百六十九条　【履行出资人职责机构】国家出资公司，由国务院或者地方人民政府分别代表国家依法履行出资人职责，享有出资人权益。国务院或者地方人民政府可以授权国有资产监督管理机构或者其他部门、机构代表本级人民政府对国家出资公司履行出资人职责。

代表本级人民政府履行出资人职责的机构、部门，以下统称为履行出资人职责的机构。

本条是关于出资人、出资人代表与履行出资人职责机构的基本规定。

一、出资人、出资人代表与履行出资人职责机构的委托代理关系

依本条规定，国家出资公司的出资人为国家，即中华人民共和国，其代表为国务院与地方各级人民政府。

政府不能自己同时设立公司又以政府身份管理公司，故其需要专门的机构来代表国务院或地方人民政府代为履行出资人职责，以实现政府与国家出资公司必要的隔离，达到如同一般公司那样的独立法人价值。对此，本条明确规定，国务院或者地方人民政府可以授权国有资产监督管理机构或者其他部门、机构代表本级人民政府对国家出资公司履行出资人职责。

可以看出，国家出资公司有三层委托代理关系，即国家委托国务院或地方人民政府，国务院或地方人民政府委托履行出资人职责的机构，履行出资人职责的机构委托国家出资公司管理层。

在这三层委托代理关系中，国家委托国务院或地方人民政府代表履行出资人职责，应从宪法层面予以理解。国务院或地方人民政府委托有关机构或部门履行出资人职责机构，属于行政法层面问题。国有资产监督管理机构或者其他部门、机构履行出资人职责，属于民商法层面问题。各自遵循的法理与规则不同。

二、履行出资人职责的机构地位

国有资产监督管理机构或者其他部门、机构等对于国家出资公司履行出资人职责，在公司法层面上属于出资人，与其他公司的出资人一样，均须按照《公司法》规定享有股东权利，履行股东义务。纵观国企改革政策的演进和《公司法》的相关制度设计，一个重要的主线就是尽可能明晰和限制国有资产监督管理机构直接介入公司治理的权限范围，尽可能将治理权力从资本端转向企业端。[①]

鉴于该机构并非《公司法》意义上的一般出资人，而是属于政府机关系列，由其主要行使对国家出资公司的治理权，应当注意"政企分开"。

第一百七十条　【国家出资公司中中国共产党的组织】 国家出资公司中中国共产党的组织，按照中国共产党章程的规定发挥领导作用，研究讨论公司重大经营管理事项，支持公司的组织机构依法行使职权。

---

① 汪青松：《国家出资公司治理模式选择与法律制度保障》，载《政治与法律》2023年第9期。

本条是关于国家出资公司中党的组织规定。

一、作为国家出资公司结构性要素的党组织

在国有公司的治理结构中，党的领导始终是重要的结构性要素，只不过这在经济体制改革特别是国有企业改革的不同阶段有不同的法律表达方式。[①]本条明确规定，国家出资公司中中国共产党的组织，按照中国共产党章程的规定发挥领导作用，研究讨论公司重大经营管理事项，支持公司的组织机构依法行使职权。

二、党组织在国家出资公司中的角色定位

"国家出资公司中中国共产党的组织，按照中国共产党章程的规定发挥领导作用，研究讨论公司重大经营管理事项"之要求，是党组织在国家出资公司治理中角色定位的核心指引。

《中国共产党章程》第 33 条第 2 款规定，"国有企业和集体企业中党的基层组织，围绕企业生产经营开展工作。保证监督党和国家的方针、政策在本企业的贯彻执行；支持股东会、董事会、监事会和经理（厂长）依法行使职权；全心全意依靠职工群众，支持职工代表大会开展工作；参与企业重大问题的决策；加强党组织的自身建设，领导思想政治工作、精神文明建设、统一战线工作和工会、共青团、妇女组织等群团组织。"

结合《中国共产党章程》的相关内容，党组织的领导作用应当从以下几个方面理解：

首先，党组织的领导作用是与企业生产经营相关的政治性引领。

《国务院办公厅关于进一步完善国有企业法人治理结构的指导意见》指出，"发挥国有企业党组织的领导核心和政治核心作用，保证党组织把方向、管大局、保落实"。《公司法》对于国家出资公司在公司目的方面没有专门规定，但实际上由于其以国有公共财产出资设立和控股，其生产经营的根本目的不局限于追求盈利，而需要承担公共使命。国家出资公司所在行业往往是关乎国计民生的重点领域，雇用大规模的劳动力资源，单纯以私营公司的逐利目的，无法确保此类公司充分承担社会责任，履行实现共同富裕的历

史使命。党组织在政治上的领导作用可以很好地弥补《公司法》内容不足的缺陷。

其次，党组织参与公司治理的主要程序的研究讨论。理论界认为，关于党组织具体如何嵌入公司治理，需考量企业具体情况及党组织人才储备，做到党组织参与与企业经营自主、参与效率与参与安全的平衡。[①] 具体而言，党组织对特定事项的意见应当经过专门的调查研究和集体决策，形成正式意见后通过《公司法》规定的公司决策程序上升为公司意志。

最后，党组织参与决策的是公司重大经营管理事项。国家出资公司通常规模较大，业务事项繁多，党组织限于人力物力不可能事无巨细地全部参与。因此，《公司法》以重大事项为指引，聚焦党组织的决策对象。根据 2010 年《中共中央办公厅、国务院办公厅印发关于进一步推进国有企业贯彻落实"三重一大"决策制度的意见》，国有企业生产经营中的重大事项可初步归类为"三重一大"，即重大决策、重要人事任免、重大项目安排和大额度资金运作，并以研究讨论、集体决策为核心设置了重大事项的决策程序，2023 年《公司法》修订对这些规定进行了充分的尊重和吸收。

三、国家出资公司中党组织与其他组织机构的关系

"支持公司的组织机构依法行使职权"是关于党组织与公司内部其他组织机构关系的规定。

一方面，党组织与公司内部其他机构之间的关系是领导与保障的关系。党组织在国家出资公司的治理层面处于领导地位，同时也承担支持其他机构依法履职的义务。从以往的经验来看，国有企业在生产经营管理中，受到各级政府和主管部门等干扰较多，不利于企业充分自主经营。党组织在此时发挥着保障支持的后盾作用。另一方面，依法履职强调党组织同样负有监督职责。党组织作为公司内部重要的决策机构，也应关注决策的顺利执行，合法性监督在此处必不可少。

需要注意的是，党组织在公司治理结构中具有结构性的核心地位，但其功能在于政治领导，其对公司的决策体现在"三重一大"上。"三重一大"

---

① 蒋大兴：《政治／政党与企业——政治权力参与资源分配的文明结构》，载《当代法学》2018年第 1 期。

决策制度是党中央、国务院规范国有企业决策管理的制度，不能据此得出否认公司股东会决议效力的结论。

第一百七十一条　【国有独资公司章程的制定】国有独资公司章程由履行出资人职责的机构制定。

本条是关于国有独资公司章程的制定要求。

一、国有独资公司章程的制定人

依照《公司法》规定，无论是有限责任公司还是股份有限公司，其章程均由全体股东共同制定。由于国有独资公司不设股东会，而是由履行出资人职责的机构履行出资人的职责和义务，因而，本条规定国有独资公司章程制定的职权也由履行出资人职责的机构行使。

国企治理主要表现为自治，而其自治的主要依据就是公司章程，因此，国企治理——包括党组织参与国企治理——均要依赖公司章程。实际上，同依靠法律、政府规范性文件（如政府政策）或党的规范性文件（如党章）进行的国企治理比较，依靠公司章程治理，不但能通过作为软法规范的公司章程克服法律、政府政策和党章在国企改革过程中规定不够全面、灵活的弊端，还能更加方便地通过公司章程的不断修订、完善来灵活应对变动不居的市场环境。①

二、章程内容

根据《国有企业公司章程制定管理办法》的相关规定，国有企业公司章程一般应当包括但不限于以下主要内容：总则；经营宗旨、范围和期限；出资人机构或股东、股东会（包括股东大会，下同）；公司党组织；董事会；经理层；监事会（监事）；职工民主管理与劳动人事制度；财务、会计、审计与法律顾问制度；合并、分立、解散和清算；附则。

有关国有独资公司章程应当载明的事项，除上述管理办法所规定的内容外，适用《公司法》关于有限责任公司章程的规定（第64条）。

---

① 蒋建湘、李依伦：《论公司章程在党组织参与国企治理中的作用》，载《中南大学学报（社会科学版）》2017年第3期。

第一百七十二条　【履行出资人职责机构行使股东会职权】 国有独资公司不设股东会，由履行出资人职责的机构行使股东会职权。履行出资人职责的机构可以授权公司董事会行使股东会的部分职权，但公司章程的制定和修改，公司的合并、分立、解散、申请破产，增加或者减少注册资本，分配利润，应当由履行出资人职责的机构决定。

本条是关于国有独资公司股东会职权的行使规定。

国有独资公司以国有财产作为出资设立，不存在一般公司意义上的"股东"，自然不必设置股东会，基于公司内部职权配置原理，本条规定应当由履行出资人职责的机构行使股东会权利。

同时，考虑现实情况，国有资产监督管理机构或者其他政府部门作为履行出资人职责的机构，无法满足长期持续参与公司经营管理的要求，因此允许其将部分股东会职权授予董事会行使。同时，股东会的权利并非均可以"下放"至董事会，其中公司章程的制定和修改，公司的合并、分立、解散、申请破产，增减资本和分配利润，必须由履行出资人职责的机构决定，从宏观上把握国有资产的经营。

在国有独资公司中，股东会的职权被分解为两个部分：一部分由履行出资人职责的机构行使；另一部分由履行出资人职责的机构授权公司的常设执行机构董事会行使。履行出资人职责的机构与国有独资公司的职权划分中，公司的一般性问题由董事会行使职权加以决定和批准，重大问题由履行出资人职责的机构决定。

第一百七十三条　【国有独资公司董事会】 国有独资公司的董事会依照本法规定行使职权。

国有独资公司的董事会成员中，应当过半数为外部董事，并应当有公司职工代表。

董事会成员由履行出资人职责的机构委派；但是，董事会成员中的职工代表由公司职工代表大会选举产生。

董事会设董事长一人，可以设副董事长。董事长、副董事长由履行出资人职责的机构从董事会成员中指定。

本条是关于国有独资公司董事会的规定。

一、国有独资公司董事会的职权

依本条规定，国有独资公司的董事会作为公司的经营决策和执行机构，其职权与一般有限责任公司董事会职权基本相同。除了行使《公司法》第67条关于董事会的职权之外，还可以行使第172条规定的由履行出资人职责的机构授予的职权。因此，相较一般有限责任公司，国有独资公司董事会行使的职权更为广泛。

二、国有独资公司董事会的组成

依本条规定，国有独资公司的董事会成员中，应当过半数为外部董事，并应当有公司职工代表。董事会成员（包括外部董事）由履行出资人职责的机构委派，职工代表由公司职工代表大会选举产生。

其中外部董事是借鉴上市公司中的独立董事制度，并特别规定外部董事应当占董事会全部成员的半数以上。

设置外部董事的目的主要有：第一，使董事会内部的权力平衡，避免形成内部人控制的局面。第二，避免董事与经理层高度重合，真正实现决策权与执行权的分立。第三，发挥监督功能。第四，充分发挥外部董事的专业水平，使董事会决策更加科学合理等。值得注意的是，外部董事不同于独立董事。两者虽均为非执行董事，但外部董事可与内部董事存在利害关系。董事会成员由履行出资人职责的机构委派。能够适应公司治理结构的要求（董事会的成员由股东会决定），维护出资人的权益，更重要的是适应国家作为出资人决定国有独资公司重大事项的需要。

根据2006年3月3日国务院国有资产监督管理委员会《国有独资公司董事会试点企业职工董事管理办法（试行）》的规定，职工董事是指公司职工民主选举产生，并经国务院国有资产监督管理委员会同意，作为职工代表出任的公司董事。国有独资公司董事会成员中，至少应有一名职工董事。

整体而言，国有独资公司董事可以分为两类：一类是商业董事（包括执行董事等执行公司业务的董事），该类董事以市场化方式选任，不受连续任职年限限制；另一类是公共董事（包括外部董事和职工董事），此类董事负有特定的监督职责，一般不具体执行公司业务，但会参与董事会的商业决策，此类董事受连续任职年限的限制。公共董事主要负责实现国企的公共目的，履行国有资产保值增值的监督职能，促使国企在商业决策中考量公众利益与社会公共利益。二者在选任方式、选任条件、报酬机制方面应当有所区分，商业董事总体上选任更加自由，重在考核其对公司营利目标的贡献，报酬机制更灵活、报酬标准更高。①

三、国有独资公司的董事长、副董事长

依本条规定，董事会设董事长一人，可以设副董事长。董事长、副董事长，由履行出资人职责的机构从董事会成员中指定。

作为国有独资公司的法定代表人，董事长享有与其他有限责任公司董事长基本相同的职权，但比较特殊的是，国有独资公司的董事长要经过履行出资人职责的机构的审核批准，即由履行出资人职责的机构从董事会成员中指定，而不是董事会内部选举产生。这有利于保证董事会组成人员的稳定，调动董事的积极性。

第一百七十四条　【国有独资公司经理】 国有独资公司的经理由董事会聘任或者解聘。

经履行出资人职责的机构同意，董事会成员可以兼任经理。

本条是关于国有独资公司经理的规定。

一、国有独资公司的经理设置

依本条规定，国有独资公司设经理，由董事会聘任或者解聘。

公司经理是对有限责任公司负责并控制公司及其分支机构各生产部门或其他业务单位的高级管理人员，对公司事务进行具体管理。经理由董事会聘任和解聘，经理必须服从董事会的所有决议和指示，并在公司生产经营活动

---

① 蒋大兴：《论国有企业的"公司法构造"——一种法律技术主义的路线》，载《吉林大学社会科学学报》2023 年第 6 期。

中有效贯彻和执行，即经理对董事会负责。公司的董事会必须对经理的人选作出选择，聘任经理，同时监督公司经理的具体经营活动，对于不称职的，应当及时解聘。

党组织参与企业经营者选任的重点在于选任标准和程序的设定，通过规范化的程序规则确保市场化选人机制的公开、透明，至于具体的人员选聘，应尊重董事会的选择权，毕竟从法律关系看，经理层是董事会的辅助执行机构，应向董事会负责，并受董事会监督。①

二、国有独资公司经理可以由董事兼任

与一般公司一样，本条规定，董事会成员可以兼任经理。但其特殊之处在于，董事会成员兼任经理须经履行出资人职责的机构同意，亦即，董事会没有此项权力。

之所以如此设置和要求，是和国家一直强调国有企业两权分离，建立科学的管理机构的现代企业制度建设有关。国有独资公司董事会地位独特，同时行使一定的股东会权力。通过经理的独特设置，可以更好地实现决策与经营的分离。

第一百七十五条　【国有独资公司董事、高级管理人员的其他经济组织兼职禁止】国有独资公司的董事、高级管理人员，未经履行出资人职责的机构同意，不得在其他有限责任公司、股份有限公司或者其他经济组织兼职。

本条是关于国有独资公司董事、高级管理人员的外部兼职规定。

国有独资公司董事和高级管理人员是国有独资公司的经营管理者，行使国有独资公司的经营管理权，承担着国有资产保值增值的重要任务，因此，必须专人专职，固定岗位。本条规定，除经过履行出资人职责的机构的同意外，其不得在其他有限责任公司、股份有限公司或者其他经济组织兼职，以防止因公司负责人兼职而疏于对公司的管理，并避免因此可能给国有资产造成的损害。

国有独资公司董事和高级管理人员兼职禁止制度与一般有限公司董事、

---

① 胡改蓉：《〈公司法〉修订中国有公司制度的剥离与重塑》，载《法学评论》2021年第4期。

经理的竞业禁止义务不同。《公司法》第 184 条规定了董事、监事、高级管理人员的竞业禁止义务，明确其未向董事会或者股东会报告，并经董事会或者股东会决议通过，不得自营或者为他人经营与其任职公司同类的业务。对国有独资公司董事和高级管理人员的兼职禁止的规定，无论兼职是否存在竞业禁止的事由，原则上对兼职予以禁止，除非经履行出资人职责的机构同意。亦即，对于国有独资公司兼职禁止较一般公司更为严格。

但是，上述人员只限于不得在其他经济组织兼职，而不包括其他非营利性的组织，如各种学会等。

第一百七十六条　【国有独资公司审计委员会】国有独资公司在董事会中设置由董事组成的审计委员会行使本法规定的监事会职权的，不设监事会或者监事。

本条是关于国有独资公司设置审计委员会的规定。

无论是有限责任公司，还是股份有限公司，都可以选择用董事会审计委员会替代监事会、监事（第 69 条、第 121 条），但股份有限公司作出该选择时，需确保其审计委员会成员过半数不得在公司担任除董事外的其他职务（第 121 条）。

经过改革探索，国有企业逐渐开始放弃监事会设置，对于大型国有独资公司，特别是中央企业而言，不再委派监事组成监事会，以避免出现与审计、纪检监察、巡视等重复监督的问题发生。同时，借鉴上市公司独立董事制度而实施外部董事制度，并逐步强化，以解决事前知情、事中参与监督等环节存在不足的问题。

依本条规定，明确废弃了监事会制度，规定国有独资公司在董事会中设置由董事组成的审计委员会，行使法律规定的监事会职权。

第一百七十七条　【国家出资公司内控与合规】国家出资公司应当依法建立健全内部监督管理和风险控制制度，加强内部合规管理。

本条是关于国家出资公司的内部合规管理规定。

公司合规，是公司为有效防范、识别、应对可能发生的合规风险所建立的一整套公司治理体系。其基本含义是：公司的所有内外部行为除必须符合法律、法规、国际条约和规范性文件的规定外，还要符合商业行为准则、商业惯例、公司章程、内部规章的要求和公序良俗的要求。从这个意义上说，合规既是一种法律要求，也是一种道德要求。从企业内部运行来说，合规是一种以适应外在要求为目的、以有效改善内部控制和自我约束能力为核心的企业自律行为。①

早在 2018 年 11 月，国务院国有资产监督管理委员会颁布的《中央企业合规管理指引（试行）》第 4 条就规定，中央企业应当按照全面覆盖、强化责任、协同联动、客观独立的原则加快建立健全合规管理体系。新《公司法》对此作出明确要求，即国家出资公司应当依法建立健全内部监督管理和风险控制制度，加强内部合规管理（第 177 条）。它将建立内控制度、加强合规管理提升到法律层面，有利于保障国家出资公司的持续健康发展。

在公司合规问题上，《公司法》采取了总分规制的模式。《公司法》第 19 条明确规定，公司从事经营活动，应当遵守法律法规，遵守社会公德、商业道德，诚实守信，接受政府和社会公众的监督。第 20 条第 1 款规定，公司从事经营活动，应当充分考虑公司职工、消费者等利益相关者的利益以及生态环境保护等社会公共利益，承担社会责任。上述条文可视为公司合规的一般性规范，国家出资公司在建立内部监督管理和风险控制制度时应予遵循。

从相关规范的制定来看，国家出资公司，特别是中央企业，在合规建设上处于领先位置。《中央企业合规管理指引（试行）》第 2 条对"合规""合规风险""合规管理"的概念作了界定。该指引所称合规，是指中央企业及其员工的经营管理行为符合法律法规、监管规定、行业准则和企业章程、规章制度以及国际条约、规则等要求。

从外在控制的角度来说，合规是以改善市场主体的行为价值取向为目的而预设的一种强制性规则，公司合规管理失败可能产生相应的法律责任，包括公司责任和内部成员责任。公司作为一个组织体并没有直接进行意思表示

---

① 赵万一：《合规制度的公司法设计及其实现路径》，载《中国法学》2020 年第 2 期。

和实施具体行为的能力，其所有的经营行为包括违法行为都是通过以董事、监事、高级管理人员为代表的公司代表人或代理人的职务行为完成的，即公司的行为既有赖于董事、监事、高级管理人员的职务行为，同时也受制于董事、监事、高级管理人员的个人意志。在这个意义上，公司的所有违法行为都是公司与其代表人和代理人共同作用的结果。对外责任承担上，公司应当作为第一责任主体。董事、高级管理人员在执行职务过程中存在故意或者重大过失的，应当与公司作为共同责任主体（第 191 条）。在内部成员责任上，违反合规义务是公司董事、监事、高级管理人员对公司承担法律责任的依据（第 188 条）。

第八章　公司董事、监事、高级管理人员的资格和义务

第一百七十八条　【董事、监事、高级管理人员的资格】有下列情形之一的，不得担任公司的董事、监事、高级管理人员：

（一）无民事行为能力或者限制民事行为能力；

（二）因贪污、贿赂、侵占财产、挪用财产或者破坏社会主义市场经济秩序，被判处刑罚，或者因犯罪被剥夺政治权利，执行期满未逾五年，被宣告缓刑的，自缓刑考验期满之日起未逾二年；

（三）担任破产清算的公司、企业的董事或者厂长、经理，对该公司、企业的破产负有个人责任的，自该公司、企业破产清算完结之日起未逾三年；

（四）担任因违法被吊销营业执照、责令关闭的公司、企业的法定代表人，并负有个人责任的，自该公司、企业被吊销营业执照、责令关闭之日起未逾三年；

（五）个人因所负数额较大债务到期未清偿被人民法院列为失信被执行人。

违反前款规定选举、委派董事、监事或者聘任高级管理人员的，该选举、委派或者聘任无效。

董事、监事、高级管理人员在任职期间出现本条第一款所列情形的，公司应当解除其职务。

本条是关于公司董事、监事、高级管理人员的任职资格规定。

一、不得担任董事、监事与高级管理人员的法定情形

公司有权根据自身需求委派和选聘董事、监事、高级管理人员，但为了维护市场活动的有序进行，需要对此种权利进行必要的限制，设置基础性的消极资格要求。

本条第 1 款从行为能力、职业操守、经营能力和财产状况等方面对不得担任董监高的情形进行了规定，具体包括：

（一）无民事行为能力或者限制民事行为能力

这是对公司董事、监事、高级管理人员任职的基本要求。

（二）因贪污、贿赂、侵占财产、挪用财产或者破坏社会主义市场经济秩序，被判处刑罚，或者因犯罪被剥夺政治权利，执行期满未逾五年，被宣告缓刑的，自缓刑考验期满之日起未逾二年

犯有上述罪行但未被判处刑罚，或者因犯其他罪被判处刑罚的，不属于本项规定的情形。

（三）担任破产清算的公司、企业的董事或者厂长、经理，对该公司、企业的破产负有个人责任的，自该公司、企业破产清算完结之日起未逾三年

公司的董事、经理及企业的厂长、经理，对公司、企业的经营管理不善，导致公司、企业破产清算，并负有个人责任，说明其不具备相应的经营管理能力，一定时期内不宜再担任公司的主要管理人员。

（四）担任因违法被吊销营业执照、责令关闭的公司、企业的法定代表人，并负有个人责任的，自该公司、企业被吊销营业执照、责令关闭之日起未逾三年

法定代表人是公司、企业的负责人和代表人，公司、企业因违法被吊销营业执照或者责令关闭，法定代表人难辞其咎的，一定时期内不宜再担任公司的主要管理人员。

（五）个人因所负数额较大债务到期未清偿被人民法院列为失信被执行人

属于该项情形的人，缺乏债务清偿能力或者个人信用，不宜担任公司的主要管理人员。

二、违反规定的选举、委派或聘任的法律效果

以上关于董事等消极任职资格的规定为强制性要求，本条第 2 款规定，违反前款规定选举、委派董事、监事或者聘任高级管理人员的，该选举、委

派或者聘任无效。

选举、委派董事、监事或聘任高级管理人员无效，会导致相应股东会或董事会决议无效。在"深圳皇族珠宝艺术有限公司清算组、深圳天翔贸易公司质量监督检验检疫行政管理：其他（质量监督）再审案"［（2018）粤行申655号］中，法院认为，当事人在形成决议时是否具有董事资格存疑，该决议是否为案涉公司合法有效的董事会真实意思表示存疑。

应当说，选举、委派或者聘任行为无效，被选任的董事、监事和被聘任的高级管理人员应自始就不是公司的董事、监事或高级管理人员，其行为对公司不发生效力。但是，被选任的董事、被聘任的高级管理人员代表公司或代理公司执行业务的，鉴于公司登记中其已登记为公司的董事、高级管理人员，为维护交易安全，基于外观主义，已经发生的交易对公司是有效的。

三、任职期间出现法定情形的职务解除

本条第 3 款规定，董事、监事、高级管理人员在任职期间出现第 1 款所列情形的，公司应当解除其职务。

解除董事、监事或高级管理人员的职务，应经过法定程序，召开股东会或董事会。解除职务的决议应从该决议作出之时发生效力。在"隋某、陈某等请求变更公司登记纠纷案"［（2022）鲁01民终5855号］中，法院认为，依据《公司法》规定，陈某如出现不具备担任中轩公司执行董事、法定代表人资格的法定情形，应由中轩公司有权机关依法作出有效决议解除其执行董事、法定代表人职务。隋某起诉要求确认陈某自2013年起丧失担任中轩公司执行董事及法定代表人任职资格，确认陈某自2013年起不再担任中轩公司执行董事、法定代表人，但其并未举证证明中轩公司形成有效公司决议解除陈某自2013年起担任中轩公司执行董事及法定代表人任职资格，故一审法院对隋某的诉求予以驳回，并无不当。[①]

被解除后，其行为对公司没有效力。对解除公司董事、监事等事项，公司应进行变更登记，否则不能对抗善意相对人（第 34 条第 2 款）。

---

① 另见"杜某娥、贵州黔商置业股份有限公司等公司决议效力确认纠纷民事二审民事判决书"［（2021）黔01民终1090号］。

另外，董事、高级管理人员不得担任公司监事（第 76 条第 4 款、第 130 条第 4 款）。

第一百七十九条　【董事、监事、高级管理人员遵守法律、行政法规和公司章程义务】董事、监事、高级管理人员应当遵守法律、行政法规和公司章程。

本条是关于董事、监事、高级管理人员遵守法律、行政法规和章程的义务规定。

作为公司机构，董事、监事和高级管理人员无疑应遵守法律、行政法规和公司章程。这是董事、监事、高级管理人员作为管理人在经营管理（包括监督）中的义务，也是对他们作为公司管理人的基本要求。

一、董事、监事、高级管理人员遵守法律、行政法规与公司章程

公司从事经营活动，应当遵守法律法规，遵守社会公德、商业道德，诚实守信，接受政府和社会公众的监督（第 19 条），这有赖于董事、监事、高级管理人员对法律、行政法规和章程的遵守。也就是说，公司合规主要取决于董事等在管理过程中对法律、法规和章程的遵守。

二、董事、监事、高级管理人员遵守法律、行政法规、公司章程与其对公司的信义义务

董事、监事、高级管理人员对公司负有信义义务，即在履职中对公司有忠实与勤勉义务（第 180 条）。

2018 年《公司法》第 147 条第 1 款，将董事、监事、高级管理人员的守法遵章义务与信义义务并列作为一款，新《公司法》将两者分成两条（第 179 条和第 180 条）。这种立法变化表明，它们是两种性质不同的义务。前者是对董事等作为公司管理或监督机构代表公司行为时的基本规范要求；后者是对董事等作为公司管理或监督机构以机构成员身份行为时的管理规范要求。

董事、监事、高级管理人员违反法律、行政法规和章程的，未必对公司不利；但违反了信义义务，则会严重损害公司利益，不过未必违法。当然，二者之间也有交叉，主要体现在违反公司章程方面，违反章程一般会导致信

义义务的违反。

由于二者性质不同，董事、监事、高级管理人员违反法律、行政法规和章程的责任是一种合法责任，具有常人行为合法责任要求，其涉及所有法律和行政法规的遵守，以及专门适用于股东和高管的公司章程（第5条）；违反信义义务，则是一种受托责任，是管理责任，其主要涉及《公司法》、《证券法》及有关公司行为的规章（如证券部门规章），以及章程具体要求。

三、董事、监事、高级管理人员违反遵守法律、行政法规与公司章程的责任

董事、监事、高级管理人员违反法律、行政法规与违反公司章程的责任不同。

不论民事主体的身份如何，其从事民事活动均不得违反法律（《民法典》第8条）。公司法上，董事等高管是以公司受托人身份出现的，作为公司的董事、监事、高级管理人员尽管是公司机构，其仍是以民事主体身份出现，是公司机构的担当人，非躲藏于公司之下的无人格者。因此，当董事、监事、高级管理人员在履职过程中违反法律和行政法规而造成他人损害时，应同时承担个人责任。比如，违反环境法律法规而非法排污，不仅公司要承担责任，负责任的高管也需承担个人责任。因为该违法行为未经股东授权，也非公司授权允许（自己不能授权自己），他们不能躲在公司名称后面逃避责任。[1] 同

---

① 英国曾有一个案例。该案的原告是为 DJ Houghton Catching Services Ltd（D1）工作的养鸡户。他们是立陶宛国民，并声称第一被告要求他们以剥削的方式工作。索赔人被要求加班，没有领取最低工资，工资低于工资单上注明的数额，没有领取假期工资，也不被允许因丧亲而请假。这些严重侵犯其就业权利的行为是由公司的董事和秘书造成的，高等法院裁定，不仅第一被告人有罪，而且被点名的个人也应对不法行为负责。在本案中，高等法院重新审视了有关公司高级职员何时可以对表面上通过公司实施的侵权行为承担个人责任的问题的法律。法院澄清了将要采用的测试，即如果董事以董事的身份行事本身没有违反对公司负有的任何信托或其他个人法律责任，则董事将不对其公司负责。因此，法院和法庭需要审查董事的行为是否在其职权范围内，以及以这种方式行事是否符合公司的利益。如果在回答这些问题时发现后者，导演就会在测试中犯规。该董事的行为不会被视为善意的，这将招致个人责任——允许第三方起诉他们和公司，要求赔偿损失。但并非所有董事违反合同的行为都会产生这种结果。高等法院认为，2006年《公司法》第172条和第174条中的职责是评估董事违约行为是否足够严重的合适指南。然后，它进行了类比，一名董事故意违反与供应商的合同条款，未能按时支付账单，以保护其公司的现金流（无个人责任），以及一名董事在汉堡中使用马肉代替牛肉，因为它更便宜（个人责任）。后一项违规行为使公司遭受了一定程度的声誉损失，可能永远无法挽回，并且违反了一些法律规定；因此，该行为足够严重，足以意味着该董事没有对公司采取善意的行为。在本案中，被告没有遵守国家最低工资标准，而且是故意这样做的，这影响了法院的判决；然而，法院最终裁定，更多的是董事破坏了公司在社会眼中的声誉，使他们的行为超出了他们的职权范围，并违背了他们公司的利益。法院得出结论，以他们希望这样的方式实现公司利润最大化，既不符合公司的利益，也不符合其员工的利益。Andrew Oberholzer, When can company directors be personally liable? DAS Law Blog (1st May 2019), https://www.daslaw.co.uk/blog/when-can-company-directors-be-personally-liable.

时，因此造成公司损失的，应向公司赔偿（第 188 条）；损害股东利益的，股东可以向人民法院提起诉讼（第 190 条）；违反法律与行政法规，属于故意或者重大过失，给他人造成损害的，也应承担赔偿责任（第 191 条）。

如违反公司章程，则董事、监事、高级管理人员主要对公司和股东承担信义责任（第 188 条、第 190 条）。

董事、监事、高级管理人员遵守法律、行政法规、公司章程的义务规定，具有基本性、一般性与原则性。本法其他有关董事、监事。高级管理人员的义务违反责任，是本条的具体化表现。

第一百八十条　【董事、监事、高级管理人员的信义义务】董事、监事、高级管理人员对公司负有忠实义务，应当采取措施避免自身利益与公司利益冲突，不得利用职权牟取不正当利益。

董事、监事、高级管理人员对公司负有勤勉义务，执行职务应当为公司的最大利益尽到管理者通常应有的合理注意。

公司的控股股东、实际控制人不担任公司董事但实际执行公司事务的，适用前两款规定。

本条是关于董事、监事、高级管理人员的信义义务规定。

一、信义义务的一般规则

信义义务是指当事人之间基于信义关系产生的义务。信义关系是指一方承诺将为了另一方最佳利益而行为，或为了双方共同的利益而行为，其核心是信任、不得为自己谋利。信义法律关系具有以下特点：第一，所涉双方信息不对称和能力不对等。第二，一方对另一方产生"信赖"或者"依赖"。第三，受信赖的一方对受托事务管理有不同程度的裁量权和控制权。第四，为了限制受托人滥用裁量权，法律为受托人施加法定义务。

董事、监事、高级管理人员系受股东委托管理公司，二者之间是典型的信义关系。作为对现代公司代理问题的直接回应，信义义务对于公司利益相关者之间冲突关系的平衡至关重要。这一制度不断发展演化，义务范围从忠实义务发展到忠实义务和注意义务并重；履行义务的判断标准因经营判断规则的确立而更加符合实际需求；义务主体由董事逐渐延伸至控制股东。

本条规定了董事、监事、高级管理人员信义义务的基本要求，即忠实并勤勉于公司。

首先，尽管董事等由股东选举或委派产生，但其信义义务对象是公司。选举或委派只是获得董事、监事资格的程序规则。公司的利益是包括所有股东、职工和债权人的，从而在理论上最大限度地满足各方主体的不同要求，促进作为核心主体的公司长远发展。

其次，董事、监事、高级管理人员因其身份不同而在信义义务上具有差异。尽管《公司法》统一规定了董事、监事和高级管理人员的信义义务，但不能认为三类主体的信义义务完全等同。

第一，"董监高"的信义义务是《公司法》规定的法定义务，对其违反固然发生责任承担的问题，但是立法上的笼统性规定对不同类主体的适用情况不同，存在个案判断的空间。

第二，"董监高"的信义义务来源于其在公司担任的职位，对其义务履行情况的判断也应依据其职务，如非执行董事和执行董事，内部董事和外部董事，作为法定代表人的董事或经理，董事长、副董事长、董事的差异等。

第三，公司的类型也会影响"董监高"信义义务的内容。对于有限责任公司，董事、监事和高级管理人员的分离并不明显，股东同时兼任部分职务的现象常见，对其所承担的义务也应根据其在公司实际发挥的作用加以判断，而不能比照职权相对分离的股份公司模式径行套用。

在"彭某诉中安科股份有限公司等证券虚假陈述责任纠纷案"〔（2021）沪民终 870 号〕中，上海金融法院指出，对于公司董事而言，根据董事是否在公司内部从事专职董事工作，可以区分为独立董事和内部董事。独立董事的作用主要在于确保战略决策的妥当性、合理性和强化公司的经营监督。内部董事则主要承担企业具体运营职责。可见，独立董事与内部董事的职责并不相同，故对于二者所应承担的责任也应有所区分。公司的内部董事对于公司所负有的勤勉义务标准理应高于独立董事。

二、董事、监事、高级管理人员的忠实义务

依本条第 1 款规定，董事、监事、高级管理人员对公司负有忠实义务，应当采取措施避免自身利益与公司利益冲突，不得利用职权牟取不正当利益。

忠实义务被视为信义义务的核心内容，基本内涵已经在全球范围内取得基本共识，目前存在积极性的"以最佳利益为目标"与消极性的"禁止利益冲突"两种表述。[①] 其思想内核表现为禁止受信者实施掠夺公司机会、关联交易等行为，受信者需将受益者之利益置于自身利益之上，受信人不得"损人利己"。

忠实义务要求董事等行权时要以公司利益为优先，是对董事道德的最低要求，其本质是要求董事等高管人员不将自己的私利置于与公司利益相冲突的位置或情形。

在"陈某雄、胜利油田胜利泵业有限责任公司损害公司利益责任纠纷再审案"［（2020）最高法民申 4682 号］中，法院认为，关于陈某雄的行为是否给泵业公司造成损失。泵业公司搬离原厂区后从东营市政府获得了土地补偿款 301054729 元，该土地补偿款关系到泵业公司新厂区的建设能否顺利完成，泵业公司的生产经营能否继续进行。但陈某雄在接受刘某毅以鹏豪公司5%的股份向其行贿后，在未经股东会讨论决定或授权的情况下，分两次擅自将该笔土地补偿款提前支付给鹏豪公司，导致泵业公司不仅失去相应利息，而且由于资金短缺致使新厂区建设无法开工，造成了重大损失。根据《公司法》规定，董事、监事、高管人员的忠实义务的核心在于董事不得利用其董事身份获得个人利益，其应当在法律法规与公序良俗的范围内，忠诚于公司利益，以最大的限度实现和保护公司利益作为衡量自己执行职务的标准，否则即应承担赔偿责任。

在体系上，本条进一步细化了忠实义务的内涵，规定董事、监事、高级管理人员应当采取措施避免自身利益与公司利益冲突，不得利用职权谋取不正当利益，为一般性兜底条款的适用确定了标准。第 181 条在明确列举违反忠实义务的具体行为的基础上，将第 182 条"关联交易限制规则"、第 183 条"公司机会规则"、第 184 条"竞业禁止规则"三项义务独立出来作为三个条文分别规定，并进一步细化，回应了实践中该三个条文所涉义务被频繁触发的现状。第 185 条新增"关联董事表决回避规则"，进一步规范了表决程序。第 186 条从结果角度规定了违背忠实义务的"归入规则"。总体上看，利益冲突规则从一概禁止，转向了程序和实质控制。

---

① 徐化耿：《信义义务的一般理论及其在中国法上的展开》，载《中外法学》2020 年第 6 期。

三、勤勉义务

（一）勤勉义务的基本判断标准

勤勉义务又称注意义务或善良管理义务，依本条第 2 款规定，是指董事、监事、高级管理人员执行职务时，应当为公司的最大利益，尽到管理者通常应有的合理注意。

《公司法》首次明确了勤勉义务的内涵，主要有四个要件：一是董事、监事和高级管理人员的勤勉义务指向公司；二是执行职务的行为；三是为公司的最大利益；四是合理注意。

首先，以"管理者"为假设主体，表明应当具有专业技能和专业知识，而非侵权责任中的一般理性人标准；其次，"通常应有的合理注意"表明这是一个相对客观的标准。

（二）具体的勤勉义务内容

公司的最大利益是一种相对抽象的表述，需要从义务内容的角度将其具象化。证监会发布的《上市公司章程指引》第 98 条将董事对公司负有的勤勉义务具体化为六项，可为勤勉义务范围的具体化提供参考。

此外，"为公司的最大利益"作出了"执行职务"的情形预设，应结合董事的职责分工具体化。

根据《公司法》有关规定，董事等应当积极履行以下义务：

（1）核查与催缴出资（第 51 条、第 52 条）；（2）不得协助或放任股东抽逃出资（第 53 条）；（3）公司不能清偿到期债务时要求股东提前缴纳出资（第 54 条）；（4）及时向股东签发出资证明书（第 55 条、第 87 条）；（5）制作并依法变更股东名册（第 56 条、第 86 条第 1 款、第 102 条）；（6）配合股东行使查阅、复制公司材料权（第 57 条、第 110 条）；（7）积极召集主持股东会、依法通知股东、制作股东会会议记录（第 63 条、第 64 条、第 114 条、第 115 条、第 119 条）；（8）依法行使董事会、监事会及经理职权（第 67 条、第 69 条、第 74 条、第 78 条、第 79 条、第 80 条、第 112 条）；（9）改选出的董事、监事就任前原董事、监事继续履职（第 70 条、第 77 条）；（10）依法召开、主持、参加董事会、监事会并表决，作会议纪录、签名并保存，监事列席董事会，经理列席董事会（第 72 条、第 73 条、第 74 条、第 79 条、第 81 条、第 122 条、第 123 条、第 124 条、第 125 条、第 126 条、第 130 条、第

132 条、第 153 条）；（11）董事、高级管理人员应当如实向监事会提供有关情况和资料（第 80 条第 2 款）；（12）因股权或股份回购而及时转让或注销本公司股权或股份（第 86 条第 4 款、第 161 条、第 162 条）；（13）股份有限公司的公司章程、股东名册、股东会会议记录、董事会会议记录、监事会会议记录、财务会计报告、债券持有人名册置备（第 109 条、第 198 条）；（14）定期向股东披露董事、监事、高级管理人员从公司获得报酬的情况（第 129 条）；（15）对涉及公司对外投资、对外担保、自我交易、关联交易、并购重组、购买、出售重大资产、财务资助等的调查义务（第 14 条、第 15 条、第 135 条、第 163 条）；（16）上市公司董事会秘书特别义务（第 138 条），非上市公司包括有限责任公司设董事会秘书的，参照该规定义务；（17）上市公司董事与董事会会议决议事项所涉及的企业或者个人有关联关系的报告与回避表决义务（第 139 条），非上市公司包括有限责任公司参照该规定义务；（18）董事会应当依法披露股东、实际控制人的信息义务（第 140 条）；（19）股份有限公司向股东签发并正式交付股票义务（第 149 条、第 150 条）；（20）公开发行股份公司公司董事、监事、高级管理人员向公司申报所持有的本公司的股份及其变动情况（第 160 条）；（21）上市公司信息披露（第 166 条）；（22）列席股东会并接受质询（第 187 条）；（23）依法建立本公司的财务、会计制度（第 207 条、第 217 条）；（24）依法编制财务会计报告，报送股东或置备于公司供股东查阅（第 208 条、第 209 条）；（25）依法公司法定公积金、任意公积金，依法分配利润（第 210 条、第 211 条、第 212 条）；（26）依法编列、使用公司资本公积金（第 213 条、第 214 条）；（27）向聘用的会计师事务所提供真实、完整的会计凭证等（第 216 条）；（28）公司合并、分立时的义务（第 220 条、第 222 条）；（29）减少注册资本时的义务（第 224 条、第 225 条）；（30）出现法定解散事通过国家企业信用信息公示系统予以公示、组织清算、清算组义务、申请注销（第 229 条、第 232 条、第 234 条、第 235 条、第 236 条、第 237 条、第 239 条）等。

（三）关于"管理者通常应有的合理注意"

一方面，以"管理者"为假设主体，表明应当具有专业技能和专业知识；另一方面，是"通常应有的合理注意"。相较于立法例中"重大过失"的表述，"合理"这一标准显然更为妥当。该标准更利于董事、监事、高级管理人员发挥能力，作出有别于社会一般主体的决策。

由于董事、监事、高级管理人员的职能是随着时间以及环境而发生变化的，因而对注意义务行为的判断标准应该是灵活的，在采用客观标准的同时，也应该考虑主观标准、董事等与公司之间约定以及公平原则等因素。①

在"山东海之杰纺织有限公司、盖某损害公司利益责任纠纷再审案"〔（2020）最高法民申 640 号〕中，最高人民法院指出，勤勉义务是指公司高级管理人员履行职责时，应当为公司的最佳利益，具有一个善良管理人的细心，尽一个普通谨慎之人的合理注意。综观公司法实践，勤勉义务所要求的尽一个普通谨慎之人在类似情况下应尽到的合理注意，是一个经过实践而被逐渐总结出来的标准。面对市场不断变化的商事交易实践，如果要求每一个经营判断都是正确的，其结果会使公司高级管理人员过于小心谨慎，甚至裹足不前，延误交易机会，降低公司经营效率，最终不利于实现公司和股东权益。特别是在不涉及公司高级管理人员个人利益与公司利益冲突等可能违反忠实义务的情形中，公司高级管理人员依照法律和公司章程履行经营管理职责的行为，应受到法律的认可和保护。盖某作为海之杰公司的总经理，具有依照法律和公司章程主持公司生产经营管理工作的职权。从海之杰公司在原审中提交的《山东海之杰纺织有限公司章程》的具体内容看，海之杰公司赋予了总经理组织领导公司日常生产技术和经营管理工作的广泛职权。案涉交易中，包括海之杰公司与祥辉公司签订衬衫供货合同、与黄冈市金律纺织有限公司签订《产品采购合同》、在广州采购光坯布，均系盖某为开展公司日常经营而履行总经理职权的行为，并未超越海之杰公司章程规定的职责范围。原判决认定盖某未违反公司高级管理人员的忠实义务和勤勉义务，并无不当。

从义务性质上看，注意义务是过失侵权的基础，董事、监事和高级管理人员违反注意义务便存在过失，因而需要承担过失侵权责任。公司法上的注意义务与侵权法上的注意义务并无多大区别，但也存在许多特殊之处，如举证责任、主观过错等方面都具有特殊构造。

---

① 翁小川：《董事注意义务标准之厘定》，载《财经法学》2021 年第 6 期。

（四）不同董事、监事与高级管理人员违反勤勉义务的判断

1. 超越职位标准

对于董事、监事、高级管理人员的履职与职责范围是否相符，以及是否尽到合理注意义务，司法实践主要是根据其职位判断的。然而，董事等的勤勉义务是其在履职时对需要认知的各种信息具有合理的注意，态度上应是谨慎善意的，且在认知后仍继续必要的勤勉（持续关注），并非简单地基于董事等职位而必然导致责任的产生。

《最高人民法院关于审理证券市场虚假陈述侵权民事赔偿案件的若干规定》第14条规定："发行人的董事、监事、高级管理人员和其他直接责任人员主张对虚假陈述没有过错的，人民法院应当根据其工作岗位和职责、在信息披露资料的形成和发布等活动中所起的作用、取得和了解相关信息的渠道、为核验相关信息所采取的措施等实际情况进行审查认定。前款所列人员不能提供勤勉尽责的相应证据，仅以其不从事日常经营管理、无相关职业背景和专业知识、相信发行人或者管理层提供的资料、相信证券服务机构出具的专业意见等理由主张其没有过错的，人民法院不予支持。"

在"刘某龙、江某河等证券虚假陈述责任纠纷民事申请再审案"〔（2022）最高法民申101号〕中，法院指出，江某河作为亨达股份监事，未提交充分证据证明其曾对亨达股份涉案信息披露事项实施过必要的有效的检查和监督，无法证明其对亨达股份所实施的虚假陈述没有过错。二审考虑到江某河并未参与本案所涉虚假陈述信息的制作，且本案亨达股份所实施虚假陈述行为具有隐蔽性，现有证据亦无法证明江某河在相关年报、半年报上签字前，亨达股份已将所实施虚假陈述行为的事实进行过告知，或其已知悉亨达股份存在虚假陈述行为；在相关会计机构已对亨达股份的财务报告出具无保留意见的审计结论的情况下，江某河在相关年度报告或半年度报告的审议表决中投赞成票，某种程度系基于对专业会计机构已出具无保留意见的信赖。

2. 独立董事的特殊性①

独立董事是指不在上市公司担任除董事外的其他职务，并与其所受聘的

---

① 关于独立董事的信义义务，参见徐强胜、简晓婷：《独立董事信义义务的逻辑与展开》，载《学术交流》2022年第6期。

上市公司及其主要股东、实际控制人不存在直接或者间接利害关系，或者其他可能影响其进行独立客观判断关系的董事。

与内部董事相比，独立董事并不具备与内部董事负有同等水平勤勉义务的客观条件：相较于内部董事的专职专业，独立董事多为兼职的业外人士；相较于内部董事直接负责公司的经营管理，独立董事则难以获取全面信息；相较于内部董事丰厚的现金和股权薪酬，独立董事仅领取固定津贴等。

《上市公司独立董事管理办法》第45条规定了对独立董事进行责任判断所应考量的标准。对独立董事在上市公司中的履职尽责情况及其行政责任，可以结合独立董事履行职责与相关违法违规行为之间的关联程度，兼顾其董事地位和外部身份特点，综合下列方面进行认定：在信息形成和相关决策过程中所起的作用；相关事项信息来源和内容、了解信息的途径；知情程度及知情后的态度；对相关异常情况的注意程度，为核验信息采取的措施；参加相关董事会及其专门委员会、独立董事专门会议的情况；专业背景或者行业背景；其他与相关违法违规行为关联的方面。

《最高人民法院关于审理证券市场虚假陈述侵权民事赔偿案件的若干规定》第16条规定："独立董事能够证明下列情形之一的，人民法院应当认定其没有过错：（一）在签署相关信息披露文件之前，对不属于自身专业领域的相关具体问题，借助会计、法律等专门职业的帮助仍然未能发现问题的；（二）在揭露日或更正日之前，发现虚假陈述后及时向发行人提出异议并监督整改或者向证券交易场所、监管部门书面报告的；（三）在独立意见中对虚假陈述事项发表保留意见、反对意见或者无法表示意见并说明具体理由的，但在审议、审核相关文件时投赞成票的除外；（四）因发行人拒绝、阻碍其履行职责，导致无法对相关信息披露文件是否存在虚假陈述作出判断，并及时向证券交易场所、监管部门书面报告的；（五）能够证明勤勉尽责的其他情形。独立董事提交证据证明其在履职期间能够按照法律、监管部门制定的规章和规范性文件以及公司章程的要求履行职责的，或者在虚假陈述被揭露后及时督促发行人整改且效果较为明显的，人民法院可以结合案件事实综合判断其过错情况。外部监事和职工监事，参照适用前两款规定。"

在前述"刘某龙、江某河等证券虚假陈述责任纠纷民事申请再审案"[（2022）最高法民申101号]中，法院指出，独立董事独立履行职责，不受公司主要股东、实际控制人或其他与公司存在利害关系的人的影响。本案中，独立董事刘某龙未积极采取必要、合理的方法对公司进行调查、监督，未就中介机构的财务审计报告等提出进一步沟通核实要求，以尽独立履行职责之勤勉义务，存在一定过错。二审考虑到独立董事不参与公司日常经营管理，不执行具体业务，其获取信息的主要渠道是公司管理层提供或者公司委托中介机构所做的审计报告，其不可能第一手获取公司的生产经营以及收入状况的信息，无法对公司财务数额的真实性作出直观判断，且刘某龙未参与本案所涉虚假陈述信息的制作，没有证据证明刘某龙在相关年报、半年报上签字时即知悉存在虚假陈述，以及刘某龙一定程度系基于对专业会计机构已出具无保留意见的信赖等多方面因素，酌定独立董事刘某龙在5%范围内承担连带赔偿责任，并无不当。

忠实义务与勤勉义务的关系具有递进逻辑层级。作为基本原则的忠实义务为受信人建立了可供自我评价的行为总体目标和道德底线，表明了不能被容忍的行为边界，是反映道德谴责性的防范性义务；而勤勉义务则是建立在内化为内心道德义务的忠实义务之上的外化行为标准，依赖工作能力和工作水平得以体现，是游离于道德谴责性之外的激励性义务。

四、事实董事的信义义务

依本条第3款规定，公司的控股股东、实际控制人不担任公司董事但实际执行公司事务的，适用董事等的信义义务要求。该规定确立了事实董事制度，并将之扩张至监事和高级管理人员。[①]

董事、监事由股东会选举产生，高级管理人员则由董事会等进行选任，换言之，未经《公司法》或公司章程规定选任环节的主体不具有公司"董监高"的身份，当然也不承担法定的忠实和勤勉义务。但是对于公司的控股股东和实际控制人，其具有的对公司的实际控制力使其可以事实上根据自身意愿行使"董监高"的权力，却因不具有相应的职务身份而规避责任。因此，本款规定，公司的控股股东、实际控制人不担任公司董事但实际执行公司事务的，适用董事等的信义义务要求。

---

① 关于事实董事、实际控制人的研究，参见刘斌：《重塑董事范畴：从形式主义迈向实质主义》，载《比较法研究》2021年第5期；丁亚琪：《实质董事的规范结构：功能与定位》，载《政法论坛》2022年第4期。

事实董事的认定要求具备两个条件：一是其身份为公司的控制股东或实际控制人；二是实际执行公司事务，即表面上其没有被选举或委派为公司董事，但实际上如同董事一样执行公司事务。

在"王某杰等与鄂某轩等损害公司利益责任纠纷案"［（2021）京0116民初7599号］中，法院认为，实际控制人不同于控股股东，其在公司解散后并无对公司组织清算的直接法定义务。但是如果公司的实际控制者对公司的经营事务具有与董事一样的权力，即使其不是根据公司法和公司章程规定正式选举产生的董事，但实际上已以董事身份行事，属于事实上的董事，即事实董事，也应当对公司债权人承担信义义务。事实董事作为公司的实际控制者和实际经营者，当其行为有恶意或重大过失并致债权人损害时，当然应对该债权人承担赔偿责任。如果公司解散后，实际控制人利用其对公司的控制力或者影响造成公司未依法清算的后果的，则应当承担相应的民事责任。至于承担民事责任的方式和范围，应当综合考虑其主观过错的性质、影响公司的程度、导致公司未能依法清算的情形，以及造成公司财产损失的范围等因素，参照清算义务人的民事责任的规定，在具体个案中加以分析认定。

另外，控股股东、实际控制人所从事的管理活动需要达到何种程度才能构成所谓事实董事，有待探讨。本条第3款强调其实际执行公司事务，即凡执行公司事务情形下，均可构成事实董事，其具体承担何种责任则可根据其执行公司事务性质及程度予以认定。

第一百八十一条　【董事、监事、高级管理人员违反忠实义务的法定情形】董事、监事、高级管理人员不得有下列行为：

（一）侵占公司财产、挪用公司资金；

（二）将公司资金以其个人名义或者以其他个人名义开立账户存储；

（三）利用职权贿赂或者收受其他非法收入；

（四）接受他人与公司交易的佣金归为己有；

（五）擅自披露公司秘密；

（六）违反对公司忠实义务的其他行为。

本条是关于董事、监事、高级管理人员违反忠实义务的法定情形的规定。

忠诚义务要求高级职员或董事以公司的最佳利益行事，而不是个人的最佳利益行事。依本条规定，以下为典型的违反忠实义务的情形。

（一）侵占公司财产、挪用公司资金

侵占公司财产、挪用公司资金均表现为"董监高"对公司资金的操纵，区别在于是否具有占为己有的明显意图。

挪用公司资金的情况更为复杂，既包括改变公司资金的用途用于非公司原定但属于商业经营的事项，也包括挪用公司资金用于个人用途，后者与侵占公司财产存在客观表现上的交叉。但是前者并不一定具有谋取不正当利益的意图，可能有违背勤勉义务的嫌疑，应当慎重把握。

（二）将公司资金以其个人名义或者以其他个人名义开立账户存储

以个人或他人名义开立账户存储公司资金的情形需要适当区分。

一是董事未经股东会或董事会授权或批准，以个人或他人名义存储公司资金，该存储资金用于公司营业。此种做法虽违反《公司法》的规定，却未必损害公司利益。

二是董事经股东会或者董事会授权或批准，以个人或他人名义开立账户存储公司资金。例如，公司为减少账面收入而授权董事以个人名义存储公司资金，或者为公司利益而以董事名义开设小金库。此做法同样违反《公司法》的规定，却未必损害公司利益。

（三）利用职权贿赂或者收受其他非法收入

董事未经股东会或董事会批准或授权，以个人账户或自己控制的第三人账户收取公司资金，并且用于董事自身利益。本条第三种情况属于董事违反忠实义务，第一种和第二种情况下董事却未必违反忠实义务。[①]

（四）接受他人与公司交易的佣金归为己有

该规定较为明确，但需要注意的是接受佣金的情形要归为己有，在商业实践中，在适当限度内向公司申报并遵守内部规定分配的佣金是正当收入。

（五）擅自披露公司秘密

此处的公司秘密并不局限为商业秘密。"董监高"是公司的实际经营管理

---

① 叶林：《董事忠实义务及其扩张》，载《政治与法律》2021年第2期。

者，掌握着公司的资金流向和业务策略等信息，擅自对外泄露这些信息无疑会损害公司利益，并不都符合违反忠实义务的要件，也可能因工作中的过失泄露秘密，此时显然涉及勤勉义务的违反。

（六）违反对公司忠实义务的其他行为

除了以上违反忠实义务情形以外，实践中还有违反对公司忠实义务的其他行为。凡违反忠实义务的，不论其表现如何，均为公司法所不允许。

第一百八十二条 【自我交易的报告与决议】董事、监事、高级管理人员，直接或者间接与本公司订立合同或者进行交易，应当就与订立合同或者进行交易有关的事项向董事会或者股东会报告，并按照公司章程的规定经董事会或者股东会决议通过。

董事、监事、高级管理人员的近亲属，董事、监事、高级管理人员或者其近亲属直接或者间接控制的企业，以及与董事、监事、高级管理人员有其他关联关系的关联人，与公司订立合同或者进行交易，适用前款规定。

本条是关于董事、监事、高级管理人员的自我交易规定。

一、自我交易的禁止与允许

自我交易是指董事、监事、高级管理人员在代表或代理公司实施行为时，知道其本人或者与其有关联的一方是该交易的对方，或者其本人与该交易存在经济利益或其他密切的关系，从而会影响交易的公平性。

早期的公司法，对董事、监事、高级管理人员的自我交易是严格禁止的。无论他们与公司之间的交易是否有利于公司，一律归于无效或可撤销，公司或股东均可提起无效之诉或撤销之诉。但随着经济的发展，人们发现，自我交易未必不利于公司，其至少可以在节约交易成本方面对公司有利，有时董事可能是某一特定交易唯一或较为有利的来源。例如，对于资金短缺又缺乏融资渠道的公司，董事、监事、高级管理人员以适当的利率对公司提供贷款无疑对公司有利。现代公司法开始允许自我交易，要求其须遵守相应程序，进行披露，得到批准即可。本条采取了同样的态度。

二、自我交易的主体和方式

（一）自我交易的主体

依本条第 1 款规定，在自我交易中，董事、监事和高级管理人员是交易一方主体，公司是另一方交易主体。相比于 2018 年《公司法》第 148 条，新《公司法》将"监事"纳入了规制的主体范围。同时，本条第 2 款扩大了关联主体的范围，包括董事、监事、高级管理人员的近亲属，董事、监事、高级管理人员或者其近亲属直接或者间接控制的企业，以及与董事、监事、高级管理人员有其他关联关系的关联人，强化了对自我交易的规范。

需要注意的是，这里所谈的自我交易是指正常情况下的董事等与公司进行的交易，在特别情形下，如拍卖时，董事或其关联人对被拍卖的公司进行拍卖交易，符合竞拍条件的，不属于自我交易。①

（二）自我交易的方式

自我交易的方式包括直接方式和间接方式。

直接方式，是指"董监高"直接作为交易一方主体。例如，董事、高级管理人员将财产出售给公司，董事、监事、高级管理人员从公司购买财产，公司与董事、监事、高级管理人员订立合同，董事、监事、高级管理人员支付货款给公司或者公司向董事、监事、高级管理人员支付货款等。

间接方式，是指"董监高"虽不直接作为一方交易主体，但"董监高"从参与交易的其他人那里可以获得个人利益或可以从交易中获得间接利益。例如，发生在董事、监事、高级管理人员的关联人与公司之间，同时担任两个公司董事、高级管理人员的公司之间，或者在母公司与其子公司之间。除此之外，间接方式还包括公司同其董事在其中有直接或间接重大财产利益的经营实体之间的交易。

三、自我交易的报告与决议程序

（一）自我交易的报告

董事、监事、高级管理人员，直接或者间接与本公司订立合同或者进行交易，应当就与订立合同或者进行交易有关的事项向董事会或者股东会报告。

---

① 参见"甘肃省地质矿产勘查开发局第一地质矿产勘查院、刘某妨损害公司利益责任纠纷再审审查与审判监督民事裁定书"〔（2019）最高法民申 4427 号〕。

报告义务的本质是信息披露，即向审批机构（董事会或股东会）详细披露交易对手方的信息、交易的具体情况和商业动机。此外，还应当强调在信息披露中董监高负有提示义务，其应当在会议前及会议中向参会人明确提示交易中存在的自我交易或关联交易情况。

（二）自我交易的董事会或股东会决议

董事、监事、高级管理人员报告后，需按照公司章程的规定经董事会或者股东会决议通过。亦即，公司章程可事先规定涉及自我交易问题由董事会或股东会决议通过。如果章程没有规定，原则上应由董事会决议，因为交易问题本质属于公司经营事项。

董事会或股东会决议表决时，有利害关系的董事或股东应回避，如董事会表决回避导致董事会少于三人时，应提交股东会决议（第185条）。在仅有一名董事的公司，涉及董事自我交易，须由股东会决议。

董事自我交易的批准机制，本质上是一种交易实质公平的替代机制，经过事先章程规定的股东会或董事会的批准，交易公平的举证责任转移到质疑一方。[1] 非关联关系的参会方事实上负责判断交易信息是否披露充分，同时评价该笔交易是否公平，是否对公司具有商业上的利益。经过正当程序批准的自我交易或关联交易具有合法性，而无须考虑交易事实发生后对公司利益实际是否造成损害。

《公司法司法解释（五）》第1条对关联交易损害公司利益的情形作出规定，"被告仅以该交易已经履行了信息披露、经股东会或者股东大会同意等法律、行政法规或者公司章程规定的程序为由抗辩的，人民法院不予支持"。它显然对关联交易采取了实体的后果主义规制方式。采取这种思路的裁判案例指出，公司法保护合法有效的关联交易，并未禁止关联交易，合法有效关联交易的实质要件是交易对价公允，应当从交易的实质内容即合同约定、合同履行是否符合正常的商业交易规则以及交易价格是否合理等进行审查。[2] 应当认为，新《公司法》对此前司法解释的实体立场进行了修正。

---

① 傅穹：《公司利益范式下的董事义务改革》，载《中国法学》2022年第6期。

② 参见"西安陕鼓汽轮机有限公司与高某华等公司关联交易损害责任纠纷再审审查民事判决书"[（2021）最高法民再181号]。

四、违反规定的自我交易效力

对于未经允许所实施的自我交易和关联交易的行为效力问题,《公司法》没有规定。理论界存在"有效说""无效说""效力待定说"等观点。

效力待定说具有一定的合理性:(1)赋予公司是否追认自我交易的选择权,公司可以视具体情况决定是否追认,有利于保护公司利益。(2)该学说符合《公司法》关于自我交易规定立法目的,赋予公司通过追认来承认自我交易效力的选择权,而公司通常会在充分知悉并权衡利弊的基础上作出是否追认自我交易的决定,因此不存在利益冲突的风险。(3)为公司追认自我交易预留了空间,充分贯彻公司自治原则。既然公司可以依法通过事先决议授予董监高自我交易的权利,允许公司对董监高自我交易进行事后追认自无不可。

因此,公司董监高违反法律规定实施的自我交易效力待定,应由公司决定是否通过追认承认其效力。

另外,本条文本并未言明"利益冲突"要件,实践中在是否需要"利益冲突"要件上存在一定争议。在"胡某焰等与胡某明等合同纠纷再审案"[(2018)最高法民申 3825 号]中,最高人民法院仅以董事、高级管理人员的自我交易是否获得章程授权或经股东会同意来判断该行为的效力,不考虑董事自我交易行为是否损害公司利益。而在"开封桦亮房地产开发有限公司、开封市航天商厦有限公司与赵某宽、香港韶骏发展有限公司商品房预售合同纠纷再审案"[(2013)民提字第 98 号]和"鄂尔多斯市鼎晟房地产开发有限责任公司与王某华房屋买卖合同纠纷再审案"[(2016)最高法民申 1951 号]中,最高人民法院却以董事自我交易是否损害公司利益为标准来判断其效力。

学界同样存在较大争议。有学者认为,按照该条规定,只要董事的自我交易经公司章程授权或征得股东会同意,董事自我交易就有效。[1]另有观点认为,即使董事实施的自我交易获得章程的授权或征得股东会同意,也应当由法院对其实质公平性进行审查。[2]

---

[1] 刘俊海:《现代公司法》(第三版),法律出版社 2019 年版,第 628 页。

[2] 胡晓静:《论董事自我交易的法律规制》,载《当代法学》2010 年第 6 期;孙英:《论董事自我交易的法律规制——以〈公司法〉第 149 条的适用与完善为核心展开》,载《法学》2010 年第 6 期;施天涛、杜晶:《我国公司法上关联交易的皈依及其法律规制——一个利益冲突交易法则的中国版本》,载《中国法学》2007 年第 6 期。

从本条第 1 款规定的文义上来看，它禁止的是自我交易这种交易形式，因此并不像前述最高人民法院所认为的那样以避免具体利益冲突为立法目的，而是以避免此类交易通常存在的抽象利益冲突风险为目的。[①] 因而，其适用不应以具体利益冲突的存在为前提，从而避免司法权的过度介入，尊重公司的自由意志，最大限度地激发公司的活力和创造力。

第一百八十三条 【商业机会的禁止与例外】 董事、监事、高级管理人员，不得利用职务便利为自己或者他人谋取属于公司的商业机会。但是，有下列情形之一的除外：

（一）向董事会或者股东会报告，并按照公司章程的规定经董事会或者股东会决议通过；

（二）根据法律、行政法规或者公司章程的规定，公司不能利用该商业机会。

本条是关于董事、监事、高级管理人员利用公司机会的规定。

一、公司机会利用的禁止原则与公司机会的认定

（一）公司机会利用的禁止原则

公司机会利用的禁止原则，是指禁止公司的董事、高管和雇员利用获取的信息，从公司具有期待权利、财产权利或依照公平原则属于公司的商业机会中谋取个人利益。公司机会规则源自衡平法上的受托人的信义义务规则，产生于 1726 年的 Keech v. Sandford 案，该案确立了"除非委托人明示同意，受托人不得利用其地位谋利"的规则。[②]

本条规定，董事、监事、高级管理人员，不得利用职务便利为自己或者他人谋取属于公司的商业机会。其宗旨在于禁止公司管理人员利用信息优势争抢公司商业机会，以谋求个人利益。

（二）公司机会的认定

首先，关于公司商业机会的界定。

---

① 迟颖：《有限责任公司董事自我交易制度建构与司法适用》，载《法学家》2021 年第 3 期。

② 张开平：《英美公司董事法律制度研究》，法律出版社 1998 年版，第 265 页。

由于商业机会的非实现性，以及董监高因职务所获信息与职务外信息无法完全割裂，什么属于商业机会，什么商业机会属于公司，长期存在争议。事实上，作为该规则发源地之一的美国，其司法实践也发展出：期待测试标准、营业范围标准、两步走检验法、区分主义 vs. 层级主义检验法、公平测试标准与有利性/重要性标准等多重认定标准。[①] 我国理论界也有不同认识，有学者提出成熟性、经营关联性和职务关联性标准，[②] 也有基于公司机会本质是公司利益的"发现—利用"动态识别标准等。[③] 从市场交易的现实来看，商业机会首先应肯定其不具有财产属性，而是一种未实现的利益，因此存在竞争的可能。

其次认定是否属于公司的商业机会应与因违反忠实义务篡夺公司商业机会区分。

商业机会是商事活动中随机出现的交易需求，存在有特定倾向与无特定倾向的差异，前者如交易对手方看重特定行业内的龙头企业，或特定地域内具有良好口碑和资金实力的企业。如果此时交易对手方存在与公司交涉的意向或者实际行动，无疑这一商业机会属于公司。而对于后者，则需要在前者基础上，要求公司同样表达出积极的交易意愿，方可认为该商业机会属于公司，否则应归入同业竞争行为。

公司商业机会的认定暗含了对公司主要业务范围的识别和交易对手方意愿的探知。对篡夺公司商业机会行为的认定主要考察董监高对于商业机会信息的获取是否依赖于职务、是否履行了程序性义务等因素。

在"贵阳华业联合物流有限公司、北京华业联合投资集团有限公司损害公司利益责任纠纷再审案"〔（2020）最高法民申1025号〕中，最高人民法院认为，北京华业公司任命张某为公司副总经理。张某在代表北京华业公司与双龙管委会签订《项目投资协议》后，在合同履行过程中成立了贵阳华业公司，之后不足一个月时间贵阳华业公司就与双龙管委会签订《项目投资协议》及相关补充协议。张某作为北京华业公司的高管，代表北京华业公司与双龙管委会就项目进行磋商过程中，作为持股90%的股东成立了贵阳华业公司，并以贵阳华业公司名义谋取了属于北京华业公司的商业机会。

---

① 薛前强：《质疑公司机会准则制度移植的法效果》，载《湖北社会科学》2019年第3期。
② 侯怀霞：《我国"禁止篡夺公司机会原则"司法适用研究》，载《法商研究》2012年第4期。
③ 袁崇霖：《公司机会规则的反思与体系建构》，载《法学研究》2022年第2期。

二、公司机会利用的除外规定

公司机会并非完全不可利用，依本条规定及实践，以下情形是允许的。

（一）向董事会或者股东会报告，并按照章程规定经董事会或者股东会决议通过

该程序性要求与自我交易或关联交易的调整方式相同，需要满足"报告+决议"。该程序性要求强调对有关公司商业机会的信息进行详细披露，尤其是存在公司法上篡夺公司机会风险的信息，并按照公司章程的规定经有权机关表决同意。

（二）根据法律、行政法规或者公司章程的规定，公司不能利用该商业机会

如何理解"不能利用"。根据文义解释，此处的不能利用的限制可以从法定和意定两个方面理解。法律和行政法规对公司的经营范围存在限制，主要是金融业、食品业等特殊行业，具体表现为基于行政审批的"牌照"限制，未经监管部门批准获得经营资格的公司不得从事特定行业的营业。此时即便公司获得商业机会，也无法进行利用。意定方面的限制主要考察公司股东会对公司经营防线的界定。原则上，现代公司可以经营一切法律法规允许的商业而不受公司章程中经营范围的限制。但不排除股东会为了公司资本运用更为集中，充分发挥专门赛道优势等目的，自发地在公司章程中对经营业务进行限制，公司自然不得利用此范围内的商业机会。公司不能利用商业机会的要求，实质上排除了公司与董监高利用商业机会存在的利益冲突。

（三）市场情况其他因素导致

"林某恩与李某山等损害公司利益纠纷案"[1] 系香港股东代表香港公司向另一香港股东及他人提起的损害公司利益之诉。原告提起诉讼的基点是认为另一香港股东利用实际控制香港公司及该公司在内地设立的全资子公司等机会，伙同他人采取非正当手段，剥夺了本属于香港公司的商业机会，从而损害了香港公司及其作为股东的合法权益。但原告所称的商业机会并非当然地专属于香港公司，实际上能够满足投资要求及法定程序的任何公司均可获取该商业机会。原告在内地子公司经营效益欠佳时明确要求撤回其全部投资，

---

[1] 《最高人民法院公报》2014年第11期。

其与另一香港股东也达成了撤资协议。鉴于另一香港股东及他人未采取任何欺骗、隐瞒或者其他非正当手段，且商业机会的最终获取系另一股东及他人共同投资及努力的结果，终审判决驳回了原告的诉讼请求。

（四）第三人明确拒绝与公司交易的

在第三人明确拒绝与公司交易的情况下，其不属于公司机会范畴。

除了以上情形，实践中对于利用商业机会损害公司利益的行为，还要具体情况具体分析。在"上海某材料技术有限公司与沈某等损害公司利益责任纠纷案"〔（2016）沪01民终5164号〕中，原告认为，沈某等被告身为原告董事、总经理，未经股东会的同意，将大量检测业务形式上交给案外检测公司处理，实际仍然利用原告的人力、设备和技术实施检测、出具检测报告，并将检测费用付给案外检测公司，造成原告营业收入锐减，严重违反了《公司法》关于董事、高级管理人员不得利用职务便利为他人谋取属于公司的商业机会的规定，对公司造成损失。法院认为，依据原告的陈述，二被告的行为符合"利用职务便利为他人谋取属于公司的商业机会"的情形。但法院注意到，原告系自被检测人处收取检测费之后再行支付给案外检测公司。二被告陈述的原告接受其客户检测业务后，将部分检测业务转交案外检测公司，并支付案外检测公司相应的检测费用，由原告向其客户出具检测报告的事由，或者是检测时间紧迫，抑或由于公司自身检测范围、检测能力，抑或为了公司利益最大化。总之，系企业经营者的商业判断行为。

第一百八十四条　【竞业的禁止与允许】董事、监事、高级管理人员未向董事会或者股东会报告，并按照公司章程的规定经董事会或者股东会决议通过，不得自营或者为他人经营与其任职公司同类的业务。

本条是关于董事、监事、高级管理人员竞业禁止的规定。

一、竞业禁止的认定

竞业禁止，是指董事、监事、高级管理人员不得为自己或第三人经营与其任职公司同类的事业。从性质上看，其系一种不作为义务、预防性义务，以及忠实义务的派生义务，旨在通过禁止未经公司同意的董事竞业行为，维护公司利益。依义务的来源不同，可以分为法定竞业禁止义务和约定竞业禁止义务。前者依法律规定而产生，后者依章程或合同约定而产生。

在竞业禁止行为的认定上，需要注意以下几点。

（一）关于"自营或者为他人经营"的含义

理论上有"名义说"和"计算说"之别。"名义说"强调以自己名义经营或者以他人名义经营。"计算说"则强调为自己计算而经营或者为他人计算而经营，不问以谁的名义，只要行为之经济上效果归属于自己或他人即属之。多数情况下，竞业行为表现为隐名行为，故而学界倾向于"计算说"。[1] 在判断时需要注意"为他人经营"中"他人"之范围。以是否具有利益关系为标准，"他人"可以分为有一致利益关系的他人和无一致利益关系的他人。前者多表现为纵向控股、参股的公司之间。具有一致利益关系的主体可以视为一体，不存在利益冲突。

（二）"同类业务"的判断

本条对于竞业业务范围的规定为"同类业务"，但对于同类业务的认定应该以章程载明的经营范围，即形式标准为准，还是以与公司有实质性利益冲突的经营范围，即实质标准为准，并未作出明晰规定。司法实践中也存在形式标准与实质标准的分野。《公司法（修订草案）》一审稿和二审稿皆在"同类业务"之前增加了"存在竞争关系"的限定语，似乎有意采纳了实质标准，但最终通过的《公司法》仍然基本维持了2018年《公司法》第148条的表述。因而可以认为，在"同类业务"的判断上应当主要采纳形式标准。究其缘由，可能是难以判断是否存在"竞争关系"。

在"业务"的判断上，还应注意其与"经营范围"的关系。作为竞业边界的"业务"与"经营范围"并不相同。前者是相对灵活的，而后者因章程限制而具有确定性和滞后性。在"同类"的判断上，应当以公司的经营范围为基准，兼顾"公司实际经营的业务"。既可以国家法定的行业类别和公认的行业类别为划分标准，也可以从事该方面经营的普通商人的客观认识为标准。

---

[1] 刘俊海：《股东权法律保护概论》，人民法院出版社1995年版，第165页、第171页、第173页。

因此，只要业务存在市场竞合，或存在妨碍公司利益实现的其他情形，均应当包含在"业务"范围之内。

基于维护公司利益的考虑，应当对"同类业务"的外延进行扩张解释，即一般不只是公司正在进行的事业，也包括正在进行开业准备以及暂时休业的事业。[①]

（三）任职公司包括全资子公司、控股公司

竞业禁止是对公司董事、监事、高级管理人员的基本职务道德要求。由董事等身份决定，竞业禁止不仅针对任职公司，还应包括全资子公司和控股公司。

在"李某、深圳市华佗在线网络有限公司损害公司利益责任纠纷再审案"[（2021）最高法民申 1686 号]中，最高人民法院指出，《公司法》关于董事对公司所负的忠实义务、竞业禁止义务应不限于董事所任职的公司自身，还应包括公司的全资子公司、控股公司等，如此方能保障公司及其他股东的合法权益，真正实现《公司法》设置忠实义务、竞业禁止义务的立法本意。本案中，美谷佳公司是华佗在线公司的全资股东，双方利益具有显见的一致性，李某对美谷佳公司所负的忠实义务和竞业禁止义务应自然延伸至美谷佳公司的子公司华佗在线公司。

二、竞业禁止的例外

法律规定竞业禁止义务的主要目的在于防止董监高利用其优势地位与公司进行不平等竞争，损害公司的利益。在某种程度上，董事的竞业行为也可能不与公司利益相冲突，如果一概加以禁止，反而会在不增加公司利益的同时，减少其他经济主体的获利机会，降低社会的总体利益。

同为忠实义务范畴的自我交易与公司机会，只要对公司报告并获得同意，即可进行。同样，本条规定，如果董事、监事、高级管理人员向董事会或者股东会报告，并经董事会或者股东会决议，也可以实施竞业行为。

具体而言，董监高首先应披露其竞业行为的事实，披露内容一般应当包括竞业行为的方式、期限、地域、交易的标的以及交易的对方当事人等，决议机构据此判断其竞业行为是否会损害公司利益。

---

① 傅穹：《公司利益范式下的董事义务改革》，载《中国法学》2022 年第 6 期。

第一百八十五条　【关联董事的回避表决】 董事会对本法第一百八十二条至第一百八十四条规定的事项决议时，关联董事不得参与表决，其表决权不计入表决权总数。出席董事会会议的无关联关系董事人数不足三人的，应当将该事项提交股东会审议。

本条是关于关联董事的回避表决制度。

一、关联董事回避表决的规则

对于自我交易、公司机会与竞业禁止，法律允许其经过报告和董事会或股东会决议而得以进行。至于是向董事会或股东会报告，或者由董事会或股东会决议，由公司章程规定。一般情形下，章程规定由董事会决议的，应向董事会报告；章程规定由股东会决议的，则应向股东会报告。章程对此没有明确规定的，则一般由董事会决议并向董事会报告即可，因为自我交易、公司机会与竞业禁止的行为，均属于公司经营行为而在董事会职权范围内。但在一人董事公司的监事或高级管理人员有以上行为时，如章程未规定，应提交股东会审议。当然，如一人董事公司系一人公司且该股东同时担任董事时，可由该一人董事决定。

本条规定，董事会对此决议时，关联董事不得参与表决，其表决权不计入表决权总数。出席董事会会议的无关联董事人数不足三人的，应当将事项提交股东会审议。

董事会与股东会决议均采一般多数决，除非章程另有明确规定。股东会决议时，关联股东也需回避表决。

二、违反规定的决议效力

违反该规定的，决议原则上无效。

如果关联董事参与了表决，但其表决不影响决议，即排除其表决权数后仍形成有效决议，且实质上相关行为没有损害公司利益的，也可认可决议效力。因为法律关于自我交易、公司机会与竞业禁止的规定目的在于防止因此损害公司利益，非简单的禁止或限制。

第一百八十六条　【公司归入权】 董事、监事、高级管理人员

违反本法第一百八十一条至第一百八十四条规定所得的收入应当归公司所有。

本条是关于公司归入权的规定。

一、公司归入权

依本条规定，公司归入权是指公司享有的对董事、监事、高级管理人员违反公司忠实义务之特定行为所获得的收入收归公司所有的权利。其实质是对公司所涉及的各方利益平衡的一种制度安排，是公司内部人违反忠实义务时法律赋予公司的一项特别救济手段。

归入权起源于美国证券法中规定的短线交易等行为收入的利益归公司所有的制度，具有鲜明的信托法色彩。依董监高与公司之间的信托关系，受益人有权要求受托人将其未经授权利用其特殊地位获得的收益交出。同时，相较于损害赔偿义务，归入权的设置更多地起到威慑作用，即便董监高利用自身职务优势获得的收入大于公司利益的损失，存在"净收益"，公司的归入权利也可以剥夺其全部收入，以从根本上遏制董监高违反忠实义务的动机。

归入权的法律性质众说纷纭，主要有损害赔偿说[1]，不当得利返还请求权说[2]，处罚权说[3]，形成权说[4]等。形成权说具有较强的说服力。原因在于，形成权不依赖于其他的基础性权利，其意义在于通过单方意思表示使法律关系发生、变更或消灭，与请求权相比，形成权也不需要相对人配合。赋予特定的民事主体以形成权，其目的就在于由当事人自己决定法律关系是否要发生变动，如果要变动，可以按照自己的意愿、以单方面的意思表示即可产生变动的效果，相对方只能被迫接受该变动的后果，而无须他的同意或介入某种行为。[5]

[1] 杨艳：《公司法上的利益归入：功能界定与计算标准》，载《浙江工商大学学报》2015年第6期。
[2] 董方军：《论归入权的性质》，载《当代法学》2002年第3期。
[3] 参见伏军、孙晓光：《解读〈公司法〉第60条第3款——评最高院〈关于担保法若干问题的解释〉第4条》，载《金融法苑》2003年第3期。
[4] 雷兴虎、温青美：《论公司对短线交易的介入权》，载《法治研究》2017年第3期。
[5] 汪渊智：《形成权理论初探》，载《中国法学》2003年第3期。

二、公司行使归入权的条件

（一）对象要件

本条所表述之主体为董事、监事和高级管理人员。

根据《公司法》第 180 条第 3 款引入的事实董事制度，虽不担任董事但实际执行公司事务的控股股东和实际控制人，因为法律上的推定具有了董监高身份，应当适用归入权的规定。

此外，《公司法》第 182 条第 2 款规定，涉及董监高的近亲属等主体，考虑到其内在的关联关系，如果将前述主体从事的关联交易行为收入排除归入权范围，会助长董监高借名或通过关联关系规避归入权的情况，所以此类主体同样应当纳入归入权的形式对象范围。

司法审判中可以借鉴证券市场短线交易中确定的权益收益人理论，在不同案件事实中划定行使对象。

（二）获得收入的理解

司法实践存在几类收入认定的典型情况。例如，在违反竞业禁止业务的情况下，认定工资所得为所得收入归公司所有。[①] 再如，篡夺公司商业机会获得的销售收入提成，应当认定为归公司所有的收入。[②] 此外，也有法院指出，公司归入权意在将负有竞业禁止义务的主体在竞业范围内的全部收益归入公司所有，但是如果公司的董事、高管因从事竞争业务而亏损，应由其自己承担后果，不应一并计入经营所得，抵销其他业务部分的收益。[③] 结合归入权的设置目的，应当认为此处的收入是"毛收入"而非"净收入"，即不要求行为人因违反忠实义务存在利润才能行使归入权，否则将大大降低归入权的威慑效果，鼓励董监高利用自身职务优势进行投机行为。收入而非收益的认定标准，事实上赋予归入权一定程度的惩罚性，与忠实义务的道德属性相匹配。

如果无法确认违法收入，可结合其他确定应当归入的利益。在"李某、深圳市华佗在线网络有限公司损害公司利益责任纠纷再审案"［（2021）最高

[①] 参见"济南东方管道设备有限公司与李某、济南东方泰威机械设备有限公司损害公司利益责任纠纷二审民事判决书"［（2015）鲁商终字第 532 号］。

[②] 参见"刘某云、杨某彬损害公司利益责任纠纷二审民事判决书"［（2018）赣民终 178 号］。

[③] 参见"南京南华擎天资讯科技有限公司与辛某梅、汪某刚、张某、南京擎天科技有限公司损害公司利益纠纷二审民事判决书"［（2015）苏商终字第 00680 号］。

法民申 1686 号〕中，最高人民法院认为，本案中李某将其任职高管的美谷佳公司全资子公司华佗在线公司的业务交由其实际控制的友德医公司经营，谋取了属于华佗在线公司的商业机会，损害了华佗在线公司的利益，违反了对华佗在线公司所负忠实义务和竞业禁止义务。根据《公司法》规定，李某由此获得的收入归华佗在线公司所有，以弥补华佗在线公司的实际损失。但在华佗在线公司损失标的系商业机会难以准确认定数额，且李某的个人获益和美谷佳公司及其股东的实际损失亦无法认定的情况下，原判决综合考虑友德医等公司的运营成本、网络医院项目的发展前景和技术团队、资本团队对网络医院项目的投入、贡献情况，酌定李某向华佗在线公司赔偿 2916 万元以弥补华佗在线公司和美谷佳公司及其背后投资人的实际损失及合理期待利益，亦无不当。

（三）不宜增加公司利益受损要件

司法实践针对损害事实是否属于归入权的构成要件裁判不一。有法官从董监高违反忠实义务的角度出发，认为公司是否遭受损害不影响归入权的成立，不过在可归入收益范围划定时作为参考依据。有法官采取侵权责任的举证规则，要求原告公司不仅要证明董监高的特定行为，而且要举证证明公司的实际经营损失或不利影响，或是被告董监高因此获得的收入。违信行为通常难以被发现，即使被发现，若不至丧失违信行为之全部利益，仍有相当动机为机会主义行为。因此，无论公司是否实际受有损失，董事均应交出从违信行为中所得的利益，以阻却机会主义行为发生。[①]

第一百八十七条　【列席股东会会议并接受股东的质询】 股东会要求董事、监事、高级管理人员列席会议的，董事、监事、高级管理人员应当列席并接受股东的质询。

本条是关于董事、监事、高级管理人员列席股东会的要求。

一、董事、监事、高级管理人员列席股东会的义务

一般情况下，作为股东会召集者的董事会及作为专门的监督机构的监事

---

① 周淳：《公司归入权的体系定位与规范构造》，载《财经法学》2021 年第 3 期。

会，均应列席股东会会议，除汇报有关工作报告外，尚需接受股东质询。

对于专门管理机构的高级管理人员，对董事会负责，并不直接对股东会负责，一般无须参加股东会。股东会认为其需要列席会议的，高级管理人员必须列席，以备股东会审议有关事项时的质询需要。

这里的要求列席会议，对于董事和监事而言，属于一般性义务，即使股东会不要求列席，也应主动列席。列席，不仅是需要接受质询的问题，还是董事和监事履职需要，特别是在股东会年会上，更是董事与监事一年来工作得到认可的问题。对于高级管理人员，则一般在股东会要求时，方有列席的问题。

二、接受质询的义务

质询不简单等同于询问，重点在"质"。质询主体往往已经初步知晓关于公司经营管理的基础信息，甚至已经进行过查阅，但对决策的规范性、合理性等仍然存在疑惑，以至于需要在股东会上实施质询行为，更进一步获取信息、印证猜测，甚至为可能的诉讼行为收集材料。质询宣示了质询主体与质询对象之间关系的"不平等"性，以及行为动机的不信任性。

实践中，公司内部非对抗式的沟通活动长期被忽视会导致治理成本上升。信息流通不畅而利益紧密相关，直接催生了公司所有者与公司经营者之间的不信任。通过合理质询得到的信息不仅可以让股东会发挥监督作用，也允许其更好地熟悉管理层，了解其行为动机，而这些效果正是建立信任关系的基础。[1] 质询行为促进了公司内部的信息透明。为批准和监控之目的，股东会有权定期或即时地获得重要且实质的信息。这一方面要求董事会在作出"经营性战略决策"后报告股东会，以便股东了解、掌握和监督；另一方面，董事会应将其履职情况和公司财务基本状况交由股东会审核，除嗣后发现董事不法行为外，股东会的承认还可视为对董事责任的解除。[2] 股东会上的质询机制等是打破管理层对于公司信息垄断的工具。

对于我国的公司治理现状而言，股东质询权价值独特。股东会上的股东质询是公司权力行使获得程序正当性的内部枢纽。对于被质询对象而言，董

---

① ［德］卢曼：《信任：一个社会复杂性的简化机制》，瞿铁鹏、李强译，上海人民出版社2005年版，第43页。

② 许可：《股东会与董事会分权制度研究》，载《中国法学》2017年第2期。

事、监事或者高管，都是公司权力的实际享有者或执行者，质询可以形成对他们行使权力的程序性审查。尽管股东未必具有高超的商业思维，很难对商业决策及经营状况作出专业判断，但根据法律法规及公司章程的规定，其有权严格检查权力行使的程序是否正当。股东在股东会上作出质询，使股东会这一最高权力机构形成决议具有充分的信息基础，也是保障公司权力妥当行使的重要程序。

三、股东质询权的行使

股东质询权的行使与股东会会议程序紧密联系。

第一，按照股东会的召集和议事规则，股东会要求人员列席的行为应当在会议实际召开前，确定需要列席的人员，并及时通知。而且若股东欲质询的事项不是董事会召集会议时确定的议题事项，就还需要对会议议题进行调整。

第二，股东质询应当及时得到回应。首先，针对股东个人质询，董事会认为有必要的，在征求质询股东的意见后，可以在股东会上向全体参会股东进行集中说明。其次，针对股东在会前通过提案增加质询事项或对具体议题增加质询环节的，会议召集机构应当在股东会上回应质询，并接受其他股东必要的追问。再次，对于线上股东会，质询行为不受现场发言与网络通信发言等方式差异的影响，原因在于会议形式仅是保证会议议事功能实现的客观机制，不影响会议的实质功能。最后，被要求回应质疑的列席人员应当根据会议的进行方式，与其他参会人员处于事由原因外，原则上必须亲自参加会议，不得委派他人代为发言或委托他人参会。无故拒绝列席的，应当视为拒绝履行接受质询的法律义务。

第三，未能依法行使股东会上质询的权利的股东，应当根据具体情形得到法律救济。一方面，质询提案被董事会审核后排除于股东会议题的，可以采取提案权受损的现有救济路径。如果股东认为董事无理妨碍自己行使提案权，可以提起董事会决议无效确认之诉。如果董事会对股东提案故意不作出审查决议，则损害了股东的权利，股东可以追究董事违反忠实义务、勤勉义务的责任。但是，考虑到股东会召开存在客观的时间限制，即便通过诉讼活动完成对质询提案审核机构的追责，相应股东也将失去在该次股东会上进行质询的机会。另一方面，当被质询人员拒绝列席、回应或回应内容虚假、缺漏等时，需要根据质询事项是否与股东会决议事项具有关联性而区别考量。若股东质询事项直接关乎决议议题，那么股东可以对决议效力本身提起诉讼。因为在这种情况下，质询行为服务于接下来的投票表决，那么对质询的回应的质量直接影响股东的投票倾向，最终影响决议结果。决议行为的根本特征在于其根据程序正义的要求采取多数决的意思表示形成机制，决议结果对全体团体成员都具有法律约束。[1] 对质询—回应程序的形式违反抑或实质违反，无疑都影响了集体意思形成的正义性。若是根据单独的质询提案的回应，那么并不产生投票活动与决议，仅为公司内部的信息交流活动，被质询者的回应与沉默，都影响相应股东的未来决策，股东可以自行选择接受结果，退出公司，或者启动诉讼对相关人员的履职情况进行追责。[2]

第一百八十八条　【对公司的赔偿责任】董事、监事、高级管理人员执行职务违反法律、行政法规或者公司章程的规定，给公司造成损失的，应当承担赔偿责任。

本条是关于董事、监事、高级管理人员违反法律、行政法规或章程的损害赔偿责任规定。

一、董事、监事、高级管理人员损害公司利益赔偿责任的特殊性

董事、监事、高级管理人员执行职务，应当遵守法律、行政法规和公司章程（第 179 条），故本条规定如违反造成公司损失，应当承担赔偿责任。该规定是侵权责任在《公司法》的特殊运用。在考虑违反上述义务的责任构成时，需要考虑违反义务的行为、过错（一般过失、重大过失）、产生的损害（财产损害）以及行为与损害之间的因果关系。

不同于民法上的个人，董事、监事是通过董事会、监事会集体行使职权，高级管理人员因董事会授权行使职权，但董事、监事、高级管理人员皆因违法而承担个人责任，即"权利是集体的，责任是个人的"。

---

[1]　王雷：《论民法中的决议行为——从农民集体决议、业主管理规约到公司决议》，载《中外法学》2015 年第 1 期。

[2]　徐强胜、孙浩天：《论股东会上股东质询的功能与实现》，载《财经法学》2023 年第 5 期。

作为董事会成员，其一方面需要通过董事会行使职权；另一方面因董事会内部权力分工不同而行使的权力不同。第一，董事会内部有董事长、副董事长和其他董事，其职责要求不同；第二，董事分执行董事与非执行董事，执行董事负责执行公司事务，非执行董事负责监督与决策；第三，作为法定代表人的执行董事与其他执行董事之间区别更为明显，前者不仅执行公司内部事务，也具有对外代表公司的权利；第四，董事有任职于审计委员会的，也有任职于其他委员会的；第五，董事会成员有股东选举产生的，也有职工选举产生的，还有通过累积投票制或委派制产生的代表不同利益的董事。

尽管从理论上讲每位董事作为董事会成员地位平等，均须以公司利益为重行使职责。由不同董事的产生来源、权力分工等的不同而权力行使表现和重心具有差异，从而需要差异化的问责机制与方法。[①]

作为监事会成员，《公司法》并未规定其内部分工问题，但作为监事长显然负有更大的责任。同时，监事会成员因其专业知识和来源的不同而责任承担有所差异。

作为高级管理人员，尽管其均对董事会负责，但也因管理分工不同而责任不同，如总经理、财务总监、董事会秘书等。

另外，特别需要指出的是，本条与第179条的规定并非简单的对应关系，本条仅是对董事、监事、高级管理人员违反法律、行政法规或公司章程而给公司造成损失下的赔偿责任进行规定。第179条是关于董事、监事、高级管理人员应当遵守法律、行政法规和公司章程的原则性规定，其内涵还包括如违反该规定，造成股东、第三人损失的，也需承担赔偿责任之要求。

二、董事、监事、高级管理人员损害公司利益赔偿责任的性质

关于其责任性质，理论上存在不同认识，有公司法上的特殊责任说、违反信义义务责任说和侵权责任说等不同观点。

根据本条规定文义，不能认为其仅规定董监高违反信义义务的违信责任，因为违反法律、行政法规或者公司章程造成公司损失的范围要远远大于信义义务的违反情形。同时，在公司法上另外创设一种责任理论似乎没有实益。

---

① 徐强胜：《公司权力的分配、分工与问责——董事会何以治理》，载《社会科学研究》2022年第4期。

鉴于董事等对于法律、行政法规和公司章程的遵守义务，违反这些法定义务而承担的责任，应属于侵权责任无疑，适用侵权责任认定的构成要件，考察侵权行为、过错、损害结果和因果关系的存在。不过，对于违反法律、行政法规和公司章程的行为，其过错是无疑的。

三、关于执行职务

本条规定董事、监事、高级管理人员系在执行职务过程中违反的赔偿责任，意在强调他们作为公司机构担当人，仅在执行职务时违法而给公司造成损失的后果，因非执行职务行为而造成公司损失的，适用《民法典》一般侵权规则。

在进行相关纠纷的裁判时，需要前置性审查侵权行为是不是职务行为，否则不存在适用本条款的必要。

四、与归入权的关系

本条与第 186 条规定，均是作为公司董事、监事、高级管理人员的违法而损害公司的责任。一方面，在他们违反忠实义务时，两种责任可能同时产生。另一方面，依理论基础视角，前者产生于侵权责任理论，而后者依赖信义关系下的违信理论；依行为结果视角，前者需要公司利益切实受损，后者则无须公司利益受损，二者存在显著区别。在其他法律中，归入权的获益剥夺往往作为损害赔偿的计算方式，如《民法典》第 1182 条、《著作权法》第 54 条和《商标法》第 63 条等，二者又存在包含的可能。

不能忽视的是，两种制度在法政策取向和生成机理上存在深刻差异，归入权对于违反忠实义务的潜在惩罚功能具有独特性，同时赔偿责任制度为归入权提供收入范围外的公司损失的救济，以及其他除忠实义务违反的公司损失救济。承认二者的独立价值，并尊重二者在司法实践中可能重叠存在的现实，应当是更优的解决方案，即公司在主张权利时，可以重叠行使归入权与损害赔偿请求权。在公司行使归入权后，如仍然存在损害后果，可以进一步主张损害赔偿请求权。

五、关于董事、监事、高级管理人员的免责

《公司法》未明确赋予董监高免于承担责任的具体事由，应当依体系视角和司法实践经验进行补充。一方面，《民法典》侵权责任编规定的减责免责事由，应当适用于本条的损害公司利益诉讼。另一方面，该类诉讼的特殊性仍需要关注。

首先，对于因违反勤勉义务导致的责任，公司可以通过章程或股东会决议方式予以减免。这在商业风险较大，或特别看重董监高个人能力的行业和企业内具有很大的适用空间。鉴于董事等违反勤勉义务责任的具体性判断，一般通过股东会决议减免。①

其次，对于违反忠实义务的责任，不得减免。这是由于忠实义务具有道德属性，该义务在董监高义务体系内处于基石性地位。

最后，对于违反社会管理性法律、行政法规的行为，如《刑法》《环境保护法》《药品管理法》等导致的责任，不得减免。这些法律、行政法规涉及社会基本管理秩序，任何人均不得违反。

只有那些违反以调整民事关系为主要内容的法律、行政法规引起的责任，方存在减免空间。前者如《民法典》《公司法》《证券法》等，后者如《市场主体登记管理条例》等。这些法律、行政法规主要涉及私的关系调整。

第一百八十九条　【股东代表诉讼】 董事、高级管理人员有前条规定的情形的，有限责任公司的股东、股份有限公司连续一百八十日以上单独或者合计持有公司百分之一以上股份的股东，可以书面请求监事会向人民法院提起诉讼；监事有前条规定的情形的，前述股东可以书面请求董事会向人民法院提起诉讼。

监事会或者董事会收到前款规定的股东书面请求后拒绝提起诉讼，或者自收到请求之日起三十日内未提起诉讼，或者情况紧急、不立即提起诉讼将会使公司利益受到难以弥补的损害的，前款规定的股东有权为公司利益以自己的名义直接向人民法院提起诉讼。

他人侵犯公司合法权益，给公司造成损失的，本条第一款规定的股东可以依照前两款的规定向人民法院提起诉讼。

公司全资子公司的董事、监事、高级管理人员有前条规定情形，或者他人侵犯公司全资子公司合法权益造成损失的，有限责任公司

---

① 林一英：《董事责任限制的入法动因与路径选择》，载《政法论坛》2022 年第 4 期。

的股东、股份有限公司连续一百八十日以上单独或者合计持有公司百分之一以上股份的股东，可以依照前三款规定书面请求全资子公司的监事会、董事会向人民法院提起诉讼或者以自己的名义直接向人民法院提起诉讼。

本条是关于股东代表诉讼制度的规定。

一、股东代表诉讼的基本认识

（一）股东代表诉讼的含义

股东代表诉讼，又叫股东派生诉讼，是指董事、监事、高级管理人员执行职务违反法律、行政法规或者公司章程的规定给公司造成损失（第 188 条）；或他人侵犯公司合法权益给公司造成损失（第 189 条第 3 款），而公司怠于通过诉讼手段追究有关侵权人的民事责任及实现其他权利时，具有法定资格的股东为了公司的利益而按照法定程序代公司提起诉讼。

股东代表诉讼具有以下特征：（1）股东代表诉讼是基于股东所在公司的法律救济请求权产生的，这种权利不是股东传统意义上的因其出资而享有的股权，而是由公司本身的权利传来由股东行使的。股东代表诉讼与股东直接诉讼不同。（2）股东代表诉讼的原告是公司的股东，一人或多人共同起诉都可以，但并非所有公司股东都可以提起诉讼，须符合法律规定的条件。（3）股东只是名义上的诉讼方，他是代表公司的，法院的判决结果直接归于公司承担。（4）股东代表诉讼只能是在公司怠于行使其诉讼权利的情况下进行，即在公司不通过诉讼手段行使其权利，公司权益就要遭受损失时。

（二）股东代表诉讼的法律性质

一般认为，股东代表诉讼制度在法律上具备代位性及代表性的双重属性。首先，股东代表诉讼的提起是基于一种共益权，即公司的整体利益，而非基于股东的个人利益。在股东代表诉讼中，其胜诉的效果是公司利益的取得或损失的避免，从其诉权行使的目的来看，它应该属于一种间接诉讼，从而与股东因公司侵犯其个人权益而提起的直接诉讼有着本质的区别。其次，一旦一个或多个股东共同提起诉讼，其诉讼结果的效力是及于公司的其他所有股东的。也就是说，股东起诉行为具有代表性。

二、提起代表诉讼的股东要求

依本条第 1 款规定，不同类别公司的股东提起股东代表诉讼的要求不同。

对于有限责任公司而言，其所有股东均有权提起股东代表诉讼。

对于股份有限公司来说，连续一百八十日以上单独或者合计持有公司百分之一以上股份的股东可以提起股东代表诉讼。也就是说，对于股份有限公司，有权提起股东代表诉讼的股东必须同时满足最低持股比例和持股时间要求。

三、股东代表诉讼的前置程序

（一）股东代表诉讼前置程序的意义

股东提起代表诉讼的前提条件是公司拒绝或怠于直接向实施不正当行为的当事人提起诉讼，股东征求公司是否就该行为有提起诉讼的意思前，不应该也不可能提起代表诉讼。只有在股东请求监事会、董事会等采取必要措施行使公司的诉讼请求，而公司明确拒绝股东请求或者对股东请求置之不理时，股东才能向法院提起代表诉讼。这就是各国公司法通常都规定的"竭尽公司内部救济"规则，也称前置请求规则。

其法理在于，公司是独立的法人，股东代位公司行使诉权，必须最大可能地尊重公司的法人资格；同时，这种"竭尽公司内部救济"的方法可以给公司检查自己行为的机会，如果公司管理层同意股东的控诉请求，公司便有机会和原告在正式起诉前达成和解。

（二）前置程序规则

依本条规定，董事、高级管理人员有法定情形的，股东可以书面请求监事会向人民法院提起诉讼；监事有法定情形的，股东可以书面请求董事会向人民法院提起诉讼。监事会或者董事会收到前款规定的股东书面请求后拒绝提起诉讼，或者自收到请求之日起三十日内未提起诉讼，或者情况紧急、不立即提起诉讼将会使公司利益受到难以弥补的损害的，本条第 1 款规定的股东有权为公司利益以自己的名义直接向人民法院提起诉讼。

需要注意的是，所称的"前置程序"只是法院在受理案件时，基于"理顺公司内部治理、强化公司决策机构（管理层）的责任意识"的考虑而掌握的一个具有"释明性""指引性"的条文，并非一项强制性的规范程序，且其规定了"紧急情况"的例外。至于何为"紧急情况"？应由法官根据个案情况及"商业裁判准则"作出判定。如认为"不立即受理该代表诉讼案件，将会使公司利益受到难以弥补损害"的，就应当直接受理股东提起的代表诉讼，而不受"前置程序"的约束。①

在"周长春与庄士中国投资有限公司、李世慰、彭振杰及第三人湖南汉业房地产开发有限公司损害公司利益责任纠纷案"② 中，法院认为，"在能够证明依法有权代表公司提起诉讼的公司机关基本不存在提起诉讼的可能性，由原告履行前置程序已无意义的情况下，不宜以股东未履行公司法第一百五十一条规定的前置程序为由驳回起诉"。

（三）前置程序中当事人的诉讼地位

本条规定了股东代表诉讼前置程序，股东可以书面请求监事会、董事会或者不设监事会、董事会的公司的监事和董事向人民法院提起诉讼。

在该前置程序中，董事会、董事会或者不设监事会、董事会的公司的监事和董事向人民法院提起诉讼，显然是以公司的名义为之的，因为他们是以公司机构的名义并代表公司进行诉讼的。所以，经过该前置程序进行的诉讼为直接诉讼。

董事会或唯一董事有权代表公司自不待言，其本身是执行机构。《公司法》规定由执行公司事务的董事或经理为法定代表人（第10条第1款），该法定代表人制度仅是为了对外显示公司代表的唯一性与法定性，以免代表人过多而导致代表权的混乱。但在公司内部，作为执行机构的董事会是真正的代表机构，代表公司对内进行管理和处理相应一切关系。因此，股东基于本条第1款的请求应向董事会或不设董事会的公司的董事作出。

一般情况下，监事会或监事并不具有执行权，也不具有对内代表权，功能主要在于监督董事、高级管理人员。监事会作为对最高权力机构负责的监督机构，在董事会或董事不履行或消极怠工时，可以代表公司进行相应活动，如提议召开股东会并主持会议，也可以代表公司进行诉讼。不过，监事会或监事的这些功能是其作为监督机构附带的，且仅在作为执行机构的董事会或执行董事不能或不愿履行其应有职责时方可为之，具有补充性。

---

① 《加强调查研究 探索解决之道——最高人民法院民二庭庭长宋晓明就在全国民商事审判工作会议中提出的若干疑难问题答记者问》，载最高人民法院民事审判第二庭编：《民商事审判指导》（2007年第1辑），人民法院出版社2007年版，第76页。

② 《最高人民法院公报》2020年第6期。

四、股东代表诉讼对全资子公司的扩张

一般情形下，股东代表诉讼限于本公司，不能扩及其子公司，以免有违公司人格独立意义。但全资子公司是本公司的自然延伸，其董事、监事、高级管理人员或他人出现损害子公司利益之情事时，实质是对本公司的损害。故有必要将股东代表诉讼扩及本公司的全资子公司。

本条第 4 款规定被视为《公司法》引入了双重股东代表诉讼，其意义在于，一方面能够破解母子公司架构下中小股东现有救济路径的适用困境，增强对母子公司中小股东权益的保护；另一方面进一步完善了我国公司治理结构以及中小股东保护的体系化构建。

该双重股东代表诉讼制度仅适用于全资子公司，对于是否及如何适用于非全资子公司，仍需实践中通过类型化及实质穿透理论予以解决。

五、股东代表诉讼的结果

在股东代表诉讼中，如股东胜诉，则所获利益应当归于公司，而非原告股东，原告股东只能与其他股东平等地分享公司由此得到的利益。如果原告股东败诉，则不仅要由原告股东负担该案的诉讼费用，而且该案判决对于公司和其他股东产生既判力，他们均不能再以同一诉讼理由提起诉讼。

股东代表诉讼中如果进行调解，对于有限责任公司，应当同时征求公司和其他未参与诉讼的股东的同意；对于股份公司，如果股东人数较少，也按照有限公司处理方式办理；对于人数较多的股份公司，则一般不宜以调解结案。

在"浙江和信电力开发有限公司、金华市大兴物资有限公司与通和置业投资有限公司、广厦控股创业投资有限公司、上海富沃企业发展有限公司、第三人通和投资控股有限公司损害公司权益纠纷案"① 中，法院指出，有限责任公司的股东向公司的董事、监事、高管人员或者他人提起股东代表诉讼后，经人民法院主持，诉讼各方达成调解协议的，该调解协议不仅要经过诉讼各方一致同意，还必须经过提起股东代表诉讼的股东所在的公司和该公司未参与诉讼的其他股东同意后，人民法院才能最终确认该调解协议的法律效力。

---

① 《最高人民法院公报》2009 年第 6 期。

第一百九十条 【股东直接诉讼】董事、高级管理人员违反法律、行政法规或者公司章程的规定，损害股东利益的，股东可以向人民法院提起诉讼。

本条是关于股东直接诉讼的规定。

一、直接诉讼的基本规则

股东直接诉讼，是指股东为了维护自身利益而基于出资人或股份所有人的地位向公司或者他人提起的诉讼。所谓"直接"，指的是股东提起有关诉讼时以自己的名义、主张的是自己的权利、诉讼的结果也是使股东受侵害的权益得到责任人的直接弥补。所以，它与股东代表诉讼是不同的。股东直接诉讼是股东实体权利得以实现的最后救济途径和保障，也是股东利益受到损害时谋求法律救济的主要手段。

股东直接诉讼表现多样，如决议无效、可撤销、不成立之诉；损害赔偿诉讼，即针对董事、高级管理人员违反法律、行政法规或者公司章程的规定而损害股东利益而提起的诉讼；以及其他程序性权利的救济诉讼，如知情权诉讼、股东资格确认之诉等。

对于《公司法》没有明确规定的股东权利受到侵害时的救济，如知情权诉讼，侵权人应当承担法律责任，本条起到了体系性的指引功能。

二、关于股东能否以第三人身份参与到公司与他人之间的诉讼之中

依《民事诉讼法》第59条第1款、第2款规定，第三人是指对当事人双方的诉讼标的有独立请求权，或虽然没有独立请求权，但案件处理结果同他有法律上的利害关系的，可以申请参加诉讼的一方。

作为独立的利益主体，公司与他人之间的诉讼，其股东不能以所谓第三人身份参与。如果股东认为公司与他人之间的诉讼结果有损公司利益，可通过前述代表诉讼方式进行。

在"高光诉三亚天通国际酒店有限公司、海南博超房地产开发有限公司等第三人撤销之诉案"① 中，法院指出，公司股东对公司法人与他人之间的民事诉讼生效裁判不具有直接的利害关系，不符合《民事诉讼法》规定的第三

---

① 最高人民法院指导案例148号。

人条件，其以股东身份提起第三人撤销之诉的，人民法院不予受理。因为，第三人撤销之诉制度的设置功能，主要是为了保护受错误生效裁判损害的未参加原诉的第三人的合法权益。由于第三人本人以外的原因未能参加原诉，导致人民法院作出了错误裁判，在这种情形下，法律赋予本应参加原诉的第三人有权通过另诉的方式撤销原生效裁判。提起第三人撤销之诉的主体必须符合本应作为第三人参加原诉的身份条件。对于股东与公司之间，由于公司利益和股东利益具有一致性，公司对外活动应推定为股东整体意志的体现，公司在诉讼活动中的主张也应认定为代表股东的整体利益，虽然公司诉讼的处理结果会间接影响到股东的利益，但股东的利益和意见已经在诉讼过程中由公司所代表，则不应再追加股东作为第三人参加公司对外进行的诉讼。因此，对于已生效的公司对外诉讼的裁判文书，股东不具有提起第三人撤销之诉的主体资格。①

第一百九十一条 【董事、高级管理人员对第三人的损害赔偿责任】董事、高级管理人员执行职务，给他人造成损害的，公司应当承担赔偿责任；董事、高级管理人员存在故意或者重大过失的，也应当承担赔偿责任。

本条是关于董事、高级管理人员对第三人的损害赔偿责任规定。

一、董事、高级管理人员应对因故意或重大过失给第三人造成的损害承担赔偿责任

依本条规定，一般情况下，董事、高级管理人员在执行职务过程中，给他人造成损害的，由公司而非董事、高级管理人员承担赔偿责任。这是因为，公司具有独立人格，董事、高级管理人员执行职务的行为属于公司行为。

但如果董事、高级管理人员在执行职务过程中造成他人损害而存在故意或重大过失，则其行为已非公司行为范畴所能涵盖。

从《公司法》关于公司人格假定来看，董事、高级管理人员执行职务的

---

① 另参见"香港大千国际企业有限公司与于秋敏、海门市大千热电有限公司第三人撤销之诉纠纷案"，载《最高人民法院公报》2017年第10期。

行为，不仅要求是在公司权利能力范围之内，还要求遵守法律、行政法规和公司章程，它们共同界定了董事、高级管理人员的职务行为概念。显然，在所谓执行职务过程中故意或重大过失地造成他人损害的行为，如以公司名义签订公司根本没有能力履行的合同，就难以认为其属于公司行为，因为公司此时根本无力履行合同，结果只能是诈骗，更遑论严重违反法律、行政法规的行为（如非法排污、制造假药、骗取政府补贴等）了。

而且，从董事、高级管理人员与公司之间的关系来看，前者作为受托人，对公司负有忠实和勤勉义务。如前述，其要求受托人不得将个人利益置于公司利益之上，并为公司的最大利益尽到管理者通常应有的合理注意。那么，因故意或重大过失导致的他人损害，就远远超出了作为受托人的信义义务。可以认为，故意或重大过失导致他人损失的，非作为受托人的受托行为，而是受托人的个人行为。

因此，本条明确规定，董事、高级管理人员存在故意或者重大过失造成他人损失的，也应当承担赔偿责任。

长期以来，我国对于董事和高级管理人员等在执行公司职务时是否要对造成的第三人损害承担责任，存在很大争议。关于法人的通说为"法人组织体说"，认为董事是公司的机构，其和第三人没有直接的法律关系，在对外关系上公司是独立的法人主体，只有公司才和第三人有基础性的法律关系。公司对外关系中即使对第三人造成损害，也只能由公司来承担责任，对内公司可以要求有过错的董事对公司进行赔偿，这是两个不同法律关系。然而，这一理论的局限在于，混淆了公司机构行为与公司机构担当人行为。[①] 尽管公司商业行为由董事会集体决策实现，但是董事个体意志对公司与第三人利益的影响已越来越不容忽视。同时，如果董事在执行职务行为，即便存在重大过失甚至故意也无须对外承担责任，则显然会降低其责任压力，因为公司向其追偿尚存不确定性，可能会助长其进行风险行为的动机。而且，法人组织体说并不排斥董事等法人机关成员对第三人的民事赔偿责任，法人机关理论的

功能，仅在于解决法人这一组织体在法律上的行为活动和责任承担问题。①

新《公司法》明确规定董事和高级管理人员对造成第三人损害的后果承担责任意义重大。它是对法人机关的突破，是对"法人组织体说"的一种修正更新，能够避免"法人组织体说"的绝对适用沦为董事牟利的工具。

二、董事、高级管理人员对第三人的损害赔偿责任的性质

关于董事与高级管理人员对第三人责任的性质，理论界存在不同认识。

（1）法定责任说。该说认为法定的强制性责任是董事对第三人责任的基础。理由在于以法定责任解释这种责任，既可以较好地解释该责任的本质，又不会与我国现有的民事侵权责任制度要求侵权行为的损害后果须是直接损害的理论冲突。②（2）信义责任说。该说认为若董事违背信义义务的行为致使其他主体利益受损，在董事不法行为的后果传递至其他主体的同时，董事信义责任也一并传导。但由于第三人并不关心董事对公司勤勉与否，故而一般应将信义责任限缩在忠实义务的范围内。③（3）侵权责任说。该说以董事对债权人的债权的侵犯为依据，认为董事的行为与债权人的债权无法实现或者导致债权人应获得利益的丧失之间往往存在因果关系，可依民法上关于侵权行为的一般规定承担责任。在该说下，有人主张董事对债权人的侵权行为属于特殊侵权行为。④

信义责任说建立在信义义务存在的基础上，但董事与公司外部主体通常情况下不存在信义关系，法定责任说的实质也是侵权责任，因此，将其认定为侵权责任在公司法中的一种类型更为合理。不过，按照侵权理论，一般侵权系行为人故意或过失造成他人的损害，而董事、高级管理人员对他人的侵权是在执行职务中存在故意或重大过失而给他人造成损害，并非他们直接针对第三人。也就是说，董事、高级管理人员对他人的侵权损害赔偿责任具有特殊性。

---

① 王长华：《公司法人机关理论的再认识：以董事对第三人的责任为视角》，载《法学杂志》2020年第6期。

② 任佩：《我国董事对第三人责任制度之反思》，载《商业研究》2004年第19期。

③ 岳万兵：《董事对第三人责任的公司法进路》，载《环球法律评论》2023年第1期。

④ 冯果、柴瑞娟：《论董事对公司债权人的责任》，载《国家检察官学院学报》2007年第1期。

三、关于对第三人承担损害赔偿责任的董事、高级管理人员

在公司权力架构中，董事与高级管理人员是专门从事公司事务执行的机构和人员，而监事则专门负责公司内部监督事务，故侵权行为者一般为董事和高级管理人员，不包括监事。

如果监事事实上从事了公司事务的执行，如名为监事，事实上为董事或经理，或者在董事与高级管理人员缺位下，由监事暂行公司管理之权，在这种情况下，监事实质上成为本条规定的董事或高级管理人员，构成所谓事实董事，也适用该条规定。

当然，在董事、高级管理人员非因执行职务侵害他人利益的，无论是否为故意或重大过失，均应当按照一般侵权行为承担个人责任，而与本规定无关。

四、关于侵害对象"他人"的界定

董事、高级管理人员的侵权责任是在执行职务过程中，因故意或重大过失而给他人造成损害的赔偿责任。此处的"他人"，当属公司之外的所有因此受到直接或间接损害的第三人，如非法排污、制造假药的受害方，以及合同相对方等。

问题是，其是否包括公司股东。股东因董事、高级管理人员在执行职务过程中故意或过失导致他人损害的，可以通过前述直接诉讼或间接诉讼予以解决，故该"他人"不包括股东在内。但如果股东非因股东身份受害，则属于"他人"。

五、一般过失下的处理

可以确定的是，当董事的主观过错为一般过失时，直接由公司承担赔偿责任，但是该条款并未明确在这种情况下公司承担赔偿责任后是否可以向董事追偿。对此，有两种路径：第一种是直接由公司承担赔偿责任，然后不向董事追偿；第二种是直接由公司承担赔偿责任，再向董事追偿。

此情形的责任认定，不宜过于苛刻。商事经营的复杂性决定了董事不可能对所有的经营判断都做到万无一失，而决策的及时性又使得董事可能在信息不完备的情况下作出判断。在英美国家为鼓励董事积极履行职责，鼓励公司经营中的风险承受，避免司法对公司经营的不当干预，确立了商业判断规则，该规则的中心内容是只要董事是出于善意，依照合理的信息和理性判断

作出的经营决策，即使对公司造成了不利甚至是灾难性的后果，董事也不承担责任。因而，对于一般过失，应当豁免，董事不承担责任，由公司向第三人承担赔偿责任。

六、直接损害与间接损害

从因果关系的关联度来看，董事对公司债权人的损害，可以分为直接损害和间接损害。

如果董事明知公司没有能力履行合同，而故意与对方签订合同，由此给对方对造成损害的，属于直接损害，对方可以同时要求公司与董事承担损害赔偿责任。此种情形下，要求损害与行为之间有相当因果关系。

如果董事不负责任地经营，造成公司资产状况严重恶化，甚至陷公司于破产之地，使公司债权人无法得到应有的清偿，属于间接损害，因为债权人是通过公司损害而受损害。此时，第三人可以行使债权人代位权，或者通过本条规定要求损害赔偿。

七、关于"也应当承担赔偿责任"

依本条规定，凡董事、高级管理人员执行职务而给他人造成损害，无论是否故意或重大过失，首先均应由公司先行承担赔偿责任。亦即，董事、高级管理人员执行职务导致的他人损害，公司无疑是责任主体。在董事、高级管理人员存在故意或者重大过失情形下，他们"也应当承担赔偿责任"。

此处的"也应当承担赔偿责任"表明，出现因故意或重大过失而损害他人利益时，公司和董事、高级管理人员应同时承担赔偿责任，是一种法定的连带责任，非补充责任。即使公司有能力完全赔偿他人损失，董事、高级管理人员无须自己赔偿，其性质仍为连带责任。

八、董事、高级管理人员责任的差异化

本条只是笼统地规定董事、高级管理人员因执行职务而对外赔偿的责任。公司实际运作中，董事、高级管理人员因具体工作分工不同而有不同的执行职务行为，发生损害情况下，应作不同的责任差异化考量。

一般情况下，执行董事的责任要重于非执行董事，董事长的责任要重于普通董事。董事长因职位优势而掌握着更多的决策信息，且基于职位而拥有更大的话语权。执行董事一般直接参与公司的日常经营管理，对公司的熟悉度和控制度较高。同时，还应考虑董事的专业知识背景，具备相关专业知识

背景的董事的责任应重于不具备相关专业知识背景的董事等。

另外，对于法定代表人和得到董事会直接授权的董事、高级管理人员，其责任因直接执行有关事务而更大。

九、董事、高级管理人员的抗辩

本条对于董事、高级管理人员影响重大，目的在于防止他们执行职务时出现的与其身份和职位不相符的故意或重大过失行为。因此，在第三人侵权索赔时，他们可以他的行为没有明显的疏忽或他没有预见到债权人会遭受的损害来抗辩。

同时，董事、高级管理人员可以借助《民法典》关于侵权的规则保护自己，如与有过失规则、受害人故意规则、第三人原因规则（《民法典》第1173条、第1174条、第1175条）等。

公司章程或股东会可事先或事后免除董事、高级管理人员因此导致的赔偿责任，但不得对抗第三人。

第一百九十二条　【控股股东、实际控制人指示损害公司、股东利益的连带责任】公司的控股股东、实际控制人指示董事、高级管理人员从事损害公司或者股东利益的行为的，与该董事、高级管理人员承担连带责任。

本条是关于公司的控股股东、实际控制人指示损害公司、股东利益的连带责任规定。

一、公司治理的现实：事实董事与影子董事

理论及《公司法》都要求，公司依法成立以后，应通过股东会、董事会、监事会等机构的不同权力分配与分工予以治理。作为投资人的股东或实际控制人，均需要通过股东会选举董事、监事来管理公司，而不得以股东身份或实际控制人身份直接管理公司。

不过，《公司法》只是为公司治理提供了一个基本的法律框架，并试图以此处理股东、公司、第三人之间的公司关系。公司一般均由控股股东或实际控制人控制，他们本可以通过当选为董事、高级管理人员或监事直接管理公

司，或通过选举他人作为管理者而实现其投资意图。但现实中，公司的控股股东或实际控制人常常不直接作为董事或高级管理人员出现，却实际上作出决定并掌握着公司的权力，从而出现所谓影子董事和事实董事问题。事实董事尽管没有董事的身份，但实际上行使着董事的权力；影子董事则为公司董事习惯听从其指令或命令而为行为之人。①

无论是事实董事还是影子董事，均为公司董事（任何占据董事职位之人，而不论其称谓为何）而被现代法律认可，并以此规范有关人员的行为。

二、本条规定的意义

新《公司法》规定了实际董事（第 180 条第 3 款），本条规定了影子董事，从而弥补了《公司法》只对股东滥用权利、控股股东和实际控制人利用关联关系损害公司利益规制的漏洞。

事实董事制度解决控股股东和实际控制人实际履行董事职务情况下的责任承担问题，但商事实践中，这两类主体往往不亲自介入公司事务，而是通过操纵董事与高级管理人员的行为来实现个人目的，损害公司利益。控股股东享有的法定权利与普通股东无异，并无权直接参与公司事务的管理，实际上"一言九鼎"。② 因此，有必要通过影子董事制度将损害公司利益的董事和高级管理人员，以及背后操纵的特殊主体予以等同规制。

三、本条规定的体系效应

本条具有重要的体系效应，适用时应当从以下几个方面进行全面考察。

（一）主体方面

相较于比较立法例，《公司法》将主体限制在控股股东和实际控制人，而没有扩张至一般主体。尽管现实中往往也是这两类主体有能力操纵董事和高级管理人员的行为，但可以看出立法者对于影子董事引入的谨慎态度。但是《公司法》对于实际控制人的规定具有开放性，与影子董事制度的学理概念存在交叉，一定程度上可以起到补充作用。

（二）行为方面

控股股东与实际控制人必须存在指示行为。此处的指示行为不限于书面，

① 英国 2006 年《公司法》第 250 条。
② 赵旭东：《中国公司治理制度的困境与出路》，载《现代法学》2021 年第 2 期。

还包括口头要求以及默示的暗示行为，只要客观上发生了遵从意志的行为，事后又没有进行补救的，同样可以认为构成指示行为。

（三）需要存在公司利益和股东利益受损的事实

控股股东与实际控制人对于公司以及经营管理层的控制权力主要来源于此前的资本投入，这两类主体同时承担了更大的资本损失风险，因此控制权本身没有"原罪"，这也是资本多数决原则的必然结果。但是这种控制权力如果被用来损害公司和股东利益，显然超出法律可以容忍的必要限度，此时则需要承担相应责任。

（四）本条是否适用于对第三人造成损失的赔偿

本条规定控股股东、实际控制人利用其对公司的影响，指使董事、高管从事损害公司或者股东利益的行为，给公司或者股东造成损失的，与该董事、高管承担连带责任。但此处未考虑公司、股东以外的第三人因此受损时如何追责的问题。①

依照本条规定，控股股东与实际控制人实际上被"拟制"为具有董事和高级管理人员的身份而应与真正的这两类主体共同承担责任。如果控股股东和实际控制人操纵董事和高级管理人员在执行职务时侵害"他人"利益，在第180条第3款和第191条规定的对第三人责任承担基础上，作为事实董事的公司控股股东、实际控制人指示董事、高级管理人员从事损害他人利益行为而造成他人损害的，显然构成故意，自应对第三人因此遭受的损失承担连带赔偿责任。

另外，根据《民法典》的代位规则（第524条），公司的控股股东、实际控制人指示董事、高级管理人员从事损害公司行为而间接造成第三人损失的，债权人可以行使代位权。

第一百九十三条　【董事责任保险】公司可以在董事任职期间为董事因执行公司职务承担的赔偿责任投保责任保险。

公司为董事投保责任保险或者续保后，董事会应当向股东会报告责任保险的投保金额、承保范围及保险费率等内容。

---

① 蒋大兴：《公司法修订草案中的关键缺失》，载《中国法律评论》2022年第5期。

本条是关于董事责任险的规定。

一、董事责任的代替：董事责任险

董事赔偿责任保险是为公司董事在履行职务过程中可能承担的赔偿责任提供的一种损害保险。作为责任保险之类型，董事责任保险除具有分散责任风险、帮助受害人及时获得赔付、缓解社会矛盾、维护和谐社会秩序等功能外，还可以有效激励董事、高级职员积极作为，不断提升职业经理人的决策能力等，从而使公司获得更大的收益，最终使公司的"利益相关主体"均可分享社会总福利的增长。[①]

董事责任保险在我国具有广阔的应用前景。一方面，《公司法》和《证券法》等法律对于董事义务的规定日渐完善，董事面临的法律责任体系更加严密，因不当履职承担法律责任的风险增加。另一方面，由于国际国内经济形势的波动，以及我国公司治理体系建设的不完善性，董事客观上存在的履职风险。如果不能对其提供合理的保险保障，董事在公司的经营管理过程中势必畏首畏尾，不利于市场经济的良性发展。当然，董事责任保险也天然地存在利益冲突。因为公司为董事投保责任保险的决策往往由董事会作出，董事存在为自己避险的合理动机，也会助长投机风险。同时，公司为保险支付保费，保险费用的支出与董事履职失败的损失之间的成本收益难以直观衡量，董事责任保险对公司究竟是有益抑或有害，难有定论。

二、本条规定的解释

结合董事责任保险的特殊之处与潜在的利益冲突，应当在以下几个方面对本条进行解释。

首先，被保险人的确定。我国没有采纳英美立法上的董事和高级管理人员的规定，而是仅规定了董事作为被保险人。但是既然立法已经引入了事实董事和影子董事，那么此处的董事应当如何理解值得关注。从立法目的和文义等角度考虑，应当对此处的董事进行严格解释，仅限于经过有权机关合法决议选举任命的董事，否则将偏离董事责任保险制度的初衷。

[①] 张怀岭、邵和平：《董事责任保险制度的他国镜鉴与本土重构》，载《学习与实践》2019年第8期。

其次，保险利益方面。保险利益反映了投保人与被保险人和保险标的及承包范围之间的经济利害关系，其为保险合同得以合法成立生效的必然条件。对于董事不当履职造成的赔偿责任，公司和董事具有紧密的共同利益关系，这是董事责任保险得以建立的基础。

最后，保险信息的报告义务。鉴于前述利益冲突的存在，如果放任董事会决定是否投保董事责任保险以及投保的额度，那么无疑存在董事滥用这一制度的道德风险。《公司法》规定了董事会向股东会的事后报告义务，以确保股东会可以审查董事会在董事责任保险事项中的决策是否正当，进而判断是否存在董事违反忠实义务和勤勉义务的情况。但尚未规定的是，董事会仅负有事后报告义务，那么股东会一旦认为事项不合理，是否有权介入保险合同，或者产生其他的法律效果，这有待司法实践的续造。

第九章 公司债券

第一百九十四条 【公司债券的发行】 本法所称公司债券，是指公司发行的约定按期还本付息的有价证券。

公司债券可以公开发行，也可以非公开发行。

公司债券的发行和交易应当符合《中华人民共和国证券法》等法律、行政法规的规定。

本条是关于公司债券的基本规定。

一、公司债券的基本认识

依本条第 1 款规定，公司债券是指公司发行的约定按期还本付息的有价证券。发行公司债券是公司获得融资的一种方式。

公司债券具有以下特征：首先，公司债券是一种集团性债务。公司债券是公司为筹措长期资金，就其所需要资金总额分割为复数单位金额，面向社会公众集团发行的、大量的负担金钱债务的债券。这种债券的发行须履行严格的程序，并以募集的方式进行，只有在公司所需要募集的资金全部募足时，公司债券的募集才完成。如果公司仅需要少许或短期金钱，它只需向个人或银行举债。其次，公司债券是一种有价证券。公司债券是公司债的表现形式。它所表示的是债券所有人作为公司的债权人享有债权，即债券所有人享有按照约定期限取得利息，收回本金的权利。发行人则作为债务人负有按照约定向债权人还本付息的义务。作为一种有价证券，它可以自由流通转让。最后，公司债券是一种要式证券，必须按照法律规定的事项记载。

公司债券由于具有较大风险，它们的利率通常也高于国债和地方政府债券。本款将 2018 年《公司法》规定的"约定在一定期限内还本付息"更改为"约定按期还本付息"，为永续债的发行提供了基础性规范。

二、公司债券的发行方式

依本条第 2 款规定，公司债券可以公开发行，也可以非公开发行。

公司债券属于《证券法》上的"证券"范畴，遵循其关于公开发行的规定。公开发行债券，是指向不特定对象发行或向累计超过二百人的特定对象发行债券。不公开发行债券，是指向二百人以下的特定对象发行的债券。

三、公司发行债券的法律适用

依本条第 3 款规定，公司债券的发行和交易应当符合《证券法》等法律、行政法规的规定。

第一百九十五条 【公司债券发行的注册与募集办法】公开发行公司债券，应当经国务院证券监督管理机构注册，公告公司债券募集办法。

公司债券募集办法应当载明下列主要事项：

（一）公司名称；

（二）债券募集资金的用途；

（三）债券总额和债券的票面金额；

（四）债券利率的确定方式；

（五）还本付息的期限和方式；

（六）债券担保情况；

（七）债券的发行价格、发行的起止日期；

（八）公司净资产额；

（九）已发行的尚未到期的公司债券总额；

（十）公司债券的承销机构。

本条是关于公司债券的注册与募集办法公告的规定。

一、公司债券的注册

依本条第 1 款规定，公开发行公司债券，应当经国务院证券监督管理机构注册并公告公司债券募集办法。

随着新《证券法》（2019 年修订）的正式施行，公司债券制度由核准制改为注册制。注册制是指监管者以审查公司信息披露的真实性、准确性、完整性、及时性和公平性为核心，取代对公司证券投资价值的实质判断，通过促使市场中介归位尽责，发挥市场在风险识别和价值判断上的主导作用，并最终落实"卖者尽责，买者自负"的市场风险分配原则。

从发行人视角看，发行人开始全面享有市场经济下的发债自主权，同时接受以信息披露为核心的监管，承担"卖者尽责"的法律责任。申言之：（1）新《证券法》第 15 条取消了旧法关于发行人资格、发行规模、利率及募集资金用途等方面的限制，便于各类公司充分利用债券融资；（2）新《证券法》全面实行以信息披露形式审查为主的证券发行注册制，由证券交易所等审核公开发行申请，证监会负责最终注册。公司债券成为最早落地实施注册制的证券。因为债券与股票面向对象不同，股票的发行是面对社会公众，个人投资者所占比例较高；而公司债券的发行对象被划分为专业投资者和普通投资者，受众群体小于股票发行，以商业银行、券商、基金和专业机构投资者为主。由于机构投资者在投资经验与资源配备等方面更具优势，其对于公开市场信息的获取能力和分析能力更强，可以更好地消化并利用市场信息，这使得信息输入端与注册制强制披露信息输出端能够形成有效配合，更好地发挥公开市场信息的投资决策参考作用。

制作和公告公司债券募集办法的法律意义在于：一是公司债券募集办法是公司为筹集资金面向非特定的公司债券认购人的一种要约，表明公司将以何种条件发行公司债券，以期同意该条件的社会公众在自愿的情况下认购。二是通过公司债券如实披露公司的财产状况，向社会公众提供与发行公司债券有关的公司的最基本情况，使该债券发行贯彻公开、公正、公平的原则，避免欺诈行为。三是便于社会公众和政府有关部门对公司债券发行行为进行监督。

二、公司债券募集办法的载明事项

本条第 2 款规定了公司债券募集办法应当载明的主要事项。

第一百九十六条 【纸质债券的记载】公司以纸面形式发行公司债券的，应当在债券上载明公司名称、债券票面金额、利率、偿还期限等事项，并由法定代表人签名，公司盖章。

本条是关于以实物券方式发行公司债券应载明的事项的规定。

传统的证券市场运作机制以纸质证券为基础，证券上存在两种权利：一是证券持有人对证券本身的所有权，即证券所有权，这是证券作为证券所有权客体层面所反映的权利；二是构成证券内容的权利，即证券持有人依据证券可以向发行人行使的权利，即证券权利，这是证券作为股权、债权等证券权利载体层面所反映的权利。

权利的获得涉及实物证券的转移。公司债券几乎全部采用无纸化或非实物券形式。典型做法是，发行人将公司债券转入认购人在第三方开立的证券账户。第三方机构作为发行人聘用的专门机构为认购人开立账户，负责该账户的管理和维护。此时，只要发行人将债券转入认购人开立的账户，就视同投资人已"占有"债券；发行人随即应将认购人取得公司债券的信息记入公司债券持有人名册。一般来说，发行人签发债券凭证或将公司债券记载于认购人账户，即可认定债券归属于认购人，从而明确了公司债券的归属。我国无纸化形式的证券，主要体现为证券登记结算机构通过证券账户记载证券权利及其变动的电子信息记录，具有高效、保密、低成本的特点。

第一百九十七条 【记名债券】公司债券应当为记名债券。

本条是关于公司债券应为记名债券的规定。

本条根据公司债券市场的实际情况，删除了有关无记名公司债券的规定，要求公司债券应当为记名债券。

第一百九十八条 【公司债券持有人名册】公司发行公司债券应当置备公司债券持有人名册。

发行公司债券的，应当在公司债券持有人名册上载明下列事项：

（一）债券持有人的姓名或者名称及住所；

（二）债券持有人取得债券的日期及债券的编号；

（三）债券总额，债券的票面金额、利率、还本付息的期限和方式；

（四）债券的发行日期。

本条是关于公司债券持有人名册的规定。

2023 年《公司法》修订，在公司债券发行过程中取消置备债券存根簿的规定，改为设置债券持有人名册，以适应公司债券无纸化的实践需要。

基于维护债券市场的交易安全需要，本条要求置备债券持有人名册，旨在保障新增设的债券持有人会议的有效召开，保证会议顺利表决，确保决议效力的完整性。

公司发行公司债券应当严格按照法律规定置备和记载公司债券持有人名册，不得有缺项和遗漏。除本条规定应当记载的事项外，发行公司债券的公司也可以根据实际需要记载其他事项。

第一百九十九条　【公司债券的登记结算机构】公司债券的登记结算机构应当建立债券登记、存管、付息、兑付等相关制度。

本条是关于证券登记结算机构权利义务的规定。

证券登记结算机构为证券交易提供集中登记、存管与结算服务（《证券法》第 145 条），上市交易的证券应当全部存管在证券登记结算机构。

依据《公司债券发行与交易管理办法》第 76 条规定，发行公司债券并在证券交易场所交易或转让的，应当由中国证券登记结算有限责任公司依法集中统一办理登记结算业务。非公开发行公司债券并在证券公司柜台转让的，可以由中国证券登记结算有限责任公司或者其他依法从事证券登记、结算业务的机构办理。

《证券法》第 147 条对证券登记结算机构的职能和基本业务规则作了规定：（1）证券账户、结算账户的设立；（2）证券的存管和过户；（3）证券持有人名册登记；（4）证券交易的清算和交收；（5）受发行人的委托派发证券权益；（6）办理与上述业务有关的查询、信息服务；（7）国务院证券监督管理机构批准的其他业务。

第二百条　【公司债券转让原则】公司债券可以转让，转让价格由转让人与受让人约定。

公司债券的转让应当符合法律、行政法规的规定。

本条是关于公司债券转让的基础性规定。

公司依法发行的公司债券与股票等其他有价证券一样，具有流通性，可以转让。在具体的债券转让规则方面，为了强调债券的独特性，促进债券市场良好发展，2022年1月27日，沪深交易所相继发布《上海证券交易所债券交易规则》、《深圳证券交易所债券交易规则》（以下简称《债券交易规则》），《债券交易规则》附有3个配套适用指引，分别为《债券交易参与人管理》《债券通用质押式回购交易》《债券做市业务》。《债券交易规则》及其配套指引于2022年5月16日起正式施行，基本形成了"规则—指引—指南"三层交易规范。

此前关于债券转让的表述与股票转让相同，均为"竞价交易""大宗交易"。《债券交易规则》的规定更为详细，对交易方式作出了以下规定：（1）匹配成交，价格优先、时间优先，自动匹配成交，匿名申报，可以特定价格成交；（2）协商成交，一方发起，另一方确认，可以指定交易对手方信息、价格、数量等；（3）点击成交，报价方发出报价，受价方点击报价，自动匹配成交；（4）询价成交，询价方向被询价方发送询价请求，并选择一个或者多个询价回复确认成交；（5）竞买成交，卖方在限定时间内按确定的竞买成交规则，将债券出售给最优应价的单个或多个应价方，此为新增方式，是专门针对低流动性债券的转让和价格发现机制。

值得关注的是，本条第2款规定"公司债券的转让应当符合法律、行政法规的规定"，是否可以将此处的法律法规理解为包含规制其他债务融资工具的规定。对此，《全国法院审理债券纠纷案件座谈会纪要》规定，"对具有还

本付息这一共同属性的公司债券、企业债券、非金融企业债务融资工具适用
相同的法律标准"。

**第二百零一条　【公司债券的背书转让】公司债券由债券持有
人以背书方式或者法律、行政法规规定的其他方式转让；转让后由
公司将受让人的姓名或者名称及住所记载于公司债券持有人名册。**

本条是关于公司债券转让程序的规定。

公司债券的转让与票据的转让规则基本一致，但增加了公司进行登记的
规定。除背书外的其他方式，在交易实践上主要是指目前电子化发行的实名
制记账式债券的流转。对于非上市交易或挂牌转让的公司债券，因法律无特
别规定，应由发行人自行办理转让服务。本条还规定了公司的受让人信息登
记义务，那么信息记载于公司债券持有人名册的法律意义需要讨论。首先，
公司债券的转让需要转让和受让双方形成交易合意。其次，转让双方应当参
照《民法典》关于债权转让的通知规则，将转让行为的结果通知债券发行人，
因为债券转让的本质是公司债务在债权人之间的移转，只有通知发行人并记
载于名册的，才对发行人发生债券转让的效力。最后，由于第三人对于公司
债券持有人的信息的了解源于公司债券持有人名册的记录，只有完成了公司
债券持有名册的登记变更，才能赋予债券转让对抗第三人的效力。① 此外，对
公司而言，只能根据债券持有人名册的登记信息才能履行还本付息义务，因
此记载行为也涉及债券持有人权利的实现。

**第二百零二条　【可转换为股票的债券发行】股份有限公司经
股东会决议，或者经公司章程、股东会授权由董事会决议，可以发
行可转换为股票的公司债券，并规定具体的转换办法。上市公司
发行可转换为股票的公司债券，应当经国务院证券监督管理机构
注册。**

---

① 叶林：《公司债券的私法本质及规则展开》，载《清华法学》2022 年第 2 期。

发行可转换为股票的公司债券，应当在债券上标明可转换公司债券字样，并在公司债券持有人名册上载明可转换公司债券的数额。

本条是关于公司发行可转换公司债券的基本规定。

可转换公司债券是指发行人依据法定程序和约定条件，在一定时期内发行的可以转换成公司股份的公司债券。

可转换公司债券是一种典型的混合金融产品，兼具了债券、股票和期权的某些特征。首先，它是一种公司债券，具有普通公司债券的一般特性，具有确定的债券期限和定期息率。其次，它具有股票属性，通常被视为"准股票"，因为可转换公司债券的持有人到期有权利按事先约定的条件将它转换成股票，从而成为公司股东。最后，它具有期权性质，为投资者或发行人提供了形式多样的选择权，一些条款的设计可以使可转债的发行或投资极具灵活性、弹性和复杂性。一般而言，可转换公司债券通常包括以下要素：基准股票，即转债持有人将债券转换为发行公司股权的股票；票面利率，它一般低于不可转债的利率；转换比例和转换价格；转换期；赎回条款，这是保护发行公司及其原有股东利益的一个条款；回售条款，这是投资者向发行人转嫁风险的条款；转换调整条件，它允许在基准股票价格表现不佳时，将转换价格向下作一定幅度的调整，这是保护投资者的一个重要条款。我国现行关于可转换公司债券的规定是证监会于 2023 年修订的《公司债券发行与交易管理办法》中的有关规定。

本次修订相较于 2018 年《公司法》第 161 条进行了两处主要改动，一方面对发行主体进行了扩张，由上市公司改为股份有限公司，该修改在一定程度上承继了证监会《公司债券发行与交易管理办法》第 11 条，即上市公司、股票公开转让的非上市公众公司股东可发行附可交换成上市公司或非上市公众公司股票条款的公司债券。将股份有限公司纳入发行可转换为股票的公司债券的主体将为还未上市的股份有限公司融资提供一定支持，促进债券市场发展。另一方面在发行权限上，在股东会决议的基础上补充了公司章程、和股东会授权董事会决议两种情况。其中，董事会经授权发行可转换公司债券与股份公司授权资本制的改革具有体系联动效应。

第二百零三条 【可转换为股票的债券持有人选择权】 发行可转换为股票的公司债券的，公司应当按照其转换办法向债券持有人换发股票，但债券持有人对转换股票或者不转换股票有选择权。法律、行政法规另有规定的除外。

本条是公司发行的可转换公司债券转换时的基本要求。

公司一旦发行可转换为股票的债券，就应按照其事先规定的转换办法向债券持有人换发股票。根据《可转换公司债券管理办法》第 8 条规定，可转债自发行结束之日起不少于六个月后方可转换为公司股票，转股期限由公司根据可转债的存续期限及公司财务状况确定。可转债持有人对转股或者不转股有选择权，并于转股的次日成为发行人股东。

第二百零四条 【债券持有人会议】 公开发行公司债券的，应当为同期债券持有人设立债券持有人会议，并在债券募集办法中对债券持有人会议的召集程序、会议规则和其他重要事项作出规定。债券持有人会议可以对与债券持有人有利害关系的事项作出决议。

除公司债券募集办法另有约定外，债券持有人会议决议对同期全体债券持有人发生效力。

本条是关于债券持有人会议的规定。

一、债券持有人会议设置的意义

依本条第 1 款，公开发行公司债券的，应当为同期债券持有人设立债券持有人会议，并在债券募集办法中对债券持有人会议的召集程序、会议规则和其他重要事项作出规定。

债券持有人会议是持有人组成的，就公司债券持有人的共同重大利害关系事项作出决议的临时团体。之所以需要设置债券持有人会议，主要是考虑到公司债券所具有的团体性特征。公司债券所形成的公司债务因更强调其整体性，公司债券持有人的行动须一致。持有人之间为平等关系，但必须通过集体行动程序行使权利。若允许任一债券持有人在公司发生违约事件后单独行动，会损及其他债券持有人以及全部债券持有人的整体利益。① 因此，债券持有人会议在组织法逻辑上包括两重价值：其一，为促进债券持有人整体利益，实现债券持有人团体的内部治理价值；其二，为间接保障债券持有人利益，在特定情形下以集体方式以债权人身份参与公司治理。②

同时，债券持有人以会议形式参与公司治理在某种程度上也有利于公司治理效率的提升。理论界认为，债券存续期间公司发生财务危机时，允许债券持有人会议参与公司治理，可以事先协商调整债券条款，减轻公司的财务压力，避免多方失败的公司破产风险；同时通过会议团体的存在省去公司与每位持有人直接沟通的时间成本，便于发挥债权人对公司管理层的监督作用。③

正如最高人民法院《全国法院审理债券纠纷案件座谈会纪要》指出的那样，债券持有人会议是强化债券持有人权利主体地位、统一债券持有人立场的债券市场基础性制度，也是债券持有人指挥和监督受托管理人勤勉履职的专门制度安排。

二、关于"有利害关系的事项"

针对本条第 1 款的"有利害关系的事项"，《公司债券发行与交易管理办法》第 63 条作出了规定，即存在下列情形的，债券受托管理人应当按规定或约定召集债券持有人会议：（1）拟变更债券募集说明书的约定；（2）拟修改债券持有人会议规则；（3）拟变更债券受托管理人或受托管理协议的主要内容；（4）发行人不能按期支付本息；（5）发行人减资、合并等可能导致偿债能力发生重大不利变化，需要决定或者授权采取相应措施；（6）发行人分立、被托管、解散、申请破产或者依法进入破产程序；（7）保证人、担保物或者其他偿债保障措施发生重大变化；（8）发行人、单独或合计持有本期债券总额百分之十以上的债券持有人书面提议召开；（9）发行人管理层不能正常履行职责，导致发行人债务清偿能力面临严重不确定性；（10）发行人提出债务重组方案的；（11）发生其他对债券持有人权益有重大影响的事项。在债券受

---

① 蔡治、甘培忠：《完善〈公司法〉中公司债券规则的基本思路》，载《北京理工大学学报（社会科学版）》2022 年第 5 期。

② 刘斌：《债券持有人会议的组织法建构》，载《中国政法大学学报》2022 年第 5 期。

③ 伍坚、黄入凌：《债权人参与公司治理视野下的债券持有人会议制度研究》，载《上海金融》2016 年第 7 期。

托管理人应当召集而未召集债券持有人会议时，单独或合计持有本期债券总额百分之十以上的债券持有人有权自行召集债券持有人会议。

《全国法院审理债券纠纷案件座谈会纪要》规定了债券持有人重大事项决定权的保留。债券持有人会议授权的受托管理人或者推选的代表人作出可能减损、让渡债券持有人利益的行为，在案件审理中与对方当事人达成调解协议，或者在破产程序中就发行人重整计划草案、和解协议进行表决时，如未获得债券持有人会议特别授权的，应当事先征求各债券持有人的意见或者由各债券持有人自行决定。

三、债券持有人会议的效力

《全国法院审理债券纠纷案件座谈会纪要》规定，债券持有人会议根据债券募集文件规定的决议范围、议事方式和表决程序所作出的决议，除非存在法定无效事由，人民法院应当认定为合法有效。

本条第 2 款规定，除公司债券募集办法另有约定外，债券持有人会议决议对同期全体债券持有人发生效力。

第二百零五条　【债券受托管理人】公开发行公司债券的，发行人应当为债券持有人聘请债券受托管理人，由其为债券持有人办理受领清偿、债权保全、与债券相关的诉讼以及参与债务人破产程序等事项。

本条是关于债券受托管理人的规定。

一、债券受托管理人的聘任

依本条规定，公开发行公司债券的，发行人应当为债券持有人聘请债券受托管理人。

债券受托管理人是受发行人委托管理公司债券的，二者之间是一种信托关系，其中公司债券的发行人为委托人，适格机构为受托人，债券持有人为受益人。

二、债券受托管理人的职责

依本条，债券受托管理人享有办理受领清偿、债权保全、与债券相关的诉讼以及参与债务人破产程序等事项的权利。

其中，关于参加与债券相关的诉讼，《全国法院审理债券纠纷案件座谈会纪要》规定，债券发行人不能如约偿付债券本息或者出现债券募集文件约定的违约情形时，受托管理人根据债券募集文件、债券受托管理协议的约定或者债券持有人会议决议的授权，以自己的名义代表债券持有人提起、参加民事诉讼，或者申请发行人破产重整、破产清算的，人民法院应当依法予以受理。受托管理人应当向人民法院提交符合债券募集文件、债券受托管理协议或者债券持有人会议规则的授权文件。受托管理人所获利益归属于债券持有人。受托管理人提起诉讼或者参与破产程序的，生效裁判文书的既判力及于其所代表的债券持有人。在执行程序、破产程序中所得款项由受托管理人受领后在十个工作日内分配给各债券持有人。

不过，这并不妨碍债券持有人自行或者共同提起诉讼。《全国法院审理债券纠纷案件座谈会纪要》规定，在债券持有人会议决议授权受托管理人或者推选代表人代表部分债券持有人主张权利的情况下，其他债券持有人另行单独或者共同提起、参加民事诉讼，或者申请发行人破产重整、破产清算的，人民法院应当依法予以受理。债券持有人会议以受托管理人怠于行使职责为由作出自行主张权利的有效决议后，债券持有人根据决议单独、共同或者代表其他债券持有人向人民法院提起诉讼、申请发行人破产重整或者破产清算的，人民法院应当依法予以受理。

此外，中国证券业协会发布的《公司债券受托管理人执业行为准则》第三章对受托管理人的权利和义务范围作出了专门规定，主要内容包括：第一，信息收集与持续披露义务。在债券存续期间内，受托管理人有权持续监测和收集发行人的资信状况和信用风险状况，并有义务及时向债券持有人进行披露。第二，其他程序性权利义务。受托管理人有权代表债券持有人提起民事诉讼，参与重组或者破产法律程序。第三，临时处置的权利与义务。在发行人存在不能偿还债务的预期可能时，受托管理人有权要求发行人提供担保，并要求其严格依照受托协议的内容追加其他增信措施。

受托管理人的实际权利和义务内容相较于规范文件的内容要更加丰富。例如，公司债券交易实践中，因存在债券持有人众多、登记制度不健全等情况，将担保物权登记于受托管理人名下系该行业的一种常见商业模式。在

"中海信托股份有限公司与大连金玛商城企业集团有限公司等公司债券交易纠纷案"中，法院肯定了特殊情形下担保物权委托"代持"的做法，支持了债券持有人自行起诉的情况下，其有权要求依法处置登记于受托管理人名下的担保物权。通过给予上述商业模式必要的保护，拓宽了投资人关于增信措施的选择权，给投资人提供了更有利的保障渠道，保障了投资人的合法权益，有利于债券行业的健康稳定发展。①

第二百零六条　【债券受托管理人的信义义务】 债券受托管理人应当勤勉尽责，公正履行受托管理职责，不得损害债券持有人利益。

受托管理人与债券持有人存在利益冲突可能损害债券持有人利益的，债券持有人会议可以决议变更债券受托管理人。

债券受托管理人违反法律、行政法规或者债券持有人会议决议，损害债券持有人利益的，应当承担赔偿责任。

本条是关于债券受托管理人的信义义务规定。

一、债券受托管理人的勤勉义务

作为受托人，债券受托管理人对于债券持有人负有忠实与勤勉义务，公正履行受托管理职责。

《公司债券发行与交易管理办法》第 59 条规定，公开发行公司债券的受托管理人应当按规定或约定履行下列职责：（1）持续关注发行人和保证人的资信状况、担保物状况、增信措施及偿债保障措施的实施情况，出现可能影响债券持有人重大权益的事项时，召集债券持有人会议；（2）在债券存续期内监督发行人募集资金的使用情况；（3）对发行人的偿债能力和增信措施的有效性进行全面调查和持续关注，并至少每年向市场公告一次受托管理事务报告；（4）在债券存续期内持续督导发行人履行信息披露义务；（5）预计发行人不能偿还债务时，要求发行人追加担保，并可以依法申请法定机关采取

---

① 2020 年度上海法院金融商事审判十大案例之十："甲信托公司诉乙公司等公司债券交易纠纷案"［（2019）沪 0106 民初 2755 号］。

财产保全措施；（6）在债券存续期内勤勉处理债券持有人与发行人之间的谈判或者诉讼事务；（7）发行人为债券设定担保的，债券受托管理人应在债券发行前或债券募集说明书约定的时间内取得担保的权利证明或其他有关文件，并在增信措施有效期内妥善保管；（8）发行人不能按期兑付债券本息或出现募集说明书约定的其他违约事件的，可以接受全部或部分债券持有人的委托，以自己名义代表债券持有人提起、参加民事诉讼或者破产等法律程序，或者代表债券持有人申请处置抵质押物。

二、债券受托管理人的忠实义务

债券受托管理人应当公正履行受托管理职责，不得损害债券持有人利益。受托管理人与债券持有人存在利益冲突可能损害债券持有人利益的，债券持有人会议可以决议变更债券受托管理人。

三、债券受托管理人的赔偿责任

债券受托管理人违反法律、行政法规或者债券持有人会议决议，未能勤勉尽责公正履行受托管理职责，损害债券持有人利益的，应当承担赔偿责任。

第十章 公司财务、会计

第二百零七条 【公司的财务、会计制度的建立】公司应当依照法律、行政法规和国务院财政部门的规定建立本公司的财务、会计制度。

本条是关于公司财务会计制度的一般规定。

一、公司财务、会计制度的公司法意义

如果说公司的"法治性治理"决定了公司独立主体的形式价值，以簿记为基础的公司财务会计则决定着公司独立主体的实质意义（财产独立及公司经营）。作为受托人的管理层须基于公司资产管理并因此负有受托责任，公司股东和债权人基于公司权益而对公司具有参与管理权与请求权，形成形式与实质统一的公司治理机制。①

股东权利、管理机构的权力分配、公司资本原则的确立是《公司法》的基本框架，公司财务、会计的要求是支撑它们运行的实质内容。对于健全的管理和固定责任来说，簿记、财务报表与利润分配是重要的，其反映了企业的资本和经营状况，它既保护了股东，也确立了管理者的责任，同时也使公司债权人通过簿记了解公司的财产关系及现状并最终确定相应责任（主要是破产时的有限责任）。

具体而言，公司法上的财务会计制度具有以下功能：（1）规范股东与公司之间的财产、人格法律关系。股东认缴或认购公司发行的股份，其出资成为公司财产并由公司支配，这奠定了二者之间互为人格的财产基础，但仅限于大的法律关系层面，具体则是通过簿记与计算充分展现出来的。（2）规范公司与

---

① 徐强胜：《我国公司法上财务会计制度的缺失与补救》，载《政法论坛》2023 年第 4 期。

债权人之间的财产关系。一方面债权人可以通过簿记了解公司财产状况，另一方面可以预测公司未来发展或债权能否得到保障。公司破产时，通过簿记记录可以有效地识别公司财产状况，较好地保护公司债权人。（3）作为评判管理层是否承担责任与解除责任的依据。对于股东来说，管理人是受托人，其受托责任的履行是通过簿记表现出来的，股东对管理层的评判，或者说是否要求管理层承担责任或解除责任，主要依据是依法制作的簿记及相关义务。对于债权人来说，尽管其不能如股东那样获得委托人的地位，可以通过事先的担保消除风险，但在没有获得担保或事先的担保不能消除风险时，如果管理层没有履行其簿记义务或违法簿记，或者违法分配，债权人可以要求管理人承担赔偿责任。恰当的财务、会计约束，将使《公司法》所要求的正当程序和法律约束，如依法经过审查和法律鉴证、独立董事出具独立意见、董事会讨论、股东会决议等不仅是程序化的，也是实质化的。从这个意义上讲，会计是一种承担责任与解除责任的制度，合理地促使管理者自身对其行动负责。

二、《公司法》关于公司财务会计制度的一般要求

本条规定，公司应当依照法律、行政法规和国务院财政部门的规定建立本公司的财务、会计制度，其构成《公司法》关于公司财务会计制度的一般要求。其中，"法律、行政法规"主要是指《公司法》《会计法》及其配套行政法规，"国务院财政部门的规定"主要是指财政部《企业财务通则》《金融企业财务规则》《企业会计准则——基本准则》及后续一系列以规范性文件形式出现的制度解释。

本条规定一方面是对公司依法簿记义务的要求，另一方面是对公司如何施行财务、会计制作的基本要求，即依法建账与依法制作。公司财务、会计的核心是保存交易记录的会计账簿，置备并保存会计账簿是公司的基本义务。

严格来讲，《会计法》及其准则是从国家监督管理层面规范包括公司在内的所有单位会计制作要求的，属于公法。《公司法》上的财务、会计是以规范公司营业状况和财产记录为出发点的，主要是关于企业簿记的问题，是企业为记载各类业务的记账而留存并归类记录的企业数据，本质上是私法，规范股东、公司与债权人之间的财产与委托关系。

所以，本条要求公司应当依照《会计法》等建立本公司财务、会计制度的原则，一方面是指公司建立的财务会计制度应当与《会计法》、会计法规和会计准则一致（文义解释），另一方面则是指公司依据《会计法》等建立的财务、会计制度不仅是国家管理的需要，还是满足公司治理目标的需要（目的解释）。在《公司法》语境之下，公司所建立的财务会计制度本质是关于公司治理的。

三、《公司法》关于公司财务会计一般规定的应用

按照《会计法》、会计准则建立的公司财务、会计制度，应在《公司法》语境下作出适合公司治理需要的解释。

（一）《会计法》中涉及公司治理的基本财务规定是《公司法》上的一般性义务

这主要是指公司应当依法制作并保管财务会计账簿。法律赋予公司法人人格，其对价是公司的财产独立，而公司的财产独立是通过财务会计和有关记录的正确全面记载并置备保管的义务予以保证的。尽管《公司法》对此没有直接规定，但作为会计活动最基本的要求（《会计法》第9条、第23条），依法制作并保管财务会计账簿是公司董事会的一般义务，要求在公司成立后直至终止，董事会均有义务依法制作并保管财务会计账簿。

在"张某甫、汪某乾企业出售合同纠纷二审案"［（2018）最高法民终471号］中，最高人民法院明确指出，根据《公司法》关于"公司应当依照法律、行政法规和国务院财政部门的规定建立本公司的财务、会计制度"的规定，公司的财务资料、会计凭证应属公司必备的档案资料，应置备存放在公司。

（二）依法制作的账目可以作为证据链条中重要的环节

企业如何经营，常常体现在会计账簿相关记载上。在涉事企业的有关诉讼中，企业账簿可以成为证据证明自己的合法性和正当性。反过来，对于股东和债权人及政府有关部门来说，维护自己合法权益的重要根据也是企业账簿。通过账簿的证据力来证明自己的合法权益，其具有诉讼证据功能。

在"长沙博艳环保科技有限公司、隆回县自来水公司买卖合同纠纷再审案"［（2018）湘民申2910号］中，法院认为，根据《公司法》关于"公司应当依照法律、行政法规和国务院财政部门的规定建立本公司的财务、会计制度"规定，博艳公司是以公司名义与成都润兴公司、武汉力祯公司进行相

关交易，在公司账上应有记载，博艳公司仅提供发货单复印件或数据表尚不足以证实其主张的采购数量，应当提交公司财务账目、汇款凭证、销售发票等其他证据对该事实予以佐证，一、二审法院基于博艳公司未能提供相关佐证证据判定其承担举证不能的责任，并无不当。①

（三）公司转让、合并与分立时须同时移交依法制作的账目

公司转让，或者合并与分立，有关企业及财产的移交包括公司营业执照、公章及依法制作的企业账簿等。其中企业账簿的正确全面移交是重要的表现，否则构成违约。

在"熊某朝、湖北海江东盛置业有限公司股权转让纠纷案"〔（2021）鄂民再 22 号〕中，二审法院指出，健全的财务、会计制度是公司财产独立的保证，也是公司股东承担责任的基础。公司的会计账簿、文件资料等是公司生产经营过程中的真实体现，是公司盈利或亏损的重要凭据。公司负责人应对公司会计资料的真实性和完整性负责，并保证财务会计报告的真实完整。本案合同约定签订之日起 5 个工作日内，广东广阳公司与熊某朝、韩某跃双方办理目标公司的公章、证照、财务资料等所有资料的交接工作。因此，熊某朝作为转让公司的股东和实际控制人，其有义务依合同约定在签订之日起 5 个工作日内将海江东盛公司、趋势（鄂州）科技有限公司的账册、账簿、会计资料移交给广东广阳公司，熊某朝至今未能移交，存在违约行为。

（四）《会计法》中的有关管理性规定应以公司关系视角观察与分析

企业账簿是为了表明企业经营及财产状况的，其提交的账簿必须是真实且全面的。但《公司法》中的真实与全面主要是为了公司内部关系及债权人，其公开的意义主要是对于上市股份有限公司而言的。如果并非上市公司，公司为利于内部理解和经营需要可以对公司账簿的内容作适当调整。一般而言，许多非公开公司往往要置备两套会计账簿，分别满足企业内部管理和税务管理需要。那么，公司提交的企业账簿的真实与全面可能与税法上要求的真实与全面有一定出入，并不完全一致。申言之，在理解和解释公司向股东提交的企业账簿时，不一定与《会计法》一致。《公司法》规定了股东可以查阅

---

① 另参见"北京烘食文化发展有限公司与聂某等合同纠纷二审民事判决书"〔（2022）京 03 民终 2796 号〕。

公司会计凭证与会计账簿，目的并非证明公司提交的财务会计报告与会计凭证、会计账簿一致，而是通过对会计凭证与会计账簿的查阅，了解公司经营与财产的全面与真实。

《公司法》要求公司应当依照法律、行政法规和国家统一的会计制度制作账簿。原则上，公司依此行事即可，但如果公司为了更好地表现其经营和资产状况，仅为公司内部使用，而依照行业发展需要制作账簿，也非法律禁止。例如国家企业会计准则及税收规定的折旧制度，是按照"有税折旧"进行的，但企业如不按照法定折旧年限而缩短折旧年限，完全是企业自主经营的问题。企业账簿的制作，必须能够为企业提供方便，让企业有效地追求"销售或生产最大化、费用最小化"这一经营原则。如果公司提交的企业账簿足以体现公司经营和财产的实际情况，即使其不符合《会计法》规定，也不能因此追究董事、高管的责任，不能作为税法上责任认定的所谓事实。

第二百零八条　【财务会计报告的编制与审计】 公司应当在每一会计年度终了时编制财务会计报告，并依法经会计师事务所审计。

财务会计报告应当依照法律、行政法规和国务院财政部门的规定制作。

本条是关于公司财务会计报告的编制与审计规定。

一、公司财务会计报告的构成

1993 年《公司法》第 175 条规定了公司财务会计报告的构成，2005 年《公司法》删除了该内容，后未在新《公司法》中再作出规定。不过，实践中仍将原《公司法》相关界定作为明晰公司财务会计报告的规范基础。一般而言，在实务中，公司财务会计报告包括以下种类。

（一）财务会计报表

1. 资产负债表。资产负债表是指反映公司在某一特定日期财务状况的会计报表。它反映的是公司资产、负债、所有者权益的总体规模和结构，遵循"资产＝负债＋所有者权益"这一平衡公式。资产负债表主要提供有关公司财务状况方面的信息。

2. 利润表。也称损益表，是反映公司在一定会计期间的经营成果的会计报表。利润表应按照各项收入、费用以及构成利润的各个项目分类分项列示，并根据"利润=收入−费用"的公式制作。利润表是一种动态报表，它可以向人们提供公司利润计划完成情况，以使人们正确分析公司利润增减变化的原因，评价公司经营成果和投资价值，预测公司收益能力和收益发展趋势。

3. 现金流量表。现金流量表是反映企业一定会计期间现金和现金等价物（以下简称现金）流入和流出的报表。1993 年《公司法》称之为财务状况变动表。现金流量表应当按照经营活动、投资活动和筹资活动分别产生的现金流量分为三类。现金流量表以现金的流入和流出反映公司在一定期间内经营活动、投资活动和筹资活动的动态情况，反映公司现金流入和流出的全貌。

（二）财务会计附属明细表

1. 财务情况说明书。财务情况说明书是以文字形式记载公司年度内的营业概况，并就全年度的经营情况加以说明、分析、总结的书面说明，必要时附以图表，但没有固定格式。

2. 利润分配表。利润分配表是反映企业一定会计期间对实现净利润以及以前年度未分配利润的分配或者亏损弥补的报表。

（三）财务会计报表附注

公司根据需要，还可以编制法律未要求的会计报表附表。会计报表附注是为了便于理解会计报表的编制基础、编制依据、编制原则和方法及主要编制项目所作的解释，如不符合基本会计假设的说明；重要会计政策和会计估计及其变更情况、变更原因及其对财务状况和经营成果的影响等有助于理解和分析会计报表需要说明的事项。

二、公司财务会计报告的编制

（一）编制要求

财务会计报告是会计资讯的最终产品，目的在于为使用者提供公司财务状况、财务绩效及现金流量的信息，同时显示出管理层受托责任的结果，因此依法编制财务会计报告是公司最重要的基本义务之一。财务会计报告编制的原则是对编制财务会计的基本要求，即真实和清晰，以及依法编制不能做到真实时的完整准确性要求。

（二）编制人

财务报告的制作人是指领导制作财务会计报告的工作，并对财务会计报告的真实性负有责任的主体。关于公司财务会计报告由谁制作，各国公司法的通常做法是以董事为公司会计表册编制人。我国《公司法》对此并未明确，但一般认为，由于制作财务会计报告属于公司业务执行范围，而董事会是公司业务执行机构，所以可以认为董事会是公司财务会计报告的制作负责人。根据《公司法》第 67 条的规定，董事会应当制订公司的利润分配方案和弥补亏损方案，由此可以认为董事会作为执行人承担着编制财务会计报告的义务。需要明确的是，公司财务人员不是公司财务报告的制作人，其只是为制作财务会计报告而承担会计事务的人员。

（三）编制期间

财务会计报告的编制期间是指制作并完成财务会计报告的期间。按照《公司法》第 208 条的规定，公司应当在每一会计年度终了时编制财务会计报告。《会计法》第 11 条规定："会计年度自公历 1 月 1 日起至 12 月 31 日止。"财务会计报告必须在前一会计年度结束后制作，以全面真实地反映公司财务状况和经营状况。所以，财务会计报告的制作时期为一个期间，即每一个会计年度终了后的若干日内。依《公司法》第 64 条和第 115 条规定，原则上，财务会计报告的编制应在股东会年会召开前编制完成，即有限责任公司应在股东会召开 15 日前、股份有限公司应该股东会召开 20 日前（临时召集的股东会为 15 日前）编制完成，以方便股东查阅。

三、公司财务会计报告的审计

依本条，财务会计报告须依法经会计师事务所审计。此时，公司应当向受委托的会计师事务所如实提供会计凭证、会计账簿、财务会计报告和其他会计资料，并说明有关情况。任何单位或者个人不得以任何方式要求或提示注册会计师及其所在的会计师事务所出具不实或者不当的审计报告。

只有经过依法审计的财务会计报告，才是《公司法》所认可的财务会计报告，起到应有的证明力。在"顺兴（香港）租赁有限公司、广州巴士集团有限公司等案外人执行异议之诉案"［（2023）粤 01 民终 12491 号］中，法院认为，《公司法》规定，公司应当在每一会计年度终了时编制财务会计报告，并依法经会计师事务所审计。康信公司使用谢某媚个人账号收支公司款项，并未在 2016 年度至 2020 年度审计报告中披露或体现。对于广州巴士公司以及管理人提出异议的金额巨大的多笔款项未在审计报告中体现、款项去向不明，以及康信公司应付深圳康正公司数额巨大、明显不合理的意见，顺兴公司并未能作合理的解释。基于上述问题及疑点，可见顺兴公司提交的审计报告并不能真实反映康信公司的财务状况。

在"庞某、山东达盛集团建工有限公司等申请执行人执行异议之诉"〔（2021）最高法民申 3711 号〕一案中，最高院认为，虽然庞某提交了会计师事务所出具的华洋公司审计报告等证据材料以证明公司财产独立，但根据原审查明的事实，以上审计报告对可通过公开查询获知的案涉执行债务都没有纳入华洋公司的资产负债表，存在明显的审计失败情形，原审不予采信并无不当，故原审认定华洋公司财务管理混乱，庞某作为公司唯一股东应当承担公司财产混同不利后果的基本事实并不缺乏证据证明。

四、公司财务会计报告制作的合法性

本条第 2 款规定，财务会计报告应当依照法律、行政法规和国务院财政部门的规定制作。其实质是关于我国公司财务会计报告的制作应当符合相关法律法规的要求，从而具有合法性的外观。

依《会计法》第 20 条和第 21 条的规定，财务会计报告应当根据经过审核的会计帐簿记录和有关资料编制，并符合会计法和国家统一的会计制度关于财务会计报告的编制要求、提供对象和提供期限的规定；其他法律、行政法规另有规定的，从其规定。向不同的会计资料使用者提供的财务会计报告，其编制依据应当一致。有关法律、行政法规规定会计报表、会计报表附注和财务情况说明书须经注册会计师审计的，注册会计师及其所在的会计师事务所出具的审计报告应当随同财务会计报告一并提供。同时，财务会计报告应当由单位负责人和主管会计工作的负责人、会计机构负责人（会计主管人员）签名并盖章；设置总会计师的单位，还须由总会计师签名并盖章。单位负责人应当保证财务会计报告真实、完整。

严格依照《会计法》规定制作财务会计报告，是保障公司及股东合法权益的重要制度。在"深圳市下沙旅游服务有限公司、深圳市大鹏湾旅游发展有限公司渔船承包合同纠纷案"〔（2018）粤民终 1032 号〕中，法院认为，企业的年度财务会计报告应当能真实而完整地反映企业该年度的财务状况。

根据国务院《企业财务会计报告条例》的规定，企业的年度财务会计报告应当包括资产负债表、损益表、现金流量表及相关附表等，且对外发布的财务会计报告应当由企业负责人和主管会计工作的负责人、会计机构负责人（会计主管人员）签名并盖章。现大鹏湾公司和张某钊提交的审计报告中所附的大鹏湾公司的资产负债表、利润表、现金流量表、所有者权益变动表、会计报表附注等均未加盖大鹏湾公司公章，也没有大鹏湾公司的负责人和主管会计工作的负责人、会计机构负责人（会计主管人员）的签名盖章。因此，张某钊提供的大鹏湾公司的会计资料并不完整，无法证明大鹏湾公司的财产独立于张某钊的财产，张某钊也未能提供其他足以证明大鹏湾公司的财产独立于其个人财产的证据，根据《民事诉讼法》及其司法解释的规定，张某钊应自行承担举证不能的后果，其应对大鹏湾公司对下沙公司所负的债务承担连带清偿责任。

第二百零九条　【财务会计报告的提交与公告】 有限责任公司应当按照公司章程规定的期限将财务会计报告送交各股东。

股份有限公司的财务会计报告应当在召开股东会年会的二十日前置备于本公司，供股东查阅；公开发行股份的股份有限公司应当公告其财务会计报告。

本条是关于公司财务会计报告的提交与公告规定。

一、公司财务会计报告的提交

该规定是企业经营的内部组织法，它和财务报告对外公开是两个不同的问题，前者是对内的，后者是对外的。财务公开主要是对上市股份有限公司而言的，非上市公司一般不存在财务公开。公开义务与企业规模有关，并不适用于所有的企业。

依法制作的财务会计报告，是公司簿记义务的应然要求。一方面，公司的财务会计报告，是公司股东了解公司资产及生产经营情况的工具，股东掌握财务状况后，方能在股东会上有针对性地对公司生产经营诸方面发表见解，提出建议。另一方面，如果没有簿记及相应计算，股东的财产与公司财产是难以界分的，股东承担所谓有限责任（主要是在公司破产时）也就无法确定。通过账簿与报告规则，股东与公司之间的财产关系不仅在公司成立之初是清楚的，在公司不断经营中也是可查的。

各国公司法规定了股东对公司账簿与财务报告的查阅权，公司有义务依法置备、保管并提交股东。我国《公司法》针对有限责任公司及股份有限公司的各自特点，对公司财务会计报告的提交方式作了不同规定。

首先，有限责任公司财务会计报告的报送。有限责任公司应当按照公司章程规定的期限，将财务会计报告送交各股东。有限责任公司的股东人数较少，所以《公司法》要求有限责任公司要将财务会计报告送交各股东。至于送交的期限，法律未作强制性规定，要求按照公司章程的规定执行。故而，有限责任公司的章程应当规定在股东会召开前多少日内将财务会计报告送交各股东，这一期限应当具有合理性，使股东有合理的时间去研究、分析公司财务状况。从理论上讲，这一期限应设置在会计年度终了后、股东会年会召开前，以供股东参与股东会会议。如果会计年度尚未结束且在一定期间，不存在报送财务会计报告问题。

其次，非上市股份有限公司财务会计报告的置备。由于股份有限公司规模较大，股东人数众多，无法像有限责任公司那样将财务会计报告逐一送交各股东，本条第2款要求股份有限公司要将财务会计报告在召开股东会年会二十日前置备于本公司，以供股东查阅。

二、上市股份有限公司财务会计报告的公告

以募集方式设立的公司，具有公开性的特点，股东范围更加广泛。因此，本条第2款对募集设立的股份有限公司的财务会计报告的公示提出更高的要求，特别规定募集设立的股份有限公司不仅要将财务会计报告置备于本公司，还要统一公告其财务会计报告，以尽可能使广大股东知悉公司的财务会计报告。

总体而言，《公司法》关于企业账簿的规定，和通过记录而自我管理有关，而且服务于债权人保护与公共利益。严格而言，其与个别债权人是没有关系的，因为对于公司债权人的保护一般采取制度保护而非个体保护的原则，债权人被保护的制度是支付和信用交易。① 《公司法》中法人人格否定制度是

---

① ［德］C. W. 卡纳里斯：《德国商法》，杨继译，法律出版社2006年版，第350页。

一种制度性保护，它将公司的信用及人格置于公司正常交易之中，如果违背公司的信用和人格，则通过人格否定达到保护债权人的目的。

第二百一十条　【公司利润分配】公司分配当年税后利润时，应当提取利润的百分之十列入公司法定公积金。公司法定公积金累计额为公司注册资本的百分之五十以上的，可以不再提取。

公司的法定公积金不足以弥补以前年度亏损的，在依照前款规定提取法定公积金之前，应当先用当年利润弥补亏损。

公司从税后利润中提取法定公积金后，经股东会决议，还可以从税后利润中提取任意公积金。

公司弥补亏损和提取公积金后所余税后利润，有限责任公司按照股东实缴的出资比例分配利润，全体股东约定不按照出资比例分配利润的除外；股份有限公司按照股东所持有的股份比例分配利润，公司章程另有规定的除外。

公司持有的本公司股份不得分配利润。

本条是关于公司利润分配的规定。

一、公司利润分配原则上属于公司自治范畴

利润分配权，是指股东有权按照出资或股份比例请求分配公司利润的权利。对于股利分配，取决于公司是否有可供分配的利润，具体数额则取决于股东在股东会上的自由判断。这种判断往往受股东近期财富最大化和远期财富最大化两种分配理念支配，其本身并无合法与违法之别。此外，股利分配还受制于公司类别（上市公司与非上市公司）、公司经营现状与发展前景、国内外市场状况与税率变化等因素。例如，由于上市公司股利率的任何波动，都会向股东或其他潜在投资者传递一种公司经营状况陷入困境的信号。因此，许多上市公司奉行股利率较为平稳的股利政策，即使公司的营利现状不能长期支撑此种平稳的股利政策也是如此，此时公司期冀其经营状况会在将来迎来转机。很多公司的股东们可能更倾向于以工资、利息、租金等形式分取股利，或干脆不派发任何形式的股利，只待公司资产积累到一定程度，便将其出售以获利。

在"河南思维自动化设备有限公司与胡克公司盈余分配纠纷案"［（2006）民二终字第 110 号］中，最高人民法院认为，公司董事会、股东会未就公司利润分配方案进行决议之前，公司股东直接向人民法院起诉请求判令公司向股东分配利润缺乏法律依据。由于公司是否分配利润以及分配多少利润属公司董事会、股东会决策范畴，原审判决认定思维公司有巨额利润而长期拒不向股东分配损害了占股比例较小的股东的利益，并据此径行判决公司向股东分配利润，不符合公司利润分配的法律规定，应当予以纠正。① 所以，是否分配和如何分配公司利润，原则上属于商业判断和公司自治的范畴，法院一般不应介入。

《公司法司法解释（四）》对公司利润分配的司法救济仅以三条作了相应的规定，且其中第 14 条、第 15 条明确规定，股东请求公司分配利润的，应当提交载明具体分配方案的股东会或者股东大会决议；未提交的，人民法院原则上不予支持。但近年来，公司大股东违反同股同权原则和股东权利不得滥用原则，排挤、压榨小股东，导致公司不分配利润，损害小股东利润分配权的现象时有发生，严重破坏了公司自治。比如，公司不分配利润，但董事、高级管理人员领取过高薪酬，或者由控股股东操纵公司购买与经营无关的财物或者服务，用于其自身使用或者消费，或者隐瞒或者转移利润，等等。为此，《公司法司法解释（四）》第 15 条但书规定，公司股东滥用权利，导致公司不分配利润给其他股东造成损失的，司法可以适当干预，以实现对公司自治失灵的矫正。

二、公司利润分配的原则

（一）合法性原则

合法性原则要求公司在制定利润分配政策时，应严格遵守《公司法》《税法》《会计法》《企业财务通则》等有关法律法规的规定，利润分配政策中的有关内容，如股利支付比率的确定、利润分配方式的选择等不能与法律法规的相关规定冲突。

---

① 最高人民法院民事审判第二庭编：《最高人民法院商事审判指导案例》（公司卷），中国法制出版社 2011 年版，第 293 页。

（二）适应性原则

适应性原则要求公司管理当局在制定利润分配政策时，必须全面考虑公司所处的外部环境和内部条件，以适应公司在不同发展时期的生产经营情况和财务状况。公司在制定税后利润分配政策时必须予以考虑的因素主要有：

1. 债务考虑。具有较高债务偿还能力的公司，既可以通过举借新债、发行新股筹集资金，也可以通过留存利润来偿还债务。如果公司认为后者适当的话，将会减少股利的支付。

2. 筹资成本。将税后收益用于再投资，有利于降低筹资成本，因此很多公司在考虑投资分红时都将税后利润作为筹资的第一选择渠道，特别是在负债资金较多、资本结构不健全的时候。

3. 资产的流动性。较多地支付现金股利，会减少公司的现金持有量，从而降低资产流动性。有时，公司盈利水平与现金流量并不是成正比的，尽管利润较多，但却面临资金紧张，而分配利润通常需用现金支付。分配利润时，必须考虑公司的财务状况，以决定分配利润的数额和分配方式。因此，如果公司的资产流动性较差，此时不可过多地支付现金股利。

4. 投资机会。有着良好投资机会的公司需要强大的资金支持，因而往往少量分红，将大部分盈余用于投资；而缺乏良好投资机会的公司，保留大量现金会造成资金闲置，于是倾向于支付较高股利。基于上述原因，成长中的公司多采取低股利政策，陷入经营收缩中的公司多采取高股利政策。

（三）稳定性原则

稳定性原则要求公司的利润分配政策一经制定并颁布实施，就应保持相对的稳定性，不能随意更改。同时，前后各期利润分配政策之间应保持一定的连续性，如在股利支付比率方面，不能时高时低，应与公司盈利的多少密切结合。否则会影响投资者和社会公众对公司未来的信心，影响公司整体价值和股票价格。

（四）"无盈不分，无利不分；多盈多分，少盈少分"原则

在利润分配的规定上，一般贯彻"无盈不分，无利不分；多盈多分，少盈少分"原则，即公司当年无盈利时，原则上不得分配股利，利润分配一般应与盈利状况相适应。如前所述，利润分配来源于公司净利润，原则上而言，只有当公司有盈余时方能分配利润。该原则要求公司管理当局在制定利润分

配政策时，应将利润分配与盈利多少有机结合起来。一般情况下应尽量避免在公司出现亏损，甚至是连续亏损的情况下，也进行股利分配。公司的利润分配应是对其所实现利润的分配，它要求进行利润分配的公司当年必须有可确认的利润，或有历年未分配利润结余及留存收益。《公司法》为贯彻资本不变原则和资本维持原则，避免因无盈利分配而造成公司资本的实质减少，损害公司及债权人的利益和股东的长远利益，明确规定公司只有在弥补亏损、提取公积金之后有剩余利润时，才可向股东分配股利。

（五）公司持有本公司股份不得分配利润原则

公司持有本公司的股份具有特殊的意义，本条第5款明确规定，其不存在分配利润的问题。

三、公司利润的分配顺序

根据本条规定，公司分配利润需按照以下顺序进行。

（一）弥补亏损

为保护公司债权人利益和社会公益，贯彻资本充实原则，公司在本年度有盈利时，应先检查上一年度是否有亏损。如果公司尚有以前年度的亏损未予弥补的，应按《公司法》规定用法定公积金进行弥补，这是提取法定公积金的重要目的。本条第2款规定，当法定公积金不足以弥补上一年度公司亏损的，依规定应当先用当年利润进行弥补，在此之前不应分配当年的利润。由此可见，公司可以用公积金和利润两种方法弥补亏损。

（二）提取法定公积金

公积金是公司为了巩固自身的财产基础，提高公司的信用和预防意外亏损，依照法律和公司章程的规定，在公司资本以外积存的资金。依据公积金的提取是否基于法律的强制性规定，公积金分为法定公积金和任意公积金。法定公积金是依照法律规定必须提取的。本条第1款规定在公司当年利润弥补亏损后，如果还有剩余利润，应从税后利润中提取10%的法定公积金，公司法定公积金累计额为公司注册资本的50%以上时，可不再提取。

未提取法定公积金即分配利润实则构成对公司利益的损害。在"董某东诉蔡某锋等损害公司利益责任纠纷案"［（2014）门民初字第433号］中，法院认为：公司的公积金是公司为了巩固自身财产基础，提高公司信用和预防意外亏损，依照法律规定和公司章程的规定，在公司资本以外积存的资金。

公积金的用途主要在于弥补亏损、扩大生产经营或转为增加公司资本。即使公司不存在亏损的情形，但未提取法定公积金，亦将损害公司的信用和抵御风险的能力，从长期来看，构成对公司利益的损害。

（三）提取任意公积金

依本条第3款，公司提取法定公积金后，经股东会决议，还可以从税后利润中继续提取任意公积金。在法定公积金和任意公积金提取时，具有先后顺序的要求，应当先提取法定公积金，再提取任意公积金。任意公积金的提取不具有强制性，属于公司内部事务。

（四）向股东分配利润

"利润"理论上是一个会计学术语，但会计规范使用的是"净利润"的概念，而非"税后利润"。同时，根据《企业会计制度》第110条规定，公司可分配利润的范围也不仅限于当年利润，而且包括公司以前年度未分配的利润和其后转入的利润，这些都应并入本年度利润，在充分考虑现金流量状况后，可以向投资者分配。

未尽出资义务股东的自益权原则上应当被限制。在"厦门华龙兴业房地产开发有限公司诉叶某源、简某琴公司盈余分配案"〔（2018）闽02民终166号〕中，法院认为，虽然叶某源在作为华龙公司股东期间未履行出资义务，依法其请求分配利润的股东自益权将受到相应限制。但是，华龙公司的全体股东约定公司向股东分配利润不以出资比例或不以是否实际出资为前提，该约定对公司及股东具有约束力。叶某源保有获得华龙公司分配的利润的权利。后有法官评析该案时认为：第一，股东分取红利是其最为重要的财产权利，其他财产权利都是围绕该权利产生的，而公司红利的产生，有赖于股东的出资。因此，股东未尽出资义务时，其相应的财产性权利应当受到限制，这符合权利义务相一致的民事法律原则。第二，股东权利中的自益权主要表现为财产性权利，是股东为了确保个人经济利益而享有的权利，对其进行限制一般不会对公司整体利益、其他股东利益以及公司债权人利益造成不利影响。第三，对未尽出资义务的股东权利中的自益权进行限制，并非完全否定股东享有的全部权利，股东享有的对公司重大事务参与管理的权利并未被限制，其仍可与其他股东一同参与公司经营管理、监督公司相关行为并对其中的不当行为进行纠正。第四，对未尽出资义务的股东权利中的自益权进行限制，并非完全否定其享有的自益权，而是根据其实缴出资情况，按比例进行相应的合理限制，遵循比例原则。第五，《公司法》和《公司法司法解释（三）》赋予公司全体股东充分的意思自治空间，公司可通过章程、股东会决议等形式，对未尽出资义务股东的自益权限制作出不同于法律规定的约定，以满足不同需求的股东之间通过设立公司建立合作关系的现实需要。[1]

四、公司利润的分配规则

根据本条第 4 款规定，公司弥补亏损和提取公积金后所余税后利润，有限责任公司依照股东实缴的出资比例分配利润，全体股东约定不按照出资比例分配利润的除外；股份有限公司按照股东持有的股份比例分配，但股份有限公司章程规定不按持股比例分配的除外。由此可见，我国股东的利润分配针对有限责任公司与股份有限公司采取了分置规定的立场，也即有限责任公司原则上应当由股东按实缴比例分得利润，而股份有限公司则由股东按持股比例分得利润。有限公司的例外规定须由全体股东约定，而股份公司的例外规定则应由章程规定。

总的来说，我国利润分配的规则建构遵循了资本维持原则的思路，将分配对象限定为税后利润，并要求先行弥补亏损、提取公积金，其目的在于防止股东抽回股本并巩固股本吸收损失能力。实则，完全依靠对公司财务数据的核算和检测来约束公司的分配行为。[2]

（一）有限责任公司利润分配规则

循此逻辑，针对有限责任公司，股东应当按照其实缴的数额占全体实缴资本的比例分取利润。同时，只有当全体股东明确达成协议时，才可以不按照实缴数额占全体实缴资本的比例分取利润。从中可以得知：第一，股东必须达成一致协议才能更改《公司法》关于利润分配比例的规定，而只通过修改公司章程是无法实现的，当然初始章程由全体股东通过，自然属于全体股东约定的范畴。第二，关于"全体股东约定不按照出资比例分配利润"的理解，若从解释学角度，可以将之理解为全体股东约定了其他的利润分配比例，如按照认缴比例分配利润；也可以将之理解为全体股东约定了其他利润分配

---

[1] 国家法官学院、最高人民法院司法案例研究院编：《中国法院 2020 年度案例·公司纠纷》，中国法制出版社 2020 年版，第 107 页。

[2] 王军：《公司资本制度》，北京大学出版社 2022 年版，第 410 页。

方式，而不再以"出资比例"作为分配依据，如控制股东多分、其他股东少分，或者直接以人数多少作为分配依据。但不论如何，这些特殊的分配规则应经全体股东同意。

在"深圳市启迪信息技术有限公司与郑州国华投资有限公司、开封市豫信企业管理咨询有限公司、珠海科美教育投资有限公司股权确认纠纷案"〔（2011）民提字第6号〕中，一方有教育资本（资源），另一方有资金，双方合作办校。各股东在协议中约定注册资本全部由其中的一个股东出资，在公司章程中规定了公司的注册资本总额和各个股东的出资额及股权比例。此外，协议中还作出特别约定：资金投入方投入的资金回收完毕之前，各方按约定的比例（80%：16%：4%）分配利润；资金回收完毕后，按出资比例（30%：55%：15%）分配利润。这种约定是各方当事人真实意思表示，且未损害他人利益，不违反法律和行政法规的规定，应属有效，股东按照约定持有的股权应当受到法律保护。

（二）股份有限公司的利润分配规则

对于股份有限公司，应按照股东持有的股份比例分配利润，除非股份有限公司章程规定不按持股比例分配。第一，股份公司股东只按照持股比例分取红利，在授权资本制下，是指已认购股份数额占整体发行数额的比例。第二，允许股份有限公司的章程针对股份公司股东的利润分配作出其他规定，章程此时实际上也发挥着公司契约的作用，这里的"其他规定"既可以是不按照持股比例分取红利，如出现优先股的情形，也可以是按照持股比例分取红利，但进一步细化为固定比例，如实缴比例或者不同股权结构下的不同持股比例等。这种章程自治的设置实际上赋予了股份公司较大的经营自由权，可以作出更符合实际需求的利润分配方案，满足不同股权结构的需求。

《公司法》并未对公司利润的分配方式作出规定。一般是通过支付现金、财产或票据的方式进行的。实践中还会出现负债分配的方式，即公司以发行债券的方式向股东分配利润，股东由此获得债权。对于股份有限公司，它还可以通过股份分派（配股）方式进行。公司以股份分派方式分配股利，应经股东会作出决议。采授权资本制后，发行新股即意味着增加发行资本，本质上也是公司增资行为，此时增资应由董事会决议。该部分新股可以作为公司向股东分派的利润。

此外，尽管《公司法》主要规定了公司利润分配的相应规则，较具体、集中体现了股东、公司、债权人之间的关系。这些规定仍原则有余，概括不足，如这些规定没有区分不同种类股份或股权，也未规定公司利润中的可分配额。

第二百一十一条 【违法分配利润的责任】 公司违反本法规定向股东分配利润的，股东应当将违反规定分配的利润退还公司；给公司造成损失的，股东及负有责任的董事、监事、高级管理人员应当承担赔偿责任。

本条是关于违法分配利润的责任规定。

一、违法分配利润的退还

有关公司利润分配顺序的规定属于强制性法律规范。公司违反本法规定，在公司弥补亏损和提取法定公积金之前向股东分配利润的，股东必须将违反规定分配后所得的利润退还公司。①

对于"违反本法规定"的决议，可以提起决议无效之诉。该种返还，性质上属于不当得利返还。本条没有区分善意取得和恶意取得，只要是不当分配利润的行为，接受分配的股东均应返还所分配的利润。

二、违法分配利润的赔偿责任

（一）构成要件

违法分配利润给公司造成损失的，股东及负有责任的董事、监事、高级管理人员应当承担赔偿责任。

依本条规定，其构成要件为：第一，存在违法分配利润的行为；第二，这一违法分配利润的事实给公司造成了损害；第三，违法分配利润的行为与公司损害之间存在因果关系。

---

① 参见"陈某智、福建省立信融资担保有限公司与公司有关的纠纷二审民事判决书"〔（2017）闽 05 民终 6283 号〕；"重庆中航万科峻景置业有限公司与航发投资管理有限公司盈余分配纠纷一审民事判决书"〔（2022）渝 0105 民初 12221 号〕；"承德市华耀房地产开发有限公司、吴某伟等公司盈余分配纠纷民事一审民事裁定书"〔（2021）冀 0824 民初 349 号〕。

同时，不能将公司违法分配利润的情形仅限于本条内容，股份回购、抽逃出资、大额奖励或报酬等行为实际上也应当被置于所谓违法分配利润的行为之下，这有待于在个案中进一步解释。

（二）"股东及负有责任的董事、监事、高级管理人员"界定及其责任承担

首先，此处的"股东"一般是指有能力操控公司分配利润的股东，但明知违法分配而同意分配的其他股东也属于此。对于善意股东，不属于本条规定的承担责任股东。[①]

其次，"负有责任的董事、监事、高级管理人员"是指明知违法而积极为之，或消极不反对的董事、监事、高级管理人员等。

最后，在责任承担上，应区分这些人员在实施非法分配利润时的地位与作用。

第二百一十二条　【分配利润决议后的具体分配】股东会作出分配利润的决议的，董事会应当在股东会决议作出之日起六个月内进行分配。

本条是关于分配利润决议后的具体分配规定。

一、分配时间要求

本条为程序性规定，表明公司分配决议作出后的具体分配时间，其主要用意在于以法律形式提供周延的程序保障，补足股东会决议分配的不足。

二、股东请求分配公司利润之诉

（一）当事人

股东请求公司分配利润诉讼，股东为原告，公司为被告。《公司法司法解释（四）》第13条规定："股东请求公司分配利润案件，应当列公司为被告。一审法庭辩论终结前，其他股东基于同一分配方案请求分配利润并申请参加

[①] 有学者认为，善意股东因对董事制订的方案不负有注意义务，接受的违法分配利润不再返还，此部分便计入公司的损失，由有过错的董事进行清偿。参见于莹、司耕旭：《违法分配利润的责任研究》，载《社会科学战线》2023年第7期。

诉讼的，应当列为共同原告。"

首先，请求公司利润分配之诉的原告须为股东。凡具有股东身份者，也即记载于股东名册之人，不论其持有股权或股份多少，均可以成为原告。司法实务中存在争议的是，如股东出资不实，甚至没有出资，能否以股东身份要求分红。现代公司法对于有限责任公司，并不要求股东必须出资才能成为股东，关键在于公司章程及股东协议如何规定。如果公司章程或股东协议规定股东可以不出资，并规定其享有的股东权利，则其可以要求公司分红。如果公司章程或股东协议没有相应规定，则须看公司实际运作中如何处理。可以说，股东出资不实，并不当然影响股东向公司主张利润请求权，除非公司全体股东或公司章程对此另有约定。若公司章程没有规定或者全体股东对此并无约定或达成一致认识，则可按实缴出资比例分配红利。

其次，不同意分配公司利润的股东能否成为诉讼当事人。公司是否分配利润，取决于股东会决策。当公司决议分配公司利润时，要求分配利润的股东与公司之间形成一种请求分配利润与应当分配利润的债权债务关系。在股东会上不同意分配利润的股东与同意分配公司利润的股东，仅在股东会上产生成员权法律关系。而在股东会一旦作出公司分配利润的决议后，则同意分配公司利润的股东与不同意股东之间便不存在直接利害关系，不能成为相应诉讼中的主体，其既不能成为被告，也不能成为第三人。

最后，股东请求分配公司利润诉讼当以公司为被告。从法律关系上而言，股东请求分配公司利润，系以公司为被请求人，故被告仅为公司。实践中，公司往往被大股东或董事等管理层人员控制，是否分配公司利润也基本上由他们决定。因而，这就产生一个问题，股东请求分配公司利润的诉讼中能否以这些控股股东或董事等作为被告。应当认为，公司是一个独立的法律主体，一旦成立，就成为与股东、管理人员等互为人格的主体，非出现《公司法》所规定的公司法人人格否定之情形，不得随意将股东与公司之间的人格混同或否定。即使出现大股东或董事不按照法律规定向股东分红的情况，股东也只能以公司为被告，而不宜以控股股东或董事为被告。

（二）利润分配请求权能否单独转让

从权利属性上，作为分红权的利润分配请求权属于股东权利。分红权与参与管理权等一起构成股东对于公司的权利，在股东与公司之间形成一种团体成员权法律关系，在公司决定具体分配利润前，分红权必须也只能与股东身份相结合。作为抽象的利润分配权，在公司决定具体分配前，是不能与股东身份相分立的，公司也仅基于某个人的股东身份与其产生成员权法律关系。因此，这时的利润分配请求权不能单独转让。但是，如果公司决定了分配利润，则这时的利润分配请求权将被具体化为确定的债权，而被完全财产化，其人身属性将不再具有意义，从而可以单独转让。

（三）股东请求判决公司分配利润的条件

1. 公司决定分配利润的决议为有效决议

公司是否分配利润为公司自主经营问题，如分配利润，需经过法定程序，首先由公司董事会制订并通过利润分配方案，其次报公司股东会审议批准。其中董事会决议和股东会决议均须符合法定条件和程序，其作出的决议均为有效决议。不过，法院在审查股东请求分配公司利润时，主要审查股东会决议，股东会通过决议必须载明具体分配方案，该具体方案不要求千篇一律，但至少有在特定日期根据特定数额，并根据持股比例或人头进行分配的内容，即该方案必须是能够确定的。

在"甘肃乾金达矿业开发集团有限公司与万城商务东升庙有限责任公司盈余分配纠纷案"[（2021）最高法民再23号]① 中，法院认为，股东要求公司分配利润的必要条件是提交载明具体分配方案的股东会决议。具体的利润分配方案应当包括待分配利润数额、分配政策、分配范围以及分配时间等具体分配事项内容。判断利润分配方案是否具体，关键在于综合现有信息能否确定主张分配的权利人根据方案能够得到的具体利润数额。如公司股东会决议确定了待分配利润总额、分配时间，结合公司章程中关于股东按照出资比例分取红利的分配政策之约定，能够确定股东根据方案应当得到的具体利润数额的，该股东会决议载明的利润分配方案应当认为是具体的。

2. 公司拒绝分配利润且其关于无法执行决议的抗辩理由不成立

公司通过分配利润决议后，如果执行了决议，自不存在相应诉讼。只有在公司尽管通过了分配利润决议，但拒绝执行该决议且无正当理由时，才需

---

① 《最高人民法院公报》2023年第1期。

要通过法院判决解决。一般情形下，公司通过分配利润决议，就会立即按照决议对股东进行利润分配，但实践中可能会出现因突发事件或其他不可测事件导致公司不能分配（如因诉讼账户被冻结等）。这时，公司可以不按照公司决议进行分配。但是，公司一旦通过分配决议，利润分配请求权转化为普通债权，非有特殊且正当事由，公司不能随意撤销或更改决议。而且，即使有特殊且正当事由导致不能分配，如果该事由很快消失或不能成为正当障碍，则公司也应立即按照决议分配利润，即使是公司可能重新通过决议不予分配利润。

3. 未提交公司决议请求分配公司利润的诉讼（强制利润分配之诉）

正常情形下，股东需要提交公司有效决议，该决议载明具体分配方案时，才可以要求法院判决分配利润。不过，实践中也会出现公司未通过分配公司利润的方案，甚至根本不提供相应方案，但有关股东在没有分配利润的情况下得到了其他股东无法获取的优势地位，严重损害其他股东的合法权益的情形。此时，便不能固执于股东只有在提交公司分配利润决议时才能诉讼的要求。

《公司法司法解释（四）》第 15 条规定："股东未提交载明具体分配方案的股东会或者股东大会决议，请求公司分配利润的，人民法院应当驳回其诉讼请求，但违反法律规定滥用股东权利导致公司不分配利润，给其他股东造成损失的除外。"

依该规定，如果股东滥用其权利而致使公司不分配利润，且给其他股东造成损失，股东也可以在未提交载明具体分配方案的公司决议情况下请求公司分配利润，如尽管公司不分配利润，但董事、高级管理人员领取高薪酬，或者由控股股东操纵公司购买与经营无关的财物或者服务，用于其自身使用或者消费，或者隐瞒，或者转移利润等情形。该司法解释的法律基础是《公司法》第 21 条第 1 款的规定，即"公司股东应当遵守法律、行政法规和公司章程，依法行使股东权利，不得滥用股东权利损害公司或者其他股东的利益"。

有学者亦称之为抽象股利分配之诉。实践中法院裁决多为三种形式：径行判决公司分配一定数额利润；判决公司限期召开会议就利润分配事项进行决议；判决公司召开会议作出分配利润的决议。第一种司法介入过度，第二种实践中可能无法为原告提供救济，第三种裁决相对妥当。[①]

在"庆阳市太一热力有限公司、李昕军公司盈余分配纠纷案"［（2016）最高法民终 528 号］[②] 中，法院认为，公司在经营中存在可分配的税后利润时，有的股东希望将盈余留作公司经营以期获取更多收益，有的股东则希望及时分配利润实现投资利益，一般而言，即使股东会或股东大会未形成盈余分配的决议，对希望分配利润股东的利益不会发生根本损害，因此，原则上这种冲突的解决属于公司自治范畴，是否进行公司盈余分配及分配多少，应当由股东会作出公司盈余分配的具体方案。但是，当部分股东变相分配利润、隐瞒或转移公司利润时，则会损害其他股东的实体利益，已非公司自治所能解决，此时若司法不加以适度干预则不能制止权利滥用，亦有违司法正义。虽目前有股权回购、公司解散、代位诉讼等法定救济路径，但不同的救济路径对股东的权利保护有实质区别，故需司法解释对股东盈余分配请求权予以进一步明确。

第二百一十三条　【股份发行溢价款及无面额股未计入注册资本金额列为资本公积金】 公司以超过股票票面金额的发行价格发行股份所得的溢价款、发行无面额股所得股款未计入注册资本的金额以及国务院财政部门规定列入资本公积金的其他项目，应当列为公司资本公积金。

本条是关于股份发行的溢价款及无面额股未计入注册资本的金额列为资本公积金的规定。

一、资本公积金的性质

与一般的公积金不同，资本公积金是直接由资本或资产以及其他相关原因形成的，不属于注册资本，也不属于法定公积金和任意公积金。通俗地讲，资本公积金是超过公司注册资本，属于公司所有且不得随意运用的资本，不归属于任何单个股东尤其是不得随意分配给股东。

在"兰州神骏物流有限公司与兰州民百（集团）股份有限公司侵权纠纷

---

① 李建伟：《公司法学》（第四版），中国人民大学出版社 2018 年版，第 209—210 页。
② 《最高人民法院公报》2018 年第 8 期。

案"〔（2019）民二终字第 75 号〕① 中，最高人民法院明确指出，公司因接受赠与而增加的资本公积金属于公司所有，是公司的资产，股东不能主张该资本公积金中与自己持股比例相对应的部分归属于自己。

二、股份有限公司的资本公积金来源

依本条规定，股份有限公司的资本公积金主要包括以下三个来源。

（一）高于票面金额发行的溢价款

依本条，发行价格高于面值等于溢价发行，募集的资金中等于面值总和的部分计入资本账户，以超过股票票面金额的发行价格发行股票所得的溢价款列为公司资本公积金。

股票的票面价值代表了每一份股份占总股份的比例，在确定股东权益时有一定的意义，同时也是股票价值的一方面。股票的发行溢价代表了市场对该股票的预期，是公司向上发展的一个代表指标。

（二）未计入注册资本的无面额股金额

《公司法》规定，采用无面额股的，应当将发行股份所得股款的二分之一以上计入注册资本（第 142 条第 3 款）。故本条规定，未计入注册资本的金额计入资本公积金。

（三）国务院财政部门规定列入资本公积金的部分

国务院财政部门规定列入资本公积金的部分是一种概括式的规定，根据相关法规及规范性文件，其具体包括：对公司的赠与；财产重估增值；对公司的债务豁免；土地使用权出让金补偿款等。其中，股东对公司的债务豁免，应计入资本公积金。

三、有限责任公司的资本公积金来源

本条仅规定了股份有限公司的资本公积金来源，未进一步明确有限责任公司的资本公积金的相应要求，这可能是考虑到有限责任公司本身及其认缴出资制度的特殊性。

不过，基于本条关于股份有限公司的资本公积金来源的规定，有限责任公司也同样存在资本公积金的问题。除了前述财政部门规定列入资本公积金的部分，还包括投资人投入公司的款项超出其应缴注册资本的部分，此时，

---

① 《最高人民法院公报》2010 年第 2 期。

对超出部分的性质应根据其投入资金时的真实意思表示进行判断。

在"南通中南房地产开发有限公司、南通邦豪置业有限公司合同再审纠纷案"〔（2020）最高法民申6465号〕中，法院认为，投资人投入的超出注册资本的款项为资本公积金性质，该款项系投资款，并非借款。虽然公司的资本公积金没有作为注册资本在工商部门进行登记，但是亦不能随意撤回。案涉《承诺书》关于公司向投资人返还欠款（超出应缴部分的资金）的约定，违反了资本维持原则，损害了公司及其债权人的合法权益，因此案涉《承诺书》无效。

当其成为公司资本公积金后，不得再行抽回。在"新余甄投云联成长投资管理中心与广东运货柜信息技术有限公司等新增资本认购纠纷案"〔（2019）赣民终178号〕中，法院认为，股东向公司已交纳的出资，无论是计入注册资本还是计入资本公积金，都已属于公司所有，是公司资产的构成部分，基于公司资本维持原则的要求，如果将资本公积金返还股东，将导致公司资本规模的减少，损害公司的财产和信用基础，损害公司债权人的利益，故股东不得任意要求公司予以返还。

如果对股东投入的资金无法判断其性质，原则上认定为资本公积金。在"深圳航空有限公司诉北京横山置地房地产开发有限公司企业借贷案"〔（2017）京民终599号〕中，法院认为，股东投入公司的资金性质约定不明，且股东不能举证证明符合其他法律关系要件的，不宜推定为公司对股东的借款并予以返还。从投资款的本质属性分析，应认定为公司资本，纳入资本公积金的范畴。

第二百一十四条 【公积金的用途与使用规则】公司的公积金用于弥补公司的亏损、扩大公司生产经营或者转为增加公司注册资本。

公积金弥补公司亏损，应当先使用任意公积金和法定公积金；仍不能弥补的，可以按照规定使用资本公积金。

法定公积金转为增加注册资本时，所留存的该项公积金不得少于转增前公司注册资本的百分之二十五。

本条是关于公积金的用途与使用规则的规定。

一、公积金的用途

公积金对公司的资本维持和保障具有重要作用，《公司法》对公司提取公积金的用途及公积金转为资本的规则进行了专门的规定。作为一项强制性的义务，公司必须在税后利润中提取法定公积金，股东会决议，可以提取任意公积金（第210条）。

依本条第1款，公积金的用途包括以下三个方面。

（一）弥补公司亏损

规定法定公积金，是为了使公司在盈利年度作些储备，一旦公司发生亏损，可以及时弥补，以使公司正常、稳定和持续发展。

依本条第2款，公积金弥补公司亏损，应当先使用任意公积金和法定公积金；仍不能弥补的，可以按照规定使用资本公积金。该条改变了修订前《公司法》关于资本公积金不能用于弥补亏损的立场，公司可以更为灵活地使用资本公积金。

"资本公积弥补亏损"是一种会计处理程序，即将"资本公积"账户中的金额转入因亏损而呈负数的"未分配利润"账户，在账面上消除亏损，改善企业的财务报表数据。虽然通常谓之"资本公积补亏"，但并不存在实际的"使用资金"或"资金流出"之意。"资本公积补亏"不过是一种账务处理程序而已，意味着在"所有者权益"项下的相关科目之间进行金额调整，它更像是一个抽象的计算过程。[1] 资本公积补亏实质上的结果是为企业日后的利润分配行为清除障碍，允许补亏或允许资本公积金先于法定公积金、任意公积金补亏都会导致公司可分配利润的增加。

（二）扩大公司生产经营

公司的公积金可以用于扩大公司生产经营，既包括盈余公积金（法定公积金、任意公积金），也包括资本公积金，其中资本公积金在其发生之时实际上便已起到扩大企业生产经营的作用。也就是说，资本公积所引起的经济利益的流入，在公司成立之初或经营活动中已经以资产的方式融入企业的生产经营活动之中，实现了扩大公司生产经营的目的。

---

① 刘燕：《新〈公司法〉的资本公积补亏禁令评析》，载《中国法学》2006年第6期。

（三）增加公司注册资本

公司认为有需要时，可以将公积金用于增加公司注册资本，无须再由股东增加缴纳。

依本条第 3 款，法定公积金转为增加注册资本时，所留存的该项公积金不得少于转增前公司注册资本的百分之二十五。因为法定公积金的主要目的是弥补亏损，以保护债权人。

其中，任意公积金是公司在法定公积金之外，经股东会或者股东大会决议而从税后利润中提取的公积金。任意公积金并非法律强制规定要求提取的，因此对其提取比例、用途等《公司法》均未作出规定，而是交由章程或者股东会决议作出明确规定。

二、法定公积金、任意公积金与资本公积金

本条第 2 款规定的法定公积金、任意公积金和资本公积金，都属于公积金范畴，不过，前两者统称为盈余公积金，区别于资本公积金。

盈余公积金是从公司的税后利润中提取的公积金，资本公积金是直接由资本或资产以及其他相关原因所形成的。二者主要区别为：首先，来源不同。盈余公积金必须是在公司税后获得利润时才能提取，而资本公积金不是由于公司的生产经营而产生，它是由资本、资产本身及其他原因形成的，所以不取决于公司是否有税后利润。其次，提取的数量限制不同。依本法第 210 条第 1 款的规定，法定公积金累计相当于公司注册资本的百分之五十时，可以不再提取。而《公司法》对资本公积金未作类似规定，只要符合资本公积金的构成，就均可列入资本公积金，不存在上限。

三、公积金转增注册资本的程序

公积金转增注册资本的程序，与一般增资程序并无区别。首先，需由董事会制订公积金转增注册资本的方案。其次，股东会需要就增资方案进行表决，其决议应适用特别程序。再次，修改公司章程。与此同时，对资本公积金转增注册资本作相应的财务会计处理，如资本公积金相应的扣减、注册资本相应的增加。最后，进行变更登记。

第二百一十五条　【会计师事务所的聘用与解聘】公司聘用、

解聘承办公司审计业务的会计师事务所，按照公司章程的规定，由股东会、董事会或者监事会决定。

公司股东会、董事会或者监事会就解聘会计师事务所进行表决时，应当允许会计师事务所陈述意见。

本条是关于公司聘用、解聘承办公司审计业务的会计师事务所的规定。

一、会计师事务所的聘用

公司审计是对公司一个时期财务会计的外部审查与总结，是公司评判公司管理层的重要尺度，因此，由谁聘用会计师事务所十分关键。基于私法自治，本条第 1 款规定可以通过章程，由股东会、董事会或者监事会决定均可。

对此，需要注意以下问题：其一，在章程未作出规定或规定不清楚时，聘用、解聘承办公司审计业务的会计师事务所的权力属于股东会，但董事会和监事会有权提出选举建议。其二，在章程规定由董事会决定时，如果是不设监事会的公司，则由董事会中的审计委员会决定；如果是不设审计委员会的公司，则董事会的决定需要经过股东会或监事会的同意，且监事会有权审查经过审计的财务会计报告。其三，在章程规定由监事会决定时，会计师事务所对监事会负责。

此外，可以参照《公司法》第 57 条、第 110 条第 2 款有关股东知情权的规定精神，有限责任公司的股东和股份有限公司连续一百八十日以上单独或者合计持有公司百分之三以上股份的股东，可以申请法院选任其他会计师事务所，由法院判断是否取代被选举的会计师事务所。

二、会计师事务所的解聘

聘用与解聘是一个问题的两个方面，章程规定由谁聘用会计师事务所，也意味着由谁解聘会计师事务所。解聘会计师事务所是公司的权力，但本条第 2 款规定，公司股东会、董事会或者监事会就解聘会计师事务所进行表决时，应当允许会计师事务所陈述意见。

第二百一十六条 【真实、完整会计资料的提供】 公司应当向聘用的会计师事务所提供真实、完整的会计凭证、会计账簿、财务会计报告及其他会计资料，不得拒绝、隐匿、谎报。

本条是关于公司必须向会计师事务所提供真实、完整的资料的规定。

本条要求向会计师事务所提供真实、完整的会计凭证、会计账簿、财务会计报告及其他会计资料，核心目的在于宣示公司账簿的真实性。《会计法》第 2 条、第 3 条规定了会计的真实性原则，即企业依法设置会计账簿必须完整、真实。企业及其负责人对企业会计工作和企业资料的真实性、完整性负责。

会计凭证、会计账簿、财务会计报告及其他会计资料的存在主要是为了表明公司经营及财产状况，故而提交的账簿必须是真实且全面的。但公司法关于真实、完整的要求更多针对的应是上市公司，而对于非上市公司，企业提交的账簿可以是公司内部得以理解并由公司依经营需要而产生的账簿。一般而言，许多非公开公司都需要置备两套会计账簿，分别满足企业内部管理和税务管理需要。公司提交的企业账簿的真实与完整性可能与税法上要求的真实与完整性略有出入，并不完全一致。

整体而言，《公司法》规定的企业账簿提交，不宜简单照搬《会计法》和税收法律要求。若公司提交的企业账簿足以体现公司经营和财产的真实情况，即使其不符合会计法和税收的要求，也不能因此追究董事、高管的责任，不能作为税法责任的事实出现。

第二百一十七条　【会计账簿与公司资产账户的建立规则】 公司除法定的会计账簿外，不得另立会计账簿。

对公司资金，不得以任何个人名义开立账户存储。

本条是对公司会计账簿与公司资产账户的建立规则的基本规定。

一、会计账簿建立的法定规则

本条第 1 款关于"公司除法定的会计账簿外，不得另立会计账簿"的规定，主要是为了防范实践中的私设账簿问题。

私设会计账簿是指在法定的会计账簿、文书之外另设一套或者多套会计账簿、文书，将一项经济业务的核算在不同的会计账簿、文书之间采取种种手段作出不同的反映；或者将一项经济业务不通过法定的会计账簿、文书予以反映，而通过另设的会计账簿、文书进行核算。

实践中，私设会计账簿的目的并不相同。在"绍兴禾润机械制造有限公司诉寿某良案"[（2019）浙0603民初3019号]中，庭审中有股东承认，所在公司经营中存在两套账务，很多收入通过公司股东或管理人员的个人账户走账，其目的在于使得公司账面保持持续的亏损状态，便于公司逃税。

二、公司资金账户的建立规则

连续记录企业的经济活动并依法进行会计登记，且保管好相关的会计资料，是公司的基本义务，也是划分和明晰企业产权的主要方式。公司资金账户的建立，可以保证公司财产的独立性。因此本条第2款规定，对公司资金，不得以任何个人名义开立账户存储。

以个人名义开立账户存储，可能导致公司法人人格否认。在"山东协同教育信息技术有限公司、田某风民间借贷纠纷案"[（2017）最高法民申2646号]中，协同教育公司的账户与肖某娟、宋某平等股东的账户之间存在大量、频繁的资金往来，且资金用途复杂，导致公司财产与股东财产无法进行区分。最高人民法院认为，我国实行银行账户实名制，原则上账户名义人即是账户资金的权利人。同时，根据《会计法》《税收征收管理法》《企业会计基本准则》等相关规定，公司应当使用单位账户对外开展经营行为，公司账户与管理人员、股东账户之间不得进行非法的资金往来，以保证公司财产的独立性和正常的经济秩序。原判决认定因协同教育公司与股东之间构成财产混同，公司已经失去了独立承担债务的基础，有事实和法律依据。

第十一章　公司合并、分立、增资、减资

第二百一十八条　【公司合并的种类】公司合并可以采取吸收合并或者新设合并。

一个公司吸收其他公司为吸收合并，被吸收的公司解散。两个以上公司合并设立一个新的公司为新设合并，合并各方解散。

本条是关于公司合并的基本规定。

一、公司合并的种类

公司合并是指两个或两个以上公司依照法定程序组成一个公司的法律行为。

根据合并后原来的公司是否继续存在，本条将公司合并分为新设合并和吸收合并两类。其中，一个公司吸收其他公司的为吸收合并，被吸收的公司解散。两个以上公司合并设立一个新公司的为新设合并，合并各方解散。我国公司法上的合并实质是公司的消亡，不论是在新设合并还是吸收合并中，一个或多个公司因被合并而消亡。

公司合并能使公司减少竞争对手，壮大自己的实力。优势公司合并劣势公司不但是公司扩张的手段，也是资源进行重新配置的方式。对于整个社会来说，公司合并具有促进生产要素合理流动、调整和优化产业结构、实现社会资源优化配置等积极作用。

如果试图通过合并达到其他不正当目的，则非所谓"合并"将不被认可。

在"中国第十三冶金建设有限公司诉上海致达科技集团有限公司股东损害公司债权人利益责任纠纷案"［（2016）苏民终187号］中，五洲纸业公司和新大纸业公司之间的所谓"合并"，系以终止所有参与合并的公司为目的，违背公司合并制度的立法目的。法院认为，公司合并是指两个以上的公司签

订合并协议并依照法定程序归并为一个公司的法律行为。对于所有参与合并的公司整体而言，公司合并制度的立法目的在于促进这个整体得到更好的发展，终止所有参与合并的公司不是建立合并制度的立法目的。对于依法合并后的公司，无论是吸收合并中存续的公司，还是新设合并中新设的公司，合并各方主观上均希望其继续存在、正常经营、发展壮大。正因如此，合并前公司债权人的权益虽在实现时间或者方式上可能受到一定影响，但同时也会相应增强对合并后公司发展的预期，如预期合并后的公司可能更有活力，具备更强的偿债能力等。而本案中，合并后的新大纸业公司并无实际经营的意愿，这个通过合并而产生的新公司，其产生的直接目的是通过破产程序终止其法人资格。换言之，五洲纸业公司和新大纸业公司之间的所谓"合并"，虽然具备了公司法中合并的形式，但其目的是通过先合并然后直接破产的途径，终止所有参与合并的公司，属于特意安排的终止公司系列行为中的一个步骤，与合并制度的立法目的相违背。故而公司合并的最终目标是做大做强，以终止所有参与合并公司为目的而实施的公司合并，违背公司合并制度的立法目的，规避了公司终止应当进行清算的规定，损害合并前原资产状况相对较好的债权人权益，作出合并决定的股东构成侵权，理应承担连带赔偿责任。

同时，公司合并也存在可能产生垄断和妨碍竞争的不利一面，对此，在允许公司合并的前提下，要从立法上解决反垄断问题。若反垄断机构认为公司合并具有排除、限制竞争效果的，应主动进行调查。

二、公司合并与相关制度的区别

（一）公司合并与公司兼并

公司合并与公司兼并既有密切联系又有严格区别。若兼并导致被兼并公司解散，只是形成控股关系，此种兼并不是本条意义上的公司合并；若兼并导致被兼并公司解散，股东加入了兼并公司，则实质上是公司法上的吸收合并；若被兼并公司的股东未被兼并公司接收，此种兼并实质上是资产收购的一种。

（二）公司合并与资产收购

资产收购，是指一个公司购买另一个公司部分或全部资产的法律行为。

公司合并与资产收购都采用合同形式，产生相同的经济效果，都可能导致企业集中，但两者是不同的：其一，法律性质不同。公司合并是主体法的问题，资产收购是行为法的问题。公司合并适用公司法，属于公司关系的范畴。资产收购适用民法，属于合同法范畴。其二，权利义务转移方式不同。在公司合并情况下，被合并的公司消灭，其权利义务由合并后存续或新设的公司当然概括承受，不得采取个别权利转移和选择承担债务的手续。在资产收购中，被收购公司的权利义务只有在采取了个别转移的方式时才转移给收购方。其三，股东地位不同。公司合并时，因合并而解散的公司股东由存续或新设公司接受，而资产收购不发生股东接受的问题。其四，职工地位不同。公司合并时，被合并公司与职工间的劳动关系由合并公司承受，而资产收购中被收购公司与职工间的劳动关系并不当然由收购公司承受。其五，法律后果不同。公司合并必然导致一方或双方解散，被解散公司的权利义务由存续公司或新设公司承受，而资产收购并不必然导致被收购公司解散。其六，公司合并要履行法定程序，遵守法定要求才发生合并效力，而资产收购的程序与内容原则上由当事人双方自主决定，不必履行特别的法定程序、遵守特别的法定要求。

（三）公司合并与股权收购

股权收购，是指收购人通过购买目标公司的股份，以达到控制目标公司目的的行为。学界一般所指的收购行为，多是股权收购，因为这种收购实则关系到公司资本变迁。

公司合并与股权收购区别如下：其一，两者法律性质不同。公司合并是主体法上的问题，本质是公司人格的合并；股权收购是行为法上的问题，本质是股权的转让行为。其二，主体不同。公司合并行为的当事人是公司，行为主体是参加合并的各公司。公司合并需要参加合并的各公司作出决议，并由合并各方签订合并协议。股权收购是收购人与目标公司股东间的股权转让行为，行为主体是收购人与目标公司股东。其三，程序不同。公司合并要严格履行公司法规定的程序，包括由合并各方签订合并协议、由股东会作出合并决议、实施债权人保护程序、办理合并登记等。股权收购不需要履行上述程序，不需要目标公司股东大会作出决议，不需要实施债权人保护程序。其四，法律后果不同。公司合并使合并各方主体资格发生变化，可导致公司消灭、公司变更和公司设立三种后果。吸收合并中被并公司解散，并入存续公司；新设合并中，合并各方解散，设立新公司；因合并而解散的公司的权利义务由合并后存续或新设公司概括承受。而股权收购是目标公司股东发生变化，目标公司本身的主体资格仍然存续，其权利义务应由其自身承担。

第二百一十九条　【公司简易合并与小规模合并】公司与其持股百分之九十以上的公司合并，被合并的公司不需经股东会决议，但应当通知其他股东，其他股东有权请求公司按照合理的价格收购其股权或者股份。

公司合并支付的价款不超过本公司净资产百分之十的，可以不经股东会决议；但是，公司章程另有规定的除外。

公司依照前两款规定合并不经股东会决议的，应当经董事会决议。

本条是关于公司简易合并与小规模合并的规定。

一、公司合并的特殊类型

公司合并存在着简易合并、小规模合并、三角合并等模式。简易合并多发生在母子公司之间，小规模合并多发生在大型公司和小型公司之间，三角合并则发生在目标公司和收购公司的子公司之间。本条正式将简易合并和小规模合并纳入法律体系之中。

二、简易合并

依本条第 1 款，简易合并是指，当母公司拥有子公司 90% 以上股份时，经过母公司董事会的同意就可以直接把子公司并入，而不必经过母公司和子公司股东会。该制度的目的是精简母子公司合并时冗杂的程序，降低公司合并成本。

被合并公司无须进行股东会决议，但应当通知其他股东，其他股东有权请求公司按照合理的价格收购其股权或者股份。一般而言，子公司被母公司收购的，母公司应以股份或股权为对价，向子公司股东支付，继而子公司股东成为母公司股东。但如果公司其他股东不愿意成为合并方公司股东的，则有权要求公司按照合理价格回购其股权或股份。此回购请求权乃股东固有权利，不可剥夺，子公司负有通知义务，为不愿意加入母公司的股东提供退出机会。

对于本条第 1 款关于其他股东回购请求权，目的是保护中小股东。该合理价格应根据公司财产、经营状况及市场价值予以判断，总体上以有利于中小股东的利益为原则。不能将该"合理"价格认为其赋予了法官自由裁量的空间。而且，该规定是赋予股东的选择权，其他股东是否行使该权利，由其自由决定。如果其他股东不想退出公司，母公司与子公司均不得以任何手段强迫。

三、小规模合并

本条第 2 款规定了小规模合并规则，即公司合并支付的价款如果不超过本公司净资产 10% 的，可以不经股东会决议；但是，公司章程另有规定的除外。

小规模合并也可以发生在母子公司之间，但广义上来说，它还是主要存在于大型公司与小型公司之间。由于大型公司兼并小型公司时付出的成本有限，故而股东会无须对此专门决议，除非章程另有规定。

四、董事会决议

本条第 3 款规定，公司合并依法不经股东会决议的，应当经董事会决议。

该条未明确指出此处的"公司"是母公司还是子公司，一般认为两者皆应包含。对于母公司来说，母公司合并子公司，股东会不直接参与是因为此时母公司掌握绝对控制地位，授权董事会决议便可以完成兼并。对于子公司来说，董事会决议的意义在于，作为独立主体的子公司，其需要通过董事会决议表达出被合并的意思表示。

第二百二十条　【公司合并程序】公司合并，应当由合并各方签订合并协议，并编制资产负债表及财产清单。公司应当自作出合并决议之日起十日内通知债权人，并于三十日内在报纸上或者国家企业信用信息公示系统公告。债权人自接到通知之日起三十日内，未接到通知的自公告之日起四十五日内，可以要求公司清偿债务或者提供相应的担保。

本条是关于公司合并的程序规定。

依本条，公司合并应遵循以下程序。

一、签订合并协议并编制资产负债表与财产清单

公司合并，首先由合并各方签订合并协议，并编制资产负债表和财产清单。编制资产负债表和财产清单，主要是明晰因合并而消灭的公司财产、债权及债务状况。其中，财产清单不同于资产负债表，是对公司状况的清晰表达。

二、关于债权人的保护

其一，通知并公告。本条明确规定，公司应当自作出合并决议之日起十日内通知债权人，并于三十日内在报纸上或者统一的企业信息公示系统公告。法律没有对未在期限内公告、通知而致使债权人无法行权的公司责任承担问题作出规定。按照《公司法》第 221 条的规定，公司合并后的债权、债务由存续公司或新设公司概括承受，因此债权人未受通知的，可以通过向承受原债权债务的公司主张权利来维护自己的合法权益。

其二，债权人异议权。本条规定，债权人自接到通知之日起三十日内，未接到通知的自公告之日起四十五日内，可以要求公司清偿债务或者提供相应的担保。

三、办理登记

公司合并完成后，应办理相应的注销、变更或设立登记手续。

第二百二十一条　【公司合并的法律后果】公司合并时，合并各方的债权、债务，应当由合并后存续的公司或者新设的公司承继。

本条是关于公司合并的法律后果的规定。

一、公司人格变化

其一，公司合并导致部分公司解散。在吸收合并时，被吸收的公司解散；在新设合并时，现存公司都要解散。公司合并带来的最直接的结果其实是部分公司的消亡，实质上是公司人格的消灭。与公司法关于公司一般解散的规定不同，因合并导致的公司解散是事实上的解散，并不用进行清算活动。

其二，公司合并可能会产生法人人格的变更与设立。当出现吸收合并情

形时，继续存续的公司法人人格仍然存在，但可能会出现部分变更，如资产变更、组织形式变更、股权结构变更等。当出现新设合并情形时，新成立的公司取得独立的法人人格，成为独立的法律主体。

二、权利义务概括承受

依本条，合并各方的债权、债务由合并后存续的公司或者新设的公司承继，即产生权利义务的概括承受后果。

承受公司的行为不得附加任何条件，也不得以协议排除。权利义务的概括转移是合并的法律效力，是自动发生的，不需要通过单独的权利义务移转协议实现。

第二百二十二条　【公司分立】公司分立，其财产作相应的分割。

公司分立，应当编制资产负债表及财产清单。公司应当自作出分立决议之日起十日内通知债权人，并于三十日内在报纸上或者国家企业信用信息公示系统公告。

本条是关于公司分立的基本规定。

一、公司分立的情形

公司分立是指不经过清算程序，从一个公司中分出另一个或几个公司，或一个公司分解为两个或两个以上公司的法律行为。

一般地，公司分立可以采取派生分立与新设分立两种形式。其中，派生分立，是指原公司继续存在，从原公司中分出一个或一个以上的公司。新设分立，是指原公司解散，分立成两个或两个以上的新公司。

公司分立与公司转投资具有相似性，实践中应当予以区分。有学者认为，公司分立应当作为与转投资并列的一项资产处置安排，其各有利弊，应当由当事人根据自身的商业需求自由选择适用。[①] 转投资无须多数决议通过，本质上是具有商事交易性质的投资行为，并不像分立那样会减少公司资产，被投资公司也无须负担投资公司的债务。

---

① 彭冰：《论公司分立行为的界定》，载《证券法苑》2013 年第 2 期。

二、公司分立的程序

公司分立须履行法定程序，根据《公司法》，公司分立的程序如下。

（一）作出分立决定或决议

作出分立决定、决议是股东会的职权（第59条、第112条第1款）。国有独资公司的分立，必须由履行出资人职责的机构决定（第172条）。一人公司由股东决定（第60条、第112条2款）。其他有限责任公司和股份有限公司的分立，先由董事会拟订公司分立方案，提交股东会讨论，并由股东会作出是否分立的决议。其中，有限责任公司必须经代表三分之二以上表决权的股东通过（第66条第3款）；股份有限公司必须经出席会议的股东所持表决权的三分之二以上通过（第116条第3款）。

（二）签订分立协议

公司分立时，应由分立各方签订分立协议，分立协议中应明确划分分立各方的财产、营业范围、债权债务等。

（三）分割财产，编制表册

依本条规定，公司分立，其财产作相应的分割，并应当编制资产负债表和财产清单。

（四）通知并公告债权人

公司分立会对债权人产生重要影响，需履行债权人保护程序。依本条规定，公司应当自作出分立决议之日起十日内通知债权人，并于三十日内在报纸上或者国家企业信用信息公示系统公告。

该"通知并公告"的含义与前述公司合并所要求的"通知并公告"相同。但与公司合并要求不同的是，在公司分立通知并公告告知公司债权人后，债权人不存在如合并那般"要求公司清偿债务或者提供相应的担保"的权利。这是因为"公司分立前的债务由分立后的公司承担连带责任"（第223条），该规定足以保护公司债权人的合法权益。

（五）办理分立登记

公司分立应当办理登记，并提交下列文件：（1）分立决议或者决定；（2）公司在报纸上登载公司分立公告的有关证明；（3）债务清偿或债务担保情况的说明；（4）法律、行政法规或国务院决定公司分立必须报经批准的，还应当提交有关批准文件；（5）登记机关规定要求提交的其他文件。

需要注意的是，因分立而存续的公司，其登记事项发生变化的，应当申请变更登记；因分立而解散的公司，应当申请注销登记；因分立而新设立的公司，应当申请设立登记。

三、公司分立的法律后果

（一）公司的变更、设立和解散

在派生分立中，原公司登记事项变更，原公司变更，新公司设立。在新设分立中，原公司解散，分立为新的公司，新公司设立。

（二）股东和股权的变动

公司的分立会导致股东地位和股权的变化。在派生分立中，原公司的股东对原公司的股权减少，新公司的股东相应获得对新公司的股权；在新设分立中，原公司的股东对原公司的股权因公司的解散而灭失，进而相应地获得对新公司的股权。

第二百二十三条　【公司分立后的债权债务承受】公司分立前的债务由分立后的公司承担连带责任。但是，公司在分立前与债权人就债务清偿达成的书面协议另有约定的除外。

本条是关于公司分立后对债权债务的承受规定。

依本条规定，公司分立前的债务由分立后的公司承担连带责任。但是，公司在分立前与债权人就债务清偿达成的书面协议另有约定的除外。

第一，公司与债权人可以事先达成分立后债务清偿的协议，此协议当然约束分立后的公司。第二，当没有协议或协议约定不明时，分立后的公司应对债务承担连带责任。本条直接规定分立后的公司承担连带责任，主要是避免公司分立给债权人造成损失。第三，分立后存续的公司对分立前的公司债务承担连带责任自不待言，但是该种连带责任是无限连带责任还是有限连带责任值得思考。从文义来看，本条未对连带责任的范围加以限制，应理解为无限连带责任，实践中也多要求分立后的公司承担无限连带责任。

《最高人民法院关于审理与企业改制相关的民事纠纷案件若干问题的规

定》第 6 条规定："企业以其部分财产和相应债务与他人组建新公司，对所转移的债务债权人认可的，由新组建的公司承担民事责任；对所转移的债务未通知债权人或者虽通知债权人，而债权人不予认可的，由原企业承担民事责任。原企业无力偿还债务，债权人就此向新设公司主张债权的，新设公司在所接收的财产范围内与原企业承担连带民事责任。"该规定引入了有限连带责任模式，是基于企业改制的特殊情形的特殊规定，不宜适用于一般公司分立的情形。

第二百二十四条　【公司减资】公司减少注册资本，应当编制资产负债表及财产清单。

公司应当自股东会作出减少注册资本决议之日起十日内通知债权人，并于三十日内在报纸上或者国家企业信用信息公示系统公告。债权人自接到通知之日起三十日内，未接到通知的自公告之日起四十五日内，有权要求公司清偿债务或者提供相应的担保。

公司减少注册资本，应当按照股东出资或者持有股份的比例相应减少出资额或者股份，法律另有规定、有限责任公司全体股东另有约定或者股份有限公司章程另有规定的除外。

本条是关于公司减资的基本规定。

一、公司减资与公司资本维持

公司减资是指公司基于某种情况或需要，依照法定条件和程序，减少公司的注册资本的行为。公司减资的行为，直接关涉公司的资本维持。对债权人而言，公司注册资本被视作公司对外公示的债务承担能力，交易相对人基于对这种债务承担能力的信任而与公司进行交易，公司资本的减少必然削弱公司偿债能力，直接影响债权人利益。

一般而言，公司减资会出现在如下几种情形中：

其一，避免资本浪费。当原有公司资本过多，形式资本过剩，再保持资本不变，会导致资本的闲置和浪费，也会增加分红负担。此时，将闲置的剩余资本返还股东，可以最大程度地实现资本效用。这种资本返还行为，也可以通过股权回购的形式实现。

其二，弥补公司亏损。《公司法》规定了股东减资以补亏的简易减资情形（第 225 条）。当公司出现严重亏损时，资本总额与实有资产差距过大，公司资本已失去应有的证明公司资信状况的法律意义。通过减资使公司注册资本接近公司净资产，维持注册资本与实有资本的相当性，真实反映公司资本信用。

其三，减免股东出资义务。我国实行认缴资本制之后，股东认缴出资总额成为公司资本总额，公司注册资本反映的并不是股东实缴出资额。当股东在设立公司时约定的出资义务难以履行时，便可以组织召开股东会会议决议公司减资，减免股东出资义务。

依据公司净资产减少与否，公司减资有两种形式：一是实质性减资，当实际资产明显超过经营业务需要时，为避免资本的闲置与浪费，将公司资本退还股东，即减少注册资本额的同时将一定金额返还股东。二是形式性减资，即只减少注册资本额，不将净资产外流，此时公司偿债能力也并未发生实质性变化，更多的是会计账簿上的调整。就实质性减资而言，一般又有两种方式：一是减少每个股份金额，而不改变股份总数；二是减少股份数额，即每股金额不减少，只是减少股份总数。

二、公司减资的同比例减少原则

基于股东平等与公平，本条第 3 款规定，公司减少注册资本，除非法律另有规定，应当按照股东出资比例同比例减少。在没有法律规定的情况下，有限责任公司如果全体股东一致同意，或者股份有限公司章程另有规定，也可以不按照出资比例减少。

在"联通实业有限公司与陈某和公司决议效力确认纠纷案"［（2017）苏02 民终 1313 号］中，法院认为，联通公司未通知股东陈某和参加股东会，而直接作出关于减资的股东会决议，从形式上看，仅仅是召集程序存在瑕疵，但从决议的内容看，联通公司股东会作出的关于减资的决议已经违反法律，陈某和可以请求确认该股东会决议无效。因为《公司法》规定，股东会会议作出减少注册资本的决议，必须经代表三分之二以上表决权的股东通过。该规定中"减少注册资本"仅指公司减少注册资本，而并非涵括减资在股东之间的分配。由于减资存在同比减资和不同比减资两种情况，不同比减资会直接突破公司设立时的股权分配情况，如果只要经三分之二以上表决权的股东通过就可以作出不同比减资的决议，实际上是以多数决的形式改变公司设立时经发起人一致决所形成的股权架构，导致部分股东的持股比例上升，增加该股东所承担的风险，损害其股东利益，故对于不同比减资，应由全体股东一致同意，除非全体股东另有约定。联通公司对部分股东进行减资，而未对陈某和进行减资，不同比减资导致陈某和持有的联通公司股权从 3% 增加至 9.375%，而从联通公司提供的资产负债表、损益表看，联通公司的经营显示为亏损状态，故陈某和持股比例的增加在实质上增加了陈某和作为股东所承担的风险，损害了陈某和的股东利益。

与此相同，在公司章程或全体股东未作出相应约定之时，公司定向减资也须全体股东一致同意。在"华某与上海圣甲虫电子商务有限公司公司决议纠纷案"〔（2018）沪 01 民终 11780 号〕中，法院认为，定向减资涉及公司股东结构及股权比例的调整，除非全体股东或公司章程另有约定，公司进行定向减资须经全体股东一致同意。在公司处于严重亏损的情形下，未经弥补亏损，通过减资程序向股东返还投资款，将导致公司净资产减少，损害公司股东和其他债权人利益，应认定为无效。

三、公司减资的程序

公司减资不仅意味着公司资本的变化，还意味着对外担保能力的减少，直接关系债权人的切身利益，本条对于公司减资有较为严格的程序要求。

（一）制定减资方案并作出决议

国家出资公司减少资本，应由履行出资人职责的机构决定；一人公司减少资本，由该公司股东作出决定。而对于其他的股份公司或有限公司减少注册资本的，若设立董事会的，应先由董事会制订减资方案，而后提交股东会表决。公司减资属于重大事项，减资决议须经股东特别多数决通过，即有限责任公司必须经代表三分之二以上表决权的股东通过；股份有限公司必须经出席股东会会议的股东所持表决权的三分之二以上通过；公司章程有更高要求的从其要求。其中，决议内容应包括：（1）减资后的公司注册资本；（2）减资后的股东利益、债权人利益安排；（3）有关修改章程的事项；（4）股东出资及其比例的变化等。如按照相关法律法规的规定，涉及前置审批的，则须按规定向有关部门提交申请，经有关部门批准后方可实施减资。

（二）编制资产负债表和财产清单

公司减资，须编制资产负债表及财产清单。这要求企业清理资产，明确公司的资产、负债和股东权益的现状，为制订减资方案提供明确依据。

（三）通知债权人和公告

根据本条第 2 款规定，公司应当自股东会作出减少注册资本决议之日起十日内通知债权人，并于三十日内在报纸上或者国家企业信用信息公示系统公告。债权人自接到通知之日起三十日内，未接到通知的自公告之日起四十五日内，有权要求公司清偿债务或者提供相应的担保。[①]

从该规定看，履行通知义务的主体应为公司，具体由董事会安排。但在实践中，对于小型公司而言，董事与股东高度混同，实则由股东通知还是董事通知，并没有太大区别。特别是很多小公司在完全由股东控制的情形下，股东也应对通知负有合理的注意义务。

在"杭州传倩环保科技有限公司、杭州企宝网络科技有限公司网络服务合同纠纷案"［（2018）浙 01 民终 8755 号］中，法院认为，公司减资是股东通过决议的方式达成的共识，是股东集体意志的体现，《公司法》虽规定公司是实施减资行为的通知义务主体，但是有关减资的具体事项及安排都是由股东掌握的。尽管《公司法》规定公司减资时的通知义务人是公司，但公司是否减资系股东会决议的结果，是否减资以及如何进行减资完全取决于股东的意志，股东对公司减资的法定程序及后果亦属明知。同时，公司办理减资手续需股东配合，对于公司通知义务的履行，股东亦应当尽到合理注意义务。[②]

同时，减资过程中直接通知已知债权人并进行公告，二者缺一不可。在能与债权人取得联系的情况下，公告并不能免除直接通知债权人的义务。若在公告期内债权人要求减资公司偿还债务或提供担保的，减资公司应与债权人有效沟通并就债务的偿还与担保达成一致。

公司减资时通知的债权人范围应有其广泛性。在"上海博达数据通信有限公司诉梅斯信息科技（苏州）有限公司、杨某、陈某等买卖合同纠纷案"［（2020）沪民再 28 号］中，法院认为，受通知的债权人范围不仅包括公司股

①　《市场主体登记管理条例实施细则》第 36 条也规定了，公司减少注册资本，可以通过国家企业信用信息公示系统公告，公告期 45 日。

②　另参见"朱某健、韩某秀等民间借贷纠纷二审民事判决书"［（2021）冀 09 民终 5123 号］。

东会作出减资决议时已确定的债权人，还包括公司减资决议后、工商登记变更之前产生的债权债务关系中的债权人。至于债权未届清偿期或者尚有争议的，均不影响债权人身份的认定。其原因在于，实践中股东滥用认缴制损害债权人利益的情况屡见不鲜，考虑到现有立法就债权人保护制度仍延续法定资本制的规定，所以有必要对公司及其股东与债权人利益保护失衡的状态进行适当矫正，以避免股东利用减资程序损害债权人利益。故从双方利益平衡的角度思考，不应对债权人范围进行机械的限缩解释。

如果能够通知债权人，不能以所谓公告代替。在"上海德力西集团有限公司诉江苏博恩世通高科有限公司、冯某、上海博恩世通光电股份有限公司买卖合同纠纷案"① 中，法院认为，公司减资时对已知或应知的债权人应履行通知义务，不能在未先行通知的情况下直接以登报公告形式代替通知义务。公司减资时未依法履行通知已知或应知的债权人的义务，公司股东不能证明其在减资过程中对怠于通知的行为无过错的，当公司减资后不能偿付减资前的债务时，公司股东应就该债务对债权人承担补充赔偿责任。

（四）办理变更登记

公告期届满后，应向公司登记机关申请变更登记，提交下列文件：（1）公司法定代表人签署的变更注册资本登记申请书。（2）依照《公司法》作出的变更注册资本的决议或决定。（3）由公司法定代表人签署的修改后的公司章程。（4）公司债务清偿或债务担保情况的说明，仅通过报纸发布减少注册资本公告的，需要提交依法刊登公告的报纸样张；已通过国家企业信用信息公示系统发布减少注册资本公告的，可免于提交减资公告材料。（5）法律、行政法规和国务院决定规定公司变更事项必须报经批准的，提交有关的批准文件或者许可证件复印件。

第二百二十五条 【公司简易减资】公司依照本法第二百一十四条第二款的规定弥补亏损后，仍有亏损的，可以减少注册资本弥补亏损。减少注册资本弥补亏损的，公司不得向股东分配，也不得免除股东缴纳出资或者股款的义务。

---

① 《最高人民法院公报》2017 年第 11 期。

依照前款规定减少注册资本的，不适用前条第二款的规定，但应当自股东会作出减少注册资本决议之日起三十日内在报纸上或者国家企业信用信息公示系统公告。

公司依照前两款的规定减少注册资本后，在法定公积金和任意公积金累计额达到公司注册资本百分之五十前，不得分配利润。

本条是关于简易减资的规定。

公积金弥补公司亏损，应当先使用任意公积金和法定公积金；仍不能弥补的，可以按照规定使用资本公积金（第 214 条第 2 款），但如果仍有亏损的，依本条第 1 款规定，可以减少注册资弥补亏损。

此种减资因不适用普通减资程序（第 214 条第 2 款规定的程序）的债权人保护要求，程序简单，本条第 2 款规定仅需要在报纸上或者国家企业信用信息公示系统公告即可，故称为简易减资。这是一种弥补亏损式减资，但并非不涉及债权人权益，实则为保护债权人权益。①

依本条第 1 款和第 3 款规定，一方面，公司进行简易减资的，不得向股东分配财产，也不得免除股东缴纳出资或者股款的义务。质言之，股东不能通过简易减资程序减免自己的出资义务或向自己返还出资，以降低债权人不能得到清偿的风险。另一方面，公司进行简易减资的，其对股东的盈余分配也应当有所限制。在公司进行简易减资后，为防止利益过分向股东倾斜，在法定公积金累计额达到公司注册资本百分之五十前，不得向股东分配利润，其实质目的还是保障债权人权益。

第二百二十六条　【违法减资责任】违反本法规定减少注册资本的，股东应当退还其收到的资金，减免股东出资的应当恢复原状；给公司造成损失的，股东及负有责任的董事、监事、高级管理人员应当承担赔偿责任。

---

① 参见王军：《公司资本制度》，北京大学出版社 2022 年版，第 473 页。

本条是关于违法减资责任的规定。

一、违法减资的股东退还责任

依本条，因违法减资而收到资金的股东负有退还责任。

所谓"退还"，是指如发生公司违法减资而股东收到所谓因减资而由公司支付的资金情形，公司及其债权人均可以要求股东直接退还，无须在发生债务不能清偿之际。亦即，这种退还不同于债权人保护中的股东补充责任，后者是一种事后责任，即仅在公司债权人不能获得公司清偿后，方可向股东主张在应退还或应缴范围内的补充责任。

二、违法减资的公司恢复原状责任

本条同时规定，在因违法减资而使股东应缴而未缴或者其他减少股东资本责任的情形时，应当恢复原状。

"减资"既包括实质减资，也包括形式减资，"股东应当退还其收到的资金"乃是实质减资的要求，"减免股东出资的应当恢复原状"乃是形式减资的要求。如果因违法减资而使股东应缴纳出资而不再缴纳（未到期出资），则应恢复到原章程所定的缴纳出资额及期限之状况。

恢复原状责任的承担者是公司。在发生违法减资情况下，除应由股东直接退还资金外，其他情形则应由公司恢复原章程关于股东出资的记载，需要重新变更登记的，还要进行变更（恢复）原事项的登记。对此，需要召开股东会的，可以由董事会召开临时会议，但该会议不存在表决通过问题，系关于因违法减资而恢复原状的特别会议。

三、违法减资给公司造成损失时的股东、董事、监事和高级管理人员的责任

违法减资，不仅严重损害公司债权人的责任，也会损害公司的利益。如果因此造成公司损失的，相关责任人须承担赔偿责任。

公司减资，一般由董事会提出议案，股东会表决通过，监事会负有监督责任。从这个意义上说，如果构成违法减资，股东、董事、监事和高级管理人员均有相应责任。

首先，公司减资需要由董事会提出议案并提交股东会，如果董事会提出的议案违法，则董事会全体成员均应对此承担责任，除非董事在董事会上明确提出过反对意见。其次，董事会提出减资议案后，最终需要股东会表决通过或全体股东一致决通过，如果股东会或股东明知该议案违法，仍然通过，则赞成通过决议的股东负有责任。再次，对于监事会而言，其有责任监督董事会减资议案的合法与否，如其知晓议案违法而不表示反对的，则因违背其对公司的信义义务而承担信义责任。最后，对于其他高级管理人员来说，特别是负责财务的高级管理人员，如果明知减资议案违法而故意支持或协助的，则也需承担信义责任。

因此，本条关于"给公司造成损失的，股东及负有责任的董事、监事、高级管理人员应当承担赔偿责任"的规定，其中，股东是指明知违法而仍投赞成票者，如果投反对票，或不知其违法，则不应负有责任，遵循明知规则。负有责任的董事是指不明确反对违法议案者，董事负有通过董事会全面管理的权力与责任，故凡董事不明确反对议案，均视为负有责任，即使其不知道违法减资；负有责任的监事是指明知减资议案违法而不明确反对者，遵循明知规则；负有责任的高级管理人员则是指负责财务的高级管理人员和其他高级管理人员明知违法而协助者。所以，除了董事，包括股东、监事及其他高级管理人员责任的认定前提是明知违法减资。

从本条关于违法减资的责任规定来看，其实质是从股东到董事、监事和高级管理人员，均须对公司的合法减资负责。与股东、董事、监事和高级管理人员在违法减资中的地位及作用一致，他们在违法减资而对公司承担的赔偿责任中遵循权责一致规则：（1）对于股东而言，明知违法而投赞成票的，应按照其各自出资比例或减资比例对公司损失承担赔偿责任；（2）对于董事而言，不明确反对违法议案的，应对因此造成的公司损失，在股东不能赔偿范围内承担连带责任；（3）对于监事而言，明知违法而不明确提出反对意见的，可酌情在股东和董事不能赔偿的范围内适当承担连带责任；（4）对于其他高级管理人员而言，则是一种在股东与董事不能赔偿范围内的协助责任。

当然，如果不经法定程序而径行进行所谓"减资"的，构成抽逃出资，按照《公司法》第53条、第107条的规定处理。

另外，需要注意的是，本条规定的损失，是指因违法减资给公司造成的损失。违法减资造成公司债权人损失的，股东适用减资范围内的补充责任，董事、监事和其他高级管理人员适用《公司法》第191条的规定，不适用本条。

四、公司减资中的债权人保护：股东的补充责任

首先，根据《公司法》第 224 条的规定，公司的通知和公告义务不可偏废，公司减资时对已知或应知的债权人应履行通知义务，不能在未先行通知的情况下，直接以登报公告或在企业信息公示系统公告的形式代替通知义务，否则构成不当减资。公司将减资事项直接通知已知债权人的同时公告，并根据债权人的要求进行清偿或者提供担保，是减资行为有效、股东在减资部分免责的必要条件。该制度的立法目的在于，经由充分的披露、公示，使债权人知悉其权利存在的可能威胁，从而采取措施预先获得清偿或担保，回避减资带来的风险。故而公司应以最大能力确保所有债权人及时知晓减资情况，申报债权，保证债权人利益的实现。①

在"上海德力西集团有限公司诉江苏博恩世通高科有限公司、冯某、上海博恩世通光电股份有限公司买卖合同纠纷案"［（2016）沪 02 民终 10330 号］②中，法院认为，根据公司减资时未依法履行通知已知或应知的债权人的义务，公司股东不能证明其在减资过程中对怠于通知的行为无过错的，当公司减资后不能偿付减资前的债务时，公司股东应就该债务对债权人承担补充赔偿责任。法院比照抽逃出资的规则，明确了减资股东此时的责任承担方式为劣后于公司的补充责任。

其次，股东在因减资而免除出资义务或返还已缴出资的范围内，承担补充赔偿责任。在"江苏万丰光伏有限公司诉上海广力投资管理有限公司、丁某焜等买卖合同纠纷案"［（2015）苏商终字第 00140 号］③中，法院认为，公司在股东认缴的出资期限届满前，作出减资决议而未依法通知债权人，免除了股东认缴但尚未履行的出资义务，损害了债权人利益，该股东应在减资范围内对公司债务承担补充赔偿责任。

第二百二十七条　【公司增资时股东优先认缴或认购权】有限责任公司增加注册资本时，股东在同等条件下有权优先按照实缴的

---

① 参见"袁某华与无锡市久安砼业有限公司、无锡昊天建筑工程有限公司、糜某、周某伟、陆某买卖合同纠纷二审民事判决书"［（2011）锡商终字第 23 号］。
② 《最高人民法院公报》2017 年第 11 期。
③ 《最高人民法院公报》2018 年第 12 期。

出资比例认缴出资。但是，全体股东约定不按照出资比例优先认缴出资的除外。

　　股份有限公司为增加注册资本发行新股时，股东不享有优先认购权，公司章程另有规定或者股东会决议决定股东享有优先认购权的除外。

　　本条是关于公司增资时股东优先认缴或认购权的规定。

一、有限责任公司股东的优先认购权

（一）有限责任公司股东的优先认购权的固有权属性

　　相对于股份有限公司，有限责任公司具有人合性，该人合性不仅体现为股东之间的相互信任，更体现为股东之间通过公司共同发展的愿望。作为投资人，股东有权获得公司发展的现实利益，也有权获得公司发展的未来利益。公司增资往往体现了公司未来发展可期，作为投资人的股东对公司增资自然具有优先认缴出资的权利。

　　本条第1款规定，有限责任公司股东，在公司增资时享有按照实缴出资比例的优先认购权，是股东固有的法定权利，不得限制和剥夺，除非全体股东约定不按照出资比例优先认缴出资。

　　赋予股东新股认购权，一方面是为了保护股东的投资利益，另一方面是为了维护股东比例利益，不使股东权益被不当稀释。在"陈某、云南纺织（集团）股份有限公司新增资本认购纠纷案"〔（2015）昆民五终字第41号〕中，法院认为，《公司法》规定的股东增资优先认购权，是《公司法》基于保护有限责任公司人合性的经营特征，对有限责任公司增资扩股行为发生时所作的强制性规范，目的在于保护有限责任公司基于人合基础搭建起来的经营运行稳定性。

　　不过，在吸收合并场景下的所谓增资不存在优先权的问题。公司如果利用吸收合并规避而剥夺原股东优先认购权，合并决议可能因违法而被确认无效。①

---

① 王建华：《聂梅英诉天津信息港电子商务有限公司等公司决议侵害股东权案》，参见国家法官学院、中国人民大学法学院编：《中国审判案例要览》（2008年商事审判案例卷），人民法院出版社2009年版，第193—203页。

（二）股东优先认缴权的形成权性质

作为固有权，股东一旦行使该权利，便在股东与公司之间形成有效的法律关系，亦即，股东对公司增资的优先认缴权是形成权。

既为形成权，股东行权要受到除斥期间的限制。在"绵阳市红日实业有限公司、蒋某诉绵阳高新区科创实业有限公司股东会决议效力及公司增资纠纷案"［（2010）民提字第48号］① 中，法院认为，股东优先认缴公司新增资本的权利属形成权，虽然现行法律没有明确规定该项权利的行使期限，但为维护交易安全和稳定经济秩序，该权利应当在一定合理期间内行使，并且，由于这一权利的行使属于典型的商事行为，对于合理期间的认定应当比通常的民事行为更加严格。

（三）对"全体股东约定不按照出资比例优先认缴出资"的理解

对于优先认购权，法律允许"全体股东约定不按照出资比例优先认缴出资"，对此应作如下理解：

第一，全体股东约定是一致同意的，不允许以资本多数决或人头多数决约定。

第二，全体股东的约定应是在需要增资的具体事项发生时，由全体股东就该次增资时是否及如何享有优先购买权的约定，非抽象意义上的全体股东约定。后者是指全体股东就未来可能而非具体发生的增资时的约定。

这是因为，有限责任公司的优先认购权是一种固有权，具有法定优先性，股东对于公司增资时的优先认购权是毋庸置疑的。在发生某具体增资事项而需要由股东行使优先认购权时，股东可以通过放弃或不按照出资比例行使该权利，或者全体股东就该次增资的优先认购问题一致作出某种约定，这是一个权利的具体行使问题。如果允许全体股东事先就未来可能的公司增资约定不按照出资比例优先认缴出资，就意味着全体股东在未来所有的公司增资中都将不能按照出资比例优先认购。表面看来，是股东们放弃了按照出资比例行使优先认购权，符合私法自治。但是，该种做法一般有利于大股东，不利于中小股东，不仅会使中小股东丧失公司未来发展的收益，也将使中小股东的股权逐步被消蚀而被"挤出"公司。

---

① 《最高人民法院公报》2011年第3期。

而且，从本条第 1 款关于"全体股东约定不按照出资比例优先认缴出资的除外"的规定来看，其没有以惯有的"公司章程另有规定的，依其规定"的表述。如果将"全体股东约定不按照出资比例优先认缴出资的除外"理解为包括"公司章程另有规定的，依其规定"在内，则本条第 1 款完全可以表述为"公司章程另有规定或全体股东一致约定的除外"，而无须明确"全体股东约定不按照出资比例优先认缴出资的除外"。可以明显对比的是，本条第 2 款关于股份有限公司股东认购权的规定，其清晰地规定"公司章程另有规定或者股东会决议赋予股东优先认购权的除外"。

所以，本条第 1 款关于"全体股东约定"，是指在发生某具体公司增资事项时，由全体股东作出的一致约定，非指全体股东事先就抽象不确定的公司增资时的事先约定，否则，将使股东在发生某具体增资事项时失去优先认购权，严重损害其合法权益。也就是说，该规则是关于公司具体增资时股东优先认缴权利的一事一议规则。

进而，"全体股东约定"不包括章程规定，即使章程规定是由全体股东一致同意的。因为章程的事先规定，也只是就未来可能的公司增资时的所谓优先认购权规定。

第三，"全体股东约定"的内容是"不按照出资比例优先认缴出资"。亦即，该规定的"除外"是指"全体股东可以约定不按照出资比例优先认缴出资"，非限制更非剥夺股东的优先认缴权。从这个角度可以看出，新《公司法》是将有限责任公司股东优先认缴出资的权利视为固有权的，不得限制与剥夺。"全体股东约定不按照出资比例优先认缴出资"是股东具体行使权利的表现，非通过约定限制或剥夺。

（三）优先认购份额应按照实缴比例进行

有限责任公司采认缴出资制，股东对于公司增资的优先认购权系基于股东实际缴纳出资，不包括认而未缴部分。本条规定，有限责任公司股东的优先认购份额应按实缴比例认缴出资，即股东目前实缴出资额占全体股东实缴出资总额的比例。

（四）股东放弃优先认购权部分是否可以由其他股东行使优先购买权

公司增资时，股东可以放弃优先认缴权。对于股东放弃的部分，如果不存在特别的目的，可以由其他股东行使优先购买权。但如放弃优先认缴权的股东有特别的目的，则需要具体情况具体分析。

在"贵州捷安投资有限公司与贵阳黔峰生物制品有限责任公司、重庆大林生物技术有限公司、贵州益康制药有限公司、深圳市亿工盛达科技有限公司股权确权及公司增资扩股出资份额优先认购权纠纷案"[（2009）民二终字第3号]中，贵阳黔峰生物制品有限责任公司于2007年5月召开临时股东会会议，审议引进外部投资者溢价增资2000万元注册资本事宜。会议中，持股9%的股东捷安公司表示行使先缴权，其他股东自愿放弃行使先缴权，以便引进外部投资。股东会的增资决议形成了两个关键要点：其一，股东大林公司、益康公司、亿工盛达公司同意按股比减持股权，引进战略投资者；其二，同意捷安公司按9%股比及本次溢价增资方案增加出资180万元。由此可见，由于捷安公司行使先缴权，外部投资者就只能按照溢价方案认缴1820万元增资，这也是其他股东放弃的优先认缴数额。这一是说明股东可以放弃优先认缴权，此时才有向外部投资者增资的可能；二是需要探讨其他股东自愿放弃的优先认缴权，捷安公司能否主张先于外部投资人行使。对此，法院的基本立场是，在全体股东没有特殊约定的情况下，《公司法》仅对股东行使增资优先认购权的范围和方式进行了限制，而对于部分股东欲将其认缴出资份额让与外来投资者时，其他股东是否享有同等条件下的优先认购权的问题，并未作出明确规定。因此，在公司增资扩股的过程中，股东对其他股东放弃认缴的增资份额主张优先认购权的，没有法律依据，不能获得支持。进言之，当股东放弃增资的，其他股东不能自行主张优先认缴权；但是股东放弃增资，同时主动转让增资认缴权的，受让股东可以获得优先增资权。

二、股份有限公司股东的优先认购权

（一）股份有限公司股东的优先认购权的非固有性

与有限责任公司不同，股份有限公司是典型的资合公司，公司自身利益及发展性大于股东个人利益与发展性。股份有限公司的股东并无关于新股增发时的优先认购权，而完全由公司章程选择是否适用。特别是在授权资本制下，股东优先认购权已异化为非固有权，而转变为增发的程序之一。① 所以，对于股份有限公司，新股优先认购权已经不被视为股东不可排斥且必须享有

---

① 陈景善：《授权资本制下股份发行规制的重构》，载《华东政法大学学报》2022年第2期。

之利益。如果股东需要优先认购权，仅需要通过公司章程或股东会决议明确规定即可，但如无事先规定或决议，则股东一般是没有所谓优先认购权的，这体现了公司发展利益优先原则。

也就是说，原则上，股份有限公司股东不享有新股优先认购权，依本条第2款的规定，后续可由章程规定或股东会决议而选入该制度。该规定为赋权型规范，在立法层面即默认处于"排除"状态。

在"陈某、云南纺织（集团）股份有限公司新增资本认购纠纷案"中，法院认为，对于股份有限公司，基于其资合性的组织形式与管理运行模式，《公司法》并未对其增资扩股行为设定优先认购权的强制性规范，股份有限公司的增资扩股行为系其内部经营决策合意的结果，在不违反相关强制性法律法规的前提下，公司具体的增资方式、增资对象、增资数额、增资价款等均由其股东会决议并遵照执行。

（二）章程规定下股份有限公司股东优先认购的基本规则

股份有限公司采授权资本制，对于已经发行的股份，要求全部足额实缴，故股份有限公司章程另有规定或者股东会决议赋予股东优先认购权的，一般应按股东实际缴纳出资比例。当然，公司章程或股东会决议也可以作出其他规定。

股份有限公司章程及股东会决议采用资本多数决，股东优先认购权尽管被法律淡化，但对于公司股东而言，仍属于重大事项，资本多数决应采用三分之二以上通过规则。如果该章程规定或股东会决议的内容严重损害中小股东合法权益，产生"压迫"或"挤出"效应时，应允许中小股东通过退出机制维护自己的合法权益，对此可参照适用关于股份回购请求权的规定（第161条）。

另外，对于所谓"增资"，在引入授权资本制后，对已经授权但尚未发行的股份是否属于公司新增资本，以及股东是否可以就此行使优先认购权的问题，应作相应解释。对于授权董事会发行范围内的增资决议，由董事会决议是否发行，但是否由股东行使优先购买权，应由章程事先规定或股东会决议通过。

第二百二十八条　【公司增资】有限责任公司增加注册资本时，股东认缴新增资本的出资，依照本法设立有限责任公司缴纳出资的

有关规定执行。

股份有限公司为增加注册资本发行新股时，股东认购新股，依照本法设立股份有限公司缴纳股款的有关规定执行。

本条是关于公司增资的基本规则。

一、公司增资的基本要求

公司增资是指公司增加注册资本的行为。由于增资既对公司长期发展有利，也对第三人利益的实现有利，《公司法》对于公司增资基本上没有限制，程序简单。

公司增资与其他股权取得方式不同，在"孙某荣与杨某香、廊坊愉景房地产开发有限公司公司增资纠纷案"[（2015）民二终字第191号]中，法院认为，作为股权取得的两种方式，股权转让与增资入股具有根本差异。股权转让属于股权的继受取得；增资入股则是通过向公司出资，认购公司增加的注册资本而成为股东，属于股权的原始取得。当事人之间协议将取得股权的方式由股权转让变更为增资入股后，原股权转让合同即被其后签订的增资入股合同所更替而终止。

本次《公司法》修订增加了股份有限公司资本制度采用授权资本制的可选择性，即股东会可授权董事会在必要范围内发行新股。发行新股的行为在一定意义上可以解释为公司增资行为，但此时的增资是由董事会决定的。

在我国，国家出资公司增加资本须由履行出资人职责的机构决定。一人公司增加资本，则由该股东决定。其他有限责任公司和股份有限公司增加资本，应由公司董事会制订方案，提交股东会讨论并作出决议。公司增资事项，是以股东会绝对多数决通过的（第59条第3款、第116条第3款）。

二、公司增资后股东出资义务的履行

依本条，有限责任公司增加注册资本时，股东认缴新增资本的出资，依照《公司法》设立有限责任公司缴纳出资的有关规定执行。股份有限公司为增加注册资本发行新股时，股东认购新股，依照《公司法》关于设立股份有限公司缴纳股款的有关规定执行。公司增资行为实质上也应当由股东承担缴付股款的义务，公司股本作为公司经营担保的属性没有变化，故此时增资瑕疵出资股东与设立瑕疵出资股东相同，也需在补足出资的债权额度内承担有限赔偿责任。

在"广西礼记商贸有限公司等诉彭某林新增资本认购纠纷案"〔（2020）桂 01 民终 13810 号〕中，法院就公司增资的基本程序加以厘清，认为公司增资并吸纳新股东同时表现为内容上的内外法律关系和过程上的前后两个阶段：一是公司与投资人之间的投资入股协议或股权认购协议；二是公司内部依法完成增加资本及吸纳新股东的法定程序。按照《公司法》的相关规定，公司增资并吸纳新股东的法定程序具体包括以下步骤：在公司章程有明确规定的情形下，股东会的议事方式和表决程序按照公司章程规定的内容方式进行，否则，应依照《公司法》规定的公司就增资通过代表三分之二以上表决权或出席会议所持表决权三分之二以上的股东会决议；向新股东出具出资证明书并修改公司股东名册；增加的资本应按照缴纳出资或股款的有关规定进行；依法向公司登记机关办理变更登记等。由于法人意志的形成源于股东的共同表意行为，原股东各自或相互之间关于增资并吸纳新股东的意思表示尚不足以构成公司的意思表示，各原股东需共同形成一致意思并对外向新股东表示该意思。此后，公司还应履行向新股东出具出资证明、将新股东的出资及金额载入公司章程、将新股东变更为注册股东等法定程序，使得新股东就股权或股份的原始取得自此发生法律效力。①

三、虚假增资的法律后果

实践中，因各种原因会出现虚假增加出资现象。一般来说，虚假增资出资对公司第三人有利，因其登记而产生权利外观。但对公司内部，虚假增资有可能损害其他股东合法权益。

在"黄伟忠诉陈强庆等股东资格确认案"② 中，法院认为，未经公司有效的股东会决议通过，他人虚假向公司增资以"稀释"公司原有股东股份的，该行为损害原有股东的合法权益，即使该出资行为已被工商行政机关备案登记，仍应认定为无效，公司原有股东股权比例应保持不变。

---

① 国家法官学院、最高人民法院司法案例研究院编：《中国法院 2022 年度案例·公司纠纷》，中国法制出版社 2022 年版，第 57—58 页。
② 《最高人民法院公报》2015 年第 5 期。

第十二章 公司解散和清算

第二百二十九条 **【公司解散原因】** 公司因下列原因解散：

（一）公司章程规定的营业期限届满或者公司章程规定的其他解散事由出现；

（二）股东会决议解散；

（三）因公司合并或者分立需要解散；

（四）依法被吊销营业执照、责令关闭或者被撤销；

（五）人民法院依照本法第二百三十一条的规定予以解散。

公司出现前款规定的解散事由，应当在十日内将解散事由通过国家企业信用信息公示系统予以公示。

本条是关于公司解散原因的规定。

一、公司解散与市场主体的退出

公司解散，是公司因发生法律或章程规定的事由而停止其营业活动的一种状态，其主要功能在于解决市场主体的规范退出问题。

公司解散与公司清算、公司终止相互关联，但又不能混为一谈。从时间上讲，先有解散，后有清算，最后才是公司终止。公司解散是公司清算的前提，只有解散了的公司才涉及清算。公司解散是公司终止的原因之一，但解散本身并不直接导致公司的终止，公司解散后，除因合并、分立导致的解散不需要清算外，公司解散须进行清算，清算结束并进行注销登记后，公司终止，法人资格消灭。

本条第1款规定了公司解散的事由，其中前三项因系依据公司章程或股东会决议进行的解散而称自愿解散；后两项是由行政机关命令和法院强制导致的行政解散与司法解散而被称为强制解散。

二、公司解散事由

（一）自愿解散

自愿解散，是指依据公司章程或股东会决议而解散。这种解散与公司外在意志无关，而取决于公司股东，股东可以选择解散或不解散公司，所以称为自愿解散。但是，自愿解散不等于解散的程序是任意的，程序仍须依法进行。

公司自愿解散包括以下情形。

1. 公司章程规定的营业期限届满

《公司法》未对公司营业期限作出规定，是否规定营业期限是公司章程任意记载事项。依本条第 1 款，如果公司章程中规定了营业期限，营业期限届满，公司即可解散，除非股东会形成延长营业期限的决议。

2. 公司章程规定的其他解散事由出现

所谓"其他解散事由"，泛指公司章程规定的其他解散情形，包括但不限于产品和服务的消费结构的急剧恶化、特定消费者群体的消失等而使公司失去存续的必要性的情况。[①] 解散事由一般是公司章程相对必要记载事项，制定公司章程时，可以预先约定公司的各种解散事由。

在公司章程中预先明确规定公司解散事由，可以较好地解决公司在经营发展中因各种原因导致的公司僵局或股东压迫引发的重大矛盾，减少公司未来不必要的纷争。

3. 股东会决议解散公司

这是指虽无法定或章程规定的解散事由出现，但在认为必要时，经股东会决议解散公司。这种解散是不问原因的，可由公司自由决定。其中，国有独资公司的解散，必须由履行出资人职责的机构决定（第 172 条）。一人公司由股东决定（第 60 条、第 112 条第 2 款）。有限责任公司必须经代表三分之二以上表决权的股东通过（第 66 条第 3 款）。股份有限公司必须经出席会议的股东所持表决权的三分之二以上通过（第 116 条第 3 款）。

4. 公司合并或分立导致的解散

公司经股东会决议可以合并或分立，导致公司解散。公司合并与分立导

---

① 刘俊海：《新公司法的制度创新：立法争点与解释难点》，法律出版社 2006 年版，第 601 页。

致的公司解散，也是由股东会决议的结果，理论上属于自愿解散范畴。在公司吸收合并时，除公司存续外，其他被吸收的公司解散；在公司新设合并时，所有参与合并的公司均告解散。在公司新设分立时，原公司解散；在公司派生分立时，因原公司仍然存在而不存在公司解散问题。解散公司的权利义务均由合并或分立后的公司概括承受，公司无须进行清算。

（二）行政解散

当公司设立或营业行为违反法律、法规，违背公序良俗时，公司登记机关可以依法吊销营业执照、责令关闭或者撤销而解散公司。

公司依法被吊销营业执照、责令关闭或者被撤销的，应当解散，这种解散属于行政处罚方式。一般来说，在公司经营严重违反了工商、税收、劳动、资源和环境保护等方面对公司行为进行规制的法律、法规和行政规章时，为了维护社会秩序，保护社会公共利益，公司登记机关可以自己或依有关主管机关或政府的要求作出决定解散公司，以终止该公司的主体资格。

《公司法》主要规定了以下四种情形：一是《公司法》第 250 条规定，"对提交虚假材料或者采取其他欺诈手段隐瞒重要事实的公司，处以五万元以上二百万元以下的罚款；情节严重的，吊销营业执照"。二是《公司法》第 260 条第 1 款规定："公司成立后无正当理由超过六个月未开业的，或者开业后自行停业连续六个月以上的，公司登记机关可以吊销营业执照，但公司依法办理歇业的除外。"三是《公司法》第 261 条规定："外国公司违反本法规定，擅自在中华人民共和国境内设立分支机构的，由公司登记机关责令改正或者关闭，可以并处五万元以上二十万元以下的罚款。"四是《公司法》第 262 条规定："利用公司名义从事危害国家安全、社会公共利益的严重违法行为的，吊销营业执照。"其中的"社会公共利益"就是《民法典》第 8 条规定的"公序良俗"。

除了以上规定，公司违反其他有关法律、行政法规，情节严重的，也可以由市场监督管理部门吊销公司的营业执照，如《产品质量法》第 50 条规定，在产品中掺杂、掺假，以假充真，以次充好，或者以不合格产品冒充合格产品，情节严重的，吊销营业执照。①

---

① 《产品质量法》第 49 条至第 53 条、第 56 条分别规定了六种公司营业执照被吊销的情形。

（三）司法解散

司法解散，分为司法命令解散和司法裁判解散。前者是指公司的目的和行为违反法律、公共秩序和善良风俗的，可依法命令解散。如《瑞士民法典》规定，社团的宗旨违法或违背善良风俗时，法官须依照主管官厅或利害关系人的起诉，宣告其解散。后者是指公司经营出现显著困难、重大损害或董事、股东之间出现僵局，致使公司无法继续经营时，依据股东的申请，裁判解散公司。狭义上所讲的司法解散应限于裁判解散公司的情形。

只有在穷尽各种救济手段的情况下，解散公司是唯一选择的，法院才能支持解散请求。在"吉林荟冠投资有限公司及第三人东证融成资本管理有限公司与长春东北亚物流有限公司、第三人董占琴公司解散纠纷案"［（2017）最高法民申 2148 号］[①] 中，法院认为，公司解散的目的是维护小股东的合法权益，其实质在于公司存续对于小股东已经失去意义，表现为小股东无法参与公司决策、管理、分享利润，甚至不能自由转让股份和退出公司。在穷尽各种救济手段的情况下，解散公司是唯一的选择。此时，公司理应按照《公司法》良性运转，而解散公司也成为规范公司治理结构的有力举措。

我国目前的司法解散制度只限于私法意义上的解散，不包括具有公法意义的司法命令解散。实践中，行政机关在执法专业度上较之司法机关毕竟有所不足，在具体问题判断上可能失之精确，故而未来立法应将司法命令解散制度吸纳进来，夯实公司解散的公权力基础。泛行政解散权的消解的主要方向是向公司自治、司法解散的回归，要合理配置行政权与司法权，实现公司自治、行政监管与司法干预在公司解散事务上的和谐共生。[②]

三、公司解散的法律后果

（一）公司解散信息公示

需要指出的是，国外公司立法，尤其是大陆法系的国家，大多设置了公司解散登记制度。[③] 该制度重要意义在于确认公司存续期间业务性质和人格、地位的上述变化，以利于限制清算中公司的行为能力，保护债权人的利益，

---

① 《最高人民法院公报》2018 年第 7 期。
② 李建伟：《论公司行政解散权的存废》，载《环球法律评论》2013 年第 5 期。
③ 如《德国股份法》第 263 条，《德国有限责任公司法》第 65 条，《日本商法典》第 96 条、第 416 条，《韩国商法典》第 228 条，《瑞士债务法》第 574 条、第 737 条。

维护社会经济秩序的稳定和交易的安全。我国《公司法》没有规定公司的解散登记制度，而是以注销登记统一规范。

本条第 2 款规定，公司出现解散事由的，应当在十日内将解散事由通过国家企业信用信息公示系统予以公示。这一制度虽然不是完全的公司解散登记制度，但是在一定意义上实现了公司解散登记制度的部分要求，如明示发生公司变动，在一定程度上告知了债权人公司经营现状。

（二）进入清算程序，成立清算组织

公司除因合并或分立而解散外，公司解散后均应进入清算程序并依法成立清算组织。此后，公司原来的代表及业务执行机构即丧失权利，由清算组代之，清算组代表公司为一切行为。但是，公司的股东会及监事会仍然存在，必要时可行使法律或章程规定的职权。根据《公司法》第 232 条的规定，公司应当在解散事由出现之日起十五日内组成清算组进行清算，清算组则由清算义务人组建。自此，公司进入清算程序，公司便成为清算中的公司。

（三）行为能力受限，营业活动停止

公司宣告解散后，其行为能力受到法律的特别限制，仅限于公司以清算为目的的业务范围。除为实现清算目的由清算组代表公司处理未了结业务外，公司不得开展新的经营活动。在"甘肃陇渤煤机修造股份有限公司与庆阳市陇原农机制造有限责任公司排除妨害纠纷上诉案"［（2014）庆中民终字第 672 号］中，法院指出，公司解散后，虽然公司法人资格并未彻底消灭，但是其行为能力受到限制，只能开展清算范围内的活动，不能从事其他与公司清算无关的事项，也不能再以自己的名义参加诉讼活动。

（四）公司解散，股东出资义务不能免除

公司解散，仅是宣告公司进入解散清算程序，并非意味着股东出资义务的免除。公司解散时，股东尚未缴纳的出资均应作为清算财产（《公司法司法解释（二）》第 22 条）。

四、不依法解散的侵权责任

只有出现本条第 1 款所规定解散事由，公司才能解散并清算。没有出现解散事由，或尽管出现解散事由，未依法解散的，均构成侵权。

在"骆某元、林某学等损害股东利益责任纠纷民事二审案"［（2022）甘民申 1440 号〕中，法院指出，骆某元在公司章程规定的解散事由或者法定解散原因并未出现的情形下，未经清算申请注销了百合苑公司，损害了公司股东蒋某鹏的利益。

第二百三十条 【公司继续延续】公司有前条第一款第一项、第二项情形，且尚未向股东分配财产的，可以通过修改公司章程或者经股东会决议而存续。

依照前款规定修改公司章程或者经股东会决议，有限责任公司须经持有三分之二以上表决权的股东通过，股份有限公司须经出席股东会会议的股东所持表决权的三分之二以上通过。

本条规定了公司继续延续的制度。

其一，公司可以在进入解散程序后，在满足一定条件下予以延续，可以将之称为解散回转。

其二，我国法上公司延续的制度仅限于公司出现自愿解散事由，即因公司存续期限届满、章程规定的其他解散事由出现或股东会决议解散之时才会发生公司继续延续，不再进行解散程序。

其三，公司不再进行解散程序，一个基本前提是公司尚未向股东分配财产，否则不存在原有公司的延续问题。

其四，公司延续须经股东会特别决议决定，即有限责任公司须经持有三分之二以上表决权的股东通过，股份有限公司须经出席股东会会议的股东所持表决权的三分之二以上通过。

第二百三十一条 【公司司法强制解散】公司经营管理发生严重困难，继续存续会使股东利益受到重大损失，通过其他途径不能解决的，持有公司百分之十以上表决权的股东，可以请求人民法院解散公司。

本条是关于公司司法强制解散或解散之诉的规定。

一、公司解散之诉的事由认定

（一）公司经营管理发生严重困难

公司解散诉讼的立法目的在于解决公司僵局，保护股东和债权人的合法权益，建立一个健康、有序的法人退出机制。依本条规定，公司僵局是指公司经营管理发生严重困难，继续存续会使股东利益受到重大损失的情形，一般是公司在存续运行过程中由于股东、董事之间矛盾激烈或发生纠纷，彼此不愿妥协而处于僵持状态，导致股东会、董事会等公司权力机构和决策机构陷入对峙，不能按照法定程序作出有效决策，使公司陷入无法正常运转甚至瘫痪的事实状态。

对于如何认定本条所谓"公司经营管理发生严重困难"，《公司法司法解释（二）》第1条第1款列举了以下四种情形。

1. 公司持续两年以上无法召开股东会

无法召开是指应当召开而不能召开，实践中主要表现为无人召集或者召集后没有符合法定持股数或章定人数的股东出席会议。而且，这种无法召开的状态须持续两年以上。股东会会议间歇性召开，或个别股东提案权、召集权没有得到实现，不属于这种情形。

但是，公司僵局的形成及持续是一个复杂的社会现象，严格来说不能用精确的时间估计。实践中，尚未持续两年不召开股东会，便事实上形成了公司僵局的情形时常出现，此时就不能以精确的"两年"为标准，而应具体情况具体分析。在"海南龙润恒业旅业开发有限公司、海南博烨投资有限公司公司解散纠纷再审案"〔（2018）最高法民申280号〕中，最高人民法院指出，判断公司的经营管理是否发生严重困难，应当从公司组织机构的运行状况进行综合分析，着重考察公司管理方面是否存有严重内部障碍，如股东会机制失灵、无法就公司的经营管理进行决策等，未召开股东会持续时间不足两年并非阻碍判定公司解散的绝对条件。在本案中，龙润公司以汽车租赁为唯一业务，自博烨公司占有龙润公司车辆以来，龙润公司未正常营运达两年，继续存续会使公司资产不断消耗，股东的投资目的无法实现，股东利益遭受重大损失，且本案已无法通过其他途径解决公司僵局。因此，未召开股东会持续时间不足两年并非阻碍判定公司解散的绝对条件，判定公司能否解散应根据《公司法》的规定予以综合判断，公司股东会已难以形成有效的股东会决议，股东会机制已经失灵的，可以认定公司经营发生严重困难。

2. 公司持续两年以上不能作出有效的股东会决议

这是指公司持续两年以上能够召开股东会，但不能作出有效的股东会决议，主要包括以下几种情形：第一，不同意见的两派股东各拥有 50% 的表决权，在相互不配合的情况下，每次表决都无法达到表决权"过半数"，进而不能形成有效的股东会决议。第二，尽管意见不同的两派股东各自持有股份所代表的表决权并不均等，甚至有超过 50% 表决权的大股东。譬如实践中常见的一个股东占 51%，另一股东占 49% 的情形。但是根据法律或者章程的规定，特别决议的通过必须取得表决权的三分之二以上绝对多数同意，而仅仅依靠大股东的表决权不足以通过该特别决议。在此情形下，小股东实际上享有否决权，形成了小股东控制大股东的情形，由此也可造成无法作出特别决议的僵局。第三，在股权比较分散的公司，股东之间形成了多数派，而各派之间相互不配合，使得每次表决的赞成票都达不到表决权的过半数或者表决权的三分之二以上，不能形成有效的股东会决议。

有效的股东会决议表现多样。在"森岳（无棣）国际能源化工有限公司、北京中天华瑞科技发展有限公司等公司解散纠纷民事依职权再审案"［（2023）最高法民监 1 号］中，最高人民法院指出，案涉 2017 年 2 月 20 日、2017 年 8 月 16 日、2018 年 1 月 14 日三份《森岳（无棣）国际能源化工有限公司、无棣鑫岳燃化有限公司会议纪要》显示，森岳国际公司三名股东的法定代表人和董事参加会议，会议就森岳国际公司股权结构调整、向无棣鑫岳燃化有限公司投资 6 亿元等事项作出决议。从参会人员及会议研究事项看，前述会议具有森岳国际公司股东会议的性质。原审法院认定森岳国际公司 2017 年、2018 年连续两年未召开股东会议，与客观事实不符。况且，鑫岳化工公司于 2020 年 5 月提起本案公司解散之诉前，森岳国际公司股东会在 2019 年 11 月 30 日仍决议变更公司股权，表明其时不存在无法召开股东会并作出有效决议的情形。在森岳国际公司 2019 年 11 月 30 日依然作出股东会决议的情况下，原审法院以之前 2017 年、2018 年未召开股东会为由认定公司出现僵局，适用法律明显不当。实际上，中天华瑞公司、冀东石化公司合计持有森岳国际公司 2/3 以上股份，二者一致行动即可作出有效决议。所以，原审法院以森岳国际公司出现僵局，继续存续会使股东利益遭受损失为由判决解散公司，认定事实和适用法律均有错误，依法应予再审纠正。

3. 董事长期冲突且无法通过股东会解决

董事会是公司的执行机构和经营管理机构，在公司运行中居于核心地位。如果董事长期冲突且无法通过股东会解决，那么必然使公司陷入管理僵局。

"董事长期冲突"主要表现为以下两种情形：其一，董事会无法召开。要么表现为无法按照法律或公司章程的规定合法有效地召集董事会，要么表现为无法达到法定召开董事会的人数要求。如董事会会议应有过半数的董事出席方可举行（第73条第2款）。其二，无法作出有效的董事会决议。如董事会决议的表决，实行一人一票（第73条第3款、第124条第2款）。但实践中，如果董事人数为偶数，可能会形成两派对抗，或尽管为奇数，由于其中一人投弃权票而使双方对峙。

当然，由于董事由股东通过股东会选举和罢免，董事会须对股东会负责，如果股东会通过重新选举或罢免方式更换董事，或通过修改章程改变董事会运行机制等，都可以解决董事长期的冲突问题。但若因各种原因而使有关冲突不能通过股东会解决时，则会产生公司僵局。

4. 经营管理发生其他严重困难

《公司法司法解释（二）》第1条第1款第4项所规定的"经营管理发生其他严重困难，公司继续存续会使股东利益受到重大损失的情形"，属于兜底条款。法院可以在审判实践中总结经验，针对不断发展变化的公司僵局形态进行具体分析，作出针对性裁判。司法实践中，对于是否支持当事人解散公司的诉讼请求，应当在《公司法》及司法解释规定的范围内，综合、慎重考虑公司是否具备解散条件。

整体而言，公司经营管理发生的严重困难并非公司财务层面中的严重困难，而是公司治理层面的严重困难。

在"吉林荟冠投资有限公司及第三人东证融成资本管理有限公司与长春东北亚物流有限公司、第三人董占琴公司解散纠纷案"〔（2017）最高法民申2148号〕① 中，最高人民法院认为，判断公司的经营管理是否出现严重困难，应当从公司组织机构的运行状态进行综合分析，公司是否处于盈利状态并非

① 《最高人民法院公报》2018年第7期。

判断公司经营管理发生严重困难的必要条件。其侧重点在于公司经营管理是否存在严重的内部障碍，股东会或董事会是否因矛盾激化而处于僵持状态，使得一方股东无法有效参与公司经营管理。

在"林某清诉常熟市凯莱实业有限公司、戴某明公司解散纠纷案"〔（2010）苏商终字第0043号〕中，法院强调，判断公司的经营管理是否出现严重困难，应当从公司的股东会、董事会或执行董事及监事会或监事的运行现状进行综合分析。"公司经营管理发生严重困难"的侧重点在于公司管理方面存有严重内部障碍，如股东会机制失灵、无法就公司的经营管理进行决策等，不应片面理解为公司资金缺乏、严重亏损等经营性困难。该案中，凯莱公司仅有戴某明与林某清两名股东，两人各占50%的股份，凯莱公司章程规定"股东会的决议须经代表二分之一以上表决权的股东通过"，且各方当事人一致认可该"二分之一以上"不包括本数。因此，只要两名股东的意见存有分歧、互不配合，就无法形成有效表决，显然影响公司的运营。凯莱公司已持续四年未召开股东会，无法形成有效股东会决议，也就无法通过股东会决议的方式管理公司，股东会机制已经失灵。执行董事戴某明作为互有矛盾的两名股东之一，其管理公司的行为已无法贯彻股东会的决议。林某清作为公司监事不能正常行使监事职权，无法发挥监督作用。由于凯莱公司的内部机制已无法正常运行、无法对公司的经营作出决策，即使尚未处于亏损状况，也不能改变该公司的经营管理已发生严重困难的事实。同时，由于凯莱公司的内部运营机制早已失灵，林某清的股东权、监事权长期处于无法行使的状态，其投资凯莱公司的目的无法实现，利益受到重大损失，且凯莱公司的僵局通过其他途径长期无法解决。本案中，林某清在提起公司解散诉讼之前，已通过其他途径试图化解与戴某明之间的矛盾，服装城管委会也曾组织双方当事人调解，但双方仍不能达成一致意见。两审法院也基于慎用司法手段强制解散公司的考虑，积极进行调解，但均未成功，故而最终判决解散公司。

实践中，何谓"经营困难"需要具体问题具体分析。在"吉林省金融控股集团股份有限公司与吉林省金融资产管理有限公司、宏运集团有限公司公司解散纠纷案"〔（2019）最高法民申1474号〕①中，大股东利用优势地位单

---

① 《最高人民法院公报》2021年第1期。

方决策，擅自将公司资金出借给其关联公司，损害小股东权益，致使股东矛盾激化，公司经营管理出现严重困难，经营目的无法实现，且通过其他途径已无法解决，小股东诉请解散公司的，人民法院予以支持。在"陈龙与陕西博鑫体育文化传播有限公司等公司解散纠纷案"〔（2021）最高法民申 6453号〕① 中，法院认为此处的"严重困难"包括对外的生产经营困难和对内的管理困难。

（二）公司持续存续会使股东利益受到重大损失

如果公司僵局的持续时间很短，或者尽管时间较长，但对股东利益并未造成重大损失，法院是不能裁决解散公司的。"重大损失"是相对于一般损失而言的。实务中，到底损失的程度是否达到"重大"，应由法官行使自由裁量权进行判断。而且，此处的"重大损失"，并不要求股东利益已经受到重大实际损失，只要有将来使股东利益受到重大损失的可能即可。当然，这里所说的股东利益受损，并非单指个别股东利益受到损失，而是指由于公司瘫痪致使公司无法经营，进而造成全体出资者利益受损。

在"何某林与清远市泰兴房地产有限公司解散纠纷"〔（2017）最高法民申 4437 号〕案中，最高人民法院指出，公司僵局的继续存续是否会导致股东利益受到重大损失是解散公司的必要条件，但法律对此并无明确、客观的判断标准。公司当前是否处于亏损状态固然是判断公司继续存在是否会导致股东重大损失的重要依据，但就立法用语的文义来看，"继续存续"是对未来的预期，而"会使"也属于对未来的预测，"公司继续存续会使股东利益受到重大损失"主要是指一种预期的利益损失，公司当前的盈利状态对此并不构成充分的阻却事由。本案中，泰兴公司自 2005 年成立以来，仅运作实施了广信花园小区项目，公司股东会长期处于僵局状态，经营业务已不能正常开展，开发新项目的希望十分渺茫，继续存续会产生更多经营成本、摊薄股东利润甚至加重公司负债风险。因此，在当前公司僵局无法破除的状态下，原判决认定泰兴公司继续存续会使股东利益遭受重大损失并无不当。再审申请人以公司解散会造成股东利益受损为由申请再审，既无事实根据，也无法律依据。也就是说，公司本身处于盈利状态并非认定公司经营管理发生严重困难的充

---

① 《最高人民法院公报》2023 年第 1 期。

分阻却事由。公司经营管理发生严重困难侧重于对公司股东会等内部治理机构运行状态的考察，是否处于亏损状况并非判断公司经营管理发生严重困难的必要条件。泰兴公司当前虽处于盈利状态，但其股东会机制长期失灵，内部管理有严重障碍，已陷入僵局状态，也可以认定为公司经营管理发生严重困难。

（三）通过其他途径不能解决

公司僵局是公司解散诉讼的一个前置性条件。这里的"其他途径"主要是指非诉方式，如自行协商、行业调解等。从立法目的角度看，《公司法》规定"通过其他途径不能解决"限制条件的目的是保护公司稳定和存续，防止中小股东滥用司法解散制度，鼓励当事人通过其他非诉途径解决僵局，同时也使人民法院审慎适用强制解散公司的手段。因此，人民法院在受理解散公司诉讼案件时，应当审查该条件是否成就。实践中，对于何为"通过其他途径不能解决"，法院可能只进行形式审查。对于起诉股东而言，其声明已经采取了能够采取的其他方法而无法解决、不得不寻求司法救济的表述即可。亦即，该前置性条件的意义更多在于寻求救济时的导向性。[①]

因此，在考虑是否要强制解散公司的时候，应当遵循穷尽其他救济方法的原则。股东只有在采取自力救济、行政管理等手段均未果的前提下才能提起诉讼。如果能够在股权置换、股权转让、股权回购等诸种方案中找到其他和缓有效的救济途径，就应避免解散公司。

在"吉林荟冠投资有限公司及第三人东证融成资本管理有限公司与长春东北亚物流有限公司、第三人董占琴公司解散纠纷案"〔（2017）最高法民申2148号〕[②] 中，在与东北亚公司股东发生矛盾冲突后，荟冠公司试图通过修改公司章程改变公司决策机制解决双方纠纷，或通过向董占琴转让股权等退出公司的方式解决公司僵局状态，但均未能成功。即使荟冠公司向东证公司转让部分股权，也由于荟冠公司与董占琴双方的冲突历经诉讼程序方能实现。同时，一审法院基于慎用司法手段强制解散公司，多次组织各方当事人进行调解。在二审法院调解过程中，荟冠公司、东证公司主张对东北亚公司进行资

---

① 刘岚：《规范审理公司解散和清算案件——最高人民法院民二庭负责人答本报记者问》，载《人民法院报》2008 年 5 月 19 日。

② 《最高人民法院公报》2018 年第 7 期。

产价格评估，确定股权价格后，由董占琴收购荟冠公司及东证公司所持东北亚公司的股权，荟冠公司及东证公司退出东北亚公司，最终各方对此未能达成一致意见，调解未果。东北亚公司僵局状态已无法通过其他途径解决。

在"湖州太湖地效翼船有限公司等诉浙江湖州环太湖集团有限公司解散纠纷案"[（2009）浙商终字第 59 号] 中，法院指出，不是所有的公司僵局都不可逆转，人民法院在处理涉及公司僵局相关的争议问题时，应力促当事人通过协商等途径解决纠纷，司法判决解散公司只能是竭尽其他途径后的最后司法救济途径。但是，立法对此所抱的谨慎态度并不等同于前置程序可以久拖不决。对于那些已经陷入严重经营管理困难的公司，在通过其他多种方法仍无法化解时，只能通过司法解散这一退出机制来打破僵局。因此，在强调司法解散公司前置程序的同时，《公司法司法解释（二）》第 5 条明确规定，"当事人不能协商一致使公司存续的，人民法院应当及时判决"。

此外，在公司出现管理僵局的情形下，法院可以裁决解散公司，但对于公司僵局形成的原因，则非法院考虑的因素。在"仕丰科技有限公司与富钧新型复合材料（太仓）有限公司、第三人永利集团有限公司解散纠纷案"[（2011）民四终字第 29 号][1] 中，法院认为，公司解散不考虑僵局产生的原因。公司能否解散取决于公司是否存在僵局以及是否符合《公司法》规定的实质条件，而不取决于公司僵局产生的原因和责任。《公司法》没有限制过错方股东解散公司，因此，即使一方股东对公司僵局的产生具有过错，其仍然有权依据该条规定，请求解散公司。但是，公司僵局并不必然导致公司解散，司法应审慎介入公司事务，凡有其他途径能够维持公司存续的，不应轻易解散公司。当公司陷入持续性僵局，穷尽其他途径仍无法化解，且公司不具备继续经营的条件，继续存续将使股东利益受到重大损失的，法院可以判决解散公司。

二、公司解散之诉的原告与被告

（一）原告的确定

公司解散之诉的原告是公司的股东，不包括债权人或其他利害关系人。

为了防止个别股东滥用司法解散公司制度，影响公司正常经营活动和其他股东合法权益，本条将公司解散诉讼的原告限定为"持有公司百分之十以

---

① 《最高人民法院公报》2014 年第 2 期。

上表决权的股东"，既可以单独持有，也可以联合持有。

持有公司全部股东表决权百分之十以上的股东出资不到位的，仍然可以提起公司解散之诉。在"金濠（合肥）建设发展有限公司、江苏建坤置业有限公司公司解散纠纷案"［（2019）最高法民终 1504 号］中，法院认为，根据《公司法》的规定，持有公司全部股东表决权百分之十以上的股东可以提起公司解散之诉。对于股东持股比例，只作形式审查，股东未缴出资或者出资不到位不影响其提起公司解散之诉的主体资格。符合上述条件的股东提起公司解散之诉，且公司存在经营管理严重困难、继续存续会使股东利益受到重大损失、通过其他途径仍无法解决的情形时，法院应当予以支持。①

与此类似，如果原告持有公司全部股东表决权百分之十以上，即使其持有的股权被依法冻结或质押，仍可以成为公司解散之诉的原告。因为，股权冻结不必然导致相应股权变更。然而，考虑到该种情形的特殊性，法院应慎重裁决：其一，在股权被冻结后进入拍卖阶段，公司的股东结构将发生重大变化的情况下，公司僵局可能就此打破，进而导致公司解散事由消灭时，就不宜强行解散公司。其二，即使尚未进入拍卖阶段，强行解散公司将使股权价值大打折扣，从而不利于保护相应债权人的情况下，也不宜强行解散公司。

（二）被告的确定

公司解散之诉的被告为公司，其他股东可以第三人身份参加诉讼（《公司法司法解释（二）》第 4 条）。

三、公司解散之诉中的调解

审理公司解散诉讼，应当先行调解。无论是对于最大限度修复信任基础以维系公司经营，还是对于妥善处理僵局善后事宜，调解都是必要的，强制解散是解决公司僵局的终局性方法。

依《公司法司法解释（二）》第 5 条第 1 款规定，可以采以下调解方式。

（一）股权转让

公司僵局往往是股东之间因投资理念、利益分配等矛盾引起的。因此，在公司解散诉讼中，不妨让一方股东收购另一方股东持有的本公司的全部股

---

① 另参见"陈龙与陕西博鑫体育文化传播有限公司等公司解散纠纷案"，载《最高人民法院公报》2023 年第 1 期。

权，从而使公司僵局有效化解。至于谁收购谁的股权并不重要，重要的是能够使某一或某些股东退出公司，进而彻底化解公司僵局。当然，原告也可以收购其他股东持有的股份后继续经营公司。在诉讼进行中，如果一方主动提出愿意以合理价格收购另一方股东的股权，而提起诉讼的股东坚持不转让股权，只要求解散公司的，可不予支持。此外，有学者提出，为解决公司僵局，我国可引入强制股权置换制度，以此作为公司解散制度的有效替代方式。[①]

化解公司僵局时，也可以考虑让股东之外的第三方收购股权。

（二）股权回购

基于资本维持原则，公司原则上不得收购本公司股份。但是，出于对企业维持原则及公司实际经营需求的考虑，《公司法》也允许公司在特定情形下收购自己的股份（股权）（第 89 条、第 162 条）。因此，在公司解散诉讼中，可以让公司收购部分股东所持有的股份，从而使其退出公司化解僵局。

公司回购股份后，有两种处理方式：一是将股份转让给他人；二是将该股份注销。为了防止公司收购原告股东股份造成公司财产不当减少，损害到公司债权人利益，《公司法司法解释（二）》第 5 条第 2 款规定："经人民法院调解公司收购原告股份的，公司应当自调解书生效之日起六个月内将股份转让或者注销。股份转让或者注销之前，原告不得以公司收购其股份为由对抗公司债权人。"

（三）减少公司注册资本

不论是股东或其他人收购股权，还是公司回购股权，本质上都属于股权转让。在公司解散诉讼的调解过程中，还可以让不愿意经营的股东结算退出，即通过减资程序化解公司僵局。

通过减资方式时，必须严格遵守《公司法》第 224 条、第 225 条的规定。

四、公司解散不能适用仲裁程序

公司解散涉及众多利益主体，包括股东、职工、债权人等，关系复杂，不允许适用仲裁程序。

在"美国大陆管理有限公司诉陕西济生制药有限公司公司解散纠纷管辖

---

① 鲍为民：《美国法上的公司僵局处理制度及其启示》，载《法商研究》2005 年第 3 期。所谓强制股权置换，是指针对公司僵局，法院通过判决强令由一方股东以合理的价格收买另一方股东的股权或股份，从而让一方股东退出公司。

异议案"〔（2013）宝市中法民三初字1号〕中，合营公司各方在合同中约定，发生争议时由仲裁委员会仲裁。但若此时股东向公司所在地人民法院提出公司解散纠纷的，该法院应获得管辖权。因为，依照《仲裁法》的相关规定，仲裁事项应为"平等主体的公民、法人和其他组织之间发生的合同纠纷和其他财产权益纠纷"。股东请求解散公司，是股东行使的一项法定权利，涉及公司主体资格的消灭，具有一定的身份性和公共性，不属于仲裁事项范围。法院认为，依据《公司法》及司法解释的相关规定，因公司解散提起的民事诉讼，由公司所在地人民法院管辖。因此，合营各方虽然在合同中约定，发生争议时由仲裁委员会仲裁，但该约定不能延及于股东所成立的公司，股东提出公司解散纠纷的，公司所在地的人民法院有权管辖。

第二百三十二条 【清算义务人与清算组】公司因本法第二百二十九条第一款第一项、第二项、第四项、第五项规定而解散的，应当清算。董事为公司清算义务人，应当在解散事由出现之日起十五日内组成清算组进行清算。

清算组由董事组成，但是公司章程另有规定或者股东会决议另选他人的除外。

清算义务人未及时履行清算义务，给公司或者债权人造成损失的，应当承担赔偿责任。

本条是关于公司清算的基本规定。

一、公司解散的"应当清算"规则

依本条第1款，除因公司合并或者分立导致的解散外，其他情形的公司解散均"应当清算"。

公司清算有广义与狭义之分，前者是指公司解散或被宣告破产后，依照一定程序了结公司事务，收回债权、清偿债务并分配财产，最终使公司终止的程序；后者仅是指依照《公司法》所进行的非破产清算。

在公司解散之后，一般都需要进行清算，"应当清算"是前提性规则。公司是由投资者共同出资组建的法人实体，在其存续期间对内对外产生了大量的法律关系，公司解散后法人资格并未消灭，而是在清算范围内继续存在。为了保护股东和债权人的利益，必须依法将其资产向债权人和股东进行分配，终结其现存的全部法律关系。不过，对于合并或分立导致的公司解散，由于在合并或分立过程中，已发生了被解散公司的债权、债务概括承受的法律效果，故解散后无须清算。

二、清算义务人与清算组

（一）清算义务人与清算组的分立

新《公司法》对有义务进行清算的人与具体进行清算工作的人进行了区分，分别称为清算义务人与清算组。前者是指公司出现解散事由时，有义务在法定期限内启动清算程序的人（《民法典》第70条第1款）；后者是指对公司清算过程负有执行、推动职责的组织（第234条）。亦即，清算义务人是负责启动解散清算程序的人；清算组是负责具体执行清算职责、推进清算程序的人。在清算组之外设立清算义务人，主要目的是督促清算义务人及时组织公司清算，做好公司解散与公司清算的衔接工作，打破休眠公司大量存在的局面，保护公司股东及债权人的利益，维护市场秩序。

（二）清算义务人

新《公司法》在清算领域作了重大修改，明确董事为公司清算义务人。

修订前的《公司法》未区分清算义务人和清算组，笼统地以清算组称之，规定有限公司的清算组由股东组成，股份公司的清算组由董事或者股东大会确定的人员组成。在"上海存亮贸易有限公司诉蒋某东、王某明等买卖合同纠纷案"〔（2010）沪一中民四（商）终字第1302号〕中，法院认为，拓恒公司作为有限责任公司，其全体股东在法律上应一体成为公司的清算义务人。《公司法》及其相关司法解释并未规定蒋某东、王某明所辩称的例外条款，因此无论蒋某东、王某明在拓恒公司中所占的股份为多少，是否实际参与了公司的经营管理，两人在拓恒公司被吊销营业执照后，都有义务在法定期限内依法对拓恒公司进行清算，从而实际上明确了有限公司股东的清算义务人地位。①

但是，股东与董事在公司治理的地位决定了，当出现公司解散事由时，

---

① 《最高人民法院关于部分指导性案例不再参照的通知》已废止该指导案例。

公司董事成为清算义务人是其注意义务与忠实义务在公司解散阶段的自然延伸与必然要求。相反，股东并不具有这样的职责与条件。也就是说，公司的股东不应成为清算义务人，只有董事才是真正的清算义务人。①《民法典》第70条第2款规定，法人的董事、理事等执行机构或者决策机构的成员为清算义务人。

延续《民法典》，本条明确"董事为公司清算义务人"，理顺了股东与董事的公司关系。股东作为出资主体，不应过度负担经营管理公司的义务，其核心义务只是出资；董事作为管理机构，应承担包括公司正常运营管理责任及公司解散时的清算义务。依法清算，既是董事的权利，也是其义务。

本条第1款所规定的"董事"，一般是指董事会，除了仅有一个董事的情形，应指"董事会为公司清算义务人"，包括独立董事与非执行董事。发生公司解散事由（第229条），董事会"应当在解散事由出现之日起十五日内组成清算组进行清算"（第232条）。

不过，如果公司不能正常管理，董事会全体辞职或董事不能履行其管理职责时，有限责任公司的股东和股份有限公司的控股股东有义务进行清算，因为此时股东不仅仅是股东的身份，而事实上具有了董事的职责，故其此时应作为清算义务人履行清算义务。

（三）清算组的组成

无论是自愿解散，还是依行政命令或司法裁判解散（除破产清算），公司均应首先自行清算，组成清算组，自行处理有关清算事务。

依本条第2款，一般情况下，清算组成员是由董事组成的，除非公司章程另有规定或者股东会决议另选他人。至于清算组如何组织清算，如聘请清算工作人员或专业机构，则是具体清算的问题。清算组聘请的工作人员或专业机构，系辅助清算人，非清算组成员。

公司章程或股东会决议可以决定由非董事的"他人"组成清算组，既可以由股东组成，也可以由股东、董事、监事共同组成，还可以同时包括公司债权人与公司职工。至于其他非利害关系人，不能成为清算组成员，仅可以作为清算辅助人出现。如果公司章程或者股东会决议由公司非利害关系人组

---

① 梁上上：《有限公司股东清算义务人地位质疑》，载《中国法学》2019年第2期。

成，则规定或决议无效，仍视董事为清算组成员。

三、清算义务人怠于履行清算义务的赔偿责任

清算义务人意味着他们在公司发生法定解散的情形时，应及时组成清算组进行清算，及时了结公司债权债务关系，并就公司财产进行清理与分配。依本条第 3 款，如果清算义务人未及时履行清算义务，给公司或者债权人造成损失的，应当承担损害赔偿责任。

（一）清算义务人未及时履行清算义务的认定

清算义务人的主要义务是及时启动公司清算程序的进行，故其未及时履行清算义务的认定标准，主要是没有在解散事由出现之日起十五日内组成清算组。一旦依法成立了清算组，清算义务人的启动清算义务即告完成。

（二）给公司或者债权人造成损失的认定

清算义务人未及时履行清算义务，给公司或者公司债权人造成损失的认定标准并不相同。

对于公司而言，清算义务人不履行清算义务，导致公司财产贬值、流失、毁损或其他损失，如未及时清算导致的可能利得、利息损失和债权人损失，均属于对公司造成的损失。

对于公司债权人来说，清算义务人不履行清算义务导致公司债权人本能够得到的清偿而未得到的，也属于公司债权人损失。

（三）清算义务未及时履行与债权人损失的因果关系

清算义务人怠于履行清算义务的损害赔偿责任属于侵权责任，需要公司、债权人损失与怠于履行清算义务的行为之间存在因果关系。

对于公司来说，因清算义务人怠于履行清算义务的损失，可以根据实际情况及时查清，相应因果关系容易确定，由公司在诉讼中负一般举证责任即可。

对于公司债权人则比较困难。理论上，清算义务人只需对自己怠于履行清算义务而给公司及债权人造成的特有部分损失承担责任，但基于相关信息控制上的不对称性，可以采取因果关系推定和举证责任倒置等方法来处理。在因果关系方面，不要求原告对侵权行为与损害后果的必然联系进行举证，可以根据清算义务人怠于履行清算义务的客观事实，推定其行为给原告利益带来了损失，同时赋予清算义务人免责抗辩的权利。清算义务人如果能够证明，公司债权人的全部或者部分损失并非自己的过错行为造成，而是其他原因导致，则可以就反证全部或部分免责。①

参照《公司法司法解释（二）》第18条，确定清算义务人的不作为给公司债权人造成的损失范围时，应当适用因果关系推定和举证责任倒置两个原则。

四、公司无法清算时清算义务人的责任

（一）一般要求

根据《公司法》第56条、第57条、第102条、第109条、第110条、第198条、第207条和第208条规定，公司依法成立以后，直至公司终止，必须依法制作并保存以下公司材料：公司章程、股东名册、股东会会议记录、董事会会议决议、监事会会议决议和财务会计报告、会计账簿、会计凭证、公司债券持有人名册。这些材料均为公司重要法律文件，体现公司财产状况及财产关系，是公司作为法人的基本条件与要求。依法制作并妥善保管这些法律文件，是董事会基本的义务与责任。

公司的清算，需要依凭这些重要法律文件进行。如果公司董事会不依法制作并妥善保管而怠于履行其基本义务的，导致公司主要财产、账册和其他重要法律文件等灭失，就会使公司清算无法进行，出现清算不能的状态。同时，尽管公司已经依法制作并保管了公司重要法律文件，但公司出现法定解散事由而未在法定期限（15日）内成立清算组开始清算，或者尽管在法定期限内成立了清算组，但怠于清算，导致公司主要财产、账册和其他重要法律文件等灭失的，也会出现清算不能状态。

新《公司法》明确规定董事为公司清算义务人，与董事的经营管理监督职责是一致的。当作为公司管理监督机构的董事会怠于履行公司重要法律文件的依法制作与保管义务，或者不及时成立清算组，或尽管成立了清算组但因公司主要财产、账册和其他重要法律文件等灭失导致公司无法清算，其无疑应当承担清算不能的法律责任。

（二）公司不依法制作、妥善保管公司重要法律文件的清算不能责任

对于董事会不依法制作并妥善保管而怠于履行其基本义务，导致公司主要财产、账册和其他重要法律文件等灭失的清算不能责任，对于债权人来说，

---

① 冯果：《公司法》（第3版），武汉大学出版社2017年版，第322页。

为连带责任（《公司法司法解释（二）》第 18 条第 2 款）。对于公司而言，一般应视为公司内部责任，通过信义责任处理。

另外，对于尽管有相应公司重要法律文件，但仍因怠于清算导致公司主要财产、账册、重要文件等灭失的情况下，即使清算义务人主观上想进行清算，但客观上无法清算，则债权人也可以请求相关清算义务人对公司债务承担连带清偿责任。

（三）未及时成立清算组或尽管成立清算组而导致的清算不能责任

对于公司出现法定解散事由而未在法定期限（15 日）内成立清算组开始清算，或尽管成立了清算组，导致公司主要财产、账册和其他重要法律文件等灭失的清算不能责任，按照《公司法司法解释（二）》第 18 条第 1 款规定，其对公司债权人承担在债权人因此受到损失范围内的补充赔偿责任，由清算义务人在造成法人财产减少的范围内对公司债务承担补充赔偿责任。清算义务人为数人的，该数人对该补充赔偿责任承担连带责任。公司如果因此遭受损失的，依信义关系处理。

怠于清算的情形，实践中一般是指，尽管因此导致公司财产贬值、流失、毁损或者灭失，但损失可以查清，客观上清算尚可进行，只是由于清算义务人的主观懈怠而未能实施清算的状态，债权人可请求在所造成的损失范围内承担赔偿责任。按照当时参与起草《公司法司法解释（二）》的法官解释，公司出现非破产原因的解散事由时，原则上推定只要公司依法进行清算，债权人在清算程序中理应得到全额的清偿，但是，由于清算义务人没有及时启动清算程序，债权人在经强制执行公司财产不能获得清偿的部分，应当推定为因此所造成的公司责任财产的减少部分。除非公司的清算义务人能够举证证明，该部分法人财产的减少不是其不作为造成，而是不可抗力等原因所致，或者在出现解散事由时公司已经出现破产原因等，否则，公司的清算义务人即应对公司不能清偿债权人的部分予以承担责任。[①]

（四）清算义务人的内部责任分担

在清算义务人对债权人承担了民事责任后，就会涉及追偿问题。对于未

[①] 参见刘敏：《公司法司法解释（二）第十八条第二款的理解和适用》，载宋晓明主编：《最高人民法院商事审判裁判规范与案例指导》第一卷，法律出版社 2010 年版，第 302—303 页。

能依法履行清算义务所产生的民事责任，各清算义务人应当按照过错大小予以分担。对于没有过错的清算义务人，只要其能够证明无过错，可免除其责任的承担，但此免责应仅限于内部，不能对抗债权人（参照《公司法司法解释（二）》第 21 条）。

（五）控制股东与其他人的清算不能责任

承担清算不能的责任人应作为清算义务人的董事。如果控制股东对此不当操控，可适用《公司法》第 192 条关于"公司的控股股东、实际控制人指示董事、高级管理人员从事损害公司或者股东利益的行为的，与该董事、高级管理人员承担连带责任"规定。如果控制股东或监事成为事实上的董事，可直接适用以上责任要求。

需要说明的是，公司无法进行正常清算，并不意味着公司可以不再经过清算即可向公司登记机关申请注销登记。进行清算并提交清算报告，是申请公司注销登记的必经程序（第 239 条）。在清算过程中发现据以进行清算的客观依据已经灭失，无法全面、客观地进行债权债务的清理，清算组仍应出具清算报告，并在清算报告中对此情形予以说明。

第二百三十三条　【强制清算】公司依照前条第一款的规定应当清算，逾期不成立清算组进行清算或者成立清算组后不清算的，利害关系人可以申请人民法院指定有关人员组成清算组进行清算。人民法院应当受理该申请，并及时组织清算组进行清算。

公司因本法第二百二十九条第一款第四项的规定而解散的，作出吊销营业执照、责令关闭或者撤销决定的部门或者公司登记机关，可以申请人民法院指定有关人员组成清算组进行清算。

本条是关于强制清算的规定。

一、申请强制清算的前提

依本条第 1 款规定，凡出现公司解散的法定事由，清算义务人应及时组成清算组自行进行清算。逾期不成立清算组进行清算或者成立清算组后不清算的，利害关系人可以申请人民法院指定有关人员组成清算组进行清算。

（一）关于逾期不成立清算组的认定

逾期不成立清算组不以清算义务人恶意与否为标准，而以逾期不成立清算组为形式要件，凡逾期没有成立公司清算组的，均构成该条强制清算的前提。

（二）关于成立清算组但不进行清算的认定

《公司法》第234条、第235条规定了清算组的职权及通知债权人的义务，如果公司成立清算组后，清算组不履行其职权及通知义务，即可认定清算组尽管成立，但未进行清算。特别是第235条所规定的通知时间要求，可直接作为判断清算组是否进行了清算的标准，即构成"虽然成立清算组但故意拖延清算"之情形（《公司法司法解释（二）》第7条第2款第2项）。

如果公司成立清算组并进行了清算，但违法清算可能严重损害债权人和股东的合法权益时如何处理，本条未予明确。依照《公司法司法解释（二）》第7条第2款第3项的规定，该情形也构成申请强制清算之前提。不过，该种情形的出现不必然导致当事人申请强制清算，公司债权人和股东也可通过事后对清算组成员责任的追究来保障其合法权利（第238条第2款）。本条尽管没有明确将该情形作为申请强制清算的前提，但从法理上而言，其也可以作为强制清算的前提，并为公司债权人和股东提供可选择的利益保护途径。

二、申请强制清算的当事人

（一）公司债权人与股东

无论是逾期不成立清算组，还是成立清算组而不进行清算，或者是违法清算，均直接损害了公司债权人与公司及股东的合法权益。所以，公司债权人、股东等利害关系人均可以作为申请人。其中的股东并不要求最低持有股份或股权比例数，大股东与小股东均可以申请人民法院指定清算组对公司进行清算。

（二）行政部门或机关

依本条第2款，因被吊销营业执照、责令关闭或者撤销而解散的，作出决定的部门或者登记机关，可以申请法院指定有关人员组成清算组进行清算。一般情况下，当公司被吊销营业执照、责令关闭或者撤销的，应主动自行清算，只有在公司不主动自行清算时，有关部门和登记机关才可以向法院提出强制清算的申请。而且，作出决定的部门或公司登记机关"可以"申请法院强制清算，若其不申请的，且公司逾期不成立清算组进行清算或者成立清算组后不清算的，利害关系人可以请求法院启动强制清算程序。

在"雷远城与厦门王将房地产发展有限公司、远东房地产发展有限公司财产权属纠纷案"① 中，法院指出，根据相关法律、法规和司法解释的规定，法人被吊销营业执照后应当依法进行清算，其债权、债务由清算组负责清理。法人被吊销营业执照后未依法进行清算的，债权人可以申请人民法院指定有关人员组成清算组进行清算。法人被吊销营业执照后没有依法进行清算，债权人也没有申请人民法院指定有关人员组成清算组进行清算，而是在诉讼过程中通过法人自认或者法人与债权人达成调解协议，在清算之前对其债权债务关系作出处理、对法人资产进行处分，损害其他债权人利益的，不符合公平原则，法院对此不予支持。

（三）公司职工

对于公司职工能否申请法院强制公司清算，《公司法》没有明确。公司清算关系公司职工的切身利益，当公司无力支付职工工资时，公司清算可以优先满足职工的工资要求。在没有明确的法律依据下，可将作为原告的职工认定为公司的债权人，受理并支持其清算申请，维护职工的合法权益。

另外，关于公司监事会或监事能否申请法院强制公司清算，《公司法》也未明确。从其职能定位来看，其负有监督公司经营管理的责任，公司是否依法清算自然也在其职责范围。从这个意义上讲，监事会或监事似乎应有权提出强制清算申请。但是，监事会或监事的监督职责系内部监督，当其发现公司出现解散清算的法定情形而董事不依法组成清算组，或尽管成立清算组而不进行清算的，监事会或监事应行使其纠正权（第78条第3项），要求董事纠正不当行为。如仍无法解决问题，则监事会或监事应就此通过股东会解决。所以，一般情况下，监事会或监事不应主动向法院提出强制清算申请。

第二百三十四条　【清算组职权】清算组在清算期间行使下列职权：

（一）清理公司财产，分别编制资产负债表和财产清单；

---

① 《最高人民法院公报》2007 年第 11 期。

（二）通知、公告债权人；

（三）处理与清算有关的公司未了结的业务；

（四）清缴所欠税款以及清算过程中产生的税款；

（五）清理债权、债务；

（六）分配公司清偿债务后的剩余财产；

（七）代表公司参与民事诉讼活动。

本条是关于清算组职权的规定。

一、清算组的形成

（一）清算组的形成规则

公司解散后，不得从事与清算无关的营业活动（第236条第3款）。尽管此时股东会、董事会、监事会等机构仍然存在，但它们已有的权力受到限制，公司有关事务的处理均转移至清算组。在自行清算的情况下，公司董事组成清算组，系以清算组的名义而非董事的名义从事相应的清算活动。在强制清算情况下，清算组系由法院指定组成，公司董事会必须将公司管理权力移交给法院指定的清算组，而不能再自行行使所谓董事会的权力。

（二）清算组的性质

公司一旦进入清算程序，其原有的经营管理机构（董事会）即处于被冻结状态。取而代之的法人机关为依法成立的清算组织。清算组对内为公司决策机构，对外代表公司进行民事和诉讼活动。此时清算组在公司中的地位类似于董事会，其议事机制可以参照《公司法》关于董事会议事机制的规定。[1]

（三）自行清算中的清算组组成

在公司自行清算的情形下，清算组由董事组成，除非公司章程另有规定或者股东会决议另选他人（第232条第2款），可选范围包括董事、监事、股东、债权人或职工，可作不同的组合。

非公司利害关系人不应成为清算组成员，但可以作为辅助人员。这是因为，无论是公司章程还是股东会决议另选他人组成清算组，均须对公司负责

---

① 参见"王某强诉上海金鸿建筑工程有限公司公司决议撤销纠纷一案二审民事判决书"[（2014）沪一中民四（商）终字第1883号]。

并对公司负有信义义务。清算组一旦成立并行使清算权利，其实质是代替董事会行使作为清算中法人的公司管理权。如果允许非利害关系人成为临时性的清算组成员，其难以承担有关清算中的经营活动判断的责任。

（四）强制清算中的清算组组成

自行清算是一种自我清算，清算组成员原则上应为公司董事、监事、股东和其他利害关系人。与其不同，强制清算是一种在（可能）出现损害公司及其股东、公司债权人利益的情形下，由法院强制予以清算，清算组成员由法院指定有关人员，而不再拘泥于公司内部人员和利害相关者。

依《公司法司法解释（二）》第8条的规定，清算组成员既可以是公司外部专业事务所或专业人士，即依法设立的律师事务所、会计师事务所、破产清算事务所等社会中介机构，及这些中介机构中具备相关专业知识并取得执业资格的人员，也可以是公司股东、董事、监事、高级管理人员。

法院指定的清算组不同于自行清算中的清算组，具有特别的意义。首先，清算组是由法院在具有清算资格的中介组织或专业人员中指定，而非由股东会或董事会确定的。其次，清算组应对法院负责，而非公司。最后，如果清算组是应债权人请求而由法院指定的，清算组还须受到债权人或债权人会议的监督。

由于清算组是由法院指定，对法院负责，当法院发现清算组成员不能勤勉、忠实地履行清算义务时，也可以直接依职权予以更换。依《公司法司法解释（二）》第9条的规定，人民法院指定的清算组成员有下列情形之一的，人民法院可以根据债权人、公司股东或董事或其他利害关系人的申请，或者依职权更换清算组成员：（1）有违反法律或者行政法规的行为；（2）丧失执业能力或者民事行为能力；（3）有严重损害公司或者债权人利益的行为。

二、清算组的职权及议事规则

（一）清算组的职权

本条规定了清算组在清算期间的职权。从规范清算程序的立法目的考虑，它们也属于清算组依法应尽的义务和职责。

对于清理公司财产的范围，不但要对已纳入清算财产范围内财产进行查询、登记，还包括对不应纳入被清算财产范围内的财产进行清理、甄别，不宜简单作字面理解。

关于处理与清算有关的公司未了结业务的职权，清算组有权根据清算工作需要作出决定，但无权进行与清算无关的新业务活动。清算组在处理此项业务时应坚持三项原则：一是处理决定必须合法；二是有利于保护公司和债权人的合法权益；三是有利于尽快了结公司未了结的业务。[1]

公司在进行清算时，隐匿财产，对资产负债表或者财产清单作虚假记载，或者在未清偿债务前分配公司财产的，由公司登记机关责令改正，对公司处以隐匿财产或者未清偿债务前分配公司财产金额百分之五以上百分之十以下的罚款；对直接负责的主管人员和其他直接责任人员处以一万元以上十万元以下的罚款（第 256 条）。

（二）清算组的议事规则[2]

清算组是清算中公司的对内决策机构和对外代表机构，类似于公司正常状态下的董事会，其议事方式也类似于公司董事会的议事方式。参照《公司法》第 73 条、第 124 条的规定，有关清算事务的表决，清算组成员实行一人一票。清算组的议事机制，应经全体清算组成员过半数决议通过。与争议事项有直接利害关系的清算组成员可以发表意见，不得参与投票；因利害关系人回避表决无法形成多数意见的，强制清算中的清算组可以请求人民法院作出决定。

与争议事项有直接利害关系的清算组成员未回避表决形成决定的，债权人或者清算组其他成员可以参照《公司法》第 26 条的规定，自决定作出之日起六十日内，请求人民法院予以撤销。

第二百三十五条　【清算通知与债权申报】 清算组应当自成立之日起十日内通知债权人，并于六十日内在报纸上或者国家企业信用信息公示系统公告。债权人应当自接到通知之日起三十日内，未接到通知的自公告之日起四十五日内，向清算组申报其债权。

债权人申报债权，应当说明债权的有关事项，并提供证明材料。清算组应当对债权进行登记。

在申报债权期间，清算组不得对债权人进行清偿。

---

① 宋燕妮、赵旭东主编：《中华人民共和国公司法释义》，法律出版社 2019 年版，第 35 页。
② 参见最高人民法院《关于审理公司强制清算案件工作座谈会纪要》。

本条是关于清算中通知债权人与债权申报的规定。

一、通知债权人

公司解散清算，直接关系债权人权益，清算组成立后应通知债权人。本条第 1 款不仅要求具体通知每个债权人，还要同时在六十日内通过报纸或国家企业信用信息系统予以公告，以防止遗漏或有债权人，同时起到向社会宣示的作用。其中通知的方式应为书面，记载公司进入清算、债权人申报债权要求等事项。

清算组未按照规定履行通知和公告义务，导致债权人未及时申报债权而未获清偿，债权人有权要求清算组成员对因此造成的损失承担赔偿责任。清算组不仅需要履行通知和公告义务，而且应合理地履行该义务。在"谢某冲、攀枝花市农牧局、攀枝花市土地储备中心追偿权纠纷案"〔（2017）川民终 1028 号〕中，法院认为，本案中丝绸公司在 2007 年注销时，攀枝花市农牧局作为丝绸公司的主管部门及清算单位，在履行清算义务时，仅在当地报纸上刊登了《清算公告》，地区性报纸不具有省级影响力，且未能够覆盖当时的债权人东方公司成都办事处的住所地范围。因此，应当认为，清算人攀枝花市农牧局未能尽到通知和公告义务。

另外，清算组不依照《公司法》规定通知或者公告债权人的，由公司登记机关责令改正，对公司处以一万元以上十万元以下的罚款（第 255 条）。

二、债权申报

依本条，债权人应当自接到通知之日起三十日内，未接到通知的自公告之日起四十五日内，向清算组申报其债权。债权人申报债权时，应当说明债权的有关事项，提供证明材料。清算组应当对债权进行登记。

在债权申报和债权登记中，债权人申报的债权可能与清算组核定的债权并不一致。如债权人对清算组核定的债权有不同意见，可以要求清算组再次核定，仍有异议时，债权人可以公司为被告向人民法院提起确认之诉讼（《公司法司法解释（二）》第 12 条）。

债权人提出的异议，既可以针对自己的债权，也可以针对其他债权人的债权。在公司处于解散清算状态后，其责任财产是一定的，清算组对他人债权性质的不当审核，都有可能侵害其他债权人的合法权益，因此债权人对他人债权也有权提出异议。从这个角度来看，清算组有义务告知包括本人债权在内的全体债权人的债权核定结果，债权人获得告知的权利不得剥夺。

在"贾某等与徐某等海上货运代理合同纠纷案"［（2022）沪民终591号］中，法院认为，根据《公司法司法解释（二）》第12条之规定，公司清算时，债权人对清算组核定的债权有异议的，可以要求清算组重新核定。因此，B公司清算组有义务向债权人A公司告知核定债权的结果，以保障A公司对B公司清算组核定的债权提出异议和要求清算组重新核定的权利。在案证据显示，徐某某、A公司在清算程序的公告期内先后通过电话、短信及邮寄等形式向B公司进行了债权申报，然B公司清算组未曾向A公司告知核定债权的结果，B公司剥夺了A公司对B公司清算组核定的债权提出异议和要求清算组重新核定的法定权利。

三、债权的补充申报

债权人应在规定的期限内申报债权，不过，如其在公司清算程序终结前补充申报的，清算组也应予登记。其中，公司清算程序终结，是指清算报告经股东会或者法院确认完毕（《公司法司法解释（二）》第13条）。

债权人享有补充申报的权利，不论其对债权申报的逾期有无过错。公司清算程序具有特殊性，是对清算公司整体债权、债务的清理与了结。相应债权人未能按期申报债权，并非因为他们自身过错，主要是公司进入清算程序导致的，债权人申报债权常常是被动的，因此不论申报者是因客观原因还是主观原因，均可以补报。

债权人补充申报的债权，可以在公司尚未分配财产中依法清偿。公司尚未分配财产不能全额清偿，债权人主张股东以其在剩余财产分配中已经取得的财产予以清偿的，人民法院应予支持；但债权人因重大过错未在规定期限内申报债权的除外（《公司法司法解释（二）》第14条第1款）。

同时，为防止滥用补充申报权，应有适当的限制。在自行清算中，清算报告被股东会确认完毕后，债权人便不能再申报债权；在强制清算中，清算报告被人民法院确认完毕后，债权人便不能再申报债权。当然，若债权人错失申报时机是因清算组未依法通知或者未依法公告造成的，债权人可以在清算程序终结后追究清算组的赔偿责任（第238条）。

另外，如果公司所剩余的未分配财产和股东已分配财产总和仍不足以清偿补充申报的债权（公司事实上已出现了破产原因），债权人无权要求以已经分配给其他债权人的财产获得清偿，也无权以公平受偿为目的向法院申请破产清算。此被称为禁止向破产清算逃逸（《公司法司法解释（二）》第14条第2款）。于此情形，无论债权人有无过错，都不能向破产清算程序转化。

四、债权申报期间的清偿禁止

公司解散清算的一个重要目的是通过清查核算公司财产而对公司债权债务关系进行整体的清理，在清理公司财产和债权债务关系完毕，并最终确定清偿方案后，方可向所有债务人予以偿还。

本条第3款规定，在申报债权期间，清算组不得对债权人进行清偿。违反该规定的，清偿无效，得到清偿的债权人应依不当得利返还（《民法典》第985条）。造成其他债权人损失的，清算组应当承担赔偿责任（第238条第2款）。

第二百三十六条　【财产清算方案与分配】清算组在清理公司财产、编制资产负债表和财产清单后，应当制订清算方案，并报股东会或者人民法院确认。

公司财产在分别支付清算费用、职工的工资、社会保险费用和法定补偿金，缴纳所欠税款，清偿公司债务后的剩余财产，有限责任公司按照股东的出资比例分配，股份有限公司按照股东持有的股份比例分配。

清算期间，公司存续，但不得开展与清算无关的经营活动。公司财产在未依照前款规定清偿前，不得分配给股东。

本条是关于财产清算方案与分配的规定。

一、财产清算方案

（一）财产清算方案的制订

依本条第1款，清算组在清理公司财产、编制资产负债表和财产清单后，应当制订清算方案。

清算方案是清算组用以处理公司清算事务、了结公司债权债务关系的基本法律文件。一般应当包括公司财产和负债情况、公司主要财产清单、财产作价依据和方式、债权债务清单及处理方法、剩余财产分配办法等。清算方案应对公司财产进行盘点、评估和适当的处置，同时对债权债务的处理作出相应安排。对于公司财产处理，须按照法律和公司章程的规定。对于债权的申报登记、财产盘点造册等，则应明确具体的人或小组。对于资产估价等业务，则应明确需要聘请的机构人员。对于有关纠纷的处理等，也都要在方案中予以明确。必要时，清算组可以向债权人大会公布清算方案，征求意见，特别是公司财会人员和经营管理人员的意见。

（二）清算方案的确认

清算组制订的清算方案，需要经过确认。其中，自行清算的方案报股东会确认，强制清算的方案报人民法院确认。这是清算方案得以执行的前提。

如果清算组擅自进行清算，不经过权力机构的确认，该方案及执行无效（《公司法司法解释（二）》第15条第1款）。而且，执行未经确认的清算方案给公司或者债权人造成损失，公司、股东、董事、公司其他利害关系人或者债权人可以向清算组成员主张赔偿责任（《公司法司法解释（二）》第15条第2款）。

其中，公司或债权人为此诉讼的，为直接诉讼；股东为此诉讼的，为代表诉讼。清算组成员此时的赔偿责任为连带责任。

二、清算财产的分配

（一）公司分配清算财产的顺序

清算组在制订清算方案并报股东会或者法院确认后，就进入分配公司清算财产的阶段。本条第2款规定了公司清算时的财产分配顺序。

《公司法》关于公司清算财产的分配基本是比照《企业破产法》第113条关于破产财产的分配清偿顺序进行的。《企业破产法》关于分配清偿顺序规定是强制性的，其优先劣后顺序确定而不可改动，只有在前一顺位者获得清偿后，且还有破产财产可分配清偿的，才轮到下一顺位者，并依次进行。但是，《公司法》关于清算财产的分配清偿顺序，除了关于股东的分配顺位的强制性要求，其第一顺位与第四顺位的分配清偿顺序并非强制性的。这是因为，与公司破产清算的假定不同，公司正常清算系基于公司财产足以或基本上能够清偿公司债务的假定，甚至还有剩余而在股东之间进行再分配，且公司不存在清偿不能的破产状态。因此，公司分配清算财产的顺序规定，更多是指导性而非强制性的。当然，这并非说公司清算财产可以随意分配，关键是通过分配不得损害任何一方的合法权益。

不过，因为清算组关于清算方案需要经过股东会或法院确认，其对清算财产的分配清偿受到股东会或法院的监督。

（二）股东的剩余财产分配权

公司财产在分别支付清算费用、职工的工资、社会保险费用和法定补偿金，缴纳所欠税款，清偿公司债务后的剩余财产，股东可以得到分配，即股东享有公司剩余财产分配权。

其中，有限责任公司按照股东的出资比例分配，股份有限公司按照股东持有的股份比例分配。股份有限公司采用授权资本制，且公司已经发行的股份必须实缴，故其股东按照持有的股份比例分配。对于有限责任公司而言，其采用有期限的认缴出资制，如果认缴期限未到，则该所谓"出资比例分配"是指实际缴纳出资比例，非认缴出资比例。同时，基于私法自治，如公司章程另行规定了剩余财产的分配方法，不按照出资比例分配，也是允许的。

需要注意的是，依本条第3款，股东对公司剩余财产分配权的实现劣后于清算费用、职工的工资、社会保险费用和法定补偿金及所欠税款，否则，股东不得请求所谓剩余财产的分配权。在"王某明与江苏濠阳律师事务所、韩某清算责任纠纷申诉案"[（2019）苏民申4036号]中，法院认为，公司的股东按照出资比例取得公司清算后的剩余财产列于清算费用、职工工资、税款、对外债务等之后，而本案中，恒荣公司的强制清算程序尚未结束，恒荣公司的资产是否足以清偿公司债务、股东是否可以分配公司剩余资产均尚不确定，且清算组在清算过程中即使存在过错应当赔偿，也应先由相关债权人享受财产权益，股东须待清算结束后才能主张相关财产权益。

（三）"公司财产在未依照前款规定清偿前，不得分配给股东"规则

本条第3款特别规定，在未依照上述规定的顺序清偿前，公司财产不得分配给股东。该规定为强制性规定，无论是自行清算还是强制清算，清算组均需严格遵守。但是，违反该规则而分配财产给股东的行为是否无效，值得探讨。

公司清算中，如果没有发现公司财产不足清偿债务而应当依法向人民法院申请破产清算的（第237条第1款）情形，公司清算财产不仅可以清偿完

毕其所有债务，且还有剩余财产可供股东分配时，如果违反本条第 3 款而给予股东的分配，没有影响清算费用、职工的工资、社会保险费用和法定补偿金支付及缴纳所欠税款，则事先给予股东的分配并非无效。也就是说，只有在事先给予股东的分配导致清算费用、职工的工资、社会保险费用和法定补偿金支付及缴纳所欠税款受到影响时，该分配才是无效行为。

三、清算中的公司

（一）清算中公司的法人资格与行为能力

根据本条第 3 款规定，清算期间的公司仍具有法人资格，但只能从事与清算有关的经营活动。

公司出现解散事由，除合并分立外，均需经过清算程序，方能在公司登记机关办理注销登记。从关于公司权利能力的产生到消灭的法理而言，公司权利能力始于依法成立，终于依法登记注销。在此期间，公司仍然存续，在法律上仍是独立的法人，其权利能力并未丧失。除法律另有规定外，清算中公司对其依法终止前发生的债务仍以其全部法人财产独立承担民事责任。鉴于清算中公司存在的目的在于进行公司清算，其行为能力仅限于清算目的范围内。

（二）清算中公司的诉讼代表人

清算中公司具有法定的主体资格，可以自己的名义起诉和应诉及进行必要的对外活动。

《公司法》第 234 条第 7 项规定了清算组在清算期间代表公司参与民事诉讼活动。清算组在大多数情况下由多人组成，是一个集体机构，实行集体决策制。涉及诉讼的，由清算组负责人代表公司参加诉讼；尚未成立清算组的，由原法定代表人代表公司参加诉讼（《公司法司法解释（二）》第 10 条第 2 款）。

第二百三十七条 **【公司清算与破产清算的关联与转换】**清算组在清理公司财产、编制资产负债表和财产清单后，发现公司财产不足清偿债务的，应当依法向人民法院申请破产清算。

人民法院受理破产申请后，清算组应当将清算事务移交给人民法院指定的破产管理人。

本条是关于公司清算与破产清算的关联与转换的规定。

一、公司清算与破产清算的关系

公司清算和破产清算，都旨在消灭公司法人资格、终止公司业务、处理公司财产、了结公司债权债务，并最终办理公司注销登记。二者有很大的相似性，但二者是不同性质的清算，有以下的基本差异：一是适用前提不同，破产清算系以不能清偿到期债务，并且资产不足以清偿全部债务或者明显缺乏清偿能力为前提（《企业破产法》第 2 条）。二是法院介入程度不同，破产清算完全由法院支配。三是二者适用的规范不同，破产清算有专门的破产法，遵循复杂的实体和程序规范。① 公司清算和破产清算分别适用《公司法》和《企业破产法》。

二、公司清算程序对破产清算程序的准用

公司清算与破产清算的相似性主要体现在具体清算程序上，如在清算过程中，公司的有关人员未依法妥善保管其占有和管理的财产、印章和账簿、文书资料，清算组未及时接管清算中公司的财产、印章和账簿、文书，公司拒不向人民法院提交或者提交不真实的财产状况说明、债务清册、债权清册、有关财务会计报告以及职工工资的支付情况和社会保险费用的缴纳情况，公司拒不向清算组移交财产、印章和账簿、文书等资料，或者伪造、销毁有关财产证据材料而使财产状况不明，股东未缴足出资、抽逃出资，以及公司董事、监事、高级管理人员非法侵占公司财产等，可参照《企业破产法》及其司法解释的有关规定处理。② 在准用或参照《企业破产法》时，要考虑其间的差异，并作必要的限制或修正后，再适用到公司强制清算所要解决的问题上来。

三、公司清算程序向破产清算程序的转化

依照本条规定，在公司启动清算程序后，如果发现公司财产不足清偿公司债务的，应依法转入破产程序。

此外，《企业破产法》第 7 条第 3 款还进一步规定了清算义务人和清算组成员法定的破产清算申请义务："企业法人已解散但未清算或者未清算完毕，

---

① 叶林：《公司法研究》，中国人民大学出版社 2008 年版，第 379—380 页。
② 参见最高人民法院《关于审理公司强制清算案件工作座谈会纪要》。

资产不足以清偿债务的，依法负有清算责任的人应当向人民法院申请破产清算。"在清算过程中，公司资产不足以清偿债务时的破产申请，是清算责任人在破产法上承担的一项特别义务。其特点是，第一，清算责任人无权选择不提起破产申请，也不得拖延时间迟迟不提出破产申请。第二，在提出破产申请时，破产清算程序是唯一选择，不得选择重整或和解的程序。第三，清算责任人提出破产申请后，人民法院应当受理并于受理时宣告债务人破产。[1]

转入破产程序后，原强制清算中的清算组应当及时将清算事务及有关材料等移交给管理人。公司强制清算中已经完成的清算事项，如无违反企业破产法或者有关司法解释的情形的，在破产清算程序中应承认其效力。[2]

四、可以不转入破产清算的情形

不论是自行清算还是强制清算，清算组在清理公司财产、编制资产负债表和财产清单时，发现公司财产不足清偿债务的，可以与公司债权人协商制作有关债务清算方案。如果债务清偿方案经全体债权人确认且不损害其他利害关系人的，可以不进入破产清算程序而终结清算程序。

当然，债权人对债务清偿方案不予确认或者人民法院不予认可的，清算组应当依法向人民法院申请宣告破产（《公司法司法解释（二）》第17条）。

第二百三十八条　【清算组成员的信义义务】清算组成员履行清算职责，负有忠实义务和勤勉义务。

清算组成员怠于履行清算职责，给公司造成损失的，应当承担赔偿责任；因故意或者重大过失给债权人造成损失的，应当承担赔偿责任。

本条是关于清算组成员的信义义务的规定。

一、清算组成员信义义务的一般规则

清算组依法成立后，清算组成员成为清算中的法人管理者，从事为清算的一切必要行为。依本条，作为清算组成员，在履行清算职责的时候，自然

---

[1]　王卫国：《破产法精义》，法律出版社2007年版，第20页。
[2]　参见最高人民法院《关于审理公司强制清算案件工作座谈会纪要》。

负有信义义务。清算组成员的信义义务是《公司法》关于公司董事等高管信义义务规定（第 180 条）在清算中的要求。

与关于公司董事等高管信义义务的规定一样，清算组成员的信义义务主要针对公司，二者均是在履行公司职务中的义务。在强制清算中，清算组需要同时对法院负责，但该负责仅是受到法院对清算过程的监督与清算方案的确认，最终是对公司负责。

公司清算直接涉及公司债权人利益，对公司债权的确认及清偿是公司清算中的重要内容，但并非公司清算的目的。公司清算的目的是通过清算而终止公司。清算组成员没有对公司债权人的特别信义责任。依本条第 2 款，清算组成员在因故意或重大过失造成债权人损失的情形下，方承担侵权赔偿责任。

与公司清算不同，破产清算主要目的是通过清算使所有债权人获得公平清偿，公司的破产终止并非目的。因此，破产清算组主要对公司债权人负责，清算组成员的信义义务主要针对公司债权人。

二、忠实义务与勤勉义务的认定

（一）忠实义务

清算组成员的忠实义务是指清算组成员在清算过程中，"应当采取措施避免自身利益与公司利益冲突，不得利用职权牟取不正当利益"（第 180 条第 1 款）。《公司法》关于董事等高管的忠实义务规定适用于清算组成员（第 182 条至第 185 条）。

（二）勤勉义务

清算组成员的勤勉义务是指清算组成员在执行清算职务过程中，应当为清算中公司的最大利益尽到清算者通常应有的合理注意（第 180 条第 2 款），主要包括履行《公司法》所规定职责与义务中的合理注意（第 234 条至第 237 条）。

一般情况下，公司清算一方面需要遵守法定的程序，另一方面需要对有关问题作出实质判断。对于前者，凡公司清算未遵守法定的程序，如未按照第 235 条的规定通知公告，或未按照第 236 条规定的清偿顺序分配，均可认定清算组成员违反了合理注意义务。对于后者，可借鉴公司董事在公司正常经营过程中的商业判断规则。当清算组成员本着善意，基于合理的信息和一定的理性作出的清算决策，可以认定其未违反勤勉义务。

在"郭某鸽、蚌埠市雅佳丽百货有限责任公司等执行异议之诉再审案"[（2021）最高法民申997号]中，最高人民法院指出，2016年2月23日，金成公司成立清算组，由金成公司股东、法定代表人、总经理兼执行董事朱某红担任清算组负责人，股东郭某鸽为清算组成员，在未通知已知债权人雅佳丽公司的情况下进行清算并注销公司。金成公司虽在形式上履行了相应程序，但因未依法通知已知债权人雅佳丽公司，清算程序实质上不符合法律规定。郭某鸽申请再审提交的清算报告复印件显示仅对金成公司2014—2015年两年财务状况进行审核，不能如实全面反映金成公司财务状况，故不能认为清算组成员尽到了合理注意。

三、清算组成员怠于履职对公司的赔偿责任

依本条第2款，清算组成立后，应当依法积极清算，怠于履行清算职责而给公司造成损失的，其成员在该损失范围内，对公司承担赔偿责任。

所谓怠于履行清算职责，表现多样，本质为"应为、可为而未为"。如清算组成立后，首先需要有关公司人员，特别是那些管理人员和实际控制股东移交公司财务、公章等材料，若清算组没有要求移交，明显属于怠于履职。如果这些人员被清算组要求后，仍不移交的，则清算组应代表公司向法院提起返还之诉，不提起的，也构成怠于履职。

在怠于履行清算职责而给公司造成损失情况下，公司及股东可以提起损失赔偿之诉。不过，对于股东而言，其并非直接诉讼，而是间接诉讼，需要按照《公司法》第189条的规定提起代表诉讼。

在"江苏星源房地产综合开发有限公司与扬州同基房地产开发有限公司与南通东江房地产开发有限公司、南通开发区东江建筑安装工程有限公司、扬州天一投资发展有限公司合资、合作开发房地产合同纠纷申请再审案"[（2016）最高法民申字663号]中，最高人民法院认为，《公司法司法解释（二）》第23条第1款规定："清算组成员从事清算事务时，违反法律、行政法规或者公司章程给公司或者债权人造成损失，公司或者债权人主张其承担赔偿责任的，人民法院应依法予以支持。"根据上述规定可知，公司清算期间，甚至公司已经清算注销完毕，符合条件的股东仍可依法提起股东代表诉讼。他人侵犯公司合法权益，给公司造成损失的，符合条件的股东均得提起

股东代表诉讼。其中，"他人"并不以清算组成员为限。需要注意的是，股东代表诉讼的提起应以竭尽内部救济为前提。在公司清算期间，董事会和监事会的职能基本丧失，由清算组代表公司行使内外职权，应由清算组作为内部救济机构。

四、清算组成员因故意或重大过失对债权人损失的赔偿责任

依本条第2款，清算过程中，清算组成员因故意或者重大过失给债权人造成损失的，应当承担赔偿责任。

公司清算的目的是通过清算了结公司内外财产关系，最终将公司依法注销。清算组尽管受公司委任而不直接对公司债权人负责，但清算事宜直接关系公司债权人的利益，故当清算组成员因故意或重大过失给债权人造成损失时，需因此对债权人承担直接的赔偿责任。

当公司有偿付能力时，董事和清算组成员的受托责任仅对公司和股东负责。虽然随着利益相关者的兴起而认为董事等高管应当对非股东负责，但受托责任并不包括清算时有偿付能力的公司债权人。因为有偿付能力的公司债权人可以通过其他方式得到保护，如合同、欺诈、破产法和债权人权利其他保护规定。

所以，与《公司法》第191条关于董事、高管对于第三人责任规定一样，清算组成员对债权人的赔偿责任并非信义责任结果，而是其作为公司受托人的严重违法行为导致的侵权责任。当清算组成员的故意或重大过失行为导致债权人损失时，清算组成员的故意或重大过失行为已经不是清算组机构的行为，而属于清算组成员的个人行为而承担责任。从《公司法》关于董事、高管及清算组成员的机构设置来看，其均受托于公司而对公司及全体股东负有信义责任，其行为必须符合公司利益，而故意或重大过失行为因超出了其受托的信义责任范畴而不再被视为公司行为。

而且，作为侵权责任，清算组成员承担责任的前提是造成债权人损失，即债权人没有获得足够的清偿。根据《公司法》第237条的规定，当公司财产不足清偿债务的，应当进入破产清算程序。在破产清算过程中，如果发现原清算组成员故意或重大过失造成公司财产灭失或不当流出，是需要破产管理人向其追究赔偿责任的。

所以，本条第2款关于清算组成员因故意或重大过失导致债权人损失的赔偿责任规定在第 1 款之后，且并行于第 2 款关于"清算组成员怠于履行清算职责，给公司造成损失的，应当承担赔偿责任"后面，似乎认为清算组成员对于公司债权人的责任与对公司的责任一样属于信义责任范畴。其实，该规定只是立法技术的便宜做法。

认定清算组成员"故意或重大过失"主要看其是否积极并合理地履行通知义务及进行财产清算等法定义务。①

在"福建易丰缘信息科技有限公司、曾某荣与龙岩交发资产运营有限公司与公司有关的纠纷案"［（2022）闽 08 民终 1007 号］中，法院认为，曾某荣认为清算组依据行政主管部门要求在国家信息公示平台进行公告，清算程序合法有效，但其作为清算组成员及原苏区红公司的股东在苏区红公司清算时并未向交发公司就结算清算事宜进行过书面通知。曾某荣作为苏区红公司清算组成员，未依法履行公司清算过程中的法定义务，导致债权人交发公司未及时申报债权而未获清偿，应当依法对交发公司的损失进行赔偿。

在"平安银行股份有限公司上海分行与杨某俊等清算责任纠纷案"［（2022）沪 02 民终 3822 号］中，法院认为，对于清算组成员李某文、郑某明而言，依据本案查明事实，二人均知悉并掌握公司债权债务及财产状况，应当并且能够积极、勤勉地组织进行清算，但二人消极不进行清算并放任虚构清算结果，对造成债权人损失具有重大过错，理应承担清算组成员的清算赔偿责任。

整体来看，清算组成员的责任与清算义务人的清算责任类似，均强调其"怠于履职"，但二者还是有很大区别的，即清算义务人是启动清算的责任，清算组成员是具体组织实施清算义务的责任。

第二百三十九条 【清算终结】公司清算结束后，清算组应当制作清算报告，报股东会或者人民法院确认，并报送公司登记机关，申请注销公司登记。

---

① 另参见"邹汉英诉孙立根、刘珍工伤事故损害赔偿纠纷案"，载《最高人民法院公报》2010年第 3 期。

本条是关于清算终结的规定。

一、正常清算后清算程序的终结

正常清算是指在全面掌握公司财务、财产状况的基础上，对公司所有既有法律关系的彻底、概括的清理，使债权人的债权得到清偿，同时使股东能够公平地获得剩余财产。在自行清算和强制清算中，一般情形下都会在正常清算后终结清算程序。

在强制清算的情形中，人民法院指定的清算组在清理公司财产、编制资产负债表和财产清单时，发现公司财产不足清偿债务的，可以与债权人协商制作有关债务清偿方案。债务清偿方案经全体债权人确认且不损害其他利害关系人利益的，人民法院可依清算组的申请裁定予以认可。清算组依据该清偿方案清偿债务后，应当向人民法院申请裁定终结清算程序。债权人对债务清偿方案不予确认或者人民法院不予认可的，清算组应当依法向人民法院申请宣告破产。

关于强制清算的期间，《公司法司法解释（二）》第16条规定："人民法院组织清算的，清算组应当自成立之日起六个月内清算完毕。因特殊情况无法在六个月内完成清算的，清算组应当向人民法院申请延长。"

无论是自行清算还是强制清算，在正常清算结束后，清算组应当制作清算报告，报股东会或者人民法院确认，并报送公司登记机关，申请注销公司登记，公告公司终止。

二、无法清算时清算程序的终结

实践中，公司解散后可能由于各种原因无法进行清算。譬如，公司的股东、董事等相关人员下落不明，公司的主要财产、账册、重要文件灭失等导致无法进行清算。由此，就涉及无法清算情形下公司清算程序的终结问题。

对此，最高人民法院《关于审理公司强制清算案件工作座谈会纪要》规定：对于被申请人主要财产、账册、重要文件等灭失，或者被申请人人员下落不明的强制清算案件，经向被申请人的股东、董事等直接责任人员释明或采取罚款等民事制裁措施后，仍然无法清算或者无法全面清算，对于尚有部分财产，且依据现有账册、重要文件等，可以进行部分清偿的，应当参照《企业破产法》的规定，对现有财产进行公平清偿后，以无法全面清算为由终结强制清算程序；对于没有任何财产、账册、重要文件，被申请人人员下落不明的，应当以无法清算为由终结强制清算程序。

三、恶意欺诈注销

根据《民法典》《公司法》的规定，清算是公司终止的前置程序，公司未经清算不得办理注销登记。然而，在实际经济生活中，公司未经清算就予以注销的情形仍为数不少。主要包括两种情形：一种是公司解散后未经清算，但以虚假的清算报告骗取公司登记机关办理法人注销登记，这种情形简称为欺诈注销；另一种是公司未经清算即办理注销登记，导致公司无法进行清算，这种情形简称为直接注销。

虽然欺诈注销与直接注销都是未实际清算而予以注销，但是二者之间还是存在很大区别。在欺诈注销的情形中，必须有虚构的清算表象（如虚假的清算报告）。而在直接注销情形中，根本无清算之表象，也无虚构清算过程和清算报告等事实。基于此，《公司法司法解释（二）》对欺诈注销和直接注销这两种情形作了区别对待，分别设置了不同的民事责任。

关于欺诈注销的民事责任，《公司法司法解释（二）》第 19 条规定，有限责任公司的股东、股份有限公司的董事和控股股东，以及公司的实际控制人在公司解散后，恶意处置公司财产给债权人造成损失，或者未经依法清算，以虚假的清算报告骗取公司登记机关办理法人注销登记，债权人主张其对公司债务承担赔偿责任的，人民法院依法予以支持。

公司解散后，清算义务人不仅负有依法进行清算的义务，而且在清算过程中，以及在清算结束办理注销登记的过程中，始终负有对债权人以及公司登记机关的如实陈述义务，不得对债权人及公司登记机关作虚假的陈述。因此，清算义务人没有清算，却以已经进行清算为由，向公司登记机关申请办理公司注销登记，或者公司客观上存在债权债务需要清算，而清算义务人却声称公司不存在债权债务无须清算，都属于积极作为的欺诈行为。

基于对这种欺诈行为的信赖，公司登记机关作出了注销公司的具体行政行为，公司的法人主体资格也随之消灭。这样，从行使权利的相对人的主体角度而言，由于公司消灭，债权人无法行使债权，所以，清算义务人需要对债权人承担相应的赔偿责任。

第二百四十条　【公司简易注销】公司在存续期间未产生债务，或者已清偿全部债务的，经全体股东承诺，可以按照规定通过简易程序注销公司登记。

通过简易程序注销公司登记，应当通过国家企业信用信息公示系统予以公告，公告期限不少于二十日。公告期限届满后，未有异议的，公司可以在二十日内向公司登记机关申请注销公司登记。

公司通过简易程序注销公司登记，股东对本条第一款规定的内容承诺不实的，应当对注销登记前的债务承担连带责任。

本条是关于公司简易注销的规定。

一、简易注销的适用对象

依本条第 1 款，简易注销是指公司在存续期间未产生债务，或者已清偿全部债务，并经全体股东作出承诺而通过简易程序将公司予以注销的方式。

简易注销程序简洁，有利于快速注销公司，其适用对象原主要针对有限责任公司、非公司企业法人等主体，后逐步扩展到未发生债权债务或已将债权债务清偿完结的各类市场主体，包括非上市股份有限公司。市场监管总局等三部门关于发布的《企业注销指引》，将上市公司排除在简易注销之外。但本条关于简易注销的规定没有排除上市公司。不过，上市公司不仅股东人数众多，且股份流动性大，要求全体股东作出承诺是十分困难的，但如果上市公司股份经过流通而集中于相对较少的股东，也是可以作出承诺而适用简易注销程序。

依据《企业注销指引》，企业有下列情形之一的，不适用简易注销程序：法律、行政法规或者国务院决定规定在注销登记前须经批准的；被吊销营业执照、责令关闭、撤销；在经营异常名录或者市场监督管理严重违法失信名单中；存在股权（财产份额）被冻结、出质或者动产抵押，或者对其他企业存在投资；尚持有股权、股票等权益性投资、债权性投资或土地使用权、房产等资产的；未依法办理所得税清算申报或有清算所得未缴纳所得税的；正在被立案调查或者采取行政强制，正在诉讼或仲裁程序中；受到罚款等行政处罚尚未执行完毕；不适用简易注销登记的其他情形。

企业存在"被列入企业经营异常名录""存在股权（财产份额）被冻结、出质或动产抵押等情形""企业所属的非法人分支机构未办注销登记的"三种不适用简易注销登记程序的情形，无须撤销简易注销公示，待异常状态消失后可再次依程序公示申请简易注销登记。对于承诺书文字、形式填写不规范的，市场监管部门在企业补正后予以受理其简易注销申请，无须重新公示。

二、简易注销的适用条件

（一）债务清洁

"存续期间未产生债务或已清偿全部债务的公司"，实践中也被称作"清洁公司"，这种公司债权债务明晰，表面上公司已清偿债务，并妥善安置债权。同时，《市场主体登记管理条例》第33条第1款还规定了补充情形，要求公司此时未发生或者已结清清偿费用、职工工资、社会保险费用、法定补偿金、应缴纳税款（滞纳金、罚款）。

（二）全体股东承诺

所谓股东承诺，是指公司股东承诺公司在存续期间未产生债务，或者已清偿全部债务并为此负责。《市场主体登记管理条例》第33条第1款规定："市场主体未发生债权债务或者已将债权债务清偿完结，未发生或者已结清清偿费用、职工工资、社会保险费用、法定补偿金、应缴纳税款（滞纳金、罚款），并由全体投资人书面承诺对上述情况的真实性承担法律责任的，可以按照简易程序办理注销登记。"

因全体股东的承诺系对公司登记机关作出，故实践中将股东在登记机关办理注销登记时的承诺称为"对公承诺"。①

本条第1款明确简易注销需要由全体股东作出承诺，排除了《公司法司法解释（二）》第20条所包括的所谓第三人的承诺，即"公司未经依法清算即办理注销登记，股东或者第三人在公司登记机关办理注销登记时承诺对公司债务承担责任，债权人主张其对公司债务承担相应民事责任的，人民法院应依法予以支持"之规定。第三人在办理注销登记时，其身份为公司和全体股东的代理人，故其不应成为公司简易注销的公司责任。如果该第三人违规注销或

---

① 最高人民法院民事审判第二庭编著：《最高人民法院关于公司法司法解释（一）、（二）理解与适用》，人民法院出版社2008年版，第370页。

存在其他不当行为，也只是对他追究其他民事责任，乃至行政责任与刑事责任。

同时，本条第 1 款关于股东承诺与第 232 条关于董事作为清算义务的规定并不矛盾。公司简易注销的实质是公司因为符合法定条件而无须启动一般清算程序，也不需要成立所谓清算组，而直接由全体股东作出决定通过对公承诺快速注销公司。董事的清算义务的前提是公司有未了结的债权债务关系及财产关系较为复杂。公司简易注销则没有未了结的债权债务关系，财产关系简单。

三、简易注销的公告

依本条第 2 款，为维护公司债权人合法权益，通过简易程序注销公司登记，应当通过国家企业信用信息公示系统予以公告，公告期限不少于二十日。公告期限届满后，未有异议的，公司可以在二十日内向公司登记机关申请注销公司登记。

四、全体股东的保证责任

依本条第 3 款，公司通过简易程序注销公司登记，如果股东承诺不实的，应当对注销登记前的债务承担连带责任。

股东承诺公司未产生债务或已经清偿全部债务，实际上是以该承诺实现对债权人的保证。当公司简易注销后，仍有债务存在，则意味着全体股东滥用了简易程序，违背了其承诺，但由于公司已经注销，法人终止，公司无法再承担债务清偿责任，故而此时应当由作出债务清洁责任的全体股东，对债权人承担连带清偿责任。不过，股东此时承担的连带责任是股东在本应清偿的债权范围内的责任，是一种补充性的责任。

同时，简易程序下的股东承担连带责任不排除董事的清算义务责任。对于公司是否符合"存续期间未产生债务，或者已清偿全部债务"的情形，作为管理者的董事最为了解。当董事在不符合简易程序适用条件下而由公司通过所谓简易程序注销公司，属于"清算义务人未及时履行清算义务，给公司或者债权人造成损失的，应当承担赔偿责任"之情形（第 232 条第 3 款）。此时，董事应与全体股东就债权人应获得清偿的范围内承担连带责任。

股东承诺不实而注销公司，属于典型的欺诈注销。

第二百四十一条　【公司强制注销】 公司被吊销营业执照、责令关闭或者被撤销，满三年未向公司登记机关申请注销公司登记的，公司登记机关可以通过国家企业信用信息公示系统予以公告，公告期限不少于六十日。公告期限届满后，未有异议的，公司登记机关可以注销公司登记。

依照前款规定注销公司登记的，原公司股东、清算义务人的责任不受影响。

本条是关于公司强制注销的规定。

一、强制注销的条件与基本要求

依本条第 1 款，公司被吊销营业执照、责令关闭或者被撤销，满三年未清算完毕的，公司登记机关可以通过统一的企业信息公示系统予以公告，公告期限不少于六十日。公告期限届满后，未有异议的，公司登记机关可以注销公司登记。

强制注销制度主要是为了解决实践中公司没有依法主动解散清算的注销而导致的所谓"僵尸公司"大量存在的问题。它既能降低注销成本，也能减轻司法负担，还能便于公司退出，从而优化营商环境，推动经济高质量发展。

根据规定，首先，强制注销制度适用的前提，是出现公司被吊销营业执照、责令关闭或者被撤销的解散事由，即作出行政处罚后才有强制注销的出现；其次，强制注销不同于简易注销，前者是登记机关直接依职权作出，而简易注销是依申请作出；再次，强制注销适用有时间要求，法律规定强制清算六个月就应完成，而《公司法》为强制注销适用时预留的清算时间为三年；最后，公司登记机关可以通过统一的企业信息公示系统予以公告，此处的"可以"并非指登记机关可选择的概念，而是一种职责性要求。

二、强制注销后公司股东与清算义务的责任

强制注销系因公司不履行其清算义务，或有害关系人不主动要求其清算下出现的特殊情形，而由公司登记机关依职权而强行注销的制度。

依法清算并注销，是公司的法定义务。依本条第 2 款，公司被依法强制注销，原公司股东和清算义务人仍须承担相应民事责任。

对于股东而言，如存在应出资而未出资或抽逃出资情形，其须在应出资及抽逃出资范围内承担连带补充责任。对于清算义务人而言，则须承担怠于清算的责任（第232条第3款）。

第二百四十二条 【公司破产宣告】公司被依法宣告破产的，依照有关企业破产的法律实施破产清算。

本条是关于公司被宣告破产而依照破产法实施破产清算的基本规定，以衔接《企业破产法》。

第十三章　外国公司的分支机构

第二百四十三条　**【外国公司的界定】**本法所称外国公司，是指依照外国法律在中华人民共和国境外设立的公司。

本条是关于外国公司的界定的规定。

一、外国公司的概念

依本条，外国公司是相对于本国公司而言的，外国公司与本国公司的界定依赖于国籍，凡具有本国国籍的公司为本国公司（第2条），凡具有外国国籍，即依照外国法律在中国境外设立的公司为外国公司。亦即，外国公司是外国法人，国籍隶属于外国。

在外国公司法律适用准据法的选择上，《涉外民事关系法律适用法》第14条第1款规定："法人及其分支机构的民事权利能力、民事行为能力、组织机构、股东权利义务等事项，适用登记地法律。"

需要注意的是，外国公司的分支机构与外国公司在中国境内设立的办事处，并非同一概念。在"申某与以色列迈高安全系统有限公司北京代表处等劳动争议案"［（2019）京03民终11649号］中，法院认为，依照我国《公司法》的有关规定，外国公司对其分支机构在中国境内进行经营活动承担民事责任；迈高北京代表处应当属于非营利性活动的办事机构，没有承担民事责任的经济能力，其民事经济责任应当由所属的外国公司——迈高公司承担；且迈高公司签署了劳动合同终止协议，应当承担约定赔付义务。易言之，迈高北京代表处属于迈高公司在中国境内设立的从事与其业务有关的非营利性活动的办事机构，并非《公司法》概念上的从事经营活动的分支机构，亦不得进行经营性活动；其虽不具备独立的公司法人资格，但进行了相应工商登记，具备独立的用工主体资格。

二、外国公司与其他实体的关系

（一）外国公司与外商投资公司

外商投资公司是依中国法律在中国设立的公司，属于本国公司。不论外商参与公司的形式是参股、控股还是独资，都是中国公司，而外国股东人数或外国股东出资多少在所不论。外国公司具有独立的法人地位，享有独立的法人人格，可以作为外商投资公司的出资方对我国进行直接投资，其既可以设立独资公司，也可以与我国投资者共同设立合资公司。

（二）外国公司与跨国公司

跨国公司并非独立的公司法人，而是公司国际化、集团化发展的产物。跨国公司以本国公司为核心，向外扩展延伸，在其他司法管辖区成立子公司、分公司或其他外资企业，其与本国公司多呈现出母子、总分关系。严格来说，外国公司与跨国公司并无直接联系，因为跨国公司的子公司或分公司因国籍不同而分别受不同国家的法律调整，若公司集团子公司依外国法律在外国设立，则为外国公司。

（三）外国公司与外国公司分支机构

外国公司分支机构是外国公司在本国之外成立的分支机构，具有独立经营权，从属于外国公司。

第二百四十四条　【外国公司在中国境内设立分支机构】外国公司在中华人民共和国境内设立分支机构，应当向中国主管机关提出申请，并提交其公司章程、所属国的公司登记证书等有关文件，经批准后，向公司登记机关依法办理登记，领取营业执照。

外国公司分支机构的审批办法由国务院另行规定。

本条是关于外国公司在中国境内设立分支机构的规定。

依本条第 1 款，外国公司在我国设立分支机构必须经过法定程序。其主要流程是，外国公司分支机构提出申请，进而由中国主管机关审批，最后进行登记并发给营业执照。

一般地，外国公司在中国设立分支机构应提交相关文件，主要包括公司章程的副本或影印本、所属国的公司登记证书、由同该外国公司有业务往来的金融机构出具的资信证明书、该外国公司法定代表人的资格证明书、该外国公司委任分支机构代表人或代理人的授权书、分支机构负责人的简历和身份证明、股东会或董事会对于请求批准的议事记录，该外国公司最近几年经注册会计师审计后验证的财务会计报告、该外国公司在中国营业的计划书等。上述文件如是以外文表示的，均应附中文译本，并经公证机关予以公证。

本条第 2 款规定，外国公司分支机构的审批办法由国务院另行规定。

第二百四十五条　【外国公司分支机构的代表人或代理人及资金】 外国公司在中华人民共和国境内设立分支机构，应当在中华人民共和国境内指定负责该分支机构的代表人或者代理人，并向该分支机构拨付与其所从事的经营活动相适应的资金。

对外国公司分支机构的经营资金需要规定最低限额的，由国务院另行规定。

本条是关于在中国境内分支机构的代表人或代理人及相应资金的规定。

首先，在中国境内设立分支机构，必须在中国境内指定负责分支机构的代表人或代理人。代表人是指分支机构的代表人，属于公司及其分支机构的内部人员；而代理人则是指受外国公司的委托以该公司的名义进行活动的人。代表人或代理人作为分支机构的负责人，代表外国公司在中国境内从事各项经营活动，其活动产生的法律后果由该外国公司承担。

其次，在中国境内设立分支机构，应拨付与其从事的经营活动相适应的资金。对外国公司分支机构的经营资金需要规定最低限额的，由国务院根据各类分支机构的不同行业和经营规模另行规定。

第二百四十六条　【外国公司分支机构的名称和章程】 外国公司的分支机构应当在其名称中标明该外国公司的国籍及责任形式。

外国公司的分支机构应当在本机构中置备该外国公司章程。

本条是关于外国公司的分支机构名称和章程的规定。

首先，外国公司的分支机构必须在其名称中标明该外国公司的国籍及责任形式。外国公司责任形式不限于我国法上的规定的有限责任公司与股份有限公司，而是按照母国法律确定其公司形式，其可以承担有限责任，也可以承担无限责任。

其次，外国公司的分支机构应当在本机构中置备该外国公司章程。公司章程是公司运行的内部规范，分支机构必须按照总公司所拟定的章程事项从事民事活动，因而外国公司章程是其分支机构为民事法律行为的基本指引。

第二百四十七条　【外国公司分支机构的非法人地位】 外国公司在中华人民共和国境内设立的分支机构不具有中国法人资格。

外国公司对其分支机构在中华人民共和国境内进行经营活动承担民事责任。

本条是关于外国公司在中国境内设立分支机构的非法人地位的规定。

首先，外国公司分支机构并非独立于外国公司之外的公司，而仅仅是外国公司的组成部分，不具有独立的法人资格。

其次，外国公司在中国境内设立的分支机构在中国境内从事经营活动的后果由外国公司承担。申言之，当外国公司分支机构以自己的名义从事民事活动时，可以由外国公司直接承担民事责任，也可以由分支机构先承担责任，外国公司承担补充责任。至于最终如何承担责任，相对人享有选择权。这种责任的补充性，并不意味着法人不应当承担责任，法人责任的补充性完全是债权人根据双重责任归属机制予以选择的结果。[①]

本条规定的意义在于，外国公司在中国境内设立的分支机构必须按照中国《公司法》关于分支机构的规定，由总公司承担责任，因为分支机构不具有独立的法律地位。

[①]　朱广新：《论法人分支机构之行为的法律后果归属》，载《华东政法大学学报》2022年第5期。

第二百四十八条　【外国公司分支机构应遵守中国法律】 经批准设立的外国公司分支机构，在中华人民共和国境内从事业务活动，应当遵守中国的法律，不得损害中国的社会公共利益，其合法权益受中国法律保护。

本条是关于外国公司在中国境内依法设立的分支机构必须遵守中国法律要求的规定。

本章所规定的外国公司分支机构，应当是外国公司依照中国《公司法》的规定，经中国政府有关机构批准，在中国境内设立的从事经营性活动的分支机构，进而受到中国法律的保护和管辖。自然，当其在中国境内从事业务活动时，必须遵守中国的法律，不得损害中国的社会公共利益；同时，其合法权益受到中国法律保护。

第二百四十九条　【外国公司分支机构撤销的债务清偿】 外国公司撤销其在中华人民共和国境内的分支机构时，应当依法清偿债务，依照本法有关公司清算程序的规定进行清算。未清偿债务之前，不得将其分支机构的财产转移至中华人民共和国境外。

本条是关于外国公司撤销其分支机构时的债务清偿的规定。

外国公司分支机构的撤销是指依法使已经设立的外国公司分支机构归于消灭，结束其在中国境内的经营活动。撤销时，首先应当依法清偿其债务，并依照本法规定予以清算。在没有清偿债务之前，不得将分支机构的财产转移至中国境外。

第十四章　法律责任

  第二百五十条　【虚假登记的行政责任】违反本法规定，虚报注册资本、提交虚假材料或者采取其他欺诈手段隐瞒重要事实取得公司登记的，由公司登记机关责令改正，对虚报注册资本的公司，处以虚报注册资本金额百分之五以上百分之十五以下的罚款；对提交虚假材料或者采取其他欺诈手段隐瞒重要事实的公司，处以五万元以上二百万元以下的罚款；情节严重的，吊销营业执照；对直接负责的主管人员和其他直接责任人员处以三万元以上三十万元以下的罚款。

  第二百五十一条　【不实信息公示的行政责任】公司未依照本法第四十条规定公示有关信息或者不如实公示有关信息的，由公司登记机关责令改正，可以处以一万元以上五万元以下的罚款。情节严重的，处以五万元以上二十万元以下的罚款；对直接负责的主管人员和其他直接责任人员处以一万元以上十万元以下的罚款。

  第二百五十二条　【发起人、股东不实出资的行政责任】公司的发起人、股东虚假出资，未交付或者未按期交付作为出资的货币或者非货币财产的，由公司登记机关责令改正，可以处以五万元以上二十万元以下的罚款；情节严重的，处以虚假出资或者未出资金额百分之五以上百分之十五以下的罚款；对直接负责的主管人员和其他直接责任人员处以一万元以上十万元以下的罚款。

  第二百五十三条　【发起人、股东抽逃其出资的行政责任】公司的发起人、股东在公司成立后，抽逃其出资的，由公司登记机关责令改正，处以所抽逃出资金额百分之五以上百分之十五以下的罚款；对直接负责的主管人员和其他直接责任人员处以三万元以上三十万元以下的罚款。

第二百五十四条 【违法会计的行政责任】有下列行为之一的，由县级以上人民政府财政部门依照《中华人民共和国会计法》等法律、行政法规的规定处罚：

（一）在法定的会计账簿以外另立会计账簿；

（二）提供存在虚假记载或者隐瞒重要事实的财务会计报告。

第二百五十五条 【公司合并、分立、减资或者清算违法通知或者公告的行政责任】公司在合并、分立、减少注册资本或者进行清算时，不依照本法规定通知或者公告债权人的，由公司登记机关责令改正，对公司处以一万元以上十万元以下的罚款。

第二百五十六条 【违法清算的行政责任】公司在进行清算时，隐匿财产，对资产负债表或者财产清单作虚假记载，或者在未清偿债务前分配公司财产的，由公司登记机关责令改正，对公司处以隐匿财产或者未清偿债务前分配公司财产金额百分之五以上百分之十以下的罚款；对直接负责的主管人员和其他直接责任人员处以一万元以上十万元以下的罚款。

第二百五十七条 【中介机构提供虚假材料或有重大遗漏报告的行政与民事责任】承担资产评估、验资或者验证的机构提供虚假材料或者提供有重大遗漏的报告的，由有关部门依照《中华人民共和国资产评估法》、《中华人民共和国注册会计师法》等法律、行政法规的规定处罚。

承担资产评估、验资或者验证的机构因其出具的评估结果、验资或者验证证明不实，给公司债权人造成损失的，除能够证明自己没有过错的外，在其评估或者证明不实的金额范围内承担赔偿责任。

第二百五十八条 【登记机关违法登记的行政责任】公司登记机关违反法律、行政法规规定未履行职责或者履行职责不当的，对负有责任的领导人员和直接责任人员依法给予政务处分。

第二百五十九条 【冒用公司名义的行政责任】未依法登记为有限责任公司或者股份有限公司，而冒用有限责任公司或者股份有限公司名义的，或者未依法登记为有限责任公司或者股份有限公司的分公司，而冒用有限责任公司或者股份有限公司的分公司名义的，由公司登记机关责令改正或者予以取缔，可以并处十万元以下的罚款。

第二百六十条 【公司成立后未开业或自行停业及公司登记事项未依法变更的行政责任】公司成立后无正当理由超过六个月未开业的，或者开业后自行停业连续六个月以上的，公司登记机关可以吊销营业执照，但公司依法办理歇业的除外。

公司登记事项发生变更时，未依照本法规定办理有关变更登记的，由公司登记机关责令限期登记；逾期不登记的，处以一万元以上十万元以下的罚款。

第二百六十一条 【外国公司违法设立分支机构的行政责任】外国公司违反本法规定，擅自在中华人民共和国境内设立分支机构的，由公司登记机关责令改正或者关闭，可以并处五万元以上二十万元以下的罚款。

第二百六十二条 【利用公司名义危害国家安全、社会公共利益行为的行政责任】利用公司名义从事危害国家安全、社会公共利益的严重违法行为的，吊销营业执照。

第二百六十三条 【公司违法民事赔偿责任的优先】公司违反本法规定，应当承担民事赔偿责任和缴纳罚款、罚金的，其财产不足以支付时，先承担民事赔偿责任。

第二百六十四条 【违反本法的刑事责任】违反本法规定，构成犯罪的，依法追究刑事责任。

第十五章 附 则

第二百六十五条 【本法用语的含义】 本法下列用语的含义：

（一）高级管理人员，是指公司的经理、副经理、财务负责人，上市公司董事会秘书和公司章程规定的其他人员。

（二）控股股东，是指其出资额占有限责任公司资本总额超过百分之五十或者其持有的股份占股份有限公司股本总额超过百分之五十的股东；出资额或者持有股份的比例虽然低于百分之五十，但依其出资额或者持有的股份所享有的表决权已足以对股东会的决议产生重大影响的股东。

（三）实际控制人，是指通过投资关系、协议或者其他安排，能够实际支配公司行为的人。

（四）关联关系，是指公司控股股东、实际控制人、董事、监事、高级管理人员与其直接或者间接控制的企业之间的关系，以及可能导致公司利益转移的其他关系。但是，国家控股的企业之间不仅因为同受国家控股而具有关联关系。

本条是《公司法》中部分关键概念的内涵界定。

高级管理人员、控股股东和实际控制人是《公司法》中的关键主体，因其特殊地位有能力深刻影响公司的生存发展以及外部主体利益，《公司法》对其作出了多项专门性规定，准确的概念涵摄范围是上述规定能够发挥作用的前提。关联关系的存在，会使《公司法》假设的理性决策、公司利益至上等基本原则受到道德风险的威胁，相关当事人可能因关联关系而作出有利于自身所在的利益团体的决策，而不是优先考虑公司利益和商业道德，故需要围绕关联关系设置特殊的披露和排除规则。

首先，《公司法》对高级管理人员的范围采取了列举加赋权自治的界定模式，即除了经理、副经理、财务负责人和上市公司董事会秘书以外，公司可以通过章程自治补充高管范围，使其对公司负担《公司法》上的多项义务。但应当注意的是，公司章程对于高级管理人员的补充应当受到限制，其所补充的主体应确实在公司经营管理中发挥重要作用，并具有领导职权，否则，肆意规定将存在使不具有相应职权的主体承担过高义务的道德风险。高级管理人员的产生方面，《公司法》第 67 条第 8 项规定董事会享有聘任和解聘等权利。

其次，控股股东与实际控制人的认定。本条第 2 项关于控股股东认定的核心标准在于通过资本多数决制度对股东会决议产生重大影响。第 3 项删除了 2018 年《公司法》"虽不是公司的股东"的表述，强调能够实际支配公司行为的人。本项要求实际控制人的认定应当进行层层穿透，最终追溯到自然人主体。

同时，本次修订的改动注意到 2018 年《公司法》表述造成的管制真空，即持股比例不足以对股东会决议造成重大影响的股东却通过其他安排实际控制公司行为，那么这一主体既不是控股股东也不是实际控制人，将不当规避《公司法》的规制。司法裁判也因此产生不同见解，有法院根据《公司法》关于实际控制人的定义认为，具有股东身份的主体就不可能是实际控制人。[①]也有法院将大股东认定为实际控制人。[②] 本次修订承认了二者的交叉情况。

控股股东与实际控制人的模糊地带还表现为，股东会决议在某些情况下会转化为公司行为，那么控股股东操控股东会决议的行为也事实上构成对公司行为支配，属于实际控制人的定义范围。因此，《公司法》第 15 条、第 22 条、第 140 条、第 160 条、第 180 条和第 192 条均将这两类主体等同规制。这两类主体的准确认定还有赖于司法实践对"公司行为"和"支配"的深入理解。

――――――――――――

① 参见"胡某华、徐某与张某、曾某损害股东利益责任纠纷二审民事判决书"［（2018）苏 01 民终 11218 号］。

② 参见"哈尔滨市香开物业管理有限责任公司、付某勇物业服务合同纠纷二审民事判决书"［（2019）黑 01 民终 6258 号］。

最后，关联关系的认定。第一，需要认定具有关联关系的主体具有特殊性，即公司的控股股东、实际控制人、董事、监事、高级管理人员，这些主体实际上享有影响公司重大决策和日常经营管理的权力，非前述主体则无须进行认定。第二，关联关系的"关系"界定。本项同样采取去了"列举+兜底"的表述，前述主体与其直接或间接控制的企业之间的关系，被明确地界定为关联关系。此处的直接或间接"控制"的理解应当结合本条第2项和第3项的内容，控股股东和实际控制人与企业之间的关系显然可以理解为"控制"。"兜底性"表述突出了关联关系认定的核心要素——可能导致公司利益转移。最高人民法院发布的第68号指导案例"上海欧宝生物科技有限公司诉辽宁特莱维置业发展有限公司企业借贷纠纷案"进一步解释，《公司法》所称的关联公司，既包括公司股东的相互交叉，也包括公司共同由第三人直接或者间接控制，或者股东之间、公司的实际控制人之间存在直系血亲、姻亲、共同投资等可能导致利益转移的其他关系。第三，国家控股公司之间的关联关系排除规定。一方面，国家控股公司在公司治理方面受到国有资产管理制度的额外监管，在公司利益移转上有更严格的管控；另一方面，国家控股公司之间即便被认定为存在关联关系，由于其之间的实际决策者的身份具有统一性，《公司法》中关于关联关系的规制手段发挥作用极为有限。

第二百六十六条　【本法的施行】本法自2024年7月1日起施行。

本法施行前已登记设立的公司，出资期限超过本法规定的期限的，除法律、行政法规或者国务院另有规定外，应当逐步调整至本法规定的期限以内；对于出资期限、出资额明显异常的，公司登记机关可以依法要求其及时调整。具体实施办法由国务院规定。

本条是关于本法施行的规定。

新《公司法》将有限责任公司认缴出资期限限制为五年，将股份有限公司改采用授权资本制。这种变化使得原本按照2018年《公司法》采用完全认缴出资制的公司，需要一个逐步改变而适应新《公司法》规定的时间段，故本条第 2 款规定"应当逐步调整至本法规定的期限以内"。

同时，本条对于实践中过于荒唐而不符合常理的出资期限与出资额的公司，明确赋予公司登记机关的调整权，即公司登记机关可以依法要求其及时调整。具体实施办法由国务院规定。

图书在版编目（CIP）数据

公司法：规则与应用／徐强胜著 . —北京：中国
法制出版社，2024.3
ISBN 978-7-5216-4339-8

Ⅰ.①公… Ⅱ.①徐… Ⅲ.①公司法–研究–中国
Ⅳ.①D922.291.914

中国国家版本馆 CIP 数据核字（2024）第 051581 号

责任编辑：侯　鹏　　　　　　　　　　　　　　　　　封面设计：李　宁

公司法：规则与应用
GONGSIFA：GUIZE YU YINGYONG

著者／徐强胜
经销／新华书店
印刷／三河市国英印务有限公司
开本／710 毫米×1000 毫米　16 开　　　　　印张／37.25　字数／590 千
版次／2024 年 3 月第 1 版　　　　　　　　　2024 年 3 月第 1 次印刷

中国法制出版社出版
书号 ISBN 978-7-5216-4339-8　　　　　　　　　定价：119.00 元

北京市西城区西便门西里甲 16 号西便门办公区
邮政编码：100053　　　　　　　　　　　　传真：010-63141600
网址：http：//www.zgfzs.com　　　　　　编辑部电话：010-63141826
市场营销部电话：010-63141612　　　　　印务部电话：010-63141606

（如有印装质量问题，请与本社印务部联系。）